珠海市产业经济和民营企业发展蓝皮书 2018

珠海市民营经济发展研究院　编

暨南大学出版社

JINAN UNIVERSITY PRESS

中国·广州

图书在版编目（CIP）数据

珠海市产业经济和民营企业发展蓝皮书.2018/珠海市民营经济发展研究院编.—广州：暨南大学出版社，2018.4
ISBN 978 - 7 - 5668 - 2347 - 2

Ⅰ.①珠…　Ⅱ.①珠…　Ⅲ.①产业经济—区域经济发展—研究报告—珠海—2018②民营企业—企业发展—研究报告—珠海—2018　Ⅳ.①F127.653②F279.245

中国版本图书馆CIP数据核字（2018）第056221号

珠海市产业经济和民营企业发展蓝皮书2018
ZHUHAISHI CHANYEJINGJI HE MINYINGQIYE FAZHAN LANPISHU 2018
编　　者：珠海市民营经济发展研究院

出　版　人：徐义雄
策划编辑：黄圣英
责任编辑：何镇喜　黄佳娜　雷晓琪　江肖莹
责任校对：何　力
责任印制：汤慧君　周一丹

出版发行：暨南大学出版社（510630）
电　　话：总编室（8620）85221601
　　　　　营销部（8620）85225284　85228291　85228292（邮购）
传　　真：（8620）85221583（办公室）　85223774（营销部）
网　　址：http：//www.jnupress.com
排　　版：广州市天河星辰文化发展部照排中心
印　　刷：佛山市浩文彩色印刷有限公司
开　　本：787mm×1092mm　1/16
印　　张：26.25
字　　数：637千
版　　次：2018年4月第1版
印　　次：2018年4月第1次
定　　价：80.00元

前　言

　　民营企业是现代化经济体系的重要市场主体，是稳定就业和推进技术创新的重要主体，也是国家税收的重要来源。党的十九大报告指出，"要支持民营企业发展，激发各类市场主体活力，要努力实现更高质量、更有效率、更加公平、更可持续的发展"。十九大报告直接使用"民营企业"的概念，表明了党对民营企业认识的深化，也是对民营企业为改革开放及经济社会做出贡献给予的充分肯定。

　　广东作为全国经济第一大省，改革开放以来民营经济对经济发展的贡献率不断提升，成为经济增长的主力军。2017年，广东民营经济实现增加值48 339.14亿元，按可比价计算，同比增长8.1%，增幅高于同期全省地区生产总值增幅0.6百分点。民营经济占全省地区生产总值的比重为53.8%，比上年提高0.2百分点。从地区来看，珠三角地区完成民营经济增加值35 227.03亿元，同比增长8.3%，占全省地区生产总值的比重为46.5%。

　　作为改革开放的前沿，珠海民营经济的发展也取得了令人瞩目的成就。2017年，珠海民营经济实现增加值886.92亿元、增长9.1%，占珠海市生产总值（GDP）的比重为34.58%。在港珠澳大桥建成通车、粤港澳大湾区城市群发展规划呼之欲出的大好背景下，珠海市促进民营经济全面发展和不断提高综合竞争力，应注重激发空间、资源、环境等方面的后发优势和政策红利，为民营经济发展注入持续动力。同时，更要增强忧患意识，对标更高标准，直面与先进城市的差距，找准自身的短板和瓶颈。

　　为加强对珠海民营经济发展的持续跟踪研究，珠海市科技和工业信息化局与暨南大学产业经济研究院本着"优势互补、合作共赢"的原则，于2017年上半年开始联合共建"珠海市民营经济发展研究院"（简称"珠海民营院"）。作为珠海市与暨南大学全面战略合作的载体，珠海民营院致力于将暨南大学的人才智囊资源与珠海市的政策优势和产业优势相对接，推动智囊与决策、科技创新与产业发展、政策设计与探索实践深度融合。

　　2017年下半年，珠海民营院立足于服务珠海市民营经济发展决策需求，在与珠海市科技和工业信息化局充分沟通的基础上，立项了20个研究课题，并动员了暨南大学本部、珠海校区以及华南农业大学等相关领域的百余位专家学者和研究生共同参与研究，本书正是这批课题研究成果的汇编，分为总论篇、行业篇和民企篇，共计14章。其中，总论篇包括珠海市经济发展创新指数研究、珠海市民营经济发展指数研究、珠海市民营中小企业精益管理研究；行业篇包括对珠海市先进装备制造业、智能家电产业、信息技术产业、生物医药产业、新材料产业及石化产业等发展的研究；民企篇包括对珠海市民营企业在技术创新、社会履责、品牌发展、"互联网＋"战略、融资风险等方面的研究。

各章负责人如下：

总论篇

第一章　珠海市经济发展创新指数研究　潘珊

第二章　珠海市民营经济发展指数研究　朱卫平、周文良

第三章　珠海市民营中小企业精益管理研究　李从东

行业篇

第四章　珠海市先进装备制造业发展研究　余壮雄

第五章　珠海市智能家电产业发展研究　燕志雄

第六章　珠海市信息技术产业发展研究　李杰

第七章　珠海市生物医药产业发展研究　向训勇

第八章　珠海市新材料产业发展研究　陈林

第九章　珠海市石化产业发展研究　郑英隆

民企篇

第十章　珠海市民营企业技术创新研究　王玉

第十一章　珠海市民营企业社会履责研究　姜丽群

第十二章　珠海市民营企业品牌发展研究　王文峰

第十三章　珠海市民营企业"互联网＋"战略研究　刘静岩

第十四章　珠海市民营科技企业融资风险研究　杨辉旭

本书力求全面总结 2017 年珠海市实体经济主要行业和民营经济发展情况，反映新特点、分析新问题、提出新趋势，可供相关机构决策参考。当然，由于前期占有资料不全、研究能力有限，研究报告的内容与观点难免存在不全面、不准确等问题，敬请专家及读者批评指正。

珠海市民营经济发展研究院
2018 年 3 月于暨南大学珠海校区

CONTENTS **目录**

总论篇

第一章   珠海市经济发展创新指数研究

第一节   引   言

一、研究背景

（一）创新指数研究概况

"创新"是一个科技与经济结合的概念，从哲学上讲，创新的本质是破坏性建设，经济学也持类似的认识。1911 年，美国经济学家约瑟夫·熊彼特在其德文版的《经济发展理论》一书中提出了"创新"的经济学概念，随后在 1912 年他便提出"创新理论"。"创新理论"的基本观点包括：创新是生产过程中内生的，创新是一种"革命性"变化，创新同时意味着毁灭，创新必须能够创造出新的价值等。1987 年，弗里曼（C. Freeman）在其所著的《技术和经济运行：来自日本的经验》一书中提出了国家创新体系（National Innovation System，NIS）的概念，这一概念在历史上首次将创新看作一种国家和政府行为。如今，"创新"已是一个在全球范围内热门的话题，成为经济增长的主要驱动力。创新能力直接影响企业、区域以及国家等各个层面的竞争力，在推动经济持续高速发展、优化和提升经济结构中起着日益重要的作用。随着国际竞争环境的日趋复杂化，技术创新已成为提升生产力和增强国家竞争力的关键因素。科技创新，像智能手机、大数据、人工智能、生物科技等技术属于相对狭义的创新。更广义的创新还包括商业模式的创新和制度的创新，比如淘宝、共享单车，改变了我们的购物方式和出行方式；上海自贸区首先推行的负面清单制度，则是中国深化金融体制改革的制度创新。

"指数"这一概念，最初是表示价格变动的相对数，后来被运用推广到社会经济的各个领域。凡是各种相对数都叫指数。运用到创新领域的指数就叫"创新指数"，它有利于衡量和评价一个国家、地区或城市的创新水平，引导创新行为，能够促进各层面创新能力的提升和创新活力的增强，使创新成果转化为生产力，进而推动创新绩效的提升，逐步实现国家创新战略目标。在国内外的研究实践中，已产生并形成一些公认的创新指数，这些指数对一个国家、地区或城市的发展起到重要的指导作用，也为后续其他的创新指数研究提供了参考和借鉴。在此基础上，我们构建的"珠海市经济发展创新指数"[①] 反映的是珠海市在创新方面变化程度的一个相对数。这一指数的提出，有利于构建一个科学的衡量和评价珠海市创新水平的新体系，能更好地指导珠海市的科技建设和创新能力提升，对区

---

① "珠海市经济发展创新指数"以下简称"创新指数"。

域、行业和创新主体层面的创新能力研究具有重要意义。

（二）国家层面的创新背景

从全球范围看，科学技术的飞速发展和发展观念的不断更新，使科技进步日益成为推动经济社会发展的主要力量，创新创意在可持续发展中的重要性不断增强，创新驱动发展已经成为一个国家经济增长的必然要求。新一轮科技革命和产业变革不断冲击现有的发展模式，给人们的生产生活方式带来巨大变化，信息科技、生物科技、新材料技术、新能源技术、人工智能、大数据、共享经济等新型经济已经广泛渗透到生产生活的各个方面。这既是挑战，也是机遇，一些关键领域的创新往往带动的是整个行业的技术革命，甚至可以带动一个国家经济结构的调整。美国实施再工业化战略、德国提出工业4.0战略及欧盟部署"欧洲工业复兴战略"，将网络与信息技术、新能源、生物技术、先进制造等作为战略重点，都是世界大国在积极强化创新发展的战略部署。全球范围内新兴产业发展进入加速成长期，发达国家正加紧新兴科技领域前端布局，加强对后发地区的技术封锁，以抢占未来科技和产业发展制高点，在新一轮全球科技竞争中掌握主动权。

从国内情况看，中国长期以来以"世界工厂"之称闻名于世。虽然是制造业大国，但中国制造业一直以来都是处在产业价值链比较低端的位置，以廉价劳动力承接发达国家的加工贸易再出口为主，制造业产品在生产过程中的品牌价值、技术含量不高，制造业大而不强是中国长期以来面临的现实问题。而现在中国的人口红利逐渐消失，相关产业纷纷开始向劳动力更廉价的地区转移，曾经作为中国支柱产业的制造业面临东南亚国家廉价劳动力竞争和发达国家高端制造业回流的"双重夹击"，中国制造业面临的转型和升级问题尤为突出。根据全球价值链理论，制造业价值链中附加值高的部分都集中在微笑曲线的前端和后端，前端主要涉及研发、设计，后端主要涉及品牌、营销、服务等，这两端正是创新创意能够发挥决定性作用的地方，因此，创新驱动发展成为中国经济结构改革的必然要求。

面对国际创新环境的不断变化和国内产业结构亟须升级的现状，党的十八大以来，以习近平总书记为核心的党中央做出了实施创新驱动发展战略的重大部署，强调科技创新是提高社会生产力和综合国力的战略支撑，必须摆在国家发展全局的核心位置。创新驱动发展的实质就是要改变我国经济以前主要依靠资源等要素投入推动经济增长的模式，依靠自主创新带动科技发展，以科技发展支撑经济社会的可持续发展，将以前的粗放式发展转变为集约式发展。创新驱动发展战略，不仅是我国在激烈的国际竞争中提升综合竞争力的有效途径，更是我国转变经济发展方式、提升科技实力的必然选择，对我国应对全球气候变化、粮食安全、能源安全等重大挑战，改变高投入、高消耗、高排放、低效率的发展模式，建设创新型国家具有重要意义。

在中国经济进入新常态后，以自主创新带动中国经济结构转型、提高中国产业在全球价值链中的地位、改变传统发展动力、向制造强国转变已经成为中国产业政策的指导方向。经过5年的砥砺奋进、真抓实干，中国已经在科技创新方面取得巨大成就，一个个全球瞩目的顶尖项目和超级工程在中国大地上崛起，创造了一个又一个世界纪录，每一个成就都离不开中国人民的锐意进取和不断创新。

（三）城市层面的创新背景

"十二五"期间，广东省认真贯彻落实党中央、国务院的各项决策部署，主动适应和引领经济新常态，精准发力，坚持以推进供给侧结构性改革为主线，加快创新驱动发展，各项工作有序进行。省内各个城市创新创意竞相发展，都在加快经济转型升级和产业前瞻性布局，力争在新一轮发展中争取主动。深圳作为国家创新型城市、国家自主创新示范区，凭借自主创新的核心竞争力，近年来，其创新实力已实现了从过去的跟跑到并跑甚至领跑全球的蜕变，创新驱动发展取得了瞩目的成效。深圳拥有全国唯一一家国家基因库，新一代测序能力位居世界第一，深圳科技型企业超过3万家，国家级高新技术企业累计达到8 037家，培育了华为、中兴、迈瑞、比亚迪、大疆等一批既有创新动力又有创新能力的创新型企业，无不彰显着深圳的创新特色。目前，深圳正稳步实施驱动创新发展战略，大力实施"十大行动计划"，力争把深圳建设成为现代化国际化创新型城市。东莞作为著名的"世界工厂"，如今正在推进以科技创新为核心的全面创新，打造西接广州、南联深圳、贯穿珠三角东岸的广深科技创新走廊，对标国际打造"中国硅谷"。惠州正深入实施"海绵行动""天鹅惠聚工程""人才双高计划""人才双十行动"等，不断吸引高端人才，推进科研成果产业化，积极落实创新驱动发展战略。首个北斗开放实验室落户惠州，包括重离子医用治疗装置在内的两套国家重大科学装置也将落户惠州，使之有望成为珠三角大科学中心的核心区。

这些先发地区有了前期经济实力的积累，在"十三五"期间一些重大项目落地之后，形成的"虹吸效应"会更加明显，对技术人才、科技项目投资等的吸引能力会更强，对周边城市的发展空间挤压也会更强。为了不在这场创新驱动发展的竞赛中被"边缘化"，积极取得主动权，珠海市也已将创新驱动发展战略作为经济社会发展的核心战略，正在努力形成以创新为主要引领和支撑的经济体系和发展模式，积极融入粤港澳大湾区的建设中，打造粤港澳大湾区创新高地。同时，也要发挥好珠海的区位优势和对外开放的先发优势，实施开放引领战略，构建开放型经济新体制，努力打造"一带一路"建设支点。具体来说，珠海将以珠三角国家自主创新示范区为主平台，打造高端产业聚集高地、产业技术孵化高地、创新人才高地、创业投资高地、知识产权服务高地和具有国际竞争力的质量高地，推动自贸区和自创区功能叠加、政策共享、优势互补，为广东实施创新驱动发展战略提供更大支撑。

2015年，珠海市政府先后出台《珠海市创新驱动发展三年行动计划（2015—2017）》与《珠海市加快推进科技创新若干政策措施》及部分配套文件，对高新技术企业培育、国家级科研平台建设、高层次人才引进、科研成果转化、珠港澳共建实验室和工程科研中心等方面都做出了详细的部署和大力支持。

根据珠海市统计局的统计数据显示，珠海市2016年全年申请专利18 059件，同比增长59.3%。全年经各级科技行政部门登记技术合同成交额14.73亿元，同比下降9.9%。全市经认定的高新技术企业数量比2015年几乎翻一番，达到787家。全市共有国家级工程研究中心4家，省级132家，市级72家，已建立国家级企业技术中心3个，省级50个，市级重点企业技术中心240个，其中省级、市级工程研究中心和市级重点企业技术中心与

2015 年相比，都有所增长。①

根据广东省社会科学院 2016 年发布的《中国城市创新指数》，珠海创新能力排名全国第八、全省第三，省内仅次于深圳和广州，区域创新能力和创新环境显著提升。为继续高效推进创新型城市建设，围绕打造"国际化创新型城市和粤港澳大湾区创新高地"总目标，珠海市 2017 年又先后发布了《珠海市实施创新驱动发展战略"十三五"规划》和《珠海市深入推进创新驱动发展打造粤港澳大湾区创新高地实施方案》，为新一轮的创新发展提供指引。

二、现实意义

作为最早实行开放的经济特区之一和改革创新的前沿城市，珠海的创新能力到底有多强？创新绩效到底怎么样？未来的创新发展的方向在哪里？解答这些问题都需要对珠海的创新发展情况进行详细考察，同时要选取合适的比较对象进行系统比较，因此，引入"珠海市创新指数"具有重要的现实意义。

第一，可以全面考察珠海市创新情况的动态变化趋势，为继续推动创新驱动发展战略提供依据。"珠海市创新指数"最重要的目的之一就是对珠海的创新活动情况进行详细考察，为了科学合理地构建这一指标，本章将参考国内外国家层面以及各个城市（地区）层面的创新指标体系，以珠海的经济社会发展现状和科技创新的特点为出发点，构建一个具有珠海特色的创新指标，以全面地反映珠海市创新活动的真实情况和发展变化趋势，为下一步继续深入推进创新驱动发展战略、制定因地制宜的政策措施、完善创新服务平台的建设提供理论依据。

第二，可以综合比较珠三角各城市的创新情况，为珠海市的差异化创新发展提供依据。在广东地区，以深圳为代表的珠三角城市集群积极响应国家战略，在新一代信息技术、无人机、现代装备制造、生物医药、基因测序等新兴产业领域已经培育出一大批具有国际竞争力的创新型企业和产业集群，许多粤东西北城市都有各自的创新特色。因此，本章在研究珠海市的创新指数的动态变化过程的同时，也将珠三角的 9 个代表城市作为考察对象进行横向比较，通过研究各个城市的创新长处和短板，综合考察珠海市的创新现状、发展水平以及与其他先进城市之间的差距，为珠海找准自身优势与不足，与其他城市形成差异化的创新发展道路，打造广东百花齐放、欣欣向荣的创新局面助力。

第三，可以对接国家战略，为珠海市深入融合到粤港澳大湾区的创新发展规划中提供参考和建议。"粤港澳大湾区"这一概念在 2017 年全国"两会"上被写入《政府工作报告》，这是继世界三大著名湾区——美国纽约湾区、美国旧金山湾区、日本东京湾区之后，中国提出的世界第四大湾区，其范围包括广州、佛山、肇庆、深圳、东莞、惠州、珠海、中山、江门九个城市和香港、澳门两个特别行政区。某种程度上来说，粤港澳大湾区的建设与"一带一路"的国家倡议相呼应，可以充当深入推进"一带一路"建设的重要平台和创新载体。在港珠澳大桥顺利开通之后，珠海的区位优势将进一步凸显，成为全国唯一一个同时可以连接港澳两地的城市。依托粤港澳大湾区的建设东风，利用港澳地区国际市场优势和珠三角改革开放以来积累的创新经验，珠海正位于又一个创新发展的新阶段，既

---

① 数据来源：珠海市统计局公众网，http://www.stats-zh.gov.cn/zhgl/。

面临珠三角其他城市的发展竞争，也拥有前所未有的发展机遇。对珠海市及珠三角其他城市创新指数的考察，有助于珠海市在粤港澳大湾区的建设过程中实现跨越式发展，强化其珠三角西岸地区核心城市的战略地位，发展成为珠三角地区推进转型升级、优化发展格局的战略平台，探索出深度融合到大湾区建设和"一带一路"建设中的创新发展路径。

三、研究创新

（一）指标体系具有珠海特色

在构建珠海市创新指数体系的过程中，我们参考国内外的各种创新指标体系，对它们进行比较和总结，并在一般性原则的基础上根据珠海市乃至广东省各个城市的经济发展特点，同时考虑数据的连续性和可获得性，最终构建一个具有珠海特色的创新指标体系。体系中的一、二、三级指标在充分考虑到地方特色的基础上进行筛查选择，形成了一套较详尽的创新指数，指标选取过程具有针对性、科学性和全面性。

（二）指标体系具有时间和空间上的可比性

本书利用2011年至2016年可得到的数据，对珠海市6年间的创新指数进行测算，从时间纵向上考察珠海市创新指数的动态变化趋势，并详细分析了创新指数中各指标的动态变化情况和形成原因。同时，我们选取珠三角9个城市2015年的数据，对它们的创新指数进行测算，从城市空间层面做横向对比分析，考察珠海市与珠三角其他城市在创新能力方面的差异情况，使评价过程更客观，评价结果更准确，更能合理地显示珠海市的创新成效和创新地位。

（三）指标体系中加入了民营经济的成分

一是因为民营经济是广东省尤其是珠三角地区经济发展的主要动力。根据广东省统计数据，2016年，全省民营经济增加值达42 578.76亿元，同比增长7.8%，民营经济增加值占全省GDP的比重为53.6%，依然是促进广东经济增长的强有力的主力军。此外，珠三角地区民营经济聚集趋势更加明显，民营经济增加值占全省合计的比重为72.5%。[1]

二是因为民营经济是自主创新的重要力量。相比国有企业，民营企业管理模式更加灵活，更能激发创新活力，是"大众创业、万众创新"的主体，作为服务业和新经济的主要参与者，民营经济是稳增长的主力。就中国目前的情况来说，民营企业在软件、互联网、设计、咨询、研发、电商等新兴服务业态及高新技术产业中已经占据重要地位。在欧盟委员会发布的"2016全球企业研发投入排行榜"中，华为、百度、联想、腾讯、美的等都榜上有名。我们熟知的全球创新型企业如阿里巴巴、大疆、比亚迪、京东等，也都是优秀民营企业的代表。另外，民营企业在解决就业问题上也一直发挥着不可或缺的作用，尤其是大量高新技术、新兴服务业的民企成为吸纳就业的主要渠道，创客空间、众创平台等新的创新模式不断涌现，推动了多元化就业渠道的快速发展。

---

[1] 数据来源：广东统计信息网，http://www.gdstats.gov.cn/tjzl/tjfx/201702/t20170216_355474.html。

　　因此，在创新环境一级指标下，为了使考察结果更具有可信度，能够更合理地反映一个城市创新的基础条件，我们引入了"创新成分"这一二级指标，并将民营经济纳入考察范围，包括两个三级指标：民营经济增加值占 GDP 比重和民营经济增加值增长率，分别表示民营经济的相对规模和增长潜力，这两个三级指标可以反映民营经济对创新环境的影响。

第二节　国内外创新指数研究综述

一、国家层面创新指数

（一）国外国家层面创新指数

1. 全球创新指数（GII）

　　全球创新指数（Global Innovation Index，GII）由美国康奈尔大学、欧洲工商管理学院（INSEAD）以及世界知识产权组织（World Intellectual Property Organization，WIPO）共同研制。通过对创新的制度与政策环境、创新驱动、知识创造、企业创新、技术应用、知识产权以及人力技能等方面的综合评价来衡量一个国家的经济创新能力，便于企业家与政府决策者了解本国经济创新能力的现状和不足，探究未来的改进方向。

　　2017 年全球创新指数于同年 6 月 15 日发布，为各国创新政策制定提供了参考和建议。2017 年全球创新指数通过 81 项指标，对全球 127 个经济体的创新能力和可衡量成果进行评估。创新指数是以创新投入、创新产出两个次级指数的平均值计算得出的。指标体系的 81 项指标分为制度、人力资本与研究、基础设施、市场成熟度、商业成熟度、知识与技术产出、创意产出等七大类，具体见表 1 - 1。报告显示，中国排名第 22 位，比 2016 年上升 3 位。这是中国继 2016 年成为首个进入全球创新指数前 25 强的中等收入经济体之后，取得的又一显著进步。

表 1 - 1　全球创新指数框架

全球创新指数（平均）						
创新效率比（比例）						
创新投入次级指数					创新产出次级指数	
制度	人力资本与研究	基础设施	市场成熟度	商业成熟度	知识与技术产出	创意产出
政治环境	教育	信息通信技术	信贷	知识型工人	知识的创造	无形资产
监管环境	高等教育	普通基础设施	投资	创新关联	知识的影响	创意产品和服务
商业环境	研发	生态可持续性	贸易、竞争和市场规模	知识吸收	知识的传播	网络创意

第一，GII 总得分是投入和产出次级指数的简单平均数。

第二，创新投入次级指数由五个投入支柱构成，它们反映了国家/地区经济中促成创新活动的因素：制度、人力资本与研究、基础设施、市场成熟度、商业成熟度。

第三，创新产出次级指数提供了有关创新活动在经济中所产生的信息，它有两个产出支柱：知识和技术产出、创意产出。

第四，创新效率比是产出次级指数得分与投入次级指数得分之比，它表明了某一国家/地区的投入所获得的创新产出。

其中，上述每个支柱被分为三个分支柱，每个分支柱由不同的指标组成，共有 81 项指标。

2. 欧洲创新记分牌（EIS）

欧洲创新记分牌（European Innovation Scoreboard，EIS）是国际上最具影响力的国家创新能力评价体系之一。EIS 每年会评估欧盟整体创新绩效、欧盟与世界其他主要创新国家的差距以及欧洲各国的创新表现，是欧盟各国衡量自身创新发展水平的重要参考。

欧盟从 2000 年开始颁布欧盟创新政策年度报告，报告旨在对欧盟各成员国的创新政策进行定性分析。欧盟从 2001 年开始正式发布欧盟国家创新指数报告，以美国和日本为标杆，依据创新指标体系定量比较欧盟成员国的创新绩效，分析欧盟各国的创新优势和劣势。2001 年 10 月，欧盟委员会推出了《欧盟创新指数报告 2001》，该报告运用 17 个指标，从人力资源、知识生产、知识传播与应用以及创新金融、创新产出和创新市场几个方面，对统计数据进行了分析。自 2002 年开始，欧盟创新指数报告被不断修正，其中创新活动被分为创新投入和创新产出两个方面，指标体系不断被完善，另外报告中被评估的国家从 2001 年的 17 个增加到 2007 年的 32 个，覆盖范围不断扩大。为了更好地理解创新过程和包容不同创新过程的差异性，同时保持研究的连续性，2010 年欧盟创新指数指标体系评价的维度增加到 7 个，分为创新推动、企业创新行为和创新产出 3 个模块，指标数目增加到 30 个。其中，创新推动主要捕捉企业创新的外部推动力量，包含人力资源和金融支持 2 个维度；企业创新行为主要是企业对创新重要性的识别和创新努力方面的信息，包括企业投资、联系与创业和生产率 3 个维度；创新产出是通过可获得的指标定量分析企业的创新活动产出。

欧洲创新记分牌 2017 年的报告延续了以往的指标衡量框架。创新表现经各项指标评估合成得出一个综合创新指数（Summary Innovation Index，SII）。EIS 指标框架主要包括 3 个大类指标：创新推动、企业活动和创新产出，涵盖了 8 个创新维度下的 25 个分项指标。

根据得分结果，欧洲创新记分牌将参与创新评价的国家以创新绩效表现分为四类：

第一，创新领导型国家（Innovation Leaders），即 SII 指数高于欧盟平均值 20% 以上的成员国。创新领导型国家有：丹麦、芬兰、德国、荷兰和瑞典。其中，荷兰由之前的强力创新型国家跃进为创新领导型国家。

第二，强力创新型国家（Strong Innovators），即 SII 指数在欧盟平均值 90%～120% 之间的成员国。强力创新型国家有：奥地利、比利时、法国、爱尔兰、卢森堡、斯洛文尼亚和英国。

第三，中等创新型国家（Moderate Innovators），即 SII 指数在欧盟平均值 50%～90%

之间的成员国。中等创新型国家有：克罗地亚、塞浦路斯、捷克、爱沙尼亚、希腊、匈牙利、意大利、拉脱尼亚、立陶宛、马耳他、波兰、葡萄牙、斯洛伐克和西班牙。其中，拉脱维亚由此前的一般创新型国家进阶到中等创新型国家行列。

第四，一般创新型国家（Modest Innovators），即 SII 指数低于欧盟平均值 50% 的成员国。一般创新型国家有保加利亚和罗马尼亚。

除了 EIS 以外，欧盟委员会还发布了欧洲区域创新记分牌（Regional Innovation Scoreboard，RIS），RIS 是 EIS 报告的区域拓展版，可以评估欧盟各成员国在国家层面上的创新能力与表现，涉及欧盟 22 个成员国的 214 个地区和挪威。RIS 采取了与 EIS 相同的创新指标评估框架，也将各地区按创新能力划分为 4 类，包括 36 个创新领导型地区、65 个强力创新型地区、83 个中等创新型地区和 30 个一般创新型地区。

除上述指数外，国际上关于创新能力的评价还包括英国著名智库罗伯特·哈金斯协会（Robert Huggins Associates）提出的评价全球主要城市的地区知识竞争力的理论框架和模型，即城市知识竞争力指数评价指标体系。罗伯特·哈金斯协会编制的"世界知识竞争力指数"（The World Knowledge Competitiveness Index，WKCI），基本上能够准确并系统地反映"世界知识经济领先地区"——国际知名创新型城市和以创新型城市为核心的创新区域的发展和建设情况。WKCI 被普遍认为是首次对全球最佳表现地区的知识经济进行了度量和综合分析的报告，是衡量各地区知识容量、能力、可持续性，以及将知识转换成经济价值和该地区居民财富的程度的整体综合基准。除此之外，还包括 Furman 等人（2002）构建的"国家创新能力指数"（National Innovation Capacity Index，NICI）、日本 2006 年推出的"日本科技创新指数"等。

（二）中国国家层面创新指数

与国外相比，国内创新指数的研究相对较晚一些。20 世纪 90 年代初，中国学者开始关注国家的创新问题。1992 年，中国社会科学院组织翻译了多西等主编的《技术进步与经济理论》，首次将 NIS 理论引入中国。近年来，中国科学院创新发展研究中心、中国科协发展研究中心、中国科学技术发展战略研究院等机构相继发布了创新能力测度方面的报告。此外，国家统计局也开展了相关研究工作。

1. 中国创新指数（China Innovation Index，CII）

为落实党的十八大报告提出的"实施创新驱动发展战略"精神，客观反映建设创新型国家进程中我国创新能力的发展情况，国家统计局社会科技和文化产业统计司"中国创新指数（CII）研究"课题组研究设计了评价我国创新能力的指标体系和指数编制方法，并对 2005—2011 年中国创新指数及 4 个分指数（创新环境指数、创新投入指数、创新产出指数、创新成效指数）进行了初步测算。中国创新指标体系分成三个层次。第一个层次用以反映我国创新总体发展情况，通过计算创新总指数实现；第二个层次用以反映我国在创新环境、创新投入、创新产出和创新成效等 4 个领域的发展情况，通过计算分领域指数实现；第三个层次用以反映构成创新能力各方面的具体发展情况，通过上述 4 个领域所选取的 21 个评价指标反映构成创新能力各方面的具体发展情况，指标体系框架如表 1－2 所示。

表 1-2　中国创新指标体系框架

指标名称		计量单位	权数
创新环境(1/4)	经济活动人口中大专及以上学历人数	人/万人	1/5
	人均 GDP	元/人	1/5
	信息化指数	%	1/5
	科技拨款占财政拨款的比重	%	1/5
	享受加计扣除减免税企业所占比重	%	1/5
创新投入(1/4)	每万人 R&D 人员全时当量	人年/万人	1/6
	R&D 经费占 GDP 比重	%	1/6
	基础研究人员人均经费	万元/人年	1/6
	R&D 经费占主营业务收入的比重	%	1/6
	有研发机构的企业所占比重	%	1/6
	开展产学研合作的企业所占比重	%	1/6
创新产出(1/4)	每万人科技论文数	篇/万人	1/5
	每万名 R&D 人员专利授权数	件/万人年	1/5
	发明专利授权数占专利授权数的比重	%	1/5
	每百家企业商标拥有量	件/百家	1/5
	每万名科技活动人员技术市场成交额	亿元/万人	1/5
创新成效(1/4)	新产品销售收入占主营业务收入的比重	%	1/5
	高技术产品出口额占货物出口额的比重	%	1/5
	单位 GDP 能耗	吨标准煤/万元	1/5
	劳动生产率	万元/人	1/5
	科技进步贡献率	%	1/5

据国家统计局社会科技和文化产业统计司"中国创新指数（CII）研究"课题组的测算，2005 年以来，我国创新能力稳步提升，在创新环境、创新投入、创新产出和创新成效四个领域均取得了进展。2014 年中国创新指数为 158.2（2005 年为 100），比上年增长 3.7%，其中创新环境指数、创新投入指数、创新产出指数和创新成效指数分别为 155.2、157.8、177.2 和 142.4，分别比上年增长 3.3%、3%、5.2% 和 2.8%。表明我国创新环境继续优化，创新投入力度不断加大，创新产出能力明显提高，创新成效进一步显现。

2. 国家创新指数

为客观监测和评价国家创新能力，科技部所属的中国科学技术发展战略研究院从 2006 年开始开展国家创新指数研究工作，并先后于 2011—2017 年发布了"国家创新指数"系列报告，研究成果为制定《国家"十二五"科学和技术发展规划》提供了科学依据。国家创新指数指标体系旨在监测分析中国当期创新能力发展水平，并与世界其他主要开展研发活动的国家进行动态比较，是基于国家竞争力和创新评价等理论方法的综合性创新型国家评价指标体系。

国家创新能力评价指标体系主要用于评价世界主要国家的创新能力，分析我国创新能力变化的特点和差距。以《国家创新指数报告（2016—2017）》为例，其借鉴了国内外关于"国家竞争力"和"创新评价"等方面的最新研究成果，参考世界经济论坛、瑞士洛桑国际管理发展学院等国际权威机构的评价报告，建立了包括"创新资源""知识创造""企业创新""创新绩效"和"创新环境"5个一级指标、30个二级指标的评价指标体系，选取了占世界研发经费总量98%、占全球GDP总量88%的40个国家作为评价对象，采用国际通用的标杆分析法，测算了40个国家的创新指数。报告显示，世界创新格局基本稳定，中国国家创新指数排名提升至第17位，比上年提升1位。中国创新资源投入持续增加，创新能力发展水平大幅超越了其经济发展阶段，遥遥领先于世界其他发展中国家，突出表现在知识产出效率和质量快速提升、企业创新能力稳步增强等方面。随着创新资源的持续投入以及科技体制机制改革的不断深入，中国创新效率将进一步提升，国家创新能力综合排名将向创新型国家行列稳步迈进。

除上述两个指数外，国内国家层面的创新指数还包括：中国人民大学发布的《中国创新指数研究报告》、孙中震和田今朝（2003）构建的国家创新指数等。

二、城市（地区）层面创新指数

（一）国外城市（地区）层面创新指数

国外城市（地区）层面创新指数最有名的就是硅谷指数（Silicon Valley Index），它是由硅谷联合投资（Joint Venture Silicon Valley）首创，后和硅谷社区基金会（Silicon Valley Community Foundation）联合制定并发布的包含人口、经济、社会、空间和地方行政等内容的综合性区域发展评价报告。1995年首次发布，往后每年年初发布，是研究硅谷地区发展情况的重要资料。

硅谷网联1998年发布的《硅谷2010：一个致力于共同发展的区域框架》报告，根据四大总体发展目标，构建了"硅谷2010目标进展测度体系"，该体系包括创新经济、宜居环境、包容性社会与区域治理4个方面的内容。这个测度体系成为1999年之后硅谷网联编制"硅谷指数"报告的指标参考原型。

2000—2005年的"硅谷指数"中，除了"硅谷2010目标进展测度"指标外，还有另外一类指标，即"地区趋势指标"，这类指标"以年度为基础"，总体上反映硅谷某些关键性的经济变化，追踪硅谷在就业、产业集聚、公司流动、薪酬、商业空间与租金、互联网连接等方面的发展情况，这类指标不分级别层次，指标数量为5~10个不等。2016年，"硅谷指数"将上述两类指标合二为一，形成了统一的硅谷指标体系，合并后的指标体系包括人力资源、创新经济、多样化社区、生活场所、地区治理5个一级指标，人才流动、就业、收入、教育、文艺、健康、安全、公众参与等16个二级指标，二级指标下又细分为59个三级指标。2007—2010年的"硅谷指数"沿用了2006年指标体系中的一级指标，二级指标有所调整，三级指标内容和数量浮动较大，四个年度的三级指标数依次是71个、

77个、86个、82个。

（二）中国城市（地区）层面创新指数

1.《中国区域创新指数报告2015》

2016年3月，四川省社会科学院发布的《中国区域创新指数报告（2015）》是我国首次对286个地级市（含副省级城市）、36个"热点创新区域"及京津冀、"一带一路"和长江经济带三大国家建设区域创新水平进行综合评价的研究成果。《中国区域创新指数报告（2015）》从创新环境、创新投入和创新产出三个维度建立中国区域创新评价指标体系，以我国区域经济发展中的热点地区和关键区域为研究对象，以官方正式发布的各类统计年鉴、统计公报为依据，对中国区域创新活动进行了评价，对提升我国区域创新水平、建设创新型国家具有重要价值。

2. 中国城市创新指数（City Innovation Index of China，CII）

2016年2月，广东省社会科学院联合南方报业传媒集团，共同发布了"中国城市创新指数"。该课题组通过数据分析，结合三链融合理念，找出衡量城市创新的三个关键维度——发展基础、科技研发和产业化，并筛选出8项核心指标，从创新角度反映了中国城市群的空间格局和发展潜力，也通过创新指数得分差异刻画出不同城市的创新特征差异。

研究显示，深圳和北京分别凭借其远超其他城市的产业化能力和科技研发能力，在城市创新水平方面领跑全国，其中，深圳表现出了以企业创新为主的城市新模式在产研一体化、技术转化环节具有强大的优势。在全国城市创新前十强中，长三角占50%，珠三角占30%，这两个地区是全国城市创新的高地，其中，苏州（第4位）、杭州（第5位）等城市由于创新型企业众多、金融服务机构活跃、产业化能力突出，成为全国城市创新的生力军。

3. 中国三十一省区市创新指数

2007年，中国人民大学建立了"中国三十一省区市创新指数"，它包含创新资源能力、创新攻关能力、创新技术实现、创新价值实现、创新人才实现、创新辐射能力、持续创新能力和创新网络能力8个创新要素。该指数从创新投入、创新实现和创新发展3个角度分析我国内地31个省区市的创新能力，重点突出创新实现和创新发展。

4. 张江创新指数

上海统计局2005年开始推出的"张江创新指数"，类似于美国的"硅谷指数"。该指数采用指数统计的方法，来反映科教兴市总体变动方向和程度。该指数由反映原始创新、二次创新、集成创新的16项指标构成。通过分别对园区、重点产业和重点领域进行评估，并采用系统指数方法合成的指标，综合反映上海园区和企业科技创新的能力。张江创新指数是上海科教兴市指标体系的十大核心指标之一，被上海市统计局用来综合评价全市的创新能力和水平。张江创新指数在某种程度上也相当于"上证180指数"。

5. 中关村创新指数

2005年1月，北京市统计局和中关村科技园区管理委员会首次发布"中关村指数"，其主要目的是综合描述北京市高新技术产业发展状况，总体评价北京市高新技术产业发展水平。该指数借鉴了美国"硅谷指数"的编制思想和方法，结合中关村的实际，形成独特、开放式的指标体系，包括创新创业企业、产业发展、创新能力、创新创业环境、国际化、中关村300强和上市公司100强等6个一级指标，涵盖20个二级指标以及122个三级指标。这一指标体系选取最能体现"具有全球影响力的科技创新中心"内涵和特征、最能突出企业主体地位的核心指标，构建了较为全面反映和深入刻画中关村创新、创业和高新技术产业发展的框架体系。

6. 杭州创新指数

"杭州创新指数"是在借鉴美国"硅谷指数"、上海张江创新指数、北京中关村创新指数等国内外先进创新指数的基础上，结合杭州特点设立的指数，用来衡量和评价杭州的创新水平和发展，并以此来指导杭州市各项重大工作的开展。该指数由杭州市科技局、科技信息研究院、统计局协作完成，于2008年7月首次发布。该创新指标体系有3个一级指标（创新基础、创新环境和创新绩效）、7个二级指标（科教投入、人才资源、经济社会环境、创业环境、创新载体、成果产出和经济社会发展）、23个三级指标。

除此之外，国内城市层面的创新指数还有济南市创新型城市建设综合评价体系、陕西创新指数、青岛城市创新指数等。

表1-3对国内外主要的创新指数进行了比较和总结，我们从不同视角出发，既有对国家层面的创新能力评价，又有对城市层面的创新能力评价，对创新理解的角度不同，各创新指数的构成也不尽相同。国内外现有关于创新指数的研究成果，为构建珠海市创新指数提供了诸多启示。综观上述创新指数，可以发现有以下几个特点：

（1）创新指数评价目的明确。各创新指数都有明确的评价目的，欧盟指数对欧盟成员国的创新绩效进行定量比较，以美国和日本为标杆，分析欧盟各国的创新优势和劣势；硅谷指数主要反映硅谷的综合发展状况；杭州创新指数主要反映杭州市创新发展的现状、水平与层次。

表1-3　主要创新指数的比较

创新指数	测评对象	侧重内容	指标测评范围
欧盟创新指数	欧盟各国、美国、日本	创新绩效	创新推动、企业创新行为、创新产出
国家创新能力指数	OECD 17个成员国	国家创新能力	创新产出、公共创新基础设施质量、特定产业集群创新环境、创新联系质量
全球知识竞争力指数	全球主要都市圈	知识创新	人力资本、知识资本、金融资本、地区经济产出、知识可持续性
硅谷指数	硅谷	综合发展	人口、经济、社会、空间、管理
全球创新指数	全球132个国家和地区	国家创新能力	制度和政策、创新驱动、知识创造、企业创新、技术应用与知识产权

（续上表）

创新指数	测评对象	侧重内容	指标测评范围
中国三十一省区市创新指数	内地31个省区市	省区市创新能力	创新资源能力、创新攻关能力、创新技术实现、创新价值实现、创新人才实现、创新辐射能力、持续创新能力、创新网络能力
张江创新指数	张江园区	园区创新能力	创新环境、创新主体、创新人才、创新投入、创新成果、创新水平
杭州创新指数	杭州市	创新能力	创新基础、创新环境、创新绩效
中关村创新指数	北京6个高新技术产业	高新技术产业发展	经济增长、经济效益、技术创新、人力资本、企业发展
中国企业创新发展指数2010	各省份及各行业企业	企业创新	创新基础、创新能力、创新活动、创新绩效
中国城市创新指数	内地60个城市	城市创新能力	发展基础、科技研发能力、产业化能力

（2）指标体系层次分明。评价指标体系一般由两层或三层指标构成，每层指标间具有极强的内在逻辑联系，共同构成了完整的评价指标体系。杭州创新指数一级指标包括创新基础、创新环境和创新绩效3个方面，二级指标包括科教投入、人才资源、经济社会环境、创业环境、创新载体、成果产出和经济社会发展7个层面，三级指标共23个，指标体系结构清晰，层次分明。

（3）存在具有普遍意义的重要创新指标。通过分析对比上述国内外具有代表性的创新指数，结合表1-3所示的异同点对比结果，我们对各创新指数的重点指标进行了比较。可以看出，国内外的创新指数存在具有普遍重要意义的创新指标。其中，资金投入、人员数量、知识产权、创新产出和创新环境是国内外创新指数都采用的指标，可以将其归纳为3类指标：创新基础、创新绩效和创新环境。

（4）指标选取不尽相同。由于受国内外实际情况及调查指标类别的限制，国内与国外选用的评价指标有所不同。具体表现在：国外的创新指数尤其注重互联网接入率、风险投资、人员素质和创新障碍考核，而国内相关考核指标很少；国内创新指数注重总盈利状况，并对不同类别的企业做了不同处理，如用高技术产品出口占出口总额的比重、文化创意产业增加值占服务业增加值的比重和工业新产品产值率等指标分别体现。

第三节 珠海市创新指数

一、指数体系的构建

选择适当的指标是评价珠海市创新水平的重要基础，也是验证指数可信度的关键。我们根据以下几个原则来构建珠海市近六年来的创新指数：

（1）科学性原则。评价指标的内容和内涵应建立在创新理论基础上，科学地选取评价指标，采用科学合理的评价方法，确保评价结果的客观、公正、准确及合理，保证其科学性和权威性。评价指标应能准确地反映珠海市创新活动的真实情况和发展变化趋势。

（2）系统性原则。城市的创新活动是多层次多角度的系统工程，创新指数评价指标体系应该能够真实反映出城市创新能力的各个侧面，形成一个共同的有机整体，力求能综合反映该城市的创新能力，同时又形成整体与局部的统一、长期与短期的结合。

（3）可操作性原则。为了使城市的创新指数在现实中得到应用，所以在遵循科学性和系统性原则的基础上，指标的选取应保证可获取性，力求数据的可操作性。指标数据要尽可能可以量化，定量指标要保证数据的真实、有效并可计算。另外，测评方法要易于掌握，以减少测评负担。

（4）可比性原则。为了准确定位城市的创新水平，创新指数评价指标应该有可比性，不仅在时间上可比，在一定的空间范围内同样可比。因此，在选择指标时尽量选取具有共性的综合性指标，必须明确每个统计指标的统计含义、适用范围、统计口径等，并尽量标准化，以保证指标的可比性，从而可以动态反映该城市在不同的发展阶段的创新能力和变化趋势，以及该城市与区域内其他城市的直观对比，便于做出相应的决策。

（5）独立性与关联性原则。独立性是指创新指数评价指标体系内相对独立的子系统和相对独立的用以反映系统内部特征和状态的指标。关联性则是指创新指数评价指标体系内子系统相互关联，使之形成一个有机整体。另外子系统内部各指标间的相互作用也为分析子系统的状态与特征提供了依据。

（6）简洁性原则。虽然使用较多的观测指标在一定程度上可以实现更全面客观的评价，但也对数据质量提出了更高的要求。如果数据质量不够理想，多指标意味着更大误差，评价的科学性反而下降。因此，构建创新指数时，将同类指标先进行分类，再从各大类中选取具有代表性的指标，并尽可能覆盖同类指标，剔除一些共线性高的冗余指标，精简指标数量，以提高指标体系的准确性。

除此之外，为了突出城市的特点，在考虑将国内外共性度较高的创新指标作为备选指标的基础上，我们还将从珠海市的现实出发，选择具有时代特征、珠海特色的创新指标，使珠海创新指数更具区域特征。

依据以上创新指数构建的设计思路，我们选择了创新环境、创新投入和创新绩效等3个基本维度来评价珠海市2011—2016年的创新水平，构建了1个包含3个一级指标、8个二级指标和22个三级指标的珠海市创新指数评价体系，具体见表1-4。

表1-4　珠海市创新指数指标体系

一级指标	二级指标	三级指标
创新环境	经济环境	人均GDP（万元）
		实际利用外资额（万美元）
		互联网宽带普及率（%）
		移动电话普及率（%）
	创新载体	万人拥有的金融机构（家）
		高新技术企业数（家）
		国家级、省级工程技术研究中心（家）
	创新成分	民营经济增加值占GDP比重（%）
		民营经济增加值增长率（%）
创新投入	经费投入	全社会R&D投入占GDP比重（%）
		科学技术支出占地方财政支出比重（%）
		教育支出占地方财政支出比重（%）
		工业企业①R&D经费内部支出占主营收入比重（%）
	人力投入	工业企业每万从业人员中R&D人员数（人）
		每万人口高校在校生数（人）
创新绩效	创新产出	每万人口发明专利授权量（项/万人）
		每万人口技术合同成交额（亿元/万人）
	结构优化	高新技术产品产值占工业总产值比重（%）
		高技术制造业增加值占工业比重（%）
		工业新产品产值率（%）
	资源效率提升	单位GDP能耗（吨标准煤/万元）
		全员劳动生产率（万元/人）

数据来源：历年《广东省统计年鉴》《广东省科技统计年鉴》《珠海市统计年鉴》《珠海市国民经济和社会发展统计公报》。

　　该指标体系中，有1个逆向指标，即单位GDP能耗，即指标值越大，表明资源消耗的增速越快，资源利用效率越低，因此创新绩效也越低。总体来看，这一框架结构将珠海市创新指数分成了三个层次：第一层次，通过计算创新总指数，分析珠海市近几年创新发展的总体情况；第二层次，通过计算分领域指数，分析城市在创新环境、创新投入和创新绩效三个领域的发展情况；第三层次，通过上述三个领域所选取的22个评价指标得出创新能力各方面的具体发展情况。本章构建的指标体系具有以下几个方面的特点：

　　（1）充分体现创新环境的重要作用。在创新环境一级指标下，不仅包含了基础性的经

———————————

　　①　工业企业指的是规模以上工业企业，下同。

济社会综合环境指标，如宏观经济环境、各类创新载体等，同时还加入了创新成分这一具有地方特色的指标，民营经济作为区域创新体系的重要组成部分，是珠海市创新的驱动力量。将创新成分纳入创新指数的考量中，既体现了城市及区域特色，又丰富了创新指数的内涵。

（2）充分体现创新对经济社会发展的影响。在创新绩效的一级指标下，构建了直观性的创新产出，以及反映产品结构优化的经济指标。此外，本指标体系重视贯彻科学发展观，引入了能集中反映资源效率提升的三级指标，如单位 GDP 能耗、全员劳动生产率等。

（3）充分体现企业作为创新主体的地位。指标体系中包含了较多能反映企业创新的指标，如：高新技术企业数、工业企业 R&D 经费内部支出占主营收入比重、工业新产品产值率、高新技术产品产值占工业总产值比重等，从而使企业创新的主体地位得到了充分体现。

（4）充分体现人才对创新发展的支撑引领作用。要实施创新驱动发展战略，就必须加快建设人才队伍，大力提高人才的创新能力，充分发挥人才在创新发展中的引领作用。在构建指标体系时，我们引入了工业企业每万从业人员中 R&D 人员数、每万人口高校在校生数等指标。

（5）引入政府在推动城市创新发展的作用等方面的指标。指标体系在体现企业作为创新主体的地位的同时，也引入了政府对推动创新发展的作用方面的指标，如：科学技术支出占地方财政支出比重、教育支出占地方财政支出比重等指标。

（一）创新环境

创新环境主要反映支撑城市创新的基础条件，创新活动的开展离不开一定的经济社会发展水平的依托，良好的发展基础和发展潜力对吸引创新要素集聚、提高创新资源储备具有直接的促进作用，共设 3 个二级指标和 9 个三级指标。

1. 经济环境

主要反映一个城市或地区的经济整体发展状况，具体来看，包括 4 个三级指标：人均 GDP、实际利用外资额、互联网宽带普及率、移动电话普及率。其中，人均 GDP 是衡量一个城市经济发展水平最具代表性的指标；实际利用外资额代表了城市的开放水平以及城市获取国际技术溢出的能力；互联网宽带普及率＝互联网用户数/年末常住人口，移动电话普及率＝移动电话用户数/年末常住人口，这两个指标反映了城市的信息化水平。信息化建设既是科技发展的直接成果和体现，又是创新活动得以顺利开展的条件。

2. 创新载体

主要反映一个城市或地区创新基础设施、市场环境等发展状况。具体来看，包括 3 个三级指标：万人拥有的金融机构数，高新技术企业数，国家级、省级工程技术研究中心。其中，万人拥有的金融机构数测量了城市为创新提供科技金融支撑的能力；高新技术企业是指在国家重点支持的高新技术领域内，持续进行研究开发与技术成果转化，形成企业核心自主知识产权，并以此为基础开展经营活动，在中国境内（未包括港、澳、台地区）注册一年以上的居民企业。高新技术企业是知识密集、技术密集的经济实体，高新技术企业数反映了企业作为城市创新主体的知识溢出和集聚效应。国家级、省级工程技术研究中心是依托于行业、领域科技实力雄厚的重点科研机构、科技型企业或高校设立的，拥有国内一流工程技术研究开发、设计和试验的专业人才队伍，具有较完备的工程技术综合配套试验条件，能够提供多种综合性服务，与企业密切联系的机构。省级以上工程技术研究中心的数量反映了城市高端技术研究的实力。

3. 创新成分

主要反映一个城市或地区民营经济的发展状况。民营经济作为城市技术创新体系的重要组成部分，既是实现技术创新、加快科技成果转化的有效载体，也是推动城市经济创新发展的重要源泉，在促进城市创新中发挥着重要作用。当前广东经济步入换挡提质期，民营经济发挥的作用愈加突出，民营经济对全省及各市经济增长的贡献率不断提高，成为各市稳定经济增长的重要引擎。具体来看，包括 2 个三级指标：民营经济增加值占 GDP 比重、民营经济增加值增长率。这两个指标分别从民营经济的相对规模和增长潜力两个方面刻画了该城市民营经济的发展现状。

（二）创新投入

创新投入是通过创新的人力和经费投入来反映城市创新体系中各主体的作用和关系的指标，共设 2 个二级指标和 6 个三级指标。

1. 经费投入

创新本身需要资金支持，在经费投入方面要充分发挥地方政府财政资金的引导作用，激励企业开展科技创新，鼓励和引导企业和各类学校加大科研投入。具体来看，包括 4 个二级指标：全社会 R&D 投入占 GDP 比重、科学技术支出占地方财政支出比重、教育支出占地方财政支出比重、工业企业 R&D 经费内部支出占主营收入比重。全社会 R&D 投入占 GDP 比重是国际上通用的衡量国家或地区科技投入水平最为重要、最为综合的指标；科学技术支出占地方财政支出比重、教育支出占地方财政支出比重这两个指标是衡量地方政府在科技、教育投入力度的重要指标；工业企业 R&D 经费内部支出占主营收入比重衡量了工业企业在科技经费投入方面的力度。

2. 人力投入

人才对创新发展具有支撑引领作用，该指标主要反映城市在人才储备方面的情况。具体来看，包括 2 个三级指标：工业企业每万从业人员中 R&D 人员数、每万人口高校在校生数。为了消除城市人口规模的影响，这两个人力投入指标均做了标准化处理。其中，工业企业每万从业人员中 R&D 人员数是衡量企业创新人力投入水平的重要指标，直接反映了作为城市创新主体的企业拥有的创新人力资源；每万人口高校在校生数反映了城市人群受高等教育的水平，创新与教育是密不可分的，教育不仅是知识和专业技能的直接来源，而且一定规模的高校生对城市创新活动的支持和影响也不容忽略。高校生虽不属于专业技术人员，但从近年来科技论文作者的构成看，在校博士研究生和硕士研究生已渐成为研究的主力，是城市重要的科技活动人力投入。

（三）创新绩效

创新绩效是城市各类创新活动取得的产出和效果，测量了科技成果产业化的能力，是城市创新发展水平的重要体现。在该指标下，分别从产出、结构和效率三个方面衡量了城市的创新绩效，共包括 3 个二级指标和 7 个三级指标。

1. 创新产出

从专利和技术成果成交额两个方面来衡量创新产出结果。具体来看，包括 2 个三级指标：每万人口发明专利授权量、每万人口技术合同成交额。其中，每万人口发明专利授权量反映的是一个城市在一定时期（通常为一年）发明专利产生的数量，是测量城市科技活动产出水平的重要指标；每万人口技术合同成交额反映了技术成果的市场化水平，技术市场的发展和技术成果交易的繁荣，对技术成果迅速转化为生产力具有十分重要的作用。

2. 结构优化

结构优化从产品结构的角度，测量城市科技成果产业化的能力。具体来看，包括 3 个三级指标：高新技术产品产值占工业总产值比重、高技术制造业增加值占工业比重、工业新产品产值率。其中，高新技术产品以高新技术为基础，这种产品所拥有的关键技术往往开发难度很大，一旦开发成功，却具有高于一般的经济效益和社会效益。产品的主导技术必须属于所确定的高技术领域，而且必须包括高技术领域中处于技术前沿的工艺或技术突破。根据这一标准，高新技术产业主要包括信息技术、生物技术、新材料技术三大领域，高新技术产品产值占工业总产值比重反映了城市产业结构中高新技术产业的发展情况。高技术产业是指用当代尖端技术生产高技术产品的产业群，是研究开发投入高、研究开发人员比重大的产业。高技术制造业增加值占工业比重反映了高技术制造业的比例。工业新产品产值率是工业企业在一定报告期内新产品产值占企业产品总值的比率，新产品是指采用新技术原理、新设计构思研制、生产的全新产品，或在结构、材质、工艺等某一方面比原有产品有明显改进，从而显著提高了产品性能或扩大了使用功能的产品，新产品产值率代表了企业在产品生产上的创新。

3. 资源效率提升

区别于劳动和资本对经济社会外延发展的作用，创新的绩效之一体现为对集约型经济发展方式的促进，而集约式经济增长方式具体体现为人、财、物的节约和使用效率的提高。资源效率提升主要反映该城市在资源利用和效率提升方面取得的成效，具体来看，包括 2 个三级指标：单位 GDP 能耗、全员劳动生产率。其中，单位 GDP 能耗为逆向指标，即单位 GDP 能耗越低，代表资源效率提升越高，创新绩效也越高，这一指标衡量了创新对于能源使用效率的改善；全员劳动生产率是从劳动节约的角度反映经济发展方式转变的指标，是指生产总值与就业人员数之比。

二、指数权重的设计

首先，为了消除不同量纲的影响，我们采用线性函数法中的基准值比较法对三级指标进行标准化处理。这里以 2011 年为基期，即将 2011 年珠海市的各项数据指标设为 100 分，其他年份的数据根据与基年的比例进行调整①，即

$$X_{i,j} = \frac{y_{i,j}}{y_{2011,j}} \times 100$$

其中，$y_{i,j}$ 表示第 i 年第 j 个三级指标的原始数据，$X_{i,j}$ 表示第 i 年第 j 个三级指标的标准化数据（$X_{2011,j}=100，\forall j$），从而得到逐年可比的数据列表。

其次，关于指标权重的设计，确定好指标权重是构建城市创新指数的关键环节。权重的合理性，会直接影响到指数的评价质量。权重要突出重点，体现导向性，同时要反映动态变化。目前，确定指标权重的方法主要有主观赋权、客观赋权和主客观组合赋权三大类方法。在每类赋权方法下又有很多具体方法，如主观赋权法包括相对比较法、连环比率法、德尔菲法、层次分析法以及模糊评分法等；客观赋权法包括熵权法、均方差法、逼近理想点法、主成分分析法、拉开档次法、集对分析法以及数据包络分析法等；主客观组合赋权法是将上述两大类方法进行组合。客观赋权法的原理是根据各个指数数据的方差大小赋值，方差越大，权重越高。客观赋权法的好处是屏蔽了人为认识的误差，核心不足在于它无法体现出指标的现实重要性。我们同时使用了主观赋权法中的层次分析法和客观赋权法中的主成分分析法进行测算，结果表明还是主观赋权法计算出的结果更贴近人们的现实认知，因此，我们最终选择使用主观赋权法中的层次分析法确定各个指标的权重。我们邀请了省内外高校的 20 名专家②对该指数的各级指标进行打分，然后计算各评价指标的重要性权数，同时对判断矩阵进行一致性检验，确定计算结果的合理性，并最终计算出创新指数各级指标的权重，如表 1 - 5 所示。

表 1 - 5　珠海市创新指数指标体系权重结构

一级指标	一级指标权重	二级指标	二级指标权重	三级指标	三级指标权重
创新环境	0.19	经济环境	0.42	人均 GDP	0.47
				实际利用外资额	0.27
				互联网宽带普及率	0.13
				移动电话普及率	0.13
		创新载体	0.47	万人拥有的金融机构	0.22
				高新技术企业数	0.44
				国家级、省级工程技术研究中心	0.34
		创新成分	0.11	民营经济增加值占 GDP 比重	0.50
				民营经济增加值增长率	0.50

① 单位 GDP 能耗这一指标由于是逆向指标，所以采用反向比例进行调整。
② 这些高校包括中山大学、暨南大学、北京大学、中央财经大学、对外经济贸易大学、重庆大学等。

（续上表）

一级指标	一级指标权重	二级指标	二级指标权重	三级指标	三级指标权重
创新投入	0.28	经费投入	0.64	全社会 R&D 投入占 GDP 比重	0.33
				科学技术支出占地方财政支出比重	0.24
				教育支出占地方财政支出比重	0.10
				工业企业 R&D 经费内部支出占主营收入比重	0.33
		人力投入	0.36	工业企业每万从业人员中 R&D 人员数	0.70
				每万人口高校在校生数	0.30
创新绩效	0.53	创新产出	0.40	每万人口发明专利授权量	0.54
				每万人口技术合同成交额	0.46
		结构优化	0.40	高新技术产品产值占工业总产值比重	0.34
				高技术制造业增加值占工业比重	0.33
				工业新产品产值率	0.33
		资源效率提升	0.20	单位 GDP 能耗	0.40
				全员劳动生产率	0.60

一级指标的权重基本符合国内主要创新指数的计算结果，如中国城市创新指数、广东中小企业创新指数等。

最后，采用线性加权求和法，将标准化后的指标数据从三级指标向一级指标逐级进行线性加权计算，得到各级指标指数后，将 3 项一级指标进行加权加总合成总指数。

三、珠海市创新指数及分析

按照前文所述的珠海市创新指数评价指标体系，本部分将对珠海市 2011—2016 年的创新情况进行综合评价。

（一）创新指数综合得分

如图 1-1 所示，从总体来看，珠海市的创新指数综合得分近六年来呈现稳步增长趋势，从 2011 年（基期）的 100 分提升到了 2016 年的 200.19 分，年平均增长 14.89%。表明近年来随着创新型城市建设的进一步深入，珠海市的创新能力得到持续提高。特别是在 2015—2016 年，珠海市的创新指数加速提升，增长率达到了 17.91%，珠海市的创新水平进入了加速增长阶段。

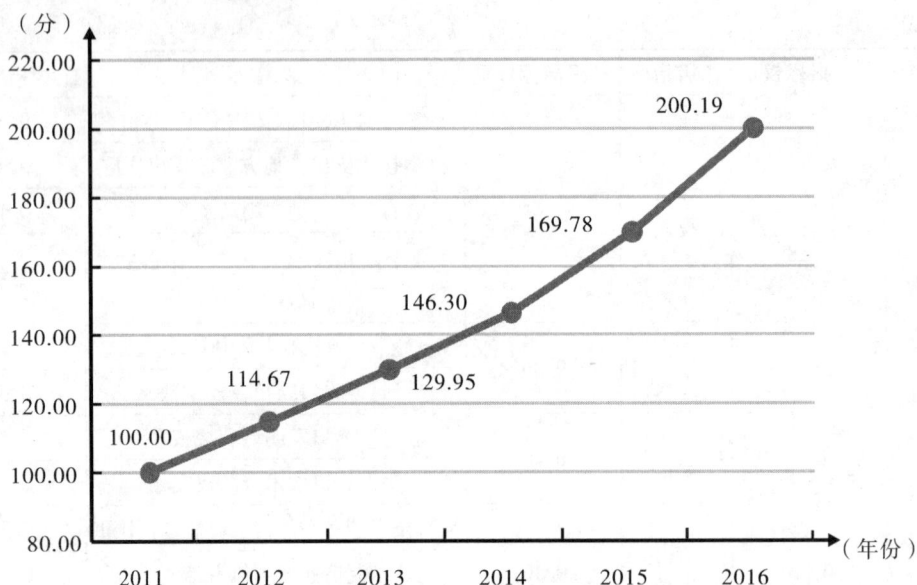

图 1 – 1　珠海市 2011—2016 年创新指数增长趋势

（二）创新指数一级指标分析

1. 创新环境稳步上升

如图 1 – 2 所示，珠海市创新环境指标由 2011 年的 100 分持续增加到 2016 年的 228.49 分，年均增长率达到 17.97%，是 3 个一级指标中增长最快的。尤其是 2012—2013 年，创新环境指标得到大幅提升，年增长率达到 35.11%，2015—2016 年的增长率也达到了 31.60%，奠定了创新环境的新高度。进一步地，我们对创新环境指标下的各个二级指标进行分析，见图 1 – 3 至 1 –5。

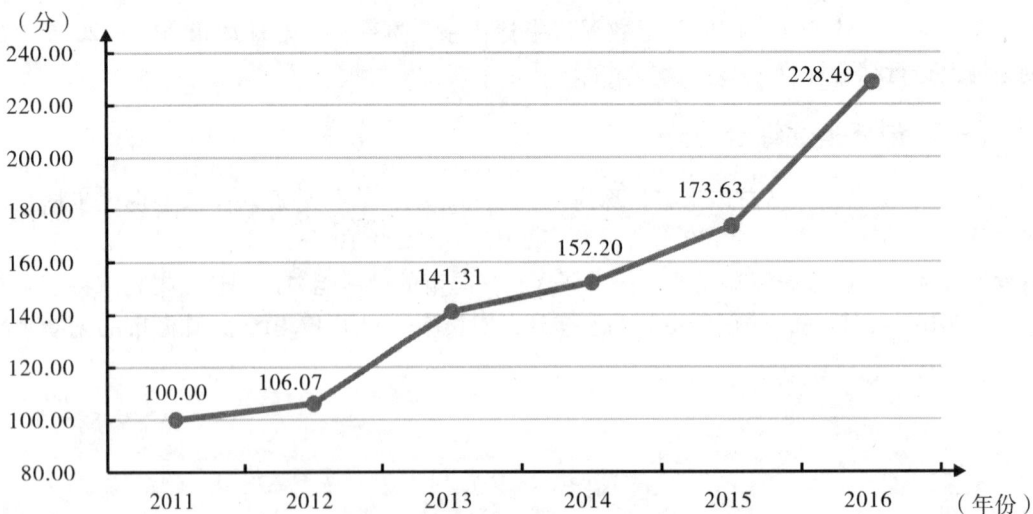

图 1 – 2　珠海市 2011—2016 年创新环境指标增长趋势

如图 1-3 所示，2011—2016 年，珠海市的经济环境指标由 100 分稳步增长到 149.50 分，年均增长率为 8.37%。从 2012 年开始，经济环境指标保持了近似匀速上升的趋势。经济环境指标中人均 GDP 由 2011 年的 8.98 万元增长到 2016 年的 13.45 万元，年均增长率为 8.41%；实际利用外资额由 2011 年的 135 189 万美元增加到 2016 年的 229 466 万美元，年均增长率为 11.16%；互联网宽带普及率由 2011 年的 37.7% 增长到 2016 年的 50.1%，年均增长率为 5.84%；移动电话普及率由 2011 年的 163.5% 增长到 2016 年的 201.3%，年均增长率为 4.25%。纵观这几个指标，经济环境指标的大幅提升主要来源于珠海市近些年来实际利用外资额的迅速增长。

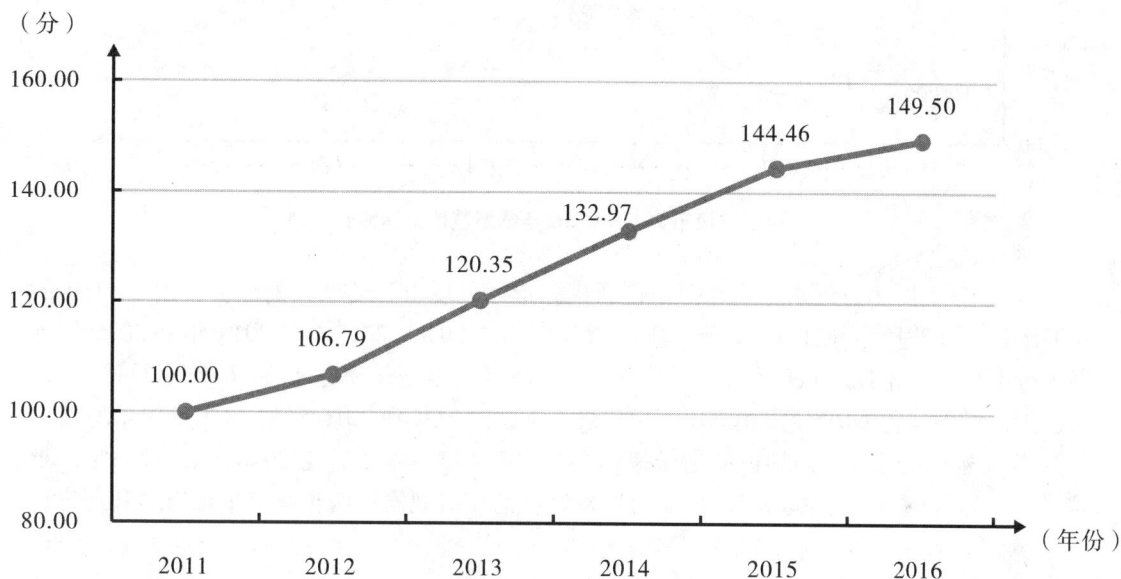

图 1-3 珠海市 2011—2016 年经济环境指标增长趋势

图 1-4 表明了珠海市创新载体指标的增长趋势，2011—2016 年，创新载体由 100 分增长到 326.46 分，年均增长率达到 26.70%。创新载体在 2012—2013 年实现了大幅增长，增长率高达 55.28%；2015—2016 年的增长也十分迅速，增长率达到 48.80%。具体来看，万人拥有的金融机构数增长比较缓慢，从 2011 年的 2.65 家/万人增长到 2016 年的 3.03 家/万人，年均增长率为 2.66%；高新技术企业数由 2011 年的 244 家增长到 2016 年的 787 家，年均增长率为 26.39%；国家级、省级工程技术研究中心近六年来实现了迅猛增长，由 2011 年的 29 家增长到 2016 年的 135 家，年均增长率高达 36.22%，其中 2012 年至 2013 年，由 30 家增加到 73 家，增加了两倍多。因此，国家级、省级工程技术研究中心的快速增长带动了创新载体的高速增长。

（分）

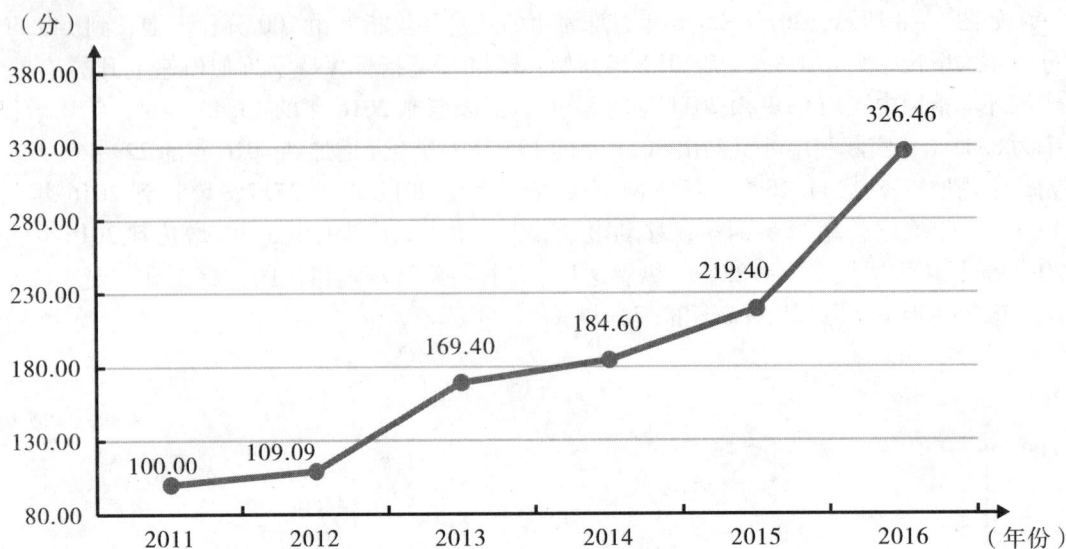

图1-4　珠海市2011—2016年创新载体指标增长趋势

　　如图1-5所示，近六年来珠海市创新成分指标呈现出波动增长的趋势，由2011年的100分增长到2016年的111.51分，年均增长率为2.20%。2012年、2014年和2015年创新成分指标都处于比较低的位置，2016年大幅回升，年增长率达到24.62%。具体来看，民营经济增加值占GDP比重由2011年的31.1%持续增长到2016年的34.9%，年均增长率为2.33%；民营经济增加值的增长率由2011年的11.1%上升至2016年的12.3%，年均增长率为2.07%。总体来看，珠海市民营经济的相对规模和增长率都呈现出上升态势。

（分）

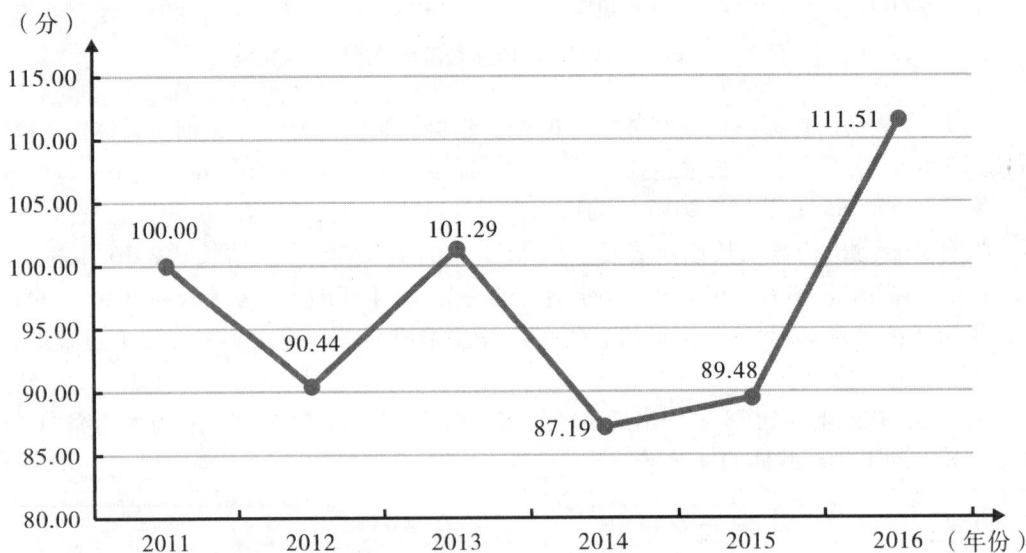

图1-5　珠海市2011—2016年创新成分指标增长趋势

2. 创新投入逐年递增

如图 1 – 6 所示，珠海市创新投入指标由 2011 年的 100 分持续增长到 2016 年的 141.79 分，年均增长率达到 7.23%。其中，2011—2012 年，创新投入指标得到大幅提升，年增长率达到 17.96%。进一步地，我们对创新投入指标下的各个二级指标进行分析，见图 1 –7 至图 1 – 8。

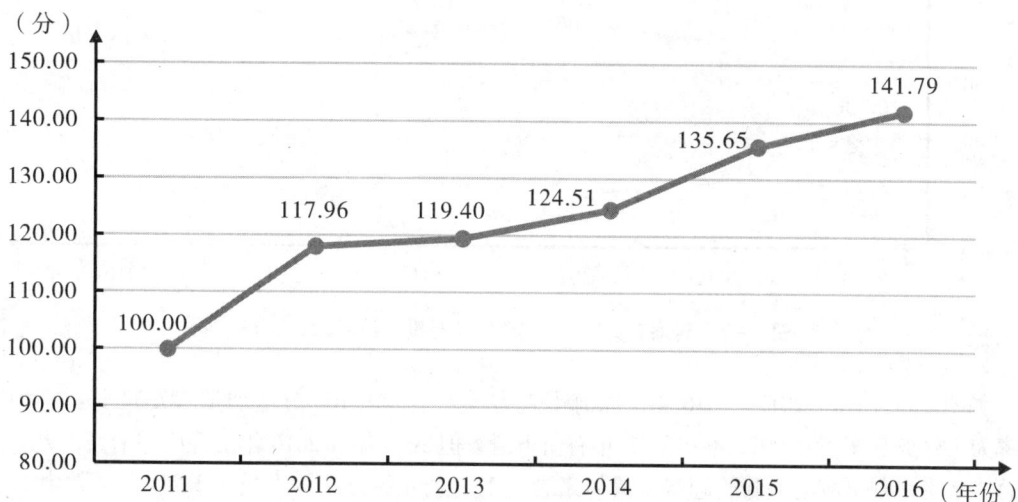

图 1 – 6　珠海市 2011—2016 年创新投入指标增长趋势

如图 1 –7 所示，2011—2016 年，珠海市经费投入指标由 100 分增加到 149.90 分，年均增长率为 8.43%，其中，2014—2015 年的经费投入指标大幅提高，增长率达到 20.22%。具体来看，全社会 R&D 投入占 GDP 比重由 2011 年的 2.01% 增加到 2016 年的 2.48%，年均增长率为 4.29%；科学技术支出占地方财政支出比重由 2011 年的 3.86% 增加到 2016 年的 8.45%，年均增长率达到 16.96%；教育支出占地方财政支出比重由 2011 年的 16.57% 降至 2016 年的 13.73%，年均增长率为 –3.70%；工业企业 R&D 经费内部支出占主营收入比重由 2011 年的 0.79% 增加到 2016 年的 1.16%，年均增长率为 7.95%。综合而言，虽然地方财政支出中教育支出的比重在近几年持续降低，但是科学技术支出比例大幅增加，尤其是 2014—2015 年，从 4.54% 迅速提高到了 7.36%，推动了经费投入指标的提升。

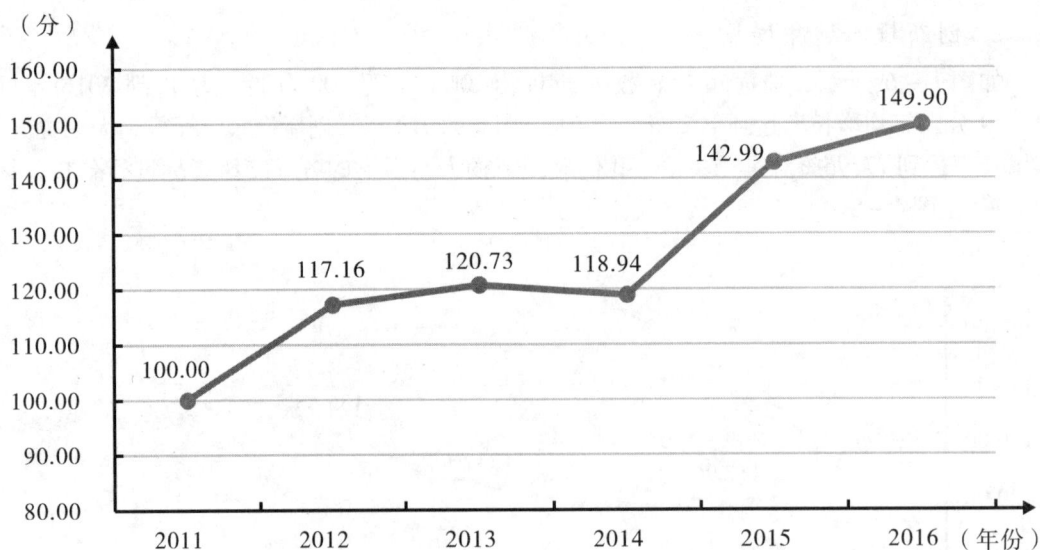

图 1-7　珠海市 2011—2016 年经费投入指标增长趋势

　　如图 1-8 所示，2011—2016 年，珠海市人力投入指标由 100 分增加到 127.37 分，年均增长率为 4.96%，虽然在 2013 年和 2015 年有所下滑，但 2014 年和 2016 年出现反弹增长，人力投入总体来看呈现出波动上升的趋势。具体来看，工业企业每万从业人员中 R&D 人员数由 2011 年的 288 人增长到 2016 年的 391 人，年均增长率为 6.36%；每万人口高校在校生数由 2011 年的 746 人增长到 2016 年的 798 人，年均增长率为 1.35%。高校在校生数在近几年基本保持了温和上升的趋势，每万人口工业企业 R&D 人员数出现了一定的波动，在 2014 年达到了最高的 417 人，但是 2016 年又降回 391 人。

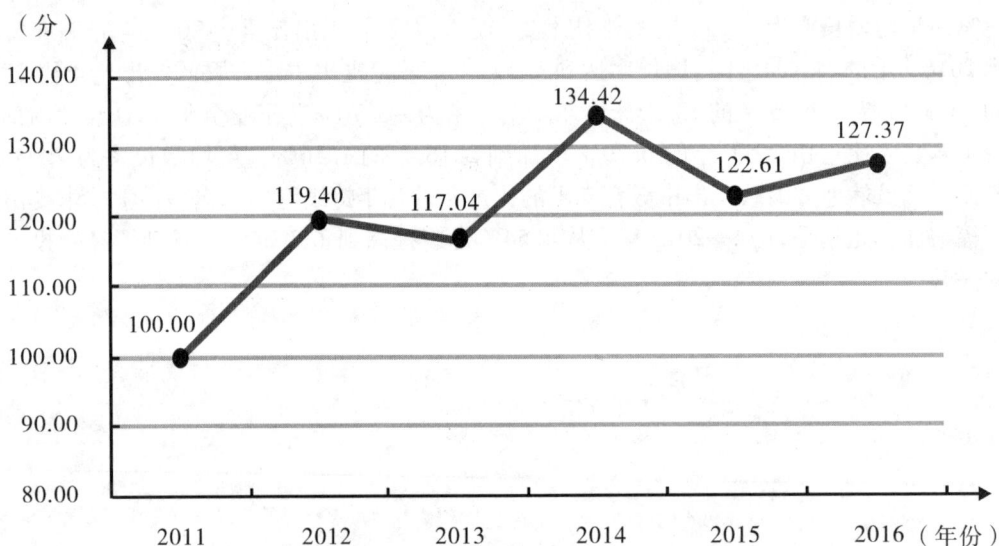

图 1-8　珠海市 2011—2016 年人力投入指标增长趋势

3. 创新绩效增长显著

如图1-9所示，珠海市创新绩效指标由2011年的100分持续增加到2016年的220.89分，年均增长率达到17.18%，与创新环境的年均增长率相当，均超过了17%，也是创新指标中权重最高的一个，因此，创新绩效的大幅提升是珠海市创新指数增长的重要推动力量。进一步地，我们对创新绩效指标下的各个二级指标进行分析，见图1-10至图1-12。

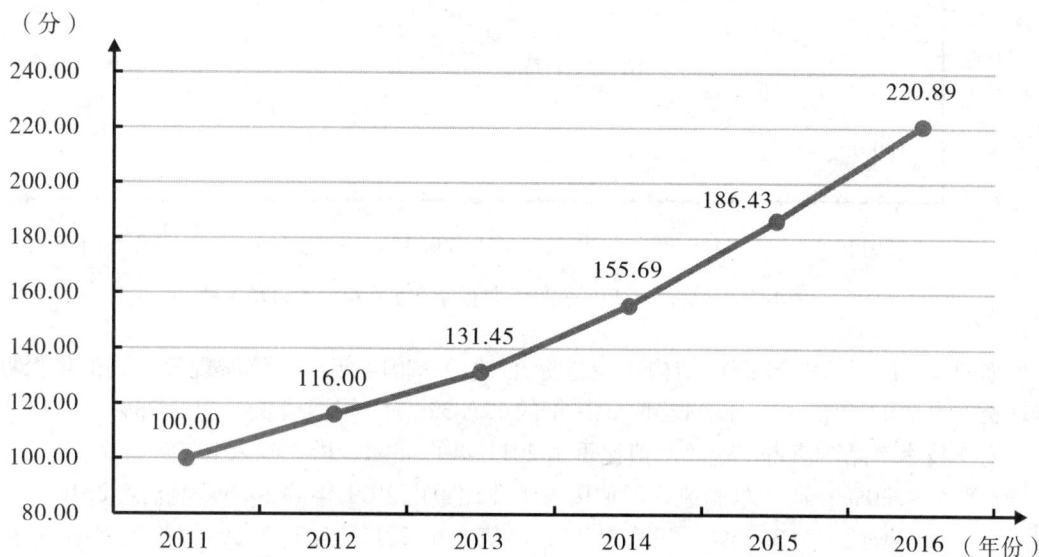

图1-9 珠海市2011—2016年创新绩效指标增长趋势

如图1-10所示，珠海市创新产出指标由2011年的100分大幅增长到2016年的354.68分，年均增长率达到28.82%，创新产出实现了快速提升。具体来看，每万人口发明专利授权量由2011年的2.06项/万人大幅增长到2016年的10.72项/万人，年均增长率为39.08%；每万人口技术合同成交额由2011年的54.86亿元/万人增长到2016年的87.92亿元/万人，年均增长率为9.89%。这两项指标在近六年均实现了大幅提高，尤其是2016年的发明专利授权量是2011年的5倍。

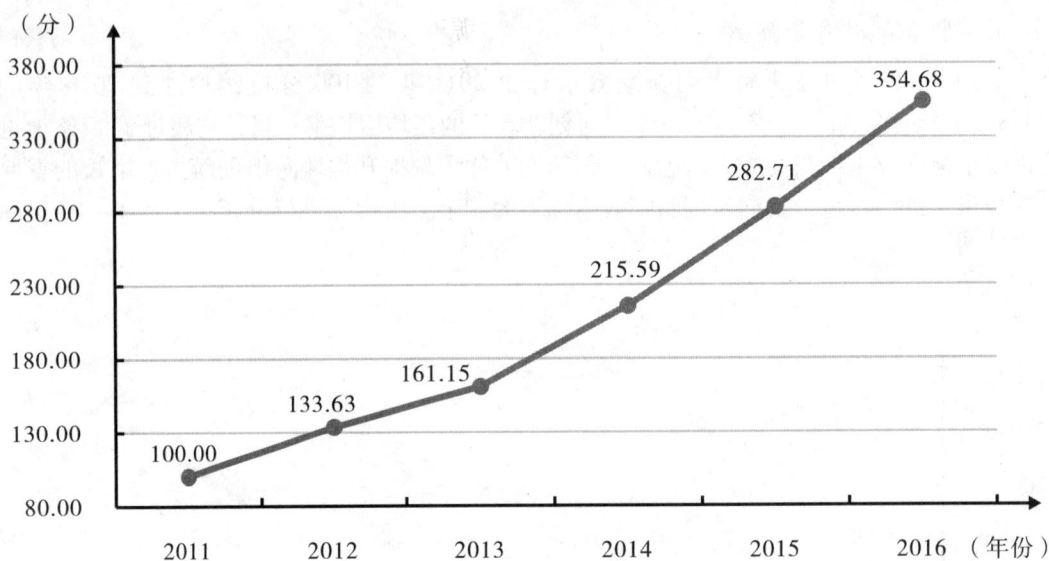

图 1 - 10　珠海市 2011—2016 年创新产出指标增长趋势

如图 1 - 11 所示，珠海市结构优化指标在 2013—2014 年出现停滞现象，其他年份稳步增长，由 2011 年的 100 分增长到 2016 年的 129.32 分，年均增长率为 5.28%。具体来看，高新技术产品产值占工业总产值比重由 2011 年的 45.8% 增长到 2016 年的 56.2%，年均增长率为 4.20%；高技术制造业增加值占工业比重由 2011 年的 24.6% 增长到 2016 年的 28.6%，年均增长率为 3.06%；工业新产品产值率由 2011 年的 22.2% 增长到 2016 年的 33.1%，年均增长率为 8.31%。总体来看，这几项指标均呈现出稳中有升的趋势。

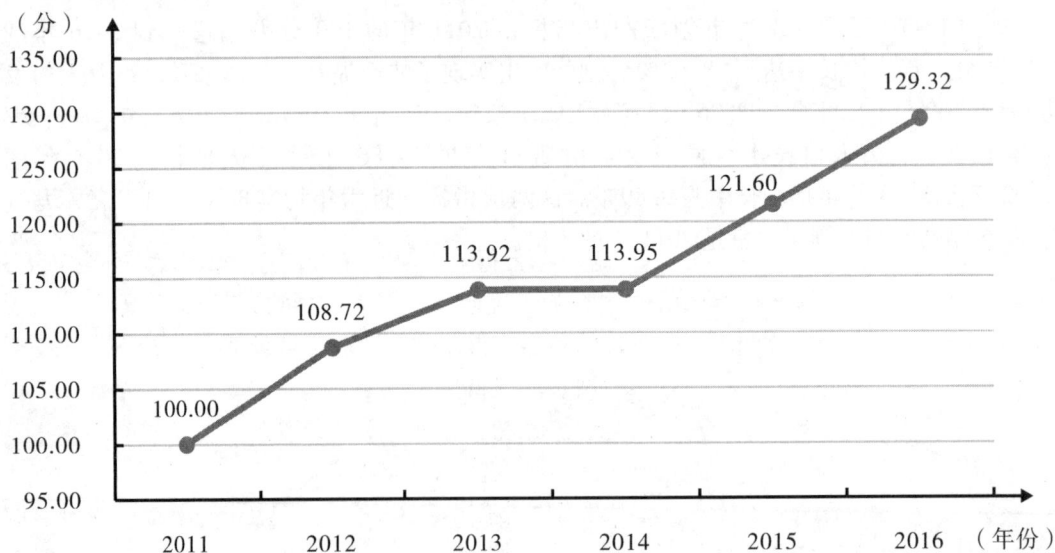

图 1 - 11　珠海市 2011—2016 年结构优化指标增长趋势

如图 1 - 12 所示，2011—2016 年，珠海市资源效率提升指标由 100 分增长到 136.45 分，年均增长率为 6.41%，除了 2012 年稍有下降，其余年份均呈上升趋势。具体来看，单位 GDP 能耗由 2011 年的 0.503 吨标准煤/万元下降到 2016 年的 0.408 吨标准煤/万元，由于该指标为逆向指标，标准化后的指标年均增长率为 4.28%；劳动生产率由 2011 年的 16.47 万元/人增长到 2016 年的 23.92 万元/人，年均增长率为 7.75%。单位 GDP 能耗在近些年持续降低，表明珠海市的能源利用率一直在提高。劳动生产率除了在 2012 年有所下降，总体来看也呈稳步上升的态势。

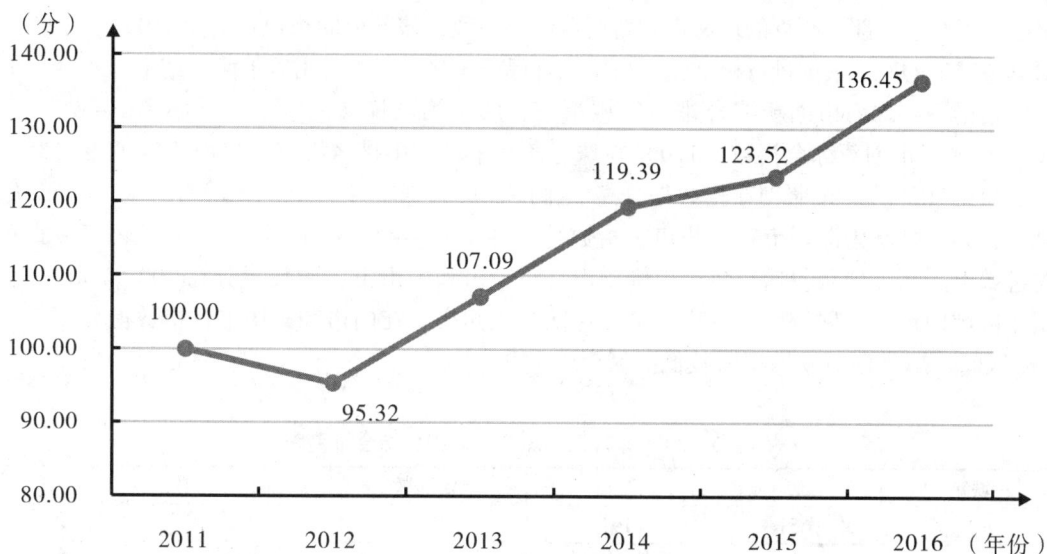

图 1 - 12 珠海市 2011—2016 年资源效率提升指标增长趋势

四、小 结

根据珠海市 2011—2016 年的创新指数综合得分的总体情况来看，珠海市创新指数近六年来持续增长，年增长率不断提高，增长速度超过了人均 GDP 的增长，珠海市综合创新能力得到了持续提高，创新驱动发展的改革取得一定成效。创新环境、创新投入、创新绩效三个一级指标均呈增长态势，年均增长率最低为 7.23%（创新投入）。所有二级指标也均呈现不同程度的上升态势，特别是经济环境、创新载体、经费投入和创新产出这 4 个指标，年均增长率均超过了 8%，其中，创新载体的年均增长率达到 26.70%，创新产出的年均增长率达到 28.82%，这些指标的高增长有利带动各一级指标和创新指数综合得分的增长，有效促进了珠海市创新水平的提升。

第四节 珠三角城市创新指数及分析

一、创新指数综合得分分析

在这一部分，我们按照上一部分的创新指数指标体系，构建了2015年珠三角9个城市的创新指数，在此基础上进行城市之间的横向比较，综合分析并定位现阶段珠海市的创新水平。为了与上一部分测算的珠海市创新指数保持一致，该部分同样以珠海市2011年为基期，对其他城市的原始数据进行标准化。根据综合得分排名，我们得出以下两个结论。

结论一：珠海市创新综合排名区域第三，属于第二梯队的领头羊。如表1-6所示，2015年珠海市创新综合指数（170）在珠三角9个城市中排名第三，仅次于深圳市（353）和广州市（252）。按照创新指数得分高低排序，可以把将珠三角9个城市分为三个梯队。其中，第一梯队为深圳市和广州市，指数得分在200~400区间，属于国家级创新发展的先进城市。第二梯队包括珠海市、佛山市、东莞市和中山市，指数得分在100~200区间，属于区域内创新发展较好的城市。第三梯队为惠州市、江门市和肇庆市，指数得分在50~100区间，属于创新发展程度较低的城市。

表1-6 2015年珠三角城市创新指数综合排名表①

城市	创新环境	创新投入	创新绩效	创新综合指数	排名
深圳市	651	191	331	353	1
广州市	621	146	177	252	2
珠海市	174	136	186	170	3
佛山市	294	111	85	132	4
东莞市	246	104	95	126	5
中山市	158	121	84	109	6
惠州市	114	95	94	98	7
江门市	123	100	56	81	8
肇庆市	101	71	50	66	9

结论二：珠三角城市创新能力龙头城市突出，发展不平衡。虽然2015年珠海市的创新指数综合得分与珠三角其他8个城市相比，仅落后于广州和深圳，但是与前两位的分值相差较大，而创新指数综合得分在珠海市之后的城市虽然分别属于第二、第三梯队，但它们之间的分值都比较接近，差值均在20以内。这说明珠三角地区创新发展的龙头城市优势突出，创新资源集聚效应明显，而其他城市的表现则逊色一筹，具有发展不平衡的特点。珠海市的创新水平在珠三角各城市中处于中上游，具有一定的发展基础，但是与同属第一梯队的深圳和广州的创新能力相比还有一定差距，创新潜力还有待开发，未来有更多的可能。

———————————————

① 为了更直观进行对比，各指标结果保留到整数位。

二、珠海市各一级指标得分分析

（一）创新环境亟须改善

从创新指数的构成来看，珠海市创新环境指标（174）比较低，在9个城市中仅排名第5位，不仅与深圳（651）和广州（621）之间差距巨大，与佛山（294）和东莞（246）之间的差距也不小，是3个一级指标中排名最靠后的，这也是珠海市创新指数无法跻身第一梯队的主要原因。这说明珠海市支撑创新的基础条件并不是很好，创新资源储备不足，创新环境还需进一步优化和提升。接下来我们对创新环境指标下的3个二级指标进行具体分析。

1. 经济环境基础较好，但外资利用不足

如图1-13所示，珠海市的经济环境指标在珠三角中排名第4，与深圳市和广州市存在一定的差距，各城市基本遵循了三个梯队的分布。具体来看，珠海市在人均GDP、互联网宽带普及率及移动电话普及率方面都与深圳市和广州市相差无几，但是在实际利用外资额这一指标上相差比较大。虽然珠海市的实际利用外资额在2011—2015年的增长速度是最快的，但是相比珠三角其他城市而言仍处于较低的水平。2015年珠海市实际利用外资额为217 787万美元，深圳市是珠海市的3倍，广州市和东莞市是珠海市的2.5倍，从而直接导致了珠海市经济环境指标的排名不高。这说明珠海市的经济环境硬件基础虽然较好，但对外开放水平较低，在境内外知名度不高，获取国际技术溢出的能力不足。利用外资不仅能在一定程度上缓解建设资金的不足，推动基础设施建设、产业集群的发展和产业结构的升级，而且还能引进先进的项目管理理念和技术，培养熟悉国际规则的项目管理人才，推动投资体制改革，增强跨越式发展的动力。珠海市的外资投入规模需要进一步扩大，外资进入渠道需要进一步拓展，投资领域需要进一步放宽。

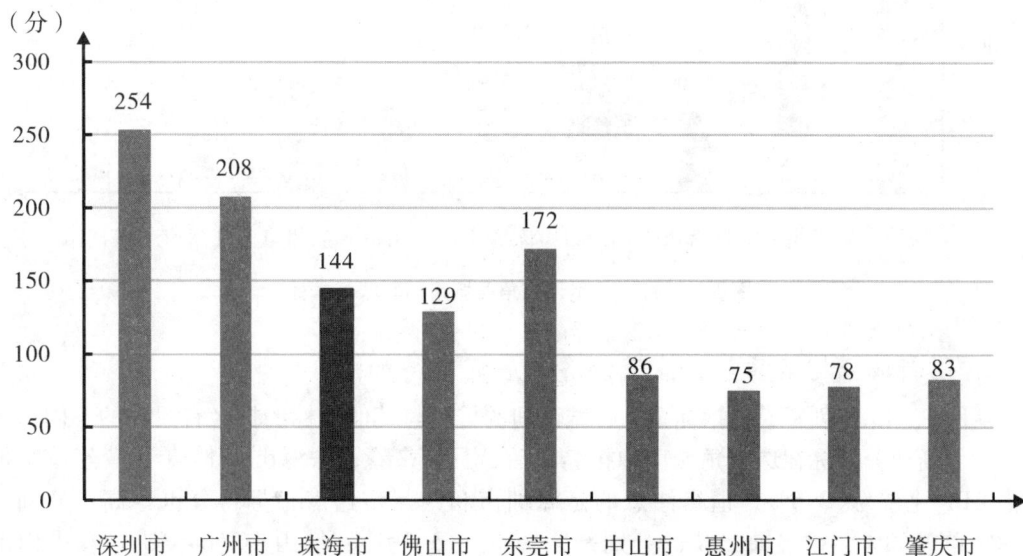

图1-13 2015年珠三角各城市经济环境指标

2. 创新载体支撑较弱，高新技术相当缺乏

如图 1-14 所示，2015 年，珠海市创新载体指标排名比靠后，仅排在第 6 位。具体来看，虽然珠海市万人拥有的金融机构数增长缓慢，但却是珠三角 9 个城市中最高的，这在一定程度上保证了珠海市的科技金融支撑能力。而高新技术企业数与国家级、省级工程技术研究中心虽然增长较快，但却与其他城市存在相当大的差距，尤其是高新技术企业相当缺乏，这一指标远远落后于第一梯队及同梯队的其他城市。截至 2015 年底，珠海市高新技术企业数是 397 家，与深圳市（5 524 家）、广州市（1 919 家）、佛山市（716 家）、东莞市（986 家）存在巨大差距，数量仅约为深圳的 1/14，广东的 1/5，佛山的 1/2，这一指标的较大差距直接导致了创新环境指标的城市排名。此外，珠海市国家级、省级工程技术研究中心数是 105 家，与广州市（639 家）、佛山市（278 家）也存在一定的差距。说明珠海市创新环境虽有一定支撑，但力度不足，金融机构的技术含量、创新能力还有待提高，"质"和"量"两方面都还有很大的上升空间。珠海本土企业的创新能力不高，技术含量较低，对高新技术企业和国家级、省级工程技术研究中心的吸引力较低，这又进一步导致了科技创新的集聚效应较差，环境和服务配套跟不上，因此，珠海市的创新基础设施和市场环境都有待完善。

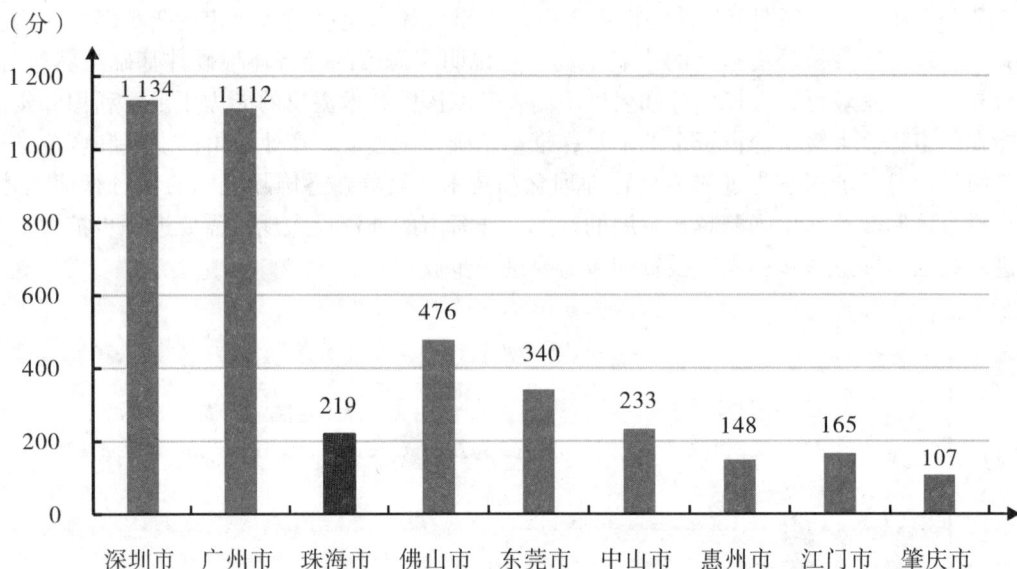

图 1-14　2015 年珠三角各城市创新载体指标

3. 创新成分排名靠后，民营经济发展还有待加强

从图 1-15 的创新成分指标看，各城市间的排名与其他指标的排名有很大的不同，珠海市的创新成分指标在珠三角城市中排名靠后。具体来看，珠海市 2015 年民营经济增加值占 GDP 比重为 33.8%，值得注意的是深圳市和广州市这一指标得分也不高，分别为 42.8% 和 39.8%，排名前三位的分别是肇庆市（65.3%）、佛山市（64.3%）和中山市（51.9%）。珠海市民营经济增加值的增长率也不高（7.8%），多数城市都在 8% 左右，排

名前两位的分别是惠州市（11.5%）和东莞市（10.6%）。因此，从民营经济的增长来看，珠海市无论是总量还是增量，在珠三角9个城市中均处于下游，创新成分需要进一步优化。

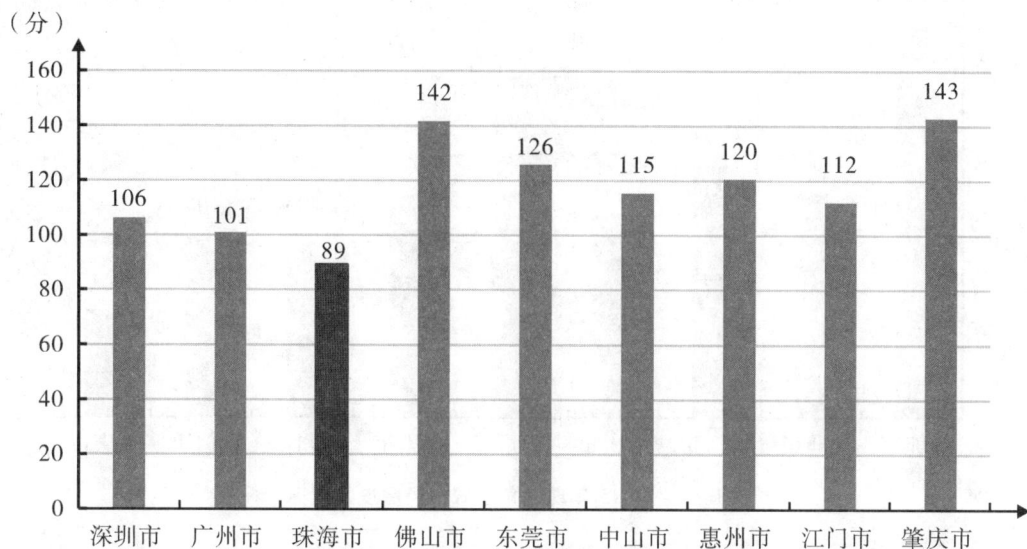

图1-15　2015年珠三角各城市创新成分指标

（二）创新投入力度较大

从表1-6中的创新投入指标来看，珠海市创新投入指标为136，排名第3，虽然与第一梯队的深圳市（191）还有些差距，但是与广州市（146）比较接近。说明珠海市对创新发展的投入方面力度较大，这能够为城市创新体系提供有利的政策支持和充足的后备力量，提升创新潜力，接下来我们对创新投入指标下的2个二级指标进行具体分析。

1. 经费投入优势明显，但结构有待优化

如图1-16所示，珠海市的经费投入指标为143，在珠三角中排名第2，仅次于深圳市（223）。具体来看，2015年，珠海市全社会R&D投入占GDP比重为2.64，仅次于深圳市的4.18；珠海市科学技术支出在财政支出比重为7.36%，超过了深圳市（6.09%），排名第1，凸显了珠海市政府对于科技创新活动的较大支持和鼓励；珠海市教育支出占财政支出比重为13.6%，在珠三角各个城市中比较低，除了深圳市（8.18%），其他城市均高于16%；在工业企业R&D经费内部支出占主营收入比重上，深圳市（2.69%）远远高于其他城市，珠海市（1.1%）与其他城市基本都在1%左右。因此，从经费投入上来看，珠海市还是保持了一定的优势，只是教育支出占地方财政支出比重位于珠三角9个城市中相当靠后的位置，虽然其相对规模高于深圳，但以2015年珠海市地方财政支出389亿元、深圳市地方财政支出3 587亿元的数据来看，其绝对规模也远不及深圳，这可能会成为珠海市"产、学、研"协同发展的一个短板。对教育和科学技术发展的资金投入同样是进行技术创新活动的必要条件，对教育的投入就是加大人才培养的力度，提升人才的创新能力和素养，为高科技创新人才创造更好的学习平台，同样不应该松懈。

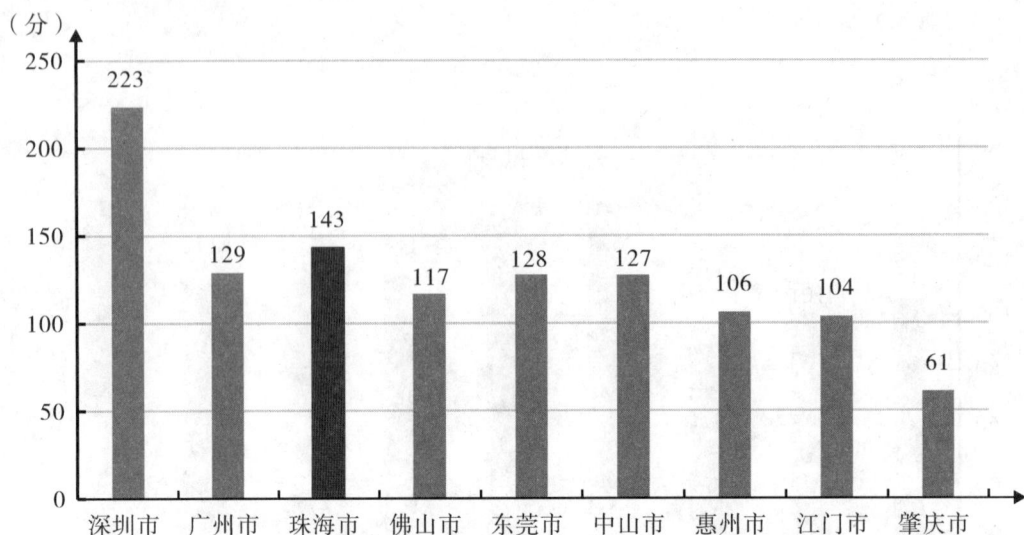

图 1 - 16　2015 年珠三角各城市经费投入指标

2. 人才储备结构领先，但研发力量欠缺

　　如图 1 - 17 所示，珠海市的人力投入指标为 123，在珠三角中排名第 3。在这一指标上，广州市（176）处于领跑地位。具体来看，2015 年，珠海市工业企业 R&D 人员数（370）排名第 5，与广州市（596）、深圳市（538）有一定的差距，这与珠海市高新技术企业和国家级、省级工程技术研究中心等创新载体的数量较少有一定关系，直接导致研发力量的不足；另一方面，珠海市每万人口高校在校生数（807）超过了高校群集的广州市（772），是所有城市中最高的，排名第 1，说明珠海市的人才储备结构较好。但是因为珠海市 2015 年常住人口数量（163 万）在珠三角 9 个城市中最少，仅约为广州（1 350 万）的 1/8，东莞（825 万）的 1/5，惠州（475 万）和江门（452 万）的 1/3，中山（320 万）的 1/2，所以在这一人力投入结构上，珠海市人才的绝对数量并不占优势，而且大量高校在校生毕业以后会向其他大型城市流动，这又会进一步减少珠海市内的高层次人才数量。人才是创新的源泉所在，是经济社会发展的最根本要素，特别是高新技术人才、研发人才，更是决定一个城市创新发展高度的决定性因素。珠海市需要采取相应措施对人口数量和质量加以提升，只有积极创造利于人才成长的外部环境，扩大企业影响力，才能形成集聚效应，留住高校毕业生在本地就业，吸引更多外地人才进入，才能促进人才结构、数量、质量同步提升，才能真正做到人才储备充足，为后续发展提供源源不断的动力。

（分）

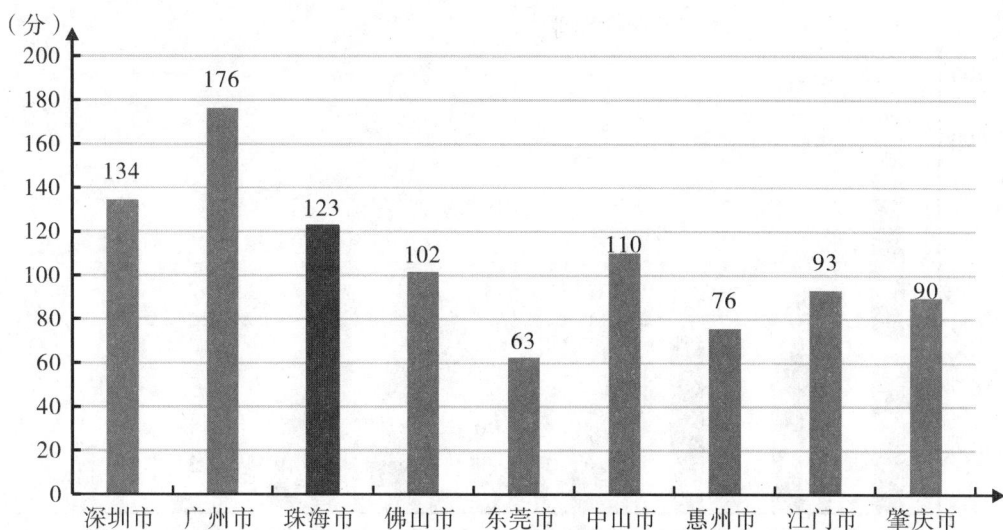

图 1 - 17　2015 年珠三角各城市人力投入指标

（三）创新绩效表现突出

从表 1 - 6 可以看出，珠海市创新绩效指标为 186，排名第 2，仅次于深圳市（331），在创新绩效方面处于上游。说明珠海市各类创新活动取得了较好的产出和效果，尽管创新环境比较薄弱，但科技转化能力较强，具有跨越式发展的潜力，接下来我们对创新绩效指标下的 3 个二级指标进行具体分析。

1. 创新产出水平相对较高，市场化水平较高

如图 1 - 18 所示，珠海市的创新产出指标（283）在珠三角中排名第 2。在这一指标上，各个城市呈现了较大的差异：深圳市（579）远远超过其他城市，珠海市和广州市（282）比较相近，但也大幅领先于其他创新产出水平较低的城市。具体来看，2015 年，珠海市每万人口发明专利授权量（7.59 项/万人）排名第 2，仅次于深圳市（14.9 项/万人），高于广州市（4.9 项/万人）；珠海市每万人口技术合同成交额（99.99 亿元/万人）排名第 3，虽然与深圳市（224.98 亿元/万人）和广州市（182.84 亿元/万人）仍有较大差距，但远远超过其他 6 个城市，其他 6 个城市的每万人口技术合同成交额均小于 5 亿元/万人。珠海市发明专利授权量相对较高，说明科技活动在珠海市的产出水平较高，而且由于其技术市场发展程度较好，市场中的技术转化效率较高，使技术合同成交额排名也相对靠前。珠海市还应进一步提高技术成果市场化水平，提高科技成果转化效率，更好地形成正向激励，激发经济创新发展的潜能。

（分）

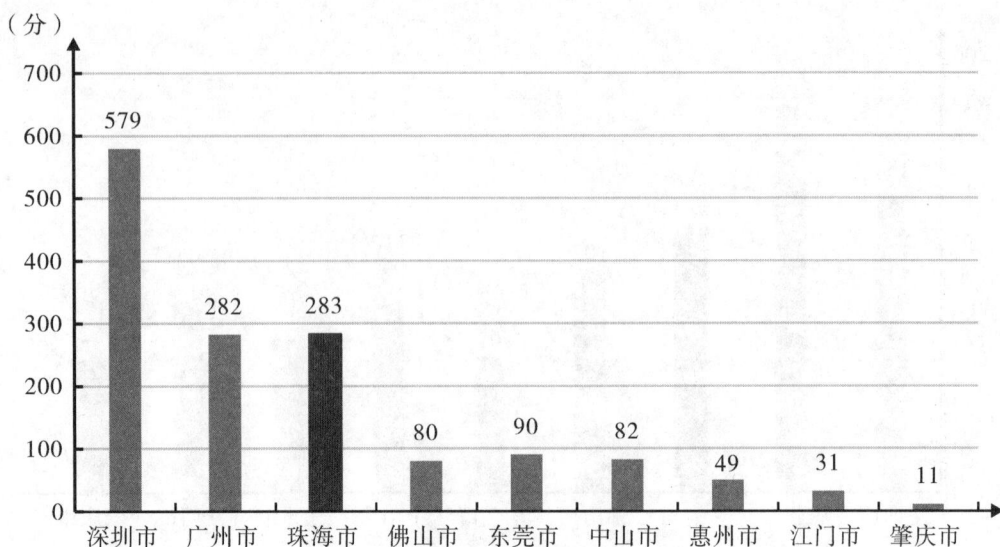

图 1 - 18　2015 年珠三角各城市创新产出指标

2. 结构优化能力不断增强，高技术制造业发展环境仍需改善

如图 1 - 19 所示，2015 年珠海市结构优化指标为 122，排名第 3。深圳市（187）仍排名最高，惠州市（134）在这项指标上超过了珠海市。具体来看，2015 年，珠海市高新技术产品产值占工业总产值比重为 56%，排名第 2，仅次于深圳市（67.7%）；高技术制造业增加值占工业比重为 28.8%，排名第 4，落后于深圳市（63.1%）、惠州市（40.5%）、东莞市（33.3%）；珠海市工业新产品产值率为 27.8%，排名第 2，仅次于深圳市（34.7%）。虽然珠海市的创新产品结构近年来在不断优化，但是高技术制造业增加值占工业比重不高，直接导致在结构优化指标上惠州市得以反超，这与珠海市创新环境状况不佳有比较大的联系，特别是高新技术企业太少和民营经济规模不大，都不利于高新技术产品的研发和制造，直接导致产品的经济效益和社会效益较低，在增加值中的占比较小。

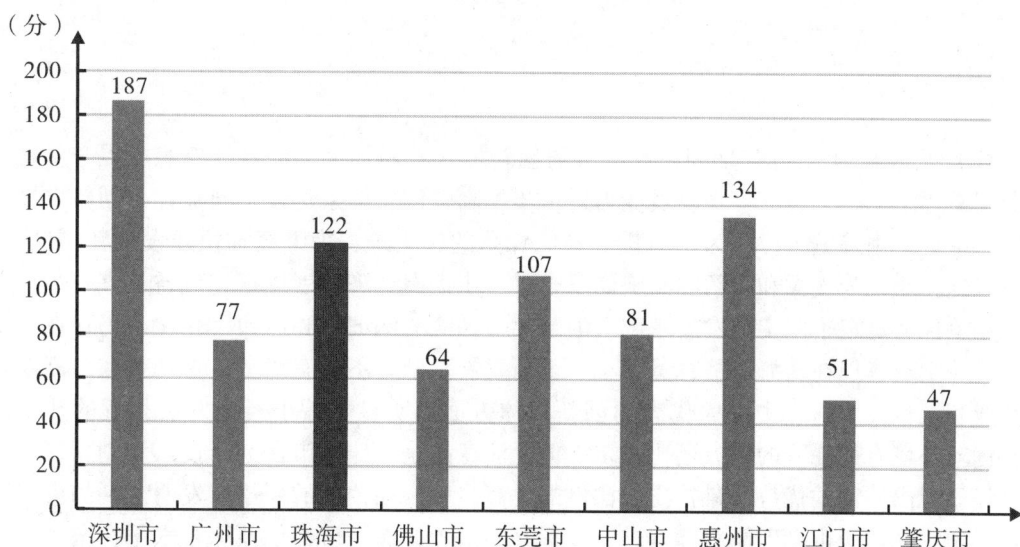

图 1 - 19 2015 年珠三角各城市结构优化指标

3. 资源利用率中等偏上，劳动生产率还有上升空间

如图 1 - 20 所示，珠海市资源效率提升指标为 124，排名第 4，广州市（165）在资源效率提升方面高居榜首。具体来看，2015 年珠海市单位 GDP 能耗（逆向指标）为 0.425 吨标准煤/万元，排名第 2，仅次于深圳市（0.396 吨标准煤/万元）；珠海市全员劳动生产率为 20.9 万元/人，排名第 4，落后于广州市（32.7 万元/人）、肇庆市（27.7 万元/人）和佛山市（25.9 万元/人）。说明珠海市能源消费水平和节能降耗状况较好，为节能减排工作提质增效、推动产业转型升级打下了一定基础，而劳动生产率指标还有待提高，未来经济的可持续发展必须靠创新驱动，劳动生产率的提升是决定一个城市经济具有未来增长性的标志性指标。

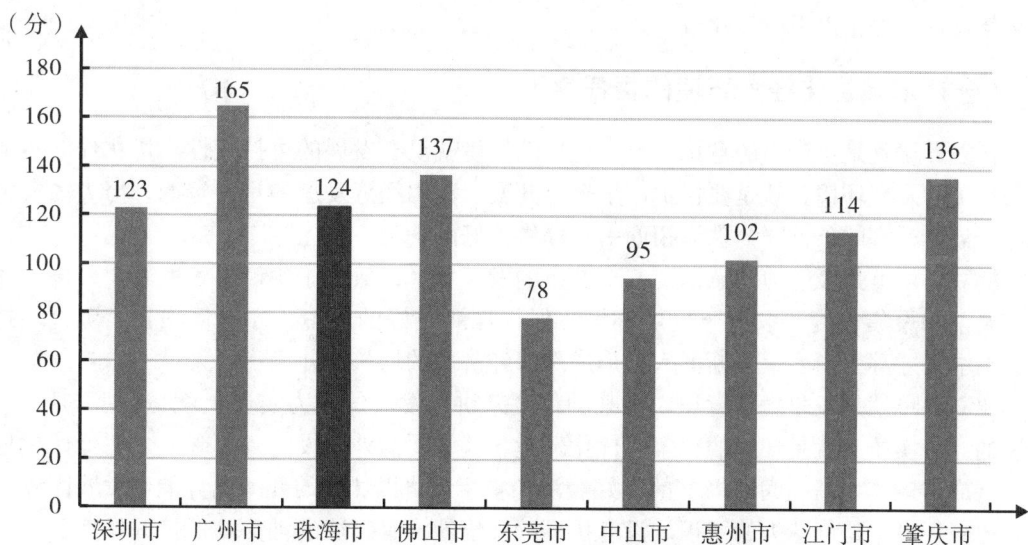

图 1 - 20 2015 年珠三角各城市资源效率提升指标

三、小结

综上所述，"十二五"期间，珠海市的创新投入不断加大，创新绩效稳步提升，现代产业体系逐渐完善，经济集聚发展能力进一步提高，创新体系建设不断加强，创新水平在珠三角中处于中等偏上，成为创新排名第二梯队的领头羊，为继续加快建设创新型城市，形成以创新驱动为支撑和引领的经济体系，进一步提高经济发展质量和效益，进一步提升城市竞争优势奠定了坚实的发展基础。但与第一梯队的深圳市和广州市相比，仍存在一定的差距，主要体现在珠海经济总量偏小，创新发展基础并不具有优势，特别是在以高新技术企业和工程技术研究中心为代表的创新载体方面，明显落后于经济发展相近的几个城市，创新环境有待提升的地方还比较多。值得注意的是，珠海市在创新投入和创新绩效方面已经显现出一定的优势，科技支出比例的提高、高校在校生的积累、发明专利的突飞猛进，都预示着珠海市创新能力存在进一步提升的潜力，珠海市的创新综合水平在未来将迈入新高度。"十三五"期间，珠海市应继续贯彻好创新驱动发展的各项政策，特别要做好民营企业增长、高新技术产业发展、人力资源储备、技术市场环境等方面的工作。

第五节　政策建议

一、优化提升经济环境

创新环境包括经济环境、创新载体和创新成分三个部分。针对珠海经济环境，我们从测算出的指标可以看出，自2011年开始，珠海的经济环境指标一直稳步提升，4个三级指标都呈现稳步上涨或基本保持稳定的局面，这些数值已经接近创新先进城市广州市和深圳市，但是实际利用外资额与前三名的城市差距较大。据此实际情况，针对珠海经济环境的继续优化提升提出以下政策建议。

（一）增强优化经济环境的责任感

树立环境就是生产力的意识。没有优良的环境就没有发展的可持续性。优化珠海本地民营经济的发展环境，就是要保护、集聚、开发、利用经济发展的重要资源，努力为资本的生长创造适宜的条件，为珠海招商引资提供良好的平台。

树立环境就是吸引力的意识。一个城市的发展水平，取决于生产要素的聚集程度，而生产要素的聚集程度，取决于发展环境。保持珠海良好的环境，才能使项目、资金、技术、高端人才等生产要素不断涌入，形成珠海经济新的增长点并稳步壮大。

树立环境就是竞争力的意识。从某种程度来讲，发展的压力实质上就是环境的压力，发展的竞争实质上就是环境的竞争。优化环境，就是要为外来投资者营造一个"低门槛进入、低成本运作、高利润回报"的良好经济环境，最终以珠海的环境优势催生发展优势。

树立环境就是创造力的意识。没有优良的环境就没有发展的动力。保持并发展良好的环境能够激发人才等要素的潜能，形成发展新动力，推动珠海民营经济健康持续地发展。

（二）打造珠海特色最优发展氛围

要转变职能，更新观念，构建创新的人文环境。借助粤港澳大湾区规划的东风，把进一步优化经济发展环境，作为一项重大任务切实抓好，高度重视服务质量，简化办事程序和环节，提高办事效率，由管理型政府向服务型政府转变。珠海各区相关行政服务工作人员要树立服务意识，真正实现"管理员"向"服务员"的角色转变，并始终坚持"墙内的事情企业办，墙外的事情政府管"的办事理念；要建立健全服务制度，重点企业定点联系，对所有拟建、在建项目，尤其是新落户的重点项目，组成重点跟踪服务队，专人负责，全程跟踪服务，确保项目顺利落地、投产、发展；要在发展中树立诚信意识、培育诚信风尚、建立诚信形象，使向企业承诺过的政策真正做到落实与兑现；要注重政府的引导作用，发挥新闻媒体优势，广泛深入宣传优化经济发展环境方面的大政方针和政策，对典型事例进行报道，为优化环境造势，深化广大群众对优化经济发展环境重要意义的认识，使优化环境的政策、措施深入人心，切实增强为优化经济发展环境做贡献的自觉性。

要形成公开透明的政务环境。要有计划、分步骤地推进电子政务及政务大数据平台的建设，利用现代信息技术改进政府的组织和管理，通过珠海的"政企云"等平台及时把重大决策、服务程序、办事方法向社会公布。同时，建立和完善重大问题集体决策制度、专家咨询制度、社会公示和听证制度、决策责任制度，提高决策的透明度和公众参与度，并设立政务公开牌，公示内容包括经审定后的审批项目、办事程序、职责权限、工作人员身份等。要实行收费信息再公开，做到明白收费，凡不能做到明确收费标准信息的收费项目，其有权拒交，政府相关部门也要及时做出解释和说明。完全实现"一站式"行政审批服务。珠海各区具体行政部门，做到"一站式"审批、"一个窗口"收费、"一条龙"服务。涉及外来企业相关项目的立项、登记、办理证照、征地拆迁等整个项目建设过程中涉及行政服务的，一切手续从简从快代办，实行"保姆式"跟踪服务。

综合治理，打造良好的经济环境。良好稳定的经济环境是一个地方经济持续、快速、健康发展的基础。因此，必须实行综合治理，进一步净化社会风气。要注意增强为投资者服务的意识，及时依法惩处各种危及企业生产经营和企业相关人身财产安全的违法犯罪行为。同时，要严厉打击破坏经济发展环境的行为。对向企业敲诈勒索等干扰施工及正常生产经营活动的违法行为，要坚决予以打击。对投资者要求提供执法执纪保护或服务时，各有关部门要及时派员赶到现场，帮助协调处理相关问题。要通过打击干扰企业正常生产、扰乱社会秩序的违法犯罪行为，净化社会风气，积极营造全社会遵法守法的良好环境。

（三）扩大实际利用外资额并提高利用水平

以中央"一带一路"建设部署为指导，以粤港澳合作为动力，继续完善珠海经济环境，进一步增强外资对珠海的投资信心；要把利用外资同转变经济发展方式、调整产业和区域结构紧密结合起来，发挥引资、引智、引技协同效应；要加强外商投资相关政策法规的补充及修订，使外资使用有法可依；要进一步减少外资准入限制性措施，积极引导鼓励外商投资高新技术产业、绿色环保产业、现代服务业，补齐珠海部分领域产品和服务有效供给不足的短板。

（四）继续促进经济增长

要抓住新一轮降成本的机会，合理下调并降低企业生产成本，减少涉企收费，加强对企业的金融支持力度，扶持企业发展。同时，还要提高对项目的审批效率，加快实施"互联网＋"行动，对重点项目及高新技术企业进行重点帮扶，最终达到持续促进珠海经济健康稳定增长的目的，为创新发展打下坚实的基础。

（五）加大力度促进信息化发展

为将珠海建设成为粤港澳大湾区的示范区，以经济创新发展为切入点，采取多种模式，加快光纤宽带接入网络部署，全面提高网络技术水平和业务承载能力。加快光纤宽带接入网络规划和建设，加快提升光纤到户的普及率，进一步扩大宽带网络覆盖范围，提高宽带接入速度；进一步完善并升级移动通信系统，科学规划移动通信基站和无线局域网热点布局，不断扩大移动通信网络和无线宽带接入网络的覆盖范围，进一步提升移动通信系统和无线宽带网络的服务水平与质量，为珠海的经济创新发展提供较好的经济环境保障。

借助粤港澳大湾区发展规划的东风，珠江西岸的珠海要树立起经济环境意识，努力营造良好的经济发展氛围，继续优化提升珠海经济环境，扩大实际利用外资额，提高外资利用水平，最终达到促进经济增长的目的，为新时期珠海的创新发展打下坚实的基础。

二、培育壮大创新载体

创新载体主要反映一个城市或地区创新基础设施、市场环境等发展状况。具体来看，包括3个三级指标：万人拥有的金融机构数，高新技术企业数，国家级、省级工程技术研究中心。就目前珠海的情况来看，珠海创新载体指标增长稳定，万人拥有的金融机构数增长虽然缓慢，但却是珠三角9个城市中最高的；而高新技术企业数与国家级、省级工程技术研究中心虽然增长较快，但是与其他城市存在相当大的的差距。针对创新载体的进一步发展，有以下相关政策建议。

（一）继续大力培育高新技术企业

粤港澳大湾区的规划建设，为珠海深入实施创新驱动发展战略提供了大平台，根据《珠海市实施创新驱动发展战略"十三五"规划》的任务要求，建立高新技术企业培育库，强化服务机构建设，丰富服务手段，通过政策引导、入库培育及科技孵化等多种途径，重点对进入省级高新技术企业培育库的企业给予定向指导和支持，引导其成为国家级高新技术企业，同时积极颁布并认真落实企业创新及引进高新技术的优惠政策，调动企业申报高新技术企业的积极性，努力壮大珠海市高新技术企业队伍。在现有政策的基础上，提高对企业研发的补助，努力达到年度研发费税前加计扣除额的20%；对企业研发机构的扶持按最高国家级300万元、省级150万元、市级80万元的标准进行资助，鼓励企业建立研发机构；开展企业专利申请促进行动，对国内发明专利授权每件资助0.8万元，获得美国、日本、欧洲国家或欧盟发明专利授权每件资助 2 万元，获其他国家发明专利授权每件资助 1 万元；借助科技服务机构力量辅导企业进行高企申报，每成功认定一家给予服务机构 5 万元的工作补贴。最终通过资金鼓励的方式，促进高新技术企业的发展壮大。

（二）扩大高层次创新知识载体的引进

党的十九大报告指出："实践没有止境，理论创新也没有止境。世界每时每刻都在发生变化，中国也每时每刻都在发生变化，我们必须在理论上跟上时代，不断认识规律，不断推进理论创新、实践创新、制度创新、文化创新以及其他各方面创新。"结合珠海创新产业发展需求，要进一步搭建促进知识交流和知识创造的平台，继续扩大引进国内外一流的研究机构、重点实验室、工程研究院等到珠海各区落户或创建分支机构，招纳和吸引相关产业领域内具有影响力的专家、学者或团队，提高珠海整体的知识层次和高智力资源的密集度，从而提升对知识吸收、消化和创造的能力。按照《珠海市实施创新驱动发展战略"十三五"规划》的指导，要以产业创新需求为导向，大力促进研究机构和企业开展多种形式的合作研究，包括共同设立合作研究中心和技术协作研究院，进行契约合作研究、一体化合作研究和技术入股合作研究等，提高珠海整体的知识创造能力和形成知识流动的良性氛围，重点推进深圳清华大学研究院珠海创新中心、华南理工大学现代产业创新研究院、珠海诺贝尔国际生物医药研究院等新型研发机构的建设，力争到 2020 年，新型研发机构数量达到 35 家以上，成为全市产业共性技术研究开发、重大科技成果转化的重要平台。

（三）充分利用珠海市各类创新资源

在市级层面上成立建设创新型园区推进组织，协调和配置珠海市创新资源为建设创新型园区所用，推进政府、企业、研究机构、高校、金融机构以及其他中介服务机构之间的合作，实现对创新资源的整合利用，使市区各科技、经济和社会主体与企业发展结成"共生"和"共赢"关系。各区要设立与珠海市内高校和科技组织的联络机构，围绕主要产业集群的发展促进交流与合作。

（四）建立珠海市科技创新管理委员会

从行政的角度出发，创立科技创新管理委员会，对创新行为进行制度化规范和约束。通过委员会条例对创新行为及创新企业产品等做出明确规定，配合其他行政机构，推进创新发展，实现创新与生产相结合的规范化。通过管委会的建设，统筹协调科技发展和创新能力建设，推进珠海自主创新体系建设，管理国家、省市科技重大专项项目，推动高新技术成果转化及应用技术的开发和推广，参与推动相关战略性新兴产业的发展。

（五）进一步完善各类公共平台建设

根据《珠海市实施创新驱动发展战略"十三五"规划》的要求，通过努力全面建设和完善公共技术服务体系，提升全市产业创新服务的支撑能力，建设各类检验中心、评测中心、公共实验室、重点实验室、博士后工作站等公共技术服务平台，促进科技资源共享，形成支撑重点产业发展的公共技术服务体系。

（六）继续强化发展金融机构

创新的发展离不开金融的支持。珠海目前万人拥有金融机构数量排名靠前，是珠海自身已有的优势，在此基础上，应进一步促进科技金融的深度融合，支持创业投资、风险投资、天使投资等金融行业的发展，努力探索成立由市政府引导、专门服务科技创新的金融机构，同时要鼓励银行为符合创新发展要求的中小企业提供信用担保贷款，支持并辅导创新型企业融资上市。

（七）进一步发展科技金融

构建科技金融服务体系的长效运作机制，根据科技金融协同服务平台、网络金融服务平台的不同功能、特色，从整体规划管理角度，在回顾和分析国内外其他科技金融服务体系运作理论研究和实践探索的基础上，研究一套适合珠海实际情况的各平台协同运作机制；建立科技金融服务考核评价体系，对科技金融投资机构和中介服务机构进行考核；设立专门的考核部门，不定期地对科技银行、天使投资等投资机构进行突击考核，保障资金投资真正用于科技型企业的发展，而非其他用途；科技金融支持资金的管理和使用应遵循公开透明、突出重点、专款专用、注重实效的原则；建立健全金融服务体系的激励制度，通过科技企业和金融企业建立合理有效的人才评价体系，采用股权、期权等方式吸引和鼓励高级人才来珠海从事科技创新事业。深化科技信贷创新，支持企业开展间接和直接融资，完善银行、担保公司、保险公司多方合作的市场化风险补贴和补偿机制，降低企业综合融资成本。

努力培育高新技术企业，利用政策及其他激励手段引进高层次高水平的知识载体进入珠海，通过合理布局科技资源分配和努力加快技术平台建设，强化并进一步发展科技金融，最终壮大珠海的创新载体规模，为珠海的创新发展提供有力的条件。

三、强化提升创新成分

创新成分主要反映一个城市或地区民营经济的发展状况，当前广东经济步入换挡提质期，民营经济发挥的作用愈加明显。针对珠海的创新成分指标，2011 年至 2016 年有着较为明显的波动，但由数据可看出，在 2016 年珠海民营经济的发展状况有明显好转。根据珠海创新成分指标的发展情况，我们提出以下政策建议。

（一）继续加强对民营企业的支持力度

"一带一路"沿线地区是全球人口最多、经济合作最为集中和活跃的区域。助推民营企业"走出去"融入"一带一路"成为民营经济发展的重要任务，而民营经济作为城市技术创新体系的重要组成部分，既是实现技术创新、加快科技成果转化的有效载体，也是推动城市经济创新发展的重要源泉，在促进城市创新中发挥着重要作用。根据十九大报告"支持民营企业发展，激发各类市场主体活力"的要求，建议把推进民营经济转型升级创新发展摆在经济发展的重要位置，制订民营经济发展的中长期发展规划和年度发展计划；加强政府与民营企业间的联系协调，建立针对民营企业的帮扶制度，着力形成纵向到底、横向到边的联系协调服务机制。建立和完善各级领导班子成员联系重点民营企业、重大民资项目制度，形成"保姆制"服务体系，并重点关注民营企业及民资项目从立项到最终投产的各环节服务重要节点，确保各项工作及时到位。同时还要建立对口帮扶企业制度，通过相应的深入调查分析，帮助企业制定发展、经营策略，从而解决民营企业在发展过程中"走错路"的问题。政府还要定期组织相关专业培训，加强企业的内部管理。通过对珠海市金融服务部门进行协调对接，解决好民营企业在生产发展过程中面临的资金难题，解决企业发展中的后顾之忧。

（二）强化民营企业科技支撑

科技对于民营企业的发展来说具有重要的作用，建设粤港澳大湾区创新共同体，使其逐步发展成为全球重要科技产业创新中心，珠海也应担负起重任。针对珠海的民营企业科技发展，主要提出如下五点建议：一是积极鼓励支持创新，着力突破共性技术及关键核心技术，并对技术创新进行评估并给予相应的政策及财政奖励；二是鼓励民营企业创建创新型企业，并将各级创新型企业纳入民营企业发展数据平台，通过政策及财政手段，支持有条件的企业积极创建国家级、省级、市级企业技术中心，对成功建立企业技术中心的企业按级别进行税收优惠或专项奖金奖励；三是鼓励和引导企业加快循环经济技术创新，并将创新成果延伸至产业链，不断提高资源利用率；四是鼓励企业和高校及相关科研机构进行自主知识产权的新产品研发，强化知识产权运用能力，加大知识产权执法保护力度；五是着力于专利技术实施转化和科技成果转化，使科技成果尽快转化为经济效益，建立全社会和财政性科技投入稳步增长机制。

（三）强化对民营企业管理引导

通过组织民营企业高层管理者培训等方式，积极引导民营企业建立现代企业制度，完善企业法人治理结构。从实际出发，制定符合民营企业自身实际情况的发展战略和经营理念，要彻底摆脱传统企业管理模式的束缚。尝试构建简洁有效的管理运营体系。民营企业应规范内部决策程序、薪酬管理体系、绩效管理体系、外部营销考核和管理体系等企业运营管理模式，通过科学合理的运营体系来提升整体管理效率。制定和完善相关管理制度。通过学习和借鉴先进民企的经验，完善财务、人事、产品质量和安全生产等管理制度，做到企业在生产经营过程中"有规可依"。建立和完善奖罚机制。针对员工职位晋升、管理人员薪资提升、奖惩机制等进行完善。建立高效有序的管理体系、运营机制和规范的规章制度，使企业在市场竞争中保持良好有序的运营状态。

（四）加强民营企业资金保障

通过加强民营企业与金融机构的沟通交流，了解民营企业发展过程中关于金融服务的痛点，针对痛点加强专项资金的配置协调，维护企业正常生产经营秩序；将小微企业信贷政策导向效果评估结果纳入宏观审慎评估内容，对信贷政策执行较好的金融机构将给予差别存款准备金利率的政策支持；鼓励和支持珠海的银行类金融机构设立民营企业金融服务专营部门，创新开展迎合民营企业需求的产品和服务，适当放宽对民营企业贷款的标准，扩大质押资产范围；充分发挥金融机构利率定价自律机制作用，合理确定对民营企业的贷款定价；主持建立国有科技金融主平台，积极开展科技信贷、科技小额贷款、科技融资担保、科技保险、科技融资租赁等业务，集中并定期更新珠海重大工程和重点项目以及小微企业、科技型企业融资信息，促进银企有效对接。

（五）提升政府对民营企业的服务水平

根据十九大报告的要求："转变政府职能，深化简政放权，创新监管方式，增强政府公信力和执行力，建设人民满意的服务型政府"，要努力减少政府直接参与经济活动，突出企业的市场主体地位。把政府的工作重点转移到为企业发展提供服务上来，对经济活动从宏观政策上给予全力指导，促进政府由"管理型"向"服务型"转变。加快各大产业园区的优化建设步伐，合理布局珠海各大产业园区及其产业分工，在差异化上下功夫。加快园区的基础设施建设步伐，尽快达到企业入驻条件，并形成配套的服务体系，引导民营企业向产业园区集中入驻，降低其生产及其他相关成本费用，提升其盈利空间。进一步完善并推广"政企云"等大数据平台的知名度，为中小民营企业创新驱动发展提供优质、可靠、实用的技术信息咨询、检验检测、成果转化、新技术申报等技术服务。

（六）精准发力进行新一轮降成本

及时释放上位政策红利，围绕《广东省降低制造业企业成本支持实体经济发展的若干政策措施》，尽快出台配套文件或操作细则。包括如下几方面：用地方面，划定工业用地控制范围，在该控制范围内禁止工业用地改变用途；融资方面，出台具体政策措施，对为制造业核心企业产业链上下游中小微企业提供应收账款融资的银行等机构给予平台、资金等方面扶持；制度性交易方面，以精简为导向，梳理整合投资项目立项、报建、验收阶段涉及的行政许可等事项；优化土地资源保障，重点保障年度重大项目中的制造业项目用地，将制造业基础好、连片成规模、符合城乡规划和产业规划的产业园区，以及对国民经济和产业发展有较大保障作用的工业用地及新产业用地划定为产业保护区；强化数据资源支撑，从提升信息基础设施保障能力、推进数据资源的开发利用、促进互联网与实体经济深度融合发展等方面，制定具体政策举措；着力形成成本竞争优势，坚持能减则减、能放则放原则，从重点领域入手，打造成本"洼地"；降低用地成本，依据"亩产税收"等指标对不同行业纳税人实行差别化的城镇土地使用税减免政策；降低用能成本，对重点制造业企业、其他符合产业政策的规模以上制造业企业、新投产规模以上工业企业等三类企业实行用电增量奖励措施；降低物流和供应链成本；降低制度性交易成本，建立常态化降成本工作机制，清理规范涉企行政事业性收费、政府基金、中介服务收费；简化优化行政审批与行政许可，建立健全政府行政权力、行政审批事项、政府专项资金管理、行政性事业收费、投资审批负面清单"五张清单"动态调整机制。

通过对民营企业进行引导管理，提升民营企业自身的管理能力，同时加强对民营企业发展的支持力度，解决民营企业在发展运营过程中遇到的困难，切实提升政府对民营企业的服务水平，为民企发展创造较为良好的环境，最终达到强化提升珠海民营经济发展的目的。

四、加大提升经费投入

创新本身需要资金支持，在资金投入方面要充分发挥地方政府财政资金的引导作用，激励企业开展科技创新，鼓励和引导企业和各类学校加大科研投入。具体来看，珠海在经费投入方面，一直保持较为稳定的增长态势，2015年珠海市经费投入指标在珠三角城市中仅次于深圳市，其中科学技术支出占地方财政支出比重甚至超过了深圳。相对而言，教育支出占地方财政支出比重则处于珠三角城市中相当靠后的位置。针对此情况，提出以下政策建议。

（一）健全科技经费多元化投入机制

积极拓宽科技创新融资渠道，健全科技经费多渠道、多元化投入机制。有效督促政府将科技投入作为财政预算保障的重点，加大科技经费投入力度，力争财政在科技方面投入年均增长25%以上；将强化企业作为创新投入主体的地位和作用摆在科技经费配置与管理的突出位置，加强政策的系统设计，促进财政、科技、产业、金融、人才、知识产权等政策的衔接，综合运用税收优惠、政府采购、财政资金投入等方式，引导企业加大研发投入力度；积极探索政府和社会资本合作方式，在规则透明的基础上密切公私合作关系，形成财政资金与社会资本对科技创新活动的协同投入机制，激励全社会提高科技投入水平。

（二）强化科技创新的金融支持

围绕创新产业链，完善优化资金链，积极引导金融资本投入科技创新领域，强化金融支持科技创新的功能。深入开展科技和金融结合工作，调动珠海各产业园区参与科技和金融结合工作的积极性，推广其他兄弟城市科技和金融结合工作的经验与成熟模式。突破体制机制障碍，调动金融机构的积极性，创新金融组织形态，完善科技金融产品与服务。积极发挥政策性金融对企业科技创新的支持作用，通过政策性贷款和政策性担保为企业科技创新活动提供期限较长、低成本的资金支持，有效弥补商业性金融机构对科技创新支持动力不足形成的空隙。同时也可尝试探索发展科技金融服务业，探索新型科技金融服务模式，积极发挥互联网金融的作用，建立适应创新链需求的科技金融服务体系。

（三）加强科技经费配置的中期规划

适应财政管理改革的要求，树立"先定事，后定钱"的预算管理理念，加强科技规划、科技计划、重大政策、重大基地、重大项目与财政预算的衔接，在规划编制、计划设定、政策制定、基地建设和项目论证阶段即对科技经费需求情况进行测算，强化科技经费配置的中期规划，并与财政中期规划进行对接，形成科技发展需求与财政投入保障有机衔接的机制。

（四）优化科技经费支出方式与结构创新财政科技投入方式

财政科技资金综合采取前资助、后补助、绩效奖励以及无偿资助、贷款贴息、风险补偿、股权投资、创投引导等各种方式对科技创新活动进行支持，积极探索科技专项资金转化为基金的使用方式改革。优化财政科技经费支出结构，加大对基础研究、应用研究、重大社会公益研究等公共科技活动的支持力度，强化对基础数据、基础标准等工作的稳定支持机制，完善科研项目的竞争性支持机制，聚焦全省传统产业升级、新兴产业发展的创新需求，从而对财政科技投入进行科学布局。

（五）构建财政科技资金分类支持机制

合理划分科技创新领域政府与市场的边界，建立财政科技经费对科技创新活动的分类支持机制，解决好科技创新领域政府行为的缺位与越位问题。对于基础性、战略性、公益性科技创新活动，由于该类创新活动的外部性特征非常明显，市场机制失灵表现最为突出，因而是财政科技资金资助的重点领域，政府职能部门应当采取无偿资助的方式大力支持；对于科技公共服务、科技平台建设等科技活动，市场机制在一定范围内失灵，财政科技资金应当适度介入，可采取运行费补助、政府购买服务等方式进行适当补贴；对于科技成果工程化、产业化类别的创新活动，该类型的科技活动具有较强的市场行为，应由市场机制调节配置资源，财政科技资金应当采取创业投资、贷款贴息、风险补偿等市场化方式进行引导性支持。

（六）加大教育经费投入，提升经费使用效率

加大教育投入。加大一般预算对教育的投入，落实多渠道筹集财政性教育经费的各项政策措施，保持教育投入达到并尽可能超过法定增长。切实改善学校办学条件。优先保障基层学校项目建设，安排足额配套资金，重点推进校舍维修改造、校安工程等工程建设；按照"重点、集中、有效、科学"的原则加强教育专项投入，统筹谋划、合理安排使用财政教育专项经费；强化资金使用监管，对财政投入的教育建设项目实行全过程监管，及时掌握项目进展和资金落实情况；支持配合项目建设单位落实项目法人责任制、招标投标制、工程监理制和合同管理制，严格执行国家有关施工规范、操作规程、质量标准和安全规则，确保项目建设质量。

通过健全投入机制、加强规划、优化投入方式、构建资金分类支持机制及提升经费使用效率等手段，来提升珠海经费投入指数，在保持经费投入稳步增长的同时，提升针对教育的支出，充分发挥政府财政资金的引导作用，为珠海的创新发展提供良好的资金保障。

五、着力提高人力投入

就珠海本地的情况来看，高校在校生数在近几年基本保持了温和上升的趋势，珠海市每万人口高校在校生数在珠三角城市中排名第1；每万人口工业企业 R&D 人员数出现了一定的波动，在珠三角排第4，这与珠海市的高新技术企业和国家级、省级工程技术研究中

心等创新载体的数量较少有一定的关系，直接导致研发力量的不足。针对珠海人力投入的现实情况，提出以下政策建议。

（一）着力打造有利于人才发展的环境

在建设有利于人才成长的生活居住、工作选择、价值创造、信息沟通、知识交流等条件环境的同时，协同珠海各区的各方力量，建立人才培养与引进的长期战略和制度，建立良性的人才交流与流动机制。市委市政府设立专门机构建立面向海外人才，特别是海外留学人员的人才库、联系方式和网络联系渠道。创建人才合作培养项目，鼓励和支持跨国公司开展人才联合培养项目，补贴内资企业人员到外资研发机构学习和培训、培养。完善人才市场，增加人才信息的透明度，建立和完善人才中介机构，促进人才的合理流动。

（二）通过具体奖励提升对人才吸引力

为了吸引青年人才，目前广州、深圳对应届生的落户与就业都有相应的补贴政策。以广州南沙区为例，根据2017年5月底出台的"1+1+10"产业政策，对落户并工作的高学历人才，给予住房补贴，其中本科生20 000元，硕士研究生40 000元，博士研究生60 000元。而在深圳，2017年的高校毕业生落户补贴政策也早已实施，其中本科生15 000元，硕士研究生25 000元，博士研究生30 000元。珠海作为经济特区以及改革开放的前沿城市，不管是对民营企业还是整个城市的建设而言，对人才的需求量都是巨大的，除了做好软硬件的配套工作，加大自身对青年人才的吸引力也十分重要。应参考广东以及全国各地吸引人才的政策，从项目启动资金、就业补贴、创业投资、场地补贴、创新奖励、人才公寓等各方面给予扶持，打好这场"抢人"大战，为珠海的发展提供源源不断的动力。

（三）建立产学研人才链式培养模式

引导企业、高校、科研院所研讨培育产学研相结合的人才理念与发展模式，明确珠海人才发展的现状与缺口，制定产学研相结合的人才培养计划，同时通过重点项目的开展，试点产学研相结合的人才链式培养模式。同时也应研究并推进产学研机构互相渗透的能力，使人才从项目立项到研究再到生产和销售形成连贯的渠道，保持整个流程的连贯性，完善以市场为导向、科研为依托、产学研相结合发展的人才链式培养过程。同时建立健全信息沟通渠道和合作机制，集中优势攻克关键技术难关，形成技术优势，力争到2020年，产学研创新联盟和基地达到30家。

（四）继续推进高水平大学建设

按照《珠海市实施创新驱动发展战略"十三五"规划》的要求，进一步加强高水平大学和理工类学科建设，推动珠海高校进一步参与创新驱动发展战略的实施。积极实施珠海市优势学科建设计划，增强高校的创新支撑能力。同时，要积极加强与中山大学、暨南大学等在珠高校的战略合作，共同建设国际高水平的科研平台，为珠海培养更多科技型人才。

（五）深入实施"珠海高层次人才计划"

进一步落实"珠海高层次人才计划"的实施工作，紧紧围绕珠海市现代产业发展需要，到2020年，从海内外引进和培养100个掌握先进创新成果、拥有自主知识产权、产业化前景广阔的创新创业团队，引进1 000名在某一领域造诣较深、业内普遍认可且为珠海市急需紧缺的各类高层次人才来珠海创新创业，提升珠海市中高端竞争力，力争把珠海建设成为海内外高层次人才创新创业发展的首选地之一。

（六）加大力度加强人才队伍建设

人才是第一生产力，是支持民营企业健康发展的重要组成部分，要结合珠海产业发展需求，加大人才培养力度，加大横琴新区、高新区等博士后科研工作站的建设力度，着力提升博士后的数量和质量。通过省、市合作共建，建立人才培育服务窗口，提供专业化的一站式人才服务。同时要重视企业内创新型人才、技能性人才、管理人才、营销人才等各类人才队伍的建设，并充分发挥研发团队和一线产业工人的创新智慧，为产业转型、创新发展提供坚实的人才保障。同时，要打造人才成长高地，建立一套人才培育机制，通过教育和奖励相结合的手段，促进人才的更快更好成长。在培育民企员工的同时，也要加大对民营企业家的培养力度，根据十九大报告的要求："激发和保护企业家精神，鼓励更多社会主体投身创新创业"，使现有的民营企业经营管理者尽快提高素质，真正成为符合现代市场环境需要的企业家。另外，还要坚定不移地实施人才引进计划，视情况放宽对"高技术低学历"人才的引进标准，鼓励引进一批高科技研发、高水平操作人才，支持其自带项目、技术、资金来珠海创业。

（七）鼓励引进和造就创新人才

从十九大报告的要求"培养造就一大批具有国际水平的战略科技人才、科技领军人才、青年科技人才和高水平创新团队"可以看出，人才是经济发展中尤为重要的一环，珠海市政府应设立创新人才发展基金，在全球吸引研发和创业型领军人才来珠海发展，每年在重点产业领域引进具有国际先进水平及具有国内先进水平的项目带头人。将引进项目与引进人才相结合，以项目引进带动人才的引进，对项目带头人的研发项目给予300万元以内的资助，用于项目的研发和成果产业化，如实验室条件、研发经费和创业启动资金等。鼓励企业与大学、科研机构之间的人才交流，政府给予一定经费补贴。支持开展专业技术培训与鼓励终生学习，对市内从业人员参加符合产业发展导向的专业技能培训给予适当补贴，对企业员工的专业化认证培训、出国进行与企业发展直接相关的业务培训提供学习补贴。制定创新型企业家培训计划，每年组织对300~500名重点中小科技企业创业者进行培训，提高其创业能力和经营管理水平，培养一批创新型企业家人才队伍。推动博士后科研工作站建设，5年内力争新增企业博士后流动站30家，在站博士后超过60名。

通过更开放、更灵活的人才管理制度和政策，依托珠海本地的高新技术企业、新型研发机构、高水平大学等各类载体，引进培育一批具有世界领先水平的人才和团队。同时，要按照珠海市的发展需要，加大对创新人才的培养力度。根据《珠海市实施创新驱动发展战略"十三五"规划》的要求，加大对博士后科研工作站的建设力度，加强本地高校教育，加强教育培训，支持自主创业，通过建立人才培育服务窗口，广泛开展科技教育，提升创新人才的数量和质量。

六、支持鼓励创新产出

就珠海的实际情况来看，每万人口发明专利授权量增长较为迅速，数量在2015年仅次于深圳。每万人口技术合同成交额虽然近5年间也呈增长趋势，但与深圳市和广州市的差距仍然较大。针对此情况，提出以下优化建议。

（一）继续促进知识产权的发展

党的十九大报告指出："倡导创新文化，强化知识产权创造、保护、运用。"珠海应建立和完善知识产权专门化管理机构和服务机构，建立知识产权信息化服务平台，借助粤港澳大湾区规划，助力知识产权体系的发展，制定具有珠海特点的促进知识产权的形成和保护制度，提高实现知识价值的能力，并围绕主导产业集群支持建立专业化的专利分析和应用机构。

（二）进一步健全科技成果快速转化机制

按照《珠海市实施创新驱动发展战略"十三五"规划》的要求，进一步完善科技成果使用、处置和收益管理制度，制定并落实科技成果收益相关细分政策，通过赋予高等院校、科研机构对科技成果的自主处置权，加大对科研人员转化科研成果的激励力度。同时，推进应用型科技研发和重大科技成果产业化项目，充分运用科技成果创造财富。

（三）加强对知识产权的保护和管理

努力推进国家知识产权试点市的建设，建成全国知识产权运营公共服务平台，开展知识产权运营模式创新。要完善珠海知识产权服务业统计监测体系，推动知识产权服务业标准化体系建设，明确服务内容和流程，提高服务规范化水平；要推进建立知识产权服务职业资格制度，规范服务市场监管，加强对违规行为的惩戒，建立公平公正的市场秩序；要建立知识产权服务信息平台，及时公开服务机构和从业人员信用评价、失信惩戒和表彰奖励等信息，引导相关知识产权服务机构向专业化、品牌化、国际化方向发展；要将知识产权管理全面纳入科技重大专项和国家科技计划全流程管理，在高技术产业化项目、重大技术改造项目、国家科技重大专项等项目中，探索建立知识产权专员制度，加强科研项目立项、执行、验收、评估及成果转化、运营等各环节的知识产权管理，同时鼓励有条件的高等院校和科研院所设立集知识产权管理、转化运用为一体的机构，统筹知识产权管理工作。

珠海要继续重视并努力发展知识产权工作，鼓励科学技术的研究和发展，通过制定政策保护并激励知识成果的转化，提高科研工作者的积极性，最终使珠海的创新产出加速发展，缩小与广州及深圳等先进城市的差距。

七、促进完善结构优化

就结构优化指标情况来看，与珠三角其他城市相比，珠海市结构优化指标位居第三，落后于深圳市和惠州市，虽然珠海市的创新产品结构在不断优化，但是高技术制造业增加值占工业比重不高。针对此情况，提出以下政策建议。

（一）继续培育高新技术企业

根据《珠海实施创新驱动发展战略"十三五"规划》的要求，在新的发展阶段，要建立高新技术企业培育全流程服务体系，认真落实高新技术企业的优惠政策，使企业真正方便地得到实惠，提高其申请高新技术企业认定的积极性。同时要建立高新技术企业数据库，根据实际情况选择具有发展潜质的企业进行"一对一"帮扶，力争在2020年珠海有1 600家企业成为国家级高新技术企业。

（二）激活中小企业的创新创业

根据十九大报告要求的"深化科技体制改革，建立以企业为主体、市场为导向、产学研深度融合的技术创新体系，加强对中小企业创新的支持，促进科技成果转化"，以及为了进一步落实《珠海经济特区民营经济促进条例》，珠海要利用好科技型中小企业创新专项资金，通过无偿资助、贷款贴息等方式，加强高等院校、科研机构与民营中小企业的产学研合作，重点扶持并激活一批中小民营企业的创新能力，同时进一步做好孵化器建设。以孵化器和创业服务中心为核心，进一步加大公共财政对创新创业支持力度，健全和完善企业创业的服务体系，重点探索民间资本介入种子资金的方法方式，逐步建立天使投资人制度，鼓励发展本地化的私人投资或私人联合天使投资，实现政府种子基金支持与天使投资的互动和互补。还要建立"创业导师"制度，动员和组织珠海区域内以及区域外的成功企业家为创业企业提供包括技术、管理、财务、人员等全方位的创业管理指导，为创业期企业提供贴身服务，并建立公共技术服务平台，向全市所有初创型科技企业开放。

（三）促进高成长性企业加速发展

着眼于满足高成长性企业的空间和配套服务，建设提供集办公、研发、生产于一体的高成长性企业加速器。建设和提升满足企业高端人力资源服务、专业研发服务、金融服务、市场网络服务、商务服务、信息服务、会展服务、财务法律服务、专家咨询服务等方面的体系与能力。重点建立促进科技企业上市的"绿色通道"，推动成熟企业上市融资；建立非上市公司"股权转让代办系统"，为成长型科技企业提供金融支撑。

（四）支持发展产业价值链高端

打造龙头企业的方向是把大企业做强，打造的方式是支持大企业建立研发和品牌的优势。按照《珠海实施创新驱动发展战略"十三五"规划》的要求，要通过政策扶持和引导，重点培育魅族、银隆、丽珠、联邦、中航通飞等企业成长为科技创新型大型骨干企业。为此，要加大对龙头企业的扶持，加快促进跨国、跨地区、跨行业、跨所有制的大集团大公司的成长，提高其在国际国内市场的竞争能力；以优化地方科技资源配置为杠杆，积极引导大企业承担863计划、技术创新平台建设计划（攻关计划）、火炬计划等国家科研项目，加大对大型龙头企业的科技立项配套，提升大企业的研发能力；依托大型龙头企业，引导和支持建立以大型龙头企业为核心的产业技术联盟、国家或国际产业标准联盟以及市场战略联盟，协调和集成各方力量实现产业关键技术的突破和自主标准的建立；通过鼓励联合研究，有选择关键技术和设备引进，引进基础上的消化、吸收和再创新以及与自主技术的配套，提升企业的技术水平；加强与国际中介机构、中国驻外使馆、国际媒体、国际市场化组织等的联系与合作，为大型高科技企业"走出去"参与国际竞争搭建平台，进一步提升企业的品牌优势，最终形成以大企业为主导带动整个珠海市产业发展的新局面。

（五）进一步发展国内领先的先进制造业

对接"中国制造2025"，重点实施制造业创新升级、智能制造、绿色制造、互联网＋先进制造、服务型制造、产融结合等八大重点工程，争取到2019年，珠海"中国制造2025"城市群试点示范的龙头和核心地位更加突出，发展成为珠江西岸先进装备制造产业带重要增长极；到2025年，努力建成世界级海洋工程装备制造基地、国家级通用航空制造基地和中国南方智能装备制造基地。

通过培育高新技术企业、增加国家级高新技术企业数量、提供贴身服务、激励中小企业创新、重点关注并促进高成长性企业加速发展等手段，提升高新技术制造业增加值占总体工业的比重，在保持稳步增长的同时，缩小与深圳、惠州等结构优化指标较好城市的差距。

八、强化资源效率提升

就珠海市资源效率提升指标来看，资源和效率提升指标在2015年位居珠三角第四，但是其GDP能耗却仅次于深圳市，针对此情况，提出以下政策建议。

（一）强化节能降耗体系考核

党的十九大报告指出："必须坚持质量第一、效益优先，以供给侧结构性改革为主线，推动经济发展质量变革、效率变革、动力变革，提高全要素生产率。"珠海应结合自身实际情况，提高生产效率，将节能目标纳入珠海市经济指标考核内容，健全节能降耗目标考核体系，制定科学的考核办法，建立完善和切实可行的监督、检查和责任追究制度，为落实节能降耗政策提供有力的制度保障；建立健全协调例会制度，充分发挥节能降耗领导小组及其办公室的协调作用，及时分析研究节能工作存在的问题并帮助解决，共同推进节能降耗工作的开展。

（二）进一步鼓励和奖励节能降耗

落实节能专项资金，是政府引导企业搞好节能降耗的重要举措。市财政应在年度预算中安排一定数量的节能专项资金，支持节能示范项目、高效节能产品和新技术推广、节能管理及能力建设。

（三）营造节能氛围

由珠海市相关部门成立节能降耗宣传组织机构，运用电视、网络、广播等媒体，利用文艺演出、公益广告等多种形式，大力宣传节能降耗、污染减排的重要意义，广泛发动群众参与环境保护，营造良好的社会舆论氛围。同时，要建立专门的节能降耗宣传网，构筑节能降耗信息和技术公开交流平台，进一步公开环境信息，完善官方网站的信息披露机制和公众互动机制。

（四）促进资本投入对劳动生产率的提升

培育新兴产业，加快结构调整，要坚持把培育新兴产业和发展生产性服务业作为珠海市转型升级和结构调整的重要战略，继续深入挖掘新产业、新业态的发展潜能，优先发展科技含量高、新兴产业比重大的制造业，如高端装备、电子设备、生物医药、轨道交通、航空航天设备等先进制造业。还要提高企业生产组织管理水平，加快推进企业实施内部业务流程改造，推动企业技术改造与生产流程改造的有机结合，以现代信息化手段强化生产组织管理现代化，促进劳动者的合理分工、高效协作和自我管理，全面提高企业内部的综合管理水平。

（五）提升劳动者素质，提高劳动生产率

通过教育培训等活动全面提高劳动者素质。加快实施劳动者职业技能教育培训计划，支持企业加强对员工岗前在职技能培训，通过行政手段，同意企业把员工培训经费纳入税前列支或享受研发经费投入同等优惠政策，帮助企业提高劳动者平均熟练程度，使其掌握生产过程中的实际操作技术，最终提高劳动生产率。

（六）优化人力资源配置

从企业生产运营的实际问题出发，针对不同岗位工作特点，有针对性地进行定员核定，以此促进工作量与人员数量之间的合理配备。通过明确岗位责任，让员工清楚自身所处岗位的职责，做好职责范围内的工作，避免出现互相推诿的情况，保证人员配备充足。压缩生产人员配备，对于辅助性岗位，在保证作业质量的情况下，实行兼职配备，合理地合并作业人员，减少人员配备。

通过将节能目标纳入市级经济指标考核内容并制定科学合理的考核办法，引导政府主管部门增加对提升资源效率的重视程度，企业则通过科技创新实现资源效率的提升，同时通过宣传及教育培训等手段，提升劳动者生产效率，科学合理地安排人力资源，最终达到强化资源效率提升的目标。

参考文献

［1］何精华，陈建华．民营经济发展与政府管理创新．江汉论坛，2006（11）．

［2］李虹．中国资源型城市创新指数——各地级市创新能力评价．北京：商务印书馆，2017．

［3］李芹芹，刘志迎．国内外创新指数研究进展述评．科技进步与对策，2013（2）．

［4］刘明广．城市创新指数设计与实证研究——以广东省广州市为例．商业时代，2016（6）．

［5］卢倩．地方民营经济发展中的政策创新．企业科技与发展，2007（14）．

［6］倪芝青，林晔，沈悦林，等．城市创新指数指标选择研究——以杭州为例．科技进步与对策，2011（6）．

［7］钱月宝．关于政府着力扶持民营经济创新发展的建议．中国产经，2017（3）．

［8］上海新沪商联合会，零点研究咨询集团．2016中国民营企业发展指数．上海：上海社会科学院出版社，2016．

［9］孙中震，田今朝．中国等40个国家（或地区）创新指数的测算、比较和分析．中国软科学，2003（1）．

［10］谭思明，蓝洁，檀壮．青岛城市创新指数研究．青岛：中国海洋大学出版社，2016．

［11］万陆，刘炜，谷雨．广东城市创新能力比较研究．南方经济，2016（8）．

［12］杨毅．陕西创新指数研究．统计与信息论坛，2014，29（4）．

［13］张伯伟，马骆茹．地方政府引导下的区域创新模式研究——以长三角珠三角为例．南开学报（哲学社会科学版），2017（2）．

［14］珠海市人民政府．珠海市民营经济发展"十三五"规划（2016—2020），2017．

［15］珠海市人民政府．珠海市实施创新驱动发展战略"十三五"规划，2017年第26号文件．

第二章　珠海市民营经济发展指数研究

近年来，国家、广东省、珠海市出台的多项政策，使珠海市民营经济的发展环境进一步优化，民营经济快速发展，成为珠海经济发展和建设国际化创新型城市的重要力量。但另一方面，珠海市民营经济发展总量不大、结构尚待优化、活力不强等问题仍较突出，制约民营经济发展的体制性、政策性障碍还没有完全消除。与此同时，粤港澳大湾区建设的推进，进一步凸显了珠海作为湾区西岸交通枢纽城市、湾区创新后发高地、"一带一路"支点城市和宜业宜居宜游之城的优势，自贸区、自创区"双自联动"为珠海民营经济创新发展注入新的动力。为促进珠海民营经济二次发展，全面系统地掌握和了解珠海民营经济的发展环境、发展基础和发展趋势等情况，为民营经济提供更好的宏观管理和服务，特创建珠海民营经济发展指数。

第一节　评价指标体系

由于珠海民营经济的复杂多样性，需要采用指标体系来进行描述。通过一个设计科学的指标体系，在数据可获得的前提下，如实描述民营经济发展规模、水平、结构状况等，建立涵盖发展环境、发展基础、发展趋势的珠海市民营经济发展指数。本章利用年鉴数据、职能部门数据与珠海市中小企业服务中心调研数据，采用国际通用的德尔菲法（Delphi），借助层次分析法（AHP）指数研究工具，构建了珠海市民营经济发展指数评价指标体系。

一、指数功能

珠海市民营经济发展指数是珠海民营经济发展的特征反映，在指标设计时突出评价功能、导向功能和预测预警功能等三大功能。

①评价功能。本章希望通过对珠海市民营经济各项指标的纵向比较分析，全面掌握珠海市民营经济发展的成就，并通过问卷、案例分析，全面总结珠海市民营经济发展的问题。

②导向功能。本章希望通过选择具有导向性和趋势性的民营经济评价指标，科学合理设定权重，构建一套导向性突出的完整科学评价体系，引导珠海市民营经济转型升级。

③预测预警功能。本章通过设立民营经济发展趋势等预测预警指标，强化珠海市民营经济未来发展趋势与新兴业态模式的预测，为珠海市民营经济主管部门制定民营经济发展政策、产业规划提供参考，并对珠海市民营经济以及企业可能出现的问题进行预警。

二、设计原则

根据评价指标体系设计的一般原则并结合珠海市民营经济发展的实际需求，本章遵循以下原则来设计珠海市民营经济发展指数。

①科学性与可行性结合。珠海市民营经济发展指数应该具备评价指标完备性、指标体系设计的合理性。可行性则表现为珠海市民营经济发展指数所需要的数据，具有可得性和权威性。

②系统性与可比性结合。珠海市民营经济发展指数系入选指标必须逻辑清晰、结构层次分明，并与国际国内通用的经济核算方法相兼容，便于纵向和横向对比。

③静态指标与动态指标结合。珠海市民营经济发展指数中既要有反映珠海民营经济发展历史成绩的规模和结构静态指标，又要有能综合反映珠海市民营经济发展前景的趋势指标，静态指标与动态指标相结合。

④统计数据与调研数据相结合。本章以统计数据为主，统计数据来源权威，是珠海市民营经济发展指数的主要支撑。但统计数据不能反映民营经济的所有方面，并具有一定滞后性，因此需借助调研数据补充完善。

三、指标体系构成

选择的指标应该基本具备下述条件：一是经济重要性。要能代表珠海市民营经济活动的主要方面。二是数据可获得性。统计数据以珠海市统计局统计公报和统计年鉴为主，以职能部门拥有的数据为辅，并结合调研问卷数据进行分析。三是指标敏感性。所选指标的变动与民营经济状况波动有密切联系。四是时效性和准确性。数据来源于珠海市统计局和各职能部门，入选指标数据在时效性和准确性上有充分保障。

据此，珠海市民营经济发展指数由发展环境、发展基础、发展潜力3个一级指标，基础设施、经济环境、公共服务环境、营商环境、融资环境、民营经济发展总量、民营经济结构、民营经济走出去、经济增长潜力、创新创业、企业家指标、社会责任指标等12个二级指标和道路交通等26个三级指标以及高速公路通车里程（公里）等63个四级指标构成，全面实时地反映珠海民营经济的基础状况和发展趋势，其中通过统计年鉴、统计公报等公开统计资料可以获取的指标为27个，占总指标的42.86%；部门拥有的指标共26个，占总指标的41.27%；需要调研获取的问卷指标共10个，占总指标的15.87%。

（一）发展环境

发展环境由基础设施、经济环境、公共服务环境、营商环境、融资环境等5项二级指标、18项三级指标和48项四级指标组成。

①基础设施指标。基础设施是民营经济发展的重要外部环境，直接影响其经济发展成本和效率。基础设施由道路交通、供水、能源、邮电通信4项三级指标组成，其中道路交通评价指标包括高速公路通车里程（公里）、货物运输总量（万吨）、旅客运输总量（万人）、港口货物吞吐量（万吨），供水评价指标包括供水总量（亿立方米），能源评价指标包括能源消费量总量（万吨标准煤）、全社会工业用电量（亿千瓦时），邮电通信评价指标包括邮电业务总量（亿元）、累计光纤接入用户占比（%），共9个四级指标。

②经济环境指标。经济环境既是民营经济发展的结果之一，也反过来影响民营经济发展环境，同时反映了发展环境的好坏。具体由经济总体水平、经济结构、行业景气指数、用工环境4项三级指标组成。经济总体水平评价指标包括人均GDP（万元）、人均可支配收入（元）、人均社会消费品零售总额（元）；经济结构评价指标包括第三产业GDP贡献率（%）、进出口总额占地区生产总值比重（%）；行业景气指数评价指标由制造业PMI指数反映，也即制造业采购经理人指数（PMI指数，英文全称Purchasing Managers' Index），它是一套月度发布的、综合性的经济监测指标体系，反映经济的变化趋势，市场敏感度非常高；用工环境评价指标包括劳动力市场求人倍率、最低工资（元），共8个四级指标。

③公共服务环境指标。公共服务是属于"软环境"范畴，有直接影响发展环境的，有为发展提供服务保障的。本研究把其限定在由教育、医疗卫生、公共安全、生态环境4项三级指标组成。教育的评价指标包括各级学校数（所）、在校学生数（万人）、初中毕业生升学率（%）、普高毕业生升学率（%），医疗卫生的评价指标包括医院数（所）、卫生机构人员数、卫生机构床位数，公共安全评价指标由珠海市政法委每天提供的平安指数反映，生态环境评价指标包括集中式饮用水源水质达标率（%）、城市污水日处理能力（万吨）、空气质量达标（AQI＜100）天数（天）、酸雨发生率（%）、森林覆盖率（%）、城镇污水集中处理率和城市生活垃圾无害化处理率，共15个四级指标。

④营商环境指标。营商环境是民营经济发展的重要依托，也是珠海软实力的重要表现。具体由行政审批、市场准入、市场监管、市场服务、市场信用5项三级指标组成。行政审批评价指标包括审批承诺总时限与法定时限相比实际平均压缩比率（%）、立等可取事项占比（%），市场准入评价指标包括鼓励民间投资政策满意度（回答好的占比,%）、市政基础设施开放程度（回答好的占比,%）、社会事业项目开放程度（回答好的占比,%），市场监管评价指标包括市场监管公平满意度（回答好的占比,%）、市场监管效率满意度（回答好的占比,%）、主要行政执法部门满意度（回答好的占比,%），市场服务评价指标包括政策配套程度（年市级民营及中小微企业发展专项资金占财政支出比重%）、政策知晓程度（回答比较了解的占比,%）、政策普惠程度（回

答惠及大部分企业的占比,%)、政策连续性（回答比较好的占比,%)、政策兑现情况（回答较好的占比,%),市场信用评价指标由国家发改委对全国城市信用综合指数和信用排名反映,共15个四级指标。

⑤融资环境指标。它是用来描述对民营企业融资状况的一种判断标准,以进一步认识民营企业融资效率影响因素,从而解决民营企业的融资困境,提高金融资源利用效率。评价指标包括民营经济贷款1个三级指标,民营经济贷款占比（%）1个四级指标。

（二）发展基础

发展基础主要涵盖民营经济各项统计指标,包括民营经济发展总量、民营经济结构2个二级指标、2个三级指标和4个四级指标。

①民营经济发展总量指标。主要包括民营经济增加值情况,评价指标包括民营经济增加值总量（亿元）、民营经济增加值增速（%）、民营经济增加值占GDP比重（%）。

②民营经济结构指标。评价指标包括民营经济产业结构,具体评价指标为民营经济第三产业增加值占比。

（三）发展潜力

发展潜力主要从"一带一路"走出去、固定资产投资、创新创业等角度进行衡量,由民营经济走出去、经济增长潜力、创新创业、企业家指标、社会责任指标等5项二级指标、6项三级指标和11项四级指标组成。

①民营经济走出去指标。反映"一带一路"环境下珠海民营经济外向型发展形势,评价指标为民营经济外贸与对外投资,具体评价指标为民营经济出口额（亿美元）。

②经济增长潜力指标。民营经济增长潜力在一定程度上可以由固定资产投资反映,企业家增加固定投资,是看好未来经济增长前景。具体评价指标为民营经济固定资产投资额总量（亿元）、民营经济固定资产投资额增速（%）。

③创新创业指标。反映珠海民营经济在新形势下的内在增长潜力,创新具体评价指标包括民营高新技术企业数量（家）,创业评价指标包括创业培训和创业实训补贴金额（万元）、创业资助金额（万元）、创业租金补贴金额（万元）。

④企业家指标。企业家是珠海民营经济发展的原动力,是市场主体的核心。具体评价指标包括民营企业主体数量（个）、民营企业主体数量增速。

⑤社会责任指标。社会责任是民营经济回馈社会的重要方式,也是反映民营经济发展阶段的重要指标。具体评价指标包括民营企业税收总额（亿元）、民营企业从业人员数（万人）。

表2-1　珠海市民营经济发展指数体系

一级指标	二级指标	三级指标	四级指标
发展环境 M1	基础设施 U1	道路交通 V1	1. 高速公路通车里程（公里）P1
			2. 货物运输总量（万吨）P2
			3. 旅客运输总量（万人）P3
			4. 港口货物吞吐量（万吨）P4
		供水 V2	5. 供水总量（亿立方米）P5
		能源 V3	6. *能源消费量总量*（万吨标准煤）P6
			7. 全社会工业用电量（亿千瓦时）P7
		邮电通信 V4	8. 邮电业务总量（亿元）P8
			9. 累计光纤接入用户占比（%）P9
	经济环境 V5	经济总体水平 V5	10. 人均 GDP（万元）P10
			11. 人均可支配收入（元）P11
			12. 人均社会消费品零售总额（元）P12
		经济结构 V6	13. 第三产业 GDP 贡献率（%）P13
			14. 进出口总额占地区生产总值比重（%）P14
		行业景气指数 V7	15. 制造业 PMI 指数 P15
		用工环境 V8	16. 劳动力市场求人倍率 P16
			17. 最低工资（元）P17
	公共服务环境 U3	教育 V9	18. 各级学校数（所）P18
			19. 在校学生数（万人）P19
			20. 初中毕业生升学率（%）P20
			21. 普高毕业生升学率（%）P21
		医疗卫生 V10	22. 医院数（所）P22
			23. 卫生机构人员数 P23
			24. 卫生机构床位数 P24
		公共安全 V11	25. 平安指数 P25
		生态环境 V12	26. 集中式饮用水源水质达标率（%）P26
			27. 城市污水日处理能力（万吨）P27
			28. 空气质量达标（AQI＜100）天数（天）P28
			29. *酸雨发生率*（%）P29
			30. 森林覆盖率（%）P30
			31. 城镇污水集中处理率 P31
			32. 城市生活垃圾无害化处理率 P32

（续上表）

一级指标	二级指标	三级指标	四级指标
发展环境 M1	营商环境 U4	行政审批 V13	33. 审批承诺总时限与法定时限相比实际平均压缩比率 P33
			34. 立等可取事项占比（%）P34
		市场准入 V14	35. 鼓励民间投资政策满意度（回答好的占比,%）P35
			36. 市政基础设施开放程度（回答好的占比,%）P36
			37. 社会事业项目开放程度（回答好的占比,%）P37
		市场监管 V15	38. 市场监管公平满意度（回答好的占比,%）P38
			39. 市场监管效率满意度（回答好的占比,%）P39
			40. 主要行政执法部门满意度（回答好的占比,%）P40
		市场服务 V16	41. 政策配套程度（年市级民营及中小微企业发展专项资金占财政支出比重,%）P41
			42. 政策知晓程度（回答比较了解的占比,%）P42
			43. 政策普惠程度（回答惠及大部分企业的占比,%）P43
			44. 政策连续性（回答比较好的占比,%）P44
			45. 政策兑现情况（回答较好的占比,%）P45
		市场信用 V17	46. 信用综合指数 P46
			47. *信用指数全国排名* P47
	融资环境 U5	民营经济贷款 V18	48. 民营企业贷款占比（%）P48
发展基础 M2	民营经济发展总量 U6	民营经济增加值 V19	49. 民营经济增加值总量（亿元）P49
			50. 民营经济增加值增速（%）P50
			51. 民营经济增加值占 GDP 比重（%）P51
	民营经济结构 U7	民营经济产业结构 V20	52. 民营经济第三产业增加值占比 P52

（续上表）

一级指标	二级指标	三级指标	四级指标
发展潜力 M3	民营经济走出去 U8	民营经济外贸与对外投资 V21	53. 民营经济出口额（亿美元）P53
	经济增长潜力 U9	固定资产投资 V22	54. 民营经济固定资产投资额总量（亿元）P54
			55. 民营经济固定资产投资额增速（%）P55
	创新创业 U10	创新 V23	56. 民营高新技术企业数量（家）P56
		创业 V24	57. 创业培训和创业实训补贴金额（万元）P57
			58. 创业资助金额（万元）P58
			59. 创业租金补贴金额（万元）P59
	企业家指标 U11	市场主体 V25	60. 民营企业主体数量（个）P60
			61. 民营企业主体数量增速 P61
	社会责任指标 U12	社会贡献指数 V26	62. 民营企业税收总额（亿元）P62
			63. 民营企业从业人员数（万人）P63

说明：用斜体加黑的指标为需要正向化处理的指标。

（四）指标体系构建

1. 指标量纲处理

由于本评价指标体系各指标的性质和计量单位不同，必须进行无量纲化处理，以便得到指标之间的对比和总指标得分的加总。珠海市民营经济发展指数的计算在对指标进行同度量处理时不采用设定目标值的方法，而是通过计算各指标报告期实际值与基期实际值之比对所有指标进行无量纲化处理。

本报告首先对指标进行了正向化处理，即对能源消费量总量（万吨标准煤）、酸雨发生率（%）、信用指数全国排名三个指标求其倒数，来进行正向化处理。

然后，根据数据的指标单位和数量的综合考虑，数据采用指数化变换方法进行预处理，公式如下：

$$z_{ij} = \frac{x_{ij}}{x_{i0}} \quad i = 1, 2, \ldots, n, \ j = 1, 2, \ldots, m$$

其中：x_{ij}是观测值，x_{i0}是评价标准值。经过该变换，消除评价指标的计量单位和统一其数量级，但并不消除各个指标内部取值之间的差异程度。

在实际变换中，人们习惯于利用整数制对所评价总体中的各个观察单位进行变换，例如 10 分制或 100 分制，其改进的无量纲方法如下：

$$z_{ij} = \frac{x_{ij}}{x_{i0}} \times b$$

在本报告中，x_{i0}采用平均值计算，$b = 60$。

由于部分指标 2015 年数据缺失，我们对于用调研问卷取得的数据，不采用这种方法来标准化，而是直接利用问卷统计的值来代替。

2. 指标权重确定

在多指标综合评价中权重的确定直接影响着综合评价的结果，权重的变动可能引起被评价对象优劣顺序的改变。因此科学确定权重有举足轻重的作用。为了充分体现珠海市民营经济发展指数的现实意义，本报告运用层次分析法计算其特征向量，并据此计算标准化处理后指标的权重值。

层次分析法（AHP）是美国教授萨蒂（T. L. Saaty）应用网络系统理论和多目标综合评价方法，提出的层次权重决策分析方法。这种方法有助于利用较少的定量信息使决策的思维过程数学化，有助于为复杂决策问题提供简便的决策方法。

3. 指标体系数学合成

在多指标综合评价中，数学合成是指通过一定的算式将多个指标对不同方面的评价值综合在一起，以得到一个整体性的评价。珠海市民营经济发展指数也是指标体系确定的指标统计数据按合成指数方法合成的综合指数，以这个综合指数作为珠海民营经济运行或发展趋势的评价指数。

图 2-1 是一个珠海市民营经济发展指数研究的实用型金字塔模型，在金字塔的底部是未经加工的原始数据（调研数据），它包括大量的监测数据，能够提供大量的信息；指标处于经过加工的标准化数据上，可以为研究提供比较精炼的信息；指数是最具有信息集成度的一种指标，可以用一个简单的数据提供研究所需的大量信息。

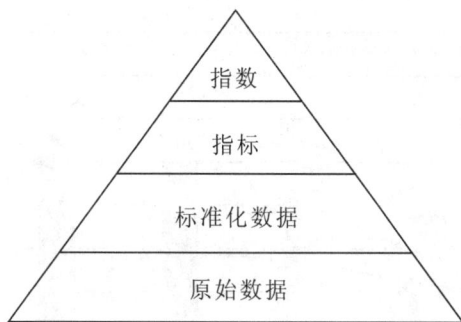

图 2-1　珠海市民营经济发展指数金字塔模型

第二节　定格——快速发展的民营经济（2016 年）

在珠海市委市政府的领导下，珠海民营经济快速发展，民营经济总量迈上 700 亿元新台阶，内部结构不断提升，竞争优势不断增强，成为拉动珠海经济增长的重要力量。

一、总量迈上新台阶

根据 2016 年珠海市国民经济和社会发展统计公报，2016 年珠海市民营经济增加值 776.72 亿元，首次超过 700 亿元大关，增长 12.3%，占 GDP 的 34.9%。与 2015 年相比，珠海市民营经济增加值增数提高 4.5 百分点（2015 年为 7.8%），占 GDP 的比重提高 1.1 百分点（2015 年为 33.8%）。民营企业实现利润 79.27 亿元，同比增长 43.1%。

表 2-2　2011—2016 年珠海民营经济增加值及占 GDP 比重情况

年份	民营经济增加值（亿元）	增速（%）	占全市 GDP 比重（%）
2011	437.96	31.1	
2012	477.58	8.8	31.6
2013	537.77	11.1	31.9
2014	599.92	7.9	32.1
2015	685.20	7.8	33.8
2016	776.72	12.3	34.9

数据来源：珠海市科技和工业信息化局 2011—2015 年《珠海市民营经济发展情况汇报》、2011—2015 年《珠海统计年鉴》、2016 年珠海市统计公报，下同。

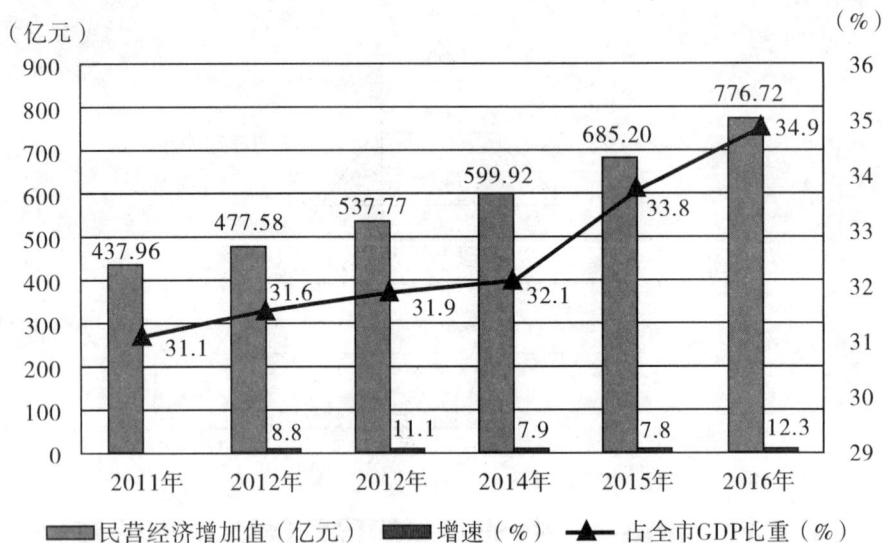

图 2-2　珠海民营经济增加值及占 GDP 比重

二、固定投资持续增长

2016 年珠海市民营经济固定资产投资额 638.80 亿元，同比增长 32.7%，占全市固定资产投资额 46%，充分显示了在珠海市进一步加大推动民营经济发展力度的情况下，民营经济迸发出更大的投资活力，已经成为拉动经济投资和经济增长的主力，民营经济发展的内生性不断增强，前景广阔。

表 2 - 3　2011—2016 年珠海民营经济固定资产投资额

年份	投资额（亿元）	同比增长（%）
2011	240.93	
2012	242.44	0.6
2013	260.55	7.5
2014	394.84	51.5
2015	481.55	22.0
2016	638.80	32.7

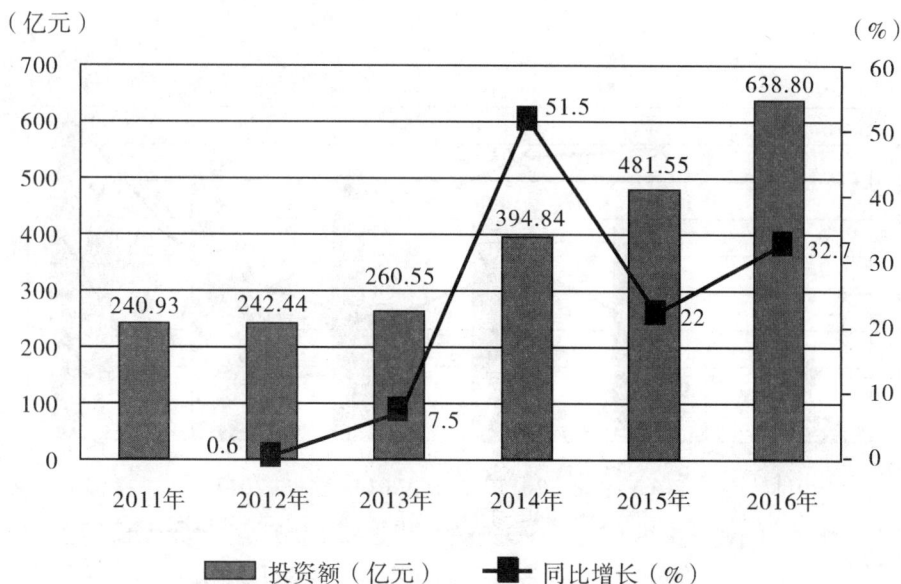

图 2 - 3　2011—2016 年珠海民营经济固定资产投资额

三、经济结构不断优化

截至 2016 年底，民营经济第一产业实现增加值 46.6 亿元，第二产业实现增加值 302.92 亿元，第三产业实现增加值 427.2 亿元，第一、二、三产业增加值比重为 6∶39∶55，与 2015 年的 7∶38∶55 相比，第一产业下降 1 百分点，第二产业增加 1 百分点，第三产业没有变化。第三产业依然是民营经济的主体，可喜的是在国家大力发展先进制造业的背景下，珠海民营经济制造业上升了1百分点，而且2016年全市工业增加值比上年增长5.8%，规模以上工业增加值增长5.9%。其中，国有及国有控股企业增长2.2%，民营企业增长18.8%。民营企业在制造业中的增速远超其他类型企业。

表2-4　2011—2016年民营经济产业增加值及增速

（单位：亿元）

年份	第一产业增加值	增速（%）	第二产业增加值	增速（%）	第三产业增加值	增速（%）
2011	36.55		131.93		169.48	
2012	39.02	3.9	145.95	15.7	292.61	5.9
2013	41.56	5.4	164.66	15.2	329.55	9.6
2014	43.94	3.9	185.15	11.6	370.83	6.3
2015	46.63	3.0	261.94	7.2	376.63	8.9
2016	46.6	0	302.92	15.6	427.2	13.4

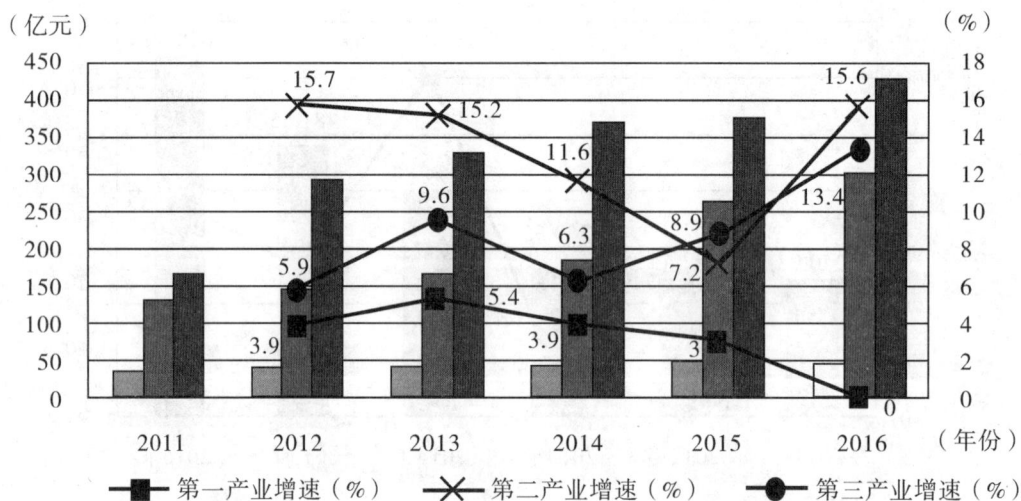

图2-4　2011—2016年民营经济第一、二、三产业增加值及增速

说明：各年份产业增加值从左至右依次为第一产业增加值、第二产业增加值、第三产业增加值。

四、自主创新能力不断增强

民营经济创新发展水平日益提高，自主创新能力不断增强。截至2016年底，全市民营企业已拥有国家级和省级工程中心、企业技术中心132家，省级民营企业创新产业化示范基地14家，市级民营企业创新产业化示范基地79家。全市拥有民营高新技术企业556家，占全市比重的70.6%。以珠海云洲智能无人船科技港等为代表的民营创新平台，为珠海民营企业和产业转型升级提供了强大内在动力。

五、走出去步伐加快

2016 年经核准境外投资新增中方协议投资额 66.9 亿美元，投资区域主要在美国、新加坡和中国香港等 13 个国家和地区，投资产业主要涉及生物医药、打印耗材、融资租赁等领域。2016 年私营企业出口 112 亿美元，同比增长 1.7%，占全市出口总额的 41%。

六、社会贡献日渐彰显

一是民营经济拉动全市出口增长。2016 年私营企业出口总额 94.59 亿美元，同比略有下降，依然可以凸显拉动出口增长的能力。二是民营经济税收保持快速增长，成为财政收入稳定来源。近年来，民营经济的不断发展为富民强市做出了积极贡献。2016 年全市民营企业税收总额 161.62 亿元，同比增长 17.9%。唯品会、丽珠集团、汤臣倍健等多家民营企业多次入选珠海市纳税百强企业。三是民营经济组织从业人员稳步增长，成为吸纳就业人口的主要渠道。2016 年，全市民营经济组织从业人数 60.04 万人，占全市就业人口的 55.7%[①]。珠海民营经济是全市就业的主力军，民营经济组织不仅有效地缓解了日益凸显的就业压力，而且促进了群众增收和保持了社会稳定。

第三节　民情——调研问卷分析

笔者借助珠海市中小企业服务中心对 180 家中小民营企业进行了不记名问卷调查，通过问卷调查分析了珠海市民营企业对政务服务、市场监管、基本公共服务、扶持政策等方面的诉求。

一、样本分布

被调研企业以中小制造业企业为主，其行业分布与高新技术企业占比如下：

行业分布。180 家被调研企业，属于工业的 108 家，占 60%；属于建筑业的 7 家，占 3.89%；属于服务业的 63 家，占 35%；属于农业的 2 家，占 1.1%。样本的第一、二、三产业分布比约为 1：64：35，以第二、三产业为主。在服务业内部，珠海主导产业信息传输、软件和信息技术服务业 29 家，占总样本的 16.11%。整体而言，抽样样本具有较好的代表性。

---

① 据珠海市民营经济"十三五"规划，2015 年，全市民营经济组织从业人数 59.83 万人，占全市就业人口的 58%，因此，2015 年全市就业人数为 103.16 万人。据 2016 年统计公报，全年城镇新增就业人数 46 968 人，二者相加，2016 年全市就业人数为 107.86 万人。

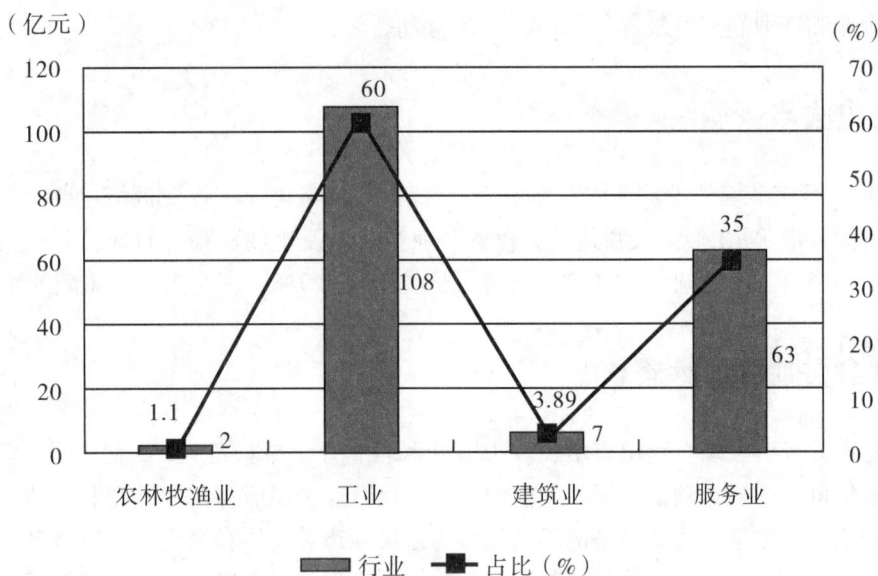

图2-5　样本行业分布情况

　　高新技术企业占比。180家企业中属于高新技术企业的82家，占总数的45.56%，不属于的有98家，占总数的54.44%。由于这次调研以中小企业为主，与民营企业高新技术企业的分布有一定差异。2015年全市民营高新技术企业303家，占全市比重的76.3%。在回答"贵公司在行业的技术地位"时，认为技术产值处于中游的，有90家，占50.00%；认为能够引领行业发展的，仅19家，占10.56%。

二、经济发展前景被普遍看好

　　调研企业对经济发展前景较为看好，对行业景气状况的判断及企业自身生产经营状况较为乐观。其中认为本公司本行业景气的有88家，占48.89%；认为非常景气的有9家，占5%，二者合计占53.89%。而认为企业自身经营景气的有87家，占48.33%；认为非常景气的有14家，占7.78%，二者合计56.11%。

　　因此，整体而言，被调研的中小企业对珠海产业发展的经济形势和企业自身发展的形势都较为看好，说明珠海民营中小企业活力较强，具有较好的产业竞争优势。

三、营商环境整体较佳

　　党的十八大以来，珠海市政府做好"加减乘"，深化"放管服"，大力打造营商新优势。民营企业作为市场主体，对营商环境变化的感受最为直接与真切。当前营商环境有哪些改善？还有哪些"肠梗阻""老大难"问题亟待破解？

　　根据调研，总体上，珠海市政府在降低制度性交易成本和增强创新型服务方面"双向发力"，积极为企业排忧解难，同时"亲""清"新型政商关系正在进一步形成，激发了企业发展信心和市场活力，得到珠海民营企业的普遍认可。不过，企业家们也反映，有个别区域、个别部门、个别领域仍然存在政府服务效率较低的问题，在打造公平营商环境的"高地"方面还存在较大努力空间。

（1）行政效能。在回答"贵公司对珠海行政效能的看法"时，认为好的有 106 家，占 59%；认为非常好的，有 17 家，占 9%，二者合计占 68%。说明珠海民营企业对珠海的行政效能比较满意。

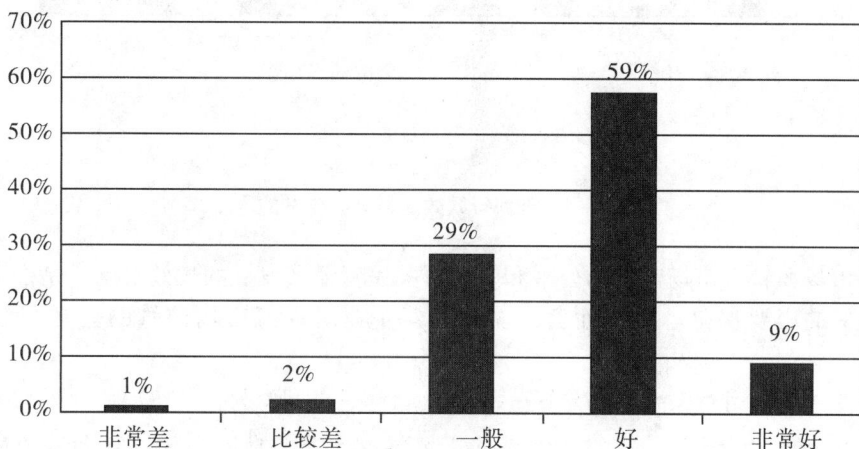

图 2−6　对珠海行政效能整体评价

在回答"贵公司员工对香洲区、斗门区、金湾区、高新区、万山区、保税区、横琴新区、高栏港经济区的行政效能，哪个是你认为最满意的区"时，香洲区占比较高，达32%；其次为金湾区、斗门区，分别为 15%、14%。而在回答"最需要改进的区是"时，斗门区占比最高，为 27%；其次为香洲区、金湾区，分别为 23%、13%。

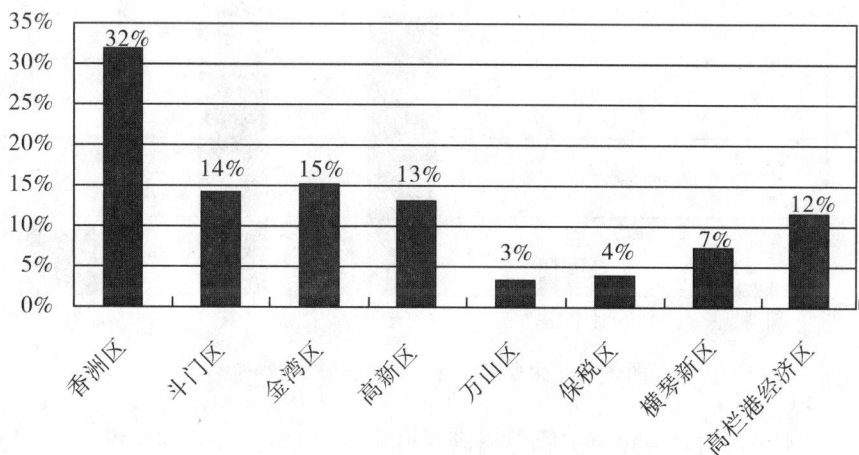

图 2−7　珠海行政效能最满意的区

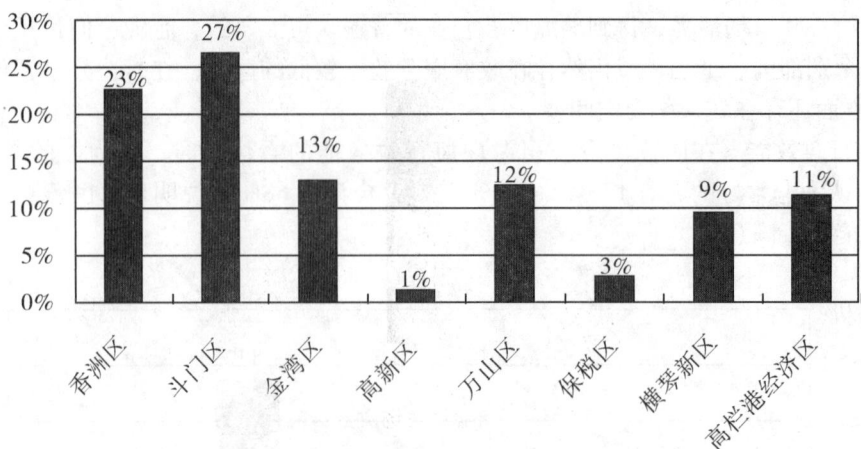

图2-8　珠海行政效能最需要改进的区

（2）市场监管。市场监管的公平和效率事关民营经济发展的长效机制，是推动民营经济健康发展的必要保障。整体而言，珠海民营企业对珠海市场监管的公平和效率较为满意。

在回答"贵公司对珠海市场监管公平满意度"时，回答好的有87家，占48%；非常满意的有16家，占9%，二者合计为57%。大部分企业对珠海市场监管的公平程度还是较为满意的。

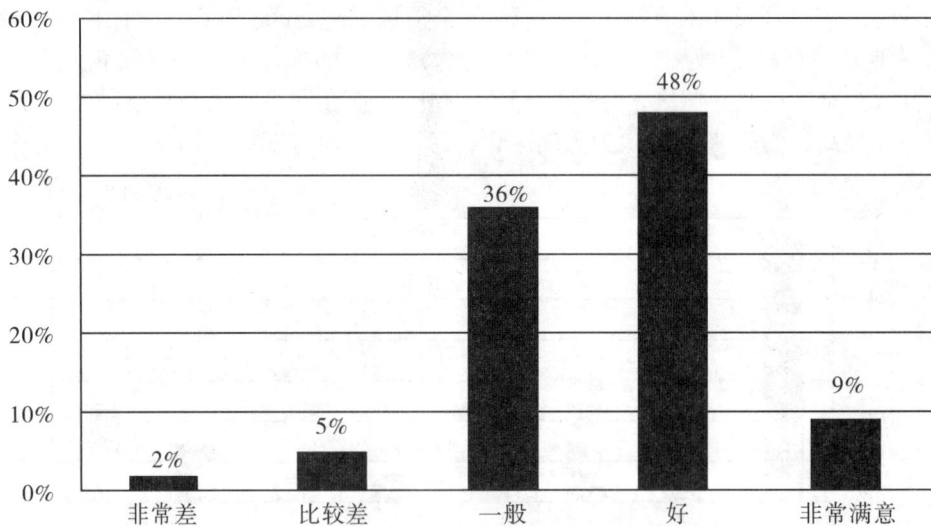

图2-9　企业对珠海市场监管公平满意度

在回答"贵公司对珠海市场监管效率满意度"时，认为好的有84家，占47%；回答非常满意的有13家，占7%，二者合计占54%。与公平满意度相比，都略有下降，说明在市场监管的效率方面还有较大提升空间。

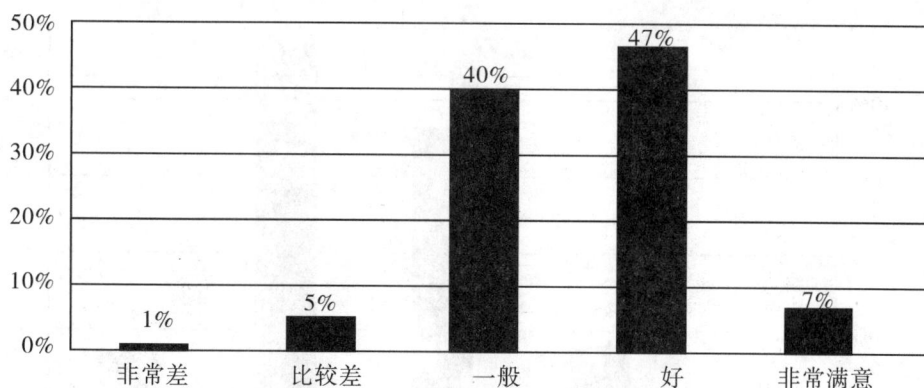

图2-10 企业对珠海市场监管效率满意度

在回答"贵公司对珠海主要行政执法部门满意度"时，认为好的有100家，占56%；认为非常满意的有12家，占7%，二者合计63%。说明整体而言，珠海民营企业对珠海市执法部门较为满意，执法部门的作风较好、执法人员素质较高。

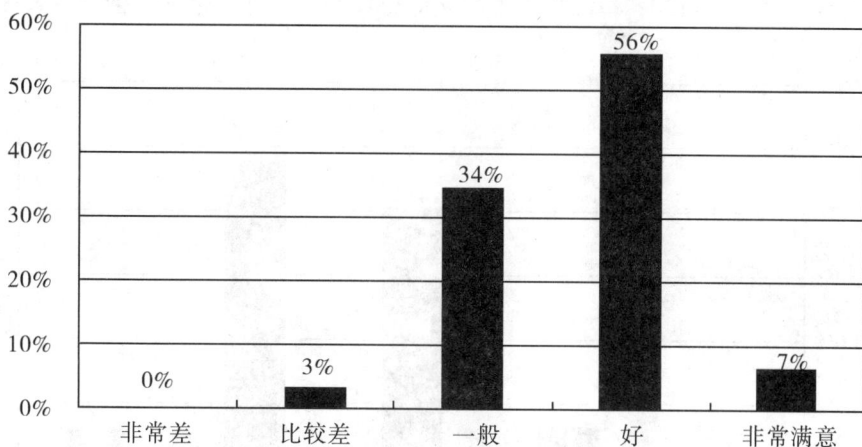

图2-11 企业对珠海市场监管执法部门满意度

（3）市场开放。民营企业非常重视市场的开放程度，公平的进入机会对民营企业而言格外珍贵。

我们以市场开放中进入门槛较高也比较具有代表性的市政基础设施为例，展开调研。在回答"贵公司认为珠海市政基础设施开放程度"时，认为好的占47%，认为非常开放的占8%，二者合计为55%。整体而言，珠海市的市场较为开放。

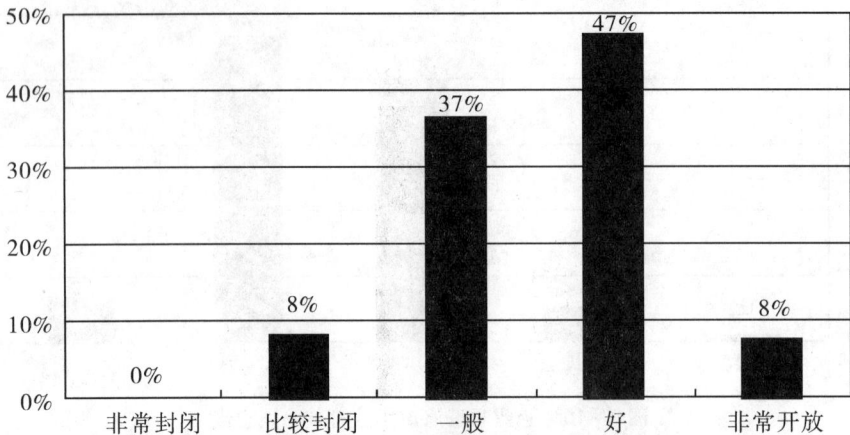

图2-12　企业对珠海市政基础设施开放程度认知

在目前政府大力倡导的社会事业政府采购方面，在一些地方确实存在对民营企业设置各种门槛的现象。在回答"贵公司认为珠海市社会事业项目开放程度"时，认为好的占48%，认为非常开放的占6%，二者合计54%。整体而言，珠海市的社会事业较为开放。

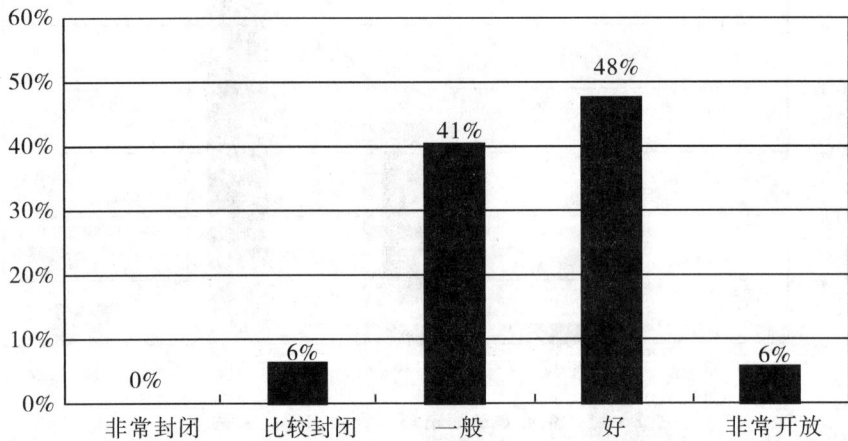

图2-13　企业对珠海市社会事业项目开放程度认知

（4）市场服务。市场服务是民营企业最关心、感受最明显的环节，直接影响民营企业办理商事登记、行政许可等有关事项的直接成本和心理成本，是营商环境的重要组成部分。

在回答"贵公司对珠海民营企业市场服务政策知晓程度"时，回答不是很清楚的占20.56%，一般的占38.33%，二者合计58.89%，说明珠海市对民营企业市场服务的有关政策推广宣传还有待进一步努力。

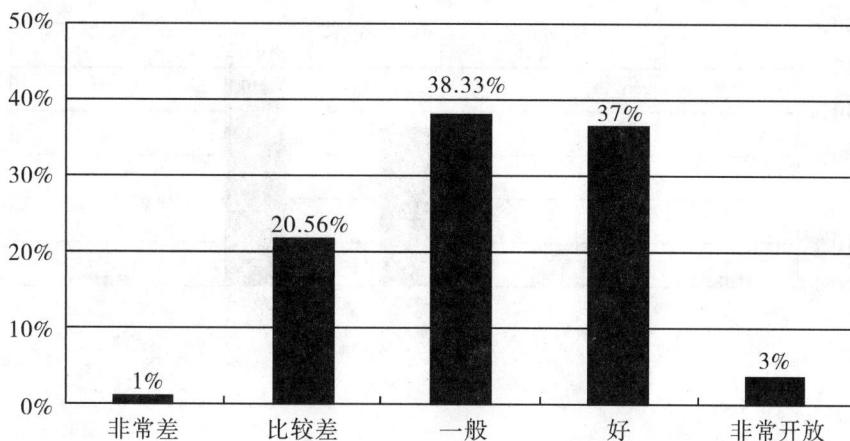

图 2-14 企业对珠海市场服务政策知晓程度

在回答"贵公司认为珠海民营企业市场服务政策普惠程度"时，认为惠及大部分企业的占42%，认为惠及所有企业的占4%，二者合计占46%。总体而言，民营企业对市场服务的普惠认同程度较高。

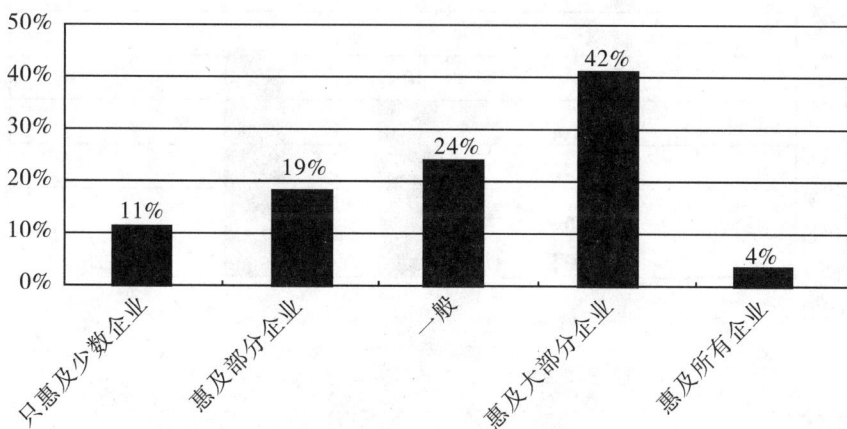

图 2-15 企业对珠海市场服务普惠程度认知

而在回答"贵公司认为珠海民营企业市场服务政策连续性"时，认为政策具有较好的连续性的占48%，认为非常连续的占3%，二者合计占51%。整体而言，政策的连续性得到了企业家们的认可。

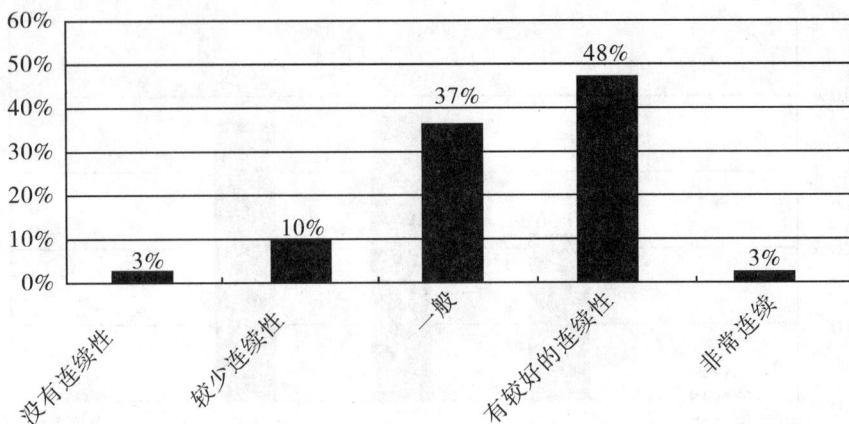

图2-16　企业对珠海市场服务政策连续性认知

在回答"贵公司认为珠海民营企业市场服务政策兑现情况"时，认为比有较好的兑现性的占51%，而认为兑现非常好的占2%，二者合计为53%。珠海各级政府的信用好，对企业承诺兑现情况得到企业的认同。

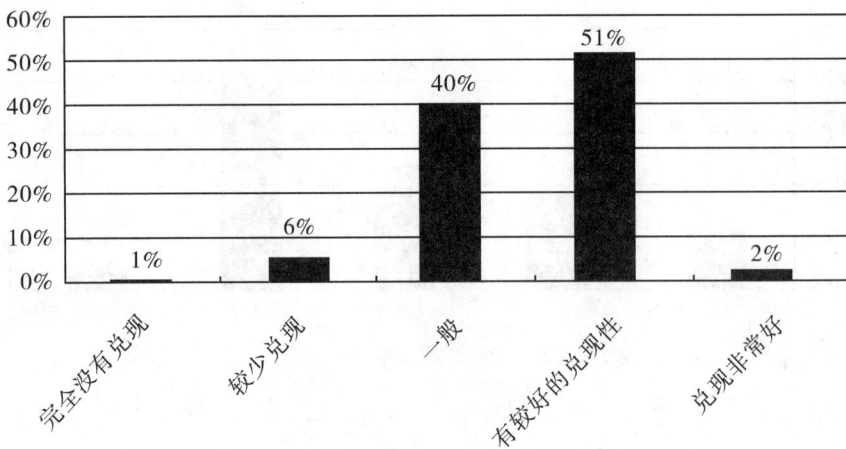

图2-17　企业对珠海市场服务政策兑现性认知

四、基本公共服务尚有短板

义务教育、医疗卫生、社会治安、公共环境等基本公共服务是影响民营企业家及其员工稳定性的重要因素。高质量的基本公共服务，可以增加民营企业家和其员工对珠海的黏性，是不可替代的重要投资环境。近年来，珠海大力发展公共事业。尤其是从2012年起，开展了"幸福村居"创建工作，促进城乡公共服务均等化；珠海西部农村地区的医疗、教育、卫生、文化等公共服务水平大幅提升。由于民生事业不断进步，珠海被评为"2016中国最具幸福感城市"。

（1）义务教育。随迁子女义务教育是影响民营企业职工很重要的因素，珠海因为人口增长快，公办义务教育供需缺口大，矛盾突出。

在回答"贵公司员工随迁子女在入学方面是否存在困难"时，回答非常困难的占11%，比较困难的占20%，一般的占38%，三者合计达69%。整体而言，对民营企业来说，随迁子女义务教育问题还是急需解决的大问题。

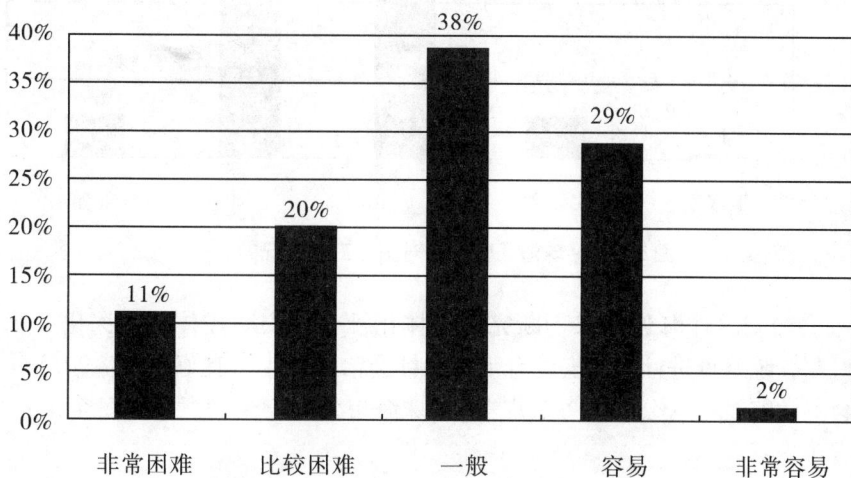

图 2-18　珠海民营企业随迁子女入学情况

（2）医疗卫生。珠海多年在医疗卫生事业方面的投入和医疗卫生基本公共服务均等化方面的努力，使得珠海民营企业对医疗卫生的总体评价较好。但另一方面，珠海目前面临着卫生资源分布东西部不均衡、结构不合理，卫生人才基层流失、高端缺失，卫生服务水平东西部差异大，社会办医与公立医院比例欠科学等多方面问题，医疗卫生水平也存在较大提升空间。

在回答"贵公司对珠海医疗卫生的看法"时，认为好的占45%，认为非常好的占6%，二者合计为51%，整体较好。认为一般的占43%，说明珠海医疗卫生水平离珠海民营企业的期望还有一定距离。

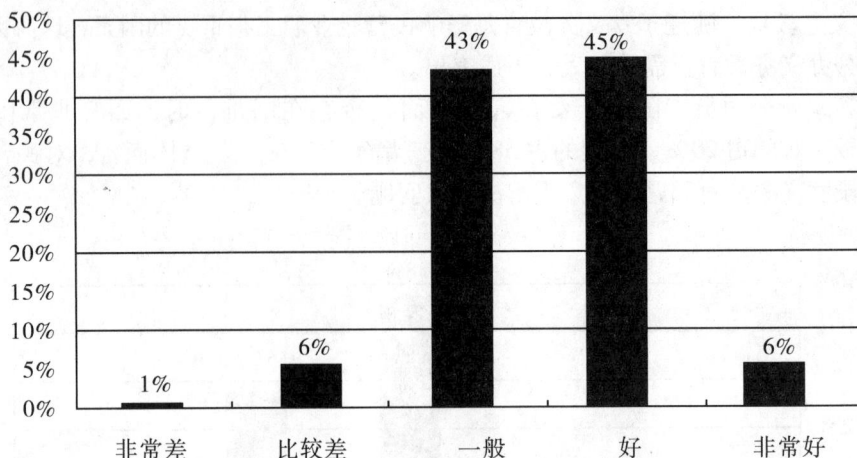

图2-19　珠海民营企业对医疗卫生情况的看法

（3）社会治安。珠海近年来不断完善立体化社会治安防控体系，深化"平安指数"发布应用机制，统筹推进社会治安综合治理，社会治安取得了良好成绩。2015年12月25日中国社会科学院发布《公共服务蓝皮书》，珠海市公共安全满意度跻身全国主要城市第六、广东省第一。

在回答"贵公司对珠海社会治安的看法"时，回答好的占69.44%，认为非常好的占8.89%，二者合计为78.33%。良好的社会治安环境是珠海民营经济发展重要保障。

（4）公共环境。珠海一直坚持绿色发展，生态文明建设屡创佳绩，成功创建国家生态市和国家生态园林城市，成为首批国家级海洋生态文明示范区、全国第二批水生态文明城市建设试点市和广东省海洋经济生态示范市，率先发布"生态指数"，环境空气质量2015年6月荣登全国重点城市榜首。污染防治设施建设成效显著，生态建设不断强化。因此，良好的生态环境是吸引珠海民营企业的重要因素。

在回答"贵公司对珠海环境治理的看法"时，回答好的占61%，回答非常好的占18%，二者合计79%。珠海民营企业对环境治理非常满意。

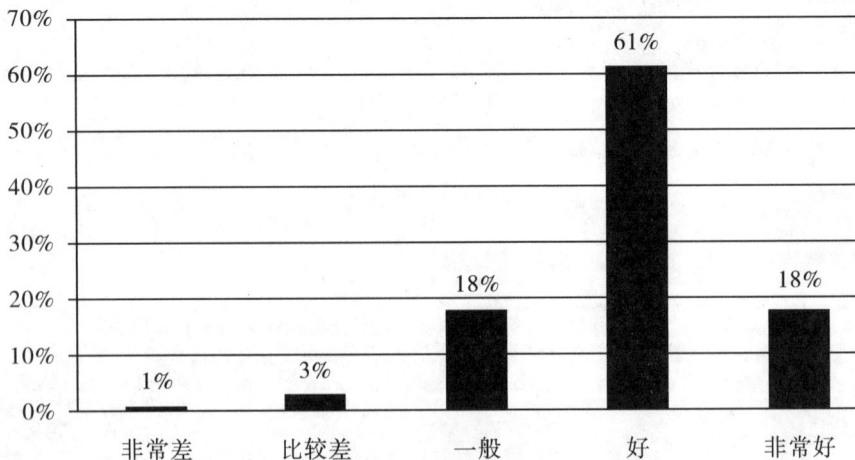

图2-20　珠海民营企业对珠海环境治理的看法

五、融资环境仍需改善

民营企业在融资等方面较之非民营企业存在着更多的障碍，信息和信用缺失是导致中小微企业融资难的主要原因之一，融资在一定程度上成了珠海民营企业发展壮大的"瓶颈"。珠海市一直致力于解决民营企业融资难问题，建立了财政、银行、担保机构、企业四方共同参与的"四位一体"融资平台，加大财政扶持力度，加快中小企业上市融资步伐，推进金融创新，拓宽中小企业融资渠道，不断协助企业解决"融资"难题。

（1）资金来源渠道。珠海民营企业资金来源以自我积累为主，占比达70.56%，以银行贷款为主的仅占19.44%。可见，对珠海民营企业而言，资金来源渠道依然非常单一，无论是直接融资还是间接融资的渠道都比较有限。

（2）间接融资难度。在回答"贵公司从银行获取资金的难易程度"时，回答非常困难的占8.89%，比较困难的占26.67%，一般的占38.33%，三者合计为73.89%。总体而言，从银行贷款，对珠海民营企业而言还是有相当难度。珠海在创新民营企业融资模式、加大金融创新与政策扶持力度、设立政策性融资担保机构、拓展"四位一体"融资平台功能等方面，需继续加强对民营经济融资需求的扶持。

六、当前急需解决的困难

珠海民营企业正面临利润减少、融资困难、人才缺乏的共同问题，成本、税负、资金等压力大。民营企业转型升级二次发展，是一场严峻的现实考验。

在回答"贵公司当前最需要解决的困难有"时，排第一的是缺乏技术人才和管理人才，占24%；其次是税费负担重，成本高，占22%；第三是资金周转紧张，融资难，占18%；接下来依次是经营困难，销售不畅，占11%；教育、医疗、公共交通等基本公共服务配套差，占7%。可以看出，税费成本、缺乏人才、融资难依然是困扰珠海民营企业三大难点，是扶持民营经济发展政策的主要着力点。

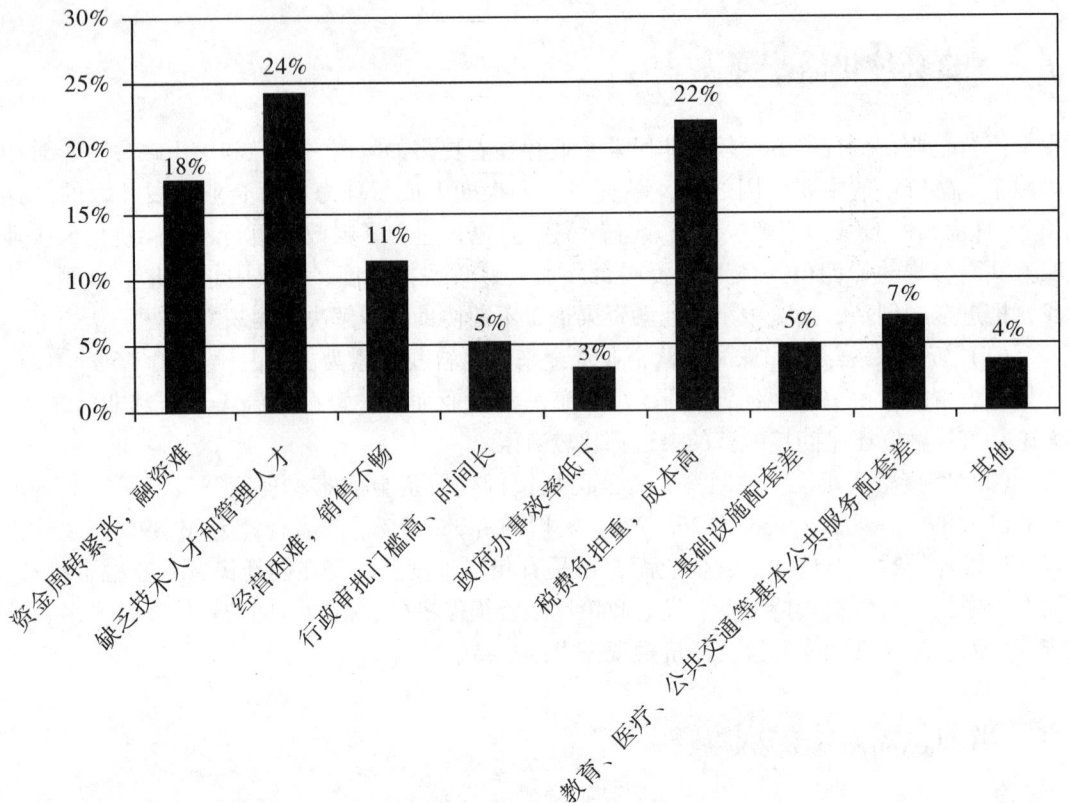

图2-21 珠海民营企业当前最需要解决的困难

成本高是困扰珠海民营企业的大问题。究其原因，营改增受益者是大企业，大企业通常是国有企业。但小微民营企业，尤其科技型的小微民营企业，它们没有抵扣，所以享受不了营改增减税的好处，实际是在增税。另外，随着税收征收力度的加强，企业感受到的实际税负是在增加的，企业对此反映很强烈。

在回答"贵公司认为需要珠海各级政府提供的服务"时，排第一的是制定更多优惠扶持政策，占20%；其次是降低成本减轻税费负担，改善盈利环境，占16%；第三的是加大技能技术人才培养力度，改善用工环境，占13%。接下来，依次是加大政策落实力度，占13%；改善融资环境，占12%；减少审批环节，提高办事效率，占10%；等等。珠海民营企业对政策的期盼，主要还是集中在落实优惠政策、降成本、改善盈利环境、改善用工环境、融资、公共服务环境等方面。用好用足政策、切实降低民营企业成本、为民营企业发展创造良好环境等方面，是扶持民营经济政策的主要突破口。

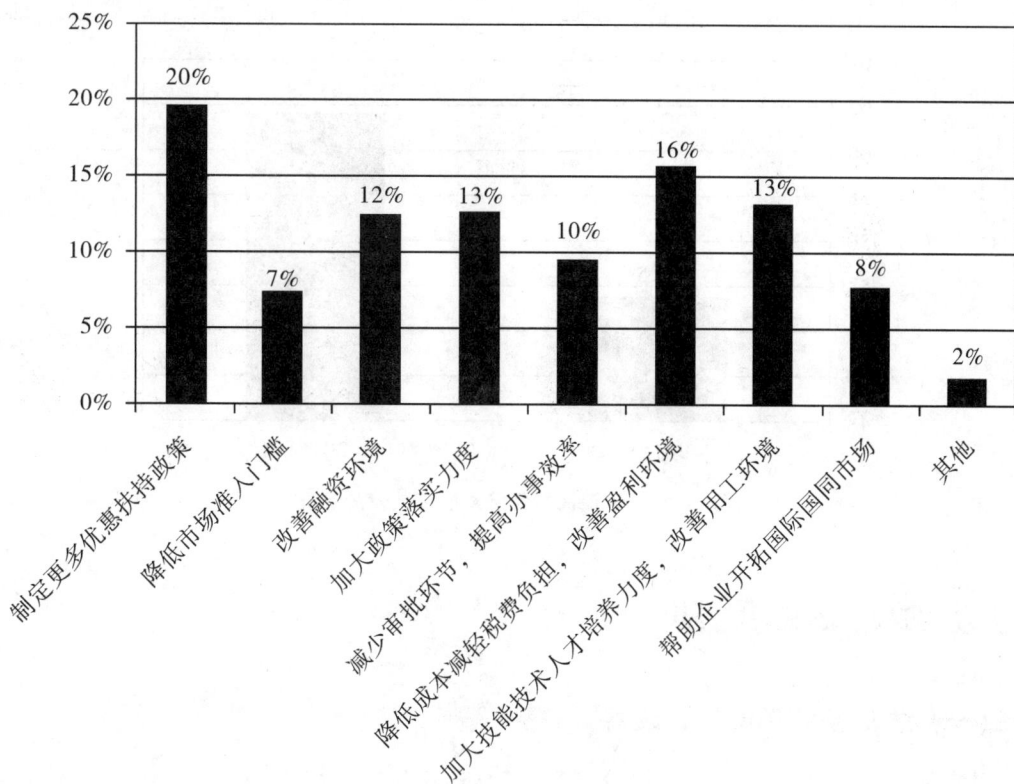

图 2-22　珠海民营企业需要政府提供的服务

第四节　研判——发展指数得分情况

为了尽可能避免主观因素的影响，使所得结果更具有科学性，本章选择 Saaty 倡导的层次分析法（AHP）模型计算珠海市民营经济发展指数。

一、2016 年发展指数快速增长

本章利用以上方法计算了 2015 年和 2016 年珠海市民营经济发展指数得分。

2015 年发展指数为 53.5，2016 年发展指数为 61.68，发展指数提高 15.3%。整体而言，与珠海市民营经济的高速发展态势较为吻合。

具体指标、标准化数值、权重以及各级指标得分见附录。

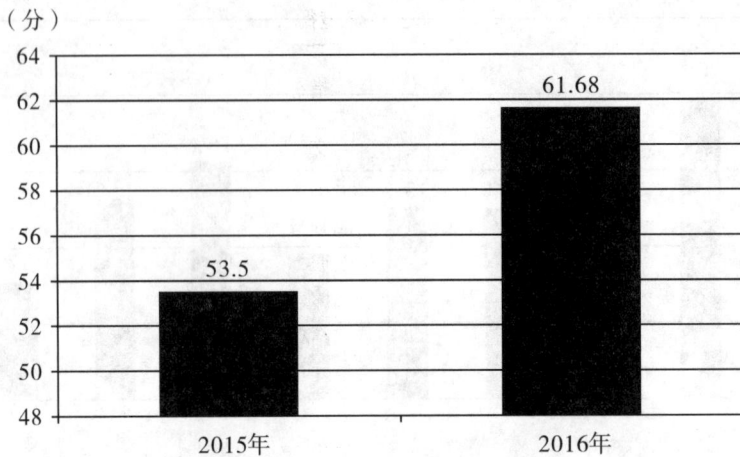

图 2 - 23　珠海民营经济发展指数得分情况

二、发展环境改善力度大

（一）发展整体环境显著改善

从珠海市民营经济发展环境得分来看，2015 年为 52.22，2016 年为 55.51，增长了 6.3%，说明珠海市 2016 年民营经济发展环境有了较大改善。其中，改善程度最大的为基础设施，得分分别为 51.46、68.54，增长 33.19%；其次是经济环境，得分分别为 40.48、43.52，增长 7.51%；再次是融资环境，得分分别为 59.78、60.22，增长 0.74%；营商环境数据来源于调查问卷，没有 2015 年数据，2015 年和 2016 年得分均为 51.75；公共服务环境得分分别为 60.12、59.88，负增长 0.40%。

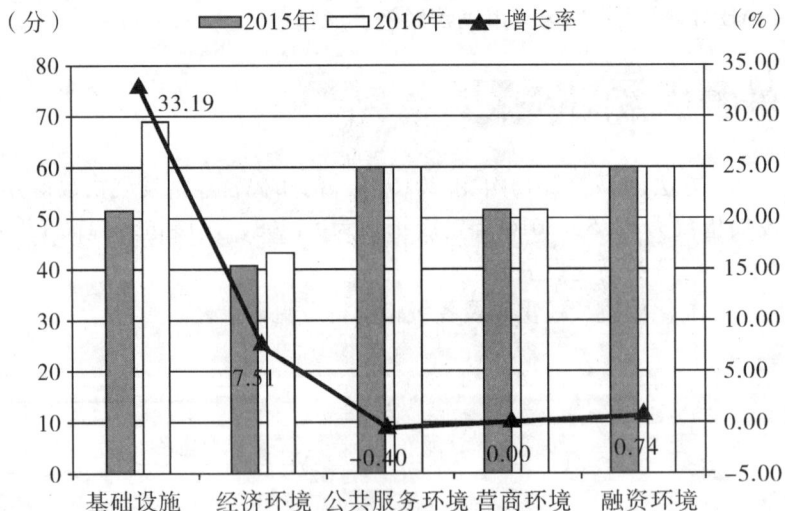

图 2 - 24　发展环境得分与增长情况

表 2 - 5　发展环境得分情况

一级指标得分	二级指标	三级指标	三级指标 2015 年得分	三级指标 2016 年得分
发展环境 52.22 55.51	基础设施 51.46 68.54	道路交通	58.27	61.73
		供水	48.00	72.00
		能源	54.80	65.20
		邮电通信	47.58	72.42
	经济环境 40.48 43.52	经济总体水平	53.30	66.70
		经济结构	54.00	66.00
		行业景气指数	56.66	63.34
		用工环境	61.30	58.70
	公共服务环境 60.12 59.88	教育	59.45	60.55
		医疗卫生	58.60	61.40
		公共安全	58.62	61.38
		生态环境	62.49	57.51
	营商环境 51.75 51.75	行政审批	66.09	66.09
		市场准入	46.93	46.93
		市场监管	50.43	50.43
		市场服务	43.94	43.94
		市场信用	60.00	60.00
	融资环境 59.78 60.22	民营经济贷款	59.78	60.22

说明：一、二级指标下面的数值，第一行为 2015 年数值，第二行为 2016 年数值，下同。营商环境由于缺乏 2015 年数据，只能用 2016 年数据代替。

（二）基础设施环境取得突破

2015 年和 2016 年的基础设施得分分别是 51.46、68.54，增长 33.19%。改善较快的是邮电通信、供水，分别增长 52.2%、50%。珠海推动智慧城市建设取得阶段性成效，正在加快推进智慧珠海云计算中心、智慧交通信号协调控制系统等首批 7 个公益类建设项目。全市信息化基础设施建设省内领先，互联网普及率预计可达 79%，居全省第三；光纤接入用户累计超过 29 万户，光纤入户率 65.88%，居全省第二；新建 57 个政府免费 WiFi 项目，基本覆盖主要公共场所。中国社会科学院发布的智慧城市评估中，珠海排名第七。水利基础设施建设方面，作为全国第二批水生态文明建设试点城市，珠海水生态文明建设成效显著，开展前山河流域环境综合提升工程、农村水环境综合整治、滨海湿地公园建设、沿海生态景观林带建设、水库周边涵养林和碳汇林建设，使得珠海水生态效益突出。而随着近几年加大交通基础设施投入，珠江口西岸交通新枢纽逐步成型，基础设施全面飞跃。

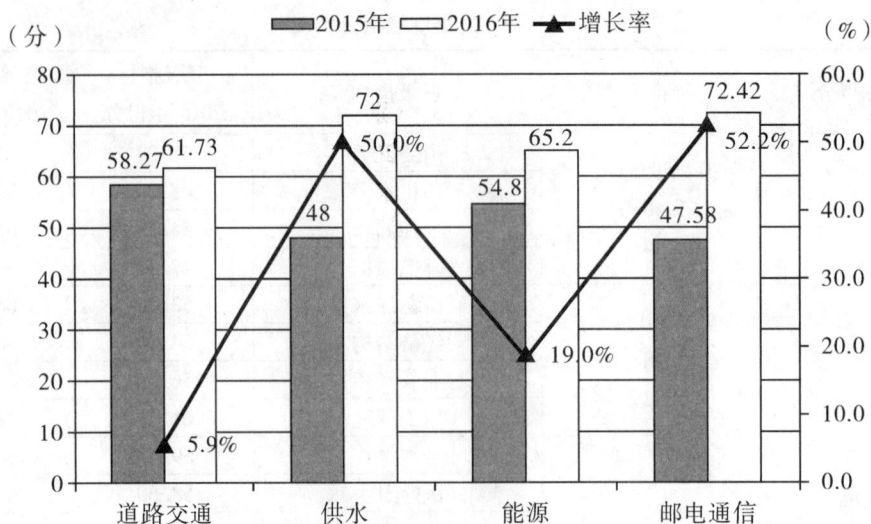

图2-25 基础设施得分与增长情况

（三）经济环境持续向好

经济环境改善较为显著，2015 年、2016 年得分分别为 40.48、43.52，增长 7.51%。其中，经济总体水平、经济结构、行业景气指数都有较好的发展，经济总体水平由 53.3 分增长到 66.7 分，增长了 25.1%；经济结构由 54 分增长到 66 分，增长了 22.2%；行业景气指数由 56.66 分增长到 63.34 分，增长了 11.8%；但用工环境由 61.3 分下降到 58.7 分，下降了 4.2%。说明尽管用工成本、环保成本等有所上升，但珠海经济通过创新发展，为民营经济提供了良好的市场和产业基础。

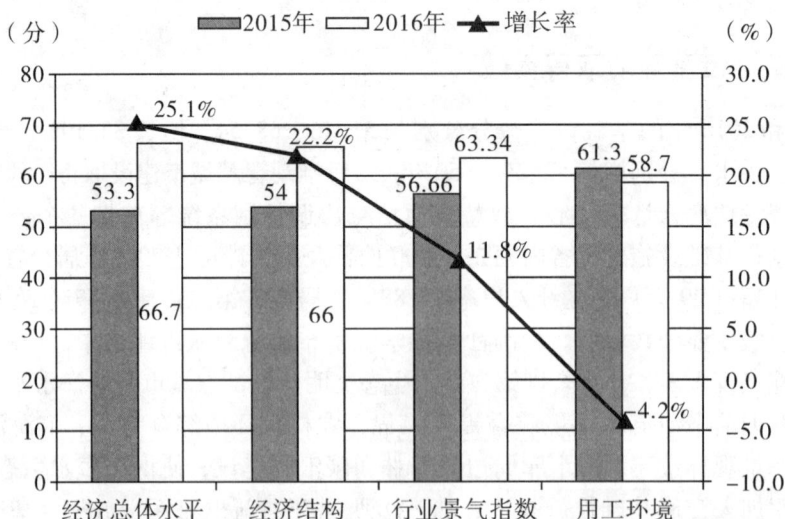

图2-26 经济环境得分与增长情况

（四）公共服务环境得分略有下降

公共服务环境，2015 年和 2016 年的得分分别为 60.12、59.88，下降 0.4%。其主要影响是生态环境的得分下降，生态环境得分由 2015 年的 62.49 下降到 2016 年的 57.51，下降了 8%。主要是因为 2016 年的酸雨发生率由 2015 年的 24.1% 上升到 2016 年的46.8%，上升了 94.2%。尽管珠海生态环境一直有着良好的口碑，历届政府一直致力于践行"绿水青山就是金山银山"的发展理念，但近年来随着工业的快速发展以及周边城市工业发展的影响，生态环境质量还是受到一定影响。得分与增幅较高的是公共安全和教育，得分分别是 58.62、58.6，增长 4.8%、4.7%。珠海不断进行公共安全治理创新，通过公布平安指数实现"小指数撬动大平安"，2015 年和 2016 年平安指数分别为 86.67、90.76，社会治安形势良好；第四是教育，得分分别是 58.6、61.4，增长 4.8%，近年来珠海市基础教育发展水平较高，高考成绩在省内排名一直较好。整体而言，珠海良好的基本公共服务对民营企业有较好的吸引力。接下来是医疗卫生，得分分别为 60.57、60.55，增长1.9%。近年来珠海医疗卫生事业取得较大成绩，2015 年度在卫生强省主要医疗卫生指标评价综合排名中位列全省第三。

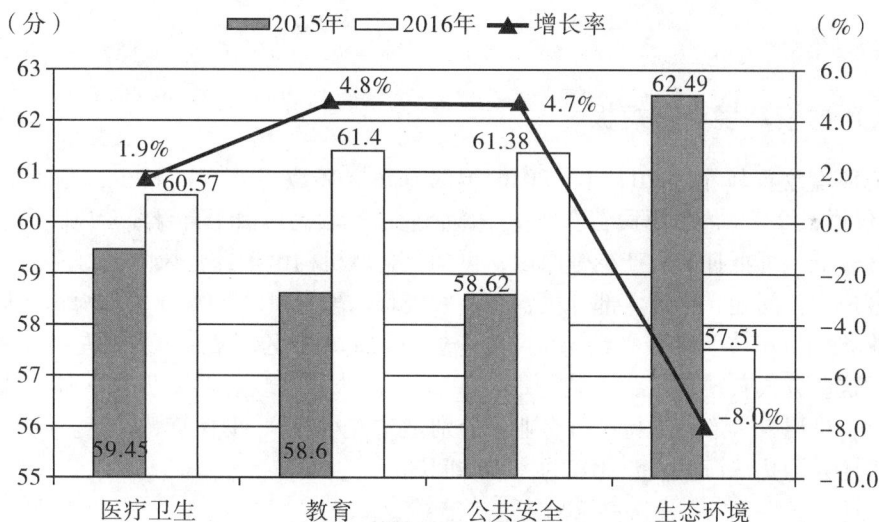

图 2-27　公共服务得分与增长情况

（五）营商环境显著改善

本部分得分主要由问卷数据支撑，但没有 2015 年的调研数据，为了指数的完整只能用 2016 年的数据来代替。因此营商环境部分的数据 2015 年和 2016 年经过标准化后的值均为 51.75。从问卷情况看，珠海在行政审批、市场服务、市场准入、市场监管、市场信息方面的改革得到民营企业认可（见图 2-32）。珠海以横琴为代表的商事登记制度改革起步早，在全省有一定影响。2016 年审批承诺时限与法定时限相比实际平均压缩比率达到37%，立等可取事项占比达到 97.6%，主要行政执法部门满意度（回答好的占比）达到

55.56%，政策兑现情况（回答较好的占比）达到50.56%，但政策配套程度（年市级民营及中小微企业发展专项资金占财政支出比重%）较低，政策知晓程度（回答比较了解的占比）和政策普惠程度（回答惠及大部分企业的占比）得分较低，导致市场服务得分偏低，意味着目前珠海对民营企业的市场服务需求还有较大提升空间。

（分）

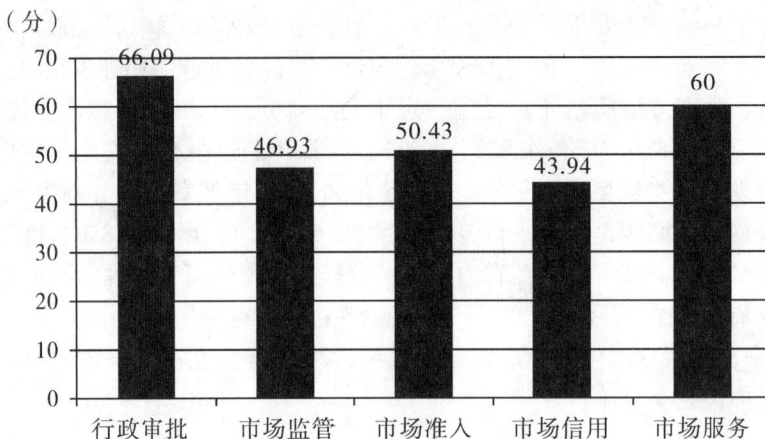

图2-28　营商环境得分情况

（六）融资环境尚存短板

融资环境改善较小。2015年、2016年珠海融资环境得分变动较少，分别为59.78、60.20，仅增长0.7%。珠海民营企业中小微企业占比较高，由于自身经营风险高、财务报表真实性较低、可抵押的资产少等原因，再加上金融机构出于经营风险偏好和经营效率考虑上的客户定位问题，导致大部分民营企业融资难、融资贵。2008年，珠海市政府推出了小微企业"四位一体"融资平台，至今为企业贷款120多亿，贴息1.5亿左右。许多小微企业通过这些方式获得贷款，得到帮助。2015年，珠海市政府对"四位一体"融资平台进行修改，推出3个产品支持小微企业，分别是"支小贷"、助保贷、转贷。但整体而言，融资环境还是困扰珠海民营企业较为突出的问题。

三、发展基础进一步夯实

（一）发展基础日趋坚实

从珠海市民营经济发展基础得分来看，2015年、2016年分别为56.99、63.03，增长了10.6%，说明珠海市2016年民营经济发展基础有了很大改善。其中，民营经济发展总量得分分别为54.21、65.81，增长21.4%；民营经济结构得分均为60，因为此项指标用第三产业增加值占比来反映，2015年、2016年珠海市民营经济第三产业增加值占比均为55%。

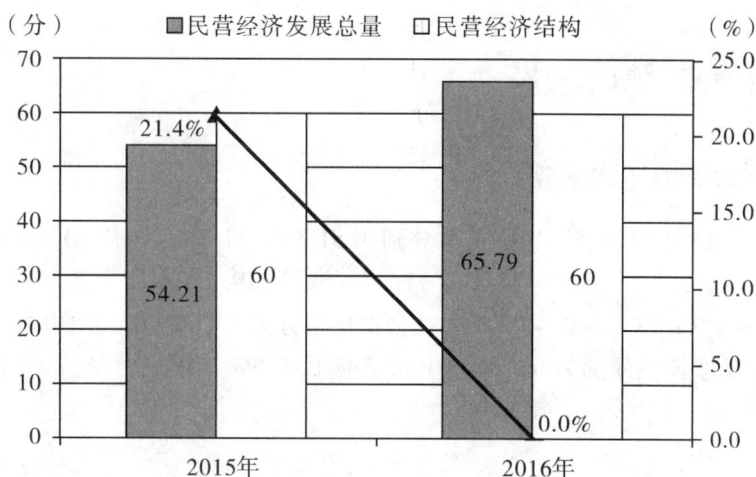

图2-29 发展基础得分与增长情况

表2-6 发展基础得分情况

一级指标得分	二级指标得分	三级指标得分	2015年得分	2016年得分
发展基础 56.99 63.01	民营经济发展总量 54.21 65.79	民营经济增加值	54.21	65.79
	民营经济结构 60 60	民营经济产业结构	60.00	60.00

（二）发展总量增长较快

近年来珠海民营经济快速发展，2015年、2016民营经济发展总量得分分别为54.21、65.79，增长21.4%。2015年珠海民营经济增加值685.20亿元，增长7.8%，占GDP的33.8%。2016年珠海民营经济增加值769.48亿元，增长12.3%，占GDP的34.9%。民营经济快速发展，成为珠海经济发展的重要引擎。

（三）民营经济结构不断优化

民营经济结构得分保持高位稳定。本章用民营经济第三产业增长值占GDP比重来衡量民营经济结构高度化。2015年、2016年珠海民营经济第三产业增加值占GDP比重均为55%，导致其得分均为60。可喜的是，珠海民营经济占第二产业增加值有一定上升，由2015年的38%上升到2016年的39%，民营经济开始向以制造业为代表的第二产业回归，未来民营经济结构将进一步优化。

四、发展潜力先行趋势明显

（一）整体潜力逐步显现

2015 年、2016 年发展潜力指标得分分别为 51.88、57.38，增长 10.6%。其中，创新创业增长最为迅猛，得分分别为 35.17、77.27，增长 119.7%；其次是经济增长潜力，得分分别为 49.86、70.15，增长 40.7%；社会责任得分为 57.44、62.55，增长 8.9%；企业家指标得分略有增长，分别为 60.15、61.05，增长 1.5%；仅民营经济走出去略有下降，得分分别为 60.33、59.67，下降 1.1%。

表 2-7 发展潜力得分及增长情况

评价指标	2015 年	2016 年	增长率
创新创业	35.17	84.83	119.7%
经济增长潜力	49.86	70.14	40.7%
社会责任	57.44	62.56	8.9%
企业家	60.15	61.05	1.5%
民营经济走出去	60.33	59.67	-1.1%

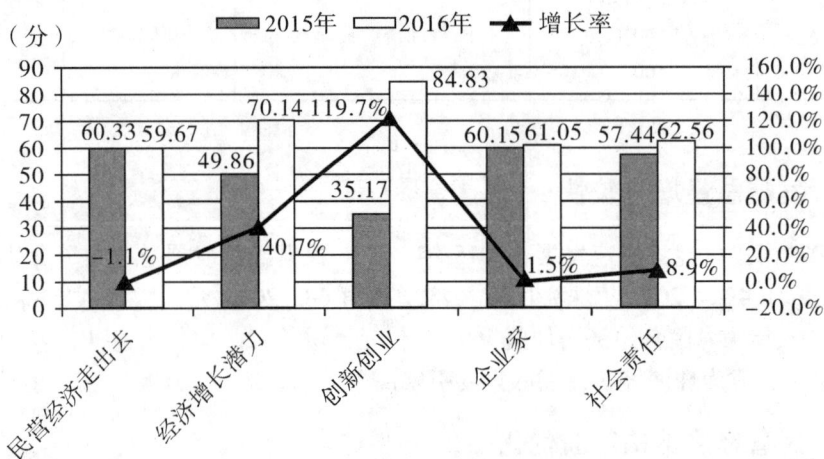

图 2-30 发展潜力得分与增长情况

表 2 - 8　发展潜力得分情况

一级指标得分	二级指标得分	三级指标得分	2015 年得分	2016 年得分
发展潜力 51.88 68.40	民营经济走出去 60.33 59.67	民营经济外贸与对外投资	60.33	59.67
	经济增长潜力 49.86 70.14	固定资产投资	49.86	70.14
	创新创业 35.17 84.83	创新	37.53	82.47
		创业	32.72	87.28
	企业家 60.15 61.05	市场主体	60.15	61.05
	社会责任 57.44 62.56	社会贡献指数	57.44	62.56

（二）经济增长潜力大

民营经济增长潜力指标 2015 年、2016 年得分分别为 49.86、70.15，增长 40.7%。该指标主要由民营经济固定资产投资指标反映，民营企业家只有对经济发展看好才会加大固定资产投入，而固定资产投入不能保证未来民营经济的发展潜力。2015 年、2016 年民营经济固定资产投资额分别为 481.55 亿元、639.02 亿元，分别占当年珠海固定资产投资的 36.9%、46%，增长 32.7%。

（三）创新创业势头良好

创新创业指标 2015 年和 2016 年的得分分别为 35.17、77.27，增长 119.7%；创新指标得分分别为 37.53、82.45，增长 119.7%；创业指标得分分别为 32.72、87.26，增长 166.7%。珠海有着良好的创新创业传统和优势，当年的求伯君、雷军、史玉柱等一大批科技精英，就是在珠海脱颖而出并逐步走向全国和世界的。近年来，随着"大众创业，万众创新"大潮的不断推进，珠海又涌现出了一批创新型人才。2017 年在广东省第四批领军人才引进计划中，广东博观科技有限公司董事长李迪博士入选创业类领军人才，金山软件有限公司 CEO 张宏江博士入选创新类领军人才、三一海洋重工有限公司（珠海）OTL 团队入选创新创业团队。由全球化智库（CCG）与智联招聘联合发布的《2017 中国海归就业创业调查报告》显示，得益于珠海创新创业以及人才系列政策的出台，珠海的创业就业环境与氛围日渐完善，"海归"创新创业热再次在珠海兴起，全市"海归"数量处于历史最高水平，并且增长加快，"海归"创业成为产业版图的重要力量。

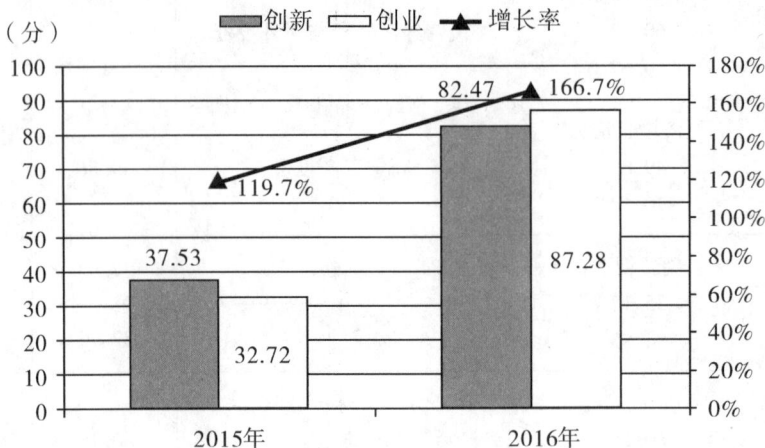

图2－31　创新创业得分与增长情况

（四）企业家快速集聚

企业家指标高位较快增长。企业家指标2015年、2016年得分分别为60.15、61.05，增长1.5%。由于珠海良好的创新创业环境，珠海民营企业家增速加快，民营企业主体数量由2015年的191 507个，增长到2016年的211 403个，增长率达10.4%。除了数量的快速增长，珠海民营企业家质量也得到很大提升。2017年广东民营企业100强榜单上，银隆新能源股份有限公司排名第37位。但由于民营企业增数在高位有所回落，由2015年的11.2%下降到2016年的10.4%，导致该指标得分增数不显著。

（五）企业家社会责任日趋突出

企业家社会责任指标2015年、2016年得分分别为57.44、62.55，增长8.9%。该指标主要由民营企业税收额和吸纳就业反映。2015年、2016年民营企业税收总额分别为137.13亿元、161.62亿元，分别占当年珠海税收的65.1%、69.7%，增长17.86%，增数超过珠海2016年整体税收增数161.62%。2015年、2016年分别吸纳就业59.83万人、60.06万人，增长0.4%。就业情况相对较为平稳。

（六）民营经济走出去略有回落

唯一下降的指标是民营经济走出去。民营经济走出去指标2015年、2016年得分分别为60.33、59.67，下降1.1%。本指标用民营经济出口额来反映，2015年、2016年民营经济出口额分别为95.65亿美元、94.59亿美元，下降1.1%。这主要是因为世界经济低迷、疲软，且一些发达国家也正在鼓励制造业回流，贸易保护主义有所抬头，珠海民营经济取得这样的成绩已是不易。

第五节　创新——珠海发展民营经济新举措

近年来，珠海市委市政府出台了《关于加快民营经济发展的若干措施》《珠海经济特区民营经济促进条例》等一系列政策法规，尤其是 2017 年出台的《珠海市降低制造业企业成本支持实体经济发展若干政策措施》（以下简称"珠十条"），直接针对珠海市民营经济发展中的深层矛盾和顽疾，因此各项政策含金量很高。

一、放管服改革取得新突破

（1）民间投资"负面清单"管理。针对民营企业创业门槛依然较高、企业设立前置审批复杂等问题，珠海市政府进一步降低民营企业市场准入门槛，放宽市场准入，优化市场环境。珠海自 2016 年 3 月 1 日开始实施的《珠海经济特区民营经济促进条例》，在全省率先试行民间投资"负面清单"管理，为民间资本准入创造更加便利的条件。除政府明文禁止准入的投资领域和产业外，民间资本均可准入。

（2）方式创新效果明显。《珠海经济特区民营经济促进条例》是全省各地市的第一个以立法的形式鼓励民营经济发展的条例。其最大的突破在于，鼓励民营经济组织参与提供公共服务，打破了民营资本进入公共服务领域的各种不合理限制，通过特许经营、购买服务、股权合作等创新方式，与民营企业建立了利益共享、风险分担的合作机制。在能源、交通运输、水利、环境保护、市政工程等基础设施和公用事业领域都有了大量突破。

（3）投资审批事项再减逾四分之一。珠海进一步简政放权，将投资项目涉及的各类行政许可、公共服务和其他事项，在现有基础上再压减四分之一以上。对市级权限工业产品审批程序进一步简化，对市级权限内的危险化学品包装物、容器工业产品生产许可审批实施"先证后核"审批模式。积极开展红顶中介问题，全面清理政府部门所属事业单位开展与本部门行政审批相关的中介服务，要求 2018 年底前将确需由事业单位开展的审批实施企业改制或与主管部门完全脱钩。

（4）"政企云"助力打通"最后一公里"。珠海市建设了企业服务平台——"政企云"，通过"互联网＋政务服务"模式，可以为企业提供政策推送、诉求办理、融资增信、成果转化、服务对接和人才培训等综合服务事项，方便政府与企业线上与线下互动。平台在政策措施解读、了解企业诉求等方面优势突出。

（5）深化国地税联合办税。珠海创新性深化国地税联合办税，落实符合条件的省内跨地区经营制造企业总机构和分支机构实行汇总缴纳增值税政策，推广应用电子税务局和实名办税。并且全市国税、地税办税服务厅推行"一厅通办"，让民营企业只需要进入一个大厅，就可以办理国税、地税事务。

二、降成本力度大成效明显

（1）前期政策降成本效果突出。近年来珠海出台了《珠海市降低实体经济企业成本工作方案》《珠海市加强招商引资促进实体经济发展试行办法》《珠海市发展壮大实体经济实施方案》等一系列相关文件，修订了《珠海市企业研究开发费用税前加计扣除管理办法》，合理降低民营企业税费负担，确保所有行业税负只减不增，实现省定涉企行政事业性收费"零收费"。2016年，珠海市地税实际减税降费83.4亿元，为提升以民营经济为主体的实体经济活力提供了有力支撑。

（2）"珠十条"降成本力度大。"珠十条"将多项为企业减负的政策进一步细化，破除政策瓶颈，推动政策落地。2017年起，在降低税收方面，首先是珠海城镇土地使用税税额由2.5~15元/平方米下调至2~10元/平方米，工业用地税额标准调整到仅为该标准的50%，适用税额等级从6级降至5级。综合来看，全市降低税收平均幅度达到36%。在降低企业社会保险负担方面，珠海将降低珠海工伤保险平均费率，并继续贯彻落实企业职工基本养老保险省级统筹，进一步降低企业失业保险费用，推动实施浮动费率试点工作，适当降低职工参加基本医疗保险缴费费率。在下调用地成本方面，珠海将实行工业用地弹性出让政策，企业可以采用先租后让、租让结合的方式使用土地。而且，在全省首创了"定地价、竞效益指标"或"综合方案招标"等工业用地竞买模式，可以固化土地受让价格，改变单纯价高者得的局面，降低民营企业购买工业土地成本。此外，还通过增加拆建类"工改工""工改产"项目容积率、传统产业企业转为先进制造业企业，对原有土地期限提供5年的过渡期政策。在工业物业产权按幢、层等有固定界限的部分为基本单元进行分割销售和转让等方面也有了突破。在降低用能成本方面，下调天然气最高限价，每立方米降低0.1元。此外，珠海还将实施工业企业用电用气补贴。在降低物流成本方面，除全面取消普通公路收费、降低高速公路收费外，进一步完善广珠铁路西站、高栏港铁路专用线码头装卸配套建设，并通过完善广珠西站和高栏港铁路的配套设施，彻底解决公海联运、海铁联运、公铁联运的"最后一公里"问题。

三、缓解融资难融资贵见实效

（1）打造"四位一体"融资平台。珠海市政府推出了政府、银行、担保机构和小微企业"四位一体"融资平台，重点推出"支小贷"、助保贷、转贷，而且对科技型小微企业的保证金全部由政府支出，贷款贴息最高封顶达到50万元人民币。

（2）成立政策性融资担保平台。在珠海高新区成立政策性融资担保平台，平台由财政资金建立，小微企业可以免交保证金，担保费不会超过2%，约为行业平均收费的一半。政府财政补贴担保公司可能导致的亏损。

（3）补贴风险补偿与租金。建立风险补偿制度，对中小微企业办理的首笔银行贷款或信用贷款，最高可给予贷款银行50%的风险补偿。设立中小微企业设备融资租赁资金，给予中小微企业租金补贴。

四、奖励扶持切中痛点受欢迎

（1）重点扶持企业研发投入。一是对研发投入超过全社会研发投入平均水平的民营中小微企业给予持续奖励，并对营业收入首次超过 10 亿元、50 亿元、100 亿元的民营工业企业分别给予 50 万元、100 万元和 200 万元奖励。对获得红点奖、IF 奖、中国优秀工业设计奖等的企业给予一定奖励。

（2）补助新兴支柱产业。"珠十条"大力支持"中国制造 2025"示范区建设以及先进装备制造业、新一代信息技术、生物医药、新材料、新能源及节能环保等新兴支柱产业的培育，可以按照"一项目一议"方式给予民营企业支持，并补助重点企业新技术研发及产业化、增资扩产、产业链上下游配套协作。

（3）鼓励企业进行技术改造。扩大技术改造事后奖补政策享受范围，放宽技术改造普惠性事后奖补政策享受范围到主营业务收入 1 000 万元以上工业企业。统筹整合市、区两级财政资金，最高可按设备投资额 5% 给予补贴，补贴额度最高可达 500 万元。另外，拓宽技术改造资金来源，建立审批绿色通道，支持企业通过天使投资、股权交易平台、资本市场以及融资担保等多方式融资。

（4）增加入户指标。珠海的民营科技企业入户政策不断突破，对三年后经复核且符合相关条件的企业，将再次准予一定入户指标。对于有重大贡献的民营科技企业，则可施行"一企一策"入户政策，民营科技企业职工入户门槛显著降低。

五、民营企业创新进取结硕果

（1）打造独角兽。从单一企业来看，珠海民营企业不断涌现出自主创新能力强、产品科技含量高的企业。如珠海魅族科技有限公司成为珠海经济"独角兽"的典型代表，以 33 亿美元估值位列《财富》发布的 2016 年全球"独角兽"榜单第 12 名。优特电力、运泰利、赛纳科技、云洲智能、健帆生物等一批珠海优秀民营企业也崭露头角，成为各自行业的领军企业。

（2）坚持实体经济导向。珠海大力引导民营企业向实体经济转型发展，在先进装备制造、移动互联网、新能源、生物医药等重点产业和细分行业，培育一批百亿级、千亿级民营企业。

第六节　引鉴——外地发展民营经济新思路

在世界经济格局深度调整、中国经济发展进入新常态、新一轮科技产业革命浪潮兴起、供给侧结构性改革积极推进的新形势下，外地民营企业家和各级地方政府积极探索，涌现出大量新思路、新模式和新政策。

一、民营企业积极拓展新空间

各地民营企业积极创新，纷纷进入战略性新兴产业领域，并通过 PPP 模式，进入能源、交通运输、市政工程、水利、环境保护、农业等公共服务领域。另外，民营企业积极参与"一带一路"建设，发展空间迅速拓展。

（一）民营企业积极探索战略性新兴产业

各地民营企业纷纷进入战略性新兴产业。根据全国工商联发布的调研报告，2016年民企500强加快转型升级明显，由传统产业迈向新兴产业。在行业排名中，汽车制造业和医药制造业跻身前十大行业，而电子计算机、通信及其他电子设备制造业等新兴产业入围企业数量明显增加。一大批民营企业开始向新兴产业转型。如山东济南158家上规模民企中，有84家涉足国家鼓励的战略性新兴产业。

（二）积极参与混合制改革

民营企业积极参与混合所有制改革。根据全国工商联的调查，2016年民营企业500强中，参股国有企业、与国有企业共同发起设立新企业、国有资本入股本企业或已经控股国有企业的企业有165家，占33%，比上年增加17家，增长率为11.49%。有意向参与混合所有制的企业有152家，占30.4%，比上年增加3.4%。尚未参与，也无参与意向的企业有101家，占20.2%，比上年下降15.83%。可见民营企业对于参与国有企业混合制改革整体而言热情较高。从调研情况看，民营企业与国有企业合作，一是为了战略投资，二是为了优势互补，三是为了进入垄断行业、公用事业部门，四是为了争取平等待遇。

（三）积极参与"一带一路"

民营企业积极走出去，已经成为参与"一带一路"建设的重要力量。商务部发布的数据显示，2016年中国企业在"一带一路"沿线国家新签对外承包工程项目合同中，民营企业占比超过40%，央企占比超过30%，地方国企占比达20%。从企业地域分布看，参与"一带一路"建设的民营企业多位于北京、广东、上海，而中、西部地区入围的企业相对较少，影响力也较小。从企业所属行业看，民营企业综合影响力主要集中在制造、建筑、金融等行业。近年来，互联网IT类企业开始快速发展，有5家民营企业入围前50名榜单，占比10%。

二、民营企业积极应用新技术

近年来，各地民营企业家大力弘扬"创新、进取、担当"的企业家精神，在战略性新兴产业，尤其在网络经济、信息技术产业领域涌现了一大批"独角兽"企业，展现出美好的发展前景。

（一）注重科技创新与工业设计

民营企业开始注重科技创新，制造业企业也不断探索工业设计，将科技创新与工业设计结合，推动民营企业转型升级。以佛山民营企业为例，佛山民营企业通过产学研合作加强科技创新。民营企业根据生产和市场需求提出技术合作要求，科研院所依据需求进行科研，或由高校和研究院所根据所掌握的技术将其推向民营企业，双方合作研发。部分高校和研究院所将已取得的阶段性成果通过技术入股的形式与民营企业合作，打造风险共担、利益共享联合体。另外，佛山大力推动民营企业与科研院所联合共建实验室，不断地为企业开发出换代产品。

佛山大力推动民营企业提升工业设计水平，并把科技创新与工业设计有机结合，一大批佛山民营企业据此打造出一批创新性产品，提升了佛山民营企业的竞争力。

（二）注重探索精益生产技术

国内越来越多的民营企业应用精益生产来推动生产管理提升。如佛山众多民营企业，尤其是民营制造业企业，大力实施精益生产，从精益供应、准时生产、精益销售等方面入手，让供应商准时和准量供应，依靠企业内部高效的生产模式，实现按需求的合理量及时进行生产，以快速满足顾客需求，同时针对细分市场，快速地给客户提供满意的产品。一些民营企业在管理体制变革以及生产流程设计等方面大力变革，精简运营过程中不需要的环节，降低企业成本，提高生产效率。

（三）注重利用智能制造技术

民营企业开始利用智能制造技术促进企业转型升级。一些民营制造业企业采用"生产服务型制造"的经营模式，利用人工智能、物联网等技术，在各种待加工产品中加入智能传感器、处理器、信息存储器、无线通信器等微型智能设备，推动工业生产的智能化、管理的智能化以及服务的智能化。一些民营企业加大对工业大数据的分析应用，通过纵向、横向、端对端集成，让最终消费者参与整个产品的生命周期，在产品的研发设计、制造加工、组装包装、物流配送等环节，提前与厂家合作。

三、民营企业积极探索新模式

近年来，各地民营企业家利用"互联网＋"、战略联盟等技术创新和组织创新，营造新型生态系统，创新企业发展模式，不断向制造业服务化与服务业制造化双向发展、服务业外包和全产业链发展转型。

（一）营造生态系统

民营企业中部分龙头企业，开始营造生态系统，提升竞争力。大型民营企业开始打造开放、整合的生态系统，提升用户黏性。一部分民营制造业企业则开始搭建平台，进行"制造＋服务"，通过拓展故障诊断、维护检修、检测检验、远程咨询等专业服务和增值服务，向服务业下游延伸。另外一些有实力的民营企业利用"服务外包""联合设计""模块化制造""售后服务集成"等新型模式，对制造过程后端的各个环节开展研发技术、工程总承包、系统集成与设备成套、贸易、物流等增值服务活动。

（二）抢占共享经济风口

"共享经济"正成为一种改变闲置资源价值的新商业模式，成为创造社会财富的新业态。民营企业开始在出行、旅馆、快递、家居服务、餐饮服务、汽车售后服务业等领域拓展共享经济。而一些民营制造业企业也开始探索"分享制造"新模式。一些民营企业将其制造资源与互联网平台对接，通过制造能力的在线发布和交易，提升中小企业快速响应和柔性高效制造的能力。而随着众创、众包、众扶、众筹等平台快速发展，制造资源在线聚集为资源池、专利池、标准池，部分民营企业通过网络众包、用户参与设计、云设计、协同设计等模式探索"量体裁衣"新型研发和生产模式。中小民营企业按需租用设备、厂房甚至空闲员工等闲置的生产能力，形成设备租赁、厂房分享等新型生产制造模式。

（三）发力新零售

新零售快速崛起，民营企业通过规模性、连锁化，大范围介入社区小型超市、专业店，一些联网行业开始从上游供应链渗透线下零售门店。在江苏常州，利用互联网上B2B采购的团购店大量出现，百联集团、华润万家、天虹商场等大型零售集团建立跨境电商的线下体验店，宏图三胞 Brookstone 、乐语通讯 Funtalk 等重构商品供应链和门店形态的"新奇特"商品门店大量出现在上海、南京、北京等城市，线上线下开始出现融合加速。线下企业大量借助互联网企业，如京东到家、盒马鲜生等，实现社区线上线下打通的O2O模式。而线上电商品牌也走到线下开实体店。如当当网和实体零售商步步高合作在长沙开"梅溪当当O＋O书店"，"三只松鼠"在安徽开线下体验店。

四、扶持民营经济新举措

（一）拓宽民间资本投资领域力度大

广州在拓宽民间资本参与改造连片村级工业园方面力度较大。广州要求各区政府设立专项资金，引入社会力量，参与园区改造。广州《关于促进民营经济发展的若干措施》（广州"20条"）明确村级工业园区以"工改工"或"工改科"方式改造，大面积成片连片村级工业园升级改造，经村社以及权属人同意由区政府统一招商。

武汉在2017年出台的《突破性发展民营经济的政策措施（试行）》中指出，建立市级PPP项目库，要求市、区属国有资本新投资设立企业，尽可能吸收民间资本参与，并提高市属国有企业投资工程项目使用中小民营企业产品的本地配套率。

而在浙江省，民营经济进入大型交通基础设施步伐更大。杭绍台高铁是国家首批铁路PPP示范项目，其中民营资本占51%。该项目采用"使用者付费＋政府可行性缺口补贴"模式，实现社会投资人的合理回报。

（二）"人工智能＋机器人"商事登记做乘法

2017年10月广州市工商局开始利用"人工智能＋机器人"（AIR）全程电子化商事登记系统，该系统以大数据和新一代信息技术以及人脸识别签名、智能地址比对、智能推荐经营范围等技术为支撑，推行"人工智能＋机器人"申报、签名、审核、发照、公示、归档全流程电子化，商事登记第一次实现"免预约""零见面"。另外，该系统还整合广州市统一身份认证平台、市政务信息平台、公安等部门数据，可以为重点企业及人员预警，为企业和政府监管、服务提供智能支持。

（三）筹建供应链金融服务平台解决融资难

广州筹建供应链金融服务平台，设立供应链金融引导基金，建立动产融资扶持机制，对提供动产融资的银行按一定比例给予风险补偿。目前，广州市依托广州商品清算中心、中证报价南方总部等资本市场机构建设供应链金融服务平台，为广州企业进行动产融资，打造金融基础设施服务平台。广州还安排新增资金按不超过区财政出资额 40% 的比例配资，支持有条件的区设立政策性融资担保机构。与广州类似，杭州成立了一个千亿规模的产业供应链基金，由中国物流与采购联合会作为主发起方，构建起产业协同发展的新金融生态圈。武汉推出"增信通"贷款，推动开展"助保贷"业务，与金融机构共同建立武汉市轻资产科技型企业名录库和项目库。市、区财政按照各 50% 的比例组建规模 5 亿元的信贷风险分担资金，为入库企业项目提供信贷服务。

（四）多举措推动民营经济降成本

各地在少取、多给两方面降低企业税收负担和成本。

在少取方面，深圳市从 2016 年 4 月 1 日起就免征了 13 项涉企行政事业性收费，在土地、电力和物流等方面，允许大型商业用户参与直接市场交易。在降低企业用地费用方面，加大"工改工"改造力度。广州清理审批中介服务，服务费用由审批部门支付并纳入部门预算。在工业用地方面，实行工业用地先租赁后出让、弹性年期出让。在对新增建筑面积不征收土地出让金，建成的标准厂房可分幢、分层分割转让等方面都有突破性规定。武汉在降成本方面，合理降低企业社会保障成本，按全市上年度城镇单位从业人员平均工资的 60%，核定民营企业社会保险缴费基数的下限。对符合条件的"个转企"企业，5 年内按照个体工商户的缴费标准执行。对新办的国家鼓励类民营企业，地方留成部分连续 2 年给予一定金额的财政补贴。浙江放宽土地出让金交款期限。如丽水市规定，对亩产税收达到行业平均 200%、150%、100% 以上的，分别给予应缴纳城镇土地使用税 100%、75%、50% 的减免。

在多给方面，广州对在完成重组后一年内将注册地迁入广州并满一年的企业，按经济贡献给予奖励。对新引进总部企业和存量总部企业，按照产业分类和经济贡献情况给予奖励。对成立全国性行业协会的给予一次性 100 万元奖励。武汉加大政府采购扶持力度，政府应当预留本部门年度政府采购项目预算总额的 30% 以上，专门面向中小企业采购，其中预留给小型和微型企业的比例不低于 60%。对生产经营规模和财政贡献达到相应标准的行业骨干企业，向其发放人才购房"房票"。

第七节　策论——珠海民营经济发展政策建议

珠海民营经济发展指数的快速增长一方面说明近年来珠海市积极贯彻落实扶持民营经济发展的各项政策措施，成效较为显著，但另一方面，发展指数也揭示出制约民营经济发展的深层次体制性、政策性障碍还没有完全消除。为进一步解决制约珠海民营企业发展的突出问题，构建"亲""清"新型政商关系，培育精益求精工匠精神，促进珠海市民营经济健康稳定发展，需要政策的大力创新。

一、打造国际一流营商环境

（一）拓宽民间资本投资领域

进一步降低民间资本投资门槛。出台珠海市基础设施和公用事业特许经营工作细则，进一步拓展民营企业在交通运输、市政设施、能源设施、信息基础设施、社会事业、城市更新和特色小镇、价值创新园区等领域的投资。完善合理投资回报机制，每年面向社会资本推出一批公私合营项目。重点鼓励和支持民间资本投资社会事业和科研事业。出台简化优化医疗养老机构相关审批手续管理办法，明确简化设立养老机构的申请材料，简化环境影响评价，取消部分机构的消防审验手续。对民间资本投资教育、医疗、养老等非营利性公益项目的，市、区两级政府优先安排用地指标并对投资情况给予补助支持。鼓励民营企业通过资产证券化、购买服务、特许经营等方式，参与自来水、城市交通、污水处理和垃圾处理等领域国有资本投资运营。

（二）创新技术强化市场服务

完善政务服务水平。以大数据和新一代信息技术为支撑，积极利用"人工智能""AR""VR""机器人"等新兴技术提高注册登记和行政审批效率。借鉴广州"人工智能＋机器人"（AIR）全程电子化商事登记改革，推动珠海实施"人工智能＋机器人"（AIR）全程电子化商事登记系统，推行"人工智能＋机器人"申报、签名、审核、发照、公示、归档全流程电子化。加快完善珠海市民营中小企业公共服务平台，为全市民营企业提供信息发布、政策咨询、诉求办理、科技成果转化、市场对接、产品展示和融资增信等优质、高效、便捷的"一站式"服务。加快珠海市政企云公共服务平台二期建设，增加企业融资信息管理系统、协同办公平台、移动 App 应用等功能，增强平台服务民营企业的能力。

提高信息化服务水平。通过政府采购第三方大数据政务服务，紧密结合民营企业需求，整合产业政策、舆情、经济数据等相关信息为企业提供服务。支持和推动市内金融企业积极运用大数据技术开发服务民营企业的新产品。

（三）利用大数据技术加强市场监管

健全事中事后监管机制。进一步加大对信用体系、市场监管信息平台、社区网格化管理等方面的大数据应用技术的投入，在企业监管、环境治理、食品药品安全、消费安全、安全生产、信用体系建设等领域，整合有关市场监管数据、法定检验监测数据、违法失信数据、投诉举报数据和企业依法依规应公开的数据，构建大数据监管模型，加强对市场主体的事中事后监管。加强民营企业用电量、用工等数据信息的跨部门数据分析，强化对重点异动企业的监管和服务。

完善监管"双随机"机制。利用监管大数据，完善监管"双随机"抽查制度，以"数据跑腿"代替"人跑题"。构建以"严格准入、强化抽查、重点检查"为核心的产品质量监控机制。建立生产和流通领域产（商）品质量监督抽查协调机制，制定随机抽查事项清单，严格限制监管部门自由裁量权。加强抽查结果运用。对抽查发现的违法违规行为，实现监督抽样检验结果互认共用，依法依规加大惩处力度。

完善产品信息溯源制度。利用物联网、射频识别等信息技术，对食品、农产品、日用消费品、特种设备、地理标志保护产品等关系人民群众生命、财产安全的重要产品加强信息溯源管理，打造来源可查、去向可追、责任可究的信息链条，为监管部门的监管和社会公众查询提供技术支撑。

（四）构建"亲""清"新型政商关系

完善新型政商关系法制环境。用好用足立法权，打造有利于民营经济发展的制度体系。积极推动精细化立法，在民营企业融资、产权市场、民间投资管理等重要领域，完善落实法律法规，规范中间环节，降低企业经营风险。以法治厘清政商关系的边界，为行政权力设定边界，实现权力运行的法制化、规范化和公共化，从而形成公开公正、廉洁高效、守法诚信的法治政府。

营造"亲""清"新型政商氛围。营造政商相互尊重、平等相处、"亲""清"结合、公私分明的氛围。鼓励党员领导干部坦荡真诚地同民营企业接触交往，帮助企业解决实际困难。同时要求其与民营企业家的关系要清白、纯洁，不能搞权钱交易。鼓励民营企业家要"亲"政，守法律、讲诚信，培育民营企业家精益求精的工匠精神，促使民营企业家以良心品质和诚信经营铸造企业品牌，形成守法清白的珠海民营企业家形象。

二、支持民营企业创新创业

（一）支持民营企业借力粤港澳创新资源

大力进行制度创新，支持民营企业利用港澳地区机构投资者在横琴自贸试验区内开展合格境内有限合伙人（QDLP）业务，鼓励民营企业在香港资本市场发行人民币股票和债券，募集资金可调回横琴自贸试验区内使用，支持自贸试验区开发建设和企业生产经营。支持粤港澳三地机构在横琴自贸试验区内合作设立人民币海外投贷基金，募集内地、港澳地区及海外机构和个人的人民币资金，为珠海民营企业"走出去"开展投资、并购提供投融资服务。鼓励民营企业发展风险投资、天使投资等各类创业投资基金，发展知识产权金融、科技银行、科技保险等新兴业态。组织民营企业高管到香港、澳门进行专项培训，了解港澳创新资源的优势，对接港澳科技金融创新资源。

（二）鼓励民营企业自主创新

政府牵线搭桥，借助珠海及省内外科研院所的科技力量，推动民营企业自主创新。落实国家企业研发经费税前加计扣除政策，实施研发经费后补助的举措。发挥技术改造事后奖补、贷款贴息、股权投资等政策作用，降低事中补助门槛，扩大政策受益面。对国家高新技术企业申报具有自主知识产权的技术或产品的研发予以支持，经组织专家评审通过后，按企业对该项目投入研发费用的一定比例给予支持。综合运用首购、订购、推广应用等方式，政府采购民营企业创新产品和服务。借助珠海高校力量，提升企业家的综合素质和企业管理能力，鼓励其利用现代化科学管理知识，开拓视野，整合资源，大力进行管理创新和生产创新。

（三）鼓励创新平台对接民企需求

推动市内外高校与民营企业开展应用技术型人才培养、共建新型研发机构以及产业技术创新联盟，对龙头民营企业与高校、研究机构等共建共性技术服务平台给予补助。出台政府购买研发补助的方式，鼓励华南理工大学珠海现代产业创新研究院、清华珠海创新中心等一批新型研发机构，加强与珠海民营企业对接，参与珠海民营企业科技需求研发，加大服务珠海民营企业力度。鼓励民营企业举办的孵化器利用珠海国家、省、市科研创新平台资源，加强对民营企业孵化、融资和科技的服务。

（四）支持民营企业人才引进

加大高端创新人才引进和高层次人才引进力度，全力打造粤港澳大湾区人才高地。进一步加大经认定后的民营企业人才享受人才公寓、租房补贴等住房保障服务力度。每年重点从珠海市现代产业体系企业中，培养选拔一批具有绝艺绝活、体现引领作用、做出突出贡献的高技能领军人才。加快市技师学院建设，鼓励和支持社会力量创办民办职业培训（技工）院校，建设一批市级高技能人才培养示范基地、市级技师工作站。实施"万名大学生学技能"计划，推行大学生持学历证书和技能证书"双证"就业的新模式。对经认定的行业紧缺专业技术工人，给予一次性奖励。进一步降低民营企业人才入户的门槛。

三、解决民营实体经济痛点

（一）进一步减轻税费负担

对新办的珠海鼓励类民营企业，自工商注册登记之日起，在一定年限内，按照缴纳企业所得税、增值税和营业税地方留成部分给予一定金额的财政补贴。细化符合条件的省内跨地区经营制造企业总机构和分支机构实行汇总缴纳增值税政策。全面停征或取消没有政策依据和法定依据的各类收费项目，降低企业各种隐性成本。进一步完善涉企收费目录清单管理，涉企收费项目清单在政府网站、报纸、电视上公开，接受社会监督。

（二）合理降低社会保障成本

全面落实国家降低企业社保缴费比例要求，尽快实施珠海市人力资源和社会保障局制定的《关于实施失业保险浮动费率的通知》，进一步降低企业失业保险费用。推动实施浮动费率试点工作，降低珠海工伤保险平均费率，继续贯彻落实企业职工基本养老保险省级统筹，适当降低职工参加基本医疗保险缴费费率，建立更加公平和可持续的社保制度。

（三）降低用地成本

贯彻落实国土资源部以及广东省国土资源厅的相关政策，适应产业发展生命周期和企业发展需求，实行工业用地先租赁后出让、弹性年期出让政策，经各区政府、功能区（含富山工业园）管委会或市政府认定最高可达 50 年。鼓励企业利用现有的存量工业用地，兴办先进制造业、生产性及高科技服务业、创业创新平台等国家支持的新产业、新业态建设项目，经市政府批准，允许不改变工业用地性质自行改造，过渡期 5 年；改造后房屋整体确权不分割转让、不改变用地性质的，新增建筑面积不征收土地出让金；过渡期满后，需改变用地性质的，依法按新用途办理用地手续。

（四）加大用地用房供应

对重点扶持的民营企业用地指标予以重点保障。对建成的标准厂房，探索分幢、分层对民营企业进行产权转让。选择部分园区试行对厂房加层、厂区改造、内部土地整理、开发建设地下空间等提高土地利用效率的行为，如果改造成功的厂房不分割转让产权，则免征工业厂房土地出让金。对适宜配建孵化器等创新型产业用地的城市更新项目，规定配套创新型产业用地比例。鼓励民营企业参与原有村级、镇级工业园区改造，以"工改工"或"工改科"方式促进园区连片改造升级。

（五）改善融资环境

推出"增信通"贷款，筹建供应链金融服务平台，鼓励地方法人商业银行根据纳税、社保等征信情况，对申请贷款的中小微企业给予增信，提高其贷款额度。建立动产融资扶持机制，对提供动产融资的银行按一定比例给予风险补偿。与金融机构共同筛选建立珠海市融资重点扶持民营企业名录库和项目库。发挥财政资金杠杆作用，组建一定规模的民营企业信贷风险分担资金，通过"助保贷"形式，为入库企业项目提供信贷服务，缓解互联网经济、软件和信息服务以及其他领域轻资产科技型企业融资难的问题。积极有序发展股权融资，每年筛选一批优质企业列入拟上市挂牌企业库，支持民营企业在境内外上市，搭建风险投资机构与入库企业对接平台。利用横琴自贸区优势，探索设立自由贸易账户，让民营企业通过自由贸易账户开展涉外投资活动。建立市中小微企业融资应急资金，解决民营企业应急融资需求。

四、支持民营企业健康发展

（一）加大政府采购支持力度

依法加大对珠海本地民营企业政府采购的支持力度。各职能部门在编制预算时，应当预留一定额度的本部门年度政府采购项目预算，专门面向本市民营中小企业采购，重点扶持小型和微型企业。利用政府采购支持民营企业创新，对创新型民营企业落实价格评审优惠和采购优先，进一步明确政府对民营企业高新技术产品首购和订购的办法，加大对本市民营企业创新产品和服务的采购力度。举办政府采购专题培训，积极向中小民营企业宣传各项政府采购优惠政策。

（二）营造保护企业家权益法治环境

利用珠海立法权，率先探索依法保护企业家财产权的长效机制，在依法保护企业家人身权、个人与家庭财产权等方面出台政策细则。依法保护民营企业家创新权益，重点打击侵犯企业家商标权、著作权、专利权以及商业秘密等刑事犯罪。出台商业模式、文化创意等创新成果的知识产权保护办法。充分保护企业经营自主权，对涉民营企业家案件的办理要区分个人犯罪和单位犯罪。进一步规范司法行为，合理保护企业正常生产经营。出台细则，对企业家合法经营中出现的失误、失败给予更多包容和帮助。清理有关考评检查活动，取消所有没有法律法规依据的检查，不得强制或者变相强制民营企业参加考核、评比、表彰、培训等活动。建立专门快速通道，听取民营企业对民营企业权益保护的意见和建议，及时向有关职能部门反馈，对所反映问题及时改进。

（三）鼓励民营企业走出去

鼓励民营企业参与珠海实施的开放引领战略。加大对民营企业走出去的培训，使其理解珠海有关扶持民营企业走出去的政策，组织民营企业高管到"一带一路"相关国家进行出境培训，开阔视野，熟悉投资国的法律、汇率、投资等业务，了解其投资环境，并注意防范各类风险。支持民营企业开展出口商品的质量认证，引导民营企业拓展跨境电子商务、外贸综合服务等新业态。组团民营企业参加国际展会，并给予一定比例的参展补贴。出台细则，鼓励民营企业开展参与"一带一路"的投资、贸易和产能合作。为民营企业购买海外投资（股权、债权）保险和出口信用保险提供信息咨询和帮助。

（四）强化民营企业人才住房保障

鼓励民营企业利用自有土地建设公共租赁住房。鼓励民营企业、房地产开发企业与村集体利用集体土地建设公租房试点，鼓励民营企业持有并运营公共租赁住房。对生产经营规模和财政贡献达到相应标准的行业骨干企业，给予一定数量的非珠海户籍的高管和中层管理人员、技术骨干等享受珠海市非本市户籍的高层次人才购房待遇，可无须提供纳税和社保证明购房。并借鉴武汉等地做法，向其发放人才购房的补贴。对新引进、新创办并已开展生产经营活动的企业，其实际投资规模达到认定标准的，对其租购厂房、经营用房发放一次性补贴。

（五）妥善解决民营企业员工子女教育

建立民营企业随迁子女义务教育需求调研机制，每年通过摸底调查，掌握优质民营企业员工随迁子女对义务教育需求的数量和结构，方便教育部门对接服务。进一步完善《关于进一步做好异地务工人员随迁子女义务教育工作的意见》（珠教〔2016〕1号），加大香洲、斗门地区优质公办学校对申请积分制入学的民营企业蓝领人才和专业技术人才子女就近入学的支持力度。保障民营企业职工租赁公共租赁住房享受基本公共服务权益，对办理居住证一定年限的民营企业职工，优先落实租售同权，赋予其随迁人子女享有就近入学等公共服务权益。

参考文献

［1］上海新沪商联合会，零点研究咨询集团．2016 中国民营企业发展指数．上海：上海社会科学院出版社，2016.

［2］翟青．500 强民营企业现状及上海民营企业发展的政策思路．企业改革与管理，2017（21）.

［3］王曙光，徐余江．民营企业发展与混合所有制改革实证研究——路径选择与政策框架．国家行政学院学报，2017（5）.

［4］国家发展和改革委员会经济体制与管理研究所课题组．"一带一路"背景下东北地区民营经济发展问题研究．经济纵横，2017（1）.

［5］中共天津市委党校课题组．天津滨海新区民营经济发展研究报告．求知，2006（1）.

［6］郑良泽．汕头龙头企业培育存在的问题及对策思考．广东经济，2016（9）.

［7］程俊杰．制度变迁、企业家精神与民营经济发展．经济管理，2016（8）.

［8］褚敏，靳涛．民营经济发展存在体制内阻力吗？——基于政府主导和国企垄断双重影响下的发展检验．南京社会科学，2015（8）.

［9］王慧艳．近年来广东民营工业发展情况分析．广东经济，2016（7）.

附录　珠海市民营经济发展指数得分情况表

一级指标得分	二级指标得分	三级指标得分	四级指标得分	2015 年			2016 年		
				初始值	标准化后值	各指标权重	初始值	标准化后值	各指标权重
0.4 发展环境 52.22 55.51	0.15 基础设施 51.46 68.54	0.16 道路交通 58.27 | 61.73	高速公路通车里程（公里）	124.7	57.34	0.32	136.289	62.66	0.32
			货物运输总量（万吨）	10 821.65	58.45	0.28	11 395.2	61.55	0.28
			旅客运输总量（万人）	5 127.20	59.35	0.18	5 240	60.65	0.18
			港口货物吞吐量（万吨）	11 208.8	58.51	0.22	11 778	61.49	0.22
		0.34 供水 48 | 72	供水总量（亿立方米）	3.4	48.00	1.00	5.1	72.00	1.00
		0.28 能源 64.48 | 55.52	能源消费量总量（万吨标准煤）	775.78	50.7	0.52	567.53	69.3	0.52
			全社会工业用电量（亿千瓦时）	88.28	59.25	0.48	90.51	60.75	0.48
		0.22 邮电通信 47.58 | 72.42	邮电业务总量（亿元）	91.4	47.46	0.52	139.7	72.54	0.52
			累计光纤接入用户占比（%）	66.00	47.71	0.48	100.00	72.29	0.48
	0.24 经济环境 40.48 43.52	0.2 经济总体水平 53.3 | 66.7	人均地区生产总值（万元）	12.47	57.73	0.34	13.45	62.27	0.34
			人均可支配收入（元）	36 157.9	56.86	0.36	40 154.1	63.14	0.36
			人均社会消费品零售总额（元）	55 884	44.02	0.30	96 468	75.98	0.30

（续上表）

一级指标得分	二级指标得分	三级指标得分	四级指标得分	2015 年			2016 年		
				初始值	标准化后值	各指标权重	初始值	标准化后值	各指标权重
0.4 发展环境 52.22 55.51	0.24 经济环境 40.48 43.52	0.3 经济结构 54 | 66	第三产业 GDP 贡献率（%）	44.6	48.39	0.66	66	71.61	0.66
			进出口总额占地区生产总值比重（%）	1.46	64.89	0.34	1.24	55.11	0.34
		0.18 行业景气指数 56.66 | 63.34	制造业 PMI 指数	46.7	56.66	1.00	52.2	63.34	1.00
		0.32 用工环境 61.3 | 58.7	劳动力市场求人倍率（%）	1.08	60.00	0.51	1.08	60.00	0.51
			最低工资（元）	1 650	62.66	0.49	1 510	57.34	0.49
	0.25 公共服务环境 60.12 59.88	0.22 教育 59.45 | 60.55	各级学校数（所）	491	58.69	0.20	513	61.31	0.20
			在校学生数（万人）	46.52	59.25	0.38	47.69	60.75	0.38
			初中毕业生升学率（%）	93.81	60.07	0.24	93.60	59.93	0.24
			普高毕业生升学率（%）	93.48	59.90	0.18	93.8	60.10	0.18
		0.16 医疗卫生 58.6 | 61.4	医院数（所）	491	58.69	0.32	513	61.31	0.32
			卫生机构人员数（人）	17 524	58.10	0.38	18 673	61.90	0.38
			卫生机构床位数（人）	8 558	59.14	0.30	8 806	60.86	0.30
		0.28 公共安全 58.62 | 61.38	平安指数	86.67	58.62	1.00	90.76	61.38	1.00

（续上表）

一级指标得分	二级指标得分	三级指标得分	四级指标得分	2015 年			2016 年		
				初始值	标准化后值	各指标权重	初始值	标准化后值	各指标权重
0.4 发展环境 52.22 55.51	0.25 公共服务环境 60.12 59.88	0.34 生态环境 62.49 | 57.51	集中式饮用水源水质达标率（%）	100	60.00	0.11	100	60.00	0.11
			城市污水日处理能力（万吨）	73.4	56.17	0.12	83.4	63.83	0.12
			空气质量达标（AQI＜100）天数（天）	323	57.94	0.16	346	62.06	0.16
			酸雨发生率（%）	24.1	78.97	0.19	46.8	41.03	0.19
			森林覆盖率（%）	30.01	57.89	0.14	32.20	62.11	0.14
			城镇污水集中处理率（%）	95.70	59.81	0.15	96.30	60.19	0.15
			城市生活垃圾无害化处理率（%）	100	60.00	0.13	100	60.00	0.13
	0.22 营商环境 51.75 51.75	0.18 行政审批 66.09 | 66.09	审批承诺时限与法定时限相比实际平均压缩比率（%）	37	37	0.52	37	37	0.52
			立等可取事项占比（%）	97.6	97.6	0.48	97.6	97.6	0.48
		0.22 市场准入 46.93 | 46.93	鼓励民间投资政策满意度（回答好的占比,%）	45.56	45.56	0.30	45.56	45.56	0.30
			市政基础设施开放程度（回答好的占比,%）	47.22	47.22	0.32	47.22	47.22	0.32
			社会事业项目开放程度（回答好的占比,%）	47.78	47.78	0.38	47.78	47.78	0.38

（续上表）

一级指标得分	二级指标得分	三级指标得分	四级指标得分	2015 年			2016 年		
				初始值	标准化后值	各指标权重	初始值	标准化后值	各指标权重
0.4 发展环境 52.22 55.51	0.22 营商环境 51.75 51.75	0.24 市场监管 50.43 ∣ 50.43	市场监管公平满意度（回答好的占比,%）	48.33	48.33	0.34	48.33	48.33	0.34
			市场监管效率满意度（回答好的占比,%）	46.67	46.67	0.30	46.67	46.67	0.30
			主要行政执法部门满意度（回答好的占比,%）	55.56	55.56	0.36	55.56	55.56	0.36
		0.22 市场准入 46.93 ∣ 46.93	鼓励民间投资政策满意度（回答好的占比,%）	45.56	45.56	0.30	45.56	45.56	0.30
			市政基础设施开放程度（回答好的占比,%）	47.22	47.22	0.32	47.22	47.22	0.32
			社会事业项目开放程度（回答好的占比,%）	47.78	47.78	0.38	47.78	47.78	0.38
		0.26 市场服务 43.94 ∣ 43.94	政策配套程度（年市级民营及中小微企业发展专项资金占财政支出比重,%）	0.466	46.6	0.18	0.466	46.6	0.18
			政策知晓程度（回答比较了解的占比,%）	36.67	36.67	0.22	36.67	36.67	0.22

（续上表）

一级指标得分	二级指标得分	三级指标得分	四级指标得分	2015 年			2016 年		
				初始值	标准化后值	各指标权重	初始值	标准化后值	各指标权重
0.4 发展 环境 52.22 55.51	0.22 营商 环境 51.75 51.75	0.26 市场服务 43.94 | 43.94	政策普惠程度（回答惠及大部分企业的占比,%）	41.67	41.67	0.24	41.67	41.67	0.24
			政策连续性（回答比较好的占比,%）	47.78	47.78	0.26	47.78	47.78	0.26
			政策兑现情况（回答较好的占比,%）	50.56	50.56	0.10	50.56	50.56	0.10
		0.1 市场信用 60 | 60	信用综合指数	80.66	60.00	0.52	80.66	60.00	0.52
			信用指数全国排名（名）	31	60.00	0.48	31	60.00	0.48
	0.14 融资 环境 59.78 60.22	1 民营经济贷款 59.78 | 60.22	民营企业贷款占比（%）	36.08	59.78	1.00	36.34	60.22	1.00
0.29 发展 基础 56.99 63.01	0.52 民营 经济 发展 总量 54.21 65.79	1 民营经济增加值 54.21 | 65.79	民营经济增加值总量（亿）	685.2	56.24	0.38	776.72	63.76	0.38
			民营经济增加值增速（%）	7.8	46.57	0.30	12.3	73.43	0.30
			民营经济增加值占地区生产总值比重（%）	33.8	58.95	0.32	35	61.05	0.32
	0.48 民营 经济 结构 60 60	1 民营经济 产业结构 60 | 60	民营经济第三产业增加值占比（%）	55	60.00	1.00	55	60.00	1.00

（续上表）

一级指标得分	二级指标得分	三级指标得分	四级指标得分	2015 年			2016 年		
				初始值	标准化后值	各指标权重	初始值	标准化后值	各指标权重
0.31 发展潜力 51.88 68.40	0.16 民营经济走出去 60.33 59.67	1 民营经济外贸与对外投资 60.33 ｜ 59.67	民营经济出口额（亿美元）	95.65	60.33	1.00	94.59	59.67	1.00
	0.26 经济增长潜力 49.86 70.14	1 固定资产投资 49.86 ｜ 70.14	民营经济固定资产投资额总量（亿元）	481.55	51.58	0.52	638.8	68.42	0.52
			民营经济固定资产投资额增速（%）	22	48.00	0.48	33	72.00	0.48
	0.21 创新创业 35.17 84.83	0.51 创新 37.53 ｜ 82.47	民营高新技术企业数量（家）	253	37.53	1.00	556	82.47	1.00
		0.49 创业 32.72 ｜ 87.28	创业培训和创业实训补贴金额（万元）	182.46	51.37	0.28	243.75	68.63	0.28
			创业资助金额（万元）	48.28	28.33	0.34	156.26	91.67	0.34
			创业租金补贴金额（万元）	16.74	22.91	0.38	70.95	97.09	0.38
	0.23 企业家 60.15 61.05	1 市场主体 60.15 ｜ 61.05	民营企业主体数量（个）	191 507	57.04	0.52	211 403	62.96	0.52
			民营企业主体数量增速（%）	11.2	62.22	0.49	10.4	57.78	0.49

（续上表）

一级指标得分	二级指标得分	三级指标得分	四级指标得分	2015 年			2016 年		
				初始值	标准化后值	各指标权重	初始值	标准化后值	各指标权重
0.31 发展潜力 51.88 68.40	0.14 社会责任 57.44 62.56	1 社会贡献指数 57.44 | 62.56	民营企业税收总额（亿元）	137.13	55.08	0.51	161.62	64.92	0.51
			民营企业从业人员数（万人）	59.83	59.89	0.49	60.04	60.11	0.49

说明：一、二、三级指标分隔号"｜"中第一个数值是 2015 年得分，第二个是 2016 年得分；每个指标前的数值代表本指标对于上一级指标的权重。

第三章　珠海市民营中小企业精益管理研究

2015年7月，中共中央总书记、国家主席、中央军委主席习近平视察吉林东北工业集团长春—东离合器股份有限公司。习近平在参观产品和精益管理模式展示时，对该集团董事长于中赤的汇报这样回应："你的这套管理（精益管理）办法很好，经营理念、管理思想，加以完善，很有用；好好发挥，有作用。"2016年6月7日，国资委负责人强调，中央企业要大力推进精益管理文化建设，把精益管理理念融入企业战略、目标、愿景、使命中，坚持"全员参与、持续改善"，建立有效的绩效激励机制。同时，要根据企业实际情况创新运用、灵活运用精益管理工具，将精益管理理念和方法全面融入企业生产经营全过程，去产能、去库存、去杠杆、降成本、补短板，提质增效、瘦身健体，激发企业内在经营活力。2017年10月18日，党的十九大召开，习近平总书记在报告中强调："中国特色社会主义进入新时代，我国社会主要矛盾已经转化为人民日益增长的美好生活需要和不平衡不充分的发展之间的矛盾。"如何使得发展变得平衡而充分，民营中小企业将扮演举足轻重的作用，应结合精益管理等高效管理理念，激发民营中小企业的光和热。

精益管理不仅适用于大型国企，更适用于中小型民企。正是依靠精益管理，才使得60年前"没技术、没品牌、没资金、没市场"的丰田汽车公司如今成为世界级企业。

珠海市发展民营经济有其地处大湾区核心地带的区位优势，民营中小企业涉及的领域、类型和发展阶段呈现多样化、服务化、现代化的特点。但与其他地域、其他性质的企业一样，其发展依然受到成本、质量、效率这三个关键竞争因素的影响，如何在路径和方法层面为民营中小企业降本、提质、增效提供可操作的指导，对于提高珠海市民营中小企业的竞争力，进而使珠海市民营中小企业走上快速、持续、稳定的发展道路，具有十分重要的现实意义。

本章从精益管理的思想出发，以对全市民营中小企业面上数据收集、分析为基础，研究珠海市民营中小企业的类型、发展阶段及其在竞争力各个关键维度上存在的主要问题；借鉴境内外中小企业推广精益管理的经验和教训，结合不同类型、不同阶段民营中小企业的特点，既分别从"降本""提质""增效"三个方面对相关企业精益管理的路径和方法进行探究，也整合性地探讨多目标下的精益管理推进策略和措施。通过上述研究，为民营中小企业提供科学的精益管理路径与方法的建议，同时也为政府提供相应的政策建议。由于研究时间短、调研不充分、资料获取难度大等现实情况，本报告可能"接地"不够，具有一定局限性。

第一节 珠海民营中小企业现状

一、珠海民营中小企业概况

（一）珠海市民营中小企业区域分布

珠海市初步形成以香洲区的办公自动化及打印耗材、金湾区的生物医药和专用设备、斗门区的电子信息和陶瓷、高新区的通信设备和软件、高栏港的游艇和化工制品等为特色产业的发展格局。

1. 产业布局

横琴新区：横琴新区民营经济以金融服务、旅游休闲、文化创意、医药卫生等产业为布局方向。香洲区：香洲区民营经济以打印耗材、家用电器、会展服务、商贸物流等产业为布局方向。金湾区：金湾区民营经济以生物医药、航空及其配套、电子电器、新能源汽车及其配套等产业为布局方向。斗门区：斗门区的民营经济以电子信息产业、家用电器产业、轨道交通、船舶与海洋工程装备、现代农业和生态旅游等产业为布局方向。高新区：高新区民营经济以软件和集成电路设计、移动和移动互联网、智能电网和智能制造、生物医药和医疗器械等产业为布局方向。高栏港经济技术开发区：高栏港经济技术开发区民营经济以海洋工程装备制造、石油化工、精细化工、新材料、精密机械等产业为布局方向。保税区：保税区民营经济以保税加工、保税物流、国际贸易等产业为布局方向。万山海洋开发试验区：万山海洋开发试验区民营经济以生态旅游、休闲旅游等现代服务业，以及深水网箱养殖、休闲渔业等现代海洋渔业及海洋可再生能源、海水资源综合利用等现代海洋科技产业为布局方向。

2. 产业重点

横琴新区：金融服务产业、旅游休闲产业、文化创意产业、中医保健产业；香洲区：打印耗材产业、智能家居产业、国际会展产业、商贸物流产业；金湾区：生物工程和医药产业、航空配套产业、新能源汽车产业、电子电器产业；斗门区：电子信息产业、节能环保智能家电产业、现代农业产业；高新区：软件产业、集成电路产业、智能电网装备产业、人工智能产业；高栏港经济技术开发：海洋工程装备制造、石油化工等配套产业。

（二）珠海市民营中小企业经济规模

1. 民营经济数量规模继续扩大

截至2016年底，全市登记注册的私营企业达到67 181户，同比增长14.8%，占全市企业总数的81.3%；私营企业注册资金31 489 705万元，同比增长27.9%，占全市企业注册资本43.5%。个体工商户达到144 222户，同比增长8.4%；个体工商户注册资金549 634万元，同比增长21.7%。

表 3 - 1　2011—2016 年私营企业与个体工商户增长情况表

民营经济	2011 年	2012 年	2013 年	2014 年	2015 年	2016 年
单位数	128 121	137 506	153 060	172 143	191 507	211 403
私营企业	34 441	36 243	42 801	51 208	58 505	67 181
个体工商户	91 421	98 837	110 259	120 935	133 002	144 222

数据来源：珠海市科技和工业信息化局 2011—2016 年《珠海市民营经济发展情况汇报》，2011—2016 年《珠海统计年鉴》。

2. 民营经济总量不断增大

2016 年，珠海市民营经济增加值 776.72 亿元，同比增长 13.3%，高于全市 GDP 增速 3.8 百分点，占全市 GDP 比重的 34.9%，增速在全省排名第一。与 2011 年相比，民营经济占 GDP 比重提升了 3.8 百分点。民营经济固定资产投资额 638.80 亿元，同比增长 32.7%，占全市固定资产投资额的 46.0%，较全市增速提高 26.2 百分点。近三年，民营经济固定资产投资十分活跃，每年取得两位数的增速，增速平均值达 35.4%。

表 3 - 2　2011—2016 年民营经济增加值及 GDP 占比情况

年份	民营经济增加值（亿元）	增速（%）	占全市 GDP 比重（%）
2011	437.96		31.1
2012	477.58	8.8	31.6
2013	537.77	11.1	31.9
2014	599.92	7.9	32.1
2015	685.20	7.8	33.8
2016	776.72	12.3	34.9

数据来源：珠海市科技和工业信息化局 2011—2016 年《珠海市民营经济发展情况汇报》、2011—2016 年《珠海统计年鉴》。

表 3 - 3　2011—2015 年民营经济固定资产投资额情况

年份	投资额（亿元）	同比增长（%）
2011	240.93	
2012	242.44	0.6
2013	260.55	7.5
2014	394.84	51.5
2015	481.55	22.0
2016	638.80	32.7

数据来源：珠海市科技和工业信息化局 2011—2016 年《珠海市民营经济发展情况汇报》、2011—2016 年《珠海统计年鉴》。

3. 民营经济结构不断优化

截至 2016 年底，民营经济第一产业实现增加值 48.21 亿元，同比增长 1.4%；第二产业实现增加值 301.25 亿元，同比增长 15.4%；第三产业实现增加值 427.27 亿元，同比增长 11.4%。民营经济工业增加值 244.79 亿元，同比增长 16.5%。相对来说，民营经济产业结构中比较活跃的是第二产业和第三产业，是推动民营经济增长的主要力量。

表 3-4 2011—2016 年民营经济产业结构增速情况

年份	第一产业（亿元）	增速（%）	第二产业（亿元）	增速（%）	第三产业（亿元）	增速（%）
2011	36.55		131.93		269.48	
2012	39.02	3.9	145.95	15.7	292.61	5.9
2013	41.56	5.4	164.66	15.2	329.55	9.6
2014	43.94	3.9	185.15	11.6	370.83	6.3
2015	46.63	3.0	261.94	7.2	376.63	8.9
2016	48.21	1.4	301.25	15.4	427.27	11.4

数据来源：珠海市科技和工业信息化局 2011—2016 年《珠海市民营经济发展情况汇报》、2011—2016 年《珠海统计年鉴》。

4. 民营经济自主创新能力不断增强

截至 2015 年底，全市民营企业拥有国家级和省级工程中心、企业技术中心 132 家，占全市的 92.9%；省级民营企业创新产业化示范基地有 14 家，市级民营企业创新产业化示范基地有 79 家；全市民营高新技术企业 303 家，占全市的 76.3%，全市民营科技企业 115 家；全市上市民营企业 27 家，占全市的 81.8%。

5. 民营经济境外投资比重进一步加大

2015 年全市私营企业对外投资项目 60 个，占全市投资项目总数的 82.2%；协议中方投资金额 11.9 亿美元，占全市总数的 73.9%。19 个民营企业项目投资额超过 1 000 万美元，投资区域主要在中国香港以及美国、新加坡等 13 个国家和地区，投资产业主要涉及生物医药、打印耗材、融资租赁等领域。

6. 民营经济社会贡献日益凸显

一是民营经济税收保持快速增长，成为财政收入稳定来源。近五年，民营经济税收始终保持两位数的增长，为富民强市做出了积极贡献。2016 年民营经济税收 161.62 亿元，同比增长 17.9%，与 2011 年相比增长 152.4%。二是民营经济单位成为吸纳就业人口的主要渠道。2016 年，全市民营经济从业人数 60.04 万人，同比增长 0.3%，民营经济不仅有效地缓解了日益凸显的就业压力，而且促进了群众增收和保持了社会稳定。三是民营企业进出口比重增加。民营企业进出口 903.3 亿元，比重提升 2.3 百分点。

表 3 - 5　2011—2016 年民营经济缴纳税金情况表

年份	税金（亿元）	同比增长（%）
2011	64.03	
2012	77.82	21.5
2013	88.82	19.7
2014	114.85	23.3
2015	137.13	19.4
2016	161.62	17.9

数据来源：珠海市科技和工业信息化局 2011—2016 年《珠海市民营经济发展情况汇报》、2011—2016 年《珠海统计年鉴》。

表 3 - 6　2011—2016 年民营经济从业人数情况表

年份	从业人数（万人）	同比增长（%）
2011	54.66	
2012	55.15	1.0
2013	57.02	3.4
2014	59.41	4.2
2015	59.83	0.7
2016	60.04	0.3

数据来源：珠海市科技和工业信息化局 2011—2016 年《珠海市民营经济发展情况汇报》、2011—2016 年《珠海统计年鉴》。

二、珠海民营中小企业的主要类型

（一）各类型民营中小企业的分类标准

按照生产活动的性质及其产品属性对珠海市的民营中小企业进行分类，可以将其分为：高端制造业、高端服务业、高新技术产业、特色海洋经济和生态农业的"三高一特"现代产业体系。

高端制造业主要包括节能环保智能家电、通用航空产业、轨道交通设备、高端打印设备及环保型耗材、新能源汽车五大类产业。高端服务业包括休闲旅游业、金融服务业、国际会展业、文化创意业、商贸物流业以及科技服务业六大产业。高新技术产业的包括软件、集成电路设计、移动互联网、智能电网、物联网、生物医药、新材料、3D 打印八大产业。特色海洋产业和生态农业包括海洋工程装备、游艇设计及关键件制造、绿色能源、高端海岛度假与海上运动、生态渔业、生态庄园与特色种植业等产业。

（二）各类型民营中小企业的发展情况

以高新技术企业、民营企业（中小企业）创新产业化示范基地和民营科技企业为抓手，鼓励民营企业自主创新，积极推动高新技术企业培育工作。截至目前，全市拥有民营高新技术企业556家，占全市总数70.6%；全年共认定9家市级民营企业（中小企业）创新产业化示范基地和28家市级民营科技企业，累计总数分别达85家和142家。全市民营企业拥有国家级和省级工程中心、企业技术中心151家，占全市总数80.0%。珠海四维时代网络科技有限公司作为国内人工智能及计算视觉领域发展最为迅速并具有行业影响力的创新企业，代表中国企业随李克强总理出访德国并与德国人工智能研究院展开合作。珠海魅族科技有限公司成为珠海市首家入选中国民营企业500强的企业，丽珠医药集团股份有限公司入选中国民营企业制造业500强。珠海派诺科技股份有限公司和珠海迈科智能科技股份有限公司入选省民营企业（中小企业）创新产业化示范基地。

特色海洋产业依托珠海水产资源优势，重点发展水产品加工业，精深加工休闲食品、水果果汁产品、水产保健品、医药品、化妆品等，并逐步向海洋生物制药、海洋生物功能食品与保健品、海洋生物基因工程产品等方向发展；特色生态农业充分利用斗门的黄杨山、金台寺、蓑猗堂、十里莲江、农游世界、斗门古街、尖峰山森林公园、灯笼沙水乡、排山古村等生态农业观光资源，大力发展农业生态景观观光游，发展优质精品稻米产业，不断调整和优化蔬菜产品结构，提高蔬菜新品种、新技术的推广与应用范围，重点发展莲雾、芭乐等热带、亚热带名优特水果，大力发展荔枝、龙眼、黄皮等当地特色水果，并发展一批集旅游观光、休闲科普于一体的观光果园。十亿人社区农业科技有限公司以"为十亿人提供安全食品"的理念，用原生态的方式种植蔬果，为客户开放一个电商生态农业体验观光园，在生态旅游、农业科普等方面起到的示范性作用。

三、珠海民营中小企业的主要发展阶段

珠海市民营中小企业根据不同发展阶段，可以分为：初创期民营中小企业、成长期民营中小企业、成熟稳定期民营中小企业。

（一）处于初创期的珠海民营中小企业

初创期的珠海民营中小企业是指刚刚创立且没有足够资金以及资源的民营中小企业。初创期的珠海民营中小企业存在的优势包括：①市场反应快，经营灵活，成长性高。初创期的企业员工少，沟通速度快，决策权高度集中，企业内部沟通顺畅，对外部市场需求反应灵敏。②创新精神强。由于企业是在发现了市场上的某种需求或者有着某种新的技术与产品的条件下创立的，企业必须采取灵活多变的经营策略应对市场变化。③企业内部人际关系和谐。这一阶段员工较少，并且多为创业而聚集，具有很强的成就欲，使得工作内在激励大，在目标认同上有着高度的一致性。特别是家族企业，创业初期的凝聚力非常强，对于初创期的企业发展具有良好的推动作用。

初创期的珠海民营中小企业存在的劣势包括：①社会筹资困难。由于处于创业期的企业受经营环境的影响，变数大、风险大，难以吸引投资者的注意，企业资产少，使得负债能力有限，因此多以内部积累为主，总体来看筹资相当困难。②其他企业的竞争。处于初创期的企业在严酷的市场竞争中一般缺乏竞争力。构成企业竞争力的几大要素——人力资

源、资本实力、技术实力、品牌、市场网络等，对于新生企业来说都是缺少的，这使得初创期企业在行业竞争中处于不利地位。③社会网络匮乏。社会网络在当今企业的生存与发展中的重要作用是不言而喻的。新生企业缺乏获得资金、技术人才、渠道、政策支撑的各种社会网络，一方面不能快捷地获取社会资源以求得迅速发展，另一方面必须为建立这种社会网络而进行必要的初期投入，从而增加了创业成本及财务风险。

（二）处于成长期的珠海民营中小企业

随着企业资产（主要是无形资产）的快速增加，形成了一定的生产销售能力，标志着企业初创期的结束、成长期的开始。进入成长期后，企业的有形资产已具有一定规模，但同时企业技术、工艺、品牌、商业信誉等无形资产急剧增加，其增加的速度远远大于有形资产。处于成长期的民营中小企业存在的主要优势包括：①企业规模扩大，竞争力增强。此时，企业的有形资源已达到一定规模，无形资源也在迅速增加；企业的产品或服务已逐渐在目标市场上有了一定知名度；产品的销售数量呈现稳步上升态势；企业的经营活动现金流量增加，使得企业有了进一步扩张的实力。②企业财务状况好转。企业销售的不断增长，使得企业内部产生较好的现金流，企业内部资金的积累也会增加，而企业业务的不断扩展，使得企业的财务状况日益优化。③企业制度不断健全，组织形态走向正规化。在这一时期，企业规章制度不断建立和健全，创业者开始放权，帮助企业进行科学的决策。管理组织结构逐步由集权制向分权制发展，进而使创业者个人的作用弱化，企业也试图寻找能保障其持续、稳定、健康发展的制度和机制。④发展速度快。进入成长期，企业的有形资源已具有一定的规模；同时，企业的人力资源、技术、品牌、商业信誉等无形资源也在急剧增加，企业的产品（服务）已在市场上立足，受到顾客的认可。在此基础上企业开始进入多元化发展阶段，明智的企业会建立基于自己核心技术和核心能力的产品多元化，而不是盲目多元化。⑤富有创造力且能较快地转化为生产力。在成长期，企业不仅继承了初创期的创新能力强的特点，而且还具有把这种创新能力迅速转化为生产力所需的资金和技术实力。

成长期的民营中小企业存在的劣势包括：①企业文化执行时将遇到挑战。新员工的大量加入，他们对企业原来的文化无法充分理解。大量兼并、收购等企业重组现象的发生，加之外部环境的瞬息万变，都会促使企业文化在执行中遇到挑战。②内部管理人才缺乏。由于企业规模的扩张和业务的拓展，甚至于进入其他行业，导致了对人才的强烈需求。③组织内部协调增加，效率有所下降。组织和流程方面，职责划分不清、流程运作不畅的问题引起效率下降，部门间协调越来越多，出现了大量新的问题，却得不到解决，部门本位主义日益明显。④容易步入多元化陷阱。为了扩大规模，占据有利的市场地位，企业不再满足于单一产品的发展，转向产品多元化开发。但是，企业往往以其在某一特定产品上的成功为基础，向多元化转变，从而很容易进入陌生的行业，特别是非相关的行业，这给企业的发展带来风险。

（三）处于稳定发展期的珠海民营中小企业

经过快速成长阶段，企业进入稳定发展期，资产达到一定规模后保持相对稳定，各种无形资产在资产配置中占有相当的份额，其数值也趋于稳定，资产结构趋于科学合理。经过初创期、成长期的发展历程，企业积累了比较丰富的管理经验，管理者更多凭经验办事，更注重保持企业的业绩，忽视学习和创新，容易出现生产和管理"老化"。企业要想获得较长生命周期，关键要在稳定发展期争取新的突破，谋求再生。处于稳定发展期的民营中小企业存在的主要优势包括：①完善的企业制度和组织结构，并能充分发挥作用。在成熟期，企业已经在长期的发展中建立了很完善的规章制度，并在企业内部强调制度的重要和权威，制度也取代了领导者的个人魅力或素质成为企业的核心控制力。②良好的财务状况。处于成熟期的企业，产品开始进入回报期，现金流入量大于流出量，企业有着相对宽裕的资金流。因此，在这一阶段，企业的财务状况良好。③企业实力强大，抗风险能力强。这一阶段的企业，虽然发展速度减慢，但是经济效益提高。而企业资源投入达到一定规模后保持在相对稳定水平，人力资源以及各种无形资源在企业的资源配置中占有相当的份额，企业资源结构趋于科学合理，综合实力强大，抗风险能力强。④拥有良好的市场声誉。这一时期的企业，已经经历了初创期与成长期的较长时期的发展，企业在市场上逐渐形成了很高的知名度和美誉度。⑤企业的创新性与稳定性达到平衡。在成熟期，一方面，企业为了维护自身的地位，依然强调根据市场需求进行创新，并通过健全的企业制度，对创新进行保障；但另一方面，企业的市场地位已经比较稳定，资产结构合理，利润达到最高。规章制度的繁多，使员工的创新意识有所减退，造成了企业存在一定的惰性，不过，这也增加了企业的稳定性。

处于稳定发展期的民营中小企业的劣势包括：①创新精神减退，思想日趋保守。这表现在两方面：一方面，处于成熟期的企业，中老年领导者居多，容易出现生产和管理"老化"；另一方面，组织体系的完善使企业对外部人力资源的封闭和排斥的倾向大于开放和吸纳的倾向，这导致了企业员工思想固化，缺乏活力。②对外部市场反应速度下降。这一阶段的企业，已经拥有很高的市场占有率，市场规模很大，管理比较复杂；企业内部职能部门众多，管理层级增加，使得信息传递的环节增多；同时，程序的复杂，也容易歪曲信息，不利于及时把握市场机会，这些都在很大程度上影响信息的可靠性和及时性。③规章制度繁多，内部沟通交流出现障碍。进入成熟期的企业，由于职能部门增多，管理层次也相应增加，组织结构及管理模式变得复杂化和多样化，其内部组织系统也趋于繁杂。各种组织部门的内部冲突，加之烦琐的企业规章，导致企业内部的协调日益困难。

四、珠海民营中小企业在竞争力各维度存在的主要问题

（一）珠海市民营中小企业存在的总体问题

①民营经济总量不大。2016 年珠海市民营经济增加值为 776.72 亿元，同比增长12.3%，虽然增速在全省排名第一，但是占全市地区生产总值比重为 34.89%，与全省（比重为 53.6%）相比还有较大差距。②民营经济主体数量不足。截至 2016 年底，珠海市民营经济单位 21.140 3 万户，与广州市（143.29 万户）、深圳市（264.60 万户）相比有很大差距。③民营经济产业结构欠优。2016 年珠海市民营经济第一、二、三产业实现增加值48.21 亿元、301.25 亿元、427.27 亿元，比例为 6.2：38.8：55.0。其中民营经济工业增加值244.8 亿元，占民营经济第二产业 81.3%，民营经济建筑业等其余第二产业占比为 18.7%。民营经济第三产业比重较大，但主要以餐饮、批发、零售等传统服务业为主，

工业设计、科技服务、物流供应链等现代生产性服务业还只占很小一部分。④民营企业人才缺乏问题突出。民营企业在吸引人才和留住人才方面不具备国有企业和外资企业优越的条件，同时配套政策的不完善，导致民营企业一方面人才引进难，另一方面留住人才难。

（二）珠海市民营中小企业存在的具体问题

珠海市民营经济取得了较快发展，但也显露出一些制约发展的突出矛盾和问题。目前珠海市民营企业遇到的最主要的问题和困难包括：①要素制约矛盾突出，企业成本高。70.6%的受调查企业面临经营成本的增长，其中10.9%的受调查企业经营成本增长20%以上。民营企业在发展过程中面临包括技术、人才、原材料等各方面生产要素制约，如融资难、技术瓶颈、人才不足、原材料等资源趋紧，企业内部的生产要素集聚程度低，民营企业生产成本明显增加，利润空间大幅压缩，民营经济改造提升、加快发展的难度加大。②企业生产质量和效率低，在工业设计、高端服务业等现代生产性服务业和金融业，民营经济只占很小一部分。民营中小企业主要集中在传统产业，少有企业将互联网、大数据、人工智能、智能制造等很好地融入实体经济，难以助推民营企业加速提质。③管理水平较低。珠海市民营企业技术和管理相对落后，粗放式经营的特征还比较明显，消耗高、效率低、污染重的状况没有根本扭转。随着产业的门槛提高和环境要素约束越来越强，民营经济加快发展面临新的矛盾和挑战。

（三）与周边城市民营中小企业的发展比较

1. 民营经济生产总值及增速比较

珠海市民营经济增加值及其占 GDP 比重均低于周边城市，珠海市中小企业经营过程存在的主要困难和问题，大多与降成本有关。调查中，不论是制造业还是非制造业，对减免税收以及下调养老、医疗、失业、工伤和生育保险缴费比率的反映都较为强烈，认为这是降成本政策力度最需加强的两个主要方面，而目前内在的降本潜力尚未受到重视。

2. 民营经济主要指标与先进地区对比

珠海市民营经济与周边地区相比，既有自身独特的优势，也存在不小差距。为客观评估珠海市民营经济发展水平与珠三角其他城市的差异，我们选取深圳、佛山作为参照城市进行对比，其中深圳是和珠海同时成立的经济特区，具有标本参考价值，佛山是广东民营经济强市，民营经济发展程度较高，两地有很多值得珠海学习借鉴的先进经验。对比情况如下：

（1）三地基本情况对比见表 3－7。

表 3－7　深圳、佛山、珠海三地民营经济基本情况对比表

2015 年	深圳	佛山	珠海
常住人口（万人）	1 137.89	743.06	163.41
地区生产总值（亿元）	17 502.99	8 003.92	2 024.98
民营市场主体（万户）	209.3	46.1	19.2

（续上表）

2015 年	深圳	佛山	珠海
占全市比重（%）	97.8	95.9	93.2
民营企业（万家）	108.3	17	5.9
民营经济增加值（亿元）	7 489	5 063.6	685.2
占地区生产总值比重（%）	42.8	63.3	33.8

数据来源：广东省、深圳市、佛山市、珠海市统计局网站以及各地人民政府有关材料。

从三地的基本情况对比可以看出，深圳、佛山的常住人口分别是珠海的7.0倍、4.5倍，GDP总量分别是珠海的8.6倍、4.0倍，民营企业数量分别是珠海的18倍、3倍，民营经济增加值分别是珠海的11倍、7倍。通过倍数的差距，可以看出珠海与深圳、佛山的发展不在一个量级上，珠海人口少、经济总量小。GDP倍数与人口倍数基本相当，而民营经济增加值倍数与GDP倍数差距较大，说明珠海民营经济占比份额比深圳、佛山低，民营经济发展相对不发达。

尽管餐饮和住宿、交通运输仓储和邮政业、批发和零售等以民营经济为主的社会服务业与城市人口数量密切相关，由于珠海常住人口数量少，直接导致了上述行业的经济总量规模偏小，但民营经济已经是上述行业的主要贡献力量，在上述行业的发展相对充分，而在工业和高端服务业等与人口关系相对较小的行业，珠海民营经济则需要加快迎头赶上。我们认为，人口偏少是制约珠海民营经济发展的一个因素，但不是主要因素，产业结构性缺陷更值得关注。

接着我们将珠海与珠三角其他城市相比。从民营经济主体数量来看，截至2015年底，珠海市民营经济单位19.15万户，占全省民营经济单位户数的2.5%，低于全省平均水平，与深圳市（209.3万户）、广州市（125.51万户）、佛山市（46.08万户）相比有很大差距。从民营经济占比来看，2015年珠海市民营经济增加值685.20亿元，占全市GDP比重为33.8%，在广东省21个地级市中排名末位，与全省（比重为53.4%）及珠三角其他城市相比差距同样很大。

表3-8 珠三角城市民营经济占 GDP 比重对比表

城市	肇庆	佛山	中山	江门	东莞	深圳	惠州	广州	珠海
占比	65.3%	63.3%	51.9%	50.6%	48.5%	42.8%	42.7%	39.8%	33.8%

数据来源：广东省经济和信息化委员会。

（2）民营科技企业情况对比。

表3-9为深圳、佛山、珠海三地民营科技企业情况对比。

表 3 - 9　深圳、佛山、珠海三地民营科技企业情况对比表

2015 年	深圳	佛山	珠海
*规上企业数量（家）	6 355	5 883	985
高企数量（家）	5 524	716	397
民营企业占比（%）	80		76
省民营大型骨干企业（家）	32	8	1
省小企业创业示范基地	国家级 1 家、省级 8 家	省级 8 家	省级 6 家
中小企业公共服务示范平台（家）	国家级 8 家、省级 9 家、市级 3 家	国家级 2 家、省级 12 家	省级 4 家

说明：标 * 为 2014 年数据，下同。

数据来源：广东省、深圳市、佛山市、珠海市统计局网站以及各地人民政府有关材料。

从三地的民营科技企业情况对比可以看出，深圳、佛山的规上企业数量分别是珠海的 6.5 倍、6 倍，高企数量分别是珠海的 14 倍、1.8 倍，民营企业高企所占比重相差不远，省大型骨干企业、中小企业公共服务示范平台数量差距很大，小企业创业示范基地差距较小。以规上企业数量为基数来看，珠海民营高企所占比例比深圳相对低、比佛山相对高；大型民营企业和公共服务平台数量较少。

在工业领域，科技是珠海民营经济的加分项目，可以保障科技型民营企业在未来走得更稳更远，延长企业生命周期。结合民营经济的发展历程，珠海低端传统产业相对较少，高科技产业相对较多，相比佛山，落后产业转型升级的压力较小。

（3）经营成本对比。

表 3 - 10 是深圳、佛山、珠海三地民营企业经营成本对比。

表 3 - 10　深圳、佛山、珠海三地民营企业经营成本对比表

2015 年	深圳	佛山	珠海
本地配套率	很高	家电产业超过 90%	低
*从业人员年平均工资（元）	72 664	55 505	62 450
*人均可支配收入（元）	40 948	35 140	33 235
*人均消费支出（元）	28 853	24 849	25 126
*支出占收入比重（%）	70.46	70.72	75.60
普通工商业及其他用电电价（元/千瓦时）	0.892 3	0.890 1	0.890 1
五险一金、纳税执行	2015 年，失业保险单位费率、工伤保险单位费率和参保单位基准费率下调 50%；2016 年再次下调	2015 年，五项职工保险费率合计 29.55%，比国家规定低 11 个百分点	相对严格，养老保险、工伤保险低于国家要求；宏观税负连续 2 年全省第一，微观税务合理偏低

数据来源：广东省、深圳市、佛山市、珠海市统计局网站以及各地人民政府有关材料。

　　成本控制对于企业尤其是民营企业的重要性不言而喻，是企业生存发展的重要保障。从三地的企业经营成本对比可以看出，珠海的本地配套率低、产业集聚度低，从业人员年平均工资比深圳低 10 214 元、比佛山高 6 945 元，人均支出占收入比重比深圳、佛山都高5 百分点，普通工商业电价与佛山一样、比深圳略低，五险一金以及纳税执行情况相对严格。这说明珠海企业经营成本（包括产业配套成本、人工成本、税费成本等）综合来看与佛山相比不具备优势，与深圳相比在部分领域具有一定优势，总体在珠三角处于较高水平，珠海民营经济生存发展受到周边地区双重挤压。

　　（4）政府公共服务对比。

　　表 3-11 为深圳、佛山、珠海三地政府公共服务情况对比。

表 3-11　深圳、佛山、珠海三地政府公共服务情况对比表

城市	深圳	佛山	珠海
发展基础及路径	从外向型经济为主到各种经济类型共同发展	有天然土壤，乡镇企业基础好，民营经济一直是重点	1980 年以前毫无基础，长期以来以外向型经济为主，民营经济较弱
民营专项财政资金	2015 年，民营及中小企业发展专项资金 2 亿元，其他惠及民企的专项资金超过 80 亿元	设立总规模 15 亿元的企业融资专项、总规模 3 亿元的科技型中小企业信贷风险补偿基金、总规模 1 亿元的产业金融引导基金；28 家本地担保机构累计为中小企业融资 640 亿元、39 家小额贷款公司累计为本地中小企业提供贷款 712 亿元	2011—2015 年，累计安排市级民营及中小企业发展专项资金 4 556 万元，争取省级以上财政资金 1 亿元
融资贴息资金	2015 年，5 000 万元贴息撬动近 20 亿元科技中小企业贷款，放大近 40 倍		2008 年起发放"四位一体"贴息资金累计 1.52 亿元；从 2013 年起，市财政安排 5 000 万元珠海市扶优扶强贴息专项资金
风险资金池	截至 2015 年底，共有 101 家融资性担保公司，市财政出资 10 亿元作为增信与风险补偿资金		设立中小企业"四位一体"融资平台，截至 2015 年底，风险准备金 1.23 亿元，为 1 321 家企业解决 1 748 笔贷款，贷款金额 116.3 亿元；本地有 13 家担保公司；设立 4 000 万元知识产权质押融资风险补偿基金（尚未运作）

（续上表）

城市	深圳	佛山	珠海
企业征信数据库、市场信用信息平台	已建立数据库和平台，覆盖所有民企，总信息条数6.2亿项		已建立市信用信息管理系统
质量、标准、知识产权	抓质量、提标准，投入8.67亿元加强专利和标准研发；投入3.2亿元支持民企创品牌；设立2亿元知识产权强市专项资金，推动知识产权发展		知识产权专项约600万元，2016年起由各区安排
政务服务	社会投资项目核准事项压减90%，行政许可事项从487项减少至234项，进一步放开市场准入	压缩行政审批、核准事项时限；"一门式、一网式"政务服务、开发手机APP政企"直通车"，已有5万用户，包括1.3万家企业注册在线	压缩行政审批、核准事项时限；建设民营中小企业公共服务平台（今年下半年上线运行）
人才	2011年起实施"孔雀计划"，每年安排资金5亿元，2015年起增加到10亿元。目前累计引进"千人计划"208名，享受国务院特殊津贴专家916人，认定高层次人才5 500人		出台"8＋1"人才政策，目前累计引进"千人计划"38名，享受国务院特殊津贴专家54人，认定高层次人才349人
降成本	2015年，失业保险单位费率、工伤保险单位费率和参保单位基准费率下调50%；2016年再次下调	2015年，五项职工保险费率合计29.55%，比国家规定低11百分点	养老保险、工伤保险低于国家要求；宏观税负连续2年全省第一，微观税负偏低

（续上表）

城市	深圳	佛山	珠海
近年出台政策	1. 《深圳市关于支持中小微企业健康发展的若干措施》（深府〔2013〕56号） 2. 深圳市人民政府《关于支持企业提升竞争力的若干措施》（深发〔2016〕8号） 3. 《加快民营经济发展意见》 4. 《中小企业发展促进条例》 5. 《加快民营经济发展若干措施》	1. 《佛山市企业上市扶持奖励办法》（佛府办〔2012〕84号） 2. 《关于扶持和促进民营企业平稳健康发展的若干工作意见》（佛府办〔2012〕96号） 3. 《关于印发佛山市推动民营企业跨越发展实施方案的通知》（佛府函〔2013〕16号） 4. 《关于印发佛山市推动民营企业跨越发展扶持办法的通知》（佛府函〔2013〕17号） 5. 《关于印发佛山市完善中小微企业投融资机制实施方案的通知》（佛府办函〔2015〕795号） 6. 《关于印发提振民营企业家信心促进创业创新若干措施的通知》（佛府〔2015〕91号） 7. 《关于印发佛山市推进规模以上工业企业研发机构构建专项行动方案（2015—2020）的通知》（佛府函〔2015〕48号） 8. 《关于印发佛山市科技企业孵化器后补助试行办法的通知》（佛府办〔2015〕37号）	1. 中共珠海市委珠海市人民政府《关于进一步加快民营经济发展的意见》（珠字〔2012〕10号） 2. 《珠海经济特区民营经济促进条例》 3. 《珠海市进一步支持小型微型企业健康发展的实施意见》（珠府〔2014〕15号） 4. 《关于促进民营经济健康快速发展的若干措施》（珠府〔2014〕65号） 5. 《关于促进小微企业上规模的实施意见》（珠府办函〔2015〕251号）

数据来源：广东省、深圳、佛山、珠海市统计局网站以及各地人民政府有关材料。

从三地的政府公共服务对比情况来看，尽管在政策出台、民营财政专项、融资贴息及风险补偿、线上线下服务平台建设、简政放权、质量及知识产权、人才引进及培育等多个方面，三地政府均采取了相应的措施扶持民营经济发展。但相比之下，珠海的政策偏重于直接财政扶持，而深圳、佛山既注重直接财政扶持，也注重营造公平高效的营商环境，为民营企业提供更适合落地成长的空气和土壤。

对民营经济直接财政扶持的优势在于有非常明确的导向性，局限性在于财政永远只能支持部分符合条件的企业，而且大部分是已经成长起来的民营企业，受惠面相当有限。这种政策的排他性容易造成产业政策陷阱，阻碍企业的创新创造和其他企业的进入，而真正需要帮扶的处于起步阶段的企业往往得不到支持，属于"锦上添花"式政策。

而深圳等市除了直接财政扶持外，更加注重提高营商环境法制化水平、加强公共服务供给、降低成本等整体环境方面的改善，更多"普惠式"政策，更有利于营造全社会创新的热潮，因此民营经济更为活跃，市场化程度更高。尤其在"五险一金"等国家政策执行方面，地方政府拥有政策允许的相对弹性，深圳、佛山在降成本减负担方面，明显比珠海步子要大。

第二节　精益管理相关理论基础

一、精益生产

美国麻省理工学院的专家为了研究"二战"后帮助日本丰田公司迅速在国际市场取得巨大成就的丰田生产方式，在五年时间里对汽车工业的生产过程、生产效率、生产成本控制等进行了深入的研究，最终将这种规范化、简单化、自动化、节拍化的先进生产方式概括为精益生产。

精益生产以市场需求为导向，通过组织结构变革，剔除了生产中不必要的环节，将生产现场规范化、简单化，把原料供应、市场销售与生产计划、生产流程有机结合在一起，从而实现了对企业生产系统中的人力、物力、财力等资源配置的优化。精益生产有时候也被国内外一些学者称之为"精良生产"。所谓的"精"指的是生产方式的原则，在保证生产的条件下，尽可能地剔除不必要的生产要素，让生产现场没有不必要的人与物存在，让生产过程中没有不必要的环节存在，实现生产时间、产品数量与需求的统一，从而实现生产过程中的精良准确；"益"则是指生产方式的目的，注重经济利益，追求生产效益。精益生产要求管控企业生产过程中的浪费行为，包括生产资料的浪费、人员的浪费、生产时间的浪费，将生产流程简单化、规范化、流畅化，降低生产成本，控制产品质量，提高生产效率，从而实现精益生产的终极目标——"企业利润的最大化"。精益生产是一种拉动式的生产方式，根据市场需求或者下一道工序的需要确定生产的数量与时间，实现生产时间的准时化、生产数量的准确化，降低库存，杜绝浪费，最大限度地降低生产成本，实现企业利润的最大化。这种拉动式的准时化生产满足了现代市场多样化、个性化的需求。精益生产的核心要求是企业与外部保持畅通的信息交流，与外部相关成员建立密切的合作关系，随时掌握外部环境的动态，将外部环境与内部生产相结合，"无限追求物流的平衡"。

（一）精益生产的发展历程

20世纪初，美国福特公司建立了第一条生产流水线，将汽车生产流程标准化、规模化，摒弃了传统的没有效率的单件生产方式，开启了汽车行业的大规模生产时代。这种生产方式大大降低了汽车行业的生产成本，提高了汽车生产效率，成功地改变了汽车仅仅是部分富豪能够消费的奢侈品的状况，将汽车推广为普通大众都能消费的大众化产品，使得汽车行业在美国实现了迅速发展，带动了美国经济的繁荣。但是随着"二战"的结束，人们不再满足于大众的、统一的产品样式，转而追求多样化、个性化的产品，传统的大规模生产方式在这种日益明显的需求下逐渐变得难以适应，原本的低成本、高效率的优势逐渐丧失。丰田公司在考察了福特的生产方式之后，通过不断的实践改进，成功建立了一套能够高效地满足市场多品种、小批量需求的先进生产方式，也就是丰田生产系统。学者通过后续的实践研究，将这种先进的生产方式概括总结为精益生产方式，将其推广到各行各业、世界各地，并称之为"改变世界的机器"。

综上所述，到目前为止，精益生产在创立发展完善的过程中，总共经历了三个时期。首先是丰田公司的探索、创立与应用，这个时期主要是丰田公司的摸索实践。之后是精益生产方式的提出，在这个时期主要是美国学者对丰田生产系统进行深入研究，将其理论化的过程。最后是革新阶段，这一阶段是对精益生产概念的完善和扩展的过程。

1. 丰田生产方式的形成与完善

1950年，为了学习美国先进的生产技术，日本工程师丰田英二对福特公司进行了为期三个月的参观考察，得出了大规模生产的方式并不适用于"二战"后的日本的结论。随后丰田公司开始了生产方式的变革，采用"目视管理法、一人多机"等生产方法，充分利用有限的资源，提高生产效率，降低生产成本，解决了"二战"后日本外汇不足、资源匮乏、劳动力短缺的困境，满足了日本市场对产品的多样化需求。之后，丰田公司经过对生产现场进行深入的摸索，又建设性地对生产方式做出了改变，想出了一些新的方法，例如三分钟换模法、拉动式生产等。经过丰田公司不断的探索发展，丰田公司最终建立起了一套"准时化""自动化""节拍生产"的生产管理方式，这种先进的生产方式帮助丰田公司在1973年的石油危机中大放异彩，其生产方式在日本得到了普及推广。日本汽车企业凭借着丰田生产系统在美国迅速扩张，引起了美国企业与学术界的重视。通过学习与探索，这种生产方式也在美国推广开来。

2. 精益生产方式的形成

为了能够揭示日本汽车企业迅速崛起的秘诀，20世纪80年代，麻省理工学院鲁斯教授组织了50多名专家，对14个国家的近100家汽车企业进行了详细的实地考察，并通过查阅大量的文献资料，在生产流程、生产效率等方面将传统的规模生产方式与丰田生产系统进行了对比分析。历时5年后，出版了《改变世界的机器》一书，并将丰田生产系统命名为"精益生产方式"。此书影响深远，使精益生产的方式在美国迅速传播开来，并从汽车企业扩展到各行各业，从生产方式外延到研发、供应链管理、财务管理等生产相关的各个方面。本次研究将精益生产方式丰富化、具体化，应用推广更加方便、标准，初步形成了一套指导生产变革的方法体系，为精益生产在美国的广泛传播奠定了基础。之后，麻省理工学院的学者们又进行了第二阶段的探索，将本次的研究成果总结提炼后出版了《精益思想》一书。此书通过实际案例，对指导生产变革的方法体系进行了比较系统的论述，并概括了精益生产应当遵循的基本原则，为企业导入精益生产提供了切实有效的实施步骤。此次研究的成果最终形成了一套比较完整的"精益生产的理论体系"。

这一阶段，是美国对精益生产方式的学习、探索、丰富、完善阶段，并对精益生产方式进行了必要的补充，然后将这种方式理论化、系统化、丰富化，将很多新的领域纳入精益生产的适用范围。经过这一阶段的发展，精益生产方式的适应性显著增强，操作规范更加标准，有规律可循，各行各业也开始学习并尝试着探索导入精益生产方式的方法，为接下来精益生产方式的广泛推广、关于精益生产理论的百家争鸣奠定了基础。

精益生产是一种全新的企业制造模式，它的主要目标是将企业管理和运营的成本以及生产所占用的资源尽可能地减少。世界工业化的历程发展至今主要分为手工、大批量和精益生产三种方式，这三种方式分属于不同的三个阶段。

表 3 - 12　三种生产方式的比较

项目	手工生产方式	大批量生产方式	精益生产方式
产品特点	完全按照顾客需求	标准化、品种单一	品种多样化、序列化
设备和工装	通用、灵活、便宜	专用、高效、昂贵	柔性高、效率高
分工与作业内容	粗略、丰富多彩	细致、简单、重复	较粗、多技能、丰富
操作工人	懂设计制造、具有高操作技能	不需专门技能	多技能
库存水平	高	高	低
制造成本	高	低	更低
产品质量	低	高	更高
市场需求	极少量需求	物资匮乏、供不应求	买方市场

3. 精益生产方式发展的新阶段

精益生产吸引了众多学者的目光，他们纷纷从各种角度对精益生产展开了分析探讨，提出了许多新的观点、方法和理论。精益生产的内涵在不断的研究、探讨与实践中逐步地得到了丰富与发展，延伸出了许多新理论，"出现了百花齐放、百家争鸣的现象"。许多企业也对其应用进行了各自的改进完善，以适应自己的实际经营状况。

美国联合技术公司从客户价值和满意度等四个方面来分析竞争优势，对企业各个流程指标进行明确的规定，实现生产流程的不断优化和提高，开创了 ACE（Achieving Competitive Excellence）管理方法。20 世纪末，索尼创立了针对手工作业的"单元生产方式"，以解决库存、搬运、浪费等令人苦恼的问题，这也使得精益生产方式呈现出多样化发展的局面。由于其像细胞一样的工作站布局模式，也有学者将其称为"细胞生产方式"。精益六西格玛管理思想则将精益生产与六西格玛管理综合在一起，实现了解决对象从局部到整体、从简单到复杂的转变。精益六西格玛是一种综合性的全面管理方法，它将六西格玛的优点与精益生产的优点综合在一起，改善了六西格玛只能针对局部问题，精益生产只是针对简单问题的局限，既能发挥六西格玛"高效的企业流程设计"的优势，又能施展精益生产显著改善生产流程，降低库存、控制成本、减少投入的特点，通过两者的有机组合，实现了更好的管理效果。

在这一阶段，精益思想不再局限于制造业，各个行业都进行了成功的实践，精益生产的形式也更加丰富。精益生产方式随着研究的深入变得更加细致，更加标准，更加具有可复制性，传播能力更强，适用范围更加广泛。

（二）精益生产的特点

在传统的生产方式中，生产出的产品往往是大量的，品种单一，通过规模化来降低成本，对市场需求反应迟钝，不灵敏。精益生产则针对市场多样化、个性化的需求，生产多品种、小批量的特色产品，通过增强生产的响应能力，降低不必要的库存成本，通过对生产流程的彻底优化，降低生产过程中的人力、物力资源浪费，提高产品质量，其思想"对制造业具有积极的意义"。

1. 拉动式、准时化生产

拉动式、准时化的生产以需求为导向，力求每一道中间环节生产出来的产品能够立刻进入下一道工序，而没有库存的产生。工序与工序之间通过"看板"进行信息的交流，实现订单式的生产。此种方式最重要的是保持物流的平衡，每一个生产工序都是一个独立的生产单位。所以，控制生产中的节拍尤为重要，这是保证准时、零库存的基础。在这种拉动式的生产方式下，中间产品的库存水平降低了，使物资能够及时消化，进入下一道工序，大大降低了生产过程中的浪费与资本积压水平。

2. 全面质量管理

全面质量管理认为高品质的产品是通过对每一道工序的严格控制，层层把关，一步步生产出来的，不是依靠不断的检验。这种理念强调了生产过程中的质量监管，让每一位员工都把品质放在首要位置。通过全面质量管理，可以及时发现不合格的产品，寻找造成不良品的原因，并及时解决，既避免了继续加工不良品的时间浪费，又降低了不良品出现的概率，非常有效地降低了因品质问题造成的资源浪费，也全面提高了产品的品质。

3. 团队工作法

团队工作法培养每位员工的主人翁精神，使他们积极参与到生产过程中的决策、创新中去，而不是仅仅听从领导的决议。这种工作方法抛弃了传统的行政划分方法，而是通过业务将员工相互联系起来，每一位员工都是多面手，能够相互协作，保证生产流程能够平稳、流畅地进行下去。对员工的考核也不是单纯按照工作表现，团队内部的意见也起到至关重要的作用。这是为了营造相互信任的工作氛围，相互监督、相互协作，缩短生产过程中重复检查的过程，从而不断"提高工作效率"。团队的建立是为了某一特定的任务，团队成员也不是固定不变的，每一个成员也并非只能属于某一固定的团队。

4. 并行工程

并行工程是一种全面的系统的产品设计理念，在产品开发之初，就要求充分考虑到整个生命周期的各种可能出现的影响因素。而且要充分调动各个相关部分参与，及时发现问题、及时解决问题。这种方法通过提前预防提高产品质量，缩短生产周期，降低生产成本。从产品概念的形成到产品最终报废处理，整个进程中的每个成员都能够"定期或随时回馈信息并对出现的问题协调解决"。

（三）精益生产的方法

第一，准时化生产（JIT）。准时化生产是精益生产的核心之一，有些学者甚至将精益生产视为准时化生产。准时化生产简单地说就是要求时间、数量、产品达到高度的协调，杜绝机器闲置、库存积压。准时化生产的关键是参照信息流安排物流，实现物流与信息流的协调统一。

第二，单件流。单件流要求将工序按生产顺序进行分解，寻找关键工序，通过对次要工序的整合，实现每一个工序的耗时一致。单件流缩短了产品生产周期，减少了人员与机器的等待时间，节省了存储空间，提高了产品合格率，使产品能够快速转换。

第三，看板管理。看板是信息流传递的载体，通过看板管理，可以将工序内部以及前后工序协调起来，实现物流和信息流的同步。看板管理是实现准时化生产的必要条件。

第四，零库存管理。库存是许多制造企业的难题，它造成了资源的闲置以及资金的占用，影响了资金的周转速率，造成了资本积压，降低了生产效率。精益生产的一个重要目标就是零库存管理，通过准时化的生产，降低半成品在生产过程中的积压，通过顾客拉动，使产品生产出来就快速销售出去，缩短产品在仓库存放的时间。

第五，全面生产维护（TPM）。全面生产维护是一种先进的设备管理系统，强调在设备维护中调动全体成员，分为预测与预防两个部分。这种方法能够提高设备的稳定性，防止发生故障，造成生产耽搁，从而提高生产效率。

第六，运用价值流程图来识别浪费。价值流程图通过对物流与信息流的具体化的呈现，来显示企业在生产过程中所造成的不必要浪费。它在原材料供应到销售完成的整个生产过程中都起着重要作用。价值流程图在精益生产中是杜绝浪费根源、解决浪费现象、降低生产成本的关键性工具。

第七，生产线平衡。生产线的平衡是为了实现作业平衡，避免时间与资源的浪费，造成前后工序的不协调，产生过剩产能，造成库存积压。通过生产线平衡，可以减少人员等待，提高产品质量，降低生产成本。

第八，拉动系统与补充拉动系统。拉动系统简单说就是需要多少就取多少，需要多少就生产多少，准时、精确是其特征。在拉动系统下，物流是通过看板的信息流决定的，前后工序产量定制，实现物流平衡，杜绝搬运、返修等造成的浪费，消除库存，降低成本。

第九，降低设置时间（Setup Reduction）。降低设置时间是为了充分利用生产时间，减少生产线的停工等待的时间消耗，提高生产效率。降低设置时间需要通过全员参与，精益求精，不断改进，努力发现并消除不产生增值的步骤。这能够减少浪费，提高效率，缩短生产周期。

第十，持续改善。从研发到生产再到销售，当明确了各自的任务后，就需要企业成员为之付出百分百的努力，想方设法地使整个流程运行得更加流畅，产品质量问题出现得更少，机器闲置时间更短，库存水平更低，每发现一个问题，都要仔细寻找原因，提出解决方案，完善生产流程，通过不断的改进，实现零库存、准时生产等目标。

二、精益管理

精益管理（Lean Management）是从精益生产（Lean Manufacturing）方式中提炼出来的一种管理理念，20世纪80年代，这个由丰田公司创造的生产管理方式使得曾经风光一时的美国汽车在质量与成本上（与日本汽车相比）的优势荡然无存。日本汽车产业力压美国汽车产业，也因此令世界汽车工业重心的天平向日本倾斜。精益管理不但在理论的高度上深层次地将精益生产所蕴含的管理思维彻底地提炼了出来，同时还将精益管理模式推广并延展到制造产业以外的各个行业、领域和企业活动的方方面面。这能够切实可行地激励企业的管理人员再一次对整个企业流程进行深入的思考和审视，将消灭浪费落到实处，并达成获取更多价值的最终目的。

精益管理虽然是从精益生产中总结出来的核心理念，但是我们也可以认为，精益生产是精益管理在生产制造领域的具体应用。"精益管理"的核心是以最少的资源投入，创造出尽可能多的价值，并为顾客提供需要的产品和及时的服务。这些投入的资源包括：人力资源、设备、资金、材料、时间和空间等。通常我们认为"精益管理"具备以下五个基本要素：价值、价值流、流动、拉动和持续改善。

（一）精益管理的基本要素及构成

精益管理的推进主要由运营系统、管理构架及观念行为这三个基本要素构成。

运营系统：运营系统是指资产与资源的有效配置方式，目的是以最少的损失提供价值至顾客。以制造业来讲，运营系统包括生产控制法、标准程序、设备利用、流程布置与人员配置水平。精益企业的核心就在于运营系统，它是为顾客创造价值的核心工具，任何组织中的其他事物都是为了支持运营系统而存在。

管理构架：组织结构、管理流程、机制建立都必须与运营系统有机结合，只有这样，精益运营方能变成标准的行事方式，而不需过度依靠团队合作、浪费过多力气。管理构架包括的要素一般有五个：组织结构、持续改善构架、绩效管理系统、职能支持流程、运营技能培养流程。

观念行为：也叫企业文化，是指人们思考、感受与行动的方式，包括组织团队与个人两个层面。即便是最优良的运营系统，配上最好的管理构架，也不可以保证能够创造出人们所希望的成果或者成效，而职工的行为方式、企业的文化恰恰是第三个关键因素。在任何精益实践中，为了实现变革，个人的行动必须改变，团队中的每个职工都必须了解变革方向和理由，全力以赴参与其中。

（二）精益管理的原则

1. 精确地确定产品的价值

产品的价值表现为能够满足某种需求的功效与可以用来交换的价格。其中人们购买某一产品是为了获取产品的某种功效，这种功效可以是产品的主要功能，也可以是产品的辅助功能，这些功能都需要产品的质量来保证。

2. 识别价值流

从原材料到最终的产品，在整个生产过程中包含了三个关键性管理任务，这构成了产品的价值流。它们分别是信息流、物流、产品设计流。信息流即产品在生产过程中所产生的各种信息的集合，物流是生产过程中所需要的物质资料转换、作用的过程，产品设计流则是产品从概念形成到产品正式上市所经过的设计流程。识别价值流是精益生产的第二大步。

3. 价值流

价值流的相关理念是精益生产的精髓。精益生产中的价值流是动的，而传统生产方式中是静的。在大规模生产的模式中，为了便于管理，将相同工作划分为一个团队，统一管理。这种方法分工明确，一定情况下可以提高工作效率，但是，由于团队之间难以协调，往往造成机器与人员的闲置，这是一种对资源与时间的浪费。精益生产则动员所有成员，不断改进生产流程，努力实现准时生产，不断创造附加价值。这种方式充分利用了物质资源、人力资源与时间，提高了生产效率。精益生产打破了传统的部分分工，以价值流为参照物对企业的部门重新定义划分。充分考虑每位员工的需要，调动员工积极参与到价值创造中去。

4. 顾客拉动

精益生产是以生产团队为基本单位进行生产制造的过程，充分调动价值流，这就在极大程度上缩短了产品研发、生产、销售过程中所消耗的时间，提高了资源利用效率、资金周转速率，降低了库存积压、资金占用水平。同时缩短了研发、生产时间，帮助产品快速上市销售，占领市场，提高产品的盈利能力。而且，精益生产是以需求为导向，对于变化的市场，能够及时响应，"所以变了的需求可以及时得到满足"。同时，由于所生产的产品是顾客所需要的，这无疑降低了企业的生产计划安排的不确定性，降低了企业产品开发、生产的风险。顾客拉动式的生产方式，让企业无须进行销售预测，可以有所准备地、有针对性地进行生产制造，所以说"精益生产方式是一个革命性的成就"。

5. 精益求精

精益生产的过程是一个持续改进的过程。从研发到生产再到销售，当明确了各自的任务后，就需要企业成员为之付出百分百的努力，想方设法地将整个流程运行得更加流畅，产品质量问题出现得更少，机器闲置时间更短，库存水平更低，每发现一个问题，都要仔细寻找原因，提出解决方案，完善生产流程。通过不断的改进，达到零库存、准时生产等目标。价值流的顺畅流动，也可以让所有成员得到积极及时的反馈，对自己的工作更加明确有动力，减少不必要的管理监督。精益求精是精益生产的原则，也是精益生产的目的，只有通过精益求精的过程，才能充分发挥出精益生产的特点，才能将精益生产不断保持下去。

（三）精益职能

精益管理主要包括对人事组织、运作现场、运作流程与结果控制四大职能领域的持续优化。明确精益管理，优化这些的职能以及这些职能的关系对企业管理人员来说非常重要。

1. 人事组织

精益的人事组织管理，可以为企业提供适应企业现状和未来发展的组织结构和员工队伍。因为人是企业中最活跃的因素，也是决定性的因素，所以精益的人事组织管理是企业精益管理能够得以顺利开展的关键之一。此职能的优化对其他职能的精益优化将产生重大影响，是其他职能优化的保证。

2. 运作现场

精益的现场管理是目前我国企业最热门的优化职能，它主要由5S现场管理方法来进行实践优化。现场管理的优化是企业实施精益管理的先导，现场管理的优化表现出的人人参与、时时检点、持续改善等特点将企业的精益管理实践逐步引向深入。但目前我国不少企业由于在认识方面存在问题，现场管理优化实践流于形式，缺乏引领企业精益管理不断深入的后劲。

3. 运作流程

精益的流程管理，是企业精益管理最重要的内容。如果不对流程持续优化，那么要想让企业的价值流变得更高效、更洁净、更大流量，只能是一厢情愿。流程再造理论以前被过多地理解为在生死存亡关头挽救企业的妙方，但笔者认为，企业流程再造应该贯彻到企业平常的管理当中，企业人员应当在流程管理方面持续追求精益。

4. 结果控制

精益管理要达到精益目标，必须对企业管理的结果控制职能加强精益优化。这些结果包括阶段性成果和最终结果。TQC 管理就是一种比较成熟的结果控制精益方法。

三、精益管理与其他管理变革的对比

对一个已有的经营环境或企业进行流程改造绝不容易，正如那些代表根本性系统变革的管理方法和应用一样。对于那些现代组织中同时或连续发生的变革计划而言，精益管理及其实践仅仅是其中普通的一员，除此之外，包括 TQM、六西格玛、业务流程再造等，这些我们耳熟能详的变革方式，其实每一个术语都代表了一个新的商业模式，众多企业为了获得竞争的优势而对它们倍加青睐。但很多时候，针对不同企业的具体特点，管理者有可能会将这些不同的变革方式交叠穿插在一起来实施。

（一）与全面质量管理（TQM）的比较

TQM（Total Quality Management），指以质量为管理核心并要求全体人员参与的管理方法，力求在顾客满意的基础上达到长期发展的目的。在 TQM 中，所有目标都以质量为中心展开。在 20 世纪 80 年代，全面质量管理计划曾令整个企业界为之瞩目。此后，那些消费者所期望的诸如产品性能、可靠性、耐用性、美感和感觉的效用等，都可以通过它获得有效的保障。时过境迁，虽然全面质量管理这一理念已经风光不再，但是许多与它渊源颇深的管理原则却从未丢失，仍然在其他的管理手段如精益操作（Lean Operation）中扮演着重要的角色。

（二）与业务流程再造（BPR）的比较

BPR（Business Process Re-engineering）是为了最大限度地满足企业和供应链管理体系高速发展需要而创造出的一种管理操作方法，BPR 通过对资源的重新优化和整合来达到这一目的。相较于它作为管理工具的价值，BPR 更注重在管理思想方面的体现，它希望能够在产品成本、产品质量、服务质量和响应速度等方面获得更多的突破，使得企业能够在以顾客、竞争、变化为主要特征的市场经营大环境中最大限度地快速适应这些变化。

BPR 于 20 世纪 90 年代引入，BPR 是活动的集合，业务流程则是它关注的重点。我们可以理解为把这个集合中的所有活动的投入转化成消费者最终获得的产品价值的总和，而不是企业的人员、结构、组织或任务。虽然 BPR 力求将各公司需要完成的任务统一地转换为一个连贯的前后衔接的业务流程，这点虽然和精益管理有相似之处，然而，它们之间仍然存有本质的不同。BPR 是对旧有流程的全新改造，旨在通过改变原有流程获得突破性的解决方案，但这样的变革带来的不良后果是会导致组织以其他形式进行重构和大量员工失业。严格意义来说，这是一种不考虑底层工作者的最优化，是建立在高层领导者和股东的利益之上的优化。虽然同样可能会带来重大的组织机构重组，但精益管理带来的组织重构会走向一种与 BPR 截然不同的企业经营方式。从更加全面的利益角度看待这种创造价值的机制时，精益管理推崇的是以员工知识能力为优先原则的管理制度，这完全不同于BPR，并且与其形成了强烈的对比。

（三）与六西格玛的比较

六西格玛是一种依靠统计评估的管理法则，追求零缺陷生产是其核心内容。六西格玛法认为如果希望提高客户的满意度和忠诚度，就必须规避产品责任的风险，努力使产品的成本得到降低，并以此提高产品的生产率和市场占有率。六西格玛作为管理技术，力求使企业流程管理得到精进，努力达到消灭缺陷的最终目标，并以此为降低损耗成本的途径。六西格玛以降低产品缺陷率为目标，努力减小生产过程的波动性，并致力于改善生产过程的能力，以使从客户角度定义的缺陷率显著降低。

总体来说，六西格玛和精益管理在实际生产操作中的结合是有必要的。因为六西格玛是有助于增加消费者满意度和工作绩效的，并且可在整个企业内部减少过程的波动变化和消除浪费。在精益管理的背景下，六西格玛也是可以代表其关键性能的。换言之，精益管理指出六西格玛的工作方向，而六西格玛管理帮助精益管理去达成，在保证整个生产过程完全处于受控状态的前提下，我们才能针对不同复杂程度的问题去采取不同的方法加以解决。

第三节　珠海民营中小企业精益管理的路径

一、珠海民营中小企业精益管理的基础路径

（一）采用精益管理

1. 寻找一个变革代理人

民营中小企业实施精益革命，必须要找到一位变革代理人。变革的代理人可以是一位中小型企业的管理者，也可以是一家企业的经营者，同时还需要一些做具体工作的人来协助。变革代理人如果没有持续的坚持是不会成功的，变革是一个复杂而精深的过程，会影响感觉和情绪，领导者或者经理人如果没有决心和毅力，是没有办法领导他的团队的。尽管具备毅力与开拓精神的人物并不是随处可见，但是通过调查发现，在企业中完全可能找

到合适的变革代理人，而且通常不需要很大气力。更多的时候企业未能成功启动精益转换，并不是因为缺少承担挑战的合适人选，而是因为高层的管理人员不愿意进行真正的改革。

2. 建立需求

民营中小企业实施精益革命，必须以弥补竞争短板或建立竞争优势为导向。满足市场需求、实现快速反应的现代化精益制造管理方式以满足市场需求为目标，以提升快速响应能力为核心，以扁平化的组织流程再造为手段，综合应用精益管理、TOC 等管理思想，旨在打造一个快速反应的管理方式。该体系以多项目协同管理为引导，快速响应市场需求，通过全员参与的项目计划管理方式实现资源的统一调度、平衡和优化；以生产业务流程为支撑，掌控业务的进度，促使有效协同，推进企业知识积累和管理创新，从而打造一个完整的快速反应管理方式，构筑企业的精益管理文化。

3. 获得精益知识

变革代理人和公司的全部高级主管掌握精益知识时必须达到这样的高度——将精益思想变为他们的第二本能，而且应当尽可能快地做到这一点。如果变革代理人没有充分理解精益思想，这场变革会在第一次挫折中搁浅。因此，所有的人必须真正理解有关流动、拉动以及尽善尽美的各种技术，获得这种理解的唯一途径是不断参与改进活动，继续下去，直到达到确实可把精益技术传授给别人的水平。与此同时，变革代理人必须让公司的其他高级管理人员也来参与，这样，每个人为掌握精益思想的力量所必备的知识，就可以降到最低限度。

（二）准备

1. 与企业实际现状相结合

一个企业无论发展到什么样的高度或者层次，都需要对企业自身及周边有真实全面的了解，这是面对市场竞争企业的必然选择，民营中小企业更应注意到整个市场环境的变化，通过对内、对外的分析调查，了解清楚企业自身所具备的各种条件、现状，以及企业在市场竞争中占据何种地位，然后利用该结果反馈指导企业下一步发展的企业行为。在整个精益变革过程中，不是一家企业闭门造车的过程，而是一个集企业自身现状与市场环境为一体的不断减少浪费、提升市场竞争力的过程，简单地说就是知己知彼，百战不殆。在进行企业发展轨迹、行业发展轨迹、市场相关行业的调查了解、国际国家省市各级别的政策法规及其缘由、企业发展各阶段需求、企业现阶段主要矛盾、企业现存软硬件、企业资金流、企业资产调查等基础调查，分析数据需求结论时，要注意数据是分析的基础但不是全部，很多与人、技术、理念等相关东西对民营中小企业发展的作用有可能大到不可思议。

2. 创建一个精益组织机构

许多没有充分理解精益思想的领导，在最初"突破性"实践活动中取得可喜成绩之后，往往得出一个错误的结论。他们会说："我们已经把一项活动搞精益了。现在，我们需要的只是在所有的活动中重复我们已经做过的事情。我们将在很短的几个月内精益化。"

但实际上，他们仅仅处于开始阶段；下一个飞跃将是创建一个能引导价值流，并使之一次次免于淤塞的组织机构。还要策划一个能充分利用所有被腾出来的资源的可行战略。

这样需要按产品族重新组织企业，明确每种产品的负责人，并创建一种真正强大的精益促进职能，这种职能会成为企业积累经验的宝库；这样做也需要公司员工形成一致的做法，并产生免除那些从不接受新方法的管理人员职务的愿望；最后，这样做还意味着树立一种意识：可以接受追求正确目标过程中暂时的失败，但永不为变革中的成就所满足。

3. 策划一种增长战略

策划一种增长战略，以吸收剩余资源。具体要做的事情要依各公司情况而定，但精益企业里的事情比较好处理。一些人打算通过增加产量直接达到节约成本的目。一些人打算用加快开发在线生产产品项目来刺激销售和扩大市场份额。其他人可能关心缩短产品供货时间，准确地按计划供货，使产品外形准确地适用用户要求，再次增加传统产品的销售。还有一些人打算把产品的高质量进一步转为优质服务，从而加强传统产品的分销和服务活动。一些企业打算将上游企业组合起来，把原先分散的生产活动加强成"单件流"。从根本上讲，多数精益企业要为它们现存的生产线做所有这些事情。

4. 处理好多余人员

许多企业直至危机深重时，才开始考虑精益思想。应当做的是正面对待这个问题，用正确的方法估计需要的人数，并使人数立即达到这种水平。然后企业必须保证没有人将来会因引入精益技术而失业，而且必须信守诺言。

企业不能做的事是不断地实施折磨：随着组织内的一项项活动得到推进，要求员工削减他们的岗位，但却看不到何处是尽头。精益世界的改善永无止境。在各项具体活动中，工作岗位总是在减少。员工会用微妙而有效的怠工来反抗他们称之为"自私的"生产方式。这时各种改进将不断持续。

企业能保住工作岗位，却很难让人们做出改变。正确的方法是，集中处理特别棘手的活动，为变革积蓄动力，同时把在这些活动中不再需要的人员送到精益促进部门或组织机构中的其他地方去。随着时间的推移，当企业证实了没有人因为引进精益技术而失去工作，而且实际上每个人的工作保障性都增强了，职工们就会变得越来越合作和积极。反过来说，一次失误，也就是说企业保证工作的承诺只要有一次不能兑现，就得要若干年才能弥补。

（三）定义价值

精益思想的关键出发点是价值。价值只能由最终客户来确定。价值也只有在由具有特定价格、能在特定时刻内满足用户需求的特定产品（商品或服务，经常为既是商品又是服务的产品）来表达时才有意义。

因此，精益思想必须从一种自觉的尝试开始，通过与客户的对话，为具有特定功能以特定价格提供的产品精确定义价值。这样做就要暂不考虑现有的资产与技术，而要在把强有力的专职生产团队配备在生产线的基础上重新考虑企业。这也需要重新定义企业中技术专家的作用，并重新考虑在世界上的什么地方创造价值。在现实中，没有哪位管理人员能立即把所有这些变化付诸实施，但是，形成一个明确的观点，知道什么是真正需要做的事则是必要的；否则价值的定义肯定会被曲解。综上所述，精确地定义价值是精益思想关键性的第一步；而"浪费"则是提供错误的商品或服务。

（四）识别价值流

价值流是使一个特定产品（不论是一个商品、一项服务，或者如日渐增多的情况，商品和服务两者的结合）通过任何一项商务活动的三项关键性管理任务时所必需的一些特定活动。这三项任务是：在从概念设想，通过细节设计与工程，到投产的全过程中解决问题的任务；在从接订单到制定详细进度再到送货的全过程中信息管理的任务；在从原材料制成最终产品，送到用户手中的物质转化的任务。确定每件产品（或在某种情况下确定每一产品系列）的全部价值流是精益思想的第二步。虽然企业很少注意到这一步，但是这一阶段通常会暴露出大量、错综复杂的浪费。

特别是，价值流分析几乎总能显示出价值流的三种活动形式：①有很多明确的能创造价值的步骤。②有很多虽然不创造价值，但是在现有技术与生产条件下不可避免的其他步骤，如为保证质量，焊接处要检验。③还有很多不创造价值而且可以立即去掉的步骤。

精益思想必须超出企业，以这个世界上公认的划分单位的标准，去查看创造和生产一件特定产品所必需的全部活动。这些活动包括从概念到细节设计再到实际可用的产品，从开始销售，经过接单收单、计划生产到送货，以及从远方生产的原材料到将产品交到客户手中的全部活动。我们把完成所有的一个持续不断的联席会议，来为全部价值流形成一个渠道，去除掉所有的浪费。

（五）实施流动

在大多数人看来，工作理所当然应该由部门按批量组织。那么，一旦部门建立起来，用于成批生产的高速专用设备也已安置就绪，各部门中员工对职务升迁的愿望，以及公司财会人员（他希望充分利用贵重的资产）所做的计算都强烈反对转向流动生产。

流程再造运动已经认识到部门化想法不够好，并且已经在尝试将重点从组织分工（部门）转向创造价值的"过程"上，如信誉凭证、索赔评定或应收账款。问题是进行流程再造的人们还没有足够的理性认识，他们仍然在与不连贯的、综合的过程（例如产品全面订货）打交道，而不是和整个创造特定产品价值活动的流动打交道。此外，他们还常常止于企业自己付费的部分，而主要突破口则来自整个价值流。而且，他们把部门和员工当作敌人对待，用外来的改进工作组打击自己企业的部门和员工。结果常常是，那些经过流程再造后幸存下来的人们士气垮掉了；流程再造者一走，组织也就马上恢复原样了。

精益的方法是要重新定义职能、部门和企业的作用，使它们能对创造价值做出积极的贡献；同时要说明价值流上每一点的员工的真正需要。因此，使价值流流动起来才真正符合员工的利益。这不仅要求为每种产品建立精益企业，重新思考传统的企业、智能、职业，重新考虑精益战略的发展。

（六）实施拉动

从"部门"和"批量"转化到"生产团队"和"流动"，第一个可见效果是：从概念到投产、销售到送货以及原材料到客户所需的时间大大减少。引进了流动以后，需要几年才能设计出来的产品，在几个月内就可以完成；需要若干天才能办完的订货手续，几小时就可办完。传统的物质生产完成时间由几周或几个月减少到几分钟或几天。如果你不能迅速地把产品开发时间减半、订费时间减少75%、生产时间减少90%，那一定是哪里做错了。而且，精益系统现在可以使正在生产的所有产品进行任意组合，所以变化了的需求可以及时得到满足。

这种做法使库存量下降和投资速度加快，一下子节省下大量现金，一旦有了客户需要的时候就能设计、安排生产并具备造出客户真正需要的产品的能力，这就意味着企业可以抛开销售预测，直接按照客户的实际要求生产。这就是说，你可以让客户从企业那里按需要拉动产品，而不是把客户不想要的产品硬推给客户。而且，当客户知道他们可以立刻得到他们所要的东西时，而且，当生产者停止定期的减价销售活动，不再把已经生产出来却没人要的产品推销出去时，客户的需求就变得稳定多了。

（七）尽善尽美

当各种组织开始精确地定义价值、识别出整个价值流、使得为特定产品创造价值的各个步骤连续流动起来，并且让客户从企业方面拉动价值时，奇迹就开始出现了。它表现为：在提供出一个比以往都更接近客户的真正需要的产品时，人们也在无止境地不断减少付出的努力、时间、场地、成本和错误。突然之间，尽善尽美看起来就不像一种妄想了。

因为让价值流动得快一点总能暴露出价值流中隐藏的浪费。企业越是使劲拉动，阻碍流动的障碍就越会显现出来，从而就能将它们排除。专职产品工作团队直接与客户对话，总能更精确地定义价值，并且也常常能学到增进流动和拉动的各种方法。

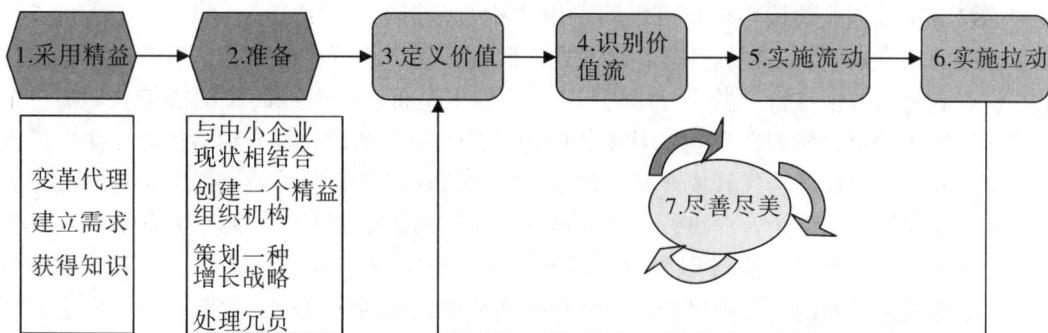

图3-1　精益管理的基础路径图

此外，尽管消灭浪费有时要求新的工艺技术和新的产品概念，但这些技术和概念通常都非常简单，而且立即就可以付诸实施。也许追求尽善尽美最重要的驱动力是透明度。事实上，在精益系统中的每一个人，从分包商、第一层供应商、组装厂、批发商、客户到员工，都可以看到所有的事，因而易于发现创造价值的较好方法。而且，员工做出的改进几乎立刻就可以得到积极的反馈。

二、不同发展阶段的珠海民营中小企业精益管理路径

（一）初创期精益管理路径

1. 初创期

初创期企业刚刚起步，要求建立起一个明确的方向以指导决策，而决策将决定企业组织的未来。企业运行的目标是生存，就是要确定企业组织的未来愿景是什么，需要完成哪些事情以实现这一目标，如何执行这一任务等。企业要获取顾客以提供自己的产品或服务。那么是否有足够的顾客以维持生存呢？市场定位是否准确呢？提供的产品或服务是否足够好以维持老顾客并发展新顾客？企业是否有足够的融资能力来承担启动状态所需的资金？这些问题的解决很大程度上依赖于企业家同时也是公司创始人的能力。企业从产品或服务的市场定位、战略目标的制定、产品或服务质量的监督到企业人员的招聘，差不多都由企业家亲力亲为。实际上，企业在这个时期的确需要独裁，需要直接管理。这个阶段遇到的危机是领导才能危机，可以说企业家能力决定生存。当然，机会对企业组织来说也是非常重要的。但是，机会对所有企业来讲是均等的，这就看谁有能力把握住机会了。

2. 创业精益化

"精益创业法"是时下硅谷最流行的创业方法，其颠覆了"先通过调查找到市场空缺，然后依据设计者对用户的理解策划出相对完整产品形态"的工业思维和逻辑，而是依据多元和快速变化的外部环境及客户需求迅速迭代产品或服务，使其更好满足动态发展的客户需要。精益创业的核心理念可以归纳为"构建—衡量—学习"反馈环（如图3-2），即先提出商业模式假设，根据假设在最短的时间内构建最小可行性产品，然后对其进行测量，根据测量的数据进行"验证性学习"，从而做出坚持、转向或终止的决策。如需进行转向，基于"验证性学习"获得的认知再提出新的假说，如此往复。精益创业方法在产品开发阶段利用客户反馈迭代开发产品，可以消除由认知偏差等造成的浪费，从而降低创新风险。该方法针对初创企业提出，但由于内部创业与初创企业在以下两个方面类同：一是战略追求类似，两者都是通过创造新产品或提供新服务谋求竞争优势；二是活动性质类似，两者都是寻求新的、可重复和可规模化的商业模式的活动过程，故精益创业方法亦可用来分析企业内部创业活动。

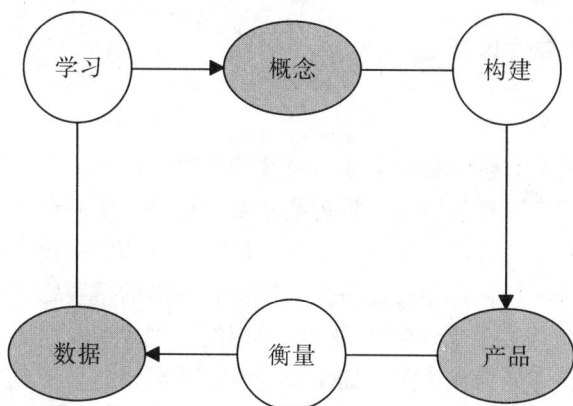

图 3-2　验证性学习检测环

3. 融资精益化

企业初创期，没有足够资金以及资源，往往都存在资金短缺、人才匮乏（通常只有创始人及为数不多的核心员工）、业务开拓吃力等问题。融资问题可谓民营中小企业需要解决的首要问题，所以，运用精益管理相关知识，我们提出"融资精益化"的管理路径。

（1）设定阶段融资目标。

正常的融资应该要有远期目标，更需要制订近期的发展规划。为了完成近期规划，需要用到的钱是可以分步预算的。企业每发展到一个阶段，目标和定位都会发生变化，需要的资金都需要再设定。因此要规划好本次融资的钱是用来做什么，能用多久，准备达到什么样的目标，这样对投资人比较有吸引力。

（2）融资要小步快走。

小步，是说融资不要想一次到位。快走，是说要抓住时间窗口。企业的项目可能暂时技术领先，或者比其他企业早切入市场。但在信息如此发达、竞争如此激励的当今，这个优势只会是暂时的，企业需要不断扩大优势。此外，市场是有时间节点的，企业应该在合适的时机快速建立自己的优势，完成原始积累。当然对许多早期企业来说，风险投资的认可和资金投入对引进人才和提升团队信心也绝对可以起很大作用。

（3）早期项目估值是双方谈出来的。

早期项目估值没有一个标准的计算公式，更多是双方谈出来的。投资机构在与创业企业共同制订战略规划的过程中彼此了解。首先是了解项目的商业逻辑与近几年发展的计划，其次是考察可行性以及达到计划需要的条件，最后看项目团队的目前情况与所需条件的差距。在整个过程中主要还是看项目的发展空间，以及团队是否适合这样的商业模式。不同的投资机构对项目和团队的认识不一样，最后的估值也会有所差异。创业企业也不能只看估值，毕竟投资不是市场里的商品买卖，还要看双方的认可度以及以后的服务能力。

（二）成长期精益管理路径

1. 成长期

成长阶段的要求是在方法和程序上要有持续的改进，问题的关键是要在维持高质量产品的同时还要不断地降低运行的成本。管理的基本目标是，要确认这一关键问题能被企业的所有成员理解，流程是适合的。在这一阶段，协调是成功的关键，管理的主要作用是对运行中的所有方面维持平衡，强化长期行为、质量和标准的重要性。成长阶段企业面临着较大的市场竞争危机。对于企业组织来说，所采用的是进攻型竞争策略。既要与相对成熟的已有企业竞争，又要与同为成长阶段的企业竞争，甚至要与处于创立阶段的企业进行竞争。在竞争激烈的环境中，如何提高市场占有率，吸引更多的顾客，这就要有自己的特色，需要技术创新、管理创新、制度创新、知识创新等。这个阶段，企业主要进行的是前两项创新，但也要加强制度建设和知识积累。资源的配置是受个人的个性而不是计划驱动的。为了引导企业组织顺利地通过这一阶段，就需要有较强的协调技术。企业家要走出独裁，从创业心态中走出来，学会授权与分权，使自己从繁重的日常工作中解脱出来，要对企业的未来有一个长远的规划。

2. 制度精益化

构建制度体系是中小企业成长阶段开展精益化管理的前提。通过不同制度间的相互搭配、动态调整，能够实现各项工作管理方式、管理流程的优化固化、科学规范、高效执行。层级清晰的制度体系的构建，使每一项制度都得到了有效的延伸、落实或依据，也使每一项工作都有了明确的管理流程、管理标准及管理目标，切实解决了管理职责不清、关系不顺、流程不明、责权脱节的问题，为精益化管理的开展提供必要的条件。

强化制度体系执行是企业推动精益化管理的有效手段。精益化管理与精细化管理及传统粗犷管理不同，更加注重管理效率，追求减少不可再生资源的投入和消耗，以最少的投入，取得最大的产出，也就是要求消除产品设计、产品生产、企业经营管理过程中的无效环节。精益化管理在成长期的中小型企业开展，要求各项工作必须按照成本最低、效率最优的原则有效实施。制度的制定正是以优化管理流程、明确责任划分为出发点和落脚点的，而制度体系则是由各类制度组合而成的规范企业整体运营的指南。成长期的民营中小型企业制度体系已基本成形，制度体系的有力执行成为支撑精益化管理有效开展的关键。对制度体系执行情况进行考核评价是保证其执行力度的重要环节。只有强化制度体系的执行，制度的制定及制度体系的构建才有实际效果，精益化管理也才能按部就班地开展。只有强化制度体系的执行，才能明确工作职责的划分、抓好工作责任的落实，并以此为基础清晰精益化管理过程中部门、单位及相关人员的责任边界，消除工作中存在的责任不清、流程不明等问题，进而推动管理效率、管理效益的大幅提升。

3. 知识精益化

精益思想的关键出发点是价值，而价值只能由最终用户确定，精益思想的最终目标是使客户价值最大化，是在确定客户价值的基础上，识别生产过程中的全部价值流，用客户的需要来拉动价值流。该原则对于企业知识管理也是适用的，在信息社会各种知识浩如烟海，如何从中甄别出适用的、有价值的、能够转化成生产力的知识，是提高效率、降低成本、提升企业能力的重要工作。发掘顾客需求，识别知识价值，是企业知识链进行优化的首要任务。具体可以分为：①识别出顾客需求；②根据顾客需求定义产品或服务的价值；③根据产品或服务价值，识别知识需求；④根据知识需求，定义知识价值。

精益生产的一项重要工作，是使保留下来创造价值的每个环节流动起来，最终追求生产环节的持续改进，达到尽善尽美。对于知识链来说，使有价值的知识进行不间断的流动、应用、创新、增值，也是知识链的最终目标。在生产实践过程中，企业可以借助精益生产方法由后道工序向前道工序传递知识需求信息，促使知识在企业内部个人之间、个人与工作团队之间、团队与团队之间、个人与企业之间进行不间断的高效流动。企业价值链中的各个基础环节（进货后勤、生产作业、发货后勤、营销销售和服务）和支持环节（采购、研发、人力资源管理、企业基础管理），均可以对应不同的知识链主体。

知识链管理不仅仅强调最大限度地降低企业进入市场的成本，更重要的是创造新的价值，提高新增价值的分量。知识链中各主体不仅从外部知识中获取有价值的新知识，而且将新知识输入知识链中，与原有知识有机整合，产生出新的知识。既实现资产的价值增值，又促进知识的发展。因此，组织有必要加强知识链管理，使知识价值得以充分体现，并保持知识链的连续性与增值性，进一步推动企业内部知识的持续创新和有效转移。

（三）稳定发展期精益管理路径

1. 稳定发展期

稳定发展阶段，企业从规模、核心技术的发展到顾客的数量与忠诚度可能都有了很大的提高，同时也面临更复杂的问题，一为创新的停滞不前，二为学习危机。采取积极的创新措施，才可以使企业保持长期的活力，从而保持长久的成熟稳定期。如果缺乏创新精神，创新停滞，那企业和产品只有走向衰退与死亡。成熟阶段更要重视创新与学习，要有危机意识，要培育和保持自己的核心竞争力。企业管理的目标是增强企业组织对应外部环境的能力。成熟阶段企业所采用的是平衡型竞争策略，因为企业在业界或区域内已经有了相当的地位，甚至是垄断地位。企业管理的大多数理论是针对这一阶段提出的，如组织理论、竞争理论、管理创新等。

2. 成本精益化

（1）明确精益成本管理特点。

精益成本管理与现行成本管理理论相比，精益成本管理的特点体现在"全面"上，因此又被称为全面成本管理。具体来讲，精益成本管理主要有以下特征：成本内容的全面性；成本目标的全局性；成本构成的全动因性；成本形成的全关系性；成本计算的全方法；成本管理的全过程性。精益管理成本在制造业甚至服务业的广泛推行，预示着精益成本管理的大量研究和应用将是必然的趋势。尽管精益成本管理源于日本的精益生产，但随着精益管理思想在全世界范围的成功推行，精益成本管理也吸收了欧美成本管理的许多优秀的方法和技术。当前精益成本管理已将作业成本纳入企业成本管理体系中，具有重要的地位。

（2）广泛应用作业成本管理。

为了适应形势的发展，我们必须转变传统的经营观念，强化成本意识，要求中小企业用精益建造体系对生产管理进行改造，实施团队工作法、拉动式建造、全面质量管理以及并行生产制造，在整个项目部树立"质量是制造出来的而不是检查出来"的思想，从战略的高度，立足于项目全寿命周期，追求供应链的成本最小，从生产规划、设计、采购、生产、销售等项目全寿命周期的各个阶段进行成本控制，实现精益设计、精益采购、精益生产，从整个供应链的角度思考成本的降低。

（3）进行流程再造。

中小企业流程设计就是为实现一定的目的，科学安排做事情顺序的过程。它的基本要素是环节和时序。首先，要明确中小企业流程设计的目的和任务，明确它所应遵循的内在变化规律。要分析现有材料、设备、资金、人员、技术和环境等因素；列出流程涉及的主要事项，并进行初步的排列；分析各事项（步骤）之间先后顺序，合理地安排流程的时序和环节。最后，要选择一个合适的表达方式画出流程图，有严格的时序，一定要标注时间。中小企业管理者要想提升组织的"组织能力"，就必须加强流程管理，只有不断提升组织中各类流程的效率和效果，提升组织能力，同时加强流程推进，才能实现组织能力向个体能力传递。这样，组织中的个体不仅是富有能力的，而且是具有较强的一致性和协调性的，从而可以更好地保证组织整体的运作效率。

（4）建立精益成本管理目标与风险控制体系。

目标管理一直以来都是中小企业的薄弱环节，精益成本管理目标的确定完全依靠经验，中小企业成本管理目标的制定过于粗放，缺乏可操作性，无法指导中小企业各管理层次进行有效的成本管理。因此，在精益思想的指导下，对成本管理目标进行细分，建立基于管理层次的成本管理目标体系。确定实施主体，以财务部为主体，技术部、物资部、设备部、质检员、安检员协调配合；进行风险识别；进行风险分析与评估，主要通过对中小企业面临的各种风险进行分析，判断其对中小企业成本的影响，根据对成本影响的大小进行等级的划分，为风险应对打下良好基础；实施风险控制，根据不同风险以及风险的影响大小实施不同的风险控制方法，包括风险回避、风险抑制、风险自留、风险转移等。

3. 文化精益化

提高精益生产应用效果的关键，不在于模仿或引用精益手法和工具，而在于深入探索、学习并吸收精益生产的文化精髓，因为精益管理是不能进口的，TPS本身就是美国工业工程精华结合日本企业实际的管理创新结果，可以说精益生产的手法是外在的、浅化的、表面的，而精益文化则是相对稳定的、本质性的、内涵性的东西。工业工程的手法可能要因地制宜，不同的方法要求不同的生产环境、管理基础、市场环境与之相适应，但精益文化具有相对稳定性，它是各种工业工程手法的源泉。简而言之，中国的企业在实践精益生产的进程中必须把培养良好的精益文化作为终极目标，否则会事倍功半。精益文化作为一种理念与企业文化有一定的关系但又相互区别，精益文化强调效率、强调节约，而企业文化更加广泛，可以说精益文化包含于企业文化，是企业文化的重要组成部分和具体表现。具体讲精益文化的内涵应包含如下几个方面：

①危机意识。时刻具有危机意识是企业长存的基础，精益文化中的危机意识是指认识到实施精益生产方式的必要性，营造危机文化。精益生产方式的核心思想就是要求产品品质必须达到"零缺陷"，杜绝一切浪费，彻底降低成本。很多企业推行精益生产方式失败的原因就是没有深刻地理解这一核心思想，企业应该认识到任何程度的浪费都可能置企业于绝境，提倡彻底降低成本而非尽量降低成本。

②问题意识。应培养企业员工的问题意识，即无论遇到什么情况，首先要问"为什么"，并不断地深入思考，从表面问题深入到内在问题。只有发现问题、掌握问题的根源，才能解决问题并杜绝类似问题的发生，并在解决问题的过程中改进、革新。

③人本意识。"以人为本"是企业发展的关键，精益文化中的人本意识是指要认识到员工是企业最宝贵的资源，投资可以模仿，技术可以模仿，规模可以模仿，设备可以模仿，唯一不能被其他企业模仿的就是企业拥有的人力资源。要培养优秀的员工，让他们保持对企业的忠诚度，充分发挥他们的主观能动性，不断为企业的改善出谋划策。同时以团队工作方式替代以个人为中心的工作方式，建立以人为中心的人本文化。

④追求卓越。将消除浪费进行到底，消除浪费、降低成本是精益生产的核心内容，在产品过剩的竞争环境中，成本控制能力成为制胜的关键。同时，严格控制产品品质，尤其是过程质量。日本企业的检查员只占全部员工总数的1%，而欧美企业的检查员却占员工总数的10%。这说明质量不是检查出来的而是制造出来的。每个人都对自己制造的产品质量负责，才会生产出高质量的产品，从供应商到制造商、运输商、销售商各环节都严把质量关，才能保证最终交到用户手里的产品是零缺陷产品。

⑤累积意识。企业改善活动是一项长期的任务，它具有"滚雪球"的效应。要求企业采取措施鼓励员工从身边的改善做起，不论改善效果大小，重要的是养成员工自主改善、追求卓越的态度。

概括地讲，企业精益文化就是使企业在适应市场竞争的所有活动过程中形成的，具有相对稳定性的，目的在于降低成本、提高效率、改善质量的意识和观念的总和。

第四节　珠海民营中小企业精益管理的方法

一、珠海民营中小企业精益管理的基础方法

（一）PDCA 循环

PDCA 循环即质量管理工作循环，是由美国质量管理专家戴明于 20 世纪 50 年代提出来的，故又称"戴明环"。PDCA 是在管理活动中，为提高系统质量和管理效益，所进行的计划（Plan）、执行（Do）、检查（Check）和行动（Action）等工作的循环过程。PDCA

循环分为四个阶段：P，计划，确定方针和目标，确定活动计划。D，执行，实地去做，实现计划中的内容。C，检查，总结执行计划的结果，注意效果，找出问题。A，行动，对总结检查的结果进行处理，成功的经验加以肯定并适当推广、标准化；失败的教训加以总结，引起重视；未解决的问题放到下一个 PDCA 循环。PDCA 循环的基本模型如图 3－3 所示。

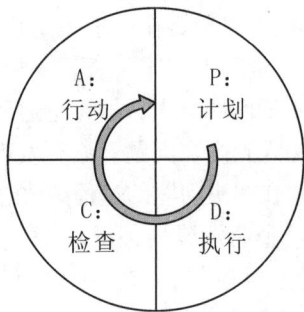

图 3－3　PDCA 循环的基本模型

在计划阶段，首先要对所开发产品的质量、过程以及需要的资源制订一个计划，并明确设定目标和标准。目标可以根据过去的经验以及在产品质量、过程和资源方面希望得到的改善而设定。在执行阶段，根据已设定的计划，实施开发产品的一系列活动。在该阶段，质量被构造进产品中，但与此同时，也产生了缺陷。特别是信息系统的开发是高密度的智力活动，缺陷在过程当中是避免不了的在检查阶段，通过评审和测试产品，确定计划是否达到，标准是否满足。如果产品与目标有所偏差，则还要对偏差定位，寻找发生偏差的原因。在行动阶段，纠正已经发生问题，寻找可以进行进一步改善的地方。这将成为下一个 PDCA 循环的基础。

PDCA 是一个循环、迭代的过程，具有以下特点：

（1）使用 PDCA 是一个螺旋式上升的过程，每循环一圈就要使质量水平和管理水平提高一步，每循环一周就是一个管理周期，如图 3－4 所示。PDCA 的循环并不是在同一水平上的重复，而是每循环一次，就解决一部分问题，取得一部分成果，工作就前进一步，水平就提高一步，从而进入下一个更高层次的循环，在下一个循环中又有了新的目标和计划。如此往复不断，组织的开发过程将不断得到改善，不断地为产品设定新的目标，不断地提高产品的质量。

（2）PDCA 成功的关键在于进行数据的收集以确定新的质量目标，并进行全面的检查活动。

（3）PDCA 注重过程、资源以及产品的度量，以探明缺陷的原因，并发现进一步改善的机会。

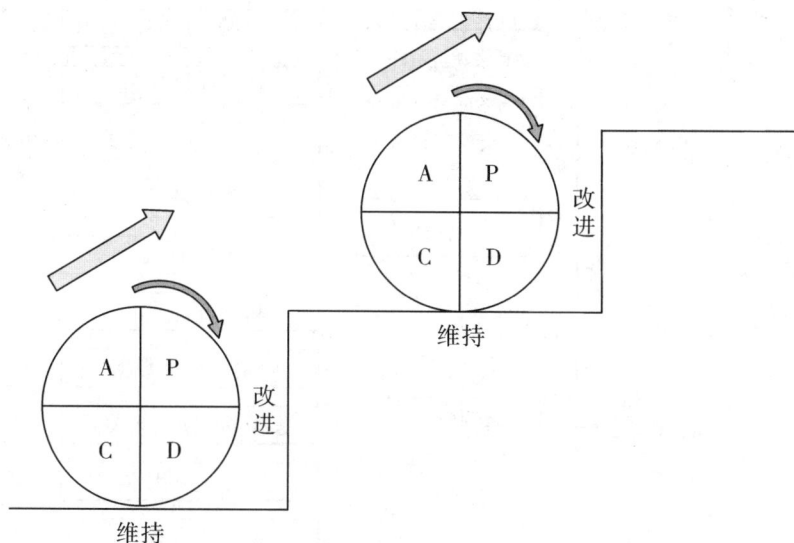

图 3-4 PDCA 的循环上升

（二）六西格玛改进（DMAIC）方法

六西格玛管理是一套客户驱动的追求卓越绩效和持续改进的业务流程改进方法体系。它以产品、流程持续改进为基本策略，通过理念、文化和方法体系的系统集成，最大限度地消除缺陷和消除无增值作业，降低成本，为客户创造完美的价值，以追求卓越绩效和客户完全满意，综合提高企业的竞争力和盈利水平。

六西格玛的质量管理策略由摩托罗拉公司于 1987 年创立。通用电气公司从 1996 年起将六西格玛作为其首要的管理战略，成功地将六西格玛从一种质量管理方法演变成为高度有效的企业流程设计、改造和优化的方法体系。此后，六西格玛方法应用日趋广泛，成为世界上众多追求卓越管理的跨国企业的战略举措和管理哲学。

六西格玛管理思想包括六西格玛改进和六西格玛设计，前者是实施六西格玛项目的最主要方法。六西格玛改进（DMAIC）方法是在 PDCA 循环理论的基础上形成的、具有六西格玛特色的质量改进方法。它通过界定（D）六西格玛项目以及对现行系统的测量（M）和统计分析（A），进而采取有效的改进（I）措施和控制（C）手段，以保证所改进的项目达到六西格玛的绩效水平，即在体系或流程的关键性价值点上，使 100 万次机会中出现的缺陷不超过 3.4 个。六西格玛改进方法各阶段的主要工作如图 3-5 所示。

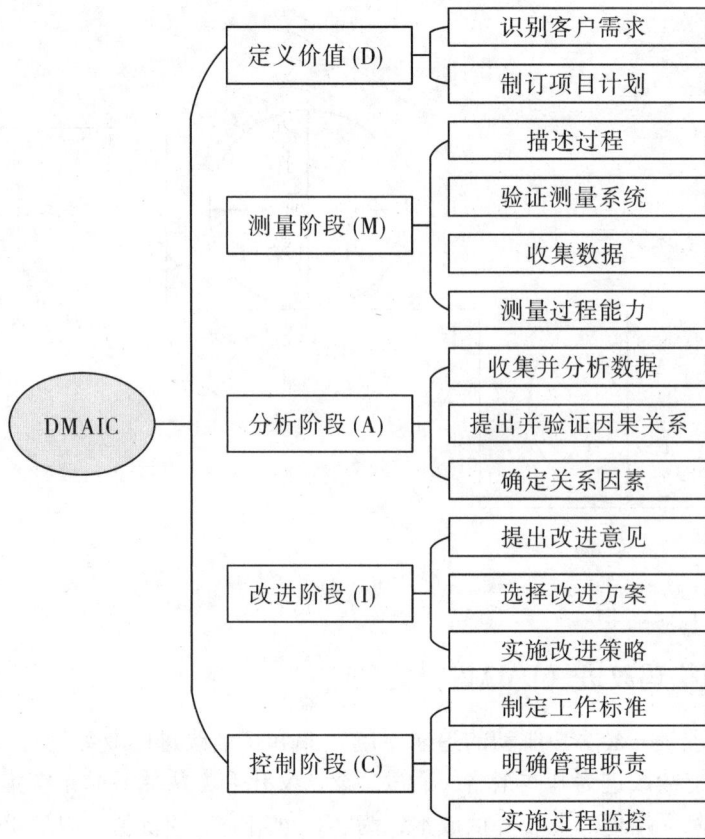

图 3 - 5　DMAIC 模型

（三）"5S"现场管理法

"5S"现场管理起源于日本。1955 年，"二战"后日本工业在自然资源十分匮乏的条件下，针对地、物，提出了整理、整顿两个"S"。后来因管理的需要及管理水平的提升，陆续增加 3 个"S"，从而形成目前广泛推行的"5S"框架，使其重点由环境品质扩展到人的行为品质，在安全、效率、品质、成本等方面得到改善。只用短短的时间，日本创造了令世人震惊的经济奇迹，以低成本、高效率、高品质的产品行销全球，一跃跨入世界经济的强国。

1. 整理

整理就是彻底把需要和不需要的人、事、物分开，再将不需要的人、事、物加以处理。按照标准区分开必要的和不必要的物品，对不必要的物品进行处理。整理是改善生产现场的第一步。整理的目的包括：腾出空间，改善和增加作业面积；营造清爽工作环境，现场无杂物、通道畅通，提高工作效率；减少误用、误送，消除管理上的差错事故；减少库存、节约资金。

2. 整顿

整顿是把需要的人、事、物加以定量和定位，对生产现场需要留下的物品进行科学合理的布置和摆放，以便在有效的规章制度和流程下完成事务。整顿就是人和物放置方法的标准化，整顿的关键是要定位、定量。必要的物品按需要量、分门别类、依规定的位置放置，并摆放整齐，加以标识。整顿的目的包括：避免寻找时浪费时间；物品摆放一目了然，在库数量多少清楚明了，消除积压；工作场所整齐、有序，使员工工作有个好心情。

3. 清扫

清扫是把工作场所打扫干净，对出现异常的设备立刻进行修理，使之恢复正常。清除工作场所的脏污（灰尘、污垢、异物等），并防止脏污的再发生，保持工作场所干净亮丽。清扫过程是根据整理、整顿的结果，将不需要的部分清除掉，或者标示出来。清扫的目的包括：保持令人心情愉快、干净亮丽的工作环境；减少脏污对品质的影响；消除微小的缺陷，排除隐患。

4. 清洁

清洁是对整理、整顿、清扫活动的坚持与深入，将前面的做法制度化、规范化，并贯彻执行及维持，即"标准化"。使现场保持完美和最佳状态，从而消除发生安全事故的根源。创造一个良好的工作环境，对企业提高生产效率、增强整体的绩效有很大的帮助。清洁的目的包括：维持前面"3S"（整理、整顿、清扫）的效果；实现"5S"标准化管理。

5. 素养

素养是指养成良好的工作习惯，遵守纪律，努力提高员工的素质，养成严格遵守制度的习惯和作风，人人依照规定和制度行事，养成好习惯，培养积极进取的精神。素养的目的包括：培养具有好习惯、遵守规则的员工；营造团队精神。素养是"5S"管理的核心。如果不提高企业员工的素养，各项活动均不能顺利开展和进行下去。在进行"5S"管理过程中，要贯彻和执行自我管理的原则。

（四）看板管理

企业在引入看板管理时需要审核自身的准备工作是否充分，使用看板管理需要遵守8个条件：①只能允许后续工序领取零部件；②按照节拍生产运作，并且生产线的节拍可以调节；③产品质量稳定；④每天产品和产量混合均匀；⑤严格遵守生产指示；⑥完全到位的5S；⑦换模时间必须少于10分钟；⑧完全实施超市概念。

看板是JIT生产方式中最主要的信息传递工具，甚至是大部分工序唯一的生产指令，所以看板的操作必须严格规范，否则就会陷入形式主义的泥潭，导致生产秩序混乱，起不到应有的效果。看板操作时应遵守以下6个规则：①没有看板不能生产也不能搬运；②看板一定要附在实物上；③看板只能来自后工序；④后工序只领取被摘下看板的数量；⑤前工序按照被摘下看板的顺序，只能生产看板规定的数量；⑥不合格品不能传到后工序。

1. 工序内看板

工序内看板是用于工序内指示生产而使用的看板，通常用于只生产一个型号零件或很少换模的工作中心。工序内看板需要与取料看板配合使用。工序内看板通常采用卡片的形式，不同的零部件可以采用不同的颜色和形状加以区别，同时也可以应用乒乓球、积木等更加目视化的方法代替。工序内看板的内容包括产线编号、产品编号、看板编号、前后工序名称、使用物料、容器转载数等。典型的工序内看板形式见表3－13。

表3－13　典型的工序内看板

零部件示意图	前工序	本工序	后工序
	P－21：线圈浸锡	P－22：绕端脚	P－23：理件
	所需物料	TA、TB、WC5007 线圈	
产线编号	托盘承载量	看板编号	
L－03	50	1 月 15 日	

工序内看板的使用规则：后工序凭借取料看板从前工序的成品物料超市内领取一箱零部件时，将生产看板摘下并投入前工序看板箱内，与此同时将取料看板挂在箱体上，该箱零件与取料看板同时返回到后工序。前工序生产员工看到该工序看板箱内的看板时，根据先进先出的原则立即生产一箱零件，同时将此看板附在箱体上，一同放入成品物料超市内。

2. 信号看板

信号看板是在较长距离的空间搬运或频繁换模的情况下，不得不进行小批量生产的工序上使用的看板。信号看板的使用可以保证因换模或搬运的需要，前工序需要一定的时间调整和等待时，后工序依然能够正常生产。信号看板通常挂在前工序的成品超市上，采用三角卡片的形式，信号位置用醒目的颜色标识。其内容除了一些基本要素外，还包括传递批量、再订购点等。典型的信号看板形式见图3－6。

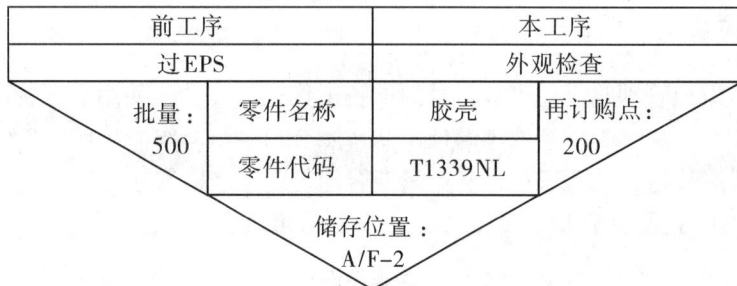

前工序	本工序
过EPS	外观检查

批量：500	零件名称	胶壳	再订购点：200
	零件代码	T1339NL	

储存位置：
A/F－2

图3－6　典型的信号看板

信号看板的使用规则：信号看板与成品一起放置在该工序的成品超市中，后工序凭借取料看板从该超市领取零部件，当该批超市内的产品数量下降到信号看板的指示位置时，由专门人员一次性将看板箱内空看板收回，工序员工依据看板指示进行生产。

3. 工序间看板

工序间看板是工厂内部由后工序到前工序领取需要的零部件时使用的看板，通常是在工作流程不能直接连接的工序间使用。工序间看板的形式与工序内看板的形式基本相同，通常应用卡片或小的实物（乒乓球、积木、磁针等）指示领料信息。同道工序间不同的零部件可以采用不同颜色或形状的看板加以区别。工序间看板需要特别注明搬运形式、出料口位置号、入料口位置号，其他内容与工序内看板的内容基本相同。典型的工序间看板形式见表3-14。

表3-14　典型的工序间看板

前工序：印字	零部件示意图		后工序：绕脚端
	零件名称	胶壳	
	零件代号	T1339NL	
出料口位置号：A/F-3；FPA房	装载容器	胶管	入料口位置号：L-08
	标准容量	39/管	
	运输工具	人力	
	看板编号	5/15	

工序间看板是后工序到前工序领取需要的零部件时使用的。工序间看板的使用规则：当后工序从入料超市领取一箱物料时，将箱上所附看板摘下投入看板箱③内，等该箱零件加工完毕后再将空箱返还至入料超市处。物料员在规定时间内将看板箱③内所有看板和空箱拿至前工序成品超市处，根据看板数量从此超市内领取所需零件，同时将被取零件的工序内看板放至看板箱②内，所需零件与工序间看板一起返回。

4. 供应商看板

供应商看板是针对工厂外部的供应商而使用的看板。供应商看板的形式、内容和使用规则与工序间看板类似，只是将工厂外部的供应商看作"前工序"，由工厂内部的"后工序"拉动。为了减少与供应商之间验收和盘点的时间，通常每张看板都附带唯一的条形码，通过刷卡器扫描条形码，工厂与供应商的数据库自动更新，完成两者之间的验收工作。典型的供应商看板形式见表3-15。另外，供应商看板的作用是将拉动式的生产关系由工厂内部延伸到工厂外部，所以与传统的供货模式不同，供应商也要求做到一定水平的JIT，从而达成整个价值链上的拉动。

表3-15　典型的供应商看板

条形码： ‖‖‖ ‖‖‖ ‖‖ ‖‖ ‖‖‖ ‖‖‖‖ ‖‖‖‖‖ ‖‖	
供应商：XXX公司	订货编号：2017-07-10052
零件名称：ABCD	零件代号：T-1052.39
容器名称：箱	容器装载量：2 000/箱
供货位置：A/F-1	看板编号：2/8

5. 临时看板

临时看板是在进行设备维护、设备修理、临时任务和需要加班生产时使用的看板。与其他种类的看板不同的是，临时看板主要是为了完成非计划内的生产需要或设备维护等任务时使用，因此灵活性较大。临时看板随零件流动到各个工序，每张临时看板只能使用一次，不可重复，完成后立即收回或销毁。

（五）其他现场管理方法

1. 定置管理

定置管理中的"定置"并不是说把工具、设备等固定不动，它的特定含义是：根据生产者生产过程的实际需要，考虑生产活动效率、占用空间、频率等制约条件和物品自身的特殊的要求（如体积、时间、质量、数量、流程等），划分出适当的放置场所，确定物品在场所中的放置状态，作为生产活动主体人与物品联系的信息媒介，从而有利于人、物的结合，有效地进行生产活动。定置管理是对物的特定的管理，是其他各项专业管理在生产现场的综合运用和补充，主要研究生产活动中人、物以及场所三者之间的关系。定置安全管理就是通过对物的定置以及整理，把生产过程中可能造成安全隐患的东西清理掉，或者是进行改善，以满足生产场所的安全生产要求，向空间要安全、向空间要效益，通过定置安全管理，促进人与物的有机结合，使生产中需要的工具、设备等随手可得，从而实现生产现场的安全化、规范化、科学化。

2. 目视化安全管理

目视化管理是通过形象直观而又色彩适宜的各种视觉感知信息来组织现场生产活动，达到提高劳动生产率的一种管理手段，也是一种利用视觉来进行管理的科学方法。目视化安全管理以视觉信号为基本手段，以安全信息公开化为基本原则，尽可能地将企业安全生产规章制度、企业管理者的安全要求和意图、生产者的安全责任与义务以及实现安全生产的方式方法让大家都看得见，以达到自主管理、自我控制的目的。生产者也可以借助目视化安全管理的方式将自己的安全建议、安全想法展示出来，与领导和同事们相互交流。

3. 防错法

防错法又称防呆法、愚巧法，是由日本管理专家新乡重夫最早提出的。防错法是在操作者发生差错之前即加以防止，是一种在生产过程中采用自动报警、保护、标识、分类等有效手段，使作业人员在生产过程中减少或避免产生差错的重要方法。人的不安全行为是导致安全事故的主要原因，安全防错法主要是针对人可能发生的不安全行为采取预防措施，预防生产过程中可能出现的差错，降低人的不安全行为发生的可能性，并阻止生产者的差错和不安全行为转化为安全事故。

4. 现场安全管理设计思路

基于上述对于安全管理、现场管理以及企业实际情况的分析与研究，提出企业现场安全管理设计思路，并构建基于现场管理的企业安全管理模式，如图3-7所示。

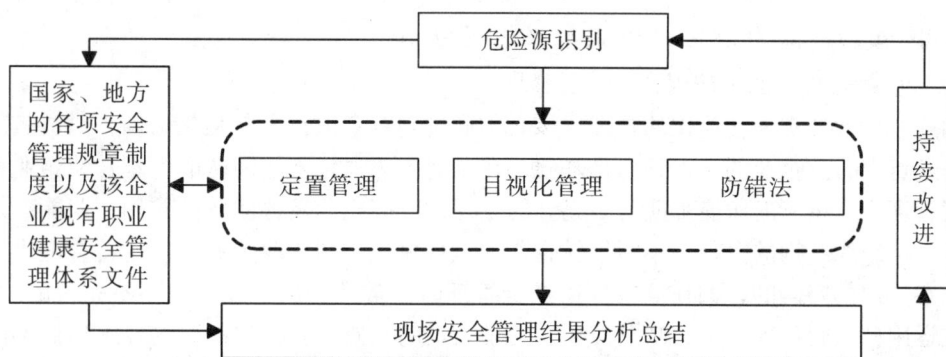

图 3 - 7 现场管理的企业安全管理模式

以国家、地方的各项安全管理规章制度以及该企业现有职业健康安全管理体系文件所规定的要求为基础，从危险源辨识入手，找出厂区内存在的危险有害因素，将现场管理的具体方法——定置管理、目视化管理、防错法运用到现场安全管理中来，降低或避免危险情况的发生。结合工厂员工的教育、培训等其他安全措施，提升整个工厂的安全生产水平。根据企业的安全生产状况对现场安全管理方法的应用效果进行分析汇总，对需要改进的地方提出改进措施，不断地完善，以达到安全生产的最终目的。

二、不同类型的珠海民营中小企业精益管理方法

（一）珠海民营制造业中小企业精益管理方法

1. 民营制造业中小企业精益管理模式

在制造业企业中运用精益管理模式，应该结合其他优秀的管理模式，将精益管理模式与其他的管理模式结合，共同发挥作用。制造业企业的精益管理模式在制定时应该坚持以人为本的思想，并且建设和谐的企业文化，营造民主的气氛。通过完善学习型组织的方式，制订符合自身发展的战略规划，对设备进行精益管理，而且实现对人力资源的精益管理，注重团队效益的精益管理。在对人力资源进行管理的过程中，应该提高员工的综合能力，让员工在企业中有归属感，在工作中可以切实为企业着想，在平时的工作中认真负责，不能有丝毫的懒惰和马虎，同时防止一些不良习惯的产生。建立精益的营销观念，生产出的产品应该及时地销售出去，防止库存的积压。在对设备进行管理时，应该对设备进行定期的保养，防止设备在使用中产生故障，影响了生产效率。在对产品质量进行管理时，要坚持精益的思想，不能使质量不合格的产品流入市场中。制造业的精益管理主要有三个方面：①不断完善制造业企业的生产方式，提高生产率，使产品的质量得到保障；②防止产品在生产的过程中产生浪费问题，导致企业的生产效益降低；③在生产中应该解决各类问题，在解决问题的过程中采用从易到难的原则，在企业运行的过程中不断总结。精益管理不仅仅是在生产环节，而且在企业发展的各个环节都应该落实。

2. 民营制造业中小企业精益管理的实施

(1) 精益化成功的关键因素。

制造业企业要实现精益化的管理，就必须通过创新意识，不断强化培训，对员工的知识结构进行完善。企业的经营管理是基础，在企业内部强化工作团队的管理，使企业在生产经营管理中，员工的职能都能得到充分的发挥，应该充分发挥团队的作用。职能部门应该实现企业组织结构的完善，不断创新企业的运行模式。制造业企业运用精益管理模式时还是存在一定的障碍的，如在高层部门进行管理时，常常会出现经营战略不完善的问题，而且在运用精益管理模式中，缺乏技巧，管理人员的素质也有待提高，这导致他们不能很好地实施精益管理模式。企业内的组织机构存在惰性，不愿意授权给下属人员，他们担心授权会导致自己失去权力。在对制造业企业在运用精益化管理模式的障碍分析的基础上，制造业企业应该把握精益化管理模式成功实施的因素，制定战略，建立完善的生产线管理，可以通过聘请专家、培训等方式提高管理人员的综合素质，制定合理并且富有挑战性的目标，在企业内部可以形成一种紧迫感。

(2) 制造业企业精益化管理模式的实施方法。

精益化管理模式的创新并不是一蹴而就的，而是一个比较漫长的过程。在这个过程中，应该在理论分析的基础上，不断完善精益管理模式的步骤，实施循序渐进的管理方法。应该针对企业的现状，找出企业变革的动机，找到可以借鉴的精益管理的方案，可以通过聘请专家的方式，建立企业的咨询机制，帮助企业在精益管理模式中获益。

公司的管理人员应该在合适的时机采取行动。可通过专家的培训等，在企业中强化精益意识。企业的管理人员首先应该树立精益意识，把握精益思想中的精髓，制定精益的发展战略，制定共同目标。然后管理人员应该向员工宣传精益的思想，不论是生产人员，还是销售人员都应该树立精益的理念，让每个员工在工作中都能将精益理念贯彻到具体的任务中。企业可以选取一个车间，通过对现场管理的分析进行精益化的管理，在车间确保每台设备都可以正常运行，并且确保工具和零部件都是按照要求存放的，而且容器上都应该贴上标签，工作流程的示意图应该是清晰的，让工作人员可以一目了然，防止在工作中出现违规操作和浪费现象。

(3) 从整体进行精益管理的规划，从局部进行改善。

精益管理模式是从国外引进的，在我国的制造业企业中还存在适应度的问题，所以我国的制造业企业应该在对自身的生产情况进行研究的基础上，通过整体的规划，制定出精益的管理方案，不能原封不动地运用他国的管理方案。在确定了合理的规划后，应该在企业发展的每一个环节实施精益化的管理模式，从细节方面考虑精益化的管理模式是否适用。对精益化管理模式在具体的实施中的问题进行分析，并分析其优势，制定问题的解决方案，然后再推行使用，直到获得较为满意的效果。在精益管理模式运行后，应该对企业的生产效益、企业的形象、浪费问题和消费者的满意程度进行评估，促进企业的长远发展。

(4) 转变传统的管理观念，提高民营制造业中小企业的经济效益。

制造业企业的精益管理理念的制定应该与国家的经济体制是协调的。我国采用的是市场经济体制，产品在生产和销售环节都应该充分考虑到市场的环境，在对市场的供求关系分析的基础上进行，不能盲目地制定管理方式。所以，要使制造业企业健康发展，就应该改变传统的管理方案，突破原有的思维方式，应该确保全体员工都具有精益的理念。

在制造业企业中，精益管理模式的最终目标是促进销售，防止库存的积压。要实现精益化的生产，就要在生产中合理地控制成本，防止成本的浪费；在企业中应该通过宣传的方式，防止大量的库存积压，而且企业在生产产品的过程中应该对市场的供求情况进行分析，然后生产适量的产品，防止产品大量的积压，导致企业的资金周转不利。制造业企业应该运用精益化的管理理念，促进销售环节，提高销售人员的销售能力，只有生产的产品成功地销售出去，企业的库存才不会积压。销售人员也应该把握市场的变化，随机应变。

（二）珠海民营服务业中小企业精益管理方法

1. 精益服务

把生产领域的精益生产理念引入服务业，结合服务业的特点加以创新，即可形成精益服务的一整套管理理念和运作方式，即把企业提供服务的过程看成是一个以顾客需求为中心，设计、实施服务内容和服务提供方式的动态循环过程。在这个过程中，通过精益服务的整套管理方式，形成快速响应、及时反馈、不断修正的动态改进系统，达到高柔性、低成本和服务创新的目标，实现不断修正服务流程、改善服务质量、提高顾客满意感，最终留住顾客。

精益服务运作对服务质量要求很高，精益服务的质量观是追求100%零失误、零投诉。服务失误是经常可能发生的，精益服务的关键在于为了提高服务可靠性、避免服务失误，应该在企业中建立起一种根深蒂固的、主观的、保证质量和零失误的文化约束，使员工认识顾客的保留价值，形成主动寻求改善和保证服务质量的良好氛围。

精益服务运作对企业员工的管理，也与现在一般服务业的管理存在巨大的差别，具有独特的人才观。一般服务企业强调管理中的严格层级关系，要求员工严格完成上级下达的任务，人被看作组织中类似设备的标准件。企业和员工也只是单纯的雇佣关系，在严格的分工和职务规定中，下级只能服从上级命令。精益服务则强调尽力发挥人的能动性，同时强调协调，对员工个人的绩效考评也是基于长期的表现。这种方法更多将员工视为企业大家庭的成员，而不是只听从指令的机器，以充分发挥一线员工的主观能动性。

从服务对象的角度看，一般的服务企业强调自身的经济利益，以企业自身财务关系为界限，优化自身内部管理，将服务对象、关联企业乃至员工看成对手。精益服务方式则以顾客为中心来组织和运作服务体系中的关系流，将顾客、员工看成长期合作关系。这样，一方面降低企业协作中的交易成本；另一方面，信息充分沟通，需求和供应及时响应，保证了稳定的发展，以整体多赢为优化目标。

2. 精益服务的体系与方法

（1）以控制为基础建立全面服务质量保证体系。

精益服务的整体构架是建立在企业严格的规章制度、标准作业流程、预案制等一套服务企业全面质量管理的体系基础上的。全面质量保证的基础是以控制为导向而建立的。以控制为导向建立的全面质量保证基础架构包括8个方面内容：企业市场的基本定位；为实现精益服务目标而设计的企业组织机构；企业管理基本制度；根据行业规范和服务与顾客接触的程度，设计基础业务流程；员工岗位操作规范；员工精益服务培训体系；成本控制系统；精益服务思想的长期贯彻，全面质量的概念和方法的长期培训。

（2）以顾客需求为中心建立业务流程动态修正体系。

精益服务的结构体系、业务流程设计和修正、实施的指导思想等都是以满足顾客需求为核心的。该体系从企业整体赢利性出发，通过快速响应和及时反馈，动态掌握顾客变化的需要后，经过一系列服务能力、服务质量和服务补救的运作，实现低成本、高效率和高顾客满意度，达到保留顾客的目的。动态地感知顾客变化的需求，快速响应、及时反馈、准确修正，要求在服务过程中贯彻持续营销的理念，将前台营销和后台营销结合，把一线员工（前台员工和后台员工）视为质量控制员、顾客需求分析员和营销专家。向一线员工分权，使员工根据顾客的需求提供服务，而不拘泥于事前设计的流程，职能管理人员及时给予一线员工有力支撑，各一线员工也应及时沟通，相互协调。只有在服务提供的全过程中坚持以顾客需求为中心进行服务营销，建立起企业和顾客的相互忠诚的关系网络，才能成功地保留顾客。

（3）一专多能调控服务能力，有效控制人力成本。

服务能力问题涉及两个完全矛盾的问题：服务提供的能力和成本。对服务企业来说，顾客的保留取决于多个方面，但是其中最主要的一个因素就是服务能力。服务企业的服务能力主要由员工数量、员工技能构成（专业技能和综合素质构成）。如何有效控制人力成本，又不降低企业的服务能力？培养一专多能的高素质的员工可以实现服务能力的柔性安排，改变服务企业目前通常采用的定岗定员、人员安排刚性化、成本不易降低的现状。

（4）预防式服务补救是精益服务创新的源泉。

预防式服务补救系统是顾客、员工和企业共同进步的开放体系，不仅形成服务企业的多赢模式，而且还能促进企业的服务创新。由于服务与服务质量固有的特性，在服务人员提供服务和顾客接受服务的过程中，都不可避免地会出现或是服务失误，或是未能达到顾客要求导致的不满进而投诉的现象。服务补救是服务企业针对服务失误的行动，目的是为了重新赢得顾客因服务失误而失去的好感。预防式服务补救是一个管理过程，要及时发现服务失误，鼓励顾客投诉，分析失误的原因，然后在定量分析的基础上，对服务失误进行评估，采取公平对待顾客的恰当的措施予以解决，并及时补偿顾客的损失。总结服务失误和采取服务补救，可以改进业务流程，创造新的服务形式或新的服务项目。

（三）珠海民营高科技行业中小企业精益管理方法

1. 精益研发

精益研发是源自企业的实际需求，植根在企业研发实践之中，它基于企业应用需求的同时又顺应制造业发展趋势，将引领未来信息化的发展。精益研发体系建设的核心是实现企业产品研发"精益化""精品化"，其实质就是企业在不显著增加成本的前提下，提高产品的品质和技术含量，从而提升产品附加值，增强竞争力，使企业建立技术优势，帮助企业从"制造"走向"创造"。

2. 精益研发的 3 个维度

（1）产品维：产品的全生命周期研发过程，包括产品研发的方案论证、初步设计、详细设计和产品定型，是企业产品研发的主流程。

（2）逻辑维：产品研发每个阶段的思考方法和实施步骤，是企业产品研发的辅流程。根据这些思考方法和实施步骤的特点，逻辑维可以分为 4 个域，即客户需求的"用户域"、满足客户需求的"功能域"、满足功能的"物理域"以及物理实现的"过程域"。

（3）知识维：是完成产品研发的全生命周期及相关活动所需的知识和技术，以及研发过程所产生的新知识的存储和重用。

精益研发的上述 3 个维度，不是彼此孤立的，而是三维一体的。产品的研发不是沿着产品维单向前进，而是走"之"字路线。在产品研发的主流程的每个阶段，先按照逻辑维行走，走完逻辑维的所有域，才进入下一个阶段，如此下去最终完成产品的研发，走向产品升级换代，而且全流程中需要原有知识的支撑，并在研发中形成新知识的积累。

4. 精益研发的"4×4 法则"

通过对所有方格的梳理就可以形成产品开发的完整流程。我们把这种研究方法称为"4×4 法则"，它是梳理、优化和创新研发流程的有效方法，在流程梳理的同时形成了一套优秀和规范的质量文件。"4×4 法则"是研究方法的形象化名称，具有广泛的包容性。它的意义在于提供了一套标准的原理与方法，不必拘泥于数字"4"和产品维各阶段的名称，以及逻辑维各域的名称。这套方法可以适用于任何行业。

5. 精益研发的 8 项要素

（1）指标管理：建立研发神经系统，抓住研发本质，牵引研发进程，全程、实时、动态监控产品研发过程中的指标状态。前期牵引，通过指标管理实现后按照指标指引确立总体方案；中期约束，在指标的约束下开展研发活动；后期检验，检验产品是否成功和成熟，以实现实时"质量归零"，降低研发风险。

（2）流程管理：规范和优化产品研发流程和研发活动。通过流程管理，梳理企业研发流程、优化研发资源配置，实现研发任务的协同及状态的实时监控。

（3）数据管理：对产品研发全生命周期的过程数据和特性类数据进行综合管理，保障产品数据的完整性和可追溯性，从产品、项目、流程、指标等多个层面实现产品研发的数据可控。

（4）仿真优化：通过对产品性能的定量评价及多学科综合优化，对产品性能进行低成本、高效率和多维度的评估和改善。

（5）质量设计：通过统计分析技术和方法，改善产品质量基因，在产品的研发阶段就消除影响产品质量的因素，做到产品设计防患未然。

（6）创新方法：借助现代创新方法和技术，突破技术瓶颈，实现产品或技术在其生命周期上的不断进化发展。

（7）物理试验：通过物理试验，确认研发成果，做到产品研发心中有数。

（8）知识管理：通过知识工程，积累和重用研发知识，这是企业可持续发展的基础，也是持续提升企业研发能力的重要保障，同时是企业核心竞争力的载体，而且可以从根本上解决企业人才和经验断层问题。

6. 精益研发解决方案

精益研发解决方案如图3-8所示。

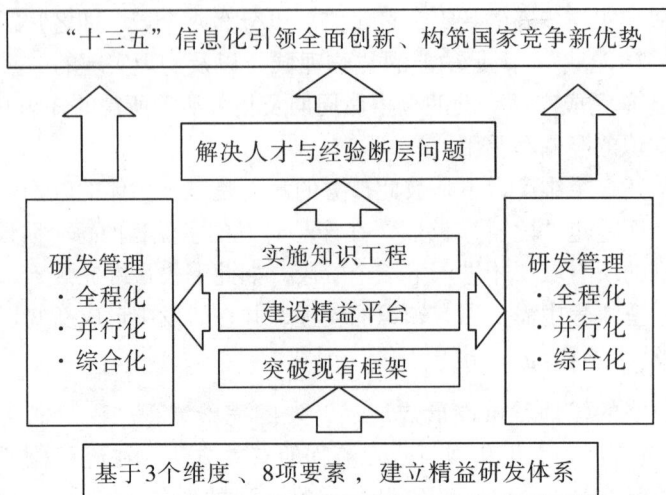

图3-8　精益研发解决方案

（四）珠海民营特色海洋业、农业中小企业精益管理方法

1. 特色海洋业精益管理

（1）海洋工程装备制造业。

发展海洋工程装备制造业是开发利用海洋资源的必要条件。尽管珠海市海洋工程装备已初具规模，但在民营中小海洋企业中，产业发展仍存在很多问题和薄弱环节。提高民营中小企业海洋工程装备制造业的竞争力，精益改善生产过程，显得十分重要。通过技术的改进精益生产过程，减少不必要的浪费，在质量与成本方面实现双赢。

从产品链的角度看，海洋工程装备产业链主要包括上游原材料和配套系统供应商、海洋工程装备的设计与承建商、下游海上钻采服务商及海洋石油化工企业。加强产业链上下游企业的合作，将精益改善过程推广到上下游产业链，从原材料到供货销售，都要依据精益管理的基本路径，从定义价值出发，不断减少每一个环节的浪费，共同开发新产品、新技术、新工艺，参与产品生产的全过程可以提高整个链条的竞争力。

（2）海岛生态旅游业。

海岛是珠海市非常宝贵的旅游资源，但海岛开发深度不够，方式粗放单一；海岛个体生态保护力度低，环境破坏较严重；海岛基础设施较差，社会发展滞后。民营中小旅游公司入驻海岛，经营并管理旅游项目显得举步维艰，所以企业经营、政府扶持、高校技术之间的合作是必然的选择，整个合作过程都需要精益的思想，将不必要的浪费减少到最低限度。

如同精益生产中调整生产空间以改善生产流程一样，"岛、海、陆"应统筹发展，把海岛优势、海洋资源与陆域产业、科技、人才等优势有机结合，统筹资源配置、产业发展、基础设施建设、生态环境保护等，建设岛海陆统筹发展旅游试验区。以岛兴游，应以海岛旅游为龙头、品牌，与山海陆有机结合，促进岛海陆高端旅游要素集聚，实现岛山联动、海陆一体的旅游态势。

（3）生态渔业。

蓝色经济是一个系统创新，强调海陆一体化统筹，经济与环境可持续发展的新经济概念。除传统的海洋渔业、船舶制造、海水养殖外，相关的海上旅游、海底观光、深海养殖、渔场再造、休闲渔业、沿海度假等更广泛的涉海经济，都属于蓝色经济的范畴。依据蓝色经济的发展理论，与精益改善的相关方法，民营中小渔业企业，要实现海洋渔业生产与资源养护的协调发展，就必须转变发展方式，调整产业结构，实施科技创新，改变原有粗放的生产方式，将可持续发展与精益改善相结合。通过优化生产过程，重点发展深水及海洋农牧化、无公害养殖技术、远洋捕捞及精深加工与综合利用技术，促进和带动海洋生物制品、医药等相关产业的发展，形成覆盖沿海、滩涂、近海和远洋的现代海洋农业产业体系。逐步建立和实现海洋生物与海域环境相适应，物质和能量自然再生和循环，渔业资源生态平衡，可持续获得经济、社会与环境效益最大化的新型高效海洋生态渔业发展模式。中小渔业企业在良好的模式环境下，优化上下游产业，同大型企业合作，提升技术创新能力、管理理念认知，在精益之路上尽善尽美。

（4）总生产模式精益化。

海洋企业生产模式创新是指企业在生产什么以及如何生产等问题上不同于传统的模式。20世纪企业的生产模式经历了两次创新：一是20世纪20年代初开始的以分工和交换为基础的大批量集中生产模式；二是20世纪60年代开始的适应多品种、多层次消费需求，旨在打破大批量生产模式局限性的精益生产模式，如准时生产（JIT）、柔性制造系统（FMS）、灵捷制造（AM）、供应链管理（SCM）、企业资源计划（ERP）等。民营海洋企业由于出海成本高、订单周期长等原因，很多还采用大批量集中生产的模式，将精益生产模式应用于海洋企业有其时代的必然性与行业的可行性。一方面，计算机通信、数据管理技术、传感技术、仿真技术等的发展为海洋企业采用多品种、个性化、动态适应性的生产方式提供了物质技术条件；另一方面，顾客追求个性化的欲望越来越强烈，以顾客为中心的竞争也越来越激烈，使得海洋企业必须以顾客需求和市场动向为中心来组织生产。随着市场经济体系的建立和不断完善，未来企业的驱动力将不再来自于政府，而是来自于顾客。海洋企业要创新生产模式就应该时刻调查研究顾客的需求及变化，做一个市场调研和信息集成的强手，并将市场调研和信息处理的结果用于企业的科研、制造、销售以及服务等各方面。

2. 农业精益管理

（1）精品稻米产业。

民营中小企业由于自主育种能力有限，常在源头就产生了精品稻米的浪费，所以应强抓种子种苗工程，加大良种引、繁、推力度，以市场为导向，用优质品种来提高市场竞争力和精品化程度。在稻米的精品化过程中，价值体现在精品上，次品就应被定义为浪费。

消除这种浪费应明确目标，协作攻关，抓紧晚粳稻优质、多抗品种的引进和推广，进一步扩大杂交粳稻种植面积。加大与国内外农业科研院所、育种单位和种子种苗公司的联系，大力引进优质品种，用优质品种实现精品目标。从价值流的源头做起，不让源头浪费引起后续成本。强抓适用配套技术推广，加大无公害标准化生产力度。

（2）生态农业观光。

生态农业的民营中小企业中，珠海有一家典型的民营企业叫"十亿人社区农业科技有限公司"，正是秉承"生态"二字，通过邀请消费者到农场品尝、主动参与知名企业的商业促销活动、主动到有关专业机构进行质量检测，最终将"有机""环保""无公害"三个理念传达给消费者。其中生态农业观光起到了举足轻重的作用。

同样，生态农业观光也有精益改善用武之地。首先是景观的规划。依据可持续发展的原则，结合生态学原理研究农业景观的结构、功能和变化，促进整个园区的持续发展，尽量减少对自然环境的破坏，破坏的减少直接就是成本的降低。以农业为核心规划布局，结合不同园区的类型，合理布局各个景观分区等，满足生产和观光的不同需求，根据需求出发，定义观光者追求的价值，拉动整个景观的合理分区，精益景观的规划。其次是空间布局。从景观生态学角度来看，生态农业观光园的廊道主要指道路和具有自然属性的林带、河流等。基质比较灵活，在以种植业为主的生态观光农业景观中，农田、林地就是基底；在以畜牧业为主的生态观光农业景观中，草地就是基底；在以养殖业为主的观光渔业景观中，湖泊、鱼塘就是基底。合理的空间布局如同生产车间的精益改善活动，使观光者以最短的行走距离体验最多的生态农业品种，减少不必要的时间与体力浪费，形成空间上的精益布局。

（3）特色水果产业。

优化火龙果种植结构，积极稳妥发展莲雾生产规模。珠海民营中小火龙果种植企业集群已初具规模，但在种植土壤类型上、品质上存在着比较明显差异，水田种植丰产性能比丘陵山坡地高，但品质明显比丘陵山坡地差。建议在种植火龙果时，应选择丘陵山坡地种植为好。选择合适的火龙果产地，可以有效提高产出品的质量，达到产出真正优名特水果的要求，满足中高端消费群体的需求。莲雾在珠海有非常明显的发展优势。一是水田非常适宜莲雾生长；二是有莲雾生产的成功经验；三是莲雾市场前景好。因此，条件成熟的企业，可积极稳妥扩大莲雾生产规模。在生产规模扩大过程中，合理优化种植区域，达到单位面积的高产出，减少运输搬运过程的成本与不必要库存的积压，依据客户市场需求，按需生产。

充分认识和利用各示范农场的优势，继续与科研单位合作引进适宜发展的优质新品种，积极开展试验筛选、示范推广工作，是调整优化品种结构的立足点。通过不断引进具有技术创新性、发展前景好、经济效益较高的水果新品种，通过引进→种植→筛选→示范→推广等程序，选育出适合本地推广发展的新品种，提倡因地制宜，以最有优势的环境，生产最高质量的水果。通过宣传、推广和技术指导，扩大坦洲名优特色水果种植面积，实行集约化、规范化、标准化生产，将资源优势转化为经济优势，增加农民收入，并在整个优化发展过程中能够将农民的积极性带动起来，为持续不断的改善提供宝贵的意见，人人参与，共同精益。

（4）智慧农业。

智慧农业是物联网、移动互联网、云计算、大数据等现代信息技术发展到一定阶段的产物，是现代信息技术与农业生产、经营、管理和服务全产业链的"生态融合"和"基因重组"。在传统模式无法解决农业面临的种种问题时，互联网却凭借其强大的流程再造能力，使农业获得了新的机会。通过互联网技术以及思想的应用，可以从生产、营销、销售等环节彻底升级传统的农业产业链，提高效率，改变产业结构，最终发展成为克服传统农业种种弊端的新型"智慧农业"。

珠海市目前在智慧农业领域成立的中小民营企业多数还处于起步阶段，可运用先进的互联网与物联网技术，将农业产品融入都市生活，丰富生活多样性，美化都市环境。但是仍面临着关键技术和装备匮乏、应用效果和效益不佳、产业发展滞后等问题，无论从生产效率、市场份额、质量水平还是技术能力上都有很多不足，所以将精益思想和质量管理的相关管理理念应用于该行业，显得尤为重要。

首先，建立与智慧城市相匹配的智慧农业生产技术体系，促进城郊现代农业发展。新的技术应用可以帮助解决原有的一些成本过高、浪费较多的问题，将不必要的产出最小化，将质量一般的产出最优化。其次，发展农产品冷链物流与电子商务，促进城乡人财物流动。如同精益管理中对于价值流的确认与拉动，流动的理念十分关键，只有将整个产销过程相关联的所有主体客体相关联，在流的过程中定义与减少浪费，才能适应不断变化的市场环境。最后，以信息化推动休闲旅游农业发展，促进城乡文化融合。文化的重要性在于消费者的认同与员工的凝聚，整个精益改善的过程不是单方向的，而是从上至下又从下至上循环往复、持续改善的过程。智慧农业作为新兴产业，更具备持续改善的空间，应将精益思想融入企业文化，在进步中发展。

第五节　总结与建议

一、降本提质增效促发展，强化民营中小企业竞争力

2017年10月18日，党的十九大召开，习近平总书记的报告中关于"深化供给侧结构性改革"的内容提到："坚持去产能、去库存、去杠杆、降成本、补短板，优化存量资源配置，扩大优质增量供给，实现供需动态平衡。激发和保护企业家精神，鼓励更多社会主体投身创新创业。"其中去产能、去库存、降成本、优化资源配置等内容都在精益管理理念中有所体现，能使民营中小企业通过管理为供给侧结构性改革做出贡献。

从2016年1—12月珠海市中小企业运行监测分析数据来看，在要素投入方面，用电量同比增长27.6%，营业收入同比增长9.65%，而营业成本同比增长48.52%。70.6%的调查企业面临经营成本的增长，其中10.9%的调查企业经营成本增长20%以上。民营中小企业要素制约矛盾突出，生产运营成本高，利润空间大幅压缩。在企业构成方面，在工业设计、高端服务业等现代生产性服务业和金融业，民营经济只占很小一部分，主要集中在传统产业，没有将互联网、大数据、人工智能、智能制造等很好地融入实体经济，难以

助推民营企业从根本上提质增效。在企业管理水平方面，企业内部对精益管理、质量管理等管理工具与方法的运用处在初级阶段，管理相对传统粗放。

总体来说，珠海民营中小企业经营过程中存在的困难和问题集中在生产运营成本高，技术与创新水平低，管理粗放和质量管理发展落后。降本提质增效是加快建设民营中小企业创新管理体系、增强企业内生发展动力的迫切需求。

（一）精益改善必须从"头"开始

围绕战略、聚焦战略、触及战略和精益战略的实施有助于满足市场需求。具有较高性价比的产品，不仅可以为企业带来大量的现金流量，而且有助于形成构筑企业核心能力的企业基础能力，即精益能力（精益设计、精益生产能力）。"精益品"战略是指满足大众客户要求的、具有相当的技术含量（并不要求技术最先进、处于领先水平）、成本低，因而销售价格低于竞争对手但利润高的产品，它能实现成本与功能的合理匹配，因而具有最佳的性价比。"精品"战略是指企业通过全面质量管理控制手段和完善的服务营销体系向市场提供"精品"或者是"精心服务"，树立企业的名牌形象，提高企业的竞争档次。

促成高层从认知、认同到视为己任。精益知识的获取是认知的过程，也是精益改善的最初阶段。在完全从认知层面了解精益思想后，高层管理人员要认同精益改善的做法，暂时将宏伟的战略目标放下，聚焦眼前的生产运营问题，相信精益思想可以用于改善现有问题，并在实施改善的过程中，认为整个过程都是自己应该负责与管理的，并始终坚持自己最初认同的做法。

精益改善必须注重总体规划，从自上而下的导入路径到全供应链、全生命周期、全要素，在整体规划过程中，顶层设计的关键是"需求牵引"。坚决反对"情况不明决心大、问题不清办法多"的改善活动；建立精益改善与企业战略、商业模式、盈利模式之间的连接模型；厘清精益改善的阶段目标和实施重点；落实精益改善的资源保障、组织保障。

（二）注意精益改善的"形而下"

行业不同、企业不同，精益改善的目标、重点、路径、方法都不同，必须因"地"制宜，做好精益改善的二次开发。只有每一个企业都有自己的"精益原则"，才真正得到了精益管理的精髓。做到这些，需要符合实际需要，实事求是；立足于基础改善（精益改善的前置工作）；由不同的点构成精益系统改善（空间上点的包络，时间上点的延续）；要有基层支持、人人参与、全员改善。

抓热点、痛点、难点、敏感点、关键点，推广工作要试点。抓热点，即抓企业中心工作，迎合企业短期需要，必须速战速决、立竿见影。抓痛点，即抓对企业负面影响大、刺激性强的点，减缓疼痛、止痛，但不一定能从根本上解决问题。抓难点，即抓久拖不决或久治不愈的点，决断要慎重、布局要全面、出手要精准。抓敏感点，即循经取穴为先，随证取穴次之。抓关键点，即抓瓶颈，疏通一点，惠及全局。最后试点推广，在试点过程中，验证并不断修正改善方案。

以点带面、以点促链。关于以点带面，由于点的绩效不足以产生系统性的生产力，也不足以产生影响力，不能整体性提高企业素质和水平。所以应取得关键点的突破用于全面推进，解决瓶颈问题，将解决方法应用于全局，使效果立竿见影。试点的经验可用于全面推进，试点的成功意味着方案的可行，必有其用武之地。突破难点，以激励士气，在精益改善的过程中，一个个难题都是管理者继续向前的阻碍，而一次次的突破，会带来更高涨的士气，持续改善。关于以点促链，单个企业精益改善绩效不一定能体现为企业的持续绩效，在整个产品从货源供应到成品销售的过程中，整个供应链上的诸多企业都需要精益改善，只有链式持续改善才能达到精益帕累托最优的改善效果。

（三）精益改善要全时四轮驱动

①精益改善必须与制造技术改造相结合。企业技术水平的提高是企业提高产品质量、生产效率，降低生产成本的核心。因此，产品技术和工艺技术是民营中小企业精益改善的主要对象，可以通过材料/结构、设计自动化技术（如 VR/AR）、高速 3D 打印、分散化制造、工装器具改造、工艺流程改造等提高企业的技术水平。②精益改善必须与管理技术创新相结合。管理技术的按需综合应用是精益改善的助力器，通过 TOC、LP、六西格玛等提高珠海市民营中小企业的管理技术。③精益改善应该面向智能化、敏捷化。智能化可以使精益改善更精准、更超前，由此可以强化精益改善的绩效，例如 LH 实时管控一体化。标准化、精益化、模块化是智能制造的基础，三者互为条件、互为依托。④精益改善的终极目标是创造或增加顾客价值。企业可以通过鼓励顾客参与产品开发、顾客需求个性化定制（VR 设计）、企业规模化定制生产等方式，使顾客价值得到最大化体现，寻求面向顾客价值的集成解决方案。

（四）精益改善要以"人"为本

珠海市民营中小企业中较少数的企业的管理方式体现了精益管理的部分元素，例如 5S 的应用。但是这些企业的精益改善多聚焦于物以及物与物的关系：BOM 与 WIP 中的品种、质量、数量、成本、到达时间；物流、设施布置、工装器具的合理性；有形显示；装配防错；等等。而 TPS 与美式管理的不同点不仅是物与物的管理，而是更加关注企业精益改善的规划、方法、路径、工具；关注员工是否尽职尽责，员工的主动性、积极性。更加注重：人的价值是否被恰当地考虑了，人的价值是否恰当地实现了，人的主观能动性是否充分发挥了，人机关系是否是以人为核心的关系（自动化 JIDOKA）。

因此企业在精益改善中需要关注感性的人。第一，顾客满意取决于顾客感知价值（无论是外部顾客还是内部顾客），顾客价值（人的需要）高于物的价值；第二，顾客参与是顾客满意的最佳路径；第三，树立精益改善使命感，打造企业的精益文化。同时，精益改善必须有序管理理性的人：①恰人、恰岗、恰责、恰权、恰值；②充分耦合的团队，最精准地发挥每个人的作用，避免人员浪费和人才缺失。而要做到以人为本，必须要精益求精、持续甄选、持续培训、持续开发、持续维护。

（五）补贴奖励

在民营中小企业降本提质增效的路径过程中，精益管理方法的培训、六西格玛质量管理方法的培训都需要专业的组织与人员参与。政府提供相关培训费用的补贴政策，与权威组织和机构合作，共同推出管理课程，鼓励中小企业参加学习，并以一定的资金形式鼓励企业付诸实践；还可以组建政府精益促进部门，针对转型期企业、危机期企业及时给予管理方法上的建议与实际操作上的帮助。对于成功转型的企业，或在实施有效管理方法后获得成本显著改善的企业，政府设立专项资金给予奖励，可按成本节省的百分比或者效率增加的百分比设置相关奖励机制。

丰富补贴形式，完善补贴机制。首先，考虑到风险投资对技术创新具有的"点石成金"的作用以及对促进高新技术成果转化的积极推动作用，珠海市政府可以考虑吸收建立科技中小型企业创新基金的经验，通过政府提供启动资金，积极引导中介等组织为风险投资服务，发展珠海市风险投资业。然后，为了促进先进精益管理方法的应用，政府可以拨付一定的委托管理费用将高校和科研机构所获得的成果委托企业进行产业优化。如转型优化成功的话，则要求企业在转型成功后若干年内分期归还委托费用；如若转型失败，则企业不用归还。其次，政府要强化进行精益管理活动的融资优惠机制。政府应该牵头投入一部分资金成立担保机构，刺激金融机构为进行研究与开发活动的单位提供贷款。

二、深化改革民营产业结构，顺应经济发展新常态

2017年10月18日，党的十九大召开，习近平总书记的报告中关于"深化供给侧结构性改革"的内容提到："加快建设制造强国，加快发展先进制造业，推动互联网、大数据、人工智能和实体经济深度融合，在中高端消费、创新引领、绿色低碳、共享经济、现代供应链、人力资本服务等领域培育新增长点、形成新动能。支持传统产业优化升级，加快发展现代服务业，瞄准国际标准提高水平。促进我国产业迈向全球价值链中高端，培育若干世界级先进制造业集群。"其中，强调了制造业与服务业的重要性，并鼓励传统产业的优化升级。

截至2016年底，珠海市民营经济第一产业实现增加值48.21亿元，同比增长1.4%；第二产业实现增加值301.25亿元，同比增长15.4%；第三产业实现增加值427.27亿元，同比增长11.4%。民营经济工业增加值244.79亿元，同比增长16.5%。相对来说，民营经济产业结构中比较活跃的是第二产业和第三产业，是推动民营经济增长的主要力量。

从珠海市民营经济产业结构上来看，也体现出第三产业增速缓于第二产业的情况。究其原因，一是资源和资源性产品价格偏低，环境补偿机制缺失，助长重化工业盲目扩张；二是税制不够合理，服务业税负较重；三是监管规则不合理，阻碍民营经济进入服务业。因此，要加快发展服务业，促进经济增长由主要依靠第二产业带动向依靠第一、第二、第三产业协调带动转变，就必须深化要素价格、财税体制、市场准入和监管体制等方面改革。

（一）针对珠海市制造业民营中小企业的政策建议

1. 进一步减轻制造业企业税费负担

一是进一步清理各种不合理收费，减少行政性收费项目。二是营造公平的税负环境，积极推进结构性减税，完善和落实鼓励企业技术创新的各项政策，落实中小企业增值税、

企业所得税、固定资产加速折旧、高新企业所得税等优惠政策，降低制造业的增值税税率。

2. 降低物流成本

一是建立衔接顺畅的运输网络，形成通畅、经济便捷的跨区域物流大通道；提升交通物流枢纽服务水平，提高枢纽节点畅通度，完善物流体系。二是推进信息公共平台建设，推动跨部门、跨区域、跨国界的信息互联共享；积极推进"互联网＋物流"，鼓励大数据、物联网等先进信息技术的应用。三是改革公路收费制度，降低部分路段高速公路收费标准，实施分时段差异化收费。

3. 强化企业内部成本管理

企业应加强内部成本管理，提高劳动生产率。一是完善企业内部成本控制体系，增强现代成本管理意识，采用先进的成本管理方法，如战略成本管理、目标成本管理、作业成本法等，提高信息技术的利用水平。二是加强资源能源集约利用。企业积极建立能源管理体系，完善定额管理，推进资源能源高效循环利用，提高能源使用效率。

4. 加强政企项目合作

支持民间投资创新发展。鼓励民营企业进入轨道交通装备、"互联网＋"、大数据和工业机器人等产业链长、带动效应显著的行业领域，在创建"中国制造2025"国家级示范区时积极吸引民营企业参与。鼓励民间资本参与政府和社会资本合作（PPP）项目，促进基础设施和公用事业建设。加大基础设施和公用事业领域开放力度，禁止排斥、限制或歧视民间资本的行为，为民营企业创造平等的竞争机会，支持民间资本股权占比高的社会资本方参与 PPP 项目。

5. 提升政府服务能力

提高审批效率和服务质量。如充分发挥全国投资项目在线审批监管平台作用，实现项目网上申报、并联审批、信息公开、协同监管。为民间资本提供多样化融资服务。如发展政府支持的融资担保和再担保机构，鼓励各地设立信贷风险补偿基金、过桥转贷资金池等，加大对中小企业、科技创新企业的支持。加强政务诚信建设，确保政府诚信履约。地方各级政府要认真履行与民营企业签订的合法合规协议或合同，不得以政府换届、相关责任人更替等为由拒不执行，不得随意改变约定，不得出现"新官不理旧账"等情况。

（二）针对珠海市服务业民营中小企业的政策建议

1. 放宽市场准入条件，加快服务业发展

加大服务业领域改革力度，加快建立统一开放、竞争有序的市场体系。凡是法律法规未明令禁入的服务领域，全部向社会资本开放；凡是开放的领域，全部向民间资本开放；凡是向区内资本开放的领域，全部对区外资本开放。任何单位、任何个人不得以任何理由加以限制或实行行业垄断。加快推进市政基础设施、公用事业市场化改革。积极鼓励和支持民营企业以特许经营方式，建设和经营城市供水、供热、供气、公共交通、污水处理、垃圾处理等城市基础产业；鼓励和支持民营企业投资经营文化、教育、体育、医疗卫生等

公共服务业。

2. 加大服务业项目投融资支持力度

搭建银企合作对接平台，为服务性企业银行贷款提供担保服务。政府每年定期、不定期召开银行金融机构和珠海市服务业企业银企合作项目推介会，并由市担保公司提供贷款担保，解决服务业项目建设融资难的问题。鼓励开展招商引资、引项工作，争取中央、省服务业发展专项资金。凡为珠海市重点服务业项目引进资金的单位或个人，整体引进国家名牌服务企业且项目进入开工阶段的，政府对相关有功人员予以重奖（奖励办法和额度按珠海市有关引资、引项奖励办法执行）。

3. 广泛吸收人才为发展服务业提供智力支持

对进入珠海市服务性企业的大中专毕业生和外来投资者、专业技术人员、管理人员，根据本人申请，按照有关规定，由劳动人事部门办理档案特管和人事代理手续，免收人事代理费。市劳动部门、人事部门负责办理档案工资调整、连续工龄计算、专业技术职称评审、养老保险金缴纳等。在子女入托、入学、就业等方面享有本市市民同等待遇。根据民营企业人才需求，在高等学校和科研院所选派一批优秀人才到民营服务企业挂职锻炼，解决企业管理、技术等各方面难题，促进企业做大做强。

（三）针对珠海市高科技产业民营中小企业的政策建议

在党的十九大上，习近平总书记报告中关于"加快建设创新型国家"的内容提到："创新是引领发展的第一动力，是建设现代化经济体系的战略支撑""加强国家创新体系建设，强化战略科技力量。深化科技体制改革，建立以企业为主体、市场为导向、产学研深度融合的技术创新体系，加强对中小企业创新的支持，促进科技成果转化"。强调了创新的重要性，并重点提出对中小企业创新的支持，高科技产业正是创新背后的主力军，是引领发展的原动力。

1. 强化规划引导

为了引导高新技术产业优质资源向高新区集聚，珠海市政府应部署珠海市最新的高新产业发展专项规划，加大财政投入力度，统筹部署"高新区＋高新园"的基础设施、信息化及配套设施的规划建设。以适度超前原则，重点加快建设连接各园区的轨道交通、高快速路和信息网络，促进人流、物流、信息流的便利化，为园区发展提供环境支撑。

2. 提升组织领导作用

设立创新型科技园区建设专项领导小组，以珠海市有关委办局、高新区管委会和高新区各政策区、辐射区所在区政府主要负责人为成员，全面推动高新区创新型园区建设工作，高效动员和协调资源保障创新型园区的建设，并建立以自主创新为导向的对高新区的评价与考核体系。促使高新区行政管理机构工作职能法定化，与其他部门行使的职能划定清晰的边界，避免权利与责任之争引发的重重矛盾，为高新区管理工作顺利开展保驾护航。

3. 设立联动发展专项资金

珠海市和高新区两级财政共同设立联动发展专项资金，支持政策区、辐射区开展科技创新，加快经济发展，建议高新区管委会每年安排财政专项资金。各政策辐射区所在区政府按比例匹配专项资金，用于支持科技创新，市级科技经费给予倾斜支持。通过联动发展资金，统筹各区联动发展，引导各区发挥各自优势，在项目建设和发展产业集群上加强合作，共同推进创新型科技园区建设工作目标的实现。专项引导和支持战略性新兴产业的发展，立足高新区产业促进专项政策，重点向光电、新材料、环保、生物医药、新能源汽车、智能装备制造等领域倾斜，加大关键领域核心技术攻关，加快相关产业在经济社会领域的示范应用和市场推广。

4. 引进科技创新人才

实施高层次人才引进计划，通过产业引才、项目引才和岗位引才方式，大力引进科研创新、科技创业和科技服务人才，实现产业人才高端集聚，并启动高层次人才培养计划，为产业发展持续输送高素质的实用性人才。高新区创业投资引导基金，对创业人才给予创业启动经费、科研经费、场地补贴等政策支持。需要引进六大人才：引进创新团队与领军人才；集聚科技创业领军人才；吸引专业科技服务人才；培育发展科研创新人才；留住中层管理和技术人才；培养高技能实用性人才。

5. 完善金融体系建设

充分发挥珠海市民间资本发达的优势，以满足高科技产业发展为目标，通过搭建服务平台、发展专营机构、创新金融产品和资本市场融资，建立一个为中小企业科技创新创业提供全方位支撑的科技金融服务体系。激活民间资本科技创投，重点建设以天使投资为主的科技与金融结合平台。利用珠海市民营企业家资源，以及广东金融高新技术服务区的天使投资、风险投资、私募股权、产业基金等基础，引导本地民间资本主体转变理财观念，建立天使投资俱乐部和风险投资服务平台。

（四）针对珠海特色海洋业、农业民营中小企业的政策建议

在党的十九大上，习近平总书记报告中关于"实施乡村振兴战略"的内容提到："要坚持农业农村优先发展，按照产业兴旺、生态宜居、乡风文明、治理有效、生活富裕的总要求，建立健全城乡融合发展体制机制和政策体系，加快推进农业农村现代化。"农业乃至特色海洋业，都需要先进的管理理念促进现代化生产的实现，优化整体产业结构。

1. 深化农业加工水平

农业的深加工可以极大提升农产品的附加值，实现产业转移，把第一产业转为第二、第三产业。政府应鼓励和支持民营企业依托珠海、中山、江门等地区水产资源优势，重点发展水产品加工业，精深加工休闲食品、水果果汁品、水产保健品、医药品、化妆品等，并逐步向海洋生物制药、海洋生物功能食品与保健品、海洋生物基因工程产品等方向发展；引导和推动企业发展冷链物流业，参与完善市场分析、检测、包装、加工、储藏、运输等配套功能。

2. 优化发展生态农业

生态农业是我国现代农业发展的必然选择。当前，在世界范围内，发展生态农业已作为农业现代化的重要任务而被广泛重视。要大力发展生态农业和有机农业，积极采用高效

安全的农业技术，科学使用化肥、农药，积极促进可再生资源的开发、利用和保护，为城乡人民群众提供安全食品，让老百姓吃上放心的食物。

鼓励民营企业在斗门区的莲洲镇、斗门镇、白蕉镇等重点发展袁隆平超级稻和高档有机水稻，发展优质精品稻米产业；鼓励和支持企业不断调整和优化蔬菜产品结构，加强蔬菜新品种、新技术的推广；支持民营企业参与建设金湾区绿色设施蔬菜基地和斗门的西芹、莲藕等品牌优质蔬菜基地。鼓励和扶持企业进行优质高产栽培示范，重点发展莲雾、芭乐等热带、亚热带名优特水果，大力发展绿色食品荔枝、龙眼、黄皮等当地特色水果，并推动民营企业发展一批集旅游观光、休闲科普于一体的观光果园。

3. 强化发展休闲农业

休闲农业旅游依托于自然环境和生态农业，因能提供多样化体验活动而具有显著优势，深受众多都市人的青睐，同时也能很好地提高农业经济水平及收入。鼓励民营企业充分利用斗门的黄杨山、金台寺、菉猗堂、十里莲江、农游世界、斗门古街、尖峰山森林公园、灯笼沙水乡、排山古村等生态农业观光资源，大力发展农业生态景观观光游。鼓励和支持民营企业利用珠海农科奇观、台创园、御温泉度假村、耀朗假日休闲俱乐部等农业休闲资源，发展集生产、观光、会务、休闲、度假、餐饮服务等于一体的田园、海岛、海滨休闲旅游业。

4. 提升抵御自然灾害的综合防范能力

珠海市属亚热带季风海洋性气候，受特殊地理、环境、气候等影响，每年台风造成巨额损失。需要及时总结抵台风等自然灾害带来的经验教训，设立《珠海经济特区防汛防旱防风条例》，健全珠海"三防"法制体系。特别是处理好相关上位法在人员转移、封桥封路、停工停课停业等方面的规定存在较为笼统、操作性不够强等缺陷问题，加强地方立法，予以完善。针对农业型民营经济资本不足、受灾害影响大，需要加强农业民营经济保险的购买和普及，设立专项资金去受灾企业进行扶持。政府要加强灾害预报管理系统，建立灾害应急预案，减少受灾损失。

参考文献

[1] 李文忠. 小型民营企业发展过程中不同阶段经营管理问题和对策分析. 经济师，2006（7）.

[2] 罗杰·G. 施罗德. 施罗德运营管理：原书第4版. 任建标，译. 北京：中国人民大学出版社，2009.

[3] 大野耐一. 丰田生产方式. 谢克俭，李颖秋，译. 北京：中国铁道出版社，2006.

[4] 詹姆斯·P. 沃麦克，丹尼尔. T. 琼斯. 精益思想：原书修订版. 沈希瑾，张文杰，李京生，译. 北京：机械工业出版社，2008.

[5] 蒋美仙，林李，安张烨. 精益生产在中国企业的应用分析. 统计与决策，2005（12）.

[6] 陈立刚．精益生产思想在北仑佛吉亚利民的应用．长春：吉林大学，2013.

[7] 刘磊．精益生产管理在中小企业的应用研究．长春：吉林大学，2016.

[8] 牛占文，荆树伟．基于精益生产的制造业企业管理创新模式探讨．天津大学学报（社会科学版），2014（6）．

[9] 江志斌，周利平．精益管理、六西格玛、约束理论等工业工程方法的系统化集成应用．工业工程与管理，2017（2）．

[10] 杨建军．精益六西格玛在 H 公司生产运营的应用研究．上海：华东理工大学，2014.

[11] 冯立杰，贾依帛，岳俊举，等．知识图谱视角下精益研究现状与发展趋势．中国科技论坛，2017（1）．

[12] 仇冬芳，徐丽敏．民营资本高管政治关系与企业社会责任绩效——来自中小企业板的数据．软科学，2015（1）．

[13] 杨海萍．A 市供电局实现成本精益化管理路径研究．昆明：云南师范大学，2014.

[14] 杨青，邱菀华，张静．项目精益价值管理及价值流分析方法研究．科学学研究，2006（2）．

[15] 汪凯．基于精益生产的"一个流"和生产线平衡的研究．天津：天津大学，2007.

[16] 李成洋．精益生产在单件小批量生产企业中的应用研究．长春：吉林大学，2015.

[17] 刘伟章，杨振刚．完善我国中小企业初创期成长的治理制度研究——基于政府政策的视角．特区经济，2007（10）．

[18] 王圣慧，张玉臣，易明．企业内部创业路径研究：以精益创业走出"战争迷雾"．科研管理，2017（3）．

[19] 王娟，张彩洁．基于利益相关者理论的民营企业管理路径研究．经济体制改革，2011（6）．

[20] 李宁宁，李军，张学龙，等．中小制造企业精益变革蓝图及路径规划研究．科技管理研究，2012（12）．

[21] 谷丰．中小企业实施精益成本控制问题探讨．商业经济，2011（9）．

[22] 胡适，蔡厚清．精益生产成本管理模式在我国汽车企业的运用及优化．科技进步与对策，2010（16）．

[23] 杨青，单晨，谢菲．基于分级模式的 IT 技术服务流程精益改善及其仿真分析．科技管理研究，2015（8）．

[24] 常金玲．基于 PDCA 的信息系统全面质量管理模型．情报科学，2006（4）．

[25] 孙怡．5S 在民营企业的有效推行．企业改革与管理，2016（16）．

[26] 马可．基于精益生产的中小企业管理改善和实施方法研究．沈阳：沈阳工业大学，2006.

[27] 张冬匀．基于精益生产理论的生产现场改善方法的应用．机电工程，2008（10）．

［28］陈国华，王良旺，付林．基于现场管理的企业安全管理方法及应用．中国安全生产科学技术，2013（4）．

［29］刘红军．制造业实施精益生产对策研究．上海：复旦大学，2008.

［30］张伟晨，王连学，王伟杰．基于精益生产思想的标准化管理．新技术新工艺，2014（5）．

［31］徐田波．单件小批量生产企业精益生产体系研究与应用．重庆：重庆大学，2008.

［32］潘玉香，齐二石，王子强，等．钢铁企业精益生产成本优化控制研究．中国科技论坛，2015（1）．

［33］杨青，陈雪，闫植林．精益的民航地面服务管理研究．管理评论，2011（3）．

［34］陈力．TE 中国公司精益研发管理体系研究．上海：上海交通大学，2011.

［35］张洪亮，牛占文．精益生产的延伸——精益设计．科技管理研究，2010（2）．

［36］杜利楠，姜昳芃．我国海洋工程装备制造业的发展对策研究．海洋开发与管理，2013（3）．

［37］张大宇，王菊娥，陈月璇．海岛生态旅游转型升级研究．海洋开发与管理，2016（S2）．

［38］王夕源．海洋生态渔业：我国伏季休渔制度的优化方向．中国渔业经济，2012（2）．

［39］李道亮．城乡一体化发展的思维方式变革——论现代城市经济中的智慧农业．人民论坛·学术前沿，2015（17）．

［40］陈益君．嘉善县精品稻米产业发展对策研究．上海农业科技，2010（3）．

［41］李晓颖，王浩．"三位一体"生态农业观光园规划探析．中国农学通报，2011（25）．

［42］张金妹，梁容森，李扇妹．中山市坦洲镇特色水果生产现状与发展对策．现代农业科技，2013（17）．

［43］吴瑶，马彤兵．基于精益生产的现代农业组织管理研究．经济视角（上旬刊），2015（6）．

第四章　珠海市先进装备制造业发展研究

根据《珠海市先进装备制造业"十三五"发展规划》对产业范围的界定,先进装备制造业包括:智能终端设备、节能与新能源汽车、智能家居等优势竞争性产业;智能电网设备、现代打印机、医疗器械、游艇、节能环保设备等特色竞争性产业;通用航空、船舶与海洋工程装备、轨道交通装备、机器人、3D打印设备等战略潜力性产业;智能制造设备与集成、智能物流、大数据等新兴潜力性产业。本次研究涉及的先进制造业沿用上述产业范围。本章调研统计数据均来源于课题组根据珠海市企业信用信息公示系统公布的企业信息整理。

第一节　珠海市先进装备制造业的发展现状

按照建设珠江西岸先进装备制造产业带龙头的各项要求,珠海市积极对接"一带一路""中国制造2025"等国家建设部署,先进装备制造业产业结构不断优化、产业规模不断壮大。《2016年珠海市国民经济和社会发展统计公报》公布的统计数据显示,2016年珠海市先进制造业中的装备制造业增加值达到423.3亿元,同比增长11.6%。

一、产业发展现状总体情况

课题组调研统计数据显示,截至2017年10月15日,在珠海市本地注册的先进装备制造企业共有2385家,累计承诺投资资金约6456920万元人民币;民营企业共有2329家,占97.7%;民营企业累计承诺投资资金约3695179万元人民币,占57.2%。其中:

(一)珠海市先进装备制造企业数量行业分布情况

优势竞争性产业领域企业共有579家,占全市24.3%;特色竞争性产业领域企业共有881家,占全市36.9%;战略潜力性产业领域企业共有512家,占全市21.5%;新兴潜力性产业领域企业共有413家,占全市17.3%。

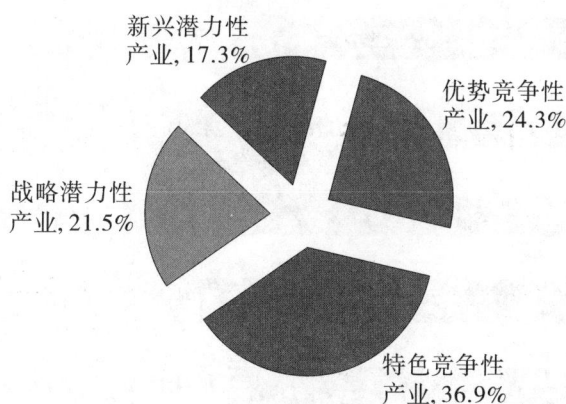

图4-1 珠海市先进装备制造企业数量行业分布占比情况
资料来源：课题组根据调研统计数据计算并绘制。

（二）珠海市先进装备制造企业承诺投资额行业分布情况

优势竞争性产业领域企业累计承诺投资 1 185 205 万元人民币，占全市 18.4%；特色竞争性产业领域企业累计承诺投资 734 901 万元人民币，占全市 11.4%；战略潜力性产业领域企业累计承诺投资 4 078 397 万元人民币，占全市 63.2%；新兴潜力性产业领域企业累计投资 458 417 万元人民币，占全市 7.1%。

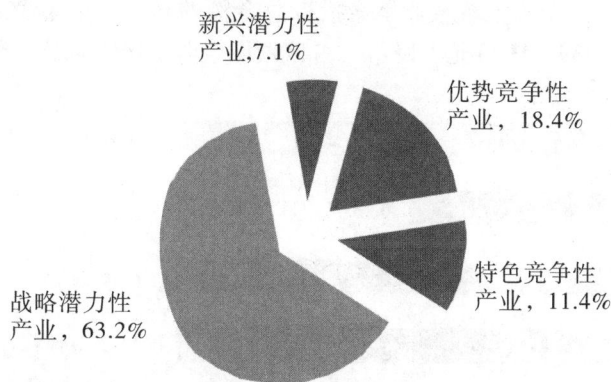

图4-2 珠海市先进装备制造企业承诺投资额行业分布占比情况
资料来源：课题组根据调研统计数据计算并绘制。

（三）珠海市先进装备制造企业各行业民营数量占比情况

优势竞争性产业领域民营企业共有 568 家，占该领域企业总数的 98.1%；特色竞争性产业领域民营企业共有 875 家，占该领域企业总数的 99.3%；战略潜力性产业领域民营企业共有 483 家，占该领域企业总数的 94.3%；新兴潜力性产业领域民营企业共有 403 家，占该领域企业总数的 97.6%。

新兴潜力性产业，97.6%

战略潜力性产业，94.3%

特色竞争性产业，99.3%

优势竞争性产业，98.1%

整体情况，97.7%

　　　90.0%　　　　　　95.0%　　　　　　100.0%

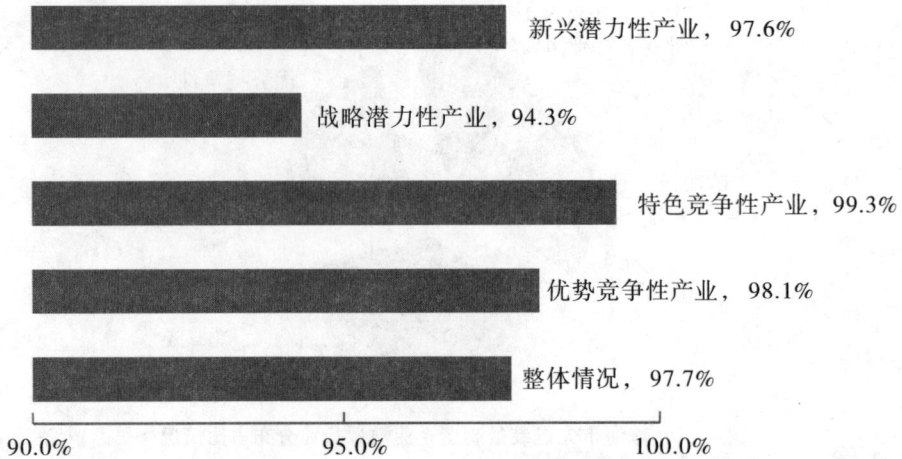

图4-3　珠海市先进装备制造企业各行业民营数量占比情况
资料来源：课题组根据调研统计数据计算并绘制。

（四）珠海市先进装备制造企业各行业民营承诺投资额占比情况

　　优势竞争性产业领域民营企业累计承诺投资 1 150 853 万元人民币，占该领域企业承诺投资总金额的 97.1%；特色竞争性产业领域民营企业累计承诺投资 734 465 万元人民币，占该领域企业承诺投资总金额的 99.9%；战略潜力性产业领域民营企业累计承诺投资 2 451 088 万元人民币，占该领域企业承诺投资总金额的 60.0%；新兴潜力性产业领域民营企业累计承诺投资 439 503 万元人民币，占该领域企业承诺投资总金额的 95.9%。

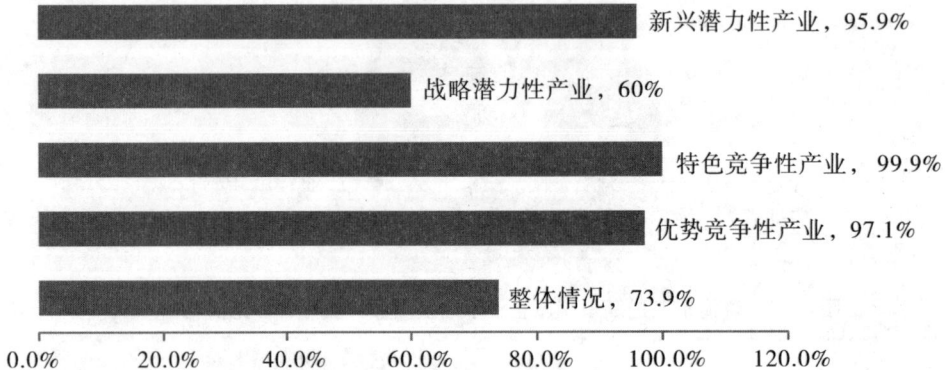

新兴潜力性产业，95.9%

战略潜力性产业，60%

特色竞争性产业，99.9%

优势竞争性产业，97.1%

整体情况，73.9%

0.0%　　20.0%　　40.0%　　60.0%　　80.0%　　100.0%　　120.0%

图4-4　珠海市先进装备制造企业各行业民营承诺投资额占比情况
资料来源：课题组根据调研统计数据计算并绘制。

二、优势竞争性产业发展及民营企业集聚情况

课题组调研统计数据显示，截至 2017 年 10 月 15 日，在珠海市本地注册的先进装备制造企业中，优势竞争性产业共有企业 579 家，累计承诺投资资金约 1 185 205 万元人民币；民营企业共有 568 家，占 98.1%；民营企业累计承诺投资资金约 879 747 万元人民币，占 74.2%。其中：

（一）珠海市先进装备制造优势竞争性产业企业数量行业分布

智能终端设备产业方向企业共有 112 家，占优势竞争性产业领域企业总数的 19.3%；节能与新能源汽车产业方向企业共有 136 家，占优势竞争性产业领域企业总数的 23.5%；智能家居产业方向企业共有 331 家，占优势竞争性产业领域企业总数的 57.2%。

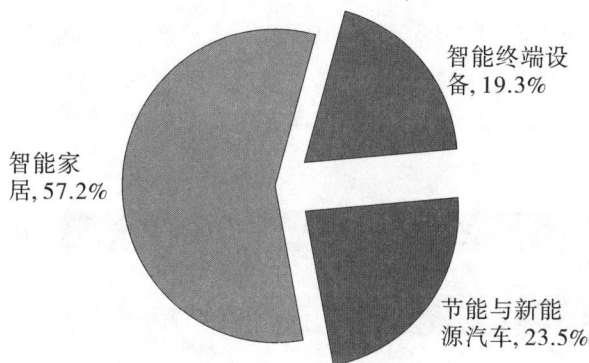

图 4-5 珠海市先进装备制造优势竞争性产业企业数量行业分布占比情况
资料来源：课题组根据调研统计数据计算并绘制。

（二）珠海市先进装备制造优势竞争性产业企业承诺投资额行业分布

智能终端设备产业方向企业累计承诺投资 555 370 万元人民币，占优势竞争性产业领域企业累计承诺投资总金额的 46.9%；节能与新能源汽车产业方向企业累计承诺投资 504 636 万元人民币，占优势竞争性产业领域企业累计承诺投资总金额的 42.6%；智能家居产业方向企业累计承诺投资 125 200 万元人民币，占优势竞争性产业领域企业累计承诺投资总金额的 10.6%。

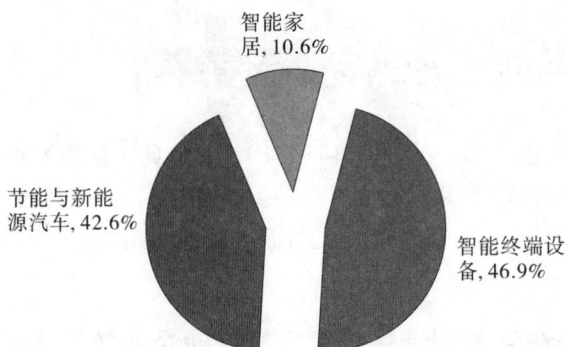

图4-6 珠海市先进装备制造优势竞争性产业企业承诺投资额行业分布占比情况
资料来源：课题组根据调研统计数据计算并绘制。

（三）珠海市先进装备制造优势竞争性产业企业各行业民营数量占比情况

智能终端设备产业方向民营企业共有108家，占该产业方向企业总数的96.4%；节能与新能源汽车产业方向民营企业共有131家，占该产业方向企业总数的96.3%；智能家居产业方向民营企业共有329家，占该产业方向企业总数的99.4%。

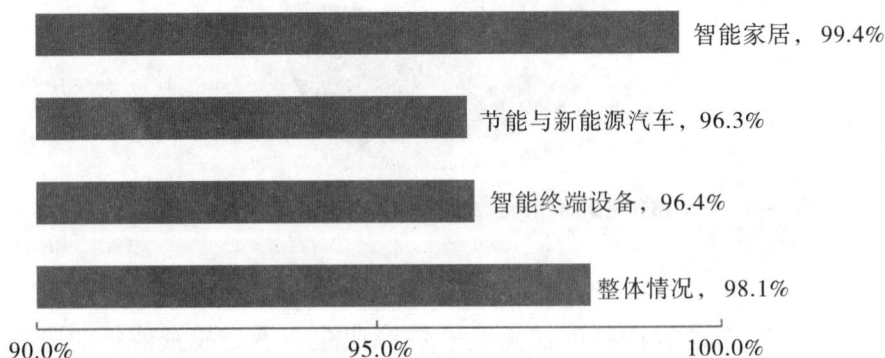

图4-7 珠海市先进装备制造优势竞争性产业企业各行业民营数量占比情况
资料来源：课题组根据调研统计数据计算并绘制。

（四）珠海市先进装备制造优势竞争性产业企业各行业民营承诺投资额占比情况

智能终端设备产业方向民营企业累计承诺投资524 130万元人民币，占该产业方向企业累计承诺投资总金额的94.41%；节能与新能源汽车产业方向民营企业累计承诺投资503 563万元人民币，占该产业方向企业累计承诺投资总金额的99.8%；智能家居产业方向民营企业累计承诺投资123 161万元人民币，占该产业方向企业累计承诺投资总金额的98.4%。

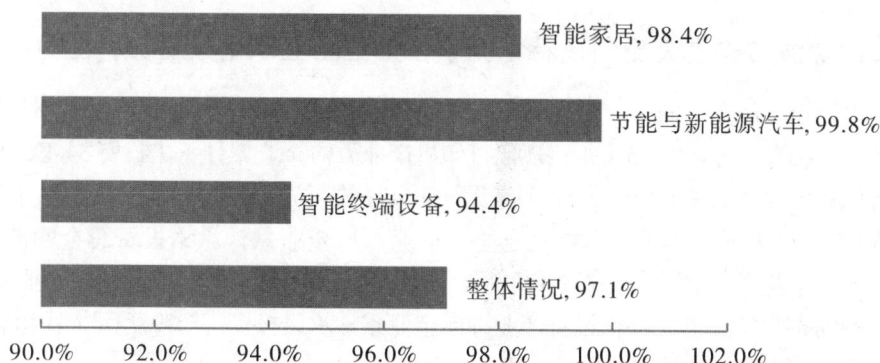

图 4-8　珠海市先进装备制造优势竞争性产业企业各行业民营承诺投资额占比情况
资料来源：课题组根据调研统计数据计算并绘制。

三、特色竞争性产业发展及民营企业集聚情况

课题组调研统计数据显示，截至 2017 年 10 月 15 日，在珠海市本地注册的先进装备制造企业中，特色竞争性产业共有企业 881 家，累计承诺投资资金约 734 901 万元人民币；民营企业共有 875 家，占 99.3%；民营企业累计承诺投资资金约 636 821 万元人民币，占 86.7%。

（一）珠海市先进装备制造特色竞争性产业企业数量行业分布

智能电网设备产业方向企业共有 156 家，占特色竞争性产业领域企业总数的 17.7%；现代打印机产业方向企业共有 190 家，占特色竞争性产业领域企业总数的 21.6%；医疗器械产业方向企业共有 318 家，占特色竞争性产业领域企业总数的 36.1%；游艇产业方向企业共有 145 家，占特色竞争性产业领域企业总数的 16.5%；节能环保设备产业方向企业共有 72 家，占特色竞争性产业领域企业总数的 8.2%。

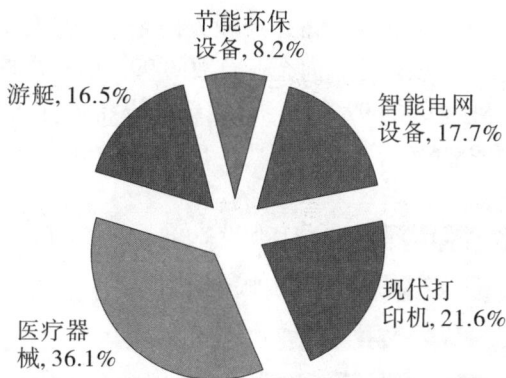

图 4-9　珠海市先进装备制造特色竞争性产业企业数量行业分布占比情况
资料来源：课题组根据调研统计数据计算并绘制。

（二）珠海市先进装备制造特色竞争性产业企业承诺投资额行业分布

　　智能电网设备产业方向企业累计承诺投资 183 549 万元人民币，占特色竞争性产业领域企业累计承诺投资总金额的 25.0%；现代打印机产业方向企业累计承诺投资 34 492 万元人民币，占特色竞争性产业领域企业累计承诺投资总金额的 4.7%；医疗器械产业方向企业累计承诺投资 224 022 万元人民币，占特色竞争性产业领域企业累计承诺投资总金额的 30.5%；游艇产业方向企业累计承诺投资 251 179 万元人民币，占特色竞争性产业领域企业累计承诺投资总金额的 34.2%；节能环保设备产业方向企业累计承诺投资 41 659 万元人民币，占特色竞争性产业领域企业累计承诺投资总金额的 5.7%。

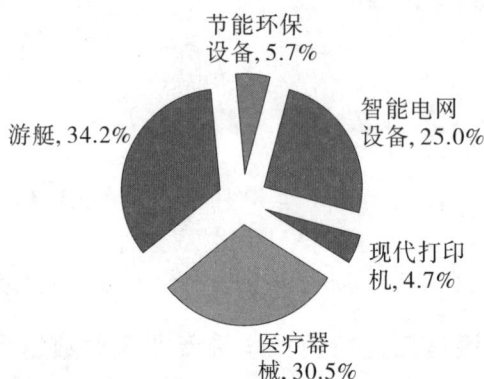

图 4-10　珠海市先进装备制造特色竞争性产业企业承诺投资额行业分布占比情况
资料来源：课题组根据调研统计数据计算并绘制。

（三）珠海市先进装备制造特色竞争性产业企业各行业民营数量占比情况

　　智能电网设备产业方向民营企业共有 153 家，占该产业方向企业总数的 98.1%；现代打印机产业方向民营企业共有 190 家，占该产业方向企业总数的 100.0%；医疗器械产业方向民营企业共有 317 家，占该产业方向企业总数的 99.7%；游艇产业方向民营企业共有 144 家，占该产业方向企业总数的 99.3%；节能环保设备产业方向民营企业共有 71 家，占该产业方向企业总数的 98.6%。

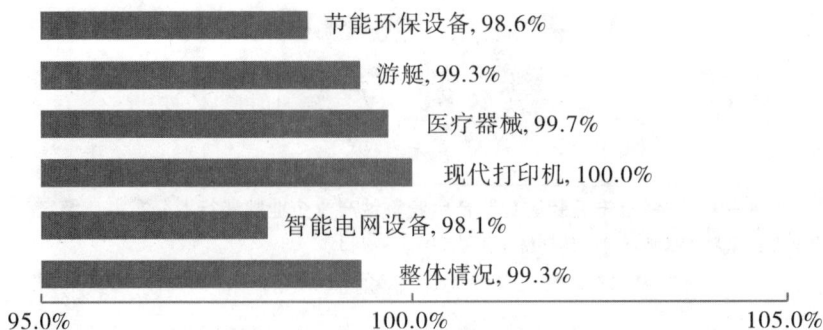

图 4-11　珠海市先进装备制造特色竞争性产业企业各行业民营数量占比情况
资料来源：课题组根据调研统计数据计算并绘制。

（四）珠海市先进装备制造特色竞争性产业企业各行业民营承诺投资额占比情况

智能电网设备产业方向民营企业累计承诺投资 183 523 万元人民币，占该产业方向企业累计承诺投资总金额的 100.0%；现代打印机产业方向民营企业累计承诺投资 34 492 万元人民币，占该产业方向企业累计承诺投资总金额的 100.0%；医疗器械产业方向民营企业累计承诺投资 223 722 万元人民币，占该产业方向企业累计承诺投资总金额的 99.9%；游艇产业方向民营企业累计承诺投资 251 079 万元人民币，占该产业方向企业累计承诺投资总金额的 100.0%；节能环保设备产业方向民营企业累计承诺投资 41 649 万元人民币，占该产业方向企业累计承诺投资总金额的 100.0%。

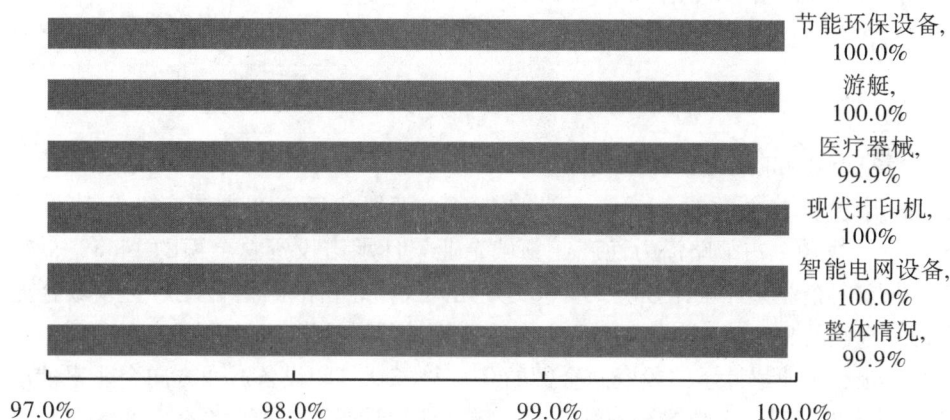

图 4-12　珠海市先进装备制造特色竞争性产业企业各行业民营承诺投资额占比情况
资料来源：课题组根据调研统计数据计算并绘制。

四、战略潜力性产业发展及民营企业集聚情况

课题组调研统计数据显示，截至 2017 年 10 月 15 日，在珠海市本地注册的先进装备制造企业中，战略潜力性产业共有企业 512 家，累计承诺投资资金约 4 078 397 万元人民币；民营企业共有 483 家，占 94.3%；民营企业累计承诺投资资金约 1 844 818 万元人民币，占 45.2%。

（一）珠海市先进装备制造战略潜力性产业企业数量行业分布

通用航空产业方向企业共有 183 家，占战略潜力性产业领域企业总数的 35.7%；船舶与海洋工程装备产业方向企业共有 220 家，占战略潜力性产业领域企业总数的 43.0%；轨道交通装备产业方向企业共有 30 家，占战略潜力性产业领域企业总数的 5.9%；机器人产业方向企业共有 42 家，占战略潜力性产业领域企业总数的 8.2%；3D 打印设备产业方向企业共有 37 家，占战略潜力性产业领域企业总数的 7.2%。

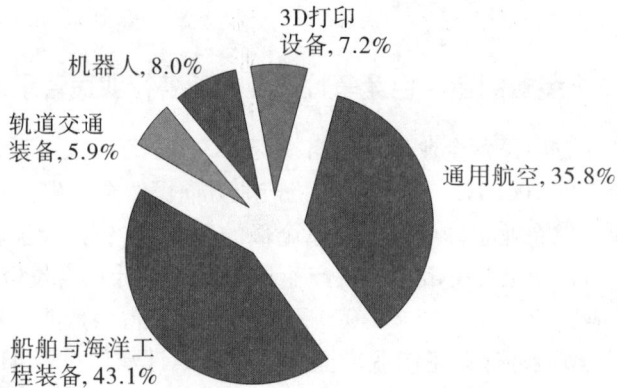

图4-13　珠海市先进装备制造战略潜力性产业企业数量行业分布占比情况
资料来源：课题组根据调研统计数据计算并绘制。

（二）珠海市先进装备制造战略潜力性产业企业承诺投资额行业分布

通用航空产业方向企业累计承诺投资 2 990 147 万元人民币，占战略潜力性产业领域企业累计承诺投资总金额的 73.3%；船舶与海洋工程装备产业方向企业累计承诺投资 602 157 万元人民币，占战略潜力性产业领域企业累计承诺投资总金额的 14.8%；轨道交通装备产业方向企业累计承诺投资 379 383 万元人民币，占战略潜力性产业领域企业累计承诺投资总金额的 9.3%；机器人产业方向企业累计承诺投资 34 577 万元人民币，占战略潜力性产业领域企业累计承诺投资总金额的 0.8%；3D 打印设备产业方向企业累计承诺投资 72 132 万元人民币，占战略潜力性产业领域企业累计承诺投资总金额的 1.8%。

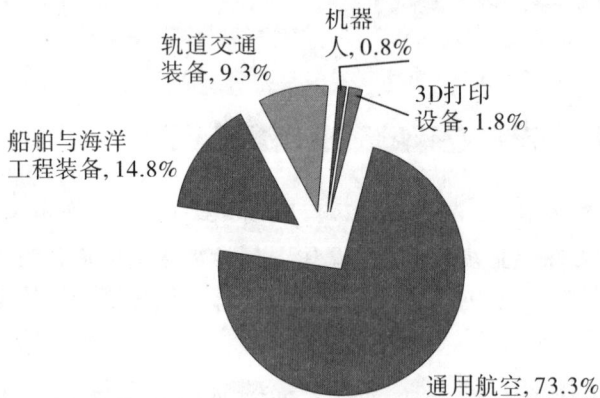

图4-14　珠海市先进装备制造战略潜力性产业企业承诺投资额行业分布占比情况
资料来源：课题组根据调研统计数据计算并绘制。

（三）珠海市先进装备制造战略潜力性产业企业各行业民营数量占比情况

通用航空产业方向民营企业共有 166 家，占该产业方向企业总数的 90.7%；船舶与海洋工程装备产业方向民营企业共有 216 家，占该产业方向企业总数的 98.2%；轨道交通装备产业方向民营企业共有 23 家，占该产业方向企业总数的 76.7%；机器人产业方向民营企业共有 41 家，占该产业方向企业总数的 97.6%；3D 打印设备产业方向民营企业共有 37 家，占该产业方向企业总数的 100.0%。

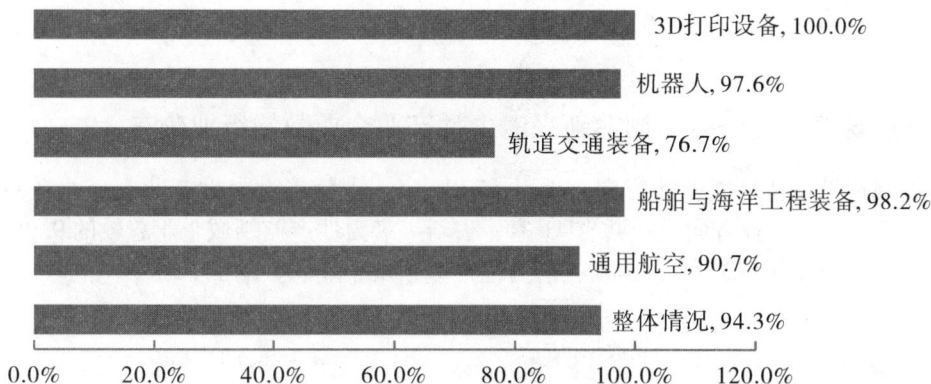

图 4-15　珠海市先进装备制造战略潜力性产业企业各行业民营数量占比情况
资料来源：课题组根据调研统计数据计算并绘制。

（四）珠海市先进装备制造战略潜力性产业企业各行业民营承诺投资额占比情况

通用航空产业方向民营企业累计承诺投资 166 504 2 万元人民币，占该产业方向企业累计承诺投资总金额的 55.7%；船舶与海洋工程装备产业方向民营企业累计承诺投资 600 557 万元人民币，占该产业方向企业累计承诺投资总金额的 99.7%；轨道交通装备产业方向民营企业累计承诺投资 71 533 万元人民币，占该产业方向企业累计承诺投资总金额的 18.9%；机器人产业方向民营企业累计承诺投资 41 824 万元人民币，占该产业方向企业累计承诺投资总金额的 97.7%；3D 打印设备产业方向民营企业累计承诺投资 72 132 万元人民币，占该产业方向企业累计承诺投资总金额的 100.0%。

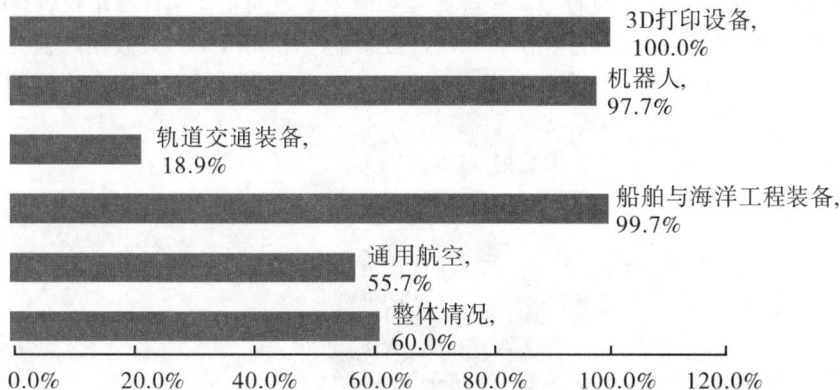

图 4-16　珠海市先进装备制造战略潜力性产业企业各行业民营承诺投资额占比情况
资料来源：课题组根据调研统计数据计算并绘制。

五、新兴潜力性产业发展及民营企业集聚情况

课题组调研统计数据显示，截至 2017 年 10 月 15 日，在珠海市本地注册的先进装备制造企业中，新兴潜力性产业共有企业 413 家，累计承诺投资资金约 458 417 万元人民币；民营企业共有 403 家，占 97.6%；民营企业累计承诺投资资金约 333 793 万元人民币，占 72.8%。

（一）珠海市先进装备制造新兴潜力性产业企业数量行业分布

智能制造设备与集成产业方向企业共有 301 家，占新兴潜力性产业领域企业总数的 72.9%；智能物流产业方向企业共有 41 家，占新兴潜力性产业领域企业总数的 9.9%；大数据产业方向企业共有 71 家，占新兴潜力性产业领域企业总数的 17.2%。

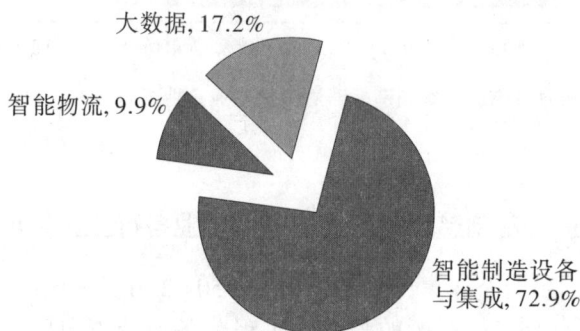

图 4-17　珠海市先进装备制造新兴潜力性产业企业数量行业分布占比情况
资料来源：课题组根据调研统计数据计算并绘制。

（二）珠海市先进装备制造新兴潜力性产业企业承诺投资额行业分布

智能制造设备与集成产业方向企业累计承诺投资 326 734 万元人民币，占新兴潜力性产业领域企业累计承诺投资总金额的 71.3%；智能物流产业方向企业累计承诺投资 60 111 万元人民币，占新兴潜力性产业领域企业累计承诺投资总金额的 13.1%；大数据产业方向企业累计承诺投资 71 573 万元人民币，占新兴潜力性产业领域企业累计承诺投资总金额的 15.6%。

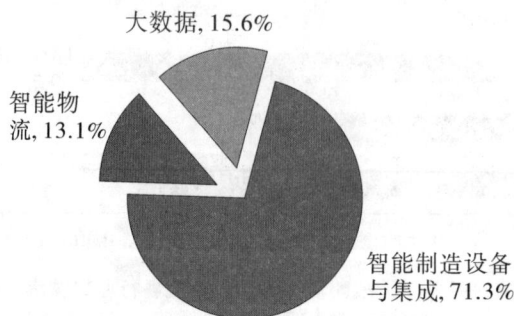

图 4-18　珠海市先进装备制造新兴潜力性产业企业承诺投资额行业分布占比情况
资料来源：课题组根据调研统计数据计算并绘制。

（三）珠海市先进装备制造新兴潜力性产业企业各行业民营数量占比情况

智能制造设备与集成产业方向民营企业共有 294 家，占该产业方向企业总数的 97.7%；智能物流产业方向民营企业共有 39 家，占该产业方向企业总数的 95.1%；大数据产业方向民营企业共有 70 家，占该产业方向企业总数的 98.6%。

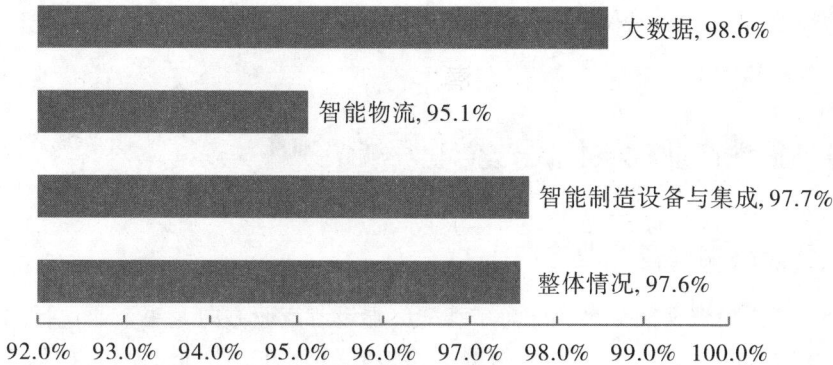

图 4-19　珠海市先进装备制造新兴潜力性产业企业各行业民营数量占比情况
资料来源：课题组根据调研统计数据计算并绘制。

（四）珠海市先进装备制造新兴潜力性产业企业各行业民营承诺投资额占比情况

智能制造设备与集成产业方向民营企业累计承诺投资 312 890 万元人民币，占该产业方向企业累计承诺投资总金额的 95.8%；智能物流产业方向民营企业累计承诺投资 60 041 万元人民币，占该产业方向企业累计承诺投资总金额的 99.9%；大数据产业方向民营企业累计承诺投资 66 573 万元人民币，占该产业方向企业累计承诺投资总金额的 93.0%。

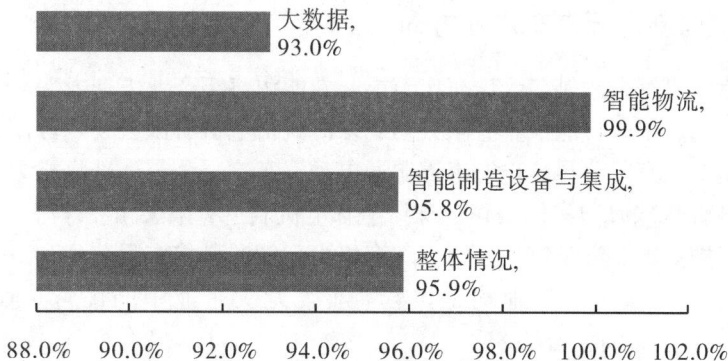

图 4-20　珠海市先进装备制造新兴潜力性产业企业各行业民营承诺投资额占比情况
资料来源：课题组根据调研统计数据计算并绘制。

第二节 珠海市先进装备制造业各代表性民营企业发展情况

正如党的十九大报告提出的"支持民营企业发展,激发各类市场主体活力",近年来,珠海市不断优化民营经济发展环境,全力推动民营经济转型升级。《2016年珠海市国民经济和社会发展统计公报》公布的统计数据显示,"2016年珠海市规模以上工业民营企业实现增加值增长18.8%、实现利润增长43.1%",民营企业逐步成长为珠海市先进装备制造业的主力军。

一、优势竞争性产业代表性民营企业发展情况

(一) 智能终端设备产业方向

依据企业承诺投资金额排名,珠海市智能终端设备产业方向龙头企业包括珠海方正科技高密电子有限公司、珠海方正科技多层电路板有限公司、伟创力制造(珠海)有限公司、伟创力实业(珠海)有限公司、伟创力电脑(珠海)有限公司、珠海市魅族科技有限公司、伟创力科技(珠海)有限公司、珠海市源潭信息技术有限公司、珠海市源珠信息技术有限公司和珠海市魅族通讯设备有限公司。其中,除了珠海方正科技高密电子有限公司、珠海方正科技多层电路板有限公司是国有企业外,其他均是民营企业。龙头企业民营企业数量占比为80.0%,承诺投资金额占比为62.1%。需要留意的是,伟创力制造(珠海)有限公司、伟创力实业(珠海)有限公司、伟创力电脑(珠海)有限公司、伟创力科技(珠海)有限公司是伟创力集团在珠海设立的独资子公司,珠海市源珠信息技术有限公司是珠海市源潭信息技术有限公司旗下子公司。珠海市魅族科技有限公司和珠海市魅族通讯设备有限公司大股东为同一人,视为同一集团。

(二) 节能与新能源汽车产业方向

依据企业承诺投资金额排名,珠海市节能与新能源汽车产业方向龙头企业包括银隆新能源股份有限公司、中兴智能汽车有限公司、珠海凯雷电机有限公司、珠海光宇电池有限公司、珠海三美电机有限公司、珠海市锦源通电动汽车有限公司、珠海格力新能源科技有限公司、力佳电机(珠海)有限公司、珠海凯邦电机制造有限公司、珠海三益电池有限公司。其中,除了中兴智能汽车有限公司、珠海格力新能源科技有限公司和珠海凯邦电机制造有限公司是国有企业外,其他均是民营企业。龙头企业中的民营企业数量占比为70.0%,承诺投资金额占比为72.8%。

(三) 智能家居产业方向

依据企业承诺投资金额排名,珠海市智能家居产业方向龙头企业包括珠海大秦格力智能家居有限公司、珠海横琴汇美嘉家居有限公司、横琴泰品然家居用品有限公司、珠海苏宁家电产业基地有限公司、珠海新秀丽家居用品有限公司、珠海爱迪生智能家居股份有限

公司、青木家居用品（珠海）有限公司、珠海东方制冷空调设备配件有限公司、珠海横琴熙玛热电冰箱有限公司、珠海伯克丽现代家居有限公司。其中，除了珠海大秦格力智能家居有限公司是国有企业外，其他均是民营企业。龙头企业中的民营企业数量占比为90.0%，承诺投资金额占比为81.5%。

二、特色竞争性产业代表性民营企业发展情况

（一）智能电网设备产业方向

依据企业承诺投资金额排名，珠海市智能电网设备产业方向龙头企业包括中海油珠海天然气发电有限公司、珠海康晋电气设备有限公司、珠海市中力电力设备有限公司、珠海博威智能电网有限公司、珠海赛迪生电气设备有限公司、珠海清英智能电网研究院有限公司、珠海台电电力设备有限公司、珠海瑞特电气设备有限公司、珠海沃顿智能电网技术有限公司、珠海市通得电气设备有限公司。其中，除了中海油珠海天然气发电有限公司是国有企业外，其他均是民营企业。龙头企业中的民营企业数量占比为90.0%，承诺投资金额占比为36.5%。

（二）现代打印机产业方向

依据企业承诺投资金额排名，珠海市现代打印机产业方向龙头企业包括珠海联合天润打印耗材有限公司、珠海市汇威打印机耗材有限公司、珠海保税区新天地打印耗材有限公司、珠海浩盛标签打印机有限公司、珠海世纪图能打印耗材有限公司、珠海巨威打印耗材有限公司、珠海中润靖杰打印机耗材有限公司、珠海中凯打印机耗材有限公司、珠海胜牌打印耗材有限公司、珠海好印宝打印耗材有限公司，以上均是民营企业。龙头企业中的民营企业数量占比为100%，承诺投资金额占比为100.0%。

（三）医疗器械产业方向

依据企业承诺投资金额排名，珠海市医疗器械产业方向龙头企业包括珠海和佳医疗设备股份有限公司、珠海十方鼎福医疗设备有限公司、珠海丽珠圣美医疗诊断技术有限公司、珠海大基医疗设备有限公司、珠海和佳医疗器械创新研究院有限公司、珠海康德莱医疗器械有限公司、珠海市祥乐医疗器械有限公司、珠海市华盈泰医疗器械有限公司、珠海市特鋆医疗器械科技有限公司、珠海海特医疗设备有限公司，以上均是民营企业。龙头企业中的民营企业数量占比为100.0%，承诺投资金额占比为100.0%。其中，珠海和佳医疗器械创新研究院有限公司是珠海和佳医疗设备股份有限公司旗下子公司。

（四）游艇产业方向

依据企业承诺投资金额排名，珠海市游艇产业方向龙头企业包括珠海凤巢游艇制造有限公司、珠海金围游艇俱乐部有限公司、珠海中亚游艇产业有限公司、珠海太阳鸟游艇制造有限公司、珠海横琴威尼斯游艇发展有限公司、珠海横琴中船游艇有限公司、珠海横琴

国重游艇管理有限公司、珠海杰宾仕游艇有限公司、珠海市丽娃游艇开发有限公司、珠海横琴新区月亮湾国际游艇俱乐部有限公司。其中，除了珠海横琴国重游艇管理有限公司外，其他均是民营企业。龙头企业中的民营企业数量占比为90.0%，承诺投资金额占比为92.9%。

（五）节能环保设备产业方向

依据企业承诺投资金额排名，珠海市节能环保设备产业方向龙头企业包括珠海格力节能环保制冷技术研究中心有限公司、珠海横琴新区蓝时洁节能环保科技有限公司、珠海网泰环保设备有限公司、珠海克林格林环保设备制造有限公司、珠海众泰通环保设备有限公司、珠海市水蓝心环保设备有限公司、珠海艾玛珂环保设备有限公司、珠海协和节能环保工程有限公司、珠海亮领节能环保科技有限公司、珠海市宜利环保设备有限公司。其中，除了珠海格力节能环保制冷技术研究中心有限公司外，其他均是民营企业。龙头企业中的民营企业数量占比为90.0%，承诺投资金额占比为62.4%。

三、战略潜力性产业代表性民营企业发展情况

（一）通用航空产业方向

依据企业承诺投资金额排名，珠海市通用航空产业方向龙头企业包括中航通用飞机有限责任公司、珠海翔翼航空技术有限公司、珠海航空城发展集团有限公司、中航通飞华南飞机工业有限公司、珠海众翔飞机制造股份有限公司、珠海得诚通用航空有限公司、南航通用航空有限公司、珠海通港众翔通用航空驾驶员培训有限公司、珠海欧比特宇航科技股份有限公司、国羽航空有限公司。其中，珠海众翔飞机制造股份有限公司、珠海得诚通用航空有限公司、珠海通港众翔通用航空驾驶员培训有限公司、国羽航空有限公司是民营企业。龙头企业中的民营企业数量占比为40.0%，承诺投资金额占比为16.1%。

（二）船舶与海洋工程装备产业方向

依据企业承诺投资金额排名，珠海市船舶与海洋工程装备产业方向龙头企业包括珠海中超船舶修造有限公司、三一海洋重工有限公司、玉柴船舶动力股份有限公司、珠海市红盛海洋工程有限公司、珠海巨涛海洋石油服务有限公司、瓦锡兰玉柴发动机有限公司、采埃孚船舶推进系统（珠海）有限公司、珠海横琴国重船舶有限公司、珠海横琴国汇船舶重工有限公司、珠海横琴志发船舶工程有限公司。其中，除了珠海横琴国重船舶有限公司是国有企业外，其他均是民营企业。龙头企业中的民营企业数量占比为90.0%，承诺投资金额占比为95.8%。

（三）轨道交通装备产业方向

依据企业承诺投资金额排名，珠海市轨道交通产业方向龙头企业包括珠海交通集团有限公司、珠海中车装备工程有限公司、中铁十五局集团城市轨道交通工程有限公司、中交

珠海城际轨道交通投资建设有限公司、珠海城际轨道实业有限公司、珠海市温交交通建设有限公司、珠海欧邦轨道交通装备科技有限公司、惠嘉交通集团有限公司、珠海市业成轨道交通设备科技有限公司、珠海市京立交通工程有限公司。其中，珠海欧邦轨道交通装备科技有限公司、惠嘉交通集团有限公司、珠海市业成轨道交通设备科技有限公司、珠海市京立交通工程有限公司是民营企业。龙头企业中的民营企业数量占比为40.0%，承诺投资金额占比为3.8%。

（四）机器人产业方向

依据企业承诺投资金额排名，珠海市机器人产业方向龙头企业包括珠海飞马传动机械有限公司、珠海格力机器人有限公司、珠海美库机器人智能科技有限公司、珠海云洲智能科技有限公司、珠海方通机器人科技有限公司、珠海承宇机器人有限公司、ABB机器人（珠海）有限公司、珠海致品机器人自动化有限公司、珠海智新自动化科技有限公司、珠海横琴海龟机器人科技有限公司。其中，除了珠海格力机器人有限公司是国有企业外，其他均是民营企业。龙头企业中的民营企业数量占比为80.0%，承诺投资金额占比为54.9%。

（五）3D打印设备产业方向

依据企业承诺投资金额排名，珠海市3D打印设备产业方向龙头企业包括珠海赛纳打印科技股份有限公司、珠海天威飞马打印耗材有限公司、珠海奔图打印科技有限公司、天威联力打印机耗材（珠海珠澳跨境工业区）有限公司、珠海市三绿实业有限公司、珠海市耐博碳纤维科技有限公司、珠海中润靖杰打印科技有限公司、珠海埃德三维科技有限公司、珠海保税区先临三维科技有限公司、珠海智维立体成型有限责任公司，以上均是民营企业。龙头企业中的民营企业数量占比为100.0%，承诺投资金额占比为100.0%。

四、新兴潜力性产业代表性民营企业发展情况

（一）智能制造设备与集成产业方向

依据企业承诺投资金额排名，珠海市智能制造设备及集成产业方向龙头企业包括番禺珠江钢管（珠海）有限公司、珠海市运泰利自动化设备有限公司、珠海格力数控机床研究院有限公司、珠海格力智能装备有限公司、珠江钢管（珠海）有限公司、珠海银鑫晶金融自动化设备有限公司、帕博检测技术服务有限公司、珠海开普检测技术有限公司、港日智能设备（珠海）有限公司、珠海蓝瑞盟智能设备有限公司。其中，珠海市运泰利自动化设备有限公司、珠海银鑫晶金融自动化设备有限公司、珠海开普检测技术有限公司、港日智能设备（珠海）有限公司、珠海蓝瑞盟智能设备有限公司是民营企业。龙头企业中的民营企业数量占比为50.0%，承诺投资金额占比为35.6%。

（二）智能物流产业方向

依据企业承诺投资金额排名，珠海市智能物流产业方向龙头企业包括珠海公共交通运

输集团有限公司、珠海斗门珠船集装箱码头有限公司、珠海华盈智慧物联网技术有限公司、珠海恒资物联网有限公司、广东大洋博圣智慧交通科技有限公司、珠海晨翔物联网科技有限公司、睿昶物联网（珠海）有限公司、珠海如一物联网科技有限公司、珠海卓跃物流科技有限公司、横琴高科物联网有限公司。其中，除了珠海公共交通运输集团有限公司、珠海斗门珠船集装箱码头有限公司是国有企业外，其他均是民营企业。龙头企业中的民营企业数量占比为80.0%，承诺投资金额占比为53.8%。

（三）大数据产业方向

依据企业承诺投资金额排名，珠海市大数据产业方向龙头企业包括城联数据有限公司、码上付数据服务有限责任公司、珠海市汇智德辰数据科技有限公司、网联数据服务有限公司、广东中康卫安医疗大数据有限责任公司、珠海国扬大数据研究中心（有限合伙）、横琴中电友普云数据有限公司、珠海大京数据科技有限公司、珠海市横琴朗尼科云计算数据中心有限公司、珠海市行者云计算技术有限公司。其中，除了横琴中电友普云数据有限公司外，其他都是民营企业。龙头企业中的民营企业数量占比为90.0%，承诺投资金额占比为93.5%。

第三节 珠海市先进装备制造业的发展瓶颈与趋势分析

随着中国特色社会主义进入了新时代，珠海市要发展成为"以海陆空高端装备产业为核心、以智能制造为支撑"的珠江西岸先进装备制造产业带的龙头，就要对照新发展理念，认清自身瓶颈，明辨发展趋势，抓住机遇，扬长避短，砥砺前行。

一、珠海市先进装备制造业发展要突破的瓶颈

（一）部分产业链关键环节缺失较多

珠海市装备制造业起步较晚，目前仍需依靠招商引资来支撑。多数产品的生产制造仍处于组装环节，关键零部件的对外依赖度较高，本土制造能力和产业配套能力较弱，不少企业只能选择从国内其他装备制造基础较好的地区或欧美市场引进零部件为核心装备产品配套。据对瓦锡兰玉柴发动机有限公司的调研获知，其核心发动机产品的关键零部件，仅有20%能在广东省内制造。

（二）企业自主创新能力有待提升

企业自主创新能力的弱点主要表现为核心知识产权较少。虽然企业的成套研制能力已显著增强，但许多核心技术仍受制于国外，自主创新能力较低，具有自主知识产权的核心技术和优势产品较少。

（三）产业园区粗放发展难以为继

珠海市现有装备制造产业园区数量众多，但是总体上看，现有的产业园区大多数属自

发形成，园区布局比较分散、各自为政、规模小、产业分工不明显、同质化严重。辖区内围绕装备制造业的产业分工不明显，产业链条合作以物资协作和浅层次的垂直分工居多，深层次的产业合作甚少，尚未形成层次分明的产业集聚和具有竞争力的产业联盟。园区相关基础设施、服务配套不完善，人才、创新资源等要素难以集聚，资源难以在珠海区域范围内合理流动。由于完整的生态系统尚未完全形成，导致区域间的联动关系松散，企业主体和市场配置资源的作用难以发挥。

（四）信息化和工业化尚需深度融合

工业和信息化部《信息化和工业化融合发展规划（2016—2020年）》指出，在"十三五"期间全面部署信息化和工业化融合发展工作，"信息化和工业化深度融合"已上升为国家战略。目前，珠海在"两化"融合上还有一定差距，珠海先进装备制造企业需要突破其瓶颈，从而实现信息化和工业化的深度融合与发展。在新时期下，随着新一代信息技术的更新换代以及由此带来的数字化工业、"互联网＋"等商业模式的变革创新，将给当前装备制造的生产模式带来革命性的突破，这对于珠海先进装备制造产业的未来发展，在提供发展机遇的同时，也是一项不容忽视的挑战。

二、珠海市先进装备制造业的发展趋势

（一）全球装备制造业发展模式发生深刻变化

从全球范围来看，信息技术和制造业的融合不断加速，西方国家开始逐步在装备制造业领域进行战略性规划，试图在关键工业技术上寻求先发优势，成为世界未来经济以及科技发展的引导者。因此，德国政府的"工业4.0"战略，美国政府的"再工业化"战略，人工智能以及低碳经济、下一代新能源、智慧地球等发展路线，都将未来发展重心放在高端制造领域以及新兴产业上，以此谋求获得新的竞争手段和优势。发达国家装备制造业的战略规划，将对中国先进装备制造业的发展形成强有力的竞争，并且当前已有竞争优势的装备制造业产品的国际市场空间也会逐渐被压缩。

（二）建设制造强国已上升为国家战略

国务院《中国制造2025》提出建设制造强国战略，强调聚焦高档数控机床、航空航天装备、机器人、海洋工程装备和高技术船舶、先进轨道交通装备、电力装备、节能和新能源汽车、农机装备等重点领域。未来30年是装备制造业发展的重要机遇期，各省份也纷纷提出以装备制造业为突破口，打造制造强省战略。珠海必须科学判明信息化、智能化、绿色化、服务化、国际化的发展趋势，抓住重大战略机遇，加快发展装备制造业。

（三）广东省装备制造业发展水平迅速提升

广东省装备制造业发展水平的迅速提升，强有力地推动制造业结构调整和转型升级。广东省制造业整体水平正在从处于全球产业价值链的中低端向中高端迅速提升，逐步摆脱

"买装备造产品"的生产模式，补齐装备制造的短板。广东重大产业上下游和关联产业的匹配度明显提高，汽车产业中零部件与整车产值的比值正逐渐接近发达国家的水平。广东全省装备制造业关键技术和零部件依赖进口，机器人和高端自动控制系统、高档数控机床、高档数控系统大部分市场份额被国外产品占领的局面将彻底改变。在广东全省装备制造业强劲发展势头之下，珠海的装备制造业也蓄势待发。

（四）珠海将成为"珠江西岸先进装备制造产业带"重要增长极

按照建设珠江西岸先进装备制造产业带龙头的各项要求，珠海市积极对接"一带一路""中国制造2025"等国家建设部署，不断优化产业结构，壮大产业规模。珠海市科技和工业信息化局公布统计数据显示，2017年上半年，珠海市装备制造业规模以上企业总体实现产值占全市规模以上工业企业总产值比例达43.8%，累计实现1 016.6亿元人民币，较去年同期增长22.1%，继续保持两位数的高速增长趋势。此外，珠海市装备制造业规模以上企业实现增加值占全市规模以上工业增加值比例达41.7%，累计实现231.1亿元人民币，较去年同期增长25.1%，增速超过广州市和深圳市以及省内其他地级市。《珠海市先进装备制造业"十三五"发展规划》更进一步提出：到2020年，珠海市装备制造业年产值达到3 000亿元左右；到2025年，珠海市装备制造业年产值达到6 000亿元左右，建设成为"中国智能制造装备产业基地"和"世界先进装备制造'隐形冠军'集聚地"。

第四节　新发展理念指引下的珠海市先进装备制造业发展的总体思路

认真贯彻落实党的十九大精神，坚持以习近平新时代中国特色社会主义思想为指导，坚持质量第一、效益优先，以供给侧结构性改革为主线，以提高供给体系质量为主攻方向，加快推动珠海市先进装备制造业质量变革、效率变革、动力变革，为早日完成"两个一百年"的奋斗目标以及实现中华民族伟大复兴的中国梦而不懈努力。

一、超前部署，在全省大格局中谋划珠海先进装备制造业整体创新发展

充分依托和结合珠海市的区位、产业特色、资源禀赋、配套环境等方面的独特优势，部署相关细分领域，与珠江西岸先进装备制造产业带其他区域形成错位与互动发展的良好格局，打造广东省先进装备制造产业重要板块。站在全省的高度，从全局出发，以长远的发展战略谋划珠海市先进装备制造整体发展。

二、龙头带动，充分发挥重点骨干企业和创新平台的引领和孵化作用

充分发挥龙头企业的引领带动作用，鼓励和支持重点骨干企业跨地区、跨行业、跨所有制进行兼并、联合以及海外并购，推动形成具备国际竞争力的大型现代企业集团。加速推动重点产业基地和专业化园区建设，逐步完善园区集聚功能，提升专业化分工协作能力，打造一批特色鲜明的装备制造业产业集群。

三、链条整合，强化"海陆空"优势产业链、补齐缺失产业链和建设潜力产业链

加强产业链条整合，强化优势产业链，加强和提升珠海市先进装备制造业现有基础较好和具有比较优势的产业链条；完善缺失产业链，通过引进和市场培育等手段，发展符合珠海市先进装备制造业产业发展方向和功能定位的重点领域，补充和健全现有产业链中的关键缺失环节；建设先进装备制造业潜力产业链，布局和建设未来具有发展潜力和竞争力的产业链条。

四、集聚提升，促进要素集聚、业态集聚和空间集聚，提高"智造"水平

注重和促进产业发展的要素集聚，以克服珠海自身资源要素的短缺。科学制定市政府的产业发展政策，加大力度引导先进装备制造业及配套生产性服务业的多元发展，推动产业发展的业态集聚，促进规模经济，打造完整的产业链条。调整和优化产业的空间布局，提高土地利用率，搭建开放的科技创新服务平台，为产业发展提供高效的公共服务和配套设施，优化产业发展的空间集聚。从要素、业态和空间等多维度，整体提高珠海先进装备制造业的"智造"水平。

五、协同发展，打造高效供应链和生产服务业体系，构建协同联动的产业发展生态

顺应科技和产业革命的大趋势，积极鼓励先进装备制造企业之间、先进装备制造企业与关联制造企业之间以及先进装备制造企业与生产性服务企业之间，相互交叉渗透，实现合作发展。推动新技术、新模式，充分发挥公共技术平台的服务功能，实现共享发展。打造供应链，培育合理的企业梯队，构建涵盖企业生命周期的成长链条和通道，实现大中小企业间的联动发展。加强与周边区域的沟通协作，拓展产业发展的辐射空间。通过打造高效供应链和生产服务业体系，从而完善先进装备制造业产业综合生态，形成珠海产业协同发展的新格局。

第五节　十九大精神引领下，贯彻落实珠海市先进装备制造业新发展理念的政策建议

为完成"两个一百年"的奋斗目标，贯彻和落实十九大精神，遵照国务院《中国制造2025》和《广东省智能制造发展规划（2015—2025年）》的指引，并根据《珠海市先进装备制造业"十三五"发展规划》，突出新时代经济发展的新特点，我们提出关于促进珠海市先进装备制造业持续快速成长的政策建议。

一、贯彻新发展理念，构建先进装备制造产业体系

（一）加快培育一批大企业大集团，稳固发展优势竞争性产业

鼓励重点骨干企业进行跨地区、跨所有制的资产重组和资源整合，培育一批能够带动产品链和区域经济发展的大型装备制造企业。充分发挥大企业大集团在资本扩张、产业聚集、技术扩散等方面的优势，带动珠海市智能终端设备、节能与新能源汽车、智能家居等优势竞争性产业稳固发展。

（二）积极引进有实力的国内外企业，进军战略潜力性产业

依托格力集团、中发集团等本土企业，通过项目合作为主要渠道，围绕通用航空、船舶与海洋工程装备、机器人、轨道交通装备、3D打印设备等产业领域，集中力量引进一批实力雄厚、带动能力强的国内外知名装备制造企业到珠海市建立区域总部、运营结算中心、技术研发中心和生产基地等，为珠海市先进装备制造产业发展注入外部活动，进军战略潜力性产业，抢占先进装备制造产业发展先机。

（三）加强知识产权保护和转化，强化特色竞争性产业

进一步建立健全知识产权保护制度，重点围绕智能电网设备、现代打印机、医疗器械、游艇、节能环保设备等特色竞争性产业领域，加强知识产权保护力度，完善知识产权维权援助机制。促进知识产权转化应用，增强智能电网设备、现代打印机、医疗器械、游艇、节能环保设备等特色竞争性产业的核心竞争力。建立知识产权转移转让机制，健全产、学、研合作创新机制，形成政、产、学、研、用"五位一体"融合发展的技术转移模式，完善技术创新的有效激励机制，强化珠海的特色竞争性产业。

二、支持传统产业优化升级，培育先进装备制造产业集群

（一）鼓励创新型企业个性化发展特色竞争性产业

积极鼓励包括民营企业在内的锐意创新企业，在特色竞争性产业领域施展拳脚。大力支持智能电网设备、现代打印机、医疗器械、游艇、节能环保设备等特色竞争性产业企业设立实验室、技术研发中心、工程技术研究中心等自主研发机构，增强对民营企业关键技术自主创新的技术支撑和服务水平，鼓励和引导上述企业在特色竞争性产业领域发挥特长。

（二）扶持民营企业掌握先进核心技术"填补"产业链

鼓励和引导民营企业锐意创新，支持民营企业加快产业技术改造和升级，鼓励其使用新技术、新工艺、新设备推动产业优化升级和产品结构改进，将先进装备制造业技改项目

纳入产业扶持资金等政府优惠政策的扶持范围。进一步完善技术创新市场导向机制，逐步建立"企业前期投入、政府协同攻关、销售市场验收、政府资金补助"良性循环机制，加大对先进装备制造民营企业科技创新的扶持力度，加快建立创新主体协同机制，助力民营企业在珠海先进装备制造产业领域引领潮流、掌握先进核心技术。引导民营企业勇攀技术高峰，"填补"产业链高端空白环节。

（三）引导中小微企业进军新兴潜力性产业领域

高度重视中小微企业在技术创新上的优势，落实"省孵化器倍增计划"，大力发展各类孵化器和加速器，力争创建国家级孵化器，打造"创业苗圃→孵化器→加速器→科技园"的全孵化链条，重点引导中小微企业进军智能制造设备与集成、智能物流和大数据等新兴潜力性产业领域。鼓励现有科技企业孵化器吸纳先进装备制造研发项目入驻，优先提供孵化空间、创业辅导、开放实验室、融资支持等服务。

三、融入"一带一路"国家倡议，培育国际产能合作和竞争新优势

（一）搭建国际产能和装备制造国际合作平台

引进国家发展和改革委员会国际合作中心，在珠海市横琴自贸试验区内建设国际产能和装备制造国际合作平台。积极贯彻我国与国际的双边和多边合作政策，通过搭建国际合作平台和"双创"服务平台，发起"一带一路"相关活动，举办招商引资会展，为企业、产品、技术等"走出去"和"引进来"提供专业优质服务，成为珠江西岸国际产能和装备制造企业"引进来"和"走出去"的重要窗口和促进国际产能与国际技术合作的高端综合性服务平台。

（二）支持和引导企业积极融入"一带一路"

加强国际装备制造合作的统筹协调，制定对企业的扶持激励政策，加大支持力度，引导珠海市先进装备制造企业面向"一带一路"沿线国家尤其是东南亚、南亚国家等重点区域，积极参与产能跨国合作。鼓励珠海市先进装备制造企业到"一带一路"沿线国家进行投资，积极参与沿线国家基础设施建设与产业合作项目。重点支持智能终端设备、节能与新能源汽车、智能家居等优势竞争性产业和智能电网设备、现代打印机、医疗器械、游艇、节能环保设备等特色竞争性产业龙头企业和骨干企业，借助对外工程承包以及直接投资等手段实现"走出去"，主动参与和拓宽装备制造业海外市场。鼓励和支持具有先进装备制造优势的珠海市企业在国外设立产业技术和工程研发中心，加强技术合作与交流，同时在具有市场潜力、相关配套产业完善的沿线国家建立生产、销售、运营和维护中心，提升企业跨国运营水平及产业竞争力，建立健全服务企业"走出去"的政策体系和国际产业合作机制。

（三）开拓吸引和利用外资的新局面

坚持互利共赢的原则，引导境外资金投入装备主机、基础零部件、工程与施工等行业

领域，支持境外、市外企业和科研机构在珠海市设立相关技术研发机构以及人才培训中心，推进装备制造智能化示范工厂试点，与国内外装备制造领域领军企业积极探索合资、参股、并购等合作模式，推动珠海市装备制造业由以加工制造环节为主，逐步向合作研发、联合设计、市场营销、品牌培育等产业链高端环节延伸。不断探索招商引资管理模式创新，注重全产业链配套项目引进，逐步提升工业基地园区的产研融合程度和综合配套水平，营造良好的外商投资服务环境。

四、深化供给侧结构性改革，建立高技术生产和服务网络

（一）建立以企业为主体、市场为导向、产学研深度融合的技术创新体系

加快推进以澳门青年创业谷、横琴国际科技创新基地、粤澳合作产业园为重点的创新平台建设，进一步支持企业与珠海大学园区高校、清华大学、中山大学、华南理工大学、广东省科学院等高等院校和研发机构的战略合作，加速集聚培育国际化、高水平、跨领域的科技创新资源，打造知识技术策源高地和装备制造创新发展的综合引擎。推动各类创新优势资源和已入驻珠海的先进装备制造优势企业充分对接，挖掘一批具有自主知识产权的关键核心技术布局全市。大力开展国际创新合作，开展多层次国际交流。

（二）强化科技创新平台的服务功能

鼓励珠海市先进装备制造领域骨干企业加大研发投入，设立研发实验室、工程技术中心等创新平台，支持企业申报国家重点实验室和工程技术研究中心等研发中心。支持装备控制系统集成、工业机器人、通用航天、3D打印等重点领域的产学研用创新联盟建设。支持企业建立研发准备金制度，落实规模以上装备制造企业研发机构全覆盖行动，争取创新能力突出的领军企业进入世界科技创新前沿。积极推进辖区内先进装备制造企业与军工企业开展技术合作，发展军民融合装备产品。

（三）积极培养和引进科技创新型人才

深入实施"珠海高层次人才计划"，加快推进先进装备制造产业人才发展体制机制改革和政策创新，在贡献奖励、股权奖励、用地供应、资金扶持、出入境、生活保障等方面先行先试，加快建设高端人才创新创业平台，吸引国内外先进装备制造高层次人才集聚。加大人才培养力度，制定奖励政策，完善人才激励机制。

五、推动互联网、大数据、人工智能和实体经济深度融合，创新现代制造模式

（一）推广"互联网+"人工智能制造模式

逐步推动互联网技术向制造业实体产业延伸渗透，在重点企业推进关键制造工序智能化、关键岗位机器人替代，逐步实现生产过程智能控制、供应链优化、物流信息化和能源

管理智慧化。促进生产需求和市场供给的精准对接，引导具备条件的制造企业借助互联网技术获取用户现实需求，通过智能制造技术或模式等进行个性化定制和改进。在汽车、船舶、高档数控机床、海洋工程装备、盾构机等领域积极建设智能工厂或数字化车间，支持发展基于互联网的制造业全行业生态系统协作。推进工业机器人、智能工厂、智能电网、3D打印、智慧物流等先进智能技术的运用，提升智能制造水平和能力。

（二）推进智能制造标准化、模块化

建立健全珠海市先进装备制造业标准体系，加快推进先进装备产品基础标准、试验标准和产品标准的研究制订。在新能源汽车、节能环保、商业航空制造、高端装备制造、海洋工程装备、先进电力装备与智能电网等成套设备领域，加快推进模块化设计、模块化制造、模块化装配的推广应用。

（三）推广绿色低碳智能制造模式

利用大数据、云计算、循环再造等技术手段优化智能制造。注重专业人才培养和利用；大力提升装备制造产品、工艺、流程等设计、开发水平；应用节能环保材料；强化质量体系认证。在整个先进装备制造产品生产和使用的生命周期中最大化减少对周边环境的负面影响，提高资源利用率，降低能源消耗。

六、发展服务型制造，构建现代供应链

（一）促进先进装备制造协同化、服务化、智能化

进一步推进装备制造企业向智能制造转型升级，推广新制造技术、新材料、新设备的使用，依靠协同研发设计、精益生产到售后服务的协同供应链体系，推动上下游企业从采购、研发、制造、设计、物流、运维等全产业流程智能化。引导装备制造行业领域企业改变传统生产组织方式，实现专业化分工和协作，紧跟市场和客户需求变化，缩短产品生产周期，减少企业运营、生产和营销成本。加快服务型装备制造服务平台建设和推广，鼓励基于产业供应链的先进生产性服务业创新发展。

（二）引导先进装备制造业服务化

引导企业从产品供应商向一体化解决方案提供商转变，推动业务流程再造、商业模式及业态创新。鼓励和支持珠海市企业将装备制造环节作为核心，逐步拓展业务相连的生产、营销、设计以及售后维修、咨询等增值服务，逐步实现由单纯的生产型制造企业向服务制造型企业转变；支持具备条件的企业，积极探索开展技术研发、供应链管理、信息化服务等多元化业务，为有需求的企业提供相应的个性化服务。开展服务型制造试点，大力培育各种基于制造的专业服务和增值服务企业，发展在线监控诊断、融资租赁、全生命周期管理等新模式。

（三）推动发展与先进装备制造相关联的生产性服务业

围绕装备制造企业需求，重点发展航运物流、特色金融、科技服务、外包服务、专业会展服务及跨境电商等生产性服务业。培育一批生产性服务业示范企业，建设和提升生产性服务业功能区，实现制造业和服务业融合发展。鼓励和引导相关企业积极探索开展研发、设计、解决方案等产业链前端业务，并逐渐向远程诊断、维护检修、仓储物流、技术培训、融资租赁、消费信贷等产业链中后端业务拓展，加速制造供应链转型升级，不断提高产业价值和产业服务水平。

七、完善营商环境，优化产业发展生态

（一）保障先进制造产业要素有效配置

制定科学的产业政策，加强产业发展指导，充分发挥市场配置资源的决定性作用，保障生产要素高效配置。帮助重点企业协调解决发展中的重大问题和困难，各类重要生产要素如油、气、点、运、通信等，要向具有比较优势的重点骨干企业倾斜，满足其在资金、配套设施、技术研发、项目对接等环节的服务需求。对先进装备制造业重点园区、重点企业、重大项目的建设用地，加大协调支持力度，优先落实建设用地。

（二）确保先进装备制造产业发展空间

根据产业建设项目类别，做好建设用地科学规划，以节地增效、盘活存量为考量，引导企业闲置和低效用地再开发，采取多种措施加快存量规划用地建设和流转，优先保障鼓励扶持类建设项目用地，促进优质产业载体建设。探索推行土地"整体开发"模式，加大土地收储力度，最大限度地整合和盘活存量土地，提高土地利用效率。探索旧厂房综合整治模式，建立专项资金和多部门联合工作小组，政府出资一部分，企业出资一部分，对旧厂房逐步进行"穿衣戴帽"，提高其综合利用率。

（三）有效推进重大项目建设和集聚

按照珠海市先进装备制造产业发展规划，着力引进一批竞争力强、产业链长、科技含量高、经济效益好的重大产业项目，推进项目向重点产业基地园区集聚。优先扶持优势企业重大项目建设，积极争取国家、省项目资金支持。建立先进装备制造重大项目协调推进机制，建立项目"月调度、月通报"制度，加强跟踪协调和监督管理，重点加快投资额达到一定规模的项目建设步伐。

（四）支持先进装备制造企业融资发展

引导珠海市金融机构根据先进装备制造企业的特点，把握好信贷结构的调整方向，进一步改进信贷管理机制，简化贷款管理程序，增加有效信贷投放。加强金融产品创新，拓展先进装备制造企业的融资方式，积极推进产业链融资、应收账款质押、出口退税质押、

股权质押、债券质押、保单质押、仓单质押等新型融资方式。扶持具有成长性的珠海市先进装备制造企业通过新三板、中小板和创业板挂牌融资，或发行中小企业集合债券等方式融资。鼓励已上市的先进装备制造企业在国内资本市场通过再融资、并购重组等方式，实现规模化发展。支持具备条件的先进装备制造企业发行企业债券和资产证券化产品。进一步推动融资机制创新，合理利用银行间市场拓宽融资渠道，引导更多符合条件的装备制造企业发行短期融资券、中期票据、中小企业集合票据等融资工具。积极为外向型先进装备制造企业提供跨境人民币结算服务，通过人民币贸易融资、项目融资等多种新型融资方式，扩大先进装备制造企业的资金来源渠道，带动产品、成套设备和劳务出口。

参考文献

［1］史丹，张成．中国制造业产业结构的系统性优化——从产出结构优化和要素结构配套视角的分析．经济研究，2017（10）.

［2］许和连，成丽红，孙天阳．制造业投入服务化对企业出口国内增加值的提升效应——基于中国制造业微观企业的经验研究．中国工业经济，2017（10）.

［3］刘奕，夏杰长，李垚．生产性服务业集聚与制造业升级．中国工业经济，2017（7）.

［4］傅元海，叶祥松，王展祥．制造业结构变迁与经济增长效率提高．经济研究，2016（8）.

［5］刘斌，魏倩，吕越，等．制造业服务化与价值链升级．经济研究，2016（3）.

［6］杨继军，范从来．"中国制造"对全球经济"大稳健"的影响——基于价值链的实证检验．中国社会科学，2015（10）.

［7］黄群慧，贺俊．中国制造业的核心能力、功能定位与发展战略——兼评《中国制造2025》．中国工业经济，2015（6）.

［8］贺正楚，潘红玉，寻舸，等．高端装备制造企业发展模式变革趋势研究．管理世界，2013（10）.

［9］巫强，刘志彪．本土装备制造业市场空间障碍分析——基于下游行业全球价值链的视角．中国工业经济，2012（3）.

第五章　珠海市智能家电产业发展研究

近年来智能硬件、物联网、人工智能等技术不断发展，十九大报告中也体现了对人工智能等技术的重视，随着客户对产品的体验感要求增加，智能家电愈来愈成为家电产业的发展趋势，各家电企业、互联网平台抓住这一发展机遇，纷纷布局智能家居。

家用电气产业一直是珠海市的六大支柱产业之一，在珠海市积极推进国家智能制造规划以及智能家居产业的影响下，2016 年产值更是突破 2 000 亿元，大约是其他主导产业产值的两倍。但是除了看到珠海市家电产业整体产值总量较大，也要注意珠海市家电企业实力不均，中小企业居多，以及智能家电产业链不均衡的问题。

本章从多个方面分析了珠海市家电产业的发展现状，同时通过将珠海与顺德、中山市等家电产业发达地区家电发展情况进行区域对比，并对格力、海尔、美的等企业对比，运用 SWOT 分析方法，找出珠海家电龙头企业的优势与劣势、机会与威胁。最后本章从政府层面、产业层面以及企业层面给出了相关建议以及具体措施，产业的健康发展是政府协调、引导和企业自身共同努力的结果。

第一节　智能家电产业概述

一、智能家电定义、特征

（一）智能家电的定义

智能家电是指实现了"拟人智能"特性的家电产品。一般来说，智能家电产品能够综合利用灵敏感知能力、正确思维能力、准确判断和有效执行能力。

由于不同国家的发展程度参差不齐，对与智能家电的界定也有所差异，因此对智能家电没有统一的定义。目前国际上应用较为广泛的是国际电工委员会（IEC）的定义：智能家电是指能够接受和处理来自电网信息、家电信息和用户指令并管理一个或多个智能家电的一个部件或者一套功能。

中国工信部对于智能家电也做出了明确的定义。根据《智能家用电器的智能化技术通则》，智能家电产品引入了微处理器、传感器技术、网络通信技术，能够自动感知住宅空间状态和家电自身状态、家电服务状态，能够接收远程的控制指令或根据周围环境自动做出反应。

（二）智能家电的特征

智能家电在国际上尽管没有统一的定义，但是综合来看，其特征却具有一致性。主要体现在以下几个方面：

（1）网络化功能。各种智能家电可以通过家庭局域网连接到一起，还可以通过家庭网关接口同制造商的服务站点相连，最终可以同互联网相连，实现信息的共享。

（2）智能化。智能家电可以根据周围环境的不同自动做出响应，不需要人为干预。

（3）开放性、兼容性。由于用户家庭的智能家电可能来自不同的厂商，智能家电平台必须具有开发性和兼容性。

（4）节能化。智能家电可以根据周围环境自动调整工作时间、工作状态，从而实现节能。

（5）易用性。由于复杂的控制操作流程已由内嵌在智能家电中的控制器解决，因此，用户只需了解非常简单的操作。

二、智能家电产业界定

家电行业的产业链随着智能化程度的不断加深发生了巨大变化，不再局限于传统家电行业产业链的范围。

（一）传统家电产业链

传统家电产业链中家用电器行业是重要的中游行业，上游承载原材料及相应压缩机、电机、面板、集成电路等零部件制造业，下游直接连接终端销售渠道。

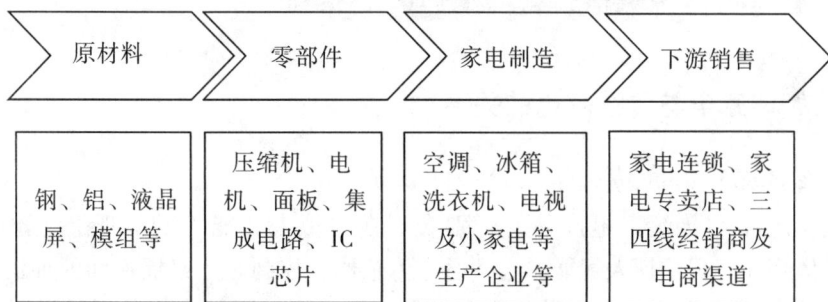

原材料	零部件	家电制造	下游销售
钢、铝、液晶屏、模组等	压缩机、电机、面板、集成电路、IC芯片	空调、冰箱、洗衣机、电视及小家电等生产企业等	家电连锁、家电专卖店、三四线经销商及电商渠道

图5-1　传统家电产业链示意图

（二）智能家电产业链

智能家电产业链在传统的产业链基础上有了更多延伸，上游及下游环节均在不同方向有所拓展。

1. 上游环节

产业链上游增加了智能硬件（智能芯片、语音控制交互、传感器）用于为智能家电提供硬件和应用支持。同时增加了物联网运营（安全服务、云平台＆大数据、操作系统）通过数据分析了解用户偏好，为用户提供切实满足需要的智能服务。

2. 下游环节

智能家电产业链下游增加了跨界合作。同时在关联产业方面拓展了视频娱乐、软件开发、虚拟现实等用以满足用户多场景多方面的需求，提升智能化服务质量。

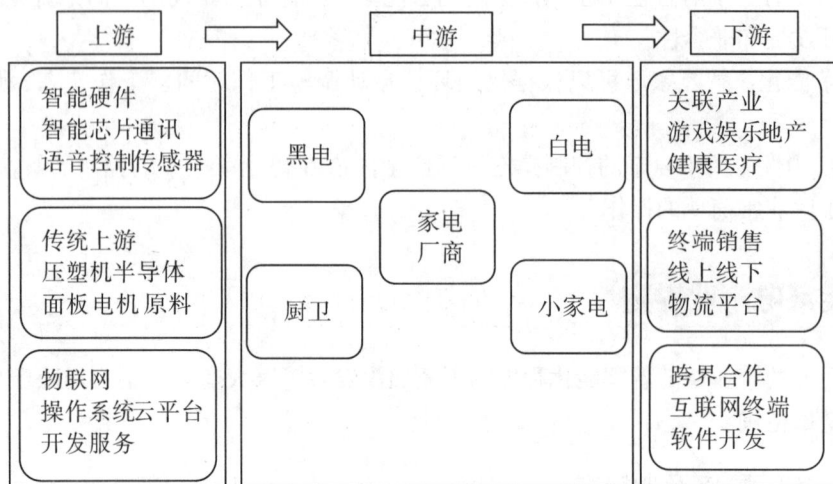

图5-2　智能家电产业链示意图

三、智能家电与传统家电、智能家居的关系

（一）智能家电与传统家电的关系

1. 智能家电产品和传统家电产品的区别

智能家电产品与传统家电产品的区别表现在"拟人智能"的体现上。智能家电的"智能化"体现在实现了拟人智能，产品通过传感器和控制芯片来捕捉和处理信息，除了根据住宅空间环境和用户需求自动设置和控制，用户可以根据自身的习惯进行个性化设置。具体来说，智能家电产品与传统家电产品的区别包含以下几点：

（1）感知对象不同。传统家电主要感知时间、温度等因素；而智能家电则是对用户的情感、动作、行为习惯都可以进行感知，并且按照这种感知分析用户需求并执行相应操作。

（2）采用技术不同。传统家电更多是一些传统机械方面的技术，进行的是简单的执行操作；智能家电则是利用物联网，互联网以及电子芯片等现代高科技技术分析用户需求，并做出自主反应。

（3）满足的需求层次不同。传统家电只能够满足消费者日常生活的对应的需求，就是满足了生活中的一些基本需求，而智能家电在节能和减少重复操作额基础上满足消费者在多场景下的多样的更高层次的需求。

2. 智能家电和传统家电市场参与者的关系

（1）相同点：传统家电厂商既是智能家电市场参与者，也是智能家电市场的参与者。从 2014 年起，受房地产市场萎缩、国内家电需求下滑、原材料价格上涨等因素影响，传统家电市场逐步饱和，增长乏力。为了寻找新的利润增长点，传统家电企业在保有部分传统家电业务的同时，纷纷开始升级转型涉足智能家电业务，抢占智能家电市场。

（2）不同点：互联网企业成为智能家电市场的新兴强者。2013 年，以阿里巴巴、小米、乐视为代表的互联网企业强势进入智能家电市场，对传统家电企业形成了巨大的威胁。以智能电视为例，从 2016 年智能电视的品牌关注度来看，智能彩电品牌关注度前十的品牌中，互联网品牌占据五位，分别为酷开、小米、雷鸟、乐视和微鲸。显然智能电视市场已经形成了传统家电品牌和互联网品牌势均力敌的局面。

表 5 - 1　智能电视品牌关注度指数排行

排名	品牌	企业类别	关注度指数
1	TCL	传统家电企业	4 629
2	创维	传统家电企业	3 464
3	索尼	传统家电企业	3 304
4	酷开	互联网企业	2 830
5	小米	互联网企业	1 705
6	海信	传统家电企业	1 637
7	雷鸟	互联网企业	1 626
8	乐视	互联网企业	1 624
9	长虹	传统家电企业	1 102
10	微鲸	互联网企业	1 095

数据来源：玉启咨询。

（二）智能家电与智能家居的关系

1. 智能家居的定义

智能家居（smart home）是物联化的体现。具体来说，它以住宅为平台，利用综合布线技术、网络通信技术等将家居生活有关的设施集成，构建高效的住宅设施与家庭日常事务的管理系统，提升家居安全性、便利性、舒适性、艺术性，并实现环保节能的居住环境。

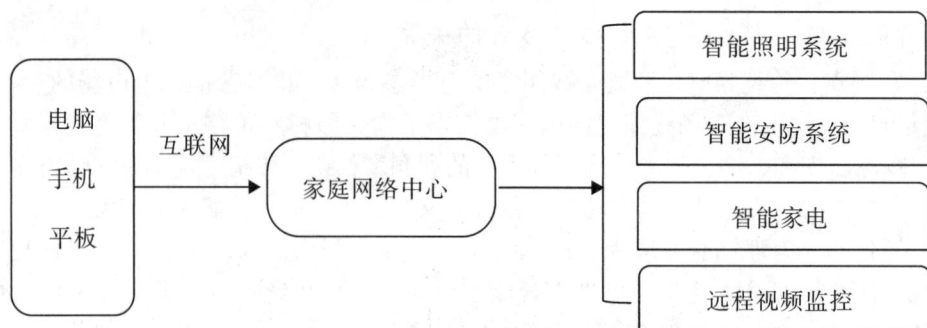

图5-3　智能家居整体示意图

2. 智能家电与智能家居的关系

智能家电是智能家居系统的重要一环。智能家居的目的，是实现家电、家居联动控制系统的高度自动化，为使用者提供高效便利节能的家居生活。因此，智能家电作为智能家居系统的重要组成部分，关系到智能家居最终能否实现。

智能家居是家电智能化的最终目标。家电智能化分为联网控制、局部智能、生态智能三个阶段。目前，中国智能家电实现了联网控制，正处于局部智能阶段，只能满足用户部分场景下的基本需求。在激烈的市场竞争下，智能家电厂商必然会致力于向生态智能转变，实现互联互通，为智能家居系统提供支撑，这也是智能家电走向智能家居的关键。

（三）智能家电、传统家电与智能家居的关系

传统家电市场饱和迫使家电企业寻求转型升级，推动家电产品进入智能家电时代。2014年开始，传统家电产品市场已经趋近饱和，同时由于原材料价格上浮，增长乏力。为了寻求新的增长点，传统家电企业纷纷加大研发力度，推动智能化转型升级。因此，家电产品进入了智能时代。

智能家电最终必然会转向智能家居生态建设。作为智能家居系统不可或缺的一环，随着智能化技术的发展，智能家电必然会实现互联互通进入生态智能阶段，为用户打造舒适便捷的家居环境。

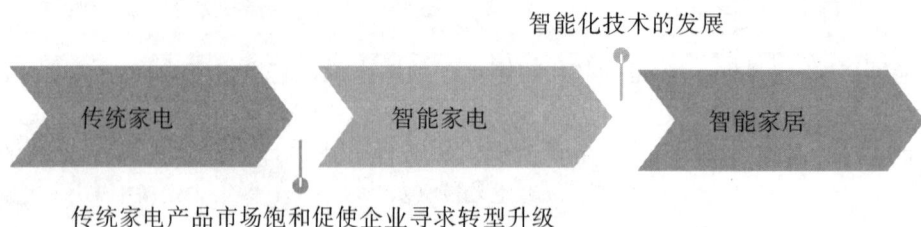

图5-4　智能家电、传统家电与智能家居的关系图

四、国内外智能家电产业发展历程及现状

（一）国外智能家电产业发展历程

1. 萌芽阶段（1994—1997年）

萌芽阶段智能家电产品停留在概念阶段，没有产品上的突破。最早的智能家电雏形来自于新加坡的"万智能"多媒体电脑，通过电视卡将电视和电脑连接起来。在此之后，智能家电产品在概念和产品上没有大的突破。

2. 加速发展期（1998年至21世纪初）

互联网企业推动智能家电的快速发展。1998年微软推出"维纳斯"机顶盒，将电视和互联网连接起来。微软的智能产品推动了智能家电概念的普及，促进了智能家电产品的研发进程。此后，传统家电厂商陆续开始结合互联网技术推出智能化家电产品。

3. 成熟期（21世纪初至今）

智能家电基本实现互联互通，成为智能家居的重要一环。以松下、思科、IBM为代表的家电企业及互联网巨头以智能家电为依托，纷纷布局智能家居。2016年全球智能家居市场规模已经超过了127.645亿美元。

（二）中国智能家电产业发展历程

1. 萌芽阶段（21世纪初至2010年）

智能家电概念开始普及，出现了与互联网技术结合的产品。随着国外智能家居、智能家电产品盛行，智能家电概念开始在国内普及。传统家电企业（如海信、TCL、厦华等企业）开始大规模地进入IT行业，试图将家电和互联网技术结合。部分家电行业巨头推出了与互联网结合的家电产品。

2. 加速发展时期（2011—2014年）

智能家电行业进入单品爆发阶段。单品智能产品已经遍及大家电、厨卫电器、环境电器等多个领域。以海尔为代表的主要品牌厂商大部分已经推出智能化产品，其中彩电、空调领域已全部拥有智能产品线。

3. 生态建设初期（2015年至今）

智能家电行业巨头开始建设互联互通生态圈。随着智能家居在国内的普及，上一阶段单品爆发式发展导致的产品联通问题开始爆发出来。为了实现长远发展，智能家电行业巨头纷纷开始着手互联互通平台的建立，打造智能家电生态圈（如海尔的U＋平台、长虹的UP平台）。

（三）中国智能家电产业发展现状

1. 传统家电增长乏力，智能家电产品发展潜力大

传统家电行业销售额"总体保持上升势头，但增长率变化波动大。2009年至2011年

由于全球经济复苏以及家电节能补贴""家电以旧换新""家电下乡"等多项拉动内需政策的有力支持，传统家电产业迅速发展，销售增长率达到了30%左右。2011年以后，由于"家电下乡"等政策的到期，市场需求萎靡，传统家电企业利润下滑并开始升级转型谋求新的利润增长点。

智能家电市场规模逐年扩大，增长速度保持平稳。尽管智能家电产品市场规模相对较小，但总体来看，我国智能家电市场一直保持较为健康发展的速度，整体增速达到了16.3%。2012年到2014年，主流厂家为推广产品开始逐步降低价格，使得智能家电市场的增长出现了小幅的下滑。2015年以后，随着传统家电厂商整体利润下滑迫切需要新的发展点，开始全面涉足智能家电产业，使得智能家电产业进入新的快速发展时期。

图5-5　2012—2016年家电市场、智能家电市场规模及增速
数据来源：国家统计局及中研普华数据库。

2. 传统电视已逐步淘汰，智能白电市场份额小

智能电视市场渗透率高，传统电视已经被逐步淘汰。根据奥维咨询的数据来看，智能电视的市场渗透率持续攀升，智能彩电2016年销售额已占全年彩电类整体销售额85%以上，传统电视已经被市场淘汰，彩电的智能革命已经基本完成。

白电类智能产品市场渗透率低，传统产品仍是市场主流。随着智能化技术的发展，白电产品也逐渐加入到智能家电的行列。尽管智能空调、智能冰箱、智能洗衣机的市场渗透率分别增长至21%、10%、16%，但传统产品市场份额仍占据了80%以上。传统产品仍是市场的主体，智能白电发展潜力大。

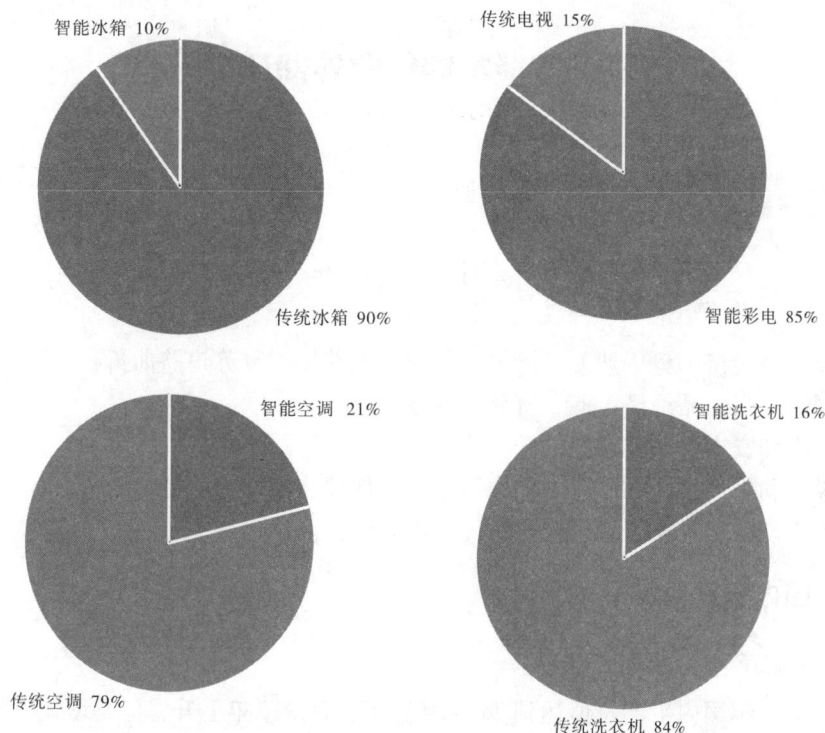

图5-6　2016年主要家电产品市场渗透率对比

数据来源：奥维云网。

3. 传统产品存量大，智能白电市场集中度高

空调、冰箱、洗衣机类智能产品市场发展潜力大，且市场集中度高。尽管传统白电产品的存量规模较大，空调、冰箱、洗衣机产品存货分别达到了11 025亿元、9 788亿元、7 623亿元。但智能白电产品潜在规模均超过1 000亿元，智能空调、智能冰箱、智能洗衣机的市场规模仅分别占28%、25%、20%。因此，智能白电产品市场潜力巨大且规模增长迅速。

智能白电产品市场集中度高。以智能空调市场为例，其中智能空调市场品牌依然体现为高位集中态势，海尔60%左右的销售量占有率名列榜首，海尔、美的、格力三大品牌占销售量比例近90%。

表5-2　主要智能家电产品市场规模及集中度情况

类别	传统产品存量规模（亿元）	潜在智能产品规模（亿元）	市场集中度	市场规模
智能空调	11 025	16 358	高	28%
智能冰箱	9 788	14 682	高	25%
智能洗衣机	7 623	11 434	高	20%
智能照明	2 300	6 742	较低	12%
智能门锁	700	3 300	较低	6%

数据来源：奥维云网。

第二节　智能家电行业外部环境分析

一、经济环境

（一）国外宏观经济环境

2016年全球经济形势仍然复杂严峻，仍处于调整期，复苏道路曲折：
（1）国际大宗商品价格走低、贸易流动减少。
（2）汇率和资本流动波动性上升。
（3）投资和生产率增长停滞，金融市场和实体经济活动之间持续脱节。
（4）需求疲弱引发竞争加剧，贸易环境难以改善。

（二）国内宏观经济环境

1. 国内生产总值增速下降

2012—2016年国内生产总值达到74.4万亿元，总量逐年上升，但是增速逐年下降。

2. 全社会固定资产投资逐年上升

全社会固定资产投资总值呈现稳步增长态势。2016年全社会固定资产投资606 466亿元，比上年增长7.9%。

3. 货物出口总额下降

2014年以来我国货物出口连年下降，全球经济形势较差，给我国家电企业出口也造成了压力。

（三）行业宏观经济环境

国内需求萎靡，家电产业上游原材料价格上升。家电产业链各个环节面临着不同的机遇和挑战，具体来说目前该行业所处的宏观环境特征有以下几点：

1. 原材料价格上升，传统家电企业成本上涨

传统家电成本中原材料占比过高。以格力和海尔为例，原材料在成本中的占比都达到了86%以上。2016年，铜价上涨了36.82%，铝价增长30.08%，钢材价格上涨83.9%，塑料价格上涨30.3%。家电逐渐丧失了成本优势，导致利润下降。因此，传统家电厂商迫切需要转变发展方向，寻求新的利润增长点。

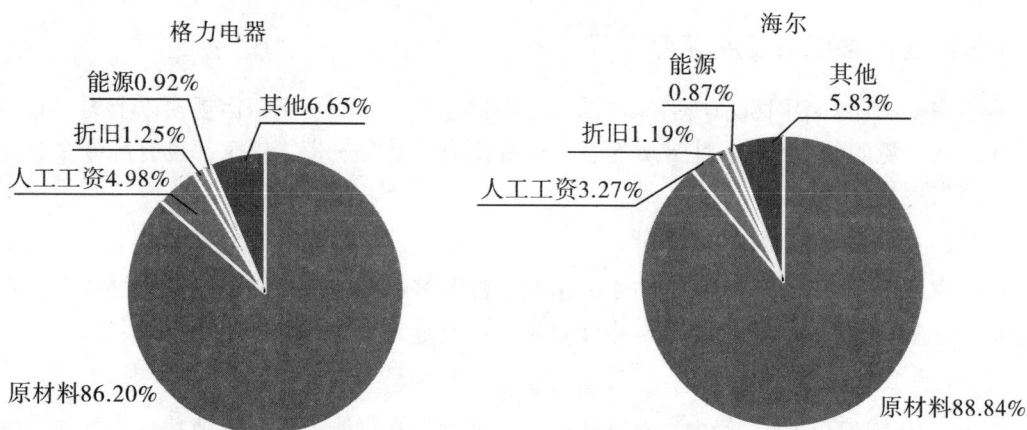

图5-7 格力及海尔成本原材料占比
数据来源：根据格力及海尔年报数据整理。

2. 销售渠道多元化

电商增速不减，互联网家装强势入场。美的、海尔、格力等知名家电企业与京东、阿里巴巴签订合约，同时涌现出多家淘品牌，如小熊电器、SKG，使中小家电企业销售额增加。

3. 商品房销售热度不减

2016年我国商品房销售面积增长22.5%，商品房销售未出现明显停滞，利于智能家电销售。根据相关单位对空调与新房的相关测算，空调滞后于新房约5个季度，城镇新房拉动的空调需求占内销总量的3至4成。历年房地产对空调内销的贡献比例见下图。数据表明，空调的新增需求中，添置需求仍占一定比重。

图5-8 新建住宅引致的空调需求对于内销的贡献
数据来源：Wind、安心证券研究中心。

（四）全国各区域发展环境

据不完全统计，中国目前所有家电及大小电器企业有五六万家，但规模以上的只有三千多家。就区域的分布来看，主要分布在东南和南方的沿海一带，中东部也有部分企业存在。具体发展情况如下：

1. 家电行业已形成产业集群

中国家电产业集群已经形成，广东、山东、江苏等地在区位、产业及政策支持上占有明显优势，多家知名本土和外资家电企业集聚，产业链完整。

2. 智能家电需求不均衡

华东、华南地区经济总量大，对高端产品需求大，支付能力强，且消费观念靠前，未来对智能家电的需求较大，市场环境良好；西南、西北经济基础一般，消费水平较弱，虽家电产品保有量低，但对智能家电需求不大。

3. 中部地区可承接家电制造业

华中、华北、东北地区制造业基础好，且经济寻求发展。在华东，华南地区的家电产业升级过程中，中部地区应充分利用自身基础优势，抓住机遇，承接家电产业发展。

表 5-3　中国各区家电发展环境情况

地区	行业发展现状	智能家电需求全国占比	市场前景
华东	多家国际电子和家电厂商；吸引 2 000 多家智能家电企业投资	约30%	经济总量最大，对智能家电需求空间广阔
华南	全国家电企业数量最多；仅顺德家电产值占全国家电产值15%左右	约60%	经济总量较大，对智能家电需求空间广阔
华中	以安徽为主，整体状况一般；正在向家电"创造基地"转变	约2.6%	大力培育电子芯片制造产业
华北	以山东为主，海尔、海信、澳柯玛等企业推动其竞争力增强	约2.6%	加快向节能型产品升级
东北	以辽宁为主，制造业逐步回升	约1.6%	在智能家电行业面临较大挑战
西南	以四川为主，家电行业质量良莠不齐	约1.6%	家电平均拥有量低，未来需求量大
西北	家电产品销量增加	约0.6%	逐步完善线上销售

数据来源：根据 Wind 数据整理而得。

二、政策环境

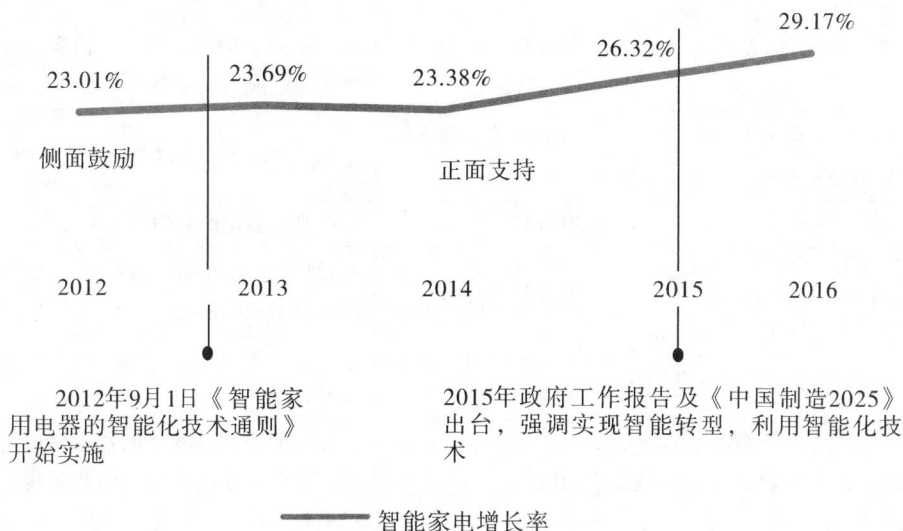

图 5-9 中国智能家电产业政策发展历程

国家对智能家电产业的政策由侧面鼓励转变为正面支持。2009 年至 2017 年，国家相继出台了多项政策鼓励传统家电企业转型，加大研发投入，推进智能家电产业的发展。

（一）侧面鼓励

2012 年以前，国家出台的相关政策主要从侧面推动家电智能化转型。通过补贴、鼓励转型升级等政策，从侧面推动传统家电企业研发智能化技术，促使智能家电产业发展增速保持在 23% 左右。

（二）正面支持

《智能家用电器的智能化技术通则》是国家对于智能家电政策的分水岭。随着 2011 年开始智能化单品层出不穷，国家开始正面出台相关政策界定智能家电特性及技术标准，规范家用电器智能化发展，这项政策的出台有利于引导和规范家用电器智能化技术的发展，对于规范、净化智能家电市场，以及智能家电技术进步具有促进作用。

2013 年以后，国家通过 2015 年政府工作报告、《智能制造发展规划（2016—2020年)》等政策正面支持智能家电产业发展。政府通过政策引导推动大数据、云制造、服务平台的建设为通过数据分析智能家电产品用户的需求，在多场景下触发智能服务提供了技术以及平台支持。注重智能制造人才队伍的打造，通过专业化培养以及引进人才等多种手段为智能家电产品研发输送更多专业化人才，推动传统家电企业进一步向智能制造转型，打造智能生态圈。

表 5 - 4　智能家电行业相关政策

名称	时间	内容
《关于加快中国家用电器行业转型升级的指导意见》	2009 年 12 月 24 日工信部发布	提高绿色设计水平，开发适合不同消费需求的节能、节材、环保的家电产品
《推进三网融合的总体方案》	2010 年 1 月 21 日国务院发布	在三网融合时代，软件、内容、应用等软实力则成为立足之本
《关于加快我国家用电器行业自主品牌建设的指导意见》	2010 年工信部推出	重视人才战略，品牌建设，自主创新
节能产品惠民工程	2010 年	补贴高效节能产品的购买者
小家电补贴政策	2012 年 8 月 10 日	有效拉低产品价格，进一步激活小家电、厨卫电器的内需市场
《智能家用电器的智能化技术通则》	2012 年 9 月 1 日起实施	定义了智能家电、智能特性及智能化技术等概念
《物联网"十二五"发展规划》《关于组织实施 2012 年物联网技术研发及产业化专项的通知》	2012 年	在国家大力推动物联网技术发展的条件下，融合了互联网功能的智能化家电产品或将逐渐摆脱传统的家电概念
2015 政府工作报告及《中国制造 2025》	2015 年	实施"中国制造 2025"，坚持创新驱动、智能转型。促进工业化和信息化深度结合，开发利用网络化、智能化等技术
2016 年政府工作报告及"十三五规划"	2016 年	政府工作报告强调要壮大网络信息、智能家居、个性时尚等新兴消费
《智能制造发展规划（2016—2020年)》	2016 年	要求要推动重点领域智能转型，建设云制造平台和服务平台，培育智能制造生态体系。打造智能制造人才队伍
2017 年政府工作报告	2017 年	政府报告首次提到"智能制造"，把智能制造作为主攻方向，大力发展先进制造业，推动中国制造向中高端迈进

第三节　珠海市智能家电的发展历程及现状

一、珠海智能家电发展历程

（一）萌芽期（2012 年以前）

珠海家电企业仍以传统空调、小家电制造为主，智能家电概念开始萌芽。格力在压缩机、电机、控制器等关键部件上实现了产业链纵向一体化的深度布局，成为空调行业领军者。以双喜、德豪润达为代表的家电企业不断完善小家电产品的产业链。受市场需求下滑和互联网冲击的影响，智能家电概念开始在传统家电行业萌芽。

（二）成长期（2012—2016 年）

白电以及小家电类智能产品层出不穷。格力、双喜等传统家电企业陆续转型研发智能化家电产品，格力在空调等领域已经拥有全线智能化产品，双喜电器在电压力锅领域也推出了智能化产品。

（三）转型期（2016 年至今）

由单一的智能单品制造向智能家居生态模式转型。在消费需求不断升级，智能化家居概念不断普及的当下，格力提早布局，实现以光伏发电、储能为基础，家用电器、终端智能控制为实现方式的智能家居生态圈。

二、珠海市智能家电发展环境

（一）宏观经济环境

1. 珠海各区工业产值

珠海市共有三个行政区香洲、金湾、斗门。产业园区按照地域划分主要有 8 个。2016年，全市产业园区完成规模以上工业总产值 3 890.43 亿元，占全市比重达到 89.3%，规模以上工业增加值 913.29 亿元，占全市比重达到 87.5%，园区经济占全市比重逐年提高，较 2008 年大幅增长 20 百分点；固定资产投资 606.03 亿元。电子信息、家电电气的 80%以上均集中到工业园区。

各年份工业生产值

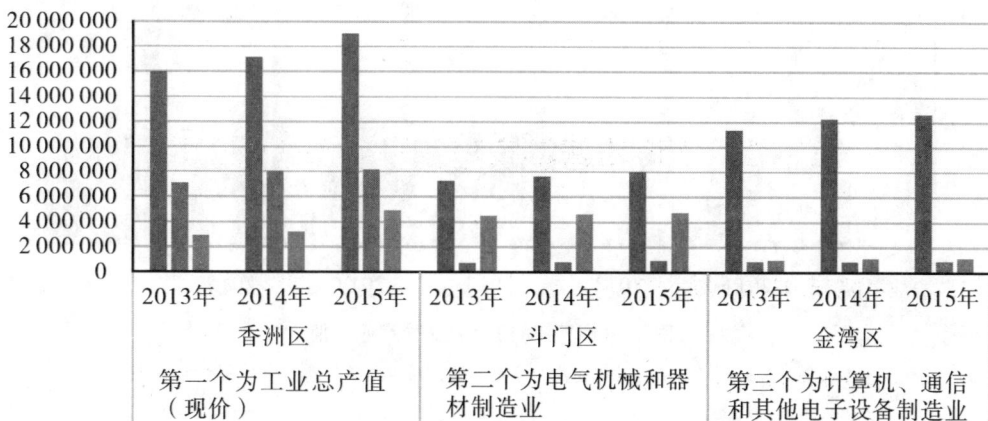

图 5－10　珠海市各区工业总产值（单位：万元）

数据来源：珠海市统计局。

从整体上来看，三个区的工业总产值逐年增加，其中香洲区各项工业发展水平最高。下面从各区具体情况分析：

（1）香洲区：工业总产值大约是斗门区和金湾区的两倍，明显优于其他两个区。其中电气机械和器材制造业产值是斗门区和金湾区的十倍，这使得香洲区在发展智能家电产业颇具优势；计算机、通信和其他电子设备制造业产值逐年增加，到2015年已追赶上斗门区。

（2）斗门区：总产值最低。其中电气机械和器材制造业发展平稳，产值不高；计算机、通信和其他电子设备制造业是优势产业，可在智能家电产业中智能硬件、物联网等方面有所延伸。

（3）金湾区：总产值位列第二。其中电气机械和器材制造业计算机以及通信和其他电子设备制造业发展程度相似，工业发展水平最低。

2. 主导产业中家电优势明显

（1）家电电气产值缓步递增。

从图5-11可以看出，珠海市六大主导产业产值总体增长平稳，其中家电电气产值是其他主导产业产值的两倍，并且差距逐渐扩大。其中2016年更是突破2 000亿元。这可能与珠海市积极推进国家智能制造规划以及智能家居产业的发展相关。

（2）家电电气产业增加值排在首位。

从图5-12可以看出家电电气增长势头良好，2016年增加值达到了247.47亿元，同比增长11.90%。除了电子信息产业负增长之外，其余支柱产业均实现了较大幅度的增长，其中精密仪器制造、石油化工、家电电气突破了两位数的增长率。家电电气产业仍然是珠海市工业增长的主动力。

（亿元）

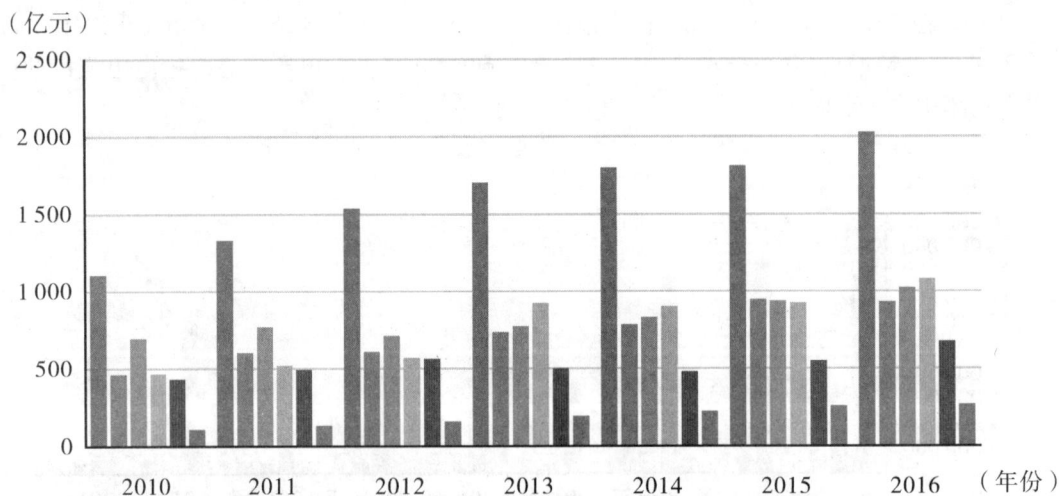

图5-11 珠海市六大支柱产业产值

说明：各年份六大支柱产业的产值从左至右依次为家电产业产值、电子信息产值、电力能源产值、石油化工产值、精密仪器制造产值、生物医药产值。

数据来源：珠海市统计局。

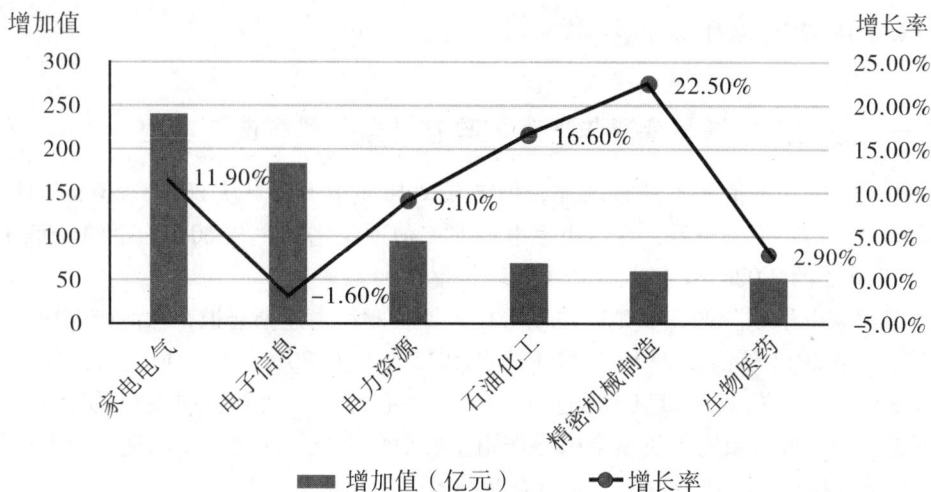

图 5 – 12　2016 年六大主导行业增加值及其较上年增长率

数据来源：珠海市统计局。

（二）珠海各工业园区发展情况

实体经济是珠海经济发展的短板。实体经济的差距主要在工业，工业的差距主要在园区。产业园区是扩大工业投资、做大增量和优化存量最重要的载体。但不可否认，园区在产业发展规模、建设水平等方面还有很大差距。

1. 规模总量小

全市 8 个园区，没有一个园区产值突破 1 000 亿元，超过 500 亿元的只有南屏、高栏和新青，其他 5 个园区都不足 500 亿元。在产业结构方面，园区新进入、新投产的优质项目不多，大项目屈指可数，部分园区过于依赖原有几个大企业——南屏的格力电器、新青的伟创力贡献了园区 8 成工业产值。

2. 珠海市产业园区存在产业同质化、重复建设现象

电子信息、生物医药、家用电器、装备制造等产业在多个园区均作为主导产业。园区落户的产业门类多，8 个园区目前共布局了近 20 个产业门类，但真正形成产业集群的很少，导致园区企业间关联度低，产业链条延伸不具有经济性。

3. 公共服务配套比较滞后

珠海城市化进程明显滞后于工业化发展，基础设施和生产生活配套投入不够，没有形成产城融合发展的格局。大部分园区仍处在基础设施建设和产业培育的中期阶段，比如联港、富山工业园道路坑洼、杂草丛生，生活配套不足，留不住人才；南屏工业园等基本保持十年前水平。

三、珠海市智能家电发展现状

（一）家电产业增长率逐年下降，政府引导向"智造"转变

　　家电产业的年产值在不断地增加，但增长率却逐年下降。从2010—2016年珠海市家电产业产值及增长率图来看，珠海市家电产业产值逐年增加，从2010年的1 105.12亿元增加到2016年的2 026.81亿元，其中年增长率达到11%。

　　随着"家电下乡"政策及地产拉动等传统增长驱动力逐渐衰退，珠海市家电产业增速明显下降，从2011年的20.30%持续下降到2015年的0.70%。持续推动智能制造产业发展壮大开始成为珠海2017年工作的重点之一，对智能家居的新型研发机构给予最高200万的资助，充分发挥政府投资基金引导作用，鼓励政企合作共建高端制造示范基地。其中香洲将投入4 000万元扶持资金，支持企业技术改造和增资扩产。

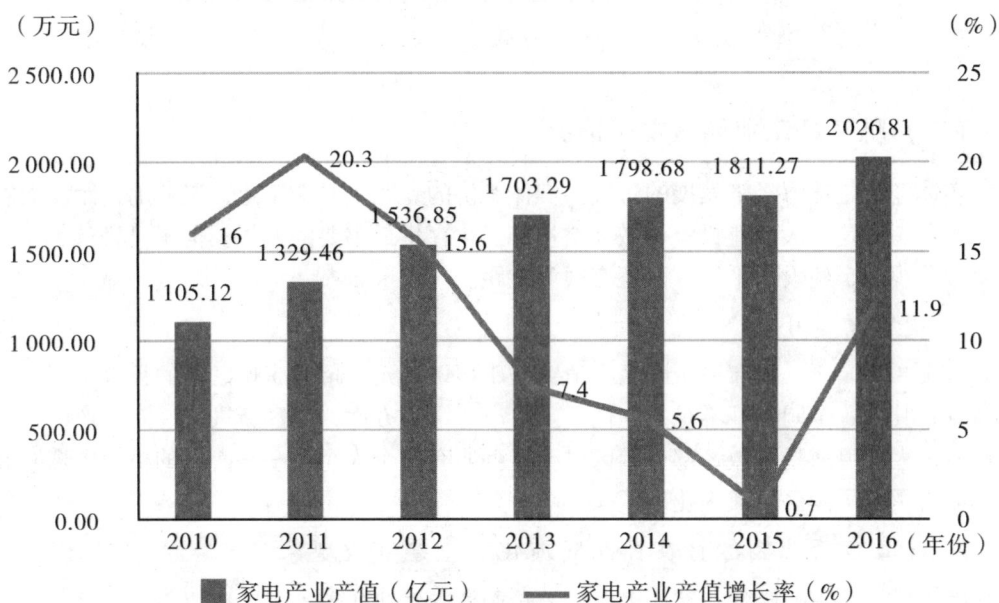

图5－13　2010—2016年珠海市家电产业产值及增长率
数据来源：珠海市统计局。

（二）珠海市科技投入与产出不成比例，阻碍家电智能化进程

　　相比于珠三角其他城市，珠海市的科技投入与产出不成比例，资金转化率低。根据2016年珠三角九市中科技投入与专利授权量图来看，2016年珠海市地方财政科技拨款占地方财政支出的比重达到了7.36%，在珠三角九市中排名第一，但珠海市全年的发明专利授权量仅为1 796件，远远低于深圳与广州。珠海市科技研发资金的转化率不及深圳、广州、佛山、东莞等地。

珠海市家电企业以中小企业居多，研发能力弱，大多依赖其他研发机构，科技产出率必然造成此类家电的智能制造进度放缓，失去市场竞争力，仅依靠有研发能力的格力，效率较低，与政府引导智能家居发展的理念相悖。

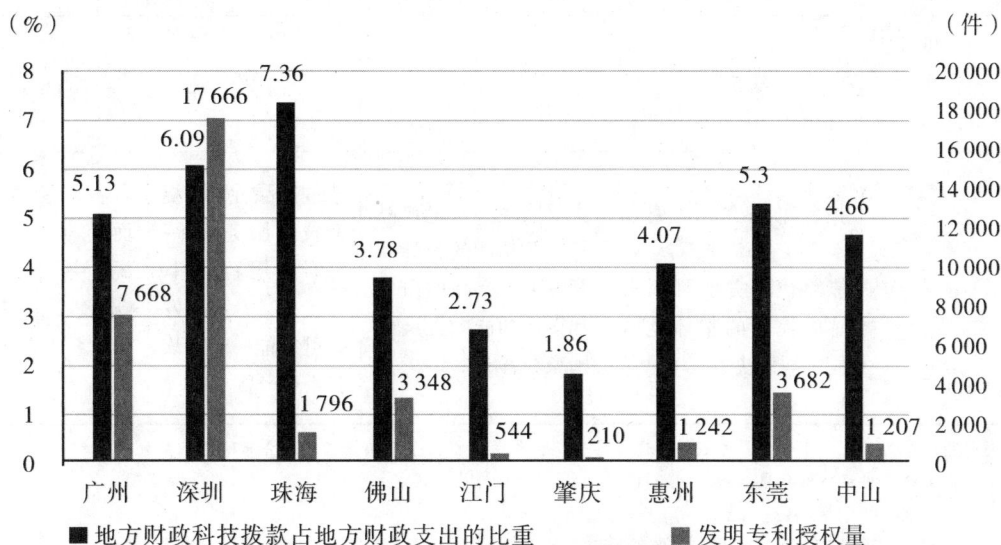

图 5 - 14　2016 年珠三角科技投入与专利授权量
数据来源：广东省专利统计简报、《广东火炬计划统计数据》。

（三）香洲区家电集聚，领跑金湾区、斗门区

珠海市各区已经明晰重点扶植产业，香洲区为家电厂商集群，金湾区为智能制造集群，斗门区以科技软件延伸智能家电产业链。下面对各区具体分析：

（1）香洲区：家电厂商聚集最多，除格力生产空调为主，在国内市场占有较大份额，其他企业集中在小家电，其中德豪润达创新能力较强，自主品牌"ACA 北美电器"已成为国内小家电成长最快的品牌之一。柔乐等多以外销为主要渠道，在国内市场份额不足。

（2）金湾区：除飞利浦以涉及小家电，其他家电企业规模极小，产品质量差。本区主要发展以先进装备制造业、航空业为核心的实体经济。

（3）斗门区：全力打造以伟创力、北大方正为龙头的电子信息产业，以格力电器、运泰利为龙头的智能制造产业，多以高新技术为主。

（四）企业加速单品智能化，智能家居发展缓慢

珠海市代表性家电企业有：格力电器、德润豪达、双喜电器、金品电器。目前，这些家电企业在营收中投入较大比例的资金，纷纷开始向着新型、节能、智能领域发展。在研发领域方面，格力正布局以空调为中心的智能家居系统，将智能家电与智能家居紧密结合。而双喜电器与金品电器仍关注于自身优势家电单品的智能化研发。

表5-5　珠海市代表性家电企业研发情况

	格力电器	德润豪达	双喜电器	金品电器
研发投入（万元）	约500 000	25 751.26	1 380.05	—
研发投入占营业收入比重（%）	约5.13	6.36	4.29	—
研发领域	整合家用空调、商用空调、生活电器、智能路由，实现可联动感应控制的整体化智能家居解决方案	主要围绕小家电产品外观及功能的设计和开发上，产品的研发和设计功能向发展中国家转移	改进产品性能、提升技术服务水平，综合运用新材料、新工艺，着力研发新型智能、节能炊具系列产品	自主研发4K曲面超薄液晶电视，注重外观的新颖性、智能的操作系统以及节能环保

说明：格力并未公布研发具体数据，通过估算得出相关数据；金品年报中并未公布研发相关数据。

数据来源：根据公司年报数据整理而得。

四、珠海市智能家电发展的突出问题：产业链发展不平衡

珠海市有良好的制造业基础，而智能家电产业链各个环节发展不均衡，面临挑战。珠海市家电行业产业链发展不均衡：中游最为薄弱，家电厂商质量参差不齐，以格力为龙头，中小企业众多，国内市场份额小，多以出口为主。而上游环节智能硬件和物联网依托电子信息产业，下游物流平台依托航空、港口及高速等优势明显。

（一）上游制造业发展基础好

1. 原材料和核心零部件供应充足，拥有多家制造业企业

2016年珠海市"三高一特"重点民营企业培养共129家，其中有38家为制造业，另有如珠海凌达压缩机公司产能从2004年的120万台连年跳跃，如今已高达4 000万台；珠海格力电工2016年格力电工年产量约8万吨漆包线和30万千米电线，产值约50亿元。在压缩机、原材料等方面已可自足。

表5-6　珠海通信设备、计算机及其他电子制造业规模以上主要经济指标情况

年份	企业单位数（家）	工业总产值（万元）	工业销售产值（万元）	出口交货值（万元）
2015	195	10 799 878	10 209 118	6 461 350
2014	193	8 933 731	8 688 984	6 179 096
2013	193	8 315 196	8 074 356	5 998 940

数据来源：珠海市统计局。

2. 互联网公司众多，通信设备、计算机及其他电子制造业基础好、智能硬件以及物联网的发展以科技公司和互联网公司为载体

首先从整体上来说，珠海市本地的网络科技公司较多，电子信息制造业发展形势较好。2014 年珠海市通信设备、计算机及其他电子制造业规模占全省第七位，落后于中山、佛山，而 2015 年珠海市超过中山、佛山，跃居第五位。具体来说珠海市通信设备、计算机及其他电子制造业具有以下特点：

（1）科技企业数量稳定增长。自 2001 年就已经有 124 家，到 2015 年发展至 195 家，一般多为一些老牌企业，如：伟创力集团、金志科技、远光科技等企业，这些企业也在珠海市纳税百强榜中。而且小米通信业入驻珠海市，小米近期也在布局智能家居。发展智能制造方面珠海市依托自身电子信息产业基础以及政府的大力支持。

（2）工业总产值、工业销售产值以及出口交货值都有较大增长。2015 年工业总产值、销售产值以及出口交货值都有较大增长，分别较 2014 年增长了 20.88%，17.4%，4.5%。

（3）科研基础深厚。中山大学、北京理工大学、哈尔滨工业大学、北京大学、清华大学、北京师范大学、暨南大学等都已在珠海设立校区或研发机构。

（二）中游家电企业国内竞争力差

1. 家电企业出口为主，国内市场份额少

珠海家电厂商中只有格力一家在国内家电行业中占有较大的市场份额，智能产品研发投入大。

而金品、双喜、柔乐、北美电器虽然成立时间较长，但多为外销，如双喜电器成立于 1956 年，2015 年才在新三板上市，专注于压力锅，产品单一，产品出口至美国、韩国、中东、东南亚等 40 多个国家和地区。德豪润达的小家电 2016 年销售量同比下降 19.50%，研发投入金额下降 12.87%，且公司小家电业务以出口市场为主，大多集中于消费水平较高、市场容量较大的欧美市场。

2. 中小企业居多，产品无竞争力

珠海市家电厂商白电厂商有格力电器，黑电厂商有金品电器，小家电有德豪润达（北美电器）、柔乐、双喜、飞利浦电子等，家电厂商规模大的较少，以中小企业居多。珠海多数家用电器企业靠贴牌生产，缺少自己的研发中心，产品没有自主知识产权，造成附加值低、利润薄、产品越来越缺乏竞争力。

（三）下游销售渠道及关联产业发展良好

1. 终端销售渠道完备

从企业层面来说，格力在全国 30 000 家专卖店、各大卖场、各销售公司工厂巡展、格力商城以及风尚电视购物等线上线下渠道齐发力，还将结合天猫商城开启全渠道零售模式；而珠海其他家电厂商大都以外销出口为主。

从物流平台方面来说，依托珠海机场、珠海港口岸，广珠铁路、西部沿海高速公路等便利交通，2016 年《珠海市现代物流业发展规划》提出建设洪湾通关综合服务中心、高

栏港综合保税区、空港国际物流园区、珠海港综合电子物流平台和物联网平台等重点项目，并将打造由物流园区、物流中心、配送中心构成的物流基础设施系统。尤其是珠海港是"一带一路"倡议支点，利于家电出口。

2. 布局智能家居优势明显

生物医药是珠海市的支柱产业之一。2016 年规模以上工业增加值 521 970 万元，增速为 2.9%，总产值为 1 677 927 万元。2016 年医疗仪器设备及仪器仪表制造业增长 16.1%。

健康医疗已纳入了智能家居的生态系统中，智能终端、云计算、物联网等技术，正在给医疗产业带来重大变革。一方面，健康医疗与智能家电产业可共同借助珠海电子信息产业的优势向智能化进一步发展；另一方面，六大主导产业中的四大产业精密仪器制造、电子信息、生物医药、家电电气等均与智能家居概念有关，表明了珠海市发展智能家居平台的可行性，市场前景广阔。

第四节　珠海市智能家电优劣势分析

一、代表性地区智能家电发展对比

（一）珠海、中山、顺德智能家电发展情况对比

表 5 - 7　2016 年珠海、中山、顺德智能家电发展情况对比

	家用电力器具制造业产值（亿元）	主要企业	研发（件）		销售渠道	产业链	交通运输
			发明专利申请量	有效发明拥有量			
顺德	2 869.90	美的、科龙、容声、万家乐、格兰仕、新宝、威博、美芝制冷	419	288	线上线下齐发、电商发展迅速	产、学、研、展、销	水陆客货运口岸、多条高速公路、港口货运
中山	778.13	长虹电子、TCL 空调、奥马电器、樱雪厨卫	7 597	4 035	线上线下齐发	产、研、销	高速公路、城际轨道贯穿、水线

（续上表）

	家用电力器具制造业产值（亿元）	主要企业	研发（件）		销售渠道	产业链	交通运输
			发明专利申请量	有效发明拥有量			
珠海	921.75	格力、德豪润达、金品、柔乐、飞利浦	7 642	5 470	除格力外多为外销	产、销	珠海港、珠海机场、多条高速公路

数据来源：各地市统计局。

顺德以及中山市家电行业的发展在全国名列前茅，聚集了全国大型知名家电企业，产业链完整，基础设施完善。根据上表的内容，下面将珠海市与顺德、中山两地的发展从以下几个方面进行对比：

1. 工业产值

2015 年三地家用电力器具制造业总产值差距明显，顺德是中山市与珠海市的 3 倍多，而顺德占佛山工业产值 75%。珠海市与中山市差距较小，珠海略优于中山，且 2016 年珠海市的增速最高为 6.8%，佛山、中山分别为 4.1%、2.0%。

2. 主要企业

顺德既有中国五大家电驰名商标，也有新宝、威博等本地企业，大小企业共同发展，形成产业集群。而珠海仅有格力一家知名企业，品牌建设不如顺德、中山。

3. 研发成果

中山、珠海研发成果相当，不如佛山。佛山市美的、格兰仕等家电企业创新能力强，而珠海市格力研发投入较多，科技企业虽多，但研发成果差强人意。

4. 销售情况

顺德区 2016 年电子商务交易额达到 1 565.5 亿元，同比增长 56.6%，占佛山全市电子商务交易总额的 31%。其中，家电类目电子商务交易额约 1 200 亿元，占全国近 50%，顺德已成为名副其实的全国第一家电产业电商集聚区。而珠海市家电企业除格力外，均以出口为主。2016 年金品电器出口电视 400 万套，在全国电视出口中排名第九，但国内市场份额小。

5. 产业链

顺德将打造"产、学、研、展、销"家电全产业链。为此，顺德将打造中国家电产业五个中心，分别是研发设计中心、区域金融服务中心、电子商务中心、贸易会展中心和人才基地中心。其中，电子商务中心则将以慧聪网、京东、飞鱼电商等为核心平台，让家电产业长上"互联网＋"的翅膀，帮助中小企业发展国内国际贸易。而贸易会展中心、广东（潭洲）国际会展中心、中国慧聪家电城、中国家电展、中国家电节将成为核心平台。

珠海市企业一般都是单打独斗，未形成完整产业链，各企业间缺乏联系平台。珠海市将全力打造智能制造，致力于提高自主创新能力，这可能会给智能家电行业产业链的完善带来更多机遇。

6. 交通运输

珠海市交通条件优越，海陆空均可发展。珠海港更是"一带一路"建设支点、粤港澳大湾区战略的创新高地。珠海正加快向珠江西岸的核心城市发展，但并未把握这一优势进行家电展销以及将产品向国内市场拓展。

（二）珠海市家电产业 SWOT 分析

珠海市家电产业基础目前虽不及顺德、中山，但在"一带一路"建设、粤港澳大湾区战略下，借助其他产业，共同发展智能家居仍存在发展机会。

1. 优势

珠海市相比于顺德、中山的优势有以下三点：

（1）交通便利：珠海港、珠海机场、公路高速四通八达。

（2）出口优势：本地企业多以外销，出口量大，在国外市场份额高。

（3）高新技术：电子软件企业多，通信设备、计算机及其他电子制造业基础良好。

2. 劣势

珠海市相比于顺德、中山的劣势有以下三点：

（1）产业链不完整：家电厂商实力薄弱，展销活动缺乏。

（2）品牌少：知名厂商仅有格力。

（3）国内市场份额少，品牌知名度低。

3. 机会

（1）家电行业新的消费点形成，市场需求广阔。消费者经济水平提高，追求生活质量，对智能化产品需求大，珠海所在的广东省经济总量大，开拓广东省家电市场是珠海市进入全国市场的关键一步。

（2）主导产业基础良好，布局智能家居存在优势。智能家居是发展趋势，这一概念联动多个产业，而与其相关的产业中，家电、电子信息、精密机械制造、生物医药等均为珠海市的主导产业。抓住这一优势，相关产业联合提前布局智能家居，是珠海市未来发展机遇。

（3）"一带一路"带动传统家电出口。珠海是以出口导向型的家电产业，借助"一带一路"建设，以珠海港为依托，珠海市传统的低附加值家电向发展中国家出口，市场空间广阔。

4. 威胁

全球经济复苏不及预期，我国整体出口形势严峻。除"一带一路"带动，向欧美国家出口量低，而欧美国家是智能家电的消费主力，需求收窄也削弱了珠海市家电企业的智能化发展动力。

顺德、中山家电品牌利用电商快速发展，知名度高于珠海家电。珠海小家电线上销售较落后，在市场起步较晚，电商竞争激烈，珠海品牌竞争能力不容乐观。

国外品牌掌握核心智能家电技术，挤占国内市场。国外家电品牌智能化进度早于中国，技术优势明显，各品牌争相打入中国市场，使得本来在国内市场本来份额不足的珠海家电产业面临较大威胁。

二、代表性企业的智能家电发展分析

（一）格力、海尔、美的企业对比分析

2016 年，中国家电三大巨头格力、美的、海尔合计市场份额高达 71%，他们几乎垄断了国内的家电市场，也是目前全球最大的集研发、生产、销售、服务于一体的控股上市公司。这三家企业引领了国内智能家电的发展方向。本节从盈利能力、业务拓展能力、研发、销售渠道以及家电智能化布局五个方面对三者进行对比分析。从下表中发现，相比于美的、海尔集团，格力在成本控制、研发投入转化率等方面具有明显优势。

表 5 - 8　格力、美的、海尔对比分析情况

	盈利能力	产品多元化	研发	销售渠道	智能生态化布局
格力	成本控制能力强，毛利率高	低	研发投入转化率高且集中在空调领域	主要依赖线下实体渠道，且以中心城市为主	自主研发布局智能家居
美的	营业收入高，毛利率最低	较高	投入转化率高各领域均衡发展	线上线下并举，建立了覆盖城乡的六大实体销售渠道	通过合作、并购完善智能制造生态布局
海尔	营业收入较高，毛利率较低	较高	投入转化率低各领域均衡发展	拓宽城市销售渠道的同时建立乡镇销售网络	与科技企业合作布局智能家居

数据来源：根据格力、美的、海尔年报分析整理而得。

1. 盈利能力对比

格力成本控制能力更强，毛利率更高。格力电器充分发挥了集团的规模优势，对原材料实行集中采购，提高了议价能力。从 2013 年开始，格力电器的毛利率保持在 40% 以上，即使在家电市场整体收入下滑的情况下，格力的毛利率仍然在 30% 以上。美的在 2013 年上市以来，营业收入超过了格力与海尔，但其营业成本也较高，导致毛利率低于格力与海尔。海尔的毛利率始终保持平稳增长的态势，2016 年毛利率达到了 31.02%。综上可以看

出格力电器在盈利能力、品牌效应上较美的与海尔更有优势。

2. 业务拓展能力对比

格力业务拓展能力不及美的与海尔，多元化程度低。从2015—2016年三家企业的收入构成表可以看出格力主要的业务收入都来自于空调业务，收入占比高达80%。对空调业务的高度依赖使得格力面临较高的风险。

青岛海尔主要的收入来自冰洗业务，2016年冰洗业务收入达到了597.36亿元。海尔厨卫还依托FPA、GEA全球领先的厨电研发资源平台，打造了一系列主流品牌和成套产品，2016年海尔厨卫增幅达到了187.18%。

美的业务显得较为多元化，抵御风险能力也相对较强，在整个家电业中各细分产品都做得较为出色。美的集团主要收入来自空调、小家电、冰洗等业务，除空调业务外，其他业务收入增幅较大。

表5-9　2015—2016年格力、美的、海尔收入构成

公司	2016年			2015年		同比增减（%）
	产品	收入额（亿元）	占比（%）	收入额（亿元）	占比（%）	
格力	空调	880.85	81.33	837.18	85.65	5.22
	生活电器	17.18	1.59	15.23	1.56	12.81
	其他主营	33.85	3.13	26.96	2.75	25.80
	其他	151.15	13.96	98.14	10.04	54.01
美的	空调	667.80	41.99	644.92	46.58	3.55
	冰洗	310.75	19.54	234.4	16.93	65.06
	小家电	432.83	27.21	354.46	25.6	22.11
	其他	122.39	7.7	104.8	7.54	36.77
海尔	空调	186.76	15.76	162.51	18.23	14.93
	冰洗	597.36	50.41	450.58	50.53	32.58
	厨卫	190.14	16.04	66.21	7.42	187.18
	其他	210.85	17.79	212.30	23.82	-0.68

数据来源：根据格力、美的、海尔公司年度报告统计。

3. 研发对比

（1）美的、格力研发资金转化率高，研发能力强于海尔。

相比于海尔集团，美的以及格力集团的研发投入多，研发资金转化率高。由2016年美的、格力、海尔研发情况表来看，青岛海尔在研发投入金额与专利申请量上都不及美的与格力。从平均每项专利所用的研发投入金额来看，青岛海尔的研发投入转化率远低于美的以及格力。在研发投入上美的较格力稍胜一筹，同时美的集团通过收购重组，获得了全球四大机器人家族库卡、老牌东芝白电无数专利技术，在无形资产上较之格力的优势明显。

表 5 - 10 2016 年美的、格力、海尔研发情况表

项目	美的集团	格力电器	青岛海尔
研发人员数量	8 741	7 729	10 293
研发人员数量占比（%）	9.07	10.79	13.80
研发投入金额（亿元）	60.46	约 54	32.49
研发投入占营业收入比例（%）	3.8	约 4.6	2.7
无形资产（亿元）	68.69	33.55	72.42
专利申请量（项）	7 185	6 400	2 273

数据来源：2016 年公司年报、中国知识产权网。

（2）海尔、美的全面化智能研发，格力智能研发集中在空调上。

格力电器将智能研发的主力放在空调类产品上，在其他白电以及黑电产品上投入较少。格力在保持空调领域研发优势的基础上，开始培育小家电和生活电器领域向智能化的方向发展，培育新的利润增长点。

美的和海尔则在各领域的研发均衡发展，各个产品线都步入了不同方向的智能化研发进程，从而适应智能家居的市场需求。三家企业传统业务中白电产品优势明显，因此，在智能化研发中对于黑电类产品的投入少。

4. 销售渠道

格力、美的、海尔都追求"线上 + 线下 + 服务 + 物流"的整体概念。线上销售上，三家企业都有与国内较大的电商销售平台合作，并建有自己的官方网上旗舰店。线下销售上，三家企业都在全国范围内建立了自己的区域代理或是自有渠道。

相比于海尔、美的线上线下销售齐头并进的发展态势，格力则专注于布局区域销售公司以及实体专卖体验店，以城镇市场为主要目标。具体来看，三者在发展线上以及线下渠道时都存在异同点。

（1）线上渠道：借助电商平台拓展线上渠道，但格力线上销售额少。

美的、海尔、格力不约而同地选择与各大电商合作，借助自身的产品优势构建线上销售体系。无论海尔、美的或是格力都与天猫、京东等电商平台开展全面战略合作，同时借助苏宁、国美等家电专业连锁的线上销售平台拓宽自身的产品销售渠道。

尽管三者都构建了自我的线上销售体系，但格力的线上销售额远远低于美的以及海尔的线上销售成绩。2016 年美的电商整体销售超过 230 亿元，海尔的白电产品在电商渠道终端零售额达到 135 亿元，增长 64%。而格力 2016 年家电产品线上销售额仅有 45.8 亿元，与海尔、美的相差甚远。

（2）线下渠道：格力以中心城市为主要销售目标，忽视农村市场。

美的、海尔以及格力均在全国范围内布局"自有专卖店 + 区域代理"的销售体系。格力在全国拥有 27 家区域性销售公司，在全球拥有近 30 000 家专卖店；而美的集团拓展旗舰店、苏宁、国美、区域性连锁、小区域连锁和乡镇专卖店 6 大渠道，在国内开展"全网直配、运联天下"的核心业务模式，完成全国性覆盖的全网直配一体化网络建设；海尔在

全国设有38 000多家专卖店，通过遍布100多个城市和地区的日日顺物流仓库为用户提供及时上门的成套服务。

尽管三者的线下销售都采用"专卖店＋代理销售"模式，但在城乡布局上存在明显差异。格力以城镇市场为主忽略了农村市场的开发，在中心城市建立格力形象店、旗舰店、增强用户消费体验。而海尔、美的在进一步拓宽城镇市场的销售渠道的同时，也注重开拓农村市场。美的以及海尔集团在全国设立多家乡镇专卖店，布局乡镇销售网络，将中低价位的智能家电产品推入乡村市场。

5. 智能生态化布局对比

互联网技术的快速发展促使家电企业转型升级，促使家电产品向智能化布局。格力、美的、海尔三家企业利用互联网、大数据、云计算等技术，制定智能家电战略，打造智能化、个性化的家电解决方案。三者在智能化生态布局上采取的战略既有相似之处，又各具特色。

（1）相同点：美的、海尔、格力均涉足智能家居领域。

美的、海尔通过与智能手机厂商、互联网科技企业以及国内领先电商平台开展战略合作。利用各自的优势资源在云计算平台、智能家居生态链各环节开展深度合作，将智能家电从单品智能推向互通互联的生态智能阶段。而格力打造自己的手机品牌来协同智能家电的发展，通过云平台提供智能服务，实现格力智能产品的互通互联，打造优质的智能家居服务体验。

表5-11　格力、海尔、美的智能化布局情况

	合作时间	合作方	合作内容
格力电器			"格力手机＋APP"云平台上布局智能环保家居系统
美的集团	2014年3月	华为、阿里	华为、阿里帮助美的迅速建立从云端到家电的实验系统
	2014年12月	小米	小米战略投资美的12.66亿元，双方将在智能家居及其生态链、移动互联网业务领域深度合作
	2014年12月	京东	双方将扩大业务合作范围和合作深度，强化在智能家居和渠道扩展等领域合作
青岛海尔	2015年1月	魅族、阿里	海尔生产智能设备，阿里提供云服务能力、智能算法、三方共同开发互联协议
	2015年4月	苏宁	双方全面升级战略合作，在智能家居领域展开深度合作，共同推进C2B反向定制产品、U＋平台创客产品、PPTV电视开发计划，共享会员资源

（2）不同点：格力通过自主研发完善生态布局，美的、海尔则以并购合作为主。

格力通过自主研发智能手机，借以实现智能化系统控制，为用户提供智能化服务。虽然格力尝试通过并购银隆协调现有的智能家电发展，但并购案并未获得通过。格力的智能

家电生产制造结构调整脚步停滞不前。

美的与海尔在与国内互联网科技公司以及电商平台开展深度合作的同时，通过多项海外并购完善了现有的智能家电产业链。美的集团发起了四项跨国业务战略合作，这在技术、生产制造上进一步提升了美的智能家电的综合竞争实力。海尔集团重资收购了美国 GEA 家电，促进厨电业务的智能化转型。

表 5 - 12　格力、美的、海尔智能化布局收购情况

	时间	具体事项
格力电器		
美的集团	2016 年 06 月 2016 年 2016 年 10 月 2017 年 01 月	收购东芝家电业务总体 收购德国库卡集团进军全球机器人及自动化领域 收购意大利企业 Clivet 完善大型中央空调技术 收购以色列企业 Servotronix 完善机器人产业平台布局
青岛海尔	2016 年 02 月	收购美国 GEA 集团布局厨电业务

（二）格力电器智能家电发展 SWOT 分析

根据上文对格力与海尔、美的公司营收能力、产品，以及业务领域、研发领域、智能化布局的对比结果，以及珠海市智能家电产业发展情况来看，格力电器的家电智能化发展存在明显的优劣势，同时面临着多样的威胁和机会。

1. 优势

（1）格力电器成本控制能力强，毛利率高。

珠海市上游环节原材料以及核心零部件供应充足，且格力具有较强的议价能力，因此对于智能家电产品的成本控制能力强，毛利率高。

（2）研发投入转化率高，且专利数量多。

对于智能家电产品而言，技术是生命。格力拥有庞大的研发资金储备，且研发效率高，产出多，从而使得格力的智能家电产品市场竞争力强。

（3）线下渠道：线下旗舰店多，销售网络广，同时格力"自建渠道"增强了用户消费体验，牢牢掌握了渠道话语权与主动权。

2. 劣势

（1）产品多元化程度低。

格力空调业务收入占比高达 80%，而空调市场日趋饱和，盈利空间狭小。从长久来看，产品多元化程度低会使得格力的抗风险能力降低，利润增长乏力。

（2）线上渠道布局有待完善。

相比于海尔、美的线上销售额猛烈增长，格力线上销售额差距越来越大。主要原因在于格力早期注重发展线下渠道，格力的线上渠道起步晚，发展时间短，有待进一步完善。

3. 未来发展机遇

（1）开拓农村市场。

随着中国整体经济发展水平的提高，农村居民购买力的提升，格力可拓展农村市场，通过布局乡镇专卖体验店、完善物流配送服务，将厨卫等小家电类价格较低的智能家电产品推入农村市场。

（2）依托空调产品优势，布局智能家居解决方案。

相比于美的、海尔，格力在空调产品线上的优势明显。格力可凭借其空调领域的发展优势，可以整合布局以空调为核心的整体化智能家居解决方案。

4. 未来的挑战

未来智能家居市场发展空间巨大，其中，家电类智能家居产品市场份额最高。而在智能家居战略布局上，美的与海尔先行一步，与国内智能手机产生、电商平台共同开发智能家居系统。而格力的自主研发战略短期内丧失。未来几年，美的与海尔在智能家居领域更具有竞争力，对格力智能家电市场份额冲击会更大。

第五节　对策及建议

政府要从人才、技术、资本以及基础设施等要素入手，同时发挥行业协会的作用，整合珠海市家电企业资源，明确智能家居的发展方向，打造服务型政府，为企业吸引人才，引进资金，营造良好基础设施环境，提高珠海智能家电产业整体技术水平。

一、人才：加强企校合作，内外并举增加人才供给

政府为企业与高校牵线搭桥，鼓励珠海市企业与当地各大高校联合，组建高效率的公共研发与服务平台，形成"高校、企业"联动的知识经济圈。

指导建立企校人才对接平台。推动以格力、双喜为代表的企业与高校签订人才培养协议，加快院校学生理论与实践对接，为珠海市智能家电企业选拔优秀实习生作为企业人才储备。

引进智能化相关专业人才。借鉴深圳、武汉等地经验，给予技术型人才提供安居房或安居补贴等优待；出台毕业生指导性最低年薪标准，建设筹集毕业生保障性住房，使高校毕业生以低于市场价10%～20%的价格购买或租赁保障性住房，为珠海市智能家电产业发展留住人才。

二、技术创新：构建产学研融合平台，提高科技转化率

针对目前珠海市整体智能家电技术与国内先进水平差距较大、科技转化率低的问题，珠海市政府应从多方面扩大智能家电技术供给，提高科技转化率。

支持产学研协同创新平台建设。推动科研院所联合高校、企业共同建立特色科研基

地，由政府划批专项科研经费，成立一批智能家电关键技术专项研究课题。

把科技孵化器作为集聚培育创新型中小科技企业的重要载体。对各类科技孵化园给予补贴、税收优惠等。针对每年研发出的智能家电专利技术进行评级，并根据评级设置梯次奖励。

三、资金：激发多层次资本活力，支持中小企业发展

目前，珠海市家电企业多为中小企业，规模较小，智能家电企业的科研资金投入不足，且投入资金的来源相对单一，珠海市政府要注重扩大金融供给、提高资本配置效率以促进产融结合。

设立创新型中小企业产业引导基金，对已投资于初创期高科技中小企业的创业风险投资机构予以一定的补助，增强创业投资机构抵御风险的能力，进一步促进珠海市科技公司规模壮大，支撑智能家电产业发展。

政府引导创建"银企对接"平台，创新中小企业贷款方式，实现银企共赢。构建网络平台，及时披露中小企业信息以及贷款需求，减少信息不对称。鼓励商业银行加大对中小型智能家电企业的信贷支持力度，提高授信额度，降低贷款门槛。

四、基础设施：加快完善工业园区建设

明确各园区优劣势，提升园区专业化。对园区的主导产业进行区分，香洲区家电企业较多，该区的工业园区以格力为龙头，扩大家电企业规模，提高产品竞争力，形成产业集群；斗门区电子信息产业较发达，支持物联网，芯片等高科技的发展，为智能家电产业提供支撑。

完善园区基础设施，提高园区的运行效率。成立园区管理服务机构，将权力下放园区，及时解决企业基础设施问题，做好后勤服务工作；简化企业入驻审批手续，缩短审批时间；积极为符合申请扶持资金的高科技企业优先申报。

五、发挥家电行业协会作用，构建产业交流平台

珠海市智能家电产业链中各个企业单打独斗，缺乏相互协作。珠海市要打造信息、技术等资源的交流平台，借鉴兄弟城市经验，通过家电商会或行业协会汇集资源，利用互联网平台为会员企业发布供求信息，组织展销活动，提供相关咨询服务。整合家电产业链，推动珠海市智能家电产业链各环节企业的沟通交流，促使供应链更加透明，提高采购效率，有助于降低企业成本。

六、加快中小型家电企业发展，借力互联网公司布局智能家居

智能家居是家电行业未来发展方向，鼓励各类家电企业快速成长，防止家电产品单

一，同时利用珠海市良好的互联网基础，把握新的发展机遇，是珠海市家电产业未来发展方向。例如：格力在家电产品上只专注空调生产，而电视、洗衣机是空缺，小家电发展也在起步阶段，可与珠海市本土家电企业联合，利用本土互联网企业，共同打造智能家居品牌。

七、扶持家电老品牌，整合优化珠海市家电企业资源

珠海市有双喜、北美电器等老品牌家电，在市场上享有良好声誉，但企业规模并未壮大。德豪润达的小家电业务逐年萎缩，企业重心开始向转移到照明，可将小家电企业业务与其他中小企业整合；而双喜可积极收购本地小家电企业，促使产品多样化，既保留老品牌又扩大中小企业规模。

第六章 珠海市信息技术产业发展研究

第一节 信息技术产业发展背景

一、我国信息技术产业发展的基本情况[①]

信息技术产业在我国国民经济发展中发挥着不可替代的作用。随着互联网的快速发展，以及国家日益重视信息技术安全，我国信息技术产业近年来保持高速增长，多年的积累促进我国信息技术产业形成了较大规模，行业收入占 GDP 的比重显著增加，从 2001 年的 0.7%飞跃到 2016 年的 3.36%。信息技术产业在促进"信息化与工业化融合"进程中的地位和作用日渐凸显，成为新一轮工业革命变革大潮中的核心竞争力。"十三五"期间，我国信息技术产业政策环境不断改善，信息技术产业规模迅速壮大，取得了丰硕成果，形成了以大数据、物联网、新一代移动通信、云计算等新兴业态为代表的信息技术产业格局。

（一）总体规模高速增长

2016 年，我国信息技术产业继续保持高速增长态势，在国民经济和社会发展中发挥了举足轻重的作用。在不断创造出新的业态的基础上，信息技术产业整体呈现出政策助力日益强化、产业转型稳步推进、企业跨界加速、信息技术全面渗透的特点，不仅在拉动经济增长方面扮演着非常重要的角色，同时也为解决社会就业、促进经济结构转型升级提供了新的切入点。

工信部的公开数据显示，截至 2016 年，我国信息技术产业规模达到 48 500 亿元，与 2015 年相比增速达到 14.9%。从 2009 年至 2016 年，全行业年复合增长率达到 25.36%，显著高于同期 GDP 增速，显示出该行业在国民经济中日益提高的地位。其中，2016 年信息技术出口规模达到 519 亿美元，相比于 2009 年的 185 亿美元，翻了 1.8 倍；信息技术产业在电子信息产业中的支柱作用越来越明显，收入占比由 2009 年的 16.3%提高至 2016 年的 28.5%。赛迪顾问等研究机构预测，未来 10 年中国软件业务收入将达到 20%以上的增速，云计算、大数据等市场规模增速也将超过 20%，互联网在我国 GDP 中的占比在 2025 年也将达到 7%~22%。

[①] 本部分数据来源：整理自工业和信息化部公布的历年《软件和信息技术服务业主要经济指标》。

（亿元）

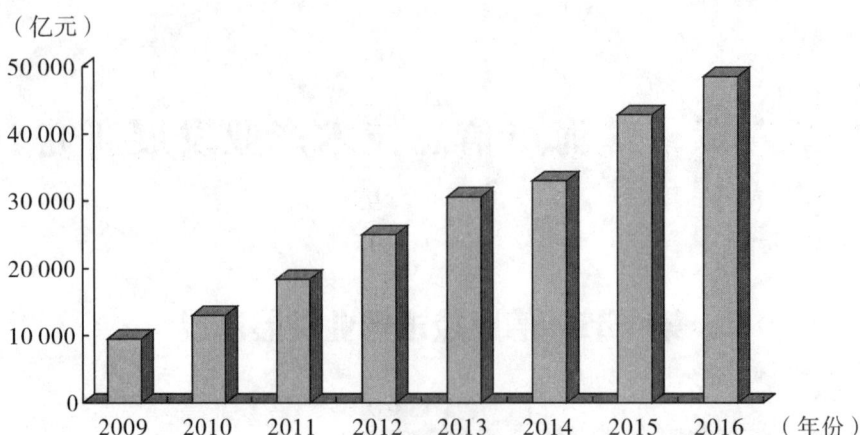

图 6-1　2009—2016 年中国信息技术产业收入

（二）产业结构更加合理，信息技术服务行业高速增长

纵观全局，我国信息技术产业在规模逐渐扩大的同时，产业结构也在不断优化。截至 2016 年，信息技术产品收入规模达到 15 400 亿元，在 2009 年的基础上增加了 3.68 倍；信息技术服务收入规模达到 25 000 亿元，在 2009 年的基础上增加了近 11 倍；嵌入式系统信息技术收规模达到 0.8 万亿元，相比 2009 年翻了 3.64 倍。从总体发展态势来看，中国信息服务业收入规模实现了快速增长，这表明信息消费是国内结构调整的切入点，信息服务业的重要性日益突出，信息技术产业结构逐渐转向以信息技术服务为核心、信息技术产品和系统信息技术为主体的更加完整和均衡的产业体系。其中，技术服务增势突出，实现了较大程度的业务增长，信息技术服务行业占全行业收入比重 51.77%，相比 2015 年增长 16%，高于全行业 110%。

（亿元）

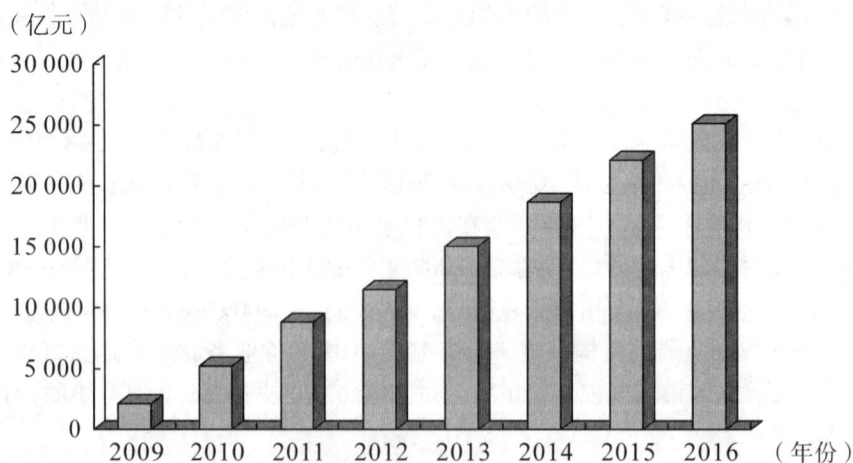

图 6-2　2009—2016 年中国信息技术服务行业收入

（三）社会环境更加成熟

目前，互联网作为信息技术产业的基础设施已经基本成熟，全面使用互联网的大环境已经形成。根据中国互联网络信息中心公布的数据，2016 年计算机办公在全国企业中基本普及，95.6% 的企业日常基本业务的处理离不开互联网，实现互联网宽带接入的企业比例为 93.7%，全国有 63.7% 的企业建立了企业邮箱。同时，企业的网络安全防护意识也逐渐增强，超过 50% 的企业会付费购买杀毒软件及防火墙建设。

此外，我国信息技术及相关专业人才培养已具有相当规模，形成了以高等院校信息技术专业为主、社会和企业培训部门为辅的多方位人才培养体系。截至 2015 年，信息技术相关专业的研究生超过 6 万人，本科生人数更是达到 300 万人的规模。信息技术产业员工人数达到 526 万，相比于 2009 年的 180 万翻了近两倍。与此同时，第十二届全国人民代表大会提出的"互联网＋"计划，以及李克强总理对于创新的号召及鼓励，又极大地刺激了传统行业对信息技术专业人才的需求增长，除了传统的 IT 服务行业外，制造、交通、教育、电信、金融等领域对信息技术人才的需求也日益增加，信息技术专业人才规模的不断扩大，标志着信息技术产业在拉动经济增长、解决社会就业、促进经济结构转型升级等方面的作用越来越明显。

（四）政策支持力度空前，发展规划目标清晰

信息化发展作为国家战略，顶层设计开始从技术驱动向业务驱动和战略驱动转化。尤其是 2012 年之后，各大行业及子行业的规划相继出台，政策以中长期规划为主，基础设施为辅。例如，2015 年国务院就针对云计算出台了专门文件，清晰地指出了云计算的未来发展方向，并对云计算在国民经济中的地位做出了精准定位。此外，为了配合中长期和短期相关规划，国务院及相关部门还出台了一系列税收优惠政策，目的在于引导新一代信息技术产业相关领域的协同发展。

二、广东省信息技术产业的基本情况[①]

近些年来，广东省信息技术产业持续快速发展，随着相关基础设施不断完善，以及信息技术在人民日常生活和社会各界应用程度的不断提高，信息技术产业已成为引导和促进全省经济的先导性产业，在全省经济发展方式转变和创新社会管理方面起到了决定性作用。

2016 年，全省信息技术产业取得了重大突破，行业规模继续保持着全国第二的优秀成绩。2016 年 1—11 月，行业规模达 7 150.8 亿元，相比 2015 年同期上升了 15.3%。细分来看，软件产品业务规模达到 1 571.4 亿元，比 2015 年提高 16.7%；信息技术服务收入规模达到 3 476.5 亿元，比 2015 年提高 18.7%；信息技术服务行业收入规模对全行业的贡献度最高，达 48.6%。

---

① 本部分数据来源：整理自工业和信息化部公布的历年《软件和信息技术服务业主要经济指标》。

表6-1　2016年1—11月广东省信息技术产业发展基本情况

	全年累计（亿元）	同比增长（%）
信息技术业务收入合计（亿元）	7 150.8	15.3
其中，软件产品收入	1 571.4	16.7
信息技术服务	3 476.5	18.7

整体上，广东省信息技术产业表现出如下特点：

（一）产业规模全国第二，领跑其他省市

2016年全省信息技术业务总量实现8 199亿元，相比2015年提高了15.4%，占全国行业总量的16.7%，行业规模稳居全国第二。根据国家工信部发布的《中国电子信息产业综合发展指数研究报告》，2016年广东省信息技术服务业综合发展指数最高，为76.73，远高于上海、北京等省市，在信息技术产业发展中发挥着领头羊的角色。全省来看，信息技术产业收入保持较快增长，与2009年的1 730亿元相比，增速达到370%以上。信息技术企业超过4 000家，从事信息技术产业的专业人员达到数万人，主要分布在广州、深圳、珠海等地。

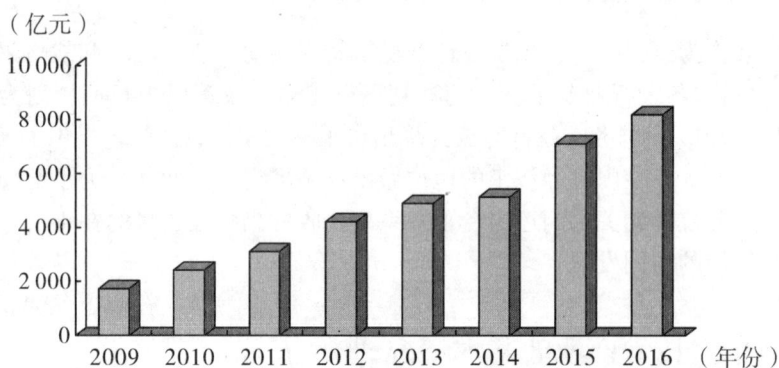

图6-3　2009—2016年广东省信息技术产业收入

（二）产业结构调整优化

广东省信息技术产业结构不断调整优化，信息技术服务行业收入占信息技术产业收入的比重显著增加，由2009年的15%上升至2016年的42%。从信息技术服务行业来看，业务收入从近两年开始呈现井喷式增长，增速最高达到2015年的274%，翻了近四成。近些年，随着个人或企业信息泄露等隐私安全问题不断凸显，国家也制定了一系列保障信息安全的相关政策。为满足日益增长的信息安全服务需求，广东省信息技术服务行业也开始呈现出结构性转变，行业重心逐渐由软硬件制造向信息安全服务转移，信息技术服务行业开始成为新兴行业。信息技术服务在信息技术产业中的比重逐年增加，标志着广东省信息技术产业正逐渐转向由信息技术服务为主导的产业结构形态。

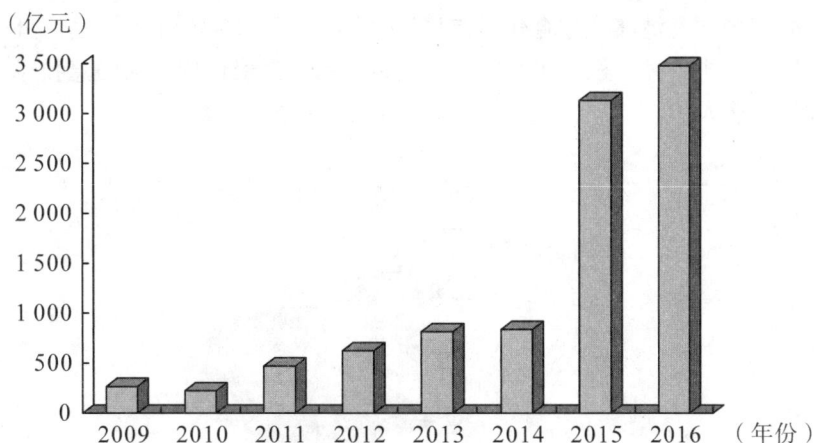

（亿元）

图6-4　2009—2016年广东省信息技术服务行业收入

（三）珠三角集聚优势突出

近年来，在国内众多经济圈中，珠三角的信息技术产业始终保持着较快速度成长。在珠海软件产业基地和深圳软件出口基地的带动下，广东省现已在广州和珠海等地部署建设了多家信息服务专业化产业园区，并在佛山、东莞分别建立了佛山南海网络创新创业集聚区和东莞莞城信息服务产业园，进一步完善珠三角中部、东岸和西岸三个区域的行业一体化布局。珠三角信息技术产业集聚优势不断显现，良好的外部环境带动了行业内各个企业自身素质的提高。在移动通信设备、电子元器件等领域培育和发展了一批掌握核心技术并具有国际竞争优势的龙头企业，例如华为、中兴通讯、腾讯、宇龙通讯（酷派手机）等。

（四）注重政策保障与研发投入①

广东省在信息技术产业发展中的另一突出特点是民营企业创新活力迸发。这些企业具有国际化的研发团队，从事新兴产业前沿技术和产品的开发，具有较高的研发投入，灵活采用新的商业模式开拓产品市场。为了支持新一代信息技术产业的发展，广东省陆续制定了一系列的政策，以促进产业发展和保障相关措施落实到位，如2013年提出的《广东省信息化发展规划纲要（2013—2020年）》等。通过一系列的政策保障措施，广东省不断探索新的财政资金使用方式，构建企业投融资体系，为新兴行业核心技术攻关提供资金支持，以无偿补助形式，支持8个产业核心攻关与产业发展。此外，广东省还制定示范应用等政策来刺激信息技术需求，并探索不同于以往的盈利模式，启动"发展物联网建设智慧广东计划"，采用"合同能源管理＋供应链＋金融"的模式，启动了绿色照明示范城市转型行动等。

此外，广东省关注科技人才的培养。2015年，企业科研人员占全省的90%，各大高等院校和科研机构也积极投身到科技人才的培养大军中。广东省还加快建设广州南沙、深

---

① 数据来源：历年《广东省科技年鉴》。

圳前海、珠海横琴"粤港澳人才合作示范区",积极招揽国际人才,鼓励海外学子来粤创业,打造高层次人才品牌工程,切实发挥引才聚才示范凝聚作用,为信息技术产业的转型升级储备大量专业人才。

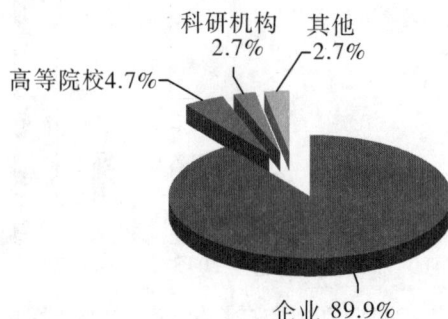

图6-5　2015年全省R&D人员分布情况

　　从科研投入层面来看,广东省的 R&D 费用从 2009 年的 652 亿元提升到 2015 年的 1 798亿元,翻了近两倍。科研产出方面,广东省十分重视科技的知识产权化,将专利输出作为科技转化的核心重点,通过技术合同成交量这一手段提升科技转化效率,以便为信息技术产业发展提供技术支撑和实践经验。2009 年至 2015 年,全省技术合同成交数量保持在 17 500 份左右的水平,但合同成交金额却从 2009 年的 242.5 亿大幅上升至 2015 年的 663 亿,增长了 173 百分点。

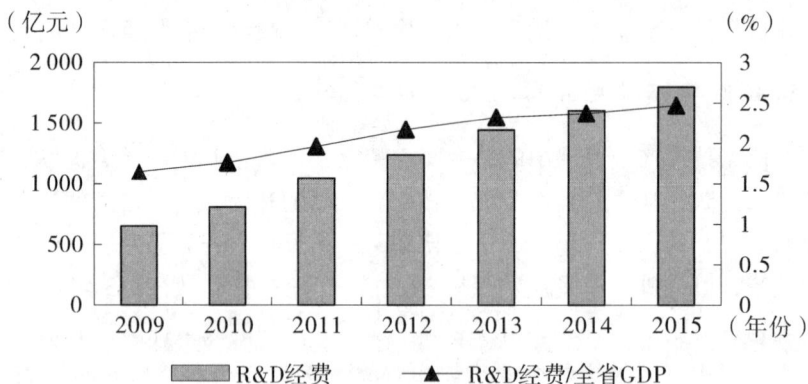

图6-6　2009—2015 年广东省 R&D 经费情况

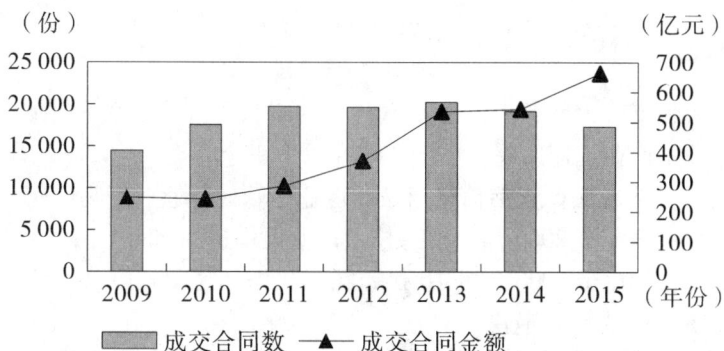

图 6 - 7　2009—2015 年广东省技术市场成交合同数及合同金额

第二节　珠海市民营信息技术产业发展概述

　　信息技术主要包括硬件和软件两方面的内容，硬件方面主要涉及信息技术制造业，软件方面则主要指提供信息服务。信息服务主要分为以下四个领域：一是信息安全软件，旨在研发面向移动互联网等新一代信息技术的信息安全产品，提升信息安全程度；二是高端嵌入式软件，旨在研发和应用高端工业软件、新型工业 App 等，发展工业操作系统及工业大数据管理系统，提高工业软件产品的供给能力，实现工业与信息技术的有效融合；三是云计算软件及运营服务，该服务主要解决云计算在工业、政府、教育、企业等各行业中的运用需求，主要从事云平台及应用解决方案的开发；四是移动互联网软件及信息服务，包括娱乐类、游戏类、生活类、信息服务类等移动互联网应用软件及服务。

　　本章我们首先对珠海市民营信息技术产业的发展历程和现状做一个概要性分析。

一、珠海市民营信息技术产业的发展历程

（一）萌芽初创时期

　　珠海市的信息技术产业已经比较成熟，属于全国各个城市中的佼佼者。20 世纪 90 年代初期，在我国国民经济大幅调整的情况下，珠海市政府和产业界就意识到，发展计算机工业应从过去的硬件制造为中心，迅速转向普及应用为重点，以此带动研发、生产制造、应用开发、技术服务和产品销售等工作的展开。因此，1999 年，珠海市政府明确将信息技术产业作为本市的核心行业，并相继颁布了一系列政策法规为信息技术产业的成长保驾护航，引导产业向价值链高端延伸。同时，珠海市政府还从税收、融资、专利等多个方面激励和支持信息技术企业的成长。2000 年，珠海南方软件园的形成、投入与使用，为珠海市信息技术产业集群的形成培育了肥沃的土壤。全市良好的政策环境孕育着新一轮的产业革命。2001 年 8 月，南方软件园荣获"国家软件产业基地"称号。

（二）成长壮大时期

前期政策的大力支持为珠海市信息技术产业的成长开辟了宽阔的道路。自 2000 年以来，珠海市信息技术产业迅速发展，主要体现在以下三个方面：

（1）以信息行业为龙头，包括信息产品制造业、软件行业、生物医药产业等在内的高新技术行业蓬勃发展。截至 2006 年，信息技术产业规模达到 90 亿元，2007 年继续突飞猛进，超过 100 亿元，相比于 2000 年的 10 亿元翻了 9 倍。其中，信息技术服务与系统集成收入占比达到 22%，成为增长最快的部分。

（2）信息技术出口产业呈现多元化发展，出口业务表现为产品外销、技术外包、加工委托等多形式特征，出口地区涉及美国等 10 多个国家。2006 年，珠海市信息技术企业出口总额实现 90.81% 的同比增长率，达到 2.53 亿美元，接近全国的十分之一。

（3）随着"十二五"规划将信息技术业培育龙头企业作为发展目标，各地对于信息技术产业的关注度不断升温。珠海市信息技术产业结构不断调整优化，传统信息行业逐渐过渡到高端新型信息技术产业，优秀企业和产品不断涌现。金山软件、炬力集成、远光财务等在国内和国际竞争中站稳了脚跟，迅速扩大市场份额。新崛起的小米、魅族科技所提供的产品或服务更已贴近世界尖端水平，部分产品或功能甚至开始引领全球潮流。这些领头羊企业和产品引发了相关产业链的不断延伸，电子商务、IC、游戏、4G 等行业如雨后春笋般绽放，涌现出了一大批实力强劲的企业以及优秀的企业家，良好的竞争环境以及行业内的技术共享效应极大地推进了珠海市信息技术产业产业集群的形成，企业信息化服务得到了极大推广。

二、珠海市民营信息技术产业发展现状

2016 年，珠海市信息技术产业保持稳健发展态势，呈现出行业规模稳步增长、综合实力显著增强、行业结构不断优化、新兴行业成长迅猛、技术创新转型能力增强等特点。

珠海市信息技术产业协会发布的行业分析报告显示，2016 年全市信息技术产业规模达 622.75 亿元，相比 2015 年增长 19.9%，部分企业达到亿元以上规模。行业出口规模达到 11.54 亿美元，占全市出口总额的 4.1%，相比 2015 年增长 2.6%，信息技术业员工人数达到 6.03 万，相比 2015 年增长 3.95%，全年实现利税合计 49.94 亿元。从子行业细分领域来看，本市移动互联网、集成电路设计两大行业发展较快，规模分别达到 343.51 亿元和 35.97 亿元，成为信息技术产业的两大新兴主力军。

全市信息技术产业的茁壮成长，离不开民营信息技术企业这股新兴力量的崛起。珠海市民营信息技术产业呈现多样化发展，形成以互联网软件与服务、应用软件、通信设备、信息科技咨询与其他服务为主，系统软件、家庭娱乐软件、家用电器、医疗保健设备、电器部件与设备为辅的多领域发展格局。

（一）民营信息技术产业增速平稳

万得（Wind）民营企业数据库资料显示，2016 年珠海市民营信息技术产业总资产达

216.5 亿元，同比增长 6.5%，与 2012 年的 132.1 亿相比，增长了 63% 以上。主营业务收入达到 81.9 亿元，相比 2015 年提高了 5.26%，与 2012 年的 44.5 亿相比，翻了近一倍，占全市民营企业主营业务收入的 5.6%。实现净利润 5.95 亿元，相比 2015 年提高 22.7%。部分企业主营业务收入实现持续强劲增长，如金山软件 2016 年业务收入增速达 46%，创下 8 282.1 百万元的新高；经营利润同比增长 79%，至 972.9 百万元，有较大改善。

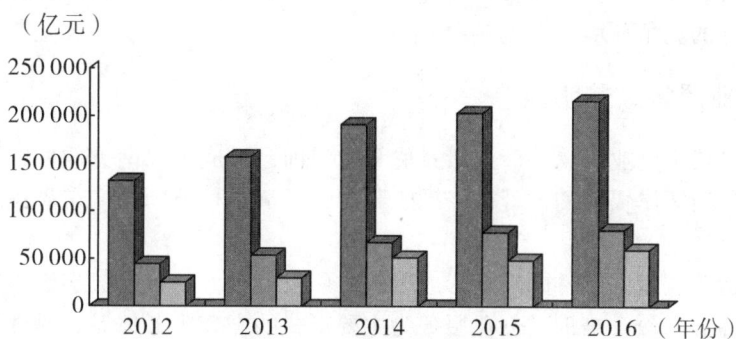

图 6-8　2012—2016 年珠海市民营信息技术产业规模

说明：各年份数据从左至右依次为总资产、营业收入、净利润。

（二）民营信息技术产业从业人员规模逐渐壮大

珠海市 2016 年民营信息技术产业从业人员达到 21 004 人，与 2014 年的 22 200 人相比，虽有小幅降低，但近几年始终维持在两万人左右的水平。2005 年，珠海市信息技术产业的从业人员仅 1.51 万人，目前，仅民营企业的人数就超过了这一水平。随着珠海市民营信息技术产业的不断壮大，以及本行业对专业人员的需求不断上升，未来信息技术产业从业人员规模将实现新一轮增长。

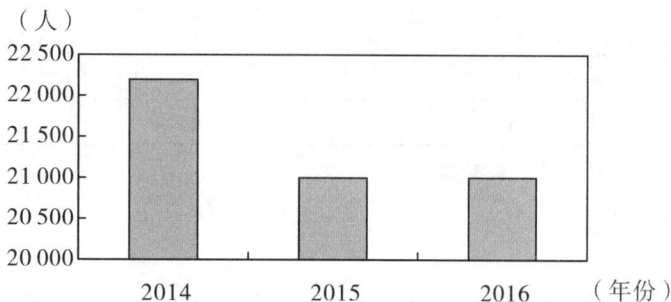

图 6-9　2014—2016 年珠海市民营信息技术产业从业人员规模

（三）企业创优意识增强，典型应用案例不断涌现

2016 年，以魅族科技有限公司、飞企互联为代表的 11 家企业获评本年度"珠海最具成长性软件企业"。其中，飞企互联的"社会综合治理数字化平台"还荣获珠海市最佳软

件技术创新产品，企业员工也被评为珠海市创新软件人才。一些积极快速转型的企业如金山软件依靠移动互联网和云服务业支撑，在2016年国家工信部公布的软件前百家企业中，排名上升了18位，位居第14位。以新德汇、同望科技、派诺科技、德豪润达以及宝莱特为首的老牌企业大多成立20余年，在信息技术产业具有丰富的经营、服务与研发经验，多次获得科技进步奖和"国家火炬计划重点高新技术企业""软件企业"等荣誉称号，屡次承担和参与省级、市级科研项目，取得了丰硕的科研成果，为新兴的民营信息技术服务企业创造了良好的竞争环境。

（四）产业聚集效益明显

珠海市信息技术产业以软件产业最具优势，目前已形成了以南方软件园为中心点，逐步向珠海科技创新海岸辐射的大规模格局，其中包括清华科技园、广东省民营科技园以及大学园区等。

经过多年运营，南方软件园现已形成以软件研发、服务外包、数字娱乐为核心的产业主体和以政务商务、教育培训、创业服务为主要形式的配套服务体系，是珠海信息技术产业的核心力量，并呈现出强劲的增长态势。2017年，园内入孵中小微型企业210多家，近50家企业被划分为信息技术企业，多年来培养了一批以世纪鼎力、同望科技、飞企互联等为代表的优秀民营信息技术上市公司和多家优秀双创团队。2015年至今，作为"3+1+1"全孵化链条的集群孵化场地，南方软件园在促进企业之间技术交流、业务合作和资本流动等方面发挥了重大作用。鉴于园区在软件服务企业创新创业领域取得的突出成绩，2017年9月，珠海南方软件园被工业和信息化部认定为"国家小型微型企业创业创新示范基地"，这是园区继被认定为"国家级众创空间""国家级科技企业孵化器"后斩获的又一国家级荣誉。

表6-2　2016年珠海市民营信息技术产业区域分布表

地区	香洲市区	唐家湾	吉大	横琴	金湾
收入合计（亿元）	18.5	61.5	1	0.74	0.09
企业数量（家）	12	12	2	1	1
过亿企业数量（家）	5	5	0	0	0

数据来源：整理自Wind珠海民营企业数据库。

第三节　珠海市民营信息技术产业发展环境①

一、民营信息技术产业的经济环境

信息技术产业的经济环境是指一定时期的整体经济表现、增长方式及运行规律。整体经济表现是指一定时期内一个地区的产出总量和人均收入水平，它决定了信息技术产业的资本供给能力；增长方式，是指根据不同的信息技术市场需求选择不同的路径，主要指资本、技术、劳动等生产要素在多大程度上提高了经济增长速度；经济运行制度，是指信息技术产业发展过程中各方参与者之间的关系和业务往来方式，它反映了信息技术参与主体的关系和市场运行模式。

（一）珠海市整体经济发展概况

珠海市整体经济始终保持平稳发展。据珠海市统计局统计，从 2010 年到 2016 年，其年均经济增长速度为 10.56%，位于珠三角地区前列。同时，珠海市经济发展规模更长期居于广东省前十。据相关部门统计，2016 年，本市 GDP 规模已经达到 2 226 亿元。珠海市的各项国民经济指标均位于全国范围的领先地位，一方面为信息技术产业的发展奠定了雄厚的物质基础和资金供给，另一方面则为其壮大成熟提供了必要的产业保障和资源配给。

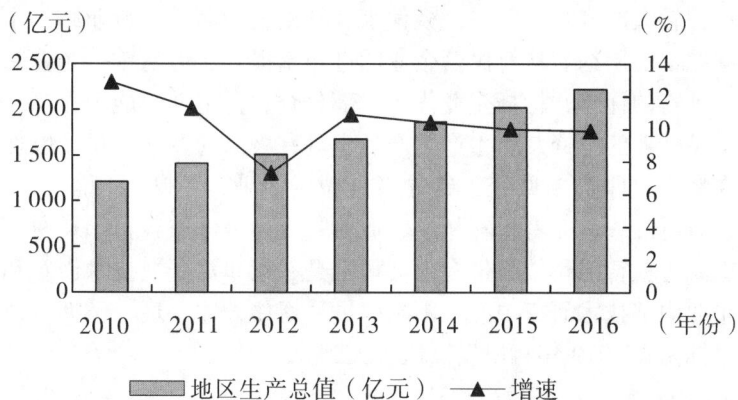

图 6 - 10　2010—2016 年珠海市地区生产总值及增长速度示意图

（二）珠海市民营经济发展现状

改革开放 30 多年来，我国民营经济一次次交出亮眼的答卷，在发展总量、效益和社会贡献等方面不断实现突破，为我国国民经济增长注入了一股新鲜的血液。作为改革开放

① 本部分数据来源：整理自历年来《珠海市统计年鉴》以及 2016 年珠海市科技和工业信息化局《2016 年 1—12 月珠海市专利申请授权情况》。

的前沿，珠海市民营经济这些年也实现了从量变到质变的转换，实现了从"草根经济"到"丛林经济"的跨越。尤其是在"十三五"开局之年，珠海市又实现了新一轮的提升和发展，2016年8月珠海市吹响了推动民营经济新一轮大发展的"冲锋号"，颁布了28条推动民营企业创新发展的政策及意见。综合来看，珠海市民营经济主要呈现出如下特征：

1. 民营经济走上发展快车道

在政府的高度重视与大力支持下，珠海市民营经济近年来取得了丰硕的成果。2016年，全市民营经济实现增加值776.72亿元，相比2015年提升了12.3%，占GDP的34.9%，比2011年提高23.7百分点。民营经济固定资产投资638.80亿元，相比2015年提升了32.7%，单位税收总额同样有大幅增长。

此外，丰厚的创业资金支持和住房补贴政策，为志存高远的创新创业者提供了良好的发展平台，吸引了大批优秀创业者落户珠海。截至2015年，本市的民营企业达到191507家，数量是2011年的1.5倍。

2. 民营企业创新能力不断增强

民营企业要想取得持续的发展，离不开自主创新。而正是因为坚持了创新驱动发展，不断推进产业转型升级，珠海市民营企业才取得了显著成效。从技术中心的建设来看，2016年这一规模在民营企业中已达到132家，部分技术中心还达到国家级水平。此外，还有94家企业已经建立了省市级创新示范基地，为其他民营企业创新能力的提高提供了教学典范。

尽管珠海民营企业已取得不错的发展，然而与佛山、东莞等民营经济更为成熟的地区相比，本市还存在较大的成长空间。规模偏小、基础较为薄弱、行业结构不合理、产业链脱节等，多个问题依然制约着珠海民营企业的进一步提升。但从单一企业来看，珠海民营企业却有着自己独特的优势，标杆企业优势，部分企业自主创新能力相当出色，在全省乃至全国范围内都是行业的先锋，所生产的产品也具有极高的技术含量。以珠海赛纳打印为例，作为我国在激光打印机领域处于领导者地位的企业，不断以创新驱动发展，核心技术、专利技术、自有品牌，三者相辅相成，促使其成为全球兼容打印耗材行业的龙头，引领行业发展。珠海迈科智能科技股份有限公司则是一家非常重视技术创新和人才培养的企业，通过创建企业内部技术研究中心，不断引进并留住人才，现今已拥有超过400人的研发队伍，企业目标是在2019年将研发队伍扩大到800人。

3. 高新区优势突出

珠海市高新区是孕育本市民营经济发展的肥沃的土壤。2017年前三个季度，全区的主要经济指标表现良好，增速均超过年度增长目标。居于榜首的是进出口量，相比去年提高了91.5%；此外，地区生产总值以及增加值也都实现了两位数增长，增速分别为11.1%和11.7%。高新区良好的发展态势使得其在全国高新区综合排名中的地位有所提前，由2015年的第30名上升至2016年的第25名，期待高新区综合经济能力在未来两年的进一步提高。

二、民营信息技术产业的科技环境

信息技术产业的科技环境是行业的技术、项目供应源，是以科学研究及为科研成果的交易而产生的技术市场为主体的体系。科技成果转化具有的不确定性、高风险性、长期性和多阶段性的特点，为信息技术产业提供了项目空间。信息技术产业的顺畅运行离不开经济社会中各类市场的支持和发展，科技竞争环境中技术市场就是这类市场中一个非常重要的组成部分，它对信息技术产业起着沟通、调节、评估和组织的作用。

改革开放以来，珠海市在科技发展、技术创新和培育高新科技产业等领域投入了大量的人力、财力和智力资源，采取政治、经济、文化等多种手段方式，颁布出台了一系列旨在推动科技进步、技术升级换代、鼓励和支持高新技术产业发展壮大的政策措施，使自身在科技创新、技术扩散、高新产业集群塑造、高素质科技人才培养和引入、创新创业环境营造等方面取得了令人瞩目的进展和不俗的成绩。因此，科技环境的提升、优化和完善，一方面能够为信息技术产业发展提供源源不断的技术供给，另一方面则为其快速拓展生存空间、增添联系渠道提供充分条件。

从科研投入层面来看，据相关部门统计，珠海市的科技研究与开发专项资金在2015年达到20.698亿元，相比2008年的投入规模，增幅达到745%以上。由此可见，珠海市对科研投入的重视程度比较高，通过较多的财政资源投入来获得较为丰厚的科技成果产出，实现科技资源的良性配置，客观上促使相当规模的资金流向注重科技创新和技术升级的信息技术产业，增强信息技术产业的资本实力。

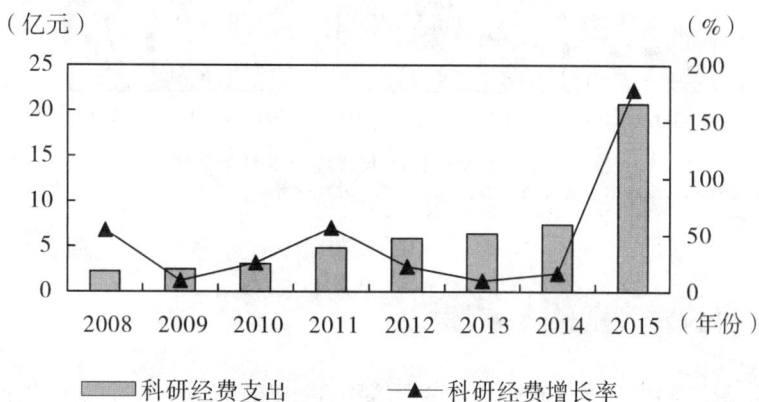

图 6-11　2008—2015 年珠海市科研经费支出

从科研产出层面来看，据相关部门统计，珠海市专利授权量从2008年的1 797个增长到2016年的9 287个，增幅达到416%以上；发明专利申请量从2008年的437个增长到2015年的4 420个，增幅达到900%以上；实用新型专利申请量从2008年的1 063个增长到2015年的5 377个，增幅达到400%以上。珠海市注重科技的知识产权化，将专利实用性作为科技转化的核心重点，优化专利申请结构、提升科技转化效率，这从客观上为信息技术产业的发展提供所需的技术支撑和成果应用。

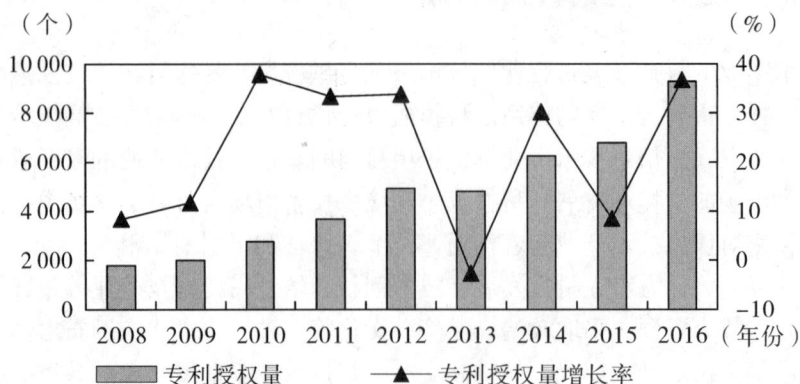

图6-12　2008—2016年珠海市专利授权量

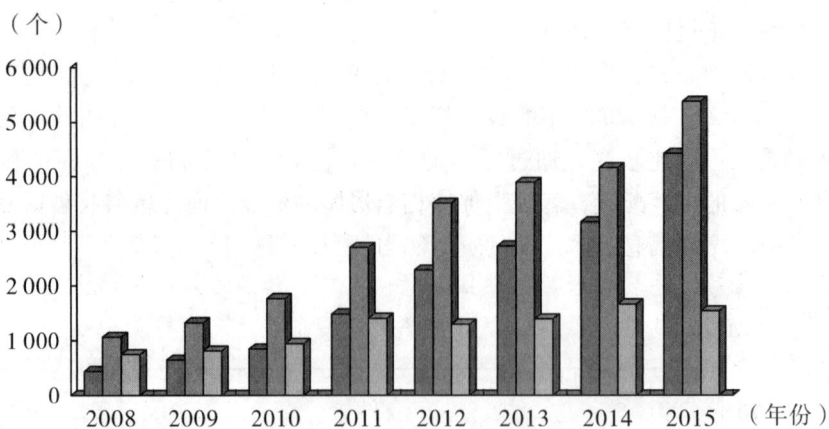

图6-13　2008—2015年珠海市专利申请结构
说明：各年份数据从左至右依次为发明专利、实用新型、外观设计。

三、民营信息技术产业的人才环境

　　科技人才是信息技术产业的核心要素资源。珠海市十分重视信息技术产业的人才培养，积极开展与高校和科研院所的产学研合作，鼓励企业在新兴行业开发具有比较优势的关键技术。2014年，珠海市与华南理工大学签署战略合作框架协议，双方在科技成果转化和产业化方面开展密切合作，市政府提供2亿元建设经费及20公顷土地用于建设省内首个现代产业创新研究院，旨在将研究院建设成为集研究开发、成果转化、企业孵化、聚集高端人才和高新技术企业的平台，为珠海经济建设和社会发展、产业转型升级等提供重要技术支撑和保障。

　　此外，市政府还积极与暨南大学、中国科学院广州分院等高校院所保持联系，建立多元化研究平台。依托珠海各高校、国家重点实验室分支机构、科技企业孵化器、产学研示范基地、技术创新专业镇等载体，落实孵化器倍增计划，打造覆盖研发、孵化、平台、生产的完整产业链，推动"产学研"和"政孵投"六位一体的大孵化体系建设。

2014 年，珠海市新增平台项目 15 项，省级科技企业孵化器 2 家，25 个项目获省产学研合作专项经费支持。同时，珠海市还积极推进"中国科学院广州技术转移中心珠海中心"的组建工作，组织信息技术、电子信息、生物医药等企业赴广州、深圳等地科研院所、高校进行产学研合作交流，为企业寻找优质科研资源创造良好的条件，促成企业与相关科研院所的产学研合作。

四、民营信息技术产业的政策环境

信息技术产业的政策环境是指为鼓励和促进信息技术产业的成长所制定的特殊文件，分为税收优惠、研究开发补贴、人才引进、贷款贴息以及奖励政策等方面。珠海市民营信息技术产业的稳步快速发展，离不开一个法治完备、市场活跃、人才充足的政策制度环境。借助于各种政策激励，一方面能够激发民营机构的自信心和创造力；另一方面则能够优化信息技术产业的结构布局，提高服务效率，降低行业投资风险。

（一）信息技术产业的政策环境

整体来看，珠海市主要从税收、人才引进、房屋补贴等方面鼓励并支持信息技术产业的发展。如 2002 年出台的《珠海市关于鼓励软件产业发展的若干规定》，从设立产业发展资金、建立风险投资体系、给予企业高管和专业技术人员奖励、提供建设用地价格优惠以及软件园内企业的特殊扶持政策等方面对软件服务行业进行鼓励与扶持。2003 年，《珠海市专利和集成电路布图设计登记申请费用资助暂行办法》规定发明专利可申请费用补助，《珠海市科技三项经费使用的管理办法》还将软件服务行业纳入科研与开发基金支持范围。2011 年，《珠海市民营企业（中小企业）创新产业化示范基地暂行管理办法》又进一步对民营企业进入创新产业示范基地的申请要求以及基地扶持方式做出了具体规定。

从本市不同地区来看，珠海市高新区信息技术产业发展较为成熟，政府根据本地区特点制定了针对性强、独具特色的地区政策规定。2016 年出台的《珠海高新区扶持软件和集成电路设计产业发展暂行规定》，明确指出要加大软件和集成电路设计类企业的扶持力度，规定满足条件的软件和集成电路设计企业可享受 10 万～30 万元的认证奖励，产品研制方面则可享受 100 万元以下的高额补贴。除此之外，取得国家认可实验室资质的企业还可享受 30 万元补贴。以上丰厚的扶持和补贴政策极大地激励了软件和集成电路设计行业的发展，促使企业在技术服务上不断创新。

（二）民营科技企业的政策环境

促进民营科技企业创新发展的政策支持能在技术创新过程中有效降低其不确定性及风险性，从而降低企业的研发成本，激励企业更多地开展创新活动，促进技术变迁和经济增长。促进民营科技企业创新发展的政策包括税收减免、科技计划项目支持、贷款融资、知识产权保护、产业政策、人才引进政策等。其中，效果最为明显的四类政策是税收减免、科技计划项目支持、贷款融资、知识产权保护。2011年，珠海市在全国优先下发《珠海经济特区民营经济促进条例》（以下简称《条例》），该《条例》的发布意味着珠海市有了鼓励民营经济发展的政策环境。同年，珠海还从市场准入、市场要素、发展水平等方面提出了13项扶持民营企业发展的产业政策。

为深入推进企业的技术创新，珠海市还采取多样化的培育措施，针对企业的不同发展阶段制订不同层次的培养方案，对大型民营企业采用《重点民营企业培育目录》，而小微型民营企业则实施"幼狮计划"。

此外，珠海市政府通过一系列金融扶持政策的支持，为民营科技中小企业技术创新提供资金，有效激励企业开展技术创新，提升企业技术创新能力。通过"四位一体"融资担保平台、支小贷、助保贷以及转贷引导融资平台的建立，从信用担保、风险投资等方面，着力解决民营企业融资难题，支持企业技术创新。这些措施也取得了显著成效，截至2016年，以上平台共为民营企业提供贷款总额达94.85亿元，切实缓解了融资难、融资贵的现状。

第四节　信息技术产业竞争状况

从20世纪80年代开始，信息技术产业由于其本身具有的高附加值、低污染等特点，得到了政府的鼓励，迎来了快速发展的时代。在当代，一个地区信息技术产业发展程度，越来越成为衡量一个国家或地区整体竞争力和核心竞争优势的重要标志。信息技术产业存在较大的进入门槛，越发达的地区越重视信息技术产业的发展。[①] 珠海作为珠三角地区经济发展迅速的地区之一，信息技术产业已成为珠海市的朝阳产业之一。市场经济的有效性在很大程度上取决于市场的竞争性，如果没有较强的行业竞争性，信息技术产业就是一潭死水，毫无活力。市场竞争意味着优胜劣汰，这使得企业不得不通过技术手段降低生产成本，提高产品质量，改善管理机制，以达到提高效率、优化资源配置的效果。当然，竞争必须是处于一种良性竞争的状态，不然非但不会促进经济增长，反而会降低社会福祉。本节主要讨论的就是珠海的信息技术产业的竞争状况，为分析讨论行业的良性发展制定有效措施。

一、行业竞争格局

作为高新技术行业的典型代表，信息技术产业是推动珠海经济和社会发展的支柱产业。信息技术产业作为珠海经济增长的"倍增器"以及实现产业转型升级的"助推器"，其发展值得关注。关注的重点中，行业竞争程度又是不可忽略的重点。

---

① 何强（2012）利用2000—2010年中国及各省域的面板数据，分析了信息技术产业发展对经济增长的门槛效应和动态效应，发现信息技术产业发展对经济增长有密切且显著的正向影响。

（一）应用软件市场

自进入 21 世纪以来，珠海市的应用软件行业得到稳步发展。Wind 中国企业库显示，截至 2016 年，珠海市规模以上的应用软件业企业已达 26 家，行业总资产达 45.6 亿元，总注册资金达 13.8 亿元，职工数 7 800 余人。珠海市的软件服务行业以民营企业为主，其中民营软件服务企业总资产、注册资金以及员工数等多方面占到行业总值的 90% 以上。

虽然珠海市的软件服务行业中企业已有 26 家之多，但是行业竞争格局却为"一超多强"的局面。其中，位于珠海的远光软件股份有限公司的总资产、利润以及员工人数等占到整个行业的 30% 左右，为整个行业的领军企业。而珠海汇金科技股份有限公司、珠海市新德汇信息技术有限公司以及同望科技股份有限公司等企业则可占到行业总资产、利润以及员工人数的 8% 以上。因此，珠海市的软件服务业市场集中度相对较高。从另一方面来讲，虽然软件服务业属于开放性行业，但由于存在一定的行业进入壁垒，所以相对市场化程度并不是很高。

（二）通信设备市场

就珠海市的通信设备市场而言，行业竞争格局为"多强并立"的局面。现阶段，珠海市内规模以上通信设备企业有 16 家，行业总资产达 2 162 237 万元，注册资本 233 343 万元，职工数为 12 400 余人。珠海市的通信设备行业为国营、民营并起，但民营企业占优的局面。国有企业占到 35% 左右，民营企业占到 65% 左右。随着珠海通信设备行业逐渐得到企业家的关注，越来越多的民营企业家进入这个市场，使得行业竞争性增强。

二、行业内主要企业情况

（一）远光软件股份有限公司

成立于 1998 年的远光软件股份有限公司，是国内著名的管理软件供应企业，同时逐步实现管理硬件与管理软件的一体化供应。远光软件股份有限公司的主要客户是国内的各大电网。电力行业使用的管理软件有 80% 以上为远光软件提供的。远光软件取得这么大成就的主要原因是其各样资质极优，曾经获得国家规划布局内重点软件企业、国家火炬计划重点高新技术企业以及广东省创新型企业等称号。

远光软件作为珠海最具实力的管理软件与管理硬件供应商，其一直追求"快"中求"稳"，"稳"中求"质"的发展。根据公司年报披露，2016 年远光软件实现营收 109 432.9万元，同比增长 19.63%；营业利润为 10 864 万元，同比增长 38.35%；研发投入为24 264.6万元，同比增长 6.25%。

1. 业务模式

远光软件的发展一直与国家政策紧密连接。近些年来，国家出台了"能源革命""国企改革""互联网＋能源"等一系列跟远光软件业务有关的政策。这些政策使得远光软件的主要服务对象电力行业企业加速与互联网信息技术的深度融合。这为远光软件的发展带来更广阔的市场空间、更大的发展前景，但同时带来了更大的挑战、更多的竞争对手。

远光软件的主要服务对象就是电力行业，主要为电力行业提供管理系统软件。根据远光软件的年报，可知远光软件正在逐渐将自己自主研发的"配网工程实时监控系统""工程项目信息管理系统""电子政务信息系统"以及大数据解决方案等产品和解决方案向其他行业进行推广，例如高端装备企业、资源类企业以及航天航空企业等。

2. 研发创新

创新是企业不断进步不断前行的原动力，实施创新驱动发展战略，对远光软件保持行业内的竞争优势，加强企业的发展动力以及促进企业的稳健长期发展具有极重要的战略意义。近几年，远光软件股份有限公司的研发人员一直保持在 900 人以上，构建了以 IPD 模式为主的专业化产品研发体系，并通过了 CMMI5 级评估认证。2016 年，企业研发投入金额达到 24 264.6 万元，同比增长 6.25%。

远光软件股份有限公司的研发体系可看作三位一体的研发体系（华南—华中—华北）：珠海总部、武汉分公司以及北京分公司。珠海总部的研发主要为：博士后科研工作站，武汉大学软件工程国家重点实验室（珠海）研究中心，广东电力系统同应用软件（远光）工程技术研究中心以及珠海工程技术中心。武汉分公司的研发主要专注于燃料、物资、基建等多个业务端产品技术开发设计。而北京分公司的研发主要是向前看，研究培育 3—5 年的新兴技术开发。在公司的长远计划方面，远光软件将研发工作的重点放在与时俱进的人工智能、大数据、云服务以及区块链等多个行业。同时，企业将加大与高校、科研组织之间的研发合作力度与投入，全面增强企业的创能能力以及将创新成果转化为企业利润。

3. 面临困境

远光软件股份有限公司在快速发展的过程中，面临的困境主要有以下三个方面：①高端人才不足。随着远光软件的快速发展，需要更多的人才作为发展战略的有力支撑，但是人才供应不能满足人才的需求，这成为影响企业发展的重要制约因素。为了解决人才难题，远光软件股份有限公司采取"育留＋引进"的双重模式。人力资源是企业赖以生存的根本，人才是企业的核心资源。为了实现更好的发展，获得更多的人力资源，远光软件需要通过以下手段进行人才的遴选。在发展过程中，通过引进人才战略、自主培养人才战略以及鼓励自学成才战略等一系列战略措施，不断完善优化人才结构。使人才结构实现层次优化、学科优化、智能优化以及年龄优化，使得 H 传媒拥有持续的人才竞争优势。②集团化运作带来的管理风险。企业在扩张的同时，需要将内部管理效率以及对市场的反应进行进一步跟进。由于企业规模扩张，企业的运行管理成本增长的同时，可能增加信息不对称性，进一步增加企业管理风险，带来负面效应。③主营业务不能达到预期效益的风险。由于信息技术产业的不断发展，企业的主营业务逐渐被新进入的企业压榨，使得企业的主营业务所面临的竞争对手越来越多。为了增强主营业务的服务能力，企业应更加密切注意信息技术产业尖端技术的发展。在进行软件研发中，要更注重人工智能的作用，从而实现企业规范化运营与发展。

4. 公司战略

远光软件为了实现更好的发展，实现长期稳健持续发展，要注重企业创新，推动企业体制机制改革。在公司管理机制方面，要推动企业应急管控体系建设，在进行公司扩张的同时，注重企业的融合发展，注重企业效率，推动公司营运成长再上新台阶。

（二）珠海汇金科技股份有限公司

成立于2005年的珠海汇金科技股份有限公司是珠海市著名的科技公司。珠海汇金科技股份有限公司主要是利用物联网技术为金融业中的公司提供专业运营服务，重点业务对象是商业银行。例如为商业银行的运营、网点建设、贵金属以及先进票据等多种业务提供整体解决方案。珠海汇金科技股份有限公司主要是基于银行业务中的操作风险以及银行内部的管理要求提供相应的服务配套措施。目前，珠海汇金科技股份有限公司已形成了包含软件开发、系统集成、人员培训等一体化金融风险管控服务模式，成为广东乃至全国最有名的金融风险管理解决方案供应商之一。

根据汇金科技股份有限公司年报披露，2016年汇金科技股份有限公司营业收入达21 805万元，同比增长28.09%；营业利润为7 886万元，同比增长11.11%；研发投入为2 524.59万元，同比增长46.40%。

1. 业务模式

银行的信息化以及集约化改革，使得银行业对物联网技术的需求不断增加。需求的增加使得汇金科技股份的主营业务营业额不断增加。为了更好地为银行业进行服务，汇金科技股份有限公司积极研发新的产品，优化生产工艺，努力实现生产过程的优化，以提高生产线的利用率以及降低现有的生产成本。正是由于汇金科技股份的不断努力，公司的主营业务不断增强，一直处于行业领先地位。在2016年，公司的主营产品之一的银行自助设备现金管理系统销售额实现50%以上的增长，达到16 441.91万元。在保证客户稳定的同时，努力拓展客户渠道，实现客户多元化增长。

2. 持续增加研发投入，增强企业核心竞争力

研发是一家公司持续发展的源泉，是企业不断成长的源动力。汇金科技股份有限公司成为银行实物流转内控风险管理软件系统行业的领导企业的原因就在于企业不断增强自身的研发能力。汇金科技股份有限公司在进行系统的研发工作之前，首先深入系统对银行业所存在的问题、需要解决的难题进行细致分析。通过对问题的细致研究，了解银行业具体的业务内容、流程以及风险特征，制订合理的研发方案。针对不同的需求，制订不同的研发方案，满足银行业持续不断的信息化、集约化管理需求。

汇金科技股份有限公司的年报显示，2016年公司研发投入资金增长幅度接近50%，达到2 524.59万元，到达创立公司以来的顶峰。公司截至2016年累计获得的发明专利已达11项之多，计算机著作权20余项，实用型新型专利39项，设计外观专利11项。同时，汇金科技股份有限公司建立了完善的筹集资金管理制度，为研发筹集资金建立完善的筹集制度，保证研发工作的顺利开展。

3. 公司战略

公司的发展战略本质是发展。制定合理的公司发展战略，可以实现公司的健康可持续发展。在制定公司发展战略的时候，主要考虑以及回答以下三个方面的问题：首先，公司

要考虑未来走什么样的路（发展方向）；其次，公司要以什么样的发展速度成为什么样的公司（发展速度）；再次，公司要抓住自己的优势进行发展，避免自己的劣势（发展带动点）。汇金科技股份有限公司要抓住企业自己的优势，充分发挥自己在银行业管理领域的先发优势，凭借自己多年在运营发展中获得的经验形成的核心技术、研发模式以及自己独到的服务理念，在稳中求快，在为银行业提供安全、高效的银行实物流转内控风险管理整体解决方案及其应用系统的同时，进行业务扩展，获得多元化客户群。公司在稳固自己优势的基础上，逐渐将自己的发展向物流、安防以及零售领域进行扩展，将公司打造成为国际知名的实物流转内控风险管理整体解决方案供应商。

（三）东信和平科技股份有限公司

成立于1998年的东信和平科技股份有限公司是国际知名的智能卡产品及相关系统集成与整体解决方案的供应商和服务商。东信和平科技股份有限公司的注册资本达到3.46亿人民币，于2004年在深交所中小板上市。作为国家火炬计划重点高新技术企业，东信和平科技股份有限公司还是"广东省工程技术研究开发中心"和"广东省企业技术中心"的依托单位。拥有自己的博士后工作站的东信和平科技股份有限公司现拥有亚洲最大的智能卡生产基地。下面，就对东信和平科技股份有限公司进行简单介绍。

1. 业务模式

在业务模式方面，东信和平科技股份有限公司以智能卡的生产销售为主，近年逐渐涉及系统集成业务。

智能卡的销售则主要包含通信、银行以及社保三大应用领域。①通信业务领域。东信和平科技股份有限公司是国内三大电信运营商智能卡的供应商。在供应国内市场的同时，近年来，东信和平科技股份有限公司也在积极拓展海外信息市场，使得东信和平的品牌效应在国际上逐步得到推广。②金融领域。东信和平科技股份有限公司积极参与国内各大银行的招标活动，使得公司市场占有率不断提升，不断稳固市场地位。同时，也积极拓展海外市场，重点放在东欧和南亚地区。③社会保险方面。政府所发放的社保卡、医保卡以及城市"一卡通"等，很多都是东信和平科技股份有限公司的产品。

近些年，东信和平科技股份有限公司逐渐进行多元化经营，通过对外融资，积极进行系统平台业务开发，并且已初见成效。同时，公司积极进行医保基金消费终端安全管理系统开发，并在一些城市落地实践。

2. 企业研发

东信和平科技股份有限公司是国家火炬计划重点高新技术企业，一直坚信创新是企业生存的保证，是企业发展的根本，秉持"创新成就未来"。公司的研发投入水平一直稳步增长，公司年报显示，2016年东信和平科技股份有限公司的研发投入增长10.37%，达到了212 686.4万元，这接近营业收入的10%。东信和平拥有620余人的研发团队。当然，东信和平科技股份有限公司作为高新技术企业，受到国家研发补贴资助。仅仅在2016年，国家资助金额就达到2 847.4万元。东信和平科技股份有限公司一直坚持实施高研发投入的战略，在稳步增加各行业应用卡类COS开发投入的基础上，增加对SIM卡芯片平台移植、移动支付、金融应用、终端产品等研发投入。集成化创新，增加创新速度与质量，提高创新效率，提升企业竞争力是东信和平科技股份有限公司不断成长的保证。

3. 核心竞争力分析

东信和平科技股份有限公司作为智能卡行业的领军企业，在行业中拥有极强的竞争力。尤其是近年来，企业把成为"国际化智能卡产品及相关系统集成与整体解决方案的供应商和服务商"作为发展愿景，不断增加研发投入水平，增强企业的创新能力，扩大市场占有率，力争在服务国内的同时，走出国门，服务世界，在成为国内行业领导者的同时，成为国际中同行业的领军企业。这样的目标都离不开企业对核心竞争力的把控。为了实现上述目标，东信和平科技股份有限公司不断增强企业核心竞争力。

总体而言，东信和平科技股份有限公司的核心竞争力来源于五个方面：技术研发能力、规模优势、资质和认证优势、产品结构优势以及管理优势。具体如下：①技术研发能力。如上所述，东信和平科技股份有限公司在发展过程中，本身注重企业的研发，同时得到政府的大力资助。这使得企业成为国家火炬计划重点高新技术企业的同时，也成为广东省重点高新技术企业和通过"双软"认证的企业。这些都是其技术研发能力得到保证的根本。②规模优势。由于多年来坚持科技为本，专注智能卡领域，东信和平科技股份有限公司的市场占有率一直遥遥领先。强大的规模优势以及技术能力帮助东信和平科技股份有限公司实现更低的成本，并使其在更大的范围内调度资源，不断提升企业品牌地位。③资质和认证优势。智能卡行业有较高的技术门槛，虽然市场前景广阔，但真正拥有极优资质的企业并不多。东信和平科技股份有限公司凭借突出的技术研发能力、高质量的产品以及周到的服务，得到客户的一致赞誉。④产品结构优势。东信和平专注于智能卡服务，在产品结构上广泛布局，不仅仅在通信服务智能卡与金融支付的智能卡业务领域占据较大的市场份额，而且也着手布局政府公共事业领域，并围绕三个行业的智能卡业务系统系统解决方案、运营服务、智能安全终端、卡产品、测试工具五个业务单元开展工作。⑤管理优势。管理是一个企业正常运行的灵魂，是一家企业前行的基础。东信和平科技股份有限公司通过多年努力，已构建起较为完善的法人治理结构和现代化企业运营机制。同时，为了防控管理风险，企业建立起完善的内部管理与提升机制，增强企业内部管理的应变能力，增强风险抵抗能力。同时，企业也正在构建公司的海外管理运行机制。经过不断努力，东信和平科技股份有限公司已经成长为国际化大企业。

第五节　广东省其他主要城市的信息技术产业发展概况

广东省位于中国大陆最南端，依托优越的地理位置以及便利的交通条件，广东经济一直处于快速发展阶段。近些年 GDP 总量一直位居全国首位。信息技术产业作为一个地区整体竞争力和核心竞争优势衡量的重要标志，广东省内其他地市对信息技术产业的发展必然特别重视。下面对深圳、广州、佛山、中山、东莞等地主要的信息技术产业发展状况进行概述。

一、深圳市信息技术产业发展概况

深圳市为中国的一线城市，经济发展好，信息技术产业一直是深圳的支柱产业之一。信息技术产业包含了信息软件行业与通信硬件设备行业。在软件服务行业中，深圳市的信息技术企业数目占到整个广东省的信息技术产业的50%，注册资本占到55%以上，占了半壁江山。据不完全统计，深圳市的软件服务行业企业有266家，总注册资本达到1 813 997万元。其中民营企业有220家，占到绝大多数。因此，在深圳市软件服务行业中，民营企业占有绝对优势。在硬件设备方面，据不完全统计，深圳共有356家，占到广东省的60%，总注册资本达到6 160 683万元。其中，民营企业有311家，注册资本4 729 627万元。因此，民营企业同样占行业的多数资源。近些年，在大量企业进入深圳信息技术产业的同时，也有大量企业退出。这是由于深圳与香港特区毗邻，地理位置优越，技术溢出效应比较大，得到国际市场信息比较快，信息技术产业得到快速发展的同时，也加剧企业竞争。作为中国金融中心之一的深圳，证券资本市场发达，是国际著名金融中心。银行、证券保险以及外资金融机构众多，资金流动性强，从业人员数量居全国前列。丰富的金融资源、便利的金融条件为深圳信息技术产业的发展提供资金支持。在政策的大力支持下，深圳经济得到快速发展，每年吸引了大批人才南下，为深圳的信息技术产业注入了新鲜血液。

二、广州市信息技术产业发展概况

广州市作为广东省省会，经济发展一直处于领先地位。广州市的信息技术企业数量在广东省排名紧随深圳，排在第二位，占到整个信息技术产业的30%左右。在软件服务行业中，据不完全统计，广州市的信息技术企业有171家，总注册资本达到909 169万元。其中民营企业有163家，占到绝大多数。因此，在广州市软件服务行业中，民营企业占有绝对优势。据不完全统计，广州的硬件设备行业共有企业58家，注册资本达990 066万元。虽然广州硬件设备行业中民营企业数占到51家，但是注册资本仅仅占到50%。也就是说在广州市，硬件设备行业中有些国有企业是行业中的"巨头"，拥有较大的市场势力。广州作为广东省省会，学术资源极为丰富：广州拥有82所高校，110余万大学生。尤其是国家重点高校中山大学、华南理工大学、暨南大学等，这就给广州信息技术产业中企业与高校合作提供便利条件，为其未来发展奠定坚实基础。

三、佛山、中山、东莞信息技术产业发展概况

在广东省的地级市中，佛山、中山以及东莞的经济发展程度与珠海相差不大，下面我们就对以上三个地级市中的信息技术产业发展概况进行分析。据不完全统计，就软件服务行业而言，佛山的信息技术企业有10家，注册资本总额达34 879万元；中山的信息技术企业有12家，信息技术企业注册资本达95 992万元；东莞9家，注册资本总额为24 209

万元。类似于深圳和广州，民营软件服务企业数量占行业的大多数。硬件设备行业方面，佛山有 22 家企业，注册资本 559 624 万元；中山有 10 家企业，注册资本 164 577 万元；东莞有 62 家，注册资本 313 991 万元。中山优越的地理位置为其软件服务业的发展提供便利条件，而佛山、东莞的制造业为硬件设备行业的发展奠定基础。同时，近年来佛山科学技术学院、电子科技大学中山学院以及东莞理工学院等高校发展迅猛，也为三座城市信息科技行业的发展奠定人力资源基础。

四、与珠海市的横向比较

珠海与深圳相比，信息科技行业依然处于发展阶段，很多地方值得去借鉴学习。首先，深圳出台很多招商引资政策，吸引大批外资进入深圳，为深圳信息技术产业发展提供资金支持；其次，深圳出台人才引进政策，鼓励高技术、高学历以及高水平的人才入户深圳，为深圳的崛起提供人力支持；最后，深圳在引进来的同时，也注重走出去，深圳的很多企业到海外进行直接投资，通过海外并购以及绿地投资等方式进行全方位、多角度布局。当然，与深圳相比，珠海的信息科技行业发展还存在其他不足。例如，深圳是中国最早的经济特区之一，是国际著名的金融中心，资本市场发达，便于信息技术企业进行融资。同时，深圳与香港毗邻，地理位置优越。当然，珠海也有其自身的优势，例如，珠海高校资源丰富，方便储备大量信息技术人才。例如中山大学、暨南大学、北京师范大学珠海分校等，可以为珠海的经济发展提供新鲜血液。另一方面，深圳的高房价成为制约深圳发展的掣肘，相较而言，珠海的房价更易被科技人才所接受。

珠海与广州相比，信息科技行业同样存在很多地方值得去借鉴学习。首先，广州出台很多产业补贴政策，为广州信息技术产业发展提供政策支持；其次，广州也出台人才引进政策，鼓励高技术、高学历以及高水平的人才入户广州；最后，广州大力支持校企合作研发，为信息技术企业与高校搭建研发平台，既为企业解决研发人员不足的难题，也为学校解决研发资金不足的难题。当然，与广州相比，珠海的信息科技行业发展还存在其他不足。例如，广州是广东省省会，具有独特的政治资源，且资本市场发达，便于信息技术企业进行融资。广州港作为世界主要港口，为广州经济对外发展提供极大助力。当然，珠海也有其自身的优势，例如，珠海与澳门相近，具备地理位置优越、生活成本低等特点。

信息技术产业的发展离不开制造业的支撑。与佛山、中山以及东莞相比，珠海的制造业企业发展略逊一筹。佛山、中山以及东莞在制造业企业转型升级的助力下，大力发展高新技术产业，且政策导向明显。珠海的优势源自于地理位置以及高校资源。

从以上分析可知，珠海的信息技术产业要快速健康发展，首先需要政府支持，不仅仅要做产业政策（研发补贴等）支持，也要做到人才支持（引进人才政策）；其次，要学会在引进来的同时做到走出去，实现全方位布局；最后就是发展制造业，为信息技术产业发展奠定行业基础。

第六节　珠海市信息技术产业前景预期

珠海市信息技术产业具有良好的发展前景。据不完全统计，珠海市 2016 年信息技术产业总产值约为 627.5 亿元，较 2015 年增长约 16%，在珠海所有行业中居于前列，是珠海市的朝阳产业之一。同时，珠海市信息技术产业以民营企业为主，以下分析基本围绕民营企业进行。

珠海市的信息技术产业在接下来的发展过程中将面临多重机遇与挑战。从宏观方面而言，珠海市是珠三角的核心城市之一，"粤港澳"大湾区的谋划构建，为珠海的发展带来前所未有的机遇。大湾区城市群的构建，为珠海市信息技术产业的发展插上了腾飞的翅膀。大湾区的构建使得珠海市从区域经济合作上升到全方位对外开放的国家战略，在信息更加透明、市场不断扩大的同时，竞争也更加激烈。这就使得珠海市的信息技术企业不仅要面对广东省内同类型企业的竞争，还要面对国际企业的竞争。珠海市的信息技术产业应抓住机遇，敢于迎接挑战，实现自我突破与发展。同时，珠海市不断引进人才，为信息技术产业的发展注入新鲜血液。

从微观层面而言，珠海市的信息技术产业发挥自己的能动优势，创新发展，融合发展，逐步走向国际化。创新是一个企业发展前行的动力，珠海市信息科技企业普遍注重创新意识，研发人员保持稳定增长的同时，很多企业每年研发投入占到营业收入的 10% 以上。一方面，珠海信息技术企业注重与其他机构或企业进行联合研发，降低研发成本，分担研发风险。另一方面，珠海市的信息技术产业也在不断尝试融合发展、"由点及面"式发展。例如，远光软件股份有限公司，在不断拓电力服务市场的同时，也在加快能源互联网、智能物联和社会信息化业务的产品拓展。新项目的开发，既是一种突破，也是一种冒险。走向全国，走向全球，是企业不断发展的动力。珠海信息技术企业在攻占华南地区市场，不断实现全国布局的同时，也在走"国际化"道路。同时，"粤港澳"大湾区的构建也为珠海信息技术企业走向国际，实现对外融资起到关键作用。

珠海市信息技术产业拥有广阔的发展前景，机遇与挑战并存。珠海市信息技术产业在政府扶持、商业环境改善的同时，将面临更严峻的挑战。首先，市场扩大使得更多企业进入市场，竞争更加剧烈。面对更多的竞争对手与多变的市场环境，企业的生存愈加艰难。其次，随着贸易全球化的发展，信息传播速度加快，这对企业的产品提出更高的要求。最后，最关键的还是人才。企业的兴衰很大程度上取决于人力资源的优劣，能否留住核心关键人才是企业生存发展的根本。在上述环境下，珠海的信息技术企业应该在抓住机遇的同时，勇于接受挑战。政府应对珠海市信息技术产业的发展进行扶持，协助企业进行跨越式发展。同时，要将信息技术产业与传统制造业相融合，实现信息技术产业对传统制造业发展的有力支撑。①

---

① 盖建华基于中国投入产出表，发现信息技术对于现代服务业的发展具有重要影响。

第七节　政策建议

信息技术产业是珠海市的朝阳产业之一，行业在未来的发展过程中会遇到诸多机遇与挑战。珠海市的信息技术产业中的民营企业占大多数，如何有效制定相应的政策，对民营企业的发展具有重要现实意义。结合本章对中国、广东省以及珠海市信息技术产业发展分析，特提出以下政策建议。

首先，创新是一家企业生存的关键，因此政府应该重视信息技术企业研发创新，鼓励信息技术企业研发创新，实现"创新驱动发展"。创新是企业不断发展的保障，是企业保持竞争优势的原动力，更是企业赖以生存的根本。创新有助于实现产业升级。为了鼓励信息技术企业进行研发创新，政府应制定相应的政策，以鼓励信息技术企业加大研发。第一，政府应制定相应完善的研发补贴政策，以促进企业加大研发投入水平。研发补贴政策不仅仅是对企业的研发投入进行补贴，更要对研发效果进行补贴。要细化补贴细则，有针对性地进行补贴。企业所有权性质，是否为贸易型企业等都要在研发补贴细则中进行考量。由"统补"变"细补"，制定合理的产业政策，提升社会福利。当然，对企业的创新进行补贴，可能会出现企业骗补的行为。如何应对这种情况的发生？可在设定研发补贴政策的同时，设定一定的惩罚机制。对于企业骗补份额行为进行严厉处罚，并对这种欺诈行为进行通报。同时建立一定的信誉评级标准，定期进行评级，使企业更注重自己的声誉。第二，重视研发合作，鼓励研发合作。由于现有的研发高投入与高风险，企业进行合作研发刻不容缓。因此，鼓励企业的合作研发行为，不仅可以节省研发资金，而且可以实现资源的互补，增强企业的国际竞争力。当然，不仅要实现企业间的研发合作，还要重视校企研发合作，充分利用学校的资源，将学校的专利转化为有价值的实物，为社会、为人民做应有的贡献。在鼓励企业进行研发合作的同时，要防止企业在产品市场的"合谋"行为。因此，在鼓励企业研发合作的同时，要重视企业的市场竞争，防止企业的"合谋"行为危害到消费者利益。第三，鼓励企业建立研发准备金制度。研发准备金是企业拿出一部分利润，为以后研发做准备。这样提前安排研发资金，实为研发保证金，保障研发的平稳运行，不会受到企业干扰。研发准备金将为企业的研发工作保驾护航。

其次，加大高科技人才的引进与培养力度。人才是企业发展的根基，是企业最根本的竞争力。人才决定企业的发展，面对经济全球化，企业面对的竞争对手不再仅仅局限于中国，现在全球的竞争对手都来到了中国，竞争愈加激烈。企业如何实现转型升级，实现跨越式发展，在竞争中变得更强？这些问题归根结底都是人才的问题。如何才能得到人才，留住人才，建议如下：第一，加强人才引入政策。人才引进重点放在应届毕业生和高层次人才方面。应届毕业生如同一块璞玉，等待企业去雕磨。政府应放宽应届毕业生的落户，更合理地安排人才安置房，设置购房租房优惠政策，以吸引应届毕业生落户珠海。同时细化高层次人才引进福利政策，增强信息技术企业在人才引进中的话语权，即由高新技术企业申请引进具有重大突出贡献的人才，可适当放宽其他条件。第二，重视人才培养，加强企业间人才交流。政府应鼓励信息技术产业内部建立相应的人才培训机构。要扩大信息技术产业工作人员的视野，提高其工作技能。信息技术产业的发展离不开人才的支持，重视人才"引进"+"培养"，双重机制结合，可以有效解决企业"招人难，留人难"的问题。

最后，突破企业融资瓶颈。没有足够的资金，企业没有办法进行研发，没有办法抢到人才，留住人才，其根本在于企业融资难。因此，政府应帮助企业突破融资难的问题。只有得到了充足的资金才能更好地实现发展，资金是企业生存与发展的保证，资金链断了的企业生存就受到极度威胁。为了解决资金短缺的问题，就离不开融资，而对于民营企业而言，融资难一直是困扰企业发展的根本问题。金融市场发展不成熟，金融体制不合理致使企业不得不进行民间借贷，从而发展受到抑制。如何帮助企业打破融资瓶颈，实现顺利融资，本章有如下建议：第一，规范企业融资制度，改善企业融资环境。目前，珠海市的融资环境具有很大的不透明性，融资制度亟待完善，因此存在诸多弊端。制度的不规范致使企业有较好的发展前景与发展目标，但还是融资困难。规范融资制度可以改善企业的融资环境，降低企业融资成本，减少企业融资风险。同时，改善融资环境也可以帮政府整合资源，健全金融管理体制，加强对企业融资风险的管控，全方位为企业的融资服务，促进民营信息技术产业又好又快发展。第二，拓宽民营信息技术企业融资渠道。融资渠道窄也一直是困扰企业融资的难题。政府应合理构建企业评级体系，搭建企业与投资商的融资平台。不仅要使得银行了解民营信息技术企业的发展状况，还要让P2P融资、股权融资、债券融资以及招商引资等多融资渠道走到民营信息技术产业的发展中，为企业的快速发展保驾护航。

参考文献

[1] 何强.信息技术产业发展对经济增长的门槛效应和动态效应分析.产业经济研究，2012（5）.

[2] 盖建华.我国信息技术产业与现代服务业产业关联分析.经济问题，2010（3）.

第七章　珠海市生物医药产业发展研究

生物医药产业有着"永不衰落的朝阳产业"和"钻石产业"等美称，是关乎社会和谐和国计民生的重要产业。党的十九大报告强调，我国社会主要矛盾已转化为人民日益增长的美好生活需要和不平衡不充分发展之间的矛盾。为适应人民日益增长的美好生活需要，发展与人民健康息息相关的生物医药产业必不可少。当前，受居民可支配收入增加、人口老龄化加剧、二胎政策放开等各方面因素的共同影响，生物医药产业不断发展且前景广阔。在珠海，生物医药产业是六大工业支柱行业之一，政府不断鼓励和支持生物医药产业的发展，并为其营造了良好的制度政策环境。生物医药产业是珠海市经济的重要组成部分，在经济增长、稳定税收等方面起着重要的作用。但同时我们也应该看到，珠海市生物医药产业存在行业规模小、行业集聚度低、创新能力不足、国际化程度低和高端人才短缺等问题。在全球经济发展充满不确定性、国内经济发展处于新常态，以及生物医药产业发展前景良好，珠海市生物医药政策制度环境利好的大环境下，珠海市生物医药企业如何抓住机遇，迎接挑战，实现又快又好发展，成为亟待解决的问题。

本章通过分析生物医药产业发展现状，把握行业所处宏观环境和影响行业发展的有利因素与不利因素，并对比珠海、广州、深圳生物医药产业和企业发展情况，梳理出珠海市生物医药产业发展存在问题，最后提出在当前形势下珠海市发展生物医药产业的策略及具体措施。

发展生物医药产业并非一朝一夕即可完成，需政府和相关职能部门的高度重视和全力协助。相信在各方力量的共同推进下，珠海市生物医药产业将又好又快向前发展，为珠海市经济发展做出更大的贡献。

第一节　生物医药产业的界定

生物医药产业是国民经济和社会发展的重要行业，关系到百姓福祉，与人们健康密切相关。根据国家统计局颁布的战略性新兴产业分类，生物医药产业属于生物产业的范畴，是我国战略性新兴产业的重要组成部分，主要包括医药制造、营养保健品制造和医疗器械制造三个部分，对应于国民经济行业分类（GB/T 4754 - 2017）中的医药制造业（27）、营养食品制造（1491）、保健食品制造（1492）、医疗仪器设备及器械制造（358）。根据国家统计局的国民经济行业分类（GB/T 4754 - 2017），医药制造业又可以细分为 8 个子行业，具体划分如下表所示：

表 7 - 1　医药制造业分类

行业名称	细分行业
医药制造业	化学药品原料药制造
	化学药品制剂制造
	中药饮片加工
	中成药生产
	兽用药品制造
	生物药品制品制造
	卫生材料（医药用品制造）
	药用辅料及包装材料

资料来源：国家统计局，国民经济行业分类（GB/T 4754 - 2017）。

第二节　国内生物医药发展现状

我国医药行业的发展起步于 20 世纪 50 年代，是关乎国民健康、社会稳定的行业。改革开放以来，我国经济发展迅速，人们生活水平不断提升，健康问题也受到越来越多人的关注。此外，近年来，我国人口老龄化问题日益严重，加之二胎政策的放开，人口红利释放，在这一系列的外界环境的刺激下，生物医药产业的需求不断上升，进而高速发展，在我国国民经济中扮演着十分重要的角色，国际地位不断攀升。受金融危机影响，我国生物医药产业出现一定的下行趋势，在全球经济增长乏力，我国经济进入新常态的大背景下，由于国家整体经济增速放缓，经济增长方式正在转变，生物医药产业的发展也受到了一定的影响。对全国生物医药产业的发展现状进行分析，有利于我们把握生物医药产业发展的宏观环境，受统计数据方面的制约，本书主要通过分析医药制造业和医疗器械制造行业这两方面的发展现状，以把握生物医药产业的发展情况。

一、医药制造业发展现状

医药制造业是生物医药产业的重要组成部分，为人们提供各项生活所必需的药材和卫生材料，在人们可支配收入增加，健康观念不断增强的情况下，人们对医药方面的需求持续扩大，医药制造业也因此呈现出良好的发展态势，具体而言，有以下几方面的特征：

（一）行业规模日趋庞大

经过多年的发展，医药制造业的规模不断扩大。如表 7 - 2 所示，2011 年，我国医药制造业企业共有 5 926 家，而到了 2016 年，我国医药企业数已有 7 541 家。"十二五"期间，我国医药制造业的资产规模也持续增大，2011 年，医药制造业的总资产为 13 220.51 亿元，在"十二五"的结束之年即 2015 年，医药制造业的总资产达到 25 071.09 亿元。

从总资产的增长率上看，医药制造业的总资产增长率相对平稳，六年平均增长率为17.20%。自2014年起，由于整体经济比较低迷，医药制造业也因此受到了一定的影响，增长率也出现了一定的下降，但医药制造业的总资产增长率仍旧保持在全国工业增加值增速和GDP增速之上。主营业务收入方面，随着人们对与健康相关的医药、医疗产品的需求日益上升，医药制造业的主营业务收入也呈现不断上升的趋势。从2011年的14 484.38亿元逐步上升到2016年的28 206.11亿元，平均年增长率为14.26%，但年增长率呈现逐步递减的趋势。

从医药制造业的结构来看，2016年化学药品制造业的主营业务收入占医药制造业主营业务收入的45%，可见化学药品制造业在行业内占有主导地位。其次，中成药生产在医药制造业中也相当重要，其2016年的主营业务收入占比24%。除此之外，近几年来，生物药品制造业也在不断发展，2016年主营业务收入占比12%。而余下的中药饮片加工行业、兽用药品制造行业、卫生材料行业（即医药用品制造行业）、药用辅料及包装材料行业的发展则相对缓慢，四个子行业2016年主营业务收入合计仅占医药制造业主营业务收入的19%。具体如图7-1所示。

表7-2　2011—2015年医药制造业行业规模资料

年份	企业数（个）	总资产（亿元）	总资产增长率	主营业务收入（亿元）	主营业务收入增长率
2011	5 926	13 220.51	18.93%	14 484.38	26.86%
2012	6 387	15 768.51	19.27%	17 337.67	19.70%
2013	6 525	18 479.89	17.19%	20 592.93	18.78%
2014	7 108	21 739.42	17.64%	23 350.33	13.39%
2015	7 392	25 071.09	15.33%	25 729.53	10.19%
2016	7 541	28 789.11	14.83%	28 206.11	9.63%

资料来源：国家统计局，中国统计年鉴2012—2017年。

（二）对外贸易振荡上升

在2008年金融危机后，全球经济低迷，我国医药制造业的出口也因此受到了一定的影响，2011年我国出口增长率仅为8.63%。作为全球制药大国，我国医药产品出口到210多个国家和地区，亚、欧、北美等地区的发达国家是我国医药产品出口的主要市场。2012年，全球经济有所回暖，我国医药制造业出口上升至13.05%。而后，由于全球经济复苏乏力，美国经济增速放缓，欧洲又面临地缘政治、恐怖袭击和难民问题的冲击等问题，医药制造业出口的增长率出现了较大的振荡，在2013年仅有1.65%。从2011年到2016年，医药制造业出口增长率虽有较大的起伏，但出口交货值依然呈现逐年上升的趋势。出口交货值从2011年的1 030.48亿元上升到2016年的1 460.42亿元。具体如图7-2所示。

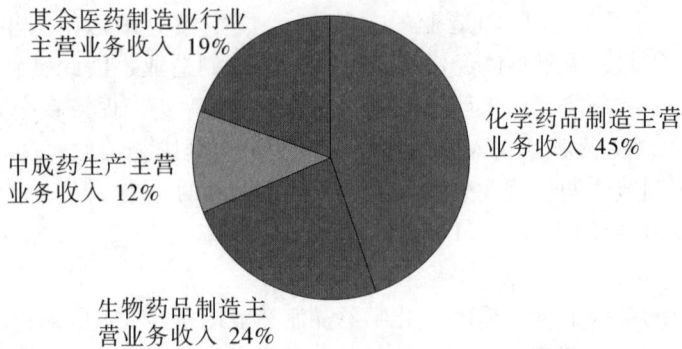

图7-1　2016年医药制造业各子行业主营业务收入比重

资料来源：中国经济社会大数据研究平台，中国统计年鉴2017年。

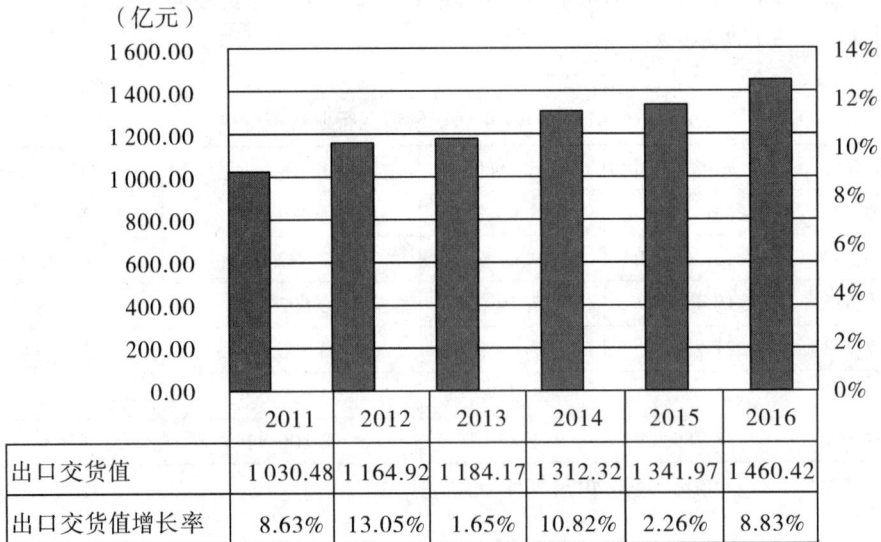

	2011	2012	2013	2014	2015	2016
出口交货值	1 030.48	1 164.92	1 184.17	1 312.32	1 341.97	1 460.42
出口交货值增长率	8.63%	13.05%	1.65%	10.82%	2.26%	8.83%

图7-2　2011—2016年医药制造业出口趋势图

资料来源：中国经济社会大数据研究平台，中国统计年鉴2012—2017年。

二、医疗器械制造行业发展现状

　　医疗器械制造主要为人们提供用于医疗诊断、灭菌、监护、治疗、手术等方面的医疗器械，属于战略性新兴行业和高技术行业的范畴，国家和政府给予了一定的政策优待和资金支持，鼓励该行业发展。近年来，我国的医疗器械制造行业也在不断向前发展，主要发展特征如下：

（一）企业数目增多，经营情况良好

2011 年，我国医疗器械制造企业共有 878 家，到 2016 年，医疗器械制造企业增长到 1 449 家。企业数目增多的同时，医疗器械制造行业整体的主营收入也随之上升，从 2011 年的 1 362.9 亿元上升到 2016 年的 2 868.5 亿元；利润总额方面，医疗器械制造行业的利润总额逐年上升，2012 至 2016 年的年平均增长率为 15.68%。总体而言，医疗器械制造行业规模呈现扩大趋势，企业经营情况良好，发展前景看好，医疗器械制造行业各项指标的具体数值如表 7 - 3 所示。

表 7 - 3　2011—2015 年医疗器械制造行业生产经营主要指标

年份	企业数（个）	主营业务收入（亿元）	利润总额（亿元）
2011	878	1 362.9	153.6
2012	974	1 602.0	187.1
2013	1 084	1 853.6	201.1
2014	1 196	2 182.6	237.2
2015	1 310	2 413.3	246.1
2016	1 449	2 868.5	330.9

资料来源：中国经济社会大数据研究平台，中国统计年鉴2012—2017 年。

（二）出口增长缓慢

在出口交货值方面，"十二五"期间，由于国际形势较为复杂，医疗器械制造行业的出口呈现先下降后上升的趋势，2012 年的出口交货值相比 2011 年下降了 20.3 亿元，而后则是重新呈现出增长的态势，从 394.2 亿元上升到 501.1 亿元，但从增长率方面来看，医疗器械制造行业的出口交货值增长率较低，年平均增长率仅有 6.18%，增长相对缓慢，具体如图 7 - 3 所示。

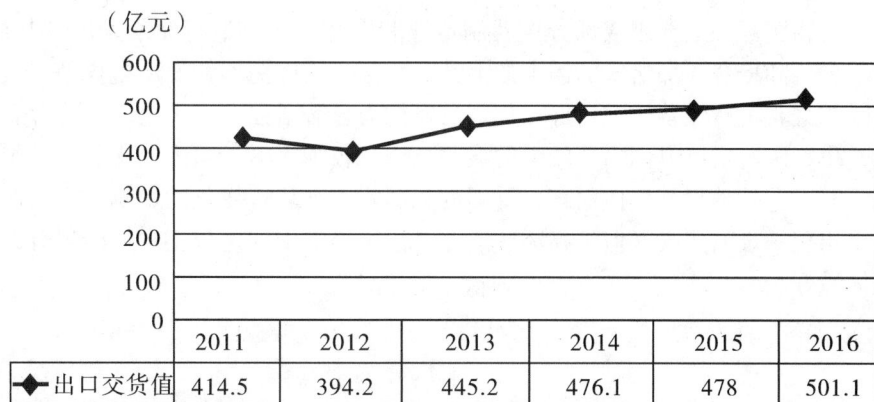

（亿元）

	2011	2012	2013	2014	2015	2016
出口交货值	414.5	394.2	445.2	476.1	478	501.1

图 7 - 3　2011—2016 年医疗器械制造行业出口趋势图

资料来源：中国经济社会大数据研究平台，中国统计年鉴2012—2017 年。

（三）研发与创新能力显著增强

医疗器械制造行业属于高新技术行业，创新是推动该行业发展的动力源泉。在我国经济增长逐步由要素驱动转向创新驱动的大背景下，医疗器械制造行业紧跟国家发展步伐，持续加大研发投入，创新成果不断增多。2011 年，我国医疗器械制造行业的研发机构仅有 224 家，而在 2016 年增长到了 613 家，实现了成倍的增长，R&D 人员的全时当量也从 2011 年的 11 115（人/年）增长到 20 715（人/年），可见医疗器械制造行业的研发能力在不断增强。创新能力方面，2011 年，医疗器械行业申请专利 2 969 项，其中发明专利 1 127 项。经过五年发展，到 2016 年，该行业共申请专利 7 467 项，发明专利 3 106 项，翻了一番以上，创新成果不断增多，创新能力显著增强，医疗器械制造行业 2011—2016 年的专利申请情况具体如图 7 - 4 所示。

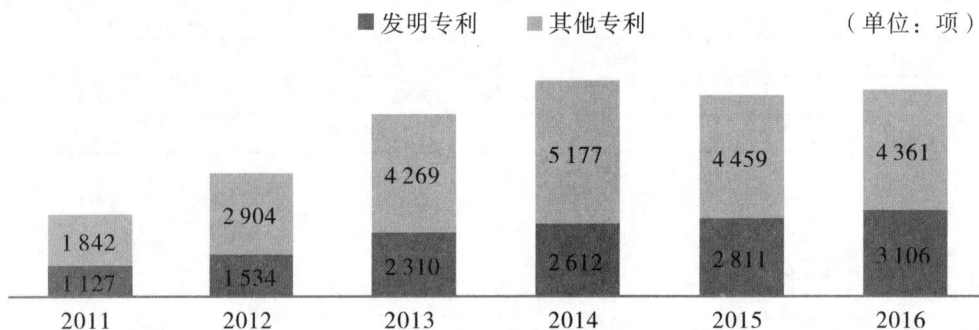

图 7 - 4   2011—2016 年医疗器械制造行业专利情况

资料来源：中国经济社会大数据研究平台，中国统计年鉴 2012—2017 年。

三、国内生物行业发展现状总结

在梳理生物医药的主要组成部分医药制造业和医疗器械制造行业的发展现状后发现，经过国家的支持和培育，加之人们需求的上升，我国生物医药产业发展整体情况良好，行业规模不断扩大，生产经营情况良好，创新研发能力显著增强。由于全球经济存在较多的不确定性，生物医药出口方面出现较大的振荡，增长较为缓慢，而出口交货值的绝对数方面仍呈现不断上升的趋势。总体而言，受国内和国际宏观环境变化的影响，生物医药产业增长速度虽出现一定的放缓，但生物医药产业在国民经济中的地位正在不断攀升，行业发展前景整体看好。

第三节　珠海市生物医药发展现状

一、珠海市医药制造业发展现状

当下，我国经济发展水平提高、人们健康需求持续增长，且随着人口老龄化问题的加剧和二胎政策的放开，我国医药制造业整体发展态势良好，珠海市医药制造业的发展也相对可观，下面从珠海市医药制造业的行业规模、生产能力、盈利能力、出口这四个方面分析珠海市医药制造业发展现状：

（一）行业规模方面

根据珠海市统计局数据表明，2011—2015 年，珠海市医药制造业的工业总产值由原来的 1 124 276 万元上升到 1 504 425 万元。此外，2011—2015 年珠海市医药制造业的资产规模不断扩大。2011 年珠海市医药制造业的总资产规模为 760 810 万元，而到了 2015 年，珠海市医药制造业总资产规模已达到 1 615 116 万元，实现了成倍的增长。就业人员方面，就业人员平均人数从 2011 年的 8 360 人上升到 2015 年的 11 352 人，增长了 35.8%。综上可见，珠海市医药制造业的规模正在不断壮大，各项指标各年的具体数值如表 7-4 所示。

表 7-4　2011—2015 年珠海市医药制造业各项主要指标

年份	工业总产值（万元）	资产总计（万元）	就业人员平均人数（人）
2011	1 124 276	760 810	8 360
2012	1 018 537	1 177 170	9 726
2013	1 172 986	1 231 649	10 367
2014	1 320 068	1 594 389	11 392
2015	1 504 425	1 615 116	11 352

资料来源：珠海市统计局，珠海统计年鉴 2012—2016 年。

（二）生产能力方面

2011 年，珠海市医药制造业的工业增加值为 307 954 万元，此后的整个"十二五"期间，珠海市医药制造业的工业增加值迅猛增长，2012—2015 年工业增加值的年平均增长率为 9.94%。在 2013 年更是实现了 18.08% 的巨大增幅。从劳动生产率看，珠海市医药制造业的劳动生产率在不断向前发展的同时，一直保持着高于珠海市规模以上企业整体的水平。2011 年，珠海市医药制造业的劳动生产率为 368 366 元/人，即医药制造行业的每个从业人员在 2011 年生产出来的总产值为 368 366 元，而珠海市规模以上工业企业 2011 年的整体劳动生产率为 164 715 元/人，二者在数值上相差 203 651 元。在 2015 年，珠海市医药制造业的劳动生产率仍与珠海市规模以上工业企业拉开了 182 699 元。综上可知，珠海市医药制造业的生产能力正在不断提升。2011—2015 年珠海市医药制造业的劳动生产率与珠海市规模以上工业企业的劳动生产率如图 7 - 5 所示。

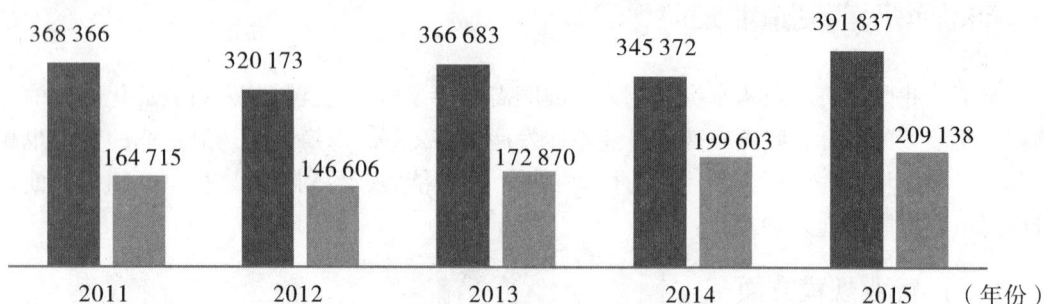

图 7 - 5　2011—2015 年珠海市医药制造业劳动生产率与整体劳动生产率对比图

说明：各年份左边数据为医药制造业劳动生产率、右边为劳动生产率整体水平。

资料来源：珠海市统计局，珠海统计年鉴 2012—2016 年。

（三）盈利能力方面

2011 年，珠海市医药制造业企业共有 21 家，其中亏损企业 3 家，到 2012 年，企业有 23 家，而亏损企业只剩 2 家。到了 2015 年，虽然珠海市医药制造业企业只剩 22 家，但全部企业均已实现盈利。亏损企业以经营不善，被行业内其他企业并购等方式退出市场，减少资源浪费，资源配置更为合理。主营业务收入方面，2011 年，珠海市医药制造业的主营业务收入为 643 652 万元，到 2015 年已达到 1 219 289 万元，2012—2015 年四年的平均增长率为 18.33%。从利润总额上看，珠海市医药制造业利润总额逐年增加，从 2011 年的 85 551 万元增加到 2015 年的 163 289 万元，增长幅度为 90.87%。大中型企业方面，随着我国各个产业进行产业结构方面的调整，珠海市医药制造业大中型企业数目也在不断地改变，2011 年，珠海市医药制造业共有大中型企业 10 家，到了 2012 年，上升到 14 家，而后又出现下降的趋势。2014 年，珠海市医药制造业大中型企业下降为 13 家，到 2015 年只剩下 10 家。除了一些经营不善的企业由于长期利润亏损而被迫退出市场外，行业内也有发生并购行为，医药企业开始有变大变强的趋势，产业结构出现合理化发展的趋势。

（四）出口方面

在 2008 年金融危机后，世界各国经济下行。2011 年，经济出现了回暖势头。珠海市毗邻港澳，具有良好的区位优势，因此受国际形势影响也相对较大，国际形势的变动，对珠海出口也会造成一定的影响。在全球经济回暖初显之时，珠海市医药制造业出口也出现了一定的上升势头。2011—2013 年，珠海市医药制造业出口交货值逐年上升，从原先的 137 889 万元上升到 191 750 万元，实现了 39.06% 的巨大涨幅。从 2014 年开始，由于国际形势动荡，全球经济复苏乏力，美国经济增速放缓，欧洲又面临地缘政治、恐怖袭击、难民进入等这一系列问题，珠海市医药制造业的出口也受到了一定的影响，出口交货值下降为 182 264 万元。在 2015 年，珠海市的医药制造业的出口交货值更是下降到 175 708 万元，是 2012 年以来的最低水平。总体而言，珠海市医药制造业行业的出口在"十二五"期间出现振荡下行的趋势。

二、珠海市生物医药产业发展现状

生物医药产业是珠海市六大工业支柱行业之一，经过这几年的培育与发展，珠海市生物医药外贸特色产业集群已跻身广东省三大生物医药外贸特色产业集群行列，是全国唯一的可陆桥连接港澳的"国家生物医药外贸特色产业集群"。近几年，珠海市医院等医疗服务机构不断增多，对生物医药产品的需求也不断上升。2011 年，珠海市医疗机构总数为 631 家，其中医院 31 家，此后，随着人们对健康的需求不断上升，医院等医疗机构的数目也呈现上升的趋势。到 2015 年，珠海市医疗机构共有 661 家，其中医院 42 家。作为医药服务行业的医院等医疗机构的增多，也会刺激着医药生产行业中的生物医药产业的发展。伴随着需求的增加，政府的支持与给予的各项优惠政策，使珠海市生物医药产业也获得了一定的发展。在行业规模方面，珠海市生物医药产业的企业个数和行业资产都获得了一定程度的上升，生物医药产业的就业人数较之前也不断增多。此外，在盈利能力方面，珠海市生物医药的利润总额和主营业务收入都呈现增长态势，盈利能力有所提高，经营情况进一步改善。

在近几年的发展过程中，珠海市生物医药产业的工业增加值和工业总产值都在不断地增加，工业增加值从 2011 年的 328 427 万元增加到 2016 年的 521 970 万元，工业总产值也从 1 169 038 万元增加到 1 677 927 万元，但在工业增加值和工业总产值的增长率方面，则是出现了较大幅度的波动。如表 7 - 5 所示，在 2011 年，即"十二五"的开局之年，珠海市生物医药产业交出了一张令人满意的成绩单，其工业增加值和工业总产值的增长率分别为 25% 和 25.6%，增长幅度十分可观。而后的几年里，珠海市生物医药产业工业增加值和工业总产值的增长率都出现了不同程度的波动。工业增加值的增长率在 2013 年下降到仅有 11%，在 2014 年和 2015 年有所回暖，而在 2016 年更是下降到了 2.9% 的历史低值。工业总产值增长率方面，在 2011 年的高速增长之后，工业总产值的增长率在 2012 至 2014 年有所放缓，在 2014 年增长速度仅有 8.8%，但在 2015 年，生物医药产业的工业总产值又实现了迅猛增长，增长率相比 2014 年上升了 12.6%。但在 2016 年，"十三五"的开局之年，珠海市生物医药产业的表现并不是十分理想，所交出的成绩远不如"十二五"的元年。2016 年的工业总产值增长率仅有 0.8%，是近六年来的最低增速，增长速度的下跌幅度达到了 20.6%，行业发展出现了停滞的情况。

表 7 - 5 2011—2016 年珠海市生物医药产业工业增加值和工业总产值及其增长率

年份	工业增加值（万元）	工业增加值增长率（%）	工业总产值（万元）	工业总产值增长率（%）
2011	328 427	25.00%	1 169 038	25.60%
2012	283 780	18.50%	1 022 293	18.60%
2013	340 127	11.00%	1 188 224	13.60%

（续上表）

年份	工业增加值（万元）	工业增加值增长率（%）	工业总产值（万元）	工业总产值增长率（%）
2014	454 558	16.20%	1 316 383	8.80%
2015	505 161	15.70%	1 618 168	21.40%
2016	521 970	2.90%	1 677 927	0.80%

资料来源：珠海市统计局，珠海市统计公报2011—2016年。

　　将珠海市生物医药产业工业增加值和工业总产值的增长率与珠海市规模以上工业企业的工业增加值和工业总产值的增长率进行对比，可以发现在"十二五"期间，珠海市生物医药产业对珠海市工业的发展起着十分重要的作用，可见生物医药产业在珠海市扮演着十分重要的角色。如表7-6所示，在工业增加值增长率方面，2011—2015年，珠海市生物医药产业的工业增加值增长率一直保持着高于规模以上工业企业的工业增加值增长率。从5年的平均增长率来看，珠海市生物医药产业工业增加值增长率的平均值为17.28%，而规模以上工业企业工业增加值的平均增长率仅有9.08%。珠海市生物医药产业的工业增加值的增长率将近规模以上工业企业工业增加值增长率的两倍。在工业总产值增长率方面，2014年，珠海市生物医药产业工业总产值的增长率略低于规模以上工业企业工业总产值的增长率，而此外的其他四年里，生物医药产业的工业总产值增长率则是远高于规模以上工业企业的工业总产值增长率。珠海市生物医药产业工业总产值的5年平均增长率为17.6%，而规模以上工业企业的工业总产值的增长率则仅有9.84%，二者相差7.76%。

　　作为珠海市六大工业支柱行业之一，珠海市生物医药产业也起着一定的引领发展的作用。在工业增加值增长率方面，除2016年外，在最近几年，珠海市生物医药产业的工业增加值增长率一直保持在六大支柱行业工业增加值的平均增长率之上。从"十二五"期间的五年平均增长率看，珠海市六大支柱行业工业增加值的平均增长率为8.62%，仍不及生物医药产业工业增加值增长率的一半。各年工业增加值增长率的具体数值如表7-6所示。

表7-6　2011—2016年珠海市生物医药产业工业增加值和工业总产值增长率对比

年份	生物医药工业增加值增长率（%）	生物医药工业总产值增长率（%）	规模以上工业企业工业增加值增长率（%）	规模以上工业企业工业总产值增长率（%）	六大工业支柱行业工业增加值增长率（%）
2011	25	25.6	11.6	12.6	11.5
2012	18.5	18.6	2.7	3.8	7.8
2013	11	13.6	10.6	12.8	9.2
2014	16.2	8.8	10.9	9.1	5
2015	15.7	21.4	9.6	10.9	9.6
2016	2.9	0.8	5.9	9.8	8.1

资料来源：珠海市统计局，珠海市统计公报2011—2016年。

虽然 2016 年，珠海市生物医药产业的发展不容乐观，但从 2017 年的统计数据看，珠海市生物医药产业的发展有所好转。在珠海市统计局 2017 年 4 月 24 日发布的进度数据报告中可见，在 2017 年第一季度，生物医药产业的工业增加值增长率为 4.6%，工业总产值的增长率为 4.7%，相比 2016 年明显有所改善。从 7 月 25 日发布的进度数据看，2017 年的前两个季度，工业增加值的累积增长率已经达到了 15.1%，工业总产值的增长率也上升到了 12.4%。9 月 19 日的最新数据表明，珠海市生物医药产业 2017 年 1 至 8 月累积工业增加值增长率为 16.9%，工业总产值的增长率为 12.8%。2017 年，是供给侧结构性改革的深化之年，国家宏观经济环境有所改善，随着珠海市深入贯彻落实习近平总书记对广东工作所做出的重要批示，加之港珠澳大桥的建设进入尾期，珠海市生物医药产业正逐步恢复原先的发展势头，一改 2016 年的发展颓势，继续不断向前发展。

第四节　珠海市、深圳市、广州市生物医药对比分析

为了更好地厘清珠海市生物医药产业发展过程中的优势和存在的不足，本节选取珠三角地区代表性城市与珠海市进行对比分析。城市样本选取了珠三角地区较为发达的广州市和深圳市。广州市和深圳市除城市整体发展水平较高外，在生物医药方面的发展也走在广东的前列，本节试图通过将珠海市与广州市和深圳市在宏观（行业层面）和微观（企业层面）这两个维度进行对比，为珠海市生物医药产业和企业的发展提供一定的借鉴。

一、行业整体发展情况对比分析

在宏观层面的对比分析中，主要对比各城市间生物医药产业在规模、生产盈利能力和出口方面的差距，由于广州市和深圳市统计局只统计了医药制造业方面相关数据，故此处选取医药制造业数据以代表生物医药产业并进行对比分析，对比结果如下所述：

（一）珠海市生物医药产业规模偏小

2015 年，珠海市共有医药制造业企业 22 家，而深圳市 50 家，广州市 74 家。自 2011 年起，珠海市医药制造业的工业总产值虽在不断上升，但与广州市和深圳市相比，仍存在一定的差距；广州市医药制造业 2015 年的工业总产值为 2 447 256 万元，深圳市为 2 071 930 万元，珠海市医药制造业的工业总产值仅有 1 504 425 万元，整个生物医药产业的工业总产值也只有 1 618 168 万元。当前，与广州市和深圳市生物医药产业相比，珠海市生物医药产业规模仍然偏小。三个城市 2011—2015 年工业总产值情况如图 7-6 所示。

（二）珠海市生物医药产业生产盈利能力较好

2015 年，珠海市医药制造业的从业人员平均可以生产出 391 837 元的产值，虽不及深圳市（深圳市医药制造业 2015 年全员劳动生产率为 453 148 元/人），但领先于广州市（227 095 元/人）。此外，珠海市医药制造业的全员劳动生产率处于不断上升的趋势，而广州市和深圳市医药制造业的全员劳动生产率均出现下降的趋势，即珠海市医药制造业行业

生产能力正在稳定中求发展。盈利能力方面，珠海市医药制造业企业虽少，但22家企业于2015年全部盈利，而广州市74家企业中，有11家企业则是处于亏损状态。综上可知，珠海市生物医药产业生产盈利方面能力良好，行业在稳定的情况下不断向前发展，三个城市2011—2015年劳动生产率的具体数值如下表所示：

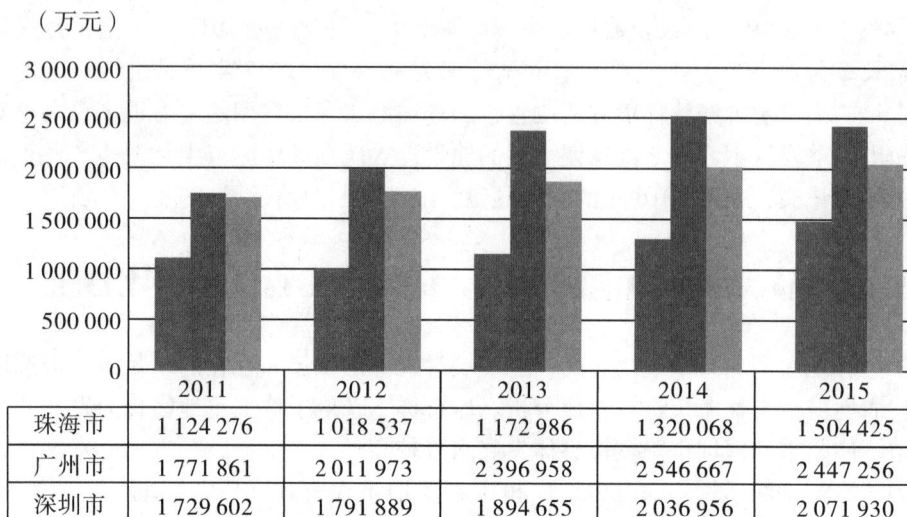

（万元）

	2011	2012	2013	2014	2015
珠海市	1 124 276	1 018 537	1 172 986	1 320 068	1 504 425
广州市	1 771 861	2 011 973	2 396 958	2 546 667	2 447 256
深圳市	1 729 602	1 791 889	1 894 655	2 036 956	2 071 930

图7-6　2011—2015年珠海、广州、深圳工业总产值对比图

说明：各年份数据从左至右依次为珠海市、广州市、深圳市。

资料来源：珠海统计年鉴、广州统计年鉴、深圳统计年鉴2012—2016年。

表7-7　2011—2015年三市劳动生产率对比

单位：元/人

年份	珠海市	广州市	深圳市
2011	368 366	233 482	475 056
2012	320 173	255 073	—
2013	366 683	248 991	—
2014	345 372	233 980	449 717
2015	391 837	227 095	453 148

说明："—"表示由于深圳市统计口径调整，当年未统计该项指标。

资料来源：珠海统计年鉴、广州统计年鉴、深圳统计年鉴2012—2016年。

（三）珠海市生物医药产业出口总量较多

珠海市毗邻港澳，区位优势明显，在港珠澳大桥和深中通道建成以后，珠海市处于珠三角交通末梢的地位将发生改变，珠海市可以凭借着良好的区位，向国外出口医药及医疗器械等生物医药产品。受复杂的国际形势影响，全球经济增长乏力且充满不确定性，广州市医药制造业出口与珠海市医药制造业出口均呈现振荡下行的趋势，但出口总量低于珠海市生物医药产业。2011 年，广州市医药制造业出口交货值为 91 746 万元，比珠海市医药制造业出口交货值低 46 143 万元，在整个"十二五"期间，珠海市医药制造业出口交货值均高于广州市医药制造业出口交货值。由此可见，珠海市利用其区位优势进行出口，有着较大的出口总量。广州市与珠海市出口交货值趋势图如图 7-7 所示。

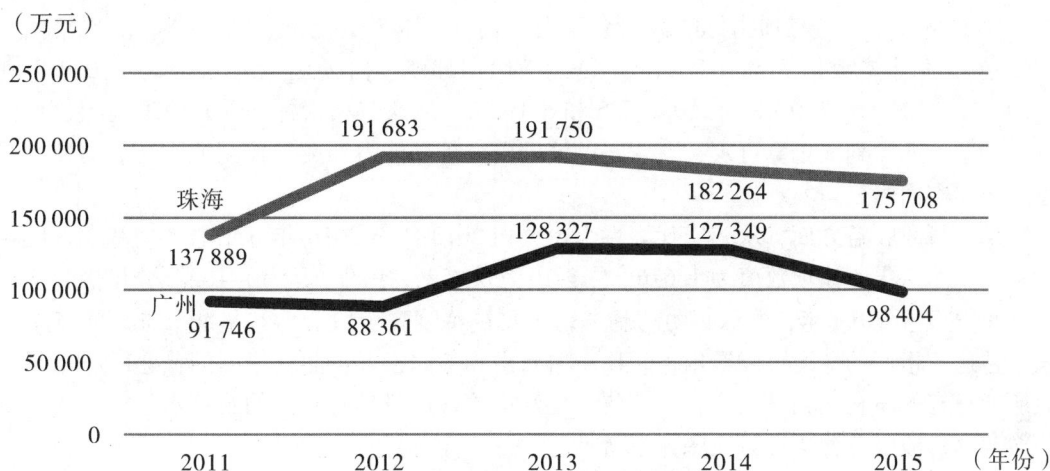

图 7-7　2011—2015 年珠海市与广州市医药制造业出口对比图
资料来源：珠海统计年鉴、广州统计年鉴 2012—2016 年。

二、代表性上市公司对比分析

2016 年 7 月，工信部中国医药信息中心公布了 2015 年医药工业百强企业榜单，其中，广州药业集团有限公司、华润医药控股有限公司和丽珠医药集团股份有限公司分别位列第二名、第五名和第二十九名，其名下的上市公司分别是：白云山，证券代码 600332；华润三九，证券代码 000999；丽珠集团，证券代码 000513。这三家医药工业百强企业分别位于广州市、深圳市和珠海市，现选取这三家上市公司作为三个城市生物医药产业的代表性上市公司，对各上市公司的盈利能力，偿债能力和营运能力这三方面进行分析，具体如下所述：

（一）盈利能力方面

盈利能力用来评价企业通过经营获取利润的能力，是企业得以生存和发展的动力。与其他营利性组织相同，企业的基础目标就是生存与发展。企业要实现生存和发展，则必须努力经营创收，在获得利润的前提下进一步扩大生产经营规模，谋求更大的发展。在盈利能力分析方面，所选取的指标主要有企业的总资产报酬率、总资产净利润率、流动资产净利润率、成本费用利润率和基本每股收益这五个方面。

总资产报酬率方面，从 2012 年至 2016 年这五年的数据来看，珠海丽珠集团五年的平均总资产报酬率为 0.080 3，深圳市华润三九该项数值为 0.108 0，广州市白云山为

0.075 18。分年份数据来看，丽珠集团的总资产报酬率除在2013年和2014年低于白云山以外，其余年份的总资产报酬率均高于白云山，而华润三九的总资产报酬率在整个样本期间均高于丽珠集团。由此可见，丽珠集团的资产利用效率适中，可以较好地节约资金和利用已有资产增加收入。

从总资产净利润率、流动资产净利润率和成本费用利润率这三个指标来看，2012—2016年，丽珠集团这三项指标的数值介于白云山和华润三九之间，2016年，丽珠集团这三项指标的具体数值为0.078 8、0.139 0和0.153 5，白云山为0.060 2、0.079 9和0.104 7，华润三九为0.089 1、0.237 6和0.193 0。从这三项指标来看，丽珠集团每单位资产创造出的净利润仍算可观，有一定的流动资产管理能力和成本控制能力，能够通过节省各项成本而为公司实现盈利。

基本每股收益方面，从三家代表性上市公司2012年至2016年五年的平均基本每股收益来看，丽珠集团该项数值为1.616，白云山为0.852，华润三九为1.162。分年份数据来看，2012年至2016年，丽珠集团的基本每股收益持续高于白云山和华润三九。从基本每股收益这一指标的情况可以看出，相比于白云山和华润三九，丽珠集团的普通股股东每一股所能享有的净利润相对较多，经营成果良好，该普通股具有较高的获利水平。三家上市公司基本每股收益分年份对比图如下所示。

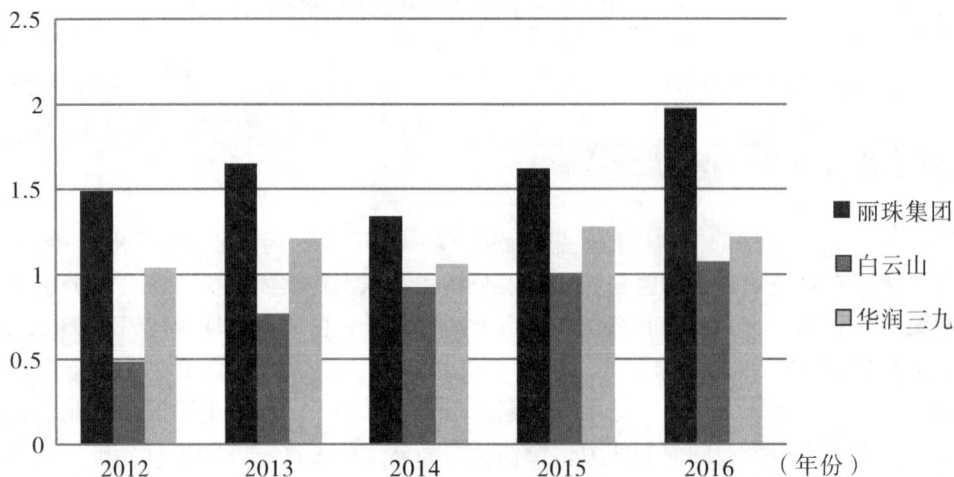

图7-8 2012—2016年三家上市公司基本每股收益对比图
资料来源：上市公司年报2012—2016年。

2012年至2016年，丽珠集团在盈利能力方面的各项指标虽有出现一定的波动，但总体盈利能力较好。丽珠集团的发展趋势与白云山公司和华润三九公司的发展趋势基本一致。在2016年，受宏观环境的影响，我们所选取的三家上市公司的总资产报酬率、总资产净利润率、流动资产净利润率较之前有一定的下降，而在成本费用利润率和基本每股收益方面则较之前出现了一定的上升。

综上，珠海市丽珠集团各项指标发展趋势与广州市白云山和深圳市华润三九的发展趋势基本一致。从各项指标的数值上看，除基本每股收益外，珠海市丽珠集团在盈利能力各项指标的表现介于广州市白云山和深圳市华润三九之间，证明丽珠集团具有一定的获取利润的能力，盈利表现较优。所选三家上市公司盈利能力各项指标的具体数值如以下表格所示。

表 7 - 8　2012—2016 年丽珠集团盈利能力各项指标

年份	企业	总资产报酬率	总资产净利润率	流动资产净利润率	成本费用利润率	基本每股收益
2012	丽珠集团	0.081 3	0.084 4	0.159 8	0.167 5	1.49
2013	丽珠集团	0.077 5	0.079 8	0.175 8	0.160 1	1.65
2014	丽珠集团	0.078 6	0.075 8	0.174 9	0.134 8	1.34
2015	丽珠集团	0.085 0	0.081 7	0.184 3	0.140 5	1.62
2016	丽珠集团	0.079 3	0.078 8	0.139 0	0.153 5	1.98

资料来源：CSMAR 数据库，丽珠集团 2012 年—2016 年年报。

表 7 - 9　2012—2016 年白云山盈利能力各项指标

年份	企业	总资产报酬率	总资产净利润率	流动资产净利润率	成本费用利润率	基本每股收益
2012	白云山	0.066 2	0.065 5	0.115 1	0.057 9	0.49
2013	白云山	0.084 5	0.082 2	0.138 0	0.074 3	0.77
2014	白云山	0.085 3	0.085 2	0.136 2	0.084 4	0.92
2015	白云山	0.083 4	0.084 8	0.137 2	0.091 9	1.00
2016	白云山	0.056 5	0.060 2	0.079 9	0.104 7	1.08

资料来源：CSMAR 数据库，白云山 2012—2016 年年报。

表 7 - 10　2012—2016 年华润三九盈利能力各项指标

年份	企业	总资产报酬率	总资产净利润率	流动资产净利润率	成本费用利润率	基本每股收益
2012	华润三九	0.124 1	0.125 5	0.261 3	0.231 9	1.04
2013	华润三九	0.118 0	0.118 6	0.234 7	0.228 4	1.21
2014	华润三九	0.101 2	0.100 5	0.209 3	0.211 0	1.06
2015	华润三九	0.106 4	0.106 1	0.244 5	0.234 4	1.28
2016	华润三九	0.090 2	0.089 1	0.237 6	0.193 0	1.22

资料来源：CSMAR 数据库，华润三九 2012—2016 年年报。

（二）偿债能力方面

偿债能力衡量企业是否能够偿还自身所举借的债务和相应的利息。对企业的偿债能力进行分析，有助于我们了解企业财务状况和对企业的经营能力进行相应的判断。若企业能够较好地偿还所欠债务，也会增加投资者的信心，有利于企业的进一步发展。偿债能力分析分为短期偿债能力分析和长期偿债能力分析，分别分析企业偿付流动负债的能力和长期债务的能力。在偿债能力分析方面，选取流动比率和速动比率以分析这三个上市公司的短期偿债能力，而长期偿债能力的衡量，此处选取了上市公司的资产负债率。

短期偿债能力方面，丽珠集团在流动比率和速动比率方面的数值上均低于白云山和华润三九，2012 年至 2016 年，丽珠集团的平均流动比率和平均速动比率分别为 1.330 9 与 1.037 6，白云山为 1.765 7 与 1.309 0，华润三九为 1.618 8 与 1.324 0。分年份来看，除 2016 年，丽珠集团这两项指标的数值高于华润三九之外，其余年份均低于白云山和华润三九，可见丽珠集团对于债务的保证程度相对较弱，短期偿债能力有一定的欠缺。

长期偿债能力方面，如图 7－9 所示，三家代表性上市公司的长期偿债能力相当，华润三九的资产负债率这一指标在 2013 年至 2015 年低于丽珠集团和白云山，而在 2012 年时，华润三九的资产负债率高于白云山，2016 年更是同时高于丽珠集团和白云山。总体来看，丽珠集团与华润三九和白云山的资产负债率数值上较为相近，但仍略高于其余两家企业。从资产负债率五年的平均值来看，丽珠集团该项数值为 0.411 4，白云山为 0.392 1，华润三九为 0.358 7，可见丽珠集团长期偿债能力略微弱于白云山和华润三九，各年资产负债率对比情况具体如下图所示。

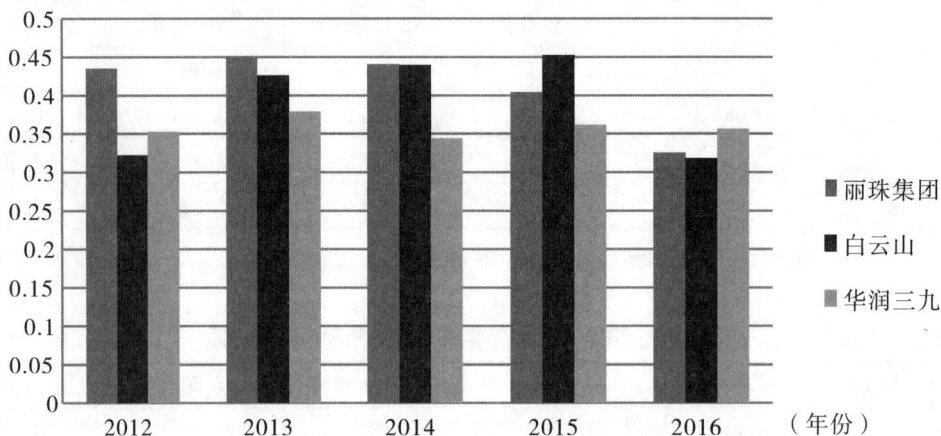

图 7－9　2012—2016 三家上市公司资产负债率对比图
资料来源：CSMAR 数据库。

综上所述，近五年来，丽珠集团的流动比率大于 1，证明流动资产高于流动负债，具有一定的短期债务偿还能力，但相比白云山和华润三九，丽珠集团的短期偿债能力仍相对较弱。在长期偿债能力方面，三家上市公司长期偿债能力较为接近，但丽珠集团仍处于相对较弱的地位。经过对比分析以后，与珠三角发达地区的生物医药产业的其他企业相比，丽珠集团的偿债能力相对较低。所选三家上市公司偿债能力各项指标的具体数值如以下表格所示。

表 7 – 11　2012—2016 年丽珠集团偿债能力各项指标

年份	企业	流动比率	速动比率	资产负债率
2012	丽珠集团	1.251 5	1.021 5	0.435 5
2013	丽珠集团	1.279 5	1.004 0	0.451 0
2014	丽珠集团	1.186 1	0.868 6	0.441 0
2015	丽珠集团	1.134 1	0.822 2	0.404 5
2016	丽珠集团	1.803 5	1.471 5	0.325 2

资料来源：CSMAR 数据库。

表 7 – 12　2012—2016 年白云山偿债能力各项指标

年份	企业	流动比率	速动比率	资产负债率
2012	白云山	1.852 0	1.185 6	0.322 5
2013	白云山	1.445 3	1.000 6	0.426 7
2014	白云山	1.466 5	1.041 1	0.439 9
2015	白云山	1.435 9	1.063 3	0.452 8
2016	白云山	2.629 1	2.254 3	0.318 3

资料来源：CSMAR 数据库。

表 7 – 13　2012—2016 年华润三九偿债能力各项指标

年份	企业	流动比率	速动比率	资产负债率
2012	华润三九	1.538 5	1.232 2	0.352 6
2013	华润三九	1.716 1	1.384 5	0.379 0
2014	华润三九	1.918 0	1.596 7	0.344 2
2015	华润三九	1.579 1	1.303 3	0.361 5
2016	华润三九	1.342 1	1.103 3	0.356 4

资料来源：CSMAR 数据库。

（三）营运能力方面

　　营运能力分析可以让我们了解企业能否高效地管理和使用现有资产，是企业对各项资产的经营管理能力和运转能力的体现。各项资产的高效运用有利于企业健康和快速的发展。对企业的营运能力的分析，实质上就是对各项资产的周转效率进行分析。此处主要选取应收账款周转率、存货周转率、营业周期和总资产周转率这四个指标，对三家代表性上市公司的营运能力进行分析。

　　从应收账款周转率来看，在所选的样本期间内，丽珠集团的应收账款周转率该项数值低于白云山和华润三九，白云山和华润三九的应收账款周转率约为丽珠集团的三倍，可见丽珠集团应收账款回收速度相对较慢，平均收现期较长。应收账款在营运资金中的占比较高，一定程度上影响了企业的资金周转。

为了判断企业存货的流动性及存货的资金占有量是否合理，此处选取了存货周转率这一指标进行相应的分析。对存货进行有效的管理，可以促使企业在保证生产经营连续性的同时，提高资金的使用效率。从各年数据来看，在所选三家代表性上市企业中，白云山的存货周转率最高，华润三九次之，而丽珠集团排在最后。样本期间内，白云山的平均存货周转率为4.859 9，华润三九为3.246 6，丽珠集团为2.664 8，即丽珠集团的存货管理效率相对较低，产销方面的配合仍不及白云山和华润三九，存货积压相对较多，资金利用率也因此受到影响。

营业周期是考察企业流动资产周转速度的综合指标，丽珠集团五年平均营业周期为211.098 3天，白云山为96.384 1天，华润三九为142.503 7天。分年份来看，丽珠集团各年的营业周期均长于白云山和华润三九，这证明了丽珠集团的流动资金周转速度相对较慢，实现的周转额也因此相对较少，进一步反映出丽珠集团实现销售的能力相对较弱，资金使用效率仍需进一步加强。

总资产周转率用以衡量企业总资产的周转速度，可以用来综合分析企业全部资产的经营质量和使用效率。从2014年开始，丽珠集团的总资产周转率持续高于华润三九，但仍低于白云山；在我们所考察的五年内，丽珠集团的平均总资产周转率为0.745 6，华润三九为0.725 3，而白云山公司的平均总资产周转率则是远远高于其他两家上市公司，达到1.321 3，即在我们所选的三家代表性的上市公司中，平均来说，丽珠集团的总资产周转率相对适中。从总资产周转率方面的对比分析我们可以看出，与白云山和华润三九相比，丽珠集团运用资产产出收入的能力相对适中，对资产的管理效率虽不如白云山，但略高于华润三九，在行业内属中等水平。在总资产周转率方面，我们也可以看出，相比华润三九，丽珠集团单位总资产能够产出的营业收入净额较高，能够相对更好地控制经营风险。三家代表性上市公司各年总资产周转率对比情况具体如下图所示：

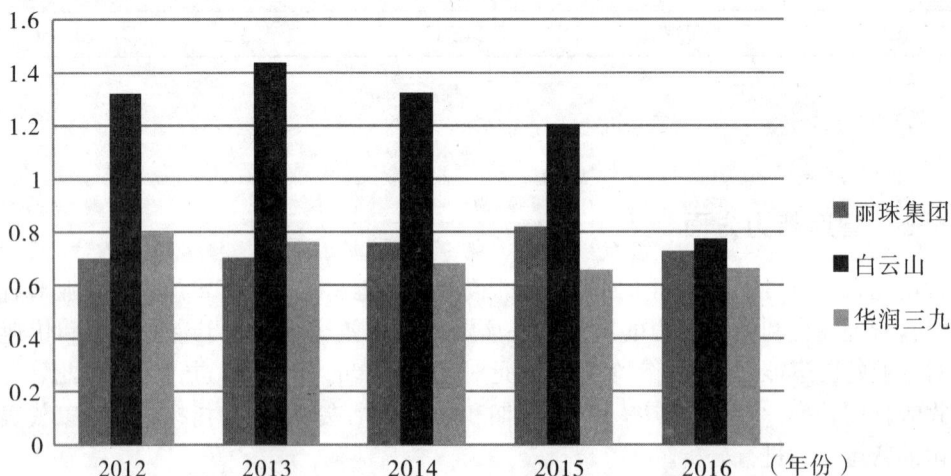

图7-10　2012—2016年三家上市公司总资产周转率对比图

资料来源：CSMAR 数据库。

　　综上所述，丽珠集团在应收账款管理和存货管理方面的能力与白云山和华润三九仍存在一定的差距。总资产营运能力方面，丽珠集团则是略优于华润三九，处于华润三九和白云山之间。白云山公司营运能力方面的各项指标均优于华润三九公司和丽珠集团，应收账款的周转速度约为丽珠集团的三倍，流动资产的周转速度也为丽珠集团的两倍以上，在我们考察的五年内，丽珠集团的整体营运能力处于生物医药产业内的平均水平，但与行业内的优秀水平相比仍有一定差距。所选三家上市公司营运能力各项指标的具体数值如以下表格所示。

表 7 - 14　2012—2016 年丽珠集团营运能力各项指标

年份	企业	应收账款周转率	存货周转率	营业周期（天）	总资产周转率
2012	丽珠集团	5.094 9	2.872 3	199.262 6	0.700 0
2013	丽珠集团	4.384 8	2.641 0	221.446 8	0.703 4
2014	丽珠集团	5.167 6	2.528 6	214.983 2	0.759 2
2015	丽珠集团	5.270 7	2.617 4	208.700 3	0.819 6
2016	丽珠集团	5.225 3	2.499 8	216.454 8	0.726 7

资料来源：CSMAR 数据库。

表 7 - 15　2012—2016 年白云山营运能力各项指标

年份	企业	应收账款周转率	存货周转率	营业周期（天）	总资产周转率
2012	白云山	14.960 5	4.665 4	102.914 3	1.319 7
2013	白云山	18.093 4	5.257 0	89.604 6	1.437 5
2014	白云山	18.688 5	4.721 1	96.842 5	1.322 9
2015	白云山	18.185 5	4.796 0	96.175 3	1.205 0
2016	白云山	18.076 8	4.821 9	96.150 8	0.773 7

资料来源：CSMAR 数据库。

表 7 - 16　2012—2016 年华润三九营运能力各项指标

年份	企业	应收账款周转率	存货周转率	营业周期（天）	总资产周转率
2012	华润三九	14.454 8	3.251 5		0.800 1
2013	华润三九	14.015 1	3.090 0	144.165 2	0.761 7
2014	华润三九	13.416 3	3.276 4	138.607 1	0.682 1
2015	华润三九	8.903 4	3.368 3	149.359 3	0.657 3
2016	华润三九	6.674 3	3.716 1	153.329 1	0.662 8

资料来源：CSMAR 数据库。

　　结合上述分析可知，珠海市丽珠集团具有较好的盈利能力和一定的长期偿债能力与总资产营运能力，但在短期偿债能力和流动资产的管理方面仍存在较多不足，这将在一定程度上制约珠海市生物医药企业的发展，进而影响珠海市生物医药产业的发展，是珠海市政府需予以重视并努力解决的问题。

第五节　珠海市生物医药企业研发和创新能力分析

党的十九大报告明确指出，我国经济已由高速增长转向高质量发展阶段。为实现高质量发展，各行各业均需要转变发展方式，更换发展动力。生物医药产业属于高新技术行业，要获得发展，则必须投入大量的资金进行研发，力求创新。创新是生物医药企业发展的动力源泉，也是生物医药产业进步的关键所在，对生物医药企业的研发和创新能力进行分析，有利于我们提出更加具有针对性的建议，进一步推动生物医药产业实现高质量发展。此处选取珠海市生物医药产业在我国 A 股市场上市的丽珠集团（证券代码：000513）、汤臣倍健（证券代码：300146）和宝莱特（证券代码：300246）作为代表，分析珠海市生物医药企业的研发和创新能力，并与珠三角发达城市优秀上市公司进行对比，试图找出珠海市生物医药企业研发与创新方面的不足。珠三角同行业企业选取了广州市的白云山（证券代码：600332）和深圳市的华润三九（证券代码：000999）作为代表。

一、研发能力现状

生物医药产业是珠海市六大工业支柱行业之一，珠海市政府对珠海市生物医药产业的发展给予了大量的政策支持，珠海市生物医药企业面对良好的制度政策环境，正不断加强自身研发力度以提高企业竞争力。2016 年，珠海市宝莱特公司有研发人员 190 人，在总员工人数中占比22.30%，汤臣倍健有研发人员 279 人，占比12.50%，丽珠集团研发人员有356 人，占比5.65%。如图 7 - 11 所示，珠海市生物医药企业研发支出逐年上升，可见企业十分重视自身研发能力建设，丽珠集团的研发支出从 2012 年的 20 137 万元增长到 2016 年的 47 478 万元，宝莱特从 1 361 万元增长到 3 395 万元，汤臣倍健更是从 3 052 万元增加到 10 216 万元。此外，从研发支出占营业收入的比重方面可以看出，企业对自身研发能力的重视程度较之前也有一定的上升，2012 年，丽珠集团研发支出占营业收入的比重为5.11%，在 2016 年为 6.20%；汤臣倍健该项指标从 2.86% 上升到 4.42%，而宝莱特企业由于自身规模不断变大，营业收入不断上升，在研发支出不断上升的情况下，研发支出占营业收入的比重则是有一定的下降。综上可知，在政府支持的基础上，珠海市生物医药企业为加强自身竞争力，正积极开展研发活动，努力缩短与国际优秀企业的距离，争取与国际先进水平接轨，加大研发投入，研发能力也因此增强。

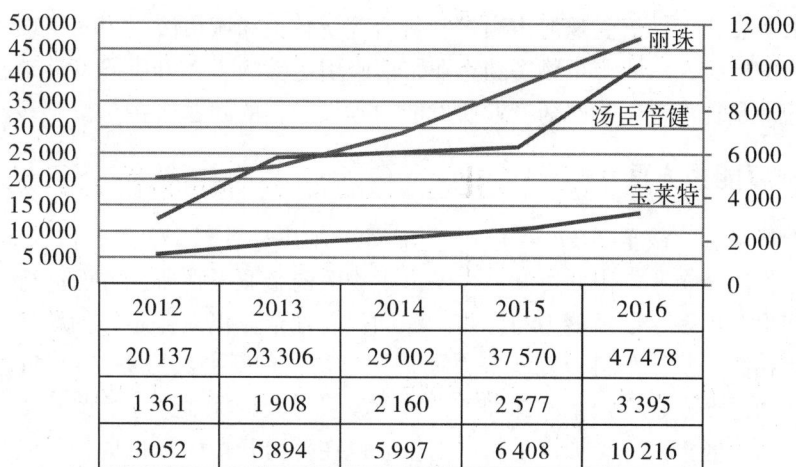

	2012	2013	2014	2015	2016
	20 137	23 306	29 002	37 570	47 478
	1 361	1 908	2 160	2 577	3 395
	3 052	5 894	5 997	6 408	10 216

图7-11　珠海市代表性上市公司2012—2016年研发支出情况

资料来源：上市公司年报。

二、创新能力现状

我国经济进入新常态后，经济增长方式正从要素驱动和投资驱动向创新驱动转变，宏观环境发生变化，珠海市生物医药企业积极应对。从专利数量来看，专利总数方面，截至2017年10月，丽珠集团共有专利183项，汤臣倍健225项，宝莱特275项，创新成果初显。在各年的专利申请方面，2016年，丽珠集团申请专利22项，汤臣倍键54项，宝莱特23项，而2012年，丽珠集团仅申请专利12项，汤臣倍健4项，宝莱特18项，三家企业的专利申请数较之前都有一定的上升。综合以上分析可知，随着政府的不断支持，加之企业逐渐重视研发创新，珠海市生物医药企业的创新成果初显且创新能力正在不断上升。

三、与珠三角同行业企业对比分析

（一）研发能力方面

在"2017中国生物药研发实力排行榜TOP50"中，丽珠集团位列第八，在珠三角地区仅落后于百奥泰生物科技（广州有限公司），而在"2017中国化药研发实力排行榜TOP50"，珠海市生物医药企业无一上榜，而广州市和深圳市各有两家生物医药企业上榜。2016年，白云山公司研发人员有674人，约为丽珠集团的1.9倍；华润三九研发人员有283人，多于汤臣倍健和宝莱特。研发支出方面，丽珠集团的研发支出在我国生物医药上市公司中排名第七，为所选5家企业中最多，其次是白云山和华润三九，由于受企业规模的影响，汤臣倍健和宝莱特的研发支出相对较少。在研发支出占营业收入比重方面，珠海市生物医药三家企业均高于白云山和华润三九。由此可见，珠海市生物医药企业目前已有一定的生物药方面的研发能力，但化药方面研发能力尚有不足。此外，珠海市生物医药企业虽不断加大研发力度，但受珠海市高校和科研院所较少和城市吸引力弱于珠三角其他发达城市等方面的影响，珠海市生物医药企业未能吸引足够的人才开展研发活动，高端人才和专项人才短缺是珠海市生物医药产业研发能力建设过程的问题所在。

（二）创新能力方面

从专利数目来看，截至 2017 年 10 月，华润三九共有专利 275 项，白云山 1 170 项，多于珠海市生物医药企业。由此可知，珠海市生物医药企业虽在研发方面进行了大量的投入，但创新产出并不多，创新能力与广州、深圳代表性企业仍有差距。创新环境方面，广州市和深圳市在高等院校和科研院所等方面资源丰富，创新公共服务平台建设较为完善，且有不少企业的总部设于广州市和深圳市，进而吸引了大量优质人才。此外，广州市有着较多的国际知名企业集聚，深圳市生物医药企业也在努力开拓国际市场，企业的国际竞争力高于珠海市生物医药企业。由此可见，受创新环境、创新公共服务平台建设等方面的影响，珠海市生物医药企业的创新能力仍有不足。

第六节　影响生物医药产业发展的有利和不利因素

一个行业的发展往往受到诸多因素的影响，对影响行业发展的因素进行梳理，有利于我们更好地探索行业的发展路径。近年来，我国经济进入新常态，面临着较大的经济下行压力，我国政府也出台了一系列的政策法规来规范支持生物医药产业的发展。此外，我国生物医药产业的研发水平不高，创新不足，使得生物医药产业在新环境下面临着更大的考验，同时，我国人口绝对增长、人口结构老龄化、城镇化进程加快等因素也影响着生物医药产业的发展。本节对影响生物医药产业的有利因素和不利因素进行梳理，并分析珠海市发展生物医药产业的优势和劣势，以便更好地厘清珠海市生物医药发展存在的问题并给出相关建议。

一、有利因素

（一）政府的政策支持

为规范我国生物医药产业的发展，我国政府出台了一系列相关政策和法律法规。目前，国家在鼓励生物医药产业发展方面实现了理论上的突破，相继出台的政策法规为生物医药产业的发展打下了良好的制度基础。2009 年，"新医改"拉开序幕，我国开始对医药卫生体制进行改革以缓解人们"看病难、看病贵"的问题，并提出了"建立健全覆盖城乡居民的基本医药卫生制度，为群众提供安全、有效、方便、价廉的医疗卫生服务"这一长远目标，体现了我国政府对提高全民健康水平的决心。"新医改"后，政府加大了在医疗卫生方面的投入力量，卫生总费用占 GDP 的比重不断上升，我国的医疗卫生机构总数也从 2009 年的 916 571 个上升到 2015 年的 983 528 个。2010 年 10 月，卫生部审议通过了《药品生产质量管理规范》（GMP）的修订，对医药企业生产的产品提出了更高的质量要求。GMP 修订后，医药企业的生产成本虽出现了上升，且有一部分中小企业也因生产不善而被市场淘汰，但我国医药企业的生产也因此变得更为规范。近年来，国家也印发了一系列的文件以支持生物医药产业的发展，具体如下表所示。

表 7–17　生物医药产业相关政策文件

文件名	时间	生物医药产业相关内容
《关于加快培育和发展战略性新兴产业的决定》	2010 年 10 月	抓住机遇，加快培育和发展战略性新兴产业，推动节能环保、新能源、信息、生物等产业快速发展
《“十三五”国家科技创新规划》	2016 年 7 月	加强与“一带一路”沿线国家在生物医药、节能环保等领域的合作开发与产业示范，以提升生物医药、节能环保等重点产业的创新能力
《促进中小企业国际化发展五年行动计划（2016—2020 年）》	2016 年 8 月	对生物医药产业联合开展跨境专题撮合，积极引入国外先进技术和优质资产
《“十三五”国家战略性新兴产业发展规划》	2016 年 11 月	推动生物医药产业跨越升级，加快构建生物医药新体系，创新生物医药监管方式，加快建设生物医药强国

资料来源：中华人民共和国中央人民政府网站。

由此可见，生物医药作为国家战略性新兴产业之一，政府不断在各方面政策给予其支持，试图规范生物医药产业的发展。

（二）经济增长转变居民消费需求

改革开放以来，我国经济迅猛发展，居民可支配收入不断增加。因此，居民的消费也从温饱型消费逐步向享受型消费转变，传统的以温饱、生活必需品和耐用品为主的消费需求已经发生改变，人们日益注重自身身体健康，对健康、安全等方面的需求逐渐上升。近年来，我国第三产业占 GDP 的比重不断上升，这也是我国居民消费需求发生转变的体现。生物医药产业是关乎社会稳定、国计民生的行业，随着人们在健康方面的需求不断上升，对医药和保健品等方面的购买也会因此增多，这也将进一步推动我国生物医药产业的发展。

（三）人口环境对生物医药产业的促进作用

我国人口基数庞大，且我国人口绝对数不断上升，为我国生物医药产业提供了巨大的内需市场。近年来，我国人口老龄化问题也不断加剧，65 岁以上人口占全国总人口的比重不断上升。与此同时，随着我国医疗水平的上升，人口死亡率下降，人口结构老龄化的问题也因此愈演愈烈，因此也给生物医药产业带来更大的需求。此外，我国在人口和户籍制度方面也在不断进行改革，加之二胎政策的放开，人口红利进一步释放，给生物医药产业带来了正向的影响。在我国工业化进程加快的同时，人们生活压力也不断增大，加之环境恶化问题日益严重，人们面临着更多的疾病，心脑血管病等慢性疾病的出现越发频繁，这对生物医药产业的发展提出了更高的要求，同时也在一定程度上促进了生物医药产业的发展。最后，由于我国医保的覆盖率不断扩大，农村人口也成为医药市场的潜在购买群体，这也对我国生物医药产业的发展起到了一定的促进作用。

二、不利因素

（一）我国经济步入新常态，经济下行压力较大

当前，我国经济已步入新常态，经济增速放缓，开始从高速增长向高质量增长转变，面临着较大的经济下行压力。生物医药产业的发展也因此受到了一定的影响，虽然在工业总产值、工业增加值和出口交货值等方面的绝对数仍有一定的上升，工业总产值、工业增加值、总资产、主营业务收入和出口交货值方面的增速出现了不同程度的减缓。2015 年，我国经济进入新常态后，医药行业整体的工业总产值增长率从 2014 年的 15.7% 下降到 12.56%，工业增加值的增长率从 12.50% 下降为 10%；医药制造业方面，医药制造业的总资产的增长率从原来的 17.63% 下降为 15.33%，主营业务收入的增长率从原先的 13.39% 下降到 10.19%，出口交货值的增长率更是从 2014 年的 10.82% 下降为 2.26%，可见生物医药产业具有一定的顺经济周期的性质，受国家宏观经济环境的影响相对较大。在我国经济进入新常态，经济下行压力大的宏观环境下，我国生物医药也出现了增长乏力的态势。

（二）创新扶持存在不足

我国生物医药产业的研发重复现象较为严重，研发水平较低，新药创新能力弱，拥有自主知识产权的产品占比小。在我国的药品市场中，目前以仿制药为主，制药水平相对较低。由于我国生物医药研发技术起步较晚，资源方面仍有欠缺，研发技术更新换代速度较慢，众多生物医药产品也尚未形成规模化和专业化的生产，故我国生物医药企业尚难以在国际市场上与他国企业展开有力的竞争。对于生物医药企业来说，创新固然有利于企业自身的发展，但同时也面临着巨大的风险。由于政府在创新方面给予的支持与补贴相对较少，我国生物医药企业在创新方面存在着一定的能力和激励不足的问题。以珠三角主要城市为例，2015 年，规模以上工业企业的 R&D 经费中，广州市政府筹措的部分占比 2.44%，深圳市政府筹措的 R&D 资金占比 4.86%，而珠海市规模以上工业企业的 R&D 经费中，来自于企业资金的部分约是政府资金的 51 倍，具体到医药制造业的 R&D 经费，企业资金占比 97.74%，而政府资金仅占 1.68%，即医药制造企业在 R&D 方面筹措的资金约为政府的 58 倍，可见我国政府对生物医药产业创新方面的扶持仍存在较大的不足。

三、珠海市发展生物医药产业的优势和劣势

经过几年的培育，珠海市生物医药产业获得快速发展。如今，珠海市生物医药产业规

模初步凸显，产业链初步形成，市场竞争力初现端倪，珠海市生物医药外贸特色产业集群更是跻身广东省三大外贸特色产业集群行列，是全国唯一可陆桥连接港澳的"国家生物医药外贸特色产业集群"。此处对珠海市发展生物医药产业的优势和劣势进行梳理，力图珠海市生物医药产业能更好地把握优势，克服劣势，抓住机遇，迎接挑战。

（一）优势方面

1. 毗邻港澳，区位优势明显

珠海市是珠江口西岸的核心城市，随着港珠澳大桥的通车，珠海市将成为中国大陆唯一与香港澳门陆桥相接的城市。凭借着良好的区位优势，珠海市在发展生物医药产业方面可以依托港澳，进而更好地走向世界。此外，珠海市作为国家"一带一路"和"走出去"建设的重要节点，在发展生物医药方面可以更好地与"一带一路"沿线国家进行合作开发，提升创新能力。

2. 作为支柱行业，政府支持力度大

珠海市生物医药产业是珠海市的六大工业支柱行业之一，政府每年都安排一定的专项资金用于促进生物医药产业的健康发展，并在政务服务、人才培育和公共平台建设等多方面给予生物医药产业支持，努力为生物医药产业的发展营造有利的环境，力求生物医药产业能在稳定中求发展，为珠海市经济发展做出更大的贡献。

（二）劣势方面

1. 人才资源相对欠缺

生物医药产业作为高新技术行业，其发展自然需要大量的高端人才的支持。目前，珠海市高校相对较少，难以为珠海市生物医药产业的发展提供充足的高端人才配套。在珠三角城市群中，由于珠海市的发达程度仍不及广州市和深圳市，故在人才方面的吸引力也相对较弱，因此人才资源方面短缺是珠海市发展生物医药产业的一大劣势。

2. 国际知名企业少

目前我国生物医药产业创新能力较弱，生产的产品仍以仿制为主。国际知名企业的进入，有利于生物医药企业更好地学习国外先进技术，进而提高自身研发创新水平。纵观珠三角主要城市生物医药企业，广州凭借着良好的投资环境和巨大的发展潜力，吸引了罗氏和拜耳等国际知名药企的投资；中山市也有德资默克雅柏、德资格兰泰、瑞士辉凌、美资尼克美等国外企业的集聚。就当前情况来看，国际知名生物医药企业在珠海集聚较少，这也正制约着珠海市生物医药产业的发展。

第七节 珠海市生物医药产业发展存在问题

近年来，珠海市生物医药产业不断向前发展，产业规模初显，市场竞争力不断增强，但目前仍存在一些问题制约着珠海市生物医药产业的发展，具体如下所述：

一、行业规模偏小

目前，珠海市生物医药的行业规模较之前虽有一定程度的扩大，但行业规模仍然偏小。从工业总产值来看，2015 年，珠海市生物医药产业工业总产值为 1 618 168 万元，而深圳市和广州市仅医药制造业的工业总产值分别为 2 071 930 万元和 2 447 256 万元，可见珠海市生物医药产业规模偏小。

二、行业集聚度低

从珠海市生物医药企业的经营范围来看，主要集中于生物药、化学药、中成药这三大领域。其中，生物药方面，主要代表为亿胜公司；化学药方面，主要有联邦、丽珠等公司；中成药方面，有丽珠、润都等公司。广东汤臣倍健公司作为珠海市生物医药的大型企业之一，则主要集中于保健药的生产。可见，珠海市生物医药各家企业生产的产品和服务在产业链和上下游方面的关系不强，行业集聚度较低。

三、创新能力不足

珠海市生物医药产业的研发人员相对较少，创新环境不如广州、深圳等发达地区，生物医药企业与高校、科研院所的合作不足，创新公共服务平台建设较为落后，产品质量相对较低，新药研发缓慢，拥有自主产权的创新药物偏少，创新能力与珠三角发达城市仍有一定差距。

四、国际化程度较低

珠海市生物医药企业基本为中国本土企业，国际知名企业较少。广州市通过吸引海外生物医药企业的进入，推动了当地生物医药产业的发展。此外，珠海市生物医药上市公司基本在中国上市，而深圳市迈瑞、康哲、海王星辰公司也通过在海外上市而吸引海外投资，提高国际竞争力。就目前情况来看，珠海市生物医药产业的国际化程度较低。

五、高端人才短缺

珠海市高等学校、科研院所较少，因而高端人才相对短缺。广州市和深圳市具有丰富的高等学校、科研院所、企业总部方面的优势，高端人才的配套比珠海市齐全，生物医药产业的发展程度也高于珠海市。如今，高端人才的短缺也是制约着生物医药产业发展的一个主要问题。

六、企业偿债和周转能力不足

珠海市生物医药企业在生产经营过程中举债较多，且债务保障方面存在一定的不足，资金周转方面能力也相对较差，应收账款收现期较长，存货管理能力较差，造成一定程度的资金呆滞，资金周转不灵，长此以往，将不利于珠海市生物医药产业的发展。

第八节　小　结

本章通过分析全国和珠海市生物医药产业发展现状，把握生物医药产业发展宏观态势，并结合企业微观数据，对比分析广州、深圳和珠海生物医药企业的盈利能力、偿债能力和经营能力。为考察珠海市生物医药企业是否能够转变发展模式，以创新驱动为引擎实现高质量发展，使用企业层面的研发投入和专利数据，对珠海市生物医药企业的研发创新能力进行分析。研究发现，在我国经济快速发展、居民可支配收入增加、人们健康观念转变、人口老龄化进程加快等多方面因素的综合影响下，关乎社会稳定、国计民生的生物医药产业近年来保持了持续增长的良好发展趋势。在珠海，生物医药产业属于六大工业支柱行业之一，经过政府的培育和企业家的努力，珠海市生物医药产业正在不断向前发展。与此同时，珠海市生物医药的行业的发展正受到行业规模偏小、集聚度低、创新能力不足、国际化程度较低和高端人才短缺等问题的制约。因此，珠海市在发展生物医药产业方面，仍需政府和各相关部门适时补位和全力协助，以实现速度更快、质量更高的发展，为珠海市经济增长做出更大的贡献。

参考文献

[1] 葛乃华. 医药行业上市公司投资价值分析. 成都：西南交通大学，2017.

[2] 谭宏，张娜. 广东主要城市生物医药产业比较研究. 广东科技，2012，21（4）.

[3] 李小波. 医药行业连续并购绩效研究. 蚌埠：安徽财经大学，2016.

[4] 朱文青. 医药行业上市公司绩效评价研究. 南京：南京航空航天大学，2016.

[5] 王敏. 医药行业并购中的价值链整合研究. 杭州：浙江工商大学，2015.

[6] 肖志辉. 医药行业现状存在问题及发展趋势的分析. 中国医药指南，2014，12（36）.

[7] 曹蓓，胡炜，李海燕. 优化产业布局　完善创新机制　推动广东生物医药产业发展. 科技管理研究，2013，33（9）.

[8] 朱艳梅，席晓宇，褚淑贞. 我国生物医药产业集群的影响因素分析. 中国新药杂志，2013，22（8）.

[9] 李炎炎，高山行. 中国生物医药产业发展现状分析——基于 1995—2015 年统计数据. 中国科技论坛，2016（12）.

第八章　珠海市新材料产业发展研究

新材料产业作为战略性新兴产业的重要组成部分，是发展生物技术、航空航天等各类高技术产业的基础，对能源、化工等传统产业的改造与升级起着巨大的推动作用，对整个国民经济的健康稳定发展起着关键的支撑作用，其研发水平及产业化规模已成为衡量一个国家经济、社会发展、科技进步和国防实力的重要标志，世界各国特别是发达国家都十分重视新材料产业的发展。

"十二五"以来，我国政府高度重视新材料产业的发展，出台了《"十二五"国家战略性新兴产业发展规划》和《新材料产业"十二五"发展规划》等国家层面战略规划。工信部、发改委等有关部委近两年与新材料产业相关的发展规划有2015年发布的《中国制造2025》，2016年发布的《关于加快新材料产业创新发展的指导意见》。

新材料产业是国家确定的七大重点发展的战略性新兴产业之一，也是广东省重点培育的八大战略性新兴产业之一。广东省既是新材料生产大省，也是新材料需求大省，技术水平与综合实力位居全国前列，发展新材料具有良好的产业基础。

"十三五"时期（2016—2020年）是珠海市经济大发展的机遇期和关键期，是调整产业结构、合理布局、转型升级的战略期，也是珠海加快建设生态文明新特区、科学发展示范市的关键五年。为响应国家、省建设现代产业体系的宏伟构想，提高经济质量，促进产业结构的调整与优化升级，增强企业的核心竞争力，从而提高整个珠海市的综合实力，特撰写本章。

撰写本章的主要依据有：

（1）《中华人民共和国国民经济和社会发展第十三个五年规划纲要》；

（2）《关于加快新材料产业创新发展的指导意见》（2016年）；

（3）《珠江三角洲地区改革发展规划纲要（2008—2020年）》；

（4）《中共广东省委、广东省人民政府关于贯彻实施〈珠江三角洲地区改革发展规划纲要（2008—2020年）〉的决定》；

（5）《广东省主体功能区规划2010—2020》；

（6）《广东省现代产业体系建设总体规划》；

（7）《珠江三角洲地区产业布局一体化规划（2010—2020年）》；

（8）《珠海市高新技术产业发展规划（2013—2020年）》；

（9）《中共珠海市委、珠海市人民政府关于贯彻落实〈珠江三角洲地区改革发展规划纲要（2008—2020年）〉的实施意见》（珠字〔2009〕7号）；

（10）《中共珠海市委、珠海市人民政府关于加快建设现代产业体系的实施意见》（珠字〔2009〕2号）。

第一节　新材料产业发展总论

一、新材料产业基本概述

新材料是指新近发展的或正在研发的、性能超群的一些材料，具有比传统材料更为优异的性能。新材料产业包括新材料及其相关产品和技术装备，具体包括新材料本身形成的产业、新材料技术及其装备制造业、传统材料技术提升的产业等。与传统材料相比，新材料产业具有技术高度密集、研究与开发投入高、产品的附加值高、生产与市场的国际性强、应用范围广以及发展前景好等特点。新材料既是当代高新技术的重要组成部分，又是发展高新技术的重要支柱和突破口。有了高强度的合金、新的能源材料及各种非金属材料，才有航空和汽车工业；有了光纤，才有今天的光纤通信和高速互联网；有了半导体工业化生产，才有高速发展的计算机技术和信息技术。事实表明，历史上每一次重大的新技术的发现和某种新产品的研制成功，都往往依赖于新材料的研发和应用。在当代社会条件下，高技术的发展更是以新材料的发展为突破口，世界各国在高技术领域的竞争，在很大程度上是新材料水平的较量。

进入 21 世纪以来，我国将新材料产业作为高新技术重点领域给予大力支持。主要通过国家高技术研究发展计划（"863 计划"）、国家科技攻关计划、国家重点基础研究发展计划（"973 计划"）、国家自然科学基金、"火炬计划"等支持新材料产业发展。这些计划的实施使中国新材料科技水平大大提高，同时国家政策、资金引导大量的社会资金向新材料投资，提高了新材料科技成果转化水平，极大地推动了中国新材料产业的发展，初步形成了比较完整的新材料产业体系。2015 年我国新材料产业规模约 1.9 万亿元，目前整个材料行业产值约占全国 GDP 的 28%。在电子信息材料、先进金属材料、电池和电池材料、磁性材料等方面形成了一批高技术新材料核心产业。稀土功能材料、先进储能材料、光伏材料、超硬材料等产业产能居世界前列。

二、广东省新材料产业发展现状

（一）新材料产业获得强力政策支持

近年来，广东省委、省政府对发展新材料产业非常重视，将其作为培育广东省战略性新兴产业的重要举措和加快广东省工业调整和升级的关键环节予以重点支持，出台了《广东省现代产业体系建设总体规划》等一系列政策规划，这将加快新材料产业发展。这些政策措施的出台，在支持企业创新、加大科技投入、营造良好的产业发展环境等方面发挥了十分重要的作用。

（二）产业发展迅速，特色和优势新材料产业显现

广东省新材料产业发展迅速，行业产出和规模不断扩大，具有广阔的发展前景。2013

年，广东省战略性新兴产业工业总产值为 13 125.03 亿元，其中新材料产业工业总产值为 1 351.54 亿元，占比约 10.3%。广东省在新型发光显示材料及器件材料方面的发展在全国处于领先地位，具体包括印刷电印版，改性塑料、薄膜、涂料、化学建材等高分子材料等。

广东省新材料产业的发展基础和优势，能够重点为支柱产业进行配套，为战略性新兴产业提供支撑，不断延伸产业链。规划新材料产业的重点发展领域目标，结合省内新材料资源，通过调整产业结构，优化产业布局，培育壮大一批具有国际竞争力的产业集群、产业基地或产业园区。例如，广东省已建成国家级新材料产业基地 1 个、国家级特色材料产业基地 15 个、省级新材料特色产业基地 32 个，初步形成了广州新材料产业国家高技术产业基地、深圳国家半导体照明基地、珠海产业转移工业园等一批特色鲜明的新材料产业集聚区。

（三）优势骨干企业不断涌现

广东省有许多骨干企业，在诸多新材料领域形成较强的生产力甚至完整的产业链，具有强大的研究实力和较大的产业规模。规模以上新材料企业有 1 800 家（2012 年统计口径），其中高新技术企业 600 多家，从业人员约 10 万人。

例如，宜安科技是广东省生产轻质合金产品的知名企业，从事镁合金、铝合金等轻质合金精密压铸件的研发、设计、生产和销售，2014 年实现总营收 5.14 亿元；金发科技是国内最大的高性能改性塑料企业，旗下拥有 20 家子公司，在职员工总数为 5 654 人，2014 年实现总营收 160.94 亿元，其中塑料行业总营收 160.48 亿元；沃尔核材是国家重点支持发展的高新技术企业，专业从事高分子核辐射改性新材料及系列电子、电力新产品和新设备的研发、制造和销售。公司有 2 500 多种产品，销售分公司遍及全国 40 多个大中城市，产品远销欧美、东南亚等 60 多个国家和地区。

三、珠海市新材料产业发展概况

（一）产学研一体化进程加快，合作程度不断加深

珠海市积极推进企业与高校、科研院所合作，开展产学研项目合作。目前，全市有产学研示范基地 11 个、产学研创新联盟 3 个，省部产学研结合科技创新平台 4 个。另外，珠海市政府与中山大学、武汉大学、电子科技大学等 7 所学校签署了产学研全面合作框架协议，搭建企业与高校联系的平台，率先引进建设了 5 家国家重点实验室在珠海市设立分支机构（见表 8-1）。

表 8-1　5 家国家重点实验室在珠海市设立的分支机构

序号	单位名称	承担单位和联合建设单位
1	无机合成与制备化学国家重点实验室珠海分实验室	吉林大学
2	电子薄膜与集成器件国家重点实验室珠海分实验室	电子科技大学与珠海元盛电子科技股份有限公司
3	精细化工国家重点实验室珠海研发中心	大连理工大学与珠海纳思达电子科技有限公司
4	软件工程国家重点实验室珠海研发中心	武汉大学与广东远光软件股份有限公司
5	光电材料与技术国家重点实验室珠海实验室	中山大学

（二）产业发展迅速，规模不断扩大

珠海经济特区成立 30 多年以来，新材料产业发展迅速，产品种类较多，范围较广，陆续新建了玻璃纤维、工业模具、聚酯切片、安全玻璃及高科技工业陶瓷材料等一大批项目，不少领域已形成很大规模。以横梁新区、金湾区、高栏港经济区、富山工业园、万山海洋区为主要载体，重点发展新型功能材料、高效储能材料和先进结构材料。

借助电子信息产业的良好基础与高栏港区的石油化工产业、航空工业园的航空产业的快速发展和带动，以及大学园区技术力量的支撑，新材料产业后发优势明显。珠海市新材料产业拥有广东省名牌产品 4 个，广东省著名商标 4 个，省级技术中心 5 个，省级工程中心 2 个。

（三）企业竞争力不断增强

业内骨干企业有鹏辉能源、富华复合材料、得米新材料、三顺中科、乐通化工、长兴化学、裕华聚酯等，主要分布在高栏港区和国家高新区。

例如，珠海得米新材料是国内首家从事高吸水性树脂的高新技术企业，拥有自主知识产权，研发力量雄厚，被列入国家"火炬计划"项目，得到国家及省、市政府多次表彰。鹏辉能源是斗门区新材料企业的龙头企业，拥有 200 多人的强大科研队伍，并与天津大学、中山大学、中南大学等著名高校长期合作攻关，共获各类专利 57 项，其中发明专利 18 项，实用新型专利 35 项，外观专利 4 项，被列入国家"火炬计划"项目重点高新技术企业。三顺中科是国家级高新技术企业，专注于高性能碳纳米管等纳米材料的研发、生产和销售，产品应用于锂电池导电剂、工程塑料、透明导电膜等领域，连续 3 年实现销售增长率超过 100%，成为新能源锂离子电池行业碳纳米管导电材料细分领域的龙头企业。

（四）约束条件

经过多年的努力，珠海市新材料产业发展成就显著，产业技术水平日益提高，产业规模不断扩大，具有自主创新能力的新材料产业体系正在形成，为以信息、生物、新能源、轨道交通、航空航天等为代表的高技术产业突破技术瓶颈、实现历史性的跨越发展提供了强有力的支撑。但仍然存在一些问题：

1. 自主创新能力有待增强，科研投入亟待提高

企业作为创新主体，参与创新研发少，生产跟踪仿制多，普遍存在关键技术自给率低、发明专利少、关键元器件和核心部件受制于人、高端材料对外依赖程度仍然较高的问题。多数企业仍在"引进—加工生产—再引进—再加工生产"的怪圈里挣扎，使得"中国制造"产品中缺乏"中国创造"元素，只能依靠廉价销售与低层次竞争寻找出路，这在很大程度上制约了珠海市新材料产业的跨越式发展。

另外，研发投入不足，在珠三角九市中，深圳、广州、佛山等城市的 R&D 投入总量较大，珠海市相比而言 R&D 投入量不大，产业研发能力较弱。

2. 企业规模偏小

经过多年的发展，珠海市新材料产业取得了显著的进步，中小企业、民营企业数量不断增多。但其中大多数新材料企业的供应能力弱、规模小、水平低，同质化严重，高性能新材料品种不全，配套能力较差，对创新资源的聚集能力不足，竞争力不强，与规模化、动态化和差异化的国际客户需求之间存在巨大差距，从而导致珠海新材料产业在全球生产网络中的"价值链断层"现象。

3. 高层次、高技能人才缺乏

战略性新兴产业的发展需要较高素质的管理人员、技术人员和经营人员，特别是技术研究人员。而目前珠海市大多数高新技术企业都受到人力资源配置上的制约，高新技术人才短缺，产业人才层次与产业转型升级的人才需求矛盾突出，缺少吸引、留住人才的机制，人才流失问题严重。

因此，抓紧发展机遇，合理规划，促进我省新材料产业的变革和质的飞跃，对实现我省经济持续健康快速增长、实现节能环保的目标具有重要的战略意义。

四、发展意义与战略目标

（一）发展意义

1. 国家之间战略竞争的组成部分

新材料领域的国际竞争日趋激烈，新材料产业已成为各国发展的热点，为发展新材料产业，世界主要大国纷纷制定优先发展战略，加大研发投入。发展新材料产业使中国在基础性产业追赶甚至超越世界先进水平成为可能，同时由于新材料产业所具有的独特的战略性意义，加快发展新材料产业也是中国加强自身战略力量的必需选择。

2. 推进传统产业的技术进步和高新技术产业的结构调整

传统制造业需要进行技术改造和设备更新，就需要新材料产业在技术、设备、材料等方面给予全方位的支持。随着研究开发重点的转移，材料科学技术推动着诸如机械、能源、化工、轻纺等传统产业的技术改造和产品结构的调整。随着高新技术的发展，新材料与基础材料产业的结合日益紧密，产业结构呈现出横向扩散的特点。基础材料产业正向新

材料产业拓展。伴随着元器件微型化、集成化的趋势，新材料技术与器件的制造一体化趋势日趋明显，新材料产业与上下游产业之间的相互合作与融合更加紧密，产业结构出现垂直扩散趋势，不断促进产业调整与升级。

3. 实现资源、经济、社会可持续发展

当前珠海市新材料产业以资源初加工为主，新材料产品多以原材料或初级产品为主。珠海市新材料产业的发展应借助广东科技资源的辐射效应，充分发挥核心城市的产业基础优势和特色资源优势，以资源深加工为主要方向，采用先进的工艺技术和设备、改善管理、综合利用、闭环生产等措施，提高资源利用效率，减少或避免生产、使用产品过程中污染物的产生和排放。

（二）战略目标

"十三五"期间，全市发展的主要预期目标是：提前实现地区生产总值和全体居民人均可支配收入比 2010 年翻一番。地区生产总值年均增长 9%，到 2020 年超过 3 000 亿元，人均达 3 万美元。

1. 创造新材料产业的支撑环境

"一企一策"培育出大型骨干企业。开展小微企业"幼狮计划"，落实"小升规、个转企"扶持政策，新增 43 家规模以上工业企业。深化科技体制改革，建立多元化科技投入机制，完善创新人才和科研成果评价、激励机制，全社会研发投入占 GDP 比重达到 4%。新材料产业规模显著扩大，技术水平显著提升，产业支撑体系显著完善，企业市场竞争力显著增强，加快形成产业集群。

2. 重点领域实现重大突破

紧跟国际先进技术水平，重点研发高分子材料，特别是推进特种工程塑料的产业化，支持阻燃材料开发技术在珠海市产业化。

主要在以下重点领域实现重大突破：

（1）突破磷酸铁锂新型正极材料和钛酸锂等负极材料的应用、特种光纤及光纤器件、生物医学材料等技术；

（2）新型功能材料，围绕电子信息制造业中电子计算机、信息家电、通信和网络设备等节能、小型化和高性能的需求，开发电子元器件用的新材料及元器件的产业化技术；

（3）高效储能材料，重点研究和突破磷酸铁锂新型正极材料和钛酸锂等高容量负极材料的应用技术，进一步提升珠海市锂离子电池产业；

（4）先进结构材料，重点突破特种工程塑料、高性能树脂材料、无卤阻燃高分子材料和先进陶瓷材料等产业化技术。

3. 创新人才优势显著

实施高层次人才倍增计划，推进横琴国家人才管理改革试验区建设。一方面要重视自身人才培养，另一方面要改善"人才环境"，发挥现有人才作用，遏制人才外流的势头，使人才培养与人才使用在空间上重叠起来，加速高新技术在战略性新兴产业中的应用，并以此形成吸引外地人才落户珠海市的基础和优势。

第二节　珠海市新材料产业发展现状与趋势

一、机遇与挑战

　　珠海市新材料产业的发展，机遇与挑战并存。机遇体现在其具有明显的政策优势、产业集群优势、区位优势。未来五年，是国家实施《中国制造2025》、发展战略性新兴产业、推动传统产业转型升级的关键时期。新一代信息技术、航空航天装备、海洋工程和高技术船舶、节能环保、新能源等领域的发展，为新材料产业提供了广阔的市场空间。珠海市位于我国珠三角新材料综合性产业集群区域，产业集聚效应有利于其重点新材料初期市场培育、突破关键工艺与专用装备制约等。

　　然而，珠海市新材料产业自主开发能力薄弱，关键材料保障能力不足，产品性能稳定性亟待提高；创新能力薄弱，产学研用合作不紧密，研发投入分散；由于高风险性和高度不稳定性，企业投入研发经费有限，企业融资困难等。

二、产业结构与布局

（一）产业结构

　　根据珠海市现有企业数据估计，珠海市新材料产业可细分为高端电子信息材料产业、金属材料产业、无机非金属材料产业、有机高分子材料产业、精细化学品产业等，具有先进高分子材料产业链：石油化工—合成树脂—改性塑料—塑料助剂—塑料加工—塑料机械—制品应用—再生塑料；新能源电池材料产业链：正极材料—负极材料—电解液—隔膜—电池生产等。

表 8-2　珠海市新材料产业结构细分产业

新材料产业分类	细分产业或产品	相关企业
高端电子信息材料产业	绿色二次电池产业	鹏辉能源，光瑞新材料，赛纬电子材料，恩捷新材料，兴业应用材料，银隆新能源，三顺中科，远康企业等
	新型显示产业	
	半导体照明产业	
金属材料产业	特种钢铁产业	美利信新材料，国能新材料，拾比佰彩图板，科立鑫金属材料等
	有色金属产业	
无机非金属材料产业	陶瓷产业	美筑新材料，春禾新材料研究院，贝尤安，思美亚碳粉等
	建材产业	
	电子产业	

（续上表）

新材料产业分类	细分产业或产品	相关企业
有机高分子材料产业	合成树脂	得米新材料，长兴化学，百翔新材料，艾伦塔斯电气绝缘材料，飞扬新材料，华润包装等
	合成纤维	
	改性塑料	
	塑料加工	
精细化学品产业	日用化学品	长先新材料，国佳新材，国能新材米，中丰田光电科技，派特尔，天威新材料，乐通化工，华大浩宏化工，悦美水墨，斗门联合，先德新材料等
	粘胶剂	
	涂料	
	油墨	
	食品添加剂	

（二）产业布局

珠海市按行政区分为金湾区、香洲区和斗门区，其中金湾区新材料企业居多。

表8-3　珠海市新材料企业布局

新材料重点工业区	代表性企业（简称）
高栏港区	三顺中科，华润包装材料，得米新材料，赛纬电子材料，艾伦塔斯电气绝缘材料，长兴化学，百翔新材料，长先新材料，飞扬新材料等
高新区	国佳新材，兴业应用材料，美利信等
金湾区	国能新材料，拾比佰彩图板，科立鑫金属材料，恩捷新材料，银隆新能源，凯利得，派特尔，中丰田光电科技，美筑新材料等
香洲区	天威新材料，华大浩宏化工，乐通化工，春禾新材料研究院，远康企业，悦美水墨，贝尤安等
斗门区	鹏辉能源，光瑞新材料，思美亚碳粉，先德新材料，斗门联合等

目前，高栏港经济区是珠海市最重要的新材料产业基地。高栏港经济区正充分利用现有产业基础，将新材料产业作为实施创新驱动发展战略和推进产业结构调整升级的重要抓手，大力建设以新材料为重要组成部分的区域创新集群，重点引进新能源电池、功能高分子材料、高等级纤维、多功能膜材料以及电子材料等项目。现已规划建设面积约3平方公里的新材料产业园，引进万华化学特种聚氨酯、光华科技锂电子电池正极材料、利安隆高分子材料抗老化助剂、三顺中科碳纳米管、万通化工可降解塑料、上海恩捷锂电池隔膜、台湾见龙集团60万吨聚苯乙烯、香港理文化工氟材料等一批高端项目。

三、发展规模与趋势分析

珠海市新材料企业不断增加，产品越来越丰富。根据现有企业数据估计，目前规模以上企业30家以上，涉及电子信息材料、新能源材料、纳米材料、先进复合材料、新型功能材料、高性能结构材料、化工新材料、新型建筑材料、生物医用材料九大领域。随着技术越发成熟与研发领域的相继拓展，新建企业仍在不断增加。随着现代科技的发展和下游需求的升级，原有的金属、非金属、高分子等新材料分类方式已经逐渐落后，单独从事一种物质材料的开发很多时候已经不能满足客户需求，各学科、各门类之间的界限越来越模糊，多学科的交叉、各种材料的复合越来越多地出现并成为珠海市新材料行业未来发展的趋势。

以高栏港经济区为核心的新材料产业集聚效应不断增强。借助电子信息产业的良好基础和高栏港区的石油化工产业、航空工业园的航空产业带动，以及大学园区相关高校、国家重点实验室和公共实验室的技术力量，珠海市新材料产业发展后发优势明显。目前，珠海高栏港经济区的开发建设已形成了以高端装备制造、石油化工、清洁能源、港口物流、新材料、电子电器、精密机械、生物医药、电子通信为主导的临港产业格局，成功引进的世界500强企业超过20家，包括英国BP、英荷壳牌、中海油、美国福陆、烽火科技、中石化、中石油、中远集团、中铁集团、神华集团、华润集团、万华化学、恩捷新材料等企业。高栏港具有良好的区位优势、丰富的资源、规模化的高端产业集群、完善的配套设施等优势，将为珠海市新材料的蓬勃发展提供坚实的基础。高栏港区现有新材料产业项目总投资已超过一百亿元，有望在"十三五"期间打造一个三百亿元的新材料产业集群。

资本运作逐渐盛行，产业整合稳步推进。越来越多的公司资金投资在高栏港经济区的新材料项目中。2017年10月，广东光华科技在港区投资建设高性能镍钴锰多元材料项目，首期投资7亿元，预计首期产值超20亿元；巴德富公司集团，投资建设水性乳液、胶粘剂项目，总投资15亿元，预计产值20亿元；香港理文化工有限公司，投资建设锂电池电解液高端含氟添加剂项目，总投资5亿元，预计产值8亿元。珠海市新材料企业将越来越多地通过资本市场进行产业整合，实现规模扩张和效益增长。

第三节　珠海市新材料产业发展环境分析

一、产业基础分析

珠三角的经济以外向出口型为主，新材料产业集中度高，下游产业拉动明显，已形成较为完整的先进高分子材料产业链和新能源电池材料产业链。

"十二五"以来，珠海市工业规模稳步提升，新材料产业发展步伐加快。珠海市的新材料产业从20世纪90年代开始起步并逐渐发展形成如今集中度高、出口创汇能力较强、外向型特点突出、科技创新活跃的产业。在广东省发改委的政策支持下，珠海新材料产业的企业数量与企业规模得到不断发展，出现了一批具有产业优势与技术优势的龙头企业。如格力集团、银隆新能源股份有限公司、珠海市乐通化工股份有限公司等，为珠海新材料产业的持续高速发展打下了坚实的基础。

据《2017年1—8月工业经济运行情况》，珠海市2017年1至8月份规模以上工业总产值3 151.88亿元，同比增长10.2%。规模以上工业增加值749.22亿元，同比增长11%，增速比去年同期（4%）高7百分点，比全年目标（8%）高3百分点。珠海市六大产业增加值合计536.88亿元，占全市规模以上工业增加值比重由去年同期的68.4%上升到71.7%。在六大产业中，多数行业都涉及新材料的导入、使用以及研发。珠海主导产业在空调、集成电路、打印耗材、新能源汽车等细分领域发展较快，取得了较高的市场占有率，具有参与全球新材料产业竞争的优势，逐渐成为新材料产业的重要组成部分。

二、经济环境分析

从国际环境来看，随着21世纪经济逐渐从金融危机中复苏，新材料因其是信息、能源、生物科技等多种战略性新兴产业发展的基础，逐渐成为世界关注的焦点，并已成为全球各国提升核心竞争力的重要标志之一。对于美国、日本、欧盟国家等发达国家，其新材料产业处于领先地位，而大多数发展中国家的新材料产业都较为落后，除印度、巴西、中国等少数国家外，显现出新材料产业在全球分布的不平衡态势。

从省情和市情看，2016年珠三角GDP总量达6.78万亿元人民币，占广东全省的79.3%。人均地区生产总值11.43万元，超过长三角十六市。2013—2016年，珠三角地区生产总值年均增速达8.5%，比全省平均增速高0.6百分点，对全省经济增长的贡献率达78.9%，经济总量稳步攀升。珠海市经济社会发展取得显著成效，为新材料产业的发展提供了良好的经济环境。

三、政策环境分析

在全球积极发展新材料产业的宏观环境下，我国也高度重视新材料产业的发展，国务院发布的《关于加快培育和发展战略性新兴产业的决定》，将新材料产业称为"国民经济的先导产业"。新材料产业是党中央、国务院高度关注的重点领域，十九大报告明确指出：坚持新发展理念，加快建设制造强国，加快发展先进制造业。作为战略性新兴产业和"中国制造2025"重点发展领域之一，新材料是整个制造业转型升级的产业基础，发展新材料产业是我国经济高速发展转向高质量发展的新动能，是深化供给侧结构性改革的重要举措，是振兴实体经济的活力。2016年12月，四部委发布了《"十三五"国家战略性新兴产业发展规划》，指出要把战略性新兴产业摆在经济社会发展更加突出的位置。除此之外，国家发改委、科技部等部委也出台了《产业技术创新能力发展规划（2016—2020年）》《新材料产业发展指南》等文件，将新材料作为当前我国亟须发展的重要产业。

从区域的角度看，根据广东省创新发展布局和珠三角国家自主创新示范区的定位，珠海市构建了"一核、一环、一区"的区域功能布局，打造全面实施创新驱动发展新格局。

2010 年，珠海市发布《关于加快发展战略性新兴产业的意见》，将高端新型电子信息、生物医药、新能源及新能源汽车、新材料、航空、海洋工程和节能环保七个产业作为战略性新兴产业。新材料作为珠海市确定的七大战略性新兴产业之一，是珠海市打造"3＋4"模式战略性新兴产业发展格局的基础。

四、消费环境分析

珠三角经济的高速成长和居民收入的迅猛增加为珠海市新材料产业的发展提供了总量庞大、质量优越的区域内需条件。近年来，珠三角地区产业结构调整不断推进，现代产业新体系基本形成。2016 年，珠三角先进制造业、高技术制造业占规模以上工业比重分别达54.9%和32.5%，比 2012 年提高 3.0 百分点和 4.5 百分点。新一代移动通信设备、新型平板显示、新能源等战略性新兴产业蓬勃发展，战略性新兴产业占规模以上工业比重为22.2%，比 2012 年提高 9.6 百分点。骨干企业培育取得新进展，2016 年，珠三角年主营业务收入超百亿元企业达 233 家，比 2012 年增加了 85 家。

珠海市整体工业基础雄厚。近年来，在珠海市工业战略的推动下，珠海市工业企业盈利能力不断增强，利润总量不断扩大。珠海市如此飞速发展的工业经济形式为珠海市新材料产业的发展提供了良好的消费环境。作为工业基地，整个工业的快速发展离不开各类材料的供应，并且，例如先进装备制造、节能环保、新能源汽车等战略性新兴产业也会需要一些特定的新材料。除此之外，珠海市位于广东省珠江口的西南部，东与香港隔海相望，南与澳门相连，是中国最早实行对外开放政策的四个经济特区之一，交通便利，对外开放程度高，为新材料产业提供了广阔的市场需求。

五、技术环境分析

新材料的发展离不开科研技术的支撑，要想新材料健康快速发展，必须拥有一批关键技术。2016 年珠海市地方一般公共预算收入增加到 292.27 亿元，年均增长 17.1%。创新能力显著增强。高新技术企业从 244 家增加到 788 家，高新技术产品产值占规模以上工业总产值比重提升到 56%。一些新材料龙头企业如格力集团、珠海国能新材料股份有限公司等也拥有自主的先进的科研力量，这为企业更好地将技术转化为产品，缩短转化时间提供了良好的保障。除此之外，全社会研发投入占 GDP 比重提升到 2.8%，每万人发明专利拥有量从 6.5 件提高到 32 件以上，居全省第二。近年来，珠海市引进和推荐入选国家"千人计划"专家 50 人，省创新创业团队 2 个，省领军人才 7 人。珠海市还与武汉大学、电子科技大学等 7 所学校共建产学研全面合作框架，并在珠海市设立国家重点实验室的分支机构。这为新材料产业培养大量优秀的人才创造了良好环境，也为珠海市新材料的技术突破与发展奠定了关键性的基础作用。

六、行业与社会环境分析

从国情上看，珠海市有一个非常好的宏观环境，社会安定，政治稳定，经济发展迅速，并与全球一体化接轨，法制建设不断完善，文化繁荣自由，尖端技术、高新技术突飞猛进。从区域层面上看，珠海市还处在爬坡过坎的攻坚阶段，还面临着很多困难、竞争和挑战：一是港珠澳大桥和深中通道建设带来历史性机遇的同时，也给珠江西岸的发展格局带来深刻的变化和影响；二是珠海市的经济总量还不大，辐射带动能力还有限，产业园区集聚效应不明显，配套滞后，产业创新能力、人才的总量和结构与创新驱动的要求有较大差距；三是制约发展的体制机制瓶颈还有不少，行政效能不高的问题还比较突出，市场活力没有充分释放。但是珠海市作为珠江三角洲地区的核心城市之一，借着未来粤港澳大湾区的发展和珠江西岸交通枢纽城市建设的春风，坚持以开放促改革、促发展，深化珠港澳合作，建设"一带一路"支点，构建开放型经济新格局，能够为珠海市新材料产业提供更大更广阔的发展平台。

第四节　珠海市新材料产业重点领域分析

一、新型功能材料

　　近年来，珠海市抓住机遇率先发展，夯实基础和谐发展，努力实现经济、社会与环境的协调发展，经过多年的不懈奋斗，已形成了以名牌大学为依托，以围绕海洋工程装备、航空航天装备、环保交通装备、医药与医疗器械、打印设备与3D打印、高技术服务业、现代生态农业与海洋产业为重点，集产学研于一体的高科技产业走廊。如：格力新元电子被评为"AAAA级标准化良好行为企业""中国电子元件行业百强企业"；珠海天威累计获得2 421件国内外专利等。珠海市应再次抓住新时代的新机遇，依托高栏港经济区、金湾区、香洲区、高新技术开发区主园区等地的产业集群，围绕电子信息制造业中电子计算机、信息家电、通信和网络设备等节能、小型化和高性能的需求，开发电子元器件用的新材料及元器件的产业化技术。发展壮大拾比佰彩图板、联邦制药、格力新元电子、松下马达、美国路博润、乐健科技、西门子、飞利浦等大型骨干企业，重点发展电学、磁学、光学、热学、力学、化学、生物医学功能的领域，扩张国内外高端市场占有率，延伸现存高科技元件研发、生产和生物医药的产业链条，拓展产业的可持续发展空间。高校、研究机构和企业，按照合作共赢和自主创新相结合的原则，逐步推动珠海市新型功能材料的高技术化、高附加值化。此外，通过技改帮扶、产学研合作、奖励贴息等多种形式，改造提升现有企业的流水线装备化水平和生产技术水平，淘汰部分落后产能和生产技术，实现节能减排，为产业进一步发展营造良好的生态环境，引进现代管理科学提升企业营销和渠道经营能力，增强产业在国内外市场上的竞争力。

二、高效储能材料

　　珠海市经过多年的快速发展，在新能源开发、智能电网、新型储能材料的研发利用等多个领域取得了突出的成就。珠海市已建成了以光伏、风电、核电装备、生物质能等为重点的新能源开发基础；在智能电网方面也有所突破；新能源整车制造以及电池、电机、电控等核心部件的研发、生产项目大放异彩，银隆新能源、英博尔等企业在高效储能领域实现领跑。因此，重点应在巩固现有行业地位，重点研究和突破磷酸铁锂新型正极材料和钛酸锂等高容量负极材料的应用技术，进一步提升珠海市锂离子电池产业，努力打造全国重要的有特色的高效储能材料与制品研发、制造、会展交易基地。发挥产业规模优势，延伸上下游产业链，力争使加工中心发展为制造中心、研发中心、信息中心、交易中心、物流中心。以比亚迪、银隆新能源、恩捷新材料、光宇电池、英博尔等企业为重点，积极利用地理优势和人才优势，积极推进新型能源的开发与利用（尤其是海上风力发电和工业节能方向），促进包括新型燃油汽车及新能源汽车在内的汽车产业、太阳能电站、储能电站、LED及包括电动叉车在内的其他新能源产品的发展，与周边的江门、中山、广州、深圳等城市形成相应的新型储能材料的产业集群。与高校、科研机构合作，提高产品的科技水平和产品附加值水平，大力发展新型高效储能材料的研发、生产、销售网络。努力建设一批国家级技术中心或工程技术研究开发中心，推进珠海市储能材料产业园建设。

三、先进结构材料

先进结构材料是社会生活和国民经济建设的重要物质基础。金属、陶瓷和高分子材料长期以来是三大传统的工程结构材料。随着工业化的迅速推进，对新型结构材料性能的要求越来越高，也推动了发展新一代高性能结构材料。珠海市应抓住机遇，在现代通信、计算机、信息网络技术、工业自动化和家电等以电子信息技术为基础的高技术产业上迅速发展，重点突破特种工程塑料、高性能树脂材料、无卤阻燃高分子材料和先进陶瓷材料等产业化技术。以国能新材料为龙头，以广厦新材、乐通化工、耐诺华新材料、瑞源新材料、得米新材料、飞扬新材料等企业为重点，推动移动通信、高端民用和航天军用行业的复合材料、五金制品、塑料制品、高分子复合材料、工业机器人、生产自动化、防水吸水材料以及树脂系列产品等结构性材料的研究、生产以及广泛应用；应加大对新材料军转民的支持力度，促进军用材料技术在民用领域的推广应用；与国内外高校、研究中心深入合作，加大研发投入，集中力量，重点攻关，突破复合材料的高性能、低成本制备加工技术和应用技术难点。研究开发具有多功能化、特种结构、环境友好的新型复合材料及制备和回收利用技术，开发具有特殊性能的高分子材料复合技术；着力开发具有高比强度、高比刚度、耐高温、耐磨损、耐腐蚀等性能的先进结构材料，形成一批具有自主知识产权、有利于培植新经济增长点、有较高显示度的关键技术，为实现"中国制造2025"打下坚实的先进结构材料支撑。

四、化工新材料及有机原料

在巩固现有的产业基础上，以印制电子产学研创新联盟为依托，开展印制电子技术的产业化研究；突破系统集成与封装一体化技术瓶颈，率先形成高端系统集成与封装一体化功能模块的生产能力；依托大学园区相关高校、国家重点实验室和公共实验室的技术力量，紧跟国际先进技术水平，重点研发知识密集度高、创新活跃度高、综合效益好、市场需求潜力大、带动力强、环境友好的新材料和有机原料，特别是推进阻燃材料、日用化工、印刷耗材和特种工程塑料的产业化和高技术化；在日用化工、精细化工和化工新材料上取得重大突破，在印刷耗材上加大自主创新力度，力争走在世界前列，创造出一批节能环保、质量上乘的新型绿色产品，创造出更多拥有自主知识产权的一流产品。

第五节　珠海市新材料产业发展问题及策略分析

一、珠海市新材料产业发展面临的问题

（一）多数企业生产规模较小

珠海市从事新材料产业的企业数量正在不断增加，但是规模超十亿甚至上百亿的企业很少，这样就缺失了以领军企业带动中小企业共同发展这一有利条件，尚未形成以点带线、以线带面的联动效应。除此之外，珠海市新材料产业虽然整体取得了较高成就，但是总体发展慢，尚处于培育发展阶段，大部分企业规模较小，达不到规模效益。

（二）成果转化率不高，产业链条较短

珠海市多数新材料企业主要涉及一些处于产业链条低端的原料产品，精深加工少，拥有的自主知识产权专利成果不够多，高性能、高附加值的产品相对较少，拥有较少的关键技术，从而抑制了产业链条的拓展。部分科研院所未与企业紧密联合，重理论研究，轻实践应用，未从产业化和企业角度出发，忽略了产学研相结合的整合作用，使得新材料的科技成果与市场脱节，科技优势不能迅速高效地转化为产业优势。

（三）专业领军人才缺乏

总体上看，珠海市新材料产业缺乏大量高素质人才，特别是博士、硕士等高级专业人才，产品技术密集度不高，具有自主知识产权、在国际国内处于领先水平的新材料产品不多。新材料产业具有知识技术密集、成长潜力大和物质资源消耗少等特点，因此对人力资源的要求比传统产业要高得多，需要大量的高技术、高水平的专业化人才。新材料的产生来源于科研技术，因此拥有专业技术的人员对新材料产业的发展具有举足轻重的作用，他们是创造新技术并保证其得以正常发展的保障。由于广东省乃至全国高校在培育人才方面对新材料的强调不足，新材料产业缺乏大量高技术创新型人才，从而影响了珠海市新材料产业的快速发展。

二、珠海市新材料产业发展原则与新思路

（一）发展原则

第一，市场主导、政府引导。遵循市场经济规律，充分发挥市场配置资源的基础作用，强化企业主体地位，科学管理，激发企业活力。创新行业管理方式，加强新材料产业规划实施和政策制定，鼓励、支持企业创新，完善新材料初期市场培育机制，通过组织协调，政策引导，营造产业发展良好环境。

第二，创新驱动、需求牵引。通过原始创新、集成创新和引进消化吸收再创新等，推动新材料产业创新，践行绿色发展理念，坚持可持续发展道路，完善技术创新体系。在市场需求引导作用下推广新材料应用和市场培育，保护企业创新积极性。

第三，统筹协调、军民融合。加强研发机构、生产企业和终端用户之间的统筹与协调合作，提高新材料产业发展规划的系统性、部门工作的协同性、国家和地方政策措施的配套性。推进新材料军民融合深度发展，加快军民共用新材料技术双向转移转化，积极发展军民共用新材料，实现良性互动发展。

（二）新思路

立足发展现状，加强产学研合作，瞄准新能源电池、功能高分子材料、多功能膜材料及电子材料等领域拓展产业发展方向，围绕市场重点需求领域，提高自主创新能力，重点发展激光新材料、新型化工材料等先进基础材料；积极培育具有市场潜力的各类电解液材料等新能源材料、纳米材料、电子信息材料、汽车材料等产业领域；加大高端金属材料、覆膜等关键战略材料和前沿新材料的研发力度。形成以政府为主导、企业为主体、市场为导向、产品为核心、各高校和科研机构为技术支撑的新材料产业体系，培育一批有核心竞争力的龙头骨干企业，建设新材料生产应用示范平台，突破关键工艺与专用装备制约。积极谋划、培育壮大一批具有国际竞争力的产业集群、产业基地或产业园区，创建新材料创新基础并开发共享的公共平台，增加研发、生产的外部适用性，增强产业集聚效应。

三、珠海市新材料产业发展对策与建议

（一）优化三大环境

1. 优化组织环境

由市级主要领导挂帅，分管领导牵头，成立珠海市新材料发展现代产业体系领导小组，确定全市新材料产业体系发展战略、规划和政策，统筹协调，解决现代新材料产业发展中的重大问题。各有关职能部门要各司其职，通力合作，全面落实各项法规政策，形成促进现代新材料产业快速发展、加速发展的良好氛围和有效合力，确保市、区政府加快新材料产业发展的部署落到实处；落实国家相应的金融、财政、税收政策，强化服务意识，

进一步改善政府服务效能，提高行政审批效率，优化产业发展的外部环境，为珠海市新材料产业的发展打下更为坚实的组织制度基础，更好地助力珠海市新材料产业的加速发展。

2. 提升创新环境

创新是新材料产业良性发展的重中之重。应当把科技创新摆在突出的位置，充分发挥现有优势，依托现有的企业创新成果，着力培育一大批创新型领军企业，建设一批创新型人才队伍，组建科技创新服务平台，为科技创新提供平台支撑。同时，开展多种形式的科技交流活动，搭建多种诸如中国新材料资本技术峰会等新型的交流平台。同时，积极与国内外高校、科研机构合作，共同培养人才、留住人才、用好人才，做到人尽其才。此外，要特别注意科技创新不仅要"高大上"，还要"接地气"，注重用科学技术解决产业发展的"短板"，坚持"整合与共享、完善与提高、创新与服务"的科技创新理念，促进政产学研企的结合，切实研发出一批高技术、高附加值的优良产品。

3. 改善生态环境

深入贯彻落实科学发展观，坚持走生态之路，大力发展绿色经济，促进节能减排，不断优化生态环境，注重建设生态文化，着力完善相应的体制机制，淘汰落后产能，进一步优化节约能源资源和保护生态环境的产业结构，努力实现经济社会可持续发展，使珠海步入"新材料产业发展—环境优良—人才、资本进入—产业进一步发展"的良性循环上来，深入学习贯彻十九大精神，建设更文明、更和谐、更美丽的珠海。

（二）实施三大战略

1. 名牌带动战略

实施名牌带动战略，壮大一批中小企业，进一步做强龙头企业，抢占国内外市场制高点。推动企业实施名牌带动战略，制定相关的政策，鼓励和支持企业争创名牌。对获得省著名商标、国家驰名商标和省名牌产品、国家名牌产品称号的企业进行相应奖励。联合经贸、宣传、广电、媒体等部门，对珠海市新材料企业做全方位宣传，积极引导企业逐步把力量集中到名牌开发、质量管理、品牌经营上来。选择多家拥有自主知识产权的名牌企业作为培育对象，在资源上、资金上、政策上给予扶持，使其产品尽快成为全国乃至全球的知名品牌。

2. "互联网＋"与国际化战略

鼓励企业利用物联网、云计算、增材制造、工业机器人等，进行新材料智能制造，实施"互联网＋"战略，促进传统材料产业的全方位升级。加快信息产业的发展和通信等基础设施的建设，为企业充分利用信息技术获取、发布各种信息提供支持。利用现代互联网、物联网的快速发展，加强行业内的信息交流，密切关注国际国内新材料发展的最新动态，及时发现和掌握新材料产业发展的新趋势，更多地开展行业领域的相关会议，举办多种形式的交流活动，建设和发展共享信息网络等公共服务平台，特别是加强国际国内新材料创新合作和政策法规等信息的宣传，充分鼓励和引导各企业大力拓展国际国内市场，充分利用珠海地理优势，大力发展海运和航空运输。依托珠海香洲、高栏等港口，大力发展海洋产业；依托珠海机场，建设航空物流园、航空专家公寓及相关商业配套设施，促进珠海市新材料产业产品"走出去";支持企业在境外设立新材料企业和研发机构,通过海外并购等多种方式实现技术产品升级和国际化运营,加快融入全球新材料市场与创新网络。

3."人才强市"战略

大力推进人才强市战略,积极与国内外高校、科研机构合作,大力引进和培养高素质人才,造就一支包括企业经营管理人才、专业技术人才、研究开发型人才和其他人才在内的多层次、多类型的高素质人才队伍,优化年龄分布,为珠海市新材料产业的发展注入源源不断的动力。同时,围绕发展具有国际竞争力的大企业和企业集团,以创业能力、创新精神和领导才能为核心,加快培养一批本土优秀企业家。深化产学研合作,鼓励和支持组建产学研战略联盟和示范基地,重点支持产业共性技术研发和成果转化。重点支持一批拥有自主知识产权的专利项目产业化,支持开展行业、国家和国际标准的制定工作。重点支持企业引进创新科研团队,对创新科研团队的建设和科研项目给予重点支持。进一步深化科技人员管理制度的改革,建立健全与市场经济体制相适应的人才选拔、任用、合理流动和分配、激励制度,努力创造一个人尽其才、才尽其用的环境,最大限度地调动科研人员的积极性和创造性。

(三)巩固三大平台

1.技术创新平台

创新发展模式,特别是创新财政资金引导和人才引进、培育的机制和政策,建立完善的产业发展政策环境,通过多种形式对新材料产业发展建设中的共性技术研发进行直接干预,促进共性技术和关键技术实现跨越式突破,促进新材料产业又好又快地发展。采用政府牵头、企业界和学术界广泛参与的方式,积极开展共性技术的预测和共性技术开发计划的制定;采用贴息、补助、风险补偿、奖励及设立创业投资引导基金等多种方式支持战略性新材料产业融资。对基础性强、公共特征明显的共性技术加大财政投入力度,同时引导相关的研究院所、研究型大学以及企业成立合作组织对共性技术进行研发,加快共性技术的开发速度。积极推进"政企校研"合作研究,设立利益共享、风险共担的长效机制。充分发挥企业的作用,重点扶持技术创新能力强、辐射范围广的大企业、大项目,建立关键技术研发中心、服务中心和产品检测检验中心,促进新技术的广泛应用和成果共享。鼓励和支持公共服务平台、专业性科技服务机构开展委托研究等高端科技服务。鼓励建立多专业的综合技术服务联盟,提高综合解决技术问题的能力,促进企业之间、企业与高校和科研机构之间的知识流动和技术转移,增强科技创新服务能力。

2.基础设施平台

大力建设现代物联网,重点推进互联网、海陆空现代交通网的融合发展,优先安排水、电、通信以及"工业三废"集中处理等基础设施建设配套。做好新材料产业重点项目及其配套项目的招商引资和跟踪服务,加快产业链形成和产业升级。加快整合城市道路网和公路网,加快干线公路网建设,同时加强海陆空交通网的联系,完善珠海与周边城市的路网体系。通过城市休闲公园、高星级酒店等公共配套设施和区域绿化网建设,展现城市环境新面貌,努力构建设施配套、功能齐全、环境优美的新珠海。

3. 金融服务平台

建立完善政银企融资沟通机制，加强银企政沟通，积极争取银行的支持，与银行签署授信协议，组织企业与银行对接落实协议融资项目。在企业与银行机构之间逐步建立信息对称沟通机制，搭建银企沟通交流的平台，促进融资合作。积极运用银团贷款、融资租赁、项目融资等多种方式，支持新材料产业的重大项目建设。引导金融机构加大对重点领域企业的支持力度，集中资金支持重点产品出口项目，为珠海新材料产业的进一步发展提供相应的资金保障。

第九章　珠海市石化产业发展研究

　　本章所指石化产业不包括与石化相关的服务行业，与石化工业等同。石化工业，即石油化学工业的简称，是以石油和天然气为原料，生产石油产品和石油化工产品的加工工业，产业链很长，上至石油勘探、开采，下至终端石化产品消费，影响着国民经济体系的方方面面。石化工业产值占我国 GDP 的 20%，是我国重要支柱产业之一。石油产品分石油燃料、石油溶剂与化工原料、润滑剂、石蜡、石油沥青、石油焦等六类，为诸多产业的基础化工原料；细分产品有丙烷、汽油、柴油、塑料、合成纤维、合成橡胶等，与国民生产生活息息相关；一些有机化工原料的深加工，会产出更多品种的生活用品，以满足居民生活需求。石化工业的这种地位与作用，使其在我国经济发展中扮演重要角色，有很大的发展空间，但也由于其代表传统产业的一种类型，有着耗能高、排放高的特征，因而，其可持续发展也面临转型升级和绿色发展等诸多问题与挑战。珠海石化工业主要由原油加工及炼焦核燃料加工业、化学原料及化学制品制造业、橡胶和塑料制品业、化学纤维制造业、专用设备制造业等细分行业构成。本报告拟从绿色石化发展方向研究珠海市石化工业发展的现状、问题与思路及对策。

第一节　珠海市石化工业现状

一、世界经济危机后石化工业产值、增加值增长变化

　　自珠海经济特区成立以来，珠海市石化工业从无到有，从小到大，发展迅速，形成了比较完整的产业体系，成为珠海市重要支柱产业之一。借助中央和省政策的驱动，珠海市不断探索发展，规划石化工业基地，使石化工业产值进入全国第三的位置。然而随着 2008 年世界金融危机爆发，珠海市石化工业从 2010 年开始出现较大波动。特别是在 2014 年，规模以上石化工业总产值及销售产值、规模以上石化工业增加值两项指标均呈负增长，直到 2016 年才逐步恢复到接近危机前的水平。世界经济危机后珠海市石化工业的变化发展情况，可从规模以上石化工业总产值及销售产值和规模以上石化工业增加值看出（见图9 – 1）。

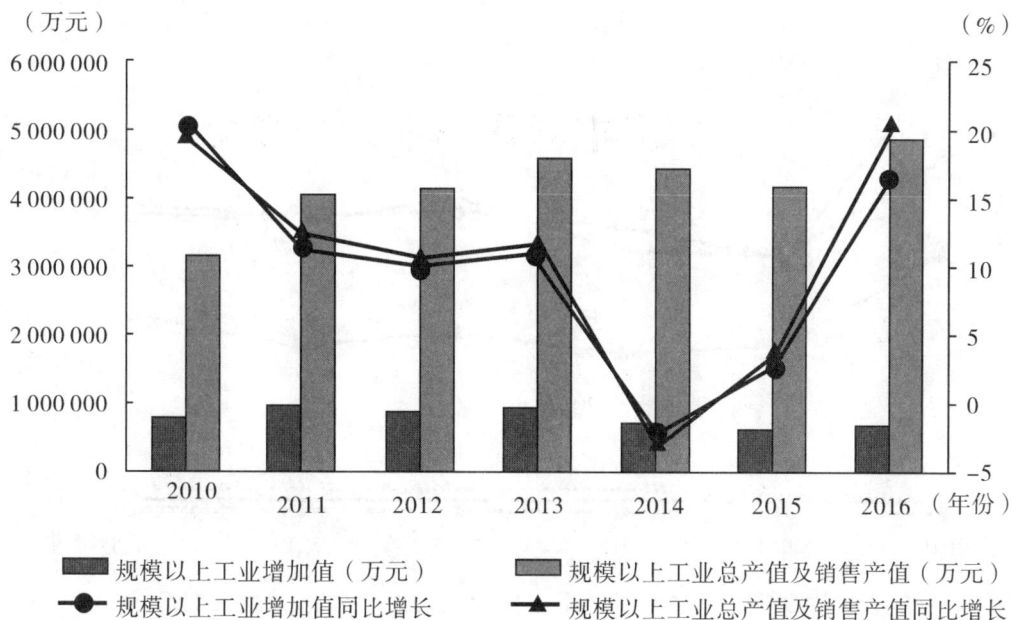

图9-1　2010—2016年珠海市石油化工产业规模变化
数据来源：珠海市统计信息网，http：//www. stats - zh. gov. cn/。

二、产业集中度与组织网络水平提升

（一）石化企业的规模化成长

　　地处珠江口西岸的珠海经济特区，区位优越，有良好的石化工业发展基础和潜力。随着国内外一些知名石化企业落户珠海，形成临港石化工业集群，带动了珠海本地石化企业的规模化成长。2010—2016年，沿高端石化工业发展路径，珠海市石化工业规模以上工业主要行业增加值，按行业细分，显现出不同程度的增长，而同期除2010—2011年外，珠海石化工业各细分行业的企业数变化比较平稳（见图9-2），一定程度上说明珠海石化工业企业走向规模化成长和技术层面竞争的特点。

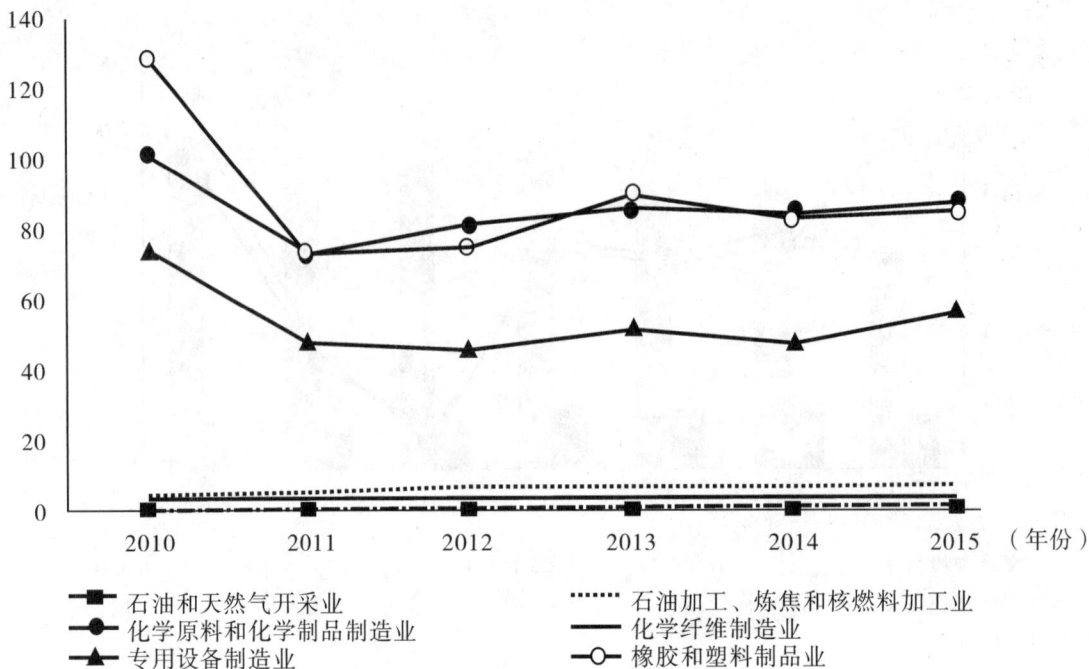

图9-2　珠海石油化工产业各细分产业企业数量

数据来源：珠海市统计信息网，http://www.stats-zh.gov.cn/。

（二）石化工业集群网络化发展

在国内石化产能过剩、资源环境约束严峻的背景下，一方面，珠海市遵循经济生态发展规律，科学规划，合理引导，促进石化工业集群形成。BP、宝塔石化、长兴化学、方正线路板、乐通化工等国内外行业龙头企业合作发展，培育和形成与化工和材料行业紧密关联的石油加工储运、精细化学品、新材料、新能源、原料药合成、印刷耗材等产业集群。石化工业的空间集群组织方式，提高了企业的专业化、网络化和价值链接水平，使资源得到集约利用，促进了降耗减排增效。经过近几年的资源整合与结构调整，珠海石化工业集中度和组织网络水平显著提升，绿色石化发展的理念也在实践中得到较好的贯通。

另一方面，通过外引内联，相继建成一些石化加工基地。例如，珠海市高栏石化基地，引进英国石油、壳牌、路博润、华润、中海油、中化集团、烟台万华等大型石化企业投资，目前发展成为广东省六大石化产业基地之一。2016年珠海市"三高一特"重点培育企业中，石化工业类企业基本位于高栏港。高栏港化工产业集群被评为"广东省集群升级示范区"，高栏港经济区被认定为"广东省循环经济工业园"。目前该产业集群正围绕PTA上下游、合成塑料树脂改性，润滑油及添加剂、重油催化裂化、天然气副产品加工利用等产业链延伸发展，以建成中国最大的PTA、聚酯、合成树脂、润滑油及添加剂生产基地为目标，继续推进建设PTA三期、壳牌润滑油及润滑脂、路博润润滑油添加剂、华润聚酯、中海油精细化工园和烟台万华聚氨酯等石化龙头产业项目，以及甲醇制烯烃（MTO）产业化项目前期工作，开拓烯烃产业链。此外，促成石化工业园区的省内强强联手，例如珠海、茂名共建珠海（茂名）产业转移工业园。在这一合作载体和平台上，依托茂名成熟的石化工业优势，推进石化产业双转移，重点开发石化中下游产业，切实提升石化工业园区发展水平，使之成为广东省石化产业链条最长、产业聚集度最高的产业转移工业园。

三、石化产业的升级与提质

珠海石化工业的升级和提质走在全国石化产业发展前列。2013 年，珠海通过一批"三高一特"产业项目，大力推动产业转型升级以及完善自主创新环境等支撑措施，打造以高端制造业、高新技术产业、高端服务业以及特色海洋经济和生态农业为核心的现代产业体系，争取到 2020 年实现石油化工、清洁能源等产业集群进一步壮大等目标。重点发展高端石油化工领域，以高栏港石化基地为主要载体，建设高端、绿色石化产业基地，加快发展 PTA—苯酐—聚酯产业链、润滑油产业链、高性能纤维、可生物降解聚合物材料和高分子化工材料产业，打造国家级清洁能源和石油化工基地以及国家综合运输体系重要枢纽，从而为珠海生态文明建设和循环经济发展奠定基础。

四、技术水平提高

石油化工技术的范畴已扩大到高分子化工和精细化工的大部分领域。珠海石化工业依托大石化项目，推动产业技术向高端水平发展。具体项目上，珠海碧辟三期项目装置在全球首次使用 BP 集团最先进的 PTA 技术，节约能耗 40%，同时降低 65% 的温室气体排放、减少 95% 的固体废物和 75% 的废水排放，所产生余热能满足 3 500 户家庭用电需求。珠海精润石化有限公司项目投产，在国内率先利用加氢技术，联合使用溶剂萃取精制、减压蒸馏等先进组合技术（ORT）加工处理废矿物油，比传统炼油工艺降低 30% 以上能耗。整体上，依托国家先进的石油化工技术，珠海石化行业不断改造生产技术，调整技术装备，产业技术水平有较大提高，大大增强了珠海石化产业的实力和发展后劲。

第二节　珠海市石化工业发展中的现存问题

由石化工业技术水平、投入和产出特征衍生出的安全环保因素制约着石化产业发挥其基础产业和支柱产业的作用，影响其突显"绿色、协调、创新"发展理念的重要性，而珠海的城市发展定位决定了珠海石化工业发展过程中更为重视生态保护和可持续发展。在国内石化工业普遍存在细分行业分化发展、产能结构性过剩、市场竞争压力大等问题的环境下，珠海石化工业发展表现出特性化的问题。

一、转型升级面临挑战

全球能源生产和消费正进入一个低碳化发展新时期。污染性强的传统石化产业已不适应时代发展需要。在环保压力增加和技术进步的推动下，世界石化产业融入新发展理念，向绿色低碳方向转型。石化产业的服务化、信息化、网络化发展特征日益明显。

珠海石化产业处在传统模式向低碳环保石化产业增长模式的转型过程中，发展面临诸多困难与问题：部分细分行业工业增加值增速下降甚至为负值（如橡胶和塑料制品业）；低油价加剧石化产能过剩，利润低；传统生产要素动力作用日益减弱；资源环境约束进一步强化；新兴技术型石化企业成长不足等。把握国内外石化产业新技术、新动能；以技术创新为推动力，优化结构，开拓新增长点；强化现代信息管理，做强产业链，走向高端化，是新时期珠海市石化产业转型升级的要求。

二、品质标准升级与生产成本提高

应对全球气候变化，国际组织大大强化了有关化学品注册、评估和许可等标准和规定。美欧等发达国家出台了一系列相关法规以引导石化企业转变开发与经营方式。我国贯彻落实能源可持续发展战略、生态文明建设和中国石化绿色发展行动计划，对石油化工产品的质量标准进一步升级。国内外石油化工产品质量标准的提高，对珠海石油化工产品的技术水平和生产成本提出了更高层次的要求。面临更大的石化市场竞争压力，迫切需要突破瓶颈，开展质量对标提升行动。

三、高端石化产品创新发展滞后

石油化工产品生产链长、覆盖面广，是一个复杂的裂化和合成过程。从原油炼制开始，到中间基本化工原料，再到多元化的有机化工原料及合成材料，最后到更深加工的精细化工品、专用化工品、化工消费产品，众多生产流程和工艺都建立在科技进步的基础上。珠海市石化工业要上一个新层次、新高度，关键驱动力在创新。然而从珠海石化工业的几大部类看，包括原油加工、炼焦和核燃料加工业、化学原料和化学制品制造业、橡胶和塑料制品业、化学纤维制造业、专用设备制造业等都不同程度地存在创新动力不足问题，尤其是高端产品。在国内成品油及主要石化产品的市场需求增速减缓，部分产品产能过剩的宏观背景下，高端石化产品是石化产业发展的突破口。然而，与国内及省内其他石化产业基地相比，珠海石化产品在行业内的名牌产品和优势特色产品并不多；石化产品供给存在结构性不足问题，化工新材料、高端专用化学品、化工技术服务等产品市场份额较小，高附加值产品创新发展的步伐明显滞后。

四、循环经济效应不突出

循环经济作为一种生态经济，是以"减量化、再利用、资源化"为原则，以能源资源利用效率最大化、污染物排放量最小化为主线，以低消耗、低排放、高效率为基本特征，形成融生态设施、清洁生产、资源综合利用、可持续性为一体的经济发展模式。珠海石化产业链条较为单一，偏向于精细化工环节，产业链条仍需进一步延伸和壮大；集约化水平不高，能源利用率、节能降耗仍停留在一个较低的层次上，既不环保也不利于降低生产成本，循环经济效果不突出。

五、高端人才不足

开发高端石化产品，需要创新，而创新的关键在各种专业技术人才的到位与参与。根据《珠海市紧缺人才开发目录（2017 年版）》，化工研发工程师、精细化工分析人员、化工产品质检人员等专业技术人才均是珠海未来石化工业发展所需的紧缺人才。目前广东省大专院校、科研机构和重点企业技术中心的石化技术力量和研发力量较弱，石化工业上游前沿和顶端的技术主要为大油田服务公司和大型石油公司（贝克休斯、斯伦贝谢、壳牌等跨国企业）所拥有，下游的核心技术基本掌握在国际著名工程公司手中。受限于国内石化产业整体技术水平及人才培养体系的短板，珠海石化产业有实力的相关高端人才缺乏，石化中下游项目技术人才储备不足，制约着珠海市石化产业的转型升级。

六、民营石化企业势单力薄

近些年来，珠海引进了 BP、壳牌等国际知名企业，增强了石化产业竞争与合作发展的机遇与潜力，但要大力发展临港石化工业，实现产业体系的升级，还需要有一批实力强、产业关联性大的骨干民营石化企业参与。2014 年，入榜《珠海百强企业名录》的石化企业仅 7 家，即珠海碧辟化工有限公司、中石油燃料油有限责任公司、珠海醋酸纤维有限公司、壳牌（珠海）润滑油有限公司、卡德莱化工（珠海）有限公司、珠海联成化学工业有限公司、长兴化学材料（珠海）有限公司，但这些基本上都属外资企业或者国内大型石化公司。珠海市民营石化企业依然势单力薄。

总体上看，珠海石油化工产业的发展存在着很多共性和个性问题，如产业链延伸性不强，高附加值环节缺失，产能扩张过快，石化产品供给结构失衡，石化产业整体竞争力薄弱，市场竞争程度较低，安全环保形势严峻等。此外，珠海石化工业的基础设施完善程度、人力资源、知识资源、资本资源配套水平，会计、审计、法律、行业协会等生产性服务业的发展均存在诸多亟待改进的问题。

第三节　新条件下珠海石化工业绿色发展的框架与路径

随着国内外石化工业的发展，珠海石化工业进入了一个新的发展时期。国内外石化工业新技术的进步、市场供需的变化、资源生态环境的约束，为珠海石化工业的转型升级带来了重要挑战，也带来了新的发展机遇。全球日益严格的环境要求和生产标准，高科技应用的加快，传统产业产能过剩的压力，新兴产业面临的技术创新瓶颈等，是珠海石化工业发展过程中必须面对的问题。珠海石化工业的未来是绿色发展、循环发展，即可持续发展的石化工业道路。

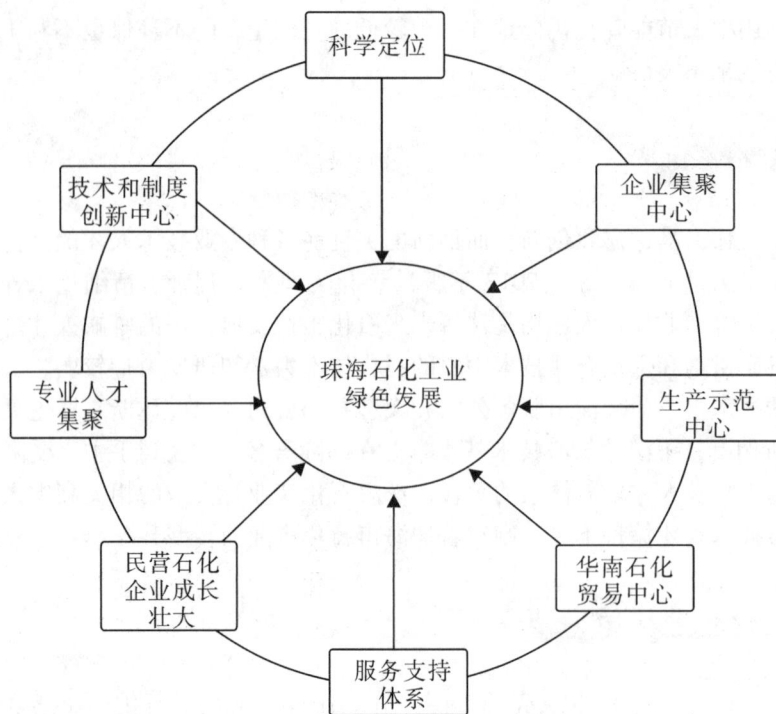

图9-3　新条件下珠海市石化工业绿色发展体系构架

一、绿色发展定位

在全球石化工业发展趋势的引领和产业内外条件的约束下，珠海石化工业发展应按照科学发展观的理念与要求，适应世界石化工业发展趋势，把握实质与特点，走绿色石化工业发展道路。总体战略上，以绿色发展为引领，充分发挥珠海特区和毗邻港澳的区位优势，利用港口沿线资源，以"基地化、规模化、一体化、园区化"为方向，结合石化园区和交通区位、产业布局和环境保护、产业规划和产业基础、产业发展和资源禀赋，实施"宜居珠海"与石化产业共同发展战略。优化石化产业内部结构，立足珠海已有的石化中下游产业基础，以创新为动力，创造性地向石化新兴领域延伸。同时，根据客户需求升级中下游精细化工产业，即在已有的 PTA 上下游，合成树脂、氨纶、润滑油及添加剂等为主的化工产业链条基础上，重点发展高科技、高附加值的精细化工产业链，具体而言，发展甲醇制烯烃、丙烷脱氢制丙烯等非传统石化裂解制烯烃项目，延伸配套环氧乙烷/乙二醇等生产装置。坚持循环经济、集约发展理念，提高资源利用效率，改革资源消耗大、环境污染严重、生态破坏力强的传统石化产业，以高附加值的石化产品链为导向开展招商引资活动，吸引国内外大型石化企业先进项目投资，与广东省其他石化基地形成互补、差异化和协同发展的格局，把珠海石化工业区打造成为特色鲜明、资源集约、布局有序、高效环保的国家级绿色石化产业基地。

二、组建石化技术创新中心和联盟

珠海石化工业绿色发展目标的实现，需要由绿色技术创新来驱动。通过技术创新来促进石化工业技术开发，减少环境污染物排放，降低资源消耗和浪费，提高生产效率，切实提升绿色石化工业发展的生命力和竞争力。为此，要在现有石化技术创新的基础上，结合新动能，通过外引内联，发挥各方优势，创新合作形式，构建石化工业技术创新联盟，重组珠海石化技术创新中心。以创新中心为动点，构筑有绿色技术特色的珠海石化技术创新体系，支撑整个石化工业的技术进步。

三、增强石化专业人才吸引力

产业与人才是相互作用关系，前景良好的产业能够吸引高端人才，人才又是产业发展的关键。全球石化产业人才竞争形势严峻，珠海石化工业绿色发展目标的实现和石化基地的建设需要综合考虑人才规模、人才结构、人才素质、人才边际贡献等因素，完善对既有人才的激励机制，又要增强对外部人才的吸引力，吸引更多高素质专业人才到珠海发展，为珠海石化工业的绿色发展和跃上新层次提供智力支持。人才的吸引力和凝聚力，人才作用的有效发挥，不仅仅是人才引进问题，还要有人才生态体系的建设，所以解决珠海石化工业绿色发展人才不足的问题，在加强引进高端适用人才的同时，要注重人才生态体系的建设。

四、升级清洁生产示范中心

珠海石化工业绿色发展有一个过程，这个过程会有曲折，但必须始终坚持一点，即以"节能、降耗、减排、高效"为引领，整治高消耗、高污染的产品和生产线，系统构建石化工业绿色发展体系。其中的一个重点是在既有的生产体系上，升级清洁生产示范中心，建设清洁生产制度，优化调整原材料投入，创新改造生产技术工艺。清洁生产示范中心的定位是在符合珠海市整体发展规划的前提下，着力开发绿色技术含量高、产品附加值高、资本密度高、污染低、消耗低（"三高二低"）的石化产品和生产线，为全行业的绿色技术改进提供示范。通过升级清洁生产示范中心，由点到面，带动和促进珠海石化工业深化清洁生产，提高资源循环利用率，持续提升清洁生产水平和能力，加速传统石化工业向生态环境友好型石化工业转变。

五、建设华南石化贸易中心

石化加工业与石化产品贸易相互关联，相互促进。珠海石化工业绿色发展的基地建设需要石化产品贸易的推动。近些年来，随着石化技术进步，石化工业的分工正从产业内分工向产品内分工转化，石化产品的内在功能在分化的同时出现了大量中间产品和生产性服务的需求，与之相适应的是石化工业内贸易的发展。珠三角地区石化企业多为生产型，而珠海在油、气、液体化工品的集散方面具有了一定的基础，可进一步开发包括节能环保、石化贸易城及商务咨询、一站式石化电商交易平台及石化信息技术服务、石化第三方物流、石化仓储以及石化技能人才培养和石化金融保险等在内的生产性服务业，加强建设综合性、信息化的服务广东乃至华南地区的石化贸易中心，支持珠海石化工业基地的绿色发展。

六、增进石化企业集聚功能

珠海石化工业集群不仅仅是若干石化企业的汇集，实质上是石化工业供应链的集成。通过供应链关联，稳定资源和原材料供给，落实绿色发展措施，促使石化企业知识共享和分工协作，有利于核心竞争力的整合，做大做强石化产业链。珠海石化产业集群包括 BP、壳牌、华润聚酯、中海油等多家大型知名石化企业和众多中小石化企业，在集聚中形成石化产业供应链，而供应链进一步交叉发展形成石化工业网络结构。石化工业集聚网络同时是石化人才、技术、信息、资金和企业组织等优势要素的聚集，向珠海石化企业输入绿色发展理念和发展方式，在石化工业体系中形成局部的绿色发展环境，以点带面，发挥集聚效应，培育绿色石化新增长极，推动整个石化工业的绿色发展。

七、促进民营石化企业健康成长

当前我国石化工业产品供给与石化市场需求的不匹配，为民营石化工业经济创造了发展空间。"十三五规划"中指出，要积极发展混合所有制，鼓励有实力的民企特别是下游产业的民营企业，按照行业准入要求参与石化工业重组改造和基地建设。近年来，民营石化企业在整体规模、营业收入等方面体现出良好的成长性和发展潜力。2017 年，浙江石化、恒力石化等几大民营石化企业切入石化行业炼化环节，激活了石化行业竞争力。民营石化企业也是珠海石化工业中的重要组成部分，在未来珠海石化工业绿色发展中将扮演更加重要的角色，要加大力度促进民营石化企业与国有石化企业的融合，利用国有石化企业坚实的发展基础和优势带动民营石化企业成长。让民营石化企业参与到石化产业绿色发展进程中，需要有一个明确的民营企业发展原则、目标和政策措施，从体制机制上多方面优化民营石化企业健康成长的环境。

八、构建石化工业绿色发展的服务支持体系

新时期，"一带一路"倡议实施，横琴自贸片区、珠三角自创区高水平建设，港珠澳大桥建设等内部环境的变化再次为珠海"三高一特"现代产业体系建设提供机遇，珠海市石化工业的整体区位优势更加突出。在物流基础设施上，珠海港作为国家定位的 25 个沿海主要港口之一和全国综合运输体系的重要枢纽，截至 2012 年 7 月底，共有泊位 131 个，其中生产性泊位 126 个，万吨级以上泊位 17 个；港口吞吐能力 7 001 万吨，集装箱吞吐能

力 139 万标箱。其与同位于粤港澳大湾区的广州港、深圳港、香港港等大港错位发展，重点布局油气化工品、煤炭、矿石、天然气等大宗散货和集装箱运输。陆路方面，珠海已形成了四通八达的交通网络，即将通车的港珠澳大桥进一步提升了珠海交通便捷性，使其成为交通枢纽城市；水路方面，珠海为港口城市，水路运输是其核心战略资源；空运方面，珠海机场及周边的香港、澳门、广州、深圳等四大国际或国内机场，助力其联通国内外。因此，海陆空联运的交通运输网络一体化，为珠海石化产业高端化发展提供重要的物流基础和便捷的相关服务支持体系。2015 年，珠海港集装箱吞吐量同比增长 11%，珠海机场旅客吞吐量达 470 万人次，同比增长 15.6%，金融机构贷款同比增长 21%，物流、人流、资金流等持续稳定增长，为珠海石化工业实现循环经济效应和绿色发展提供了良好的支持体系。

第四节　加速珠海民营石化工业的发展

珠海石化工业绿色发展面临的环境复杂多样，亟须思考如何在促进因素和制约因素、发展潜力和阻碍压力并存的条件下，走出石化工业经济效益与环境改善双赢之路。"一带一路"倡议的深入践行，为珠海石化企业创新发展绿色石化产品，参与绿色石化工业国际合作提供了新的发展机遇与空间。在"十三五"期间，我国将在化工新材料、精细和专用化工品等新兴领域培养具有国际竞争优势的民营石化企业，助推石化产业转型升级。政府部门要积极营造适合民营石化企业发展的行业环境，民营石化企业也要通过自身努力，抓住这一战略机遇，通过规划、项目实施、招商、创新、环境保护等解决传统的规模小、技术创新能力弱、安全环保水平低等问题，突破瓶颈，承接"一带一路"倡议的溢出效应。根据工信部《石化和化学工业发展规划（2016—2020 年）》《广东省国民经济和社会发展第十三个五年规划纲要》，立足于珠海国际化创新型城市、生态文明新特区的发展定位，让更多的民营企业参与珠海市石化工业绿色发展道路势在必行，因此，需进一步明确珠海民营石化工业发展原则、目标、任务与政策措施。

一、发展原则

（1）合理定位，科学规划。根据民营石化企业资金、技术、人才实力，发挥民营石化企业机制灵活和专业比较优势，适应石化工业技术发展趋势和市场竞争特点，合理定位，长期规划，量力而行，突出重点，分步实施，不盲目追求"规模大"，而应追求"精"，循序渐进地推进珠海民营石化工业绿色发展。

（2）创新绿色发展模式。绿色发展是新时代下兼顾经济效益和环境质量的发展路径，而以能源消耗减量化、资源安全、循环再利用为特点的循环经济是绿色发展模式之一。在民营石化工业发展和生产过程中，应对资源可持续供给和环境保护压力，创新绿色发展模式，秉持绿色生产理念，开发绿色技术，实现可持续发展。

（3）探索技术含量高、附加值高、市场潜力大、经济效益好的开发方向。及时调整石化产业引导政策，在发展石化项目的过程中，有选择地偏向高技术、高附加值的细分产业。

（4）精准投资，挖掘源头，开源节流。根据珠海石化产业发展的总体战略，引导民营资本和外资融合发展，合理规划民营石化企业的发展领域和产品规模。

二、发展目标

1. 总体目标

"十三五"时期（2016—2020年）珠海石化工业绿色发展与珠海生态城市发展定位相契合，发展循环经济，推行清洁生产，提高资源能源利用效率和工业安全水平；多方面创造机会，促进民营石化工业较快发展，突出民营石化企业灵活性、创新性特点；完善石化工业环境保护和安全生产监管体系，为民营石化企业发展提供保障。

2. 产业目标

（1）以石化工业绿色发展为先导，实施创新驱动战略。在化工新材料、高端专用化学品、精细化工、节能环保等重点领域寻求发展机遇，积极搭建创新平台和互联网合作平台。加快化工新材料等新产品的应用技术开发，培育绿色石化新产品市场。以绿色技术创新改造现有乙烯装置，优化原料结构，升级产品质量标准，增强绿色竞争力。

（2）创建石化工业与互联网融合发展新模式。以石化工业互联网、电子商务和智慧物流应用为重点，构建面向石化生产全过程、全业务链的智能协同体系。充分发挥民营石化企业活力，鼓励其探索石化领域生产性服务业，促进石化工业转型升级。

（3）组建一批有影响力的绿色石化工业联盟。加大民营石化工业结构调整力度，提升珠海民营石化企业工艺技术装备和经营管理水平，探索形成具有国内外特色和强大创新能力、上下游产品关联紧密、资源能源循环利用、生态安全、可持续发展的民营石化工业基地。

（4）石化工业园区的绿色管理升级。科学布局石化园区，对园区新引入的石化项目，提高门槛，要求高起点、高水平、高环保标准，并建立负面清单制度；以优质民营石化企业为着手点，增强石化工业园区绿色循环发展动力；完善石化工业园区绿色管理规章制度，突出绿色评价标准体系。

（5）扩大国际合作。以"一带一路"倡议为契机，发展内外合作，重点推进珠海石化工业优势产能与沿线国家和地区进行绿色石化产品生产，以多种方式"走出去"，开拓新兴市场。

3. 企业发展目标

（1）建设珠海民营石化行业品牌。打造一批知名度、美誉度较高的国家级名牌绿色石化产品、驰名商标和省级名牌产品与著名商标，甚至是国际知名品牌。

（2）推广石化工业新技术、新工艺。石化企业应用新技术、新工艺比例在80%以上，60%的石化企业达到石化先进制造业水平，全行业精细化率达70%。引导企业结合技术、资源利用效率等绿色标准，科学决策，理性发展。鼓励骨干民营石化企业通过投资、并购、重组、合作等方式获得化工新材料、高端专用化学品、精细化工生产技术。

（3）运用清洁生产技术发展绿色石化产品。将高性能树脂、特种橡胶及弹性体等绿色石化产品广泛应用于汽车、新能源、节能环保等领域。

（4）促进传统民营石化企业转型升级。围绕石化产品深加工、精细化工和高端石化产品，开发民营石化企业的优势领域，引导企业向服务型和智能型产业升级。

（5）有序推进石化工业重大项目建设。加快芳烃项目建设，弥补供应短板。保持和延伸珠海在 PTA、合成树脂、润滑油等领域的优势，进一步加快大型项目的引进。

三、发展任务

（一）总体任务

鼓励民营石化工业发展壮大，培育高质量、有特色的民营石化企业，以民营企业的特有优势和专业特长，优化改善石化工业布局和产能结构，全面推进循环经济，增强石化产业整体创新能力，促进珠海石化工业绿色可持续发展。

（二）重点任务

（1）推进石化工业产能供给侧结构性改革。根据市场需求，淘汰落后的过剩产能，引导民营石化工业投向绿色、先进、高端石化产品生产。

（2）优化石化产业和石化生产性服务业布局。在珠海高栏港经济区打造国家级的化工及新材料基地，通过向石化产业链高附加值端发展，形成循环、绿色石化产业链。融合石化上游产业、化工新材料和有机原料、石化下游产业以及石化仓储业等生产性服务领域。

（3）以绿色发展为引领，改造和提升传统石化工业，走高产出、高效率、低排放、低污染的绿色发展之路，实现经济效益与环境效应双赢。

（4）完善基础设施建设，营造石化工业发展的良好区域环境。通过推进基础设施建设，增强石化工业集聚吸引力，为民营石化企业节约资源和成本。

（5）健全科技创新体系。针对民营石化企业技术水平、开发能力以及石化产业发展技术需求，加强石化产业链企业协同发展，激励民营石化企业参与到集群化的创新体系竞争中，改变个体化的创新竞争模式，打造协同创新网络。

（6）加强国际产能合作。鼓励外资参与国内企业兼并重组，支持我国大型石化企业开展跨国经营，提前做好风险应对预案。

（7）在与国有石化企业的融合生长中发展壮大。得益于良好的产业网络、独特的区位优势，珠海高端石化工业不断发展壮大，以高栏港为代表的珠海西区正成为石化下游产品深加工、基本有机原料生产和新材料开发基地，政府要在体制机制和政策上促进民营石化企业与国有企业在高端石化工业上融合生长，优势互补，协同发展。

四、加速珠海民营石化工业发展的政策措施

石化工业绿色发展之路宏观上需要绿色制度报账，微观上需要依托绿色技术、绿色生

产。在珠海民营石化工业发展原则、发展目标、发展任务的指引下，借鉴国外绿色发展经验，具体而言可从以下几方面做起：

（一）制度建设

加速珠海民营石化工业发展，建设与当前石化技术水平、生产相适宜的绿色制度环境，运用绿色政策工具，推动构建绿色石化标准体系，完善激励机制，强化企业的自主作用，例如通过税收抵扣优惠政策等鼓励民营石化企业使用符合环保标准的设备，创新绿色石化技术等。

（二）创新激励

对参与化工新材料开发、绿色化工技术"首批次"应用、共建技术创新联盟的民营企业，尤其是参与化工关键共性技术研发的民营企业给予奖励或补偿，以促使其构建一套适合自身发展的创新生态系统。通过创新激励机制引导民营石化企业与其他所有制企业、产学研机构共同建立技术创新联盟，开拓交流渠道，搭建平台，形成合力突破重点领域关键共性技术装备，同时促进科研成果转化为先进生产力。在开采加工到流通销售过程中各环节，推行绿色化工新技术改造或改进，使珠海石化工业绿色发展之路更加坚实。

（三）人才激励

石化工业是技术密集型产业，要促进石化工业技术创新、绿色发展，需要有一支高素质的创新人才队伍，让人才在创新过程中发挥关键作用。珠海民营石化工业要上层次，就要培育创新型人才，用好创新型人才。企业层面，需要树立新型人才观，完善人力资源管理制度，通过薪酬激励、知识资本转化等方式，为民营石化企业发展提供强力后劲；政府层面，要完善人才激励机制，加大对民营石化工业人才引进支持力度，例如为紧缺的石化工业技能人才提供专项资金资助，为民营石化企业获取人才资源创造更为有利的条件等。

（四）产业政策配套

深植"创新、协调、绿色、开放、共享"发展理念，在既有政策基础上，完善石化工业政策；健全安全、环保、产品标准体系，加大安全、环保、质量、节能等监管力度，引导产品绿色发展、生产过程循环发展、行业健康发展；加大石化工业开放力度，推动民企、国企等多种所有制企业融合，相互促进，共同发展；继续甚至扩大现有产业专项资金对绿色石化工业的生产工艺、环保技术的创新支持，鼓励和支持民营石化企业质量升级、技术进步；加大政策调节作用，引导民企实现生产、检测、流通、销售全过程的"降耗、节能、减排、高效"，使其成为石化工业绿色发展中的重要生力军。

参考文献

[1] 赵细康，吴大磊，曾云敏．工业适度重型化背景下的低碳路径选择：基于广东工业的实证分析．产经评论，2014（5）．

[2] 李宇静，陈庆俊，赵云峰．我国石化工业优化发展趋势．石油科技论坛，2017（2）．

[3] 孟宪玲，安福，廖健等．我国石化工业绿色发展工程科技对策与建议．石油石化节能与减排，2016（1）．

[4] 袁晴棠，戴宝华．我国石化工业转型升级创新发展战略研究．当代石油石化，2016（5）．

[5] 戴厚良．把握发展新趋势实现我国石油化工产业的转型发展．当代石油石化，2015（8）．

[6] 朱彤．从供给侧结构性改革看石化工业的问题与改革建议．中国能源，2016（9）．

[7] 谢艳丽．我国石化工业绿色发展的节能研究．石油石化节能与减排，2016（3）．

[8] 李怡然．德国化工行业研究报告，http：//www. jianshu. com/p/b7bac69d1448.

[9] 李新华．"十三五"石化和化学工业发展方向．化工管理，2017（4）．

[10] 张艳燕，郁红．绿色发展：石化业拿什么回应？．化工管理，2016（13）．

[11] 杨宜勇，吴香雪，杨泽坤．绿色发展的国际先进经验及其对中国的启示．新疆师范大学学报（哲学社会科学版），2017（2）．

[12] 2016：全球石化产业概览与展望，http：//www. oilsns. com/article/42460.

[13] 2016年中国石油和化工行业经济运行报告，http：//chem. vogel. com. cn/html/2017/02/17/news_493384. html.

[14] 2016年珠海市国民经济和社会发展统计公报，http：//www. stats－zh. gov. cn/tj-zl/tjgb/201703/t20170328_359811. htm.

[15] 珠江三角洲城市群年鉴2016，http：//www. guangzhou. gov. cn/node_450/node_724/2016zsjnj/html/0317. htm.

[16] 珠海市2010—2016年石油化学工业统计资料，http：//www. stats－zh. gov. cn/.

第十章　珠海市民营企业技术创新研究

十九大以来，我国加快实施创新驱动发展战略，努力构建创新型国家，企业的技术创新能力显得尤为重要。作为珠海市国民经济体中最具活力和生命力的一个，珠海市民营企业成为支撑和推动珠海市经济增长的重要力量。因此，对创新驱动战略下珠海市民营企业技术创新能力进行研究是十分必要的。本章将从多个角度分析珠海市民营企业技术创新的发展现状，通过评估，发现其中存在的问题并提出对策。

第一节　珠海市民营企业技术创新发展现状

在市委市政府的大力推动和引导下，珠海市围绕城市主体功能区规划、产业布局规划以及创新资源集聚特点，构建了"一核、一环、一区"的区域功能布局，在产业发展方面形成"三高一特"的现代产业新体系，在领头企业方面形成了一大批包括金山、惠威、魅族等在内的优秀民营企业，在远期，工业与服务业共同形成"一核四组团"的空间结构布局。城市工业园区的同类聚集发展正是社群经济的产物。

近年来，珠海市将建设珠江口西岸核心城市的定位目标摆在重要位置，通过制定相关政策，为企业自主创新提供了政策法制环境，大幅提升了全市自主技术创新综合实力。"十三五"时期，珠海正加速向着绿色与创新发展迈进。

一、科技投入强度持续增强，自主创新能力显著提升

珠海市全社会 R&D 投入经费及财政科技投入增长速度较快，科技创新综合实力在全省名列前茅。根据广东省社科院 2016 年发布的《中国城市创新指数》中的排名来看，珠海市综合创新指数排名为全国第八、全省第三（仅次于深圳、广州）。相比于 2010 年，2015 年珠海市全社会 R&D 投入与地区 GDP 的比值从 1.76% 提升至 2.64%，每百万人年发明专利申请量（2 711 件）增长了近 4 倍，而每万人发明专利拥有量（22.5 件）增长2.5 倍左右。以上提及的三个核心创新指标排名均仅次于深圳，居全省前列。截至 2015 年底，珠海市拥有 132 家民营企业参与的国家级和省级工程中心、企业技术中心（占全市92.9%），14 家省级民营企业创新产业化示范基地，79 家市级民营企业创新产业化示范基地，303 家民营高新技术企业（占全市 76.3%），115 家民营科技企业，27 家上市民营企业（占全市 81.8%）。

表 10 - 1　2011—2015 年珠海市财政科技投入情况

年份	财政科技投入（万元）	占财政支出的比重（%）	科技研究与开发专项资金（万元）	占财政支出的比重（%）	科技进步奖（项）		
					国家级	省级	市级
2011	73 453	3.86	48 031	2.52	2	8	37
2012	88 312	4.16	58 588	2.76	0	6	40
2013	121 303	4.81	64 126	2.54	1	11	36
2014	125 185	4.54	74 406	2.70	3	13	44
2015	286 324	7.36	206 982	5.32	1	9	

数据来源：2011—2016 年《珠海统计年鉴》。

同时，珠海市政府近年对各项科技投入力度逐渐加大，2015 年的财政科技投入资金更是超过了 2014 年的两倍，达到了 28.63 亿元，占总财政支出比重的 7.36%（如表 10 - 1），其中科技研究与开发专项资金占比 72.29%；2015 年全社会 R&D 投入 53.42 亿元，比 2014 年增长了 12.9%，占 GDP 比重达到了 2.64%；专利申请、授权数量也是逐年增加，其中 2015 年和 2016 年数量增长迅速，2016 年申请总量达到了 18 059 件，是 2011 年的 3.2 倍，其中发明专利占比为 42.32%，比 2011 年增长了 15.79%。虽然专利授予占申请量的比重有所下降，但 2016 年专利授予的总量达到了 9 287 件，其中发明专利占比 19.34%，比 2011 年增加了 10.59%。

二、高新技术产业迅速发展，产业规模不断壮大

珠海市积极构建"三高一特"现代产业新体系，大力发展高新技术产业，其中软件、集成电路设计、印刷线路板、生物医药、装备制造、打印耗材、智能电网等高新技术产业得到迅速发展，极大提升了区域的经济实力。2016 年，珠海市规模以上工业企业中高新技术企业占比为 35.1%，规模以上工业总产值中高新技术产品产值占比达 54.7%（均居全省前三），规模以上企业研发机构覆盖率为 16.7%（居全省第一）。工业生产的科技含量逐步提高，对工业发展的支撑作用不断增强，高新技术产业发展特色鲜明，部分细分行业形成较强竞争实力。

三、高新技术产业竞争力不断增强，优势骨干企业持续涌现

截至 2016 年底，珠海市现有国家高新技术企业 346 家（全省第五），经认定高新技术企业 787 家，比 2008 年（95 家）增长了 7 倍多，形成了以魅族、丽珠、金山等企业为支撑，中小型创新企业梯度发展的形式。民营经济增加值及 GDP 占比增长迅速（如图 10 - 1），2016 年民营经济增加值比 2011 几乎翻了一番。从横向来看，珠海市高新技术企业所占比重在珠三角地区九市中排名仅次于广州和深圳，远高于全省其他地级市。从纵向来看，珠海市高新技术产业发展迅速，竞争力日趋增强，涌现出了一系列占地

少、用工少，有研发、有品牌、高技术、高效益的"两少两有两高"优势骨干企业。其中，珠海赛纳科技利用其核心技术自主研发出了"奔图"激光打印机，填补了国内激光打印机的空白；汉胜公司因其配套电缆而中标的项目几乎涵盖了整个中国版图，国内市场占有率位居第一；联邦制药建成的胰岛素原料和制剂生产基地是目前全球最大的；远光财务软件研发出了完全以 C/S 方式实现的财务管理软件，书写了我国该领域的历史；健帆生物在美国和中国拥有发明专利20 余项，获"国家科技进步二等奖"，在世界范围内第一个研发出血液净化领域的高科技产品——DNA 免疫吸附柱；金山软件作为民营企业，已逐渐成长为国内最知名的软件企业之一。

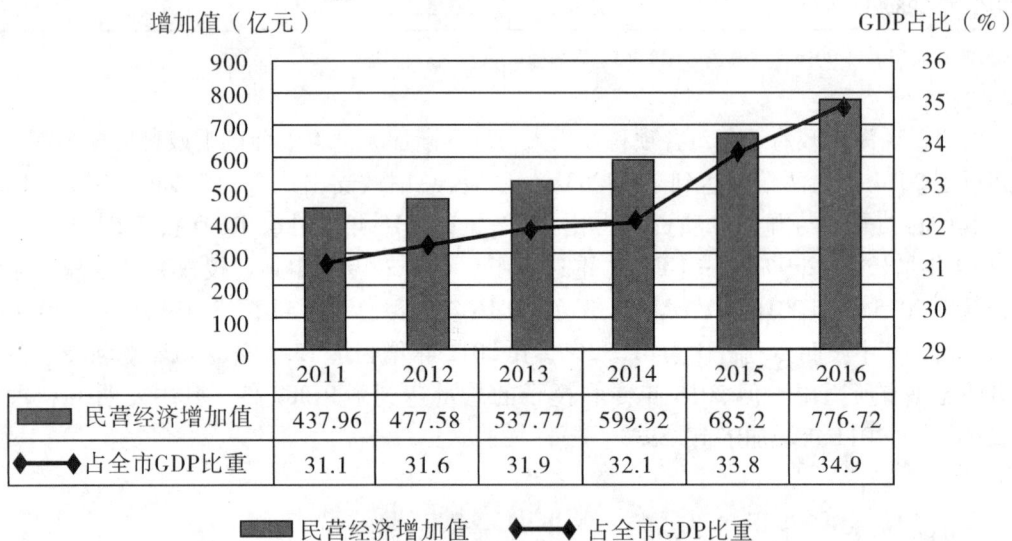

	2011	2012	2013	2014	2015	2016
民营经济增加值	437.96	477.58	537.77	599.92	685.2	776.72
占全市GDP比重	31.1	31.6	31.9	32.1	33.8	34.9

■ 民营经济增加值　　◆ 占全市GDP比重

图 10 - 1　2011—2016 年珠海市民营经济增加值及 GDP 占比情况

数据来源：珠海市科技和工业信息化局2011—2015 年《珠海市民营经济发展情况汇报》、2011—2016 年《珠海统计年鉴》、《珠海特区报》。

四、创新载体不断升级，高新技术产业集群化发展趋势明显

近年来，珠海市以国家高新技术产业开发区和国家级产业基地为主导，以各类工业园和科技产业园为辅助，形成了具有鲜明特色、互相协作、集群发展的创新载体，并逐渐形成了包括软件、集成电路、印刷线路板、生物医药、打印耗材、装备智能制造、新一代通信等产业在内的高新技术产业集群。其中，高新区秉承以发展高新技术产业为核心的策略，进一步提升其在全市高新技术产业发展中的地位。从横向来看，珠海市是国家软件产业基地，软件产业规模在全省排名第三；集成电路设计收入仅次于深圳，居全省第二；珠海市已成为广东省重要的生物医药产业基地，该产业每年的增速保持在30% 左右。近年来，战略性新兴产业的不断崛起，尤其是涉及智能制造的产业的大力发展，促进了珠海市高新技术产业的发展，有助于珠海抓住未来经济增长的战略高地，全面提升产业在国际市场的竞争力。

五、产学研合作深入，高新技术产业化进程不断推进

为了使企业国际产学研合作工作能够顺利开展，从而使企业的主体作用得到最大程度的发挥，珠海市引进了许多国家重点实验室，并制定了各种相关政策。珠海市在生物医药和电子信息工程方面的关键技术都取得了较大的突破，一大批高新技术成果逐渐形成。2016 年，一共构建了 16 家新型高新研发机构，其中代表机构有深圳清华大学研究院珠海创新中心、华南理工大学珠海现代产业创新研究院、珠海诺贝尔国际生物医药研究院等。珠海市也在不断地完善孵化育成的体系，截至调查日期一共拥有 35 家公共技术平台和 35 个博士后科研站点，建成了 7 个国家级和省级孵化器，新增的孵化器面积为 66 万平方米，使得珠海全市的孵化器总面积扩大，达到了 88 万平方米；累计毕业的创新型企业有 270 家，还有未毕业的在孵企业 545 家；新建的 6 个创业苗圃（众创空间），吸引的入驻创业企业多达 154 个。此外，和很多高校科研机构建立了深厚的联系，不断加强产学研合作，与广东省科学院、清华大学、中山大学、中科院深圳先进技术研究院、华南理工大学等高校和机构签订了一系列的合作协议，多达 14 个示范基地和创新联盟凭借优势产业和各龙头企业成功建立。①

六、创新平台建设步伐加快，科技创新配套基础设施不断完善

珠海市着力打造和完善"公共平台 + 服务机构 + 孵化器"三位一体的科技服务体系，在 2012 年 9 月，珠海市科技创新促进会（简称"科促会"）正式成立，它是以"服务社会、服务企业"为宗旨的创新性、学习型社会团体。在珠海市科工贸信局、珠海高新区管委会等相关部门指导下，调动和整合了社会资源，发挥了桥梁纽带作用。例如创立了"珠海市中小企业创新服务平台"网站（http://www.zhkjcx.org/），拥有 70 家以上的会员企业，组织了多项企业培训和活动，微博发文 1 103 条，拥有 7 万粉丝，影响力较大。2016 年以来，珠海市努力为企业营造优质的创新创业环境，制定、出台了多项有关扶持科技企业孵化器发展，促进园区积极发挥平台效应，协助企业优化产业结构，实施专利、知识产权的质押融资，推动科技金融蓬勃发展等方面的政策。②

---

① 参见《珠海市实施创新驱动发展战略"十三五"规划》。
② 参见中国工信部、国务院侨办办公室网站。

第二节　珠海市民营企业技术创新能力评估与存在的问题

本节利用多种数理统计方法，在前人基础上构建珠海市民营企业技术创新能力评估指标体系，并根据评估结果指出其发展过程中存在的问题，成为提出对策的基础。

一、技术创新能力评估指标体系

企业技术创新既有广泛性又有复杂性，因此对企业技术创新能力进行评价时，不仅要考虑该企业的现实情况，还要考虑产品竞争过程中的潜在利益和开放式创新水平。而目前国内关于企业技术创新能力的评价方式基本相同，都是构建指标体系及相应的测度方法，且不同背景不同环境的指标体系略有不同，但宗旨相近。傅利平、王中亚（2010）等运用模糊层次分析法提出的企业技术创新能力主要包括研究开发能力、创新投入能力、创新实现能力和创新管理能力四个方面；王杏芬（2010）创新地将企业 R&D 活动与技术创新能力结合起来，以微观企业 R&D 为主、科研院所和高校为辅的区域创新评价指标体系；崔总合、杨梅（2012）在总结前人研究的基础上，力图在测度方法的直接、客观和指标体系的简洁中找到平衡点，利用企业 R&D 活动构建企业技术创新能力评价体系；任远等（2013）从技术创新投入、活动和产出分析框架以及技术创新链条出发，提出企业创新能力构建指标，例如创新资源投入能力、创新基础、创新产出能力等；徐立平等（2015）通过总结前人观点和实证分析，提出了企业技术创新能力指标体系是由创新研发能力、创新投入能力、创新产出能力、创新营销能力等六个维度构成[①]；李玥等（2017）基于知识整合视角，将熵值法和 TOPSIS 法综合在一起构建了企业技术创新能力评价模型。

综合来讲，可以将技术创新能力分解为企业 R&D 能力、R&D 投入能力、财务能力、组织管理能力、生产制造能力、营销能力、开放创新载体建设和使用、技术创新产出能力等方面。因此笔者基于崔总合、杨梅（2012）建立的企业技术创新能力评估的指标体系，同时结合社群经济对企业技术创新能力的影响，构建评价珠海市民营企业技术创新能力的指标体系（如表 10－2）。为了确保模型评价结果的正确性、科学性与实用性，在建立该评价指标体系时，要结合理论实际，遵循科学性、可比性、动态性、系统性的基本原则，抓住企业的创新投入能力和创新产出能力这两个最关键的因素，以及组织与管理方面的因素。而 R&D 指标可以直观地反映企业创新能力的水平，并根据数据易获得性进行了改进。

---

① 徐立平，姜向荣，尹翊．企业创新能力评价指标体系研究．科研管理，2015（36）．

表 10-2　珠海市民营企业技术创新能力评估体系

一级指标	二级指标	三级指标
企业技术创新能力	R&D 投入维度	R&D 投入资本：R&D 投入总经费支出情况
		R&D 投入人力：R&D 投入活动人员数量
	R&D 产出维度	专利成果：专利的申请与授权数量、发明专利等情况
		社会效益指标：产值、行业认证、奖励等
	创新组织与管理维度	组织：是否拥有新型研发机构、工程技术研究中心等
		政府支持：资质（类型）、奖励（国家自然科学、技术发明、科技进步奖）、补贴、税收减免等
	开放创新维度	开放创新平台建设：数量、质量、投入、产出等
		开放创新能力：产学研情况、企业间合作情况

数据来源：珠海市科技和工业信息化局 2011—2015 年《珠海市民营经济发展情况汇报》、2011—2016 年《珠海统计年鉴》、《珠海特区报》。

二、珠海市民营企业技术创新能力评估

笔者将根据表 10-2 提到的各项维度对珠海市民营企业技术创新能力进行评估。其中，对于部分维度，笔者将首先对资料进行汇总展示，然后进行分析，最后总结概括。

（一）R&D 投入维度

1. R&D 投入资本

（1）纵向比较。

通过对珠海规模以上工业企业 2013 年至 2015 年的 R&D 支出进行比较分析，可以看出目前珠海市民营企业 R&D 支出情况整体呈上涨趋势（如表 10-3、10-4、10-5）。从资金来源来看，绝大部分属于内部支出，来源是企业，且企业资金逐年增加，相反政府资金在逐年减少，同时也可以注意到境外资金从 2014 年开始增加对中小型企业的投资；从 R&D 活动类型来看，试验发展支出占了相当大的比重，且逐年在增长，同时应用研究的支出也得到了重视，尤其是大型企业，增大了对应用研究的资金投入，而中小型企业对这部分的投资存在波动；从 R&D 经费外部支出来看，对境内研究机构的支出逐年减少，对境内高等学校支出逐年增加，2015 年开始增加了对境内企业的支出；从企业规模上来看，大型企业 R&D 支出仍占主导地位，但是中型企业所占份额逐年增加，有赶超大型企业的趋势，小型企业稳步增加，但仍占很少一部分。[①]

---

① 2014—2016 年《珠海统计年鉴》。

表 10 - 3 2013 年珠海市规模以上工业企业 R&D 支出情况表

（单位：万元）

R&D 资本支出			按企业规模			合计
			大型企业	中型企业	小型企业	
R&D经费内部支出	按资金来源分	政府资金	5 599.3	3 970.4	1 480.4	11 050.1
		企业资金	159 995.9	129 940.4	43 086.1	333 022.4
		境外资金	0	0	0	0
		其他资金	0	1 137.8	457.3	1 595.1
	按活动类型分	基础研究支出				
		应用研究支出	0	1 084.2	274.2	1 358.4
		试验发展支出	165 595.2	133 964.4	44 749.6	344 309.2
	合计		165 595.2	135 048.6	45 023.8	345 667.6
R&D经费外部支出	对境内研究机构支出		4 828.1	1 181.7	15.8	6 025.6
	对境内高等学校支出		33.3	266	192.4	491.7
	对境外支出		218.2	0	0.8	219
	对境内企业支出					
	合计		5 079.6	1 447.7	209	6 736.3
总计			170 674.8	136 496.3	45 232.8	352 403.9

数据来源：珠海市科技和工业信息化局2011—2015年《珠海市民营经济发展情况汇报》、2011—2016年《珠海统计年鉴》、《珠海特区报》。

表 10 - 4 2014 年珠海市规模以上工业企业 R&D 支出情况表

（单位：万元）

R&D 资本支出			按企业规模			合计
			大型企业	中型企业	小型企业	
R&D经费内部支出	按资金来源分	政府资金	3 513.2	2 593.3	1 149.5	7 256.0
		企业资金	217 684.6	106 162.4	53 721.6	377 568.6
		境外资金	0	319.4	196.8	516.2
		其他资金	0	53.7	1 073.4	1 127.1
	按活动类型分	基础研究支出	0	372.8	0	372.8
		应用研究支出	2 758	2 650.5	2 708.9	8 117.4
		试验发展支出	218 439.8	106 105.5	53 432.4	377 977.7
	合计		221 197.8	109 128.8	56 141.3	386 467.9

（续上表）

R&D 资本支出		按企业规模			合计
		大型企业	中型企业	小型企业	
R&D 经费外部支出	对境内研究机构支出	2 718	632.1	488.8	3 838.9
	对境内高等学校支出	112	268.6	58	438.6
	对境外支出	115.1	15.2	0.4	130.7
	对境内企业支出				
	合计	2 945.1	915.9	547.2	4 408.2
总计		224 142.9	110 044.7	56 688.5	390 876.1

数据来源：珠海市科技和工业信息化局 2011—2015 年《珠海市民营经济发展情况汇报》、2011—2016 年《珠海统计年鉴》、《珠海特区报》。

表 10 - 5　2015 年珠海市规模以上工业企业 R&D 支出情况表

（单位：万元）

R&D 资本支出			按企业规模			合计
			大型企业	中型企业	小型企业	
R&D 经费内部支出	按资金来源分	政府资金	3 426	4 026	890	8 342
		企业资金	226 462	146 540	50 940	423 942
		境外资金	0	520	0	520
		其他资金	0	450	758	1 208
	按活动类型分	基础研究支出	0	0	0	0
		应用研究支出	4 950	725	184	5 859
		试验发展支出	224 938	150 811	52 404	428 153
	合计		229 888	151 536	52 588	434 012
R&D 经费外部支出	对境内研究机构支出		334	235	361	930
	对境内高等学校支出		243	543	89	875
	对境外支出		56	89	149	294
	对境内企业支出		1 373	3 797	444	5 614
	合计		2 006	4 664	1 043	7 713
总计			231 894	156 200	53 631	441 725

数据来源：珠海市科技和工业信息化局 2011—2015 年《珠海市民营经济发展情况汇报》、2011—2016 年《珠海统计年鉴》、《珠海特区报》。

（2）横向比较。

根据 2015 年的数据显示，全省 R&D 投入分配不均，在 21 个市中，仅深圳市和广州市的 R&D 投入就占全省的一半以上，其中还有一半以上的市 R&D 投入占全省的比重不足

1%。2015 年珠海市 R&D 投入资金为 53.42 亿元，占全省 R&D 投入的 2.97%，位于全省第七，虽然珠海市 R&D 投入总额不占优势，但是它的 R&D 投入与 GDP 的比值高于全省平均水平，处于全省第二，仅次于深圳。①

综上，珠海市民营企业 R&D 投入力度稳中有升，R&D 投入总额在全省中处于中上游的位置，R&D 和 GDP 位于全省前列，可见其对技术创新的重视。

2. R&D 投入人力

（1）纵向比较。

通过对 2013—2015 年珠海市规模以上工业企业 R&D 人员情况的比较分析，可以看出珠海市 R&D 投入人力整体呈上升趋势（如表 10-6）。其中参与项目人员占绝大部分且呈现波动和上升的趋势。虽然 2015 年较 2014 年人数略有下降，但是其中很大一部分是由于管理和服务人员数量的下降，可知管理效率有所提高。另外，参与 R&D 的人员中，绝大部分属于试验发展人员，这也和 R&D 投入资本大部分属于试验发展支出相一致。同时，应用研究人员在 2015 年有巨大提升，从 2013 年的 83.7 人/年上升到 280.6 人/年，且 2015 年 R&D 人员折合全时当量合计保持在每年 200 人以上，也体现了对应用人员的重视。

表 10-6　2013—2015 年珠海市规模以上工业企业 R&D 人员情况

R&D 投入人力		2013 年	2014 年	2015 年
R&D 人员（人）	参加项目人员	14 153（89.5%）	16 569（90.1%）	15 332（94.5%）
	管理和服务人员	1 661（10.5%）	1 839（9.9%）	897（5.5%）
	合计	15 814	18 408	16 229
R&D 人员折合全时当量合计（人·年）	基础研究人员		7.2（0.1%）	
	应用研究人员	83.7（0.66%）	280.6（2.0%）	232（1.9%）
	试验发展人员	12 689（99.34%）	13 456.3（97.9%）	11 917（98.1%）
	合计	12 772.7	13 744.1	12 149

数据来源：2014—2016 年《珠海统计年鉴》。

（2）横向比较。

根据 2015 年数据显示，虽然珠海市 R&D 人员总量较少，仅为 1.21 万，低于全省平均水平 50.17 万，但是每万人中 R&D 人员数却大大超出了全省平均水平，2015 年珠海市每万人中 R&D 人员数为 74.35，是全省的 1.6 倍。②

综上所述，珠海市对 R&D 投入人力强度较大，每万人中的 R&D 人员数大大超出了全省平均水平，发展势头较猛。

---

① 参见《全省 R&D 经费支出按地区分（2015）》；广东科技统计官网，http：//www.sts.gd.cn/show.asp? ArticleID=1010。

② 参见《全省 R&D 人员（2000—2015）》，广东科技统计官网，http：//www.sts.gd.cn/show.asp? ArticleID=1008。

（二）R&D 产出维度

1. 专利成果

（1）纵向比较。

单位：项

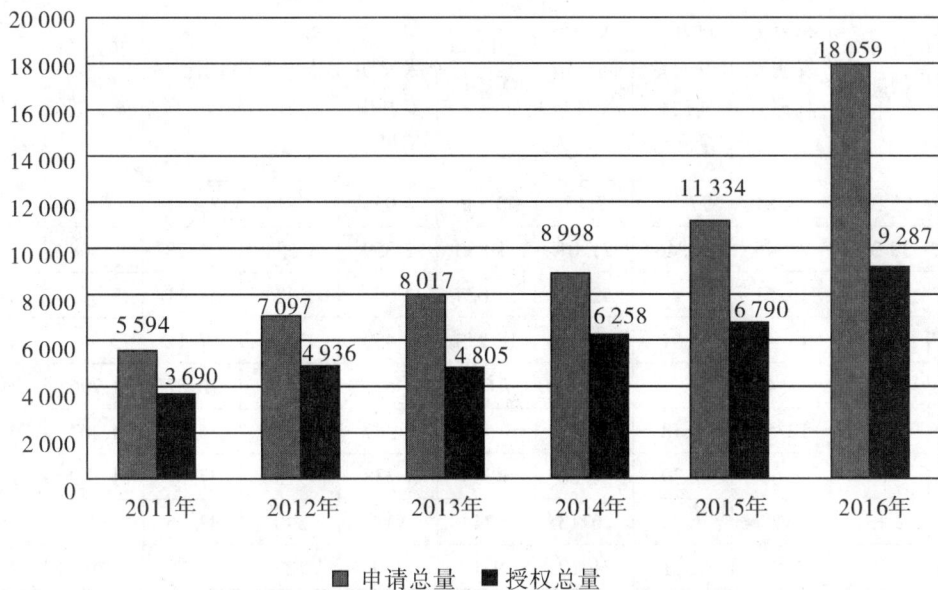

图 10 - 2　2011—2016 年珠海市专利申请与授权情况
数据来源：2016 年《珠海统计年鉴》、广东省《专利统计简报》2017 年第 1 期（总第 128 期）。

珠海市 2011—2016 年的专利申请与授权数量逐年上涨，其中 2015 年、2016 年增长迅速，尤其是 2016 年达到了 18 059 件，是 2011 的 3 倍以上，反映了珠海市对知识产权的保护意识在不断地加强以及创新能力的提升（如图 10 - 2）。其中，发明专利所占授权专利总量的比重在 2011—2014 年较平稳，2015 年达到 18.26%，比 2011 年增长了 9.51%，呈现井喷式增长，2016 年又增长到了 19.34%，这说明珠海市对发明专利的重视程度和研发效率有所提升。

（2）横向比较。

为分析珠海市专利成果在全省的排名情况，先要对 2016 年珠三角地区发明专利申请、授予以及有效发明专利情况进行对比分析（如表 10 - 7）。从总量上来看，珠海市 2016 年申请、授予以及有效发明专利总量在珠三角地区排名第五，与深圳、广州等地还存在较大的差距，但 2015 年到 2016 年珠海市的发明专利申请量和每百万人发明专利申请量与深圳的差距进一步缩小，尤其 2016 年每百万人发明专利申请量从 2015 年的 976 件缩减为 274 件，同时，珠海市每百万人发明专利申请、授权量以及发明专利拥有量与广州市的差距进一步拉开。珠海市每百万人发明专利申请量和每万人发明专利授权量均在珠三角城市中排名第二位，仅次于深圳；每百万人发明专利申请量增速在珠三角地区排名第二位，可见珠海市 R&D 产出在专利因素上结果较好。

表 10 - 7　2016 年珠三角地区发明专利情况

地级市	有效发明专利拥有量（件）				发明专利申请量（件）				发明专利授权量（件）	
	2016 年总量	2016 年每万人发明专利拥有量	2015 年每万人发明专利拥有量	人均值同比增长（%）	2016 年总量	2016 年每百万人发明专利申请量	2015 年每百万人发明专利申请量	人均值同比增长（%）	2016 年总量	2016 年每万人发明专利授权量
深圳市	95 369	83. 81	77. 84	7. 67	56 336	4 951	3 714	33. 31	17 666	15. 53
广州市	30 306	22. 45	18. 46	21. 01	31 850	2 359	1 534	53. 78	7 668	5. 68
东莞市	11 154	13. 51	9. 46	42. 81	17 024	2 062	1 338	54. 11	3 682	4. 46
佛山市	10 014	13. 48	9. 61	40. 27	18 273	2 459	1 565	57. 12	3 348	4. 51
珠海市	5 470	33. 47	22. 72	47. 32	7 642	4 677	2 738	70. 82	1 796	10. 99
中山市	4 035	12. 57	9. 18	36. 93	7 597	2 367	1 524	55. 31	1 207	3. 76
惠州市	3 645	7. 66	5. 29	44. 80	6 363	1 338	973	37. 51	1 242	2. 61
江门市	2 137	4. 73	3. 75	26. 13	3 244	718	540	32. 96	544	1. 20
肇庆市	792	1. 95	1. 61	21. 12	931	229	122	87. 70	210	0. 52

数据来源：广东省《专利统计简报》2017 年第 1 期（总第 128 期）。

综上所述，珠海市专利数量逐年上涨，近两年上涨迅速，且申请量和授权量居于全省前列，仅次于深圳，发展潜力巨大。

2. 社会效益指标

2017 年初，在广州召开的广东省创新发展大会上，共评选出 1 项特等奖、28 项一等奖、66 项二等奖以及 142 项三等奖，珠海有 14 个科技创新项目登榜。

其中珠海市 5 个项目获二等奖，分别为：珠海出入境检验检疫局的"食品安全高风险因子现场快速检测体系的构建及其标准化"项目、珠海银隆新能源有限公司参与的"大容量锂离子电池储能电站关键技术研发与应用"项目、珠海金湾发电有限公司参与的"火电厂超低排放系统优化技术研究及工程实践"项目、珠海格力电器股份有限公司参与的"家电产品绿色制造技术集成开发与示范应用"项目和珠海联邦制药股份有限公司参与的"基因工程糖尿病治疗药物重组人胰岛素系列产品的研发及产业化"项目，其中有三家是民营企业。另外，珠海天威飞马打印耗材有限公司的"打印耗材再制造核心技术研发及产业化"项目和广东溢多利生物科技股份有限公司参与的"脂肪酶制剂的创制、绿色生产与应用"等 9 个项目荣获三等奖,其中大多数也是民营企业。①

综上所述,珠海市科学技术获奖情况较好,二等奖数量占全省的 7.6%,其中民营企业起着核心作用,技术创新发展速度不容小觑。

(三) 创新组织与管理维度

1. 组织

2015 年以来,珠海市先后出台印发《关于推进珠海市新型研发机构发展的实施意见》(珠府办函〔2015〕45 号)、《珠海市新型研发机构和科技创新公共平台资金管理暂行办法》(珠科工信〔2015〕397 号),并将新型研发机构作为《珠海市创新驱动发展三年行动计划》的重要考核指标,大力推进新型研发机构建设。截至 2016 年底,珠海市已拥有各类型新型研发机构 25 家,除万山区外,实现了新型研发机构在全市各区的全覆盖。

此外,珠海市还拥有一大批省级工程技术研究中心,在全国位于前列。②

2. 政府支持

为加快贯彻落实广东省创新驱动发展战略,充分发挥高新技术企业在科技创新中的主导作用和引领效应,2015 年广东省科技厅、财政厅联合设立了省高新技术企业培育库。申报进入高新技术企业培育库,不仅能使企业迈入高新技术企业的快车道,还能够获得政府部门的奖补。企业一旦成功获取进入高新技术企业培育库资格,在入库和出库的当年,均可获得奖补。数据显示,自广东省设立高新技术企业培育库以来,珠海市累计入库企业 669 家,经过培育,在 2015 年、2016 年两年有 458 家企业成为高新技术企业(出库)。③

另外,珠海市政府为鼓励自主创新,调动广大科研人员的积极性和创造性,对珠海市参与科学技术进步活动并做出突出贡献的公民个人和组织进行嘉奖,从而加速珠海市科技进步和经济发展。2007 年,制定了《珠海市科学技术奖励办法》,设立若干科学技术奖:珠海市科技突出贡献奖、珠海市科学技术进步奖、珠海市自主创新促进奖和珠海市归国科技人员创业奖。④

(四) 开放创新维度

1. 开放创新平台建设

根据广东省经济和信息化委下发的《关于认定 2017 年广东省中小企业公共服务示范平台的通告》,6 个广东省中小企业公共服务示范平台中包括珠海市横琴国际知识产权交易中心中小企业创业创新服务平台,珠海市新认定平台数量在全省排名第二。目前,珠海市共拥有 14 家省级中小企业公共服务示范平台。截至 2016 年 10 月,珠海拥有 27 个孵化

---

① 参见《珠江晚报》;珠海市政府信息公开目录系统,http://zwgk.zhuhai.gov.cn/ZH02/201702/t20170227_16198017.html。

② 参见广东省级工程技术开发中心按地区分布(2015)》;广东科技统计官网,http://www.sts.gd.cn/show.asp?ArticleID=983。

③ 参见《珠海特区报》。

④ 参见珠海市政府公开目录系统,http://zwgk.zhuhai.gov.cn/ZH02/201611/t20161118_15106305.html。

器、16个众创空间、27个新型研发机构；在孵企业（887家）比2011年（256家）增加了2倍多，累计毕业企业307家。

综上所述，近年来珠海市开放创新平台的数量成爆发式增长，尤其是孵化型企业，成功孵化了几百家初创公司，回报率也较高。

但是，目前珠海市创办的平台多属于促进企业间沟通、加强对企业培训等性质的，几乎没有针对产品用户而建的开放创新平台，因此它们所发挥的作用是很有限的，在"大众创新"方面尤其如此。

2. 开放创新能力

从产学研情况来看，目前，珠海市华南理工大学珠海现代产业创新研究院、和佳医疗器械创新研究院、中航通飞研究院、珠海天威打印耗材及增材制造技术研究院4家研究机构获得批准，被认定为广东省新型研发机构。至此，珠海市共有12家研究机构被认定为省级新型研发机构，数量位于全省第五位。①

从企业间合作来说，珠海市政府创建的多个中小企业服务平台大大促进了企业间的交流，包括线上互动和线下活动。但是对于某些行业尤其是高新技术企业来说，往往存在着专利过度保护的情况，阻碍了横向企业间的合作。

通过以上分析，结合民营企业技术创新能力评估模型，本章对珠海市民营企业技术创新能力进行了评估：①从R&D投入维度来看，R&D投入资本力度稳中有升，投入总额在全省中处于中上游的位置；R&D/GDP比重位于全省前列；R&D投入人力强度较大，人员数所占地区总人数比重大大超出全省平均值。②从R&D产出维度来看，专利数量逐年上涨，近两年上涨迅速，且居于全省前列，仅次于深圳；科学技术获奖数量较多，尤其是二等奖数量占全省的7.6%，其中民营企业起着核心作用。③从创新组织与管理维度来看，基本实现了新型研发机构在全市各区的全覆盖；拥有一大批国家技术开发中心，数量位于全省前列；政府支持力度加大，有600家以上企业进入省高新技术企业培育库，获得相应奖补；珠海市政府制定《珠海市科学技术奖励办法》，设立四项科学技术奖。④从开放创新维度来看，近年来珠海市开放创新平台和孵化器的数量成爆发式增长，产出率较高，但是几乎没有针对用户的创新平台；加快产学研合作；平台建设促进了企业交流，但部分行业存在专利过度保护情况，影响了合作。

三、珠海市民营企业技术创新存在的问题

从宏观上来说，珠海高新技术产业发展取得了显著成就，培育了一些新产业，扶植了一些优秀的典型企业，民营企业也在逐步崛起，但在社群经济下的智能制造时代，仍面临一些亟待解决的问题。

---

① 参见珠海市政府信息公开目录系统，http://zwgk.zhuhai.gov.cn/ZH02/201611/t20161118_15106401.html。

（一）R&D 投入强度不足，自主创新能力稍弱

虽然珠海 R&D 投入和 R&D 投入与 GDP 的比重（2015 年为 2.64%，2014 年为 2.53%）在逐年提升，但与省内其他地区及国际先进水平比还有很大差距，尤其是 R&D 投入总量。从横向上看，在珠江三角洲的九个城市中，深圳的 R&D 投入总量和占 GDP 比重排在全省首位，广州、东莞和佛山总 R&D 投入相对较大。虽然珠海占 GDP 比重排名全省第二，但 R&D 投入总量仅高于肇庆和江门（如图 10－3）。珠海市的 R&D 投入不足，导致珠海高新技术产业发展实力相对较弱，需要依靠国外提供的关键技术和核心产品；具有自主知识产权的产品比重相对较低，大多数高新技术企业仍为加工制造业，处在国际产业链的末端。因此珠海高新技术产业的规模、增长与技术、质量和效率不同步，需要加强自主创新能力，尤其在珠海民营经济体不断壮大的格局下，应增大对民营经济的财政投入，鼓励自主与合作创新，提高区域企业的国际竞争力。

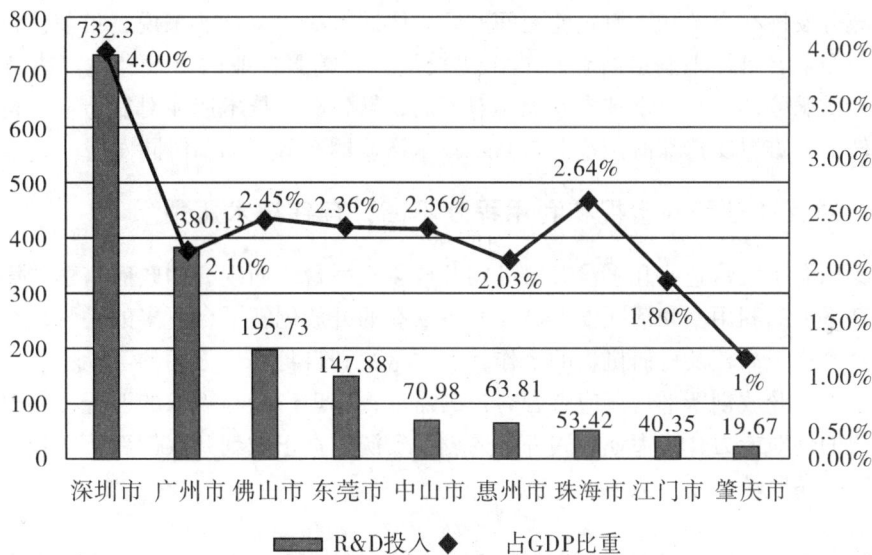

图 10－3　2015 年珠三角九市 R&D 投入及占 GDP 比重

数据来源：《全省 R&D 经费支出按地区分（2015）》，广东科技统计官网。

（二）高端人才稀缺，人才供需结构失衡

随着产业转型升级力度不断加大，珠海市人才需求结构发生了较大的变化，人才类型及储备量与产业转型升级的目标不相适应，传统产业对人才的需求越来越饱和，但高新技术人才却严重短缺。尽管目前珠海从事科技工作的人员比例较大，但引进、培育、留住人才配套设施不齐全，以致人才流失严重，高端人才和国际化人才储备不足，这也是珠海缺乏竞争力的原因之一。因此，高层次创新型人才的引进和培养，应与产业升级的目标相适应，同时，吸引人才的配套设施要跟上，这样才能留住人才，带动产业加快发展。

（三）产业规模偏小，增速偏低，科技创新资源聚集效应不强

珠海市的工业整体规模相对较小，因而造成了高新技术产业较小的整体规模，增速缓慢，很难满足珠海参与国际高端竞争的需要。珠海市高新技术产品产值总量和增速在珠三角九市中排名不占优势，均比较靠后。2015 年，珠海市的高新技术产品产值（2 200 亿元）明显低于深圳（17 296 亿元）、佛山（9 184 亿元）、广州（8 378 亿元）等城市，仅高于肇庆（1 315 亿元）和江门（1 228 亿元）。目前珠海市高新技术产业中民营企业占据比较大的比重，虽然高新技术企业的数量在逐年增长，但产业规模依旧偏小，增速较慢，导致创新主体规模小，对创新资源的聚集效应不足。因此，为进一步促进区域产业转型升级和经济增长，珠海需着力提高产业规模和增长速度。

（四）产业链较为松散，对产业结构升级的带动作用较弱

目前，珠海产业链是松散的，同类型企业或相关企业之间还没有建立密切的合作关系，没有充分发挥在上游和下游企业之间的区域协同效应。从行业来说，目前民营企业中多半为中小企业，且加工制造行业仍然占比较重，高端服务业的研发和生产占比相对较低，且配套的服务体系和科学技术发展相对落后，导致高新技术产业对制造业结构升级的带动作用较弱，难以支持珠海制造业与高新技术产业的有效互动和协同发展。

（五）对互动社群的重视和利用程度不高，存在技术瓶颈

目前，珠海市民营企业几乎没有自己的开放创新平台，而现有的政府搭建的第三方线上开放创新平台的利用率和活跃度不高，并且现有的开放创新平台更多的是强调企业和企业之间以及企业与高校及科研机构的合作，不太重视和自身客户之间的互动创新。在社群经济的背景下，开放创新平台还应整合客户的需求，实现产品与需求的匹配，同时还应能够吸纳客户的创新能力，极大地利用外部的创新资源，真正做到开放创新，实现企业的可持续创新，提高区域的创新能力。

第三节　珠海市民营企业技术创新能力提升对策

针对珠海市民营企业技术创新的发展现状、能力评估以及存在的问题，我们进一步提出珠海市民营企业技术创新能力提升对策。

一、增加 R&D 投入，提高企业自主创新能力

自主创新已经成为国家和地区发展的动力，提高自主创新能力、提升产业竞争力是加快珠海科技创新型城市建设的关键，是珠海发展的必然战略选择。因此，珠海市政府应继续加大 R&D 投入力度，鼓励和引导企业增加研发投入，提高自主创新能力。具体措施如下：

第一，完善风险投资机制。进一步鼓励企业和个人以股份制等形式组建风险投资公

司，引导社会资本发展风险投资，吸引国内外风投基金和投资机构投资高新技术产业。同时鼓励高新技术企业发债融资，积极协助满足股市条件的企业上市，推动有条件的高新技术企业"走出去"。充分发挥省、市、县风险投资引导资金的作用，引导更多社会资本进入高技术产业风投领域，支持风投企业的发展。

第二，完善融资担保机制。引导各商业银行提高信贷额度，建立银行、政府和企业的对接与合作平台，加大对产业技术创新的支持力度。探索无形资产质押等无形资产的试点项目，如知识产权和非专利技术。鼓励社会资本力量建立中小企业信用担保机构，积极发展各种形式的担保机构，以社会闲置资金来支持中小企业技术创新活动。积极推进科技保险试点工作，进一步完善高新技术产业贷款风险分散机制。

第三，加大财政科技投入。确保财政和技术支出的增长率不低于财政收入的增长速度。要注重和保证原始创新基础研究的 R&D 投入，大力支持企业，尤其是中小企业开展技术的引进、消化吸收和再创新活动。科技经费投入主要用于高新技术产业的高新技术开发改造项目和传统产业的升级改造。各类科技计划重点关注公共技术服务平台、龙头企业和高新技术企业，同时倾向于支持中小型高新技术企业发展。

二、重视高新技术人才引进，提高企业内部创新能力

要牢牢把握人才，充分发挥人才在技术创新中的作用。不断完善人才引进、培养、使用机制，完善激励机制，充分调动科技人员的积极性，为其创新工作创造良好的环境，达到吸引人才，聚集人才，为企业的创新和发展打下坚实基础的目的。

具体措施如：改善高技术产业从业人员待遇，实现多劳多得；鼓励知识、技术、能力等生产要素参与利润分配，聚集和稳定人才；制定吸引人才的政策，加快对人才高级专家、学科带头人的引进，进一步吸引国内外高新技术的带头人来珠海市发展；可以以国际化的培养模式，采取多种方式合作，培养高素质、高水平的管理人才和专业技术人才；鼓励和动员全社会的力量，建立多种职业培训体系来适应多种需求层次。

三、提升高新技术产业规模，增强技术创新的聚集效应和衍生效应

目前珠海市高新技术产业中民营企业占较大的比重，虽然高新技术企业的数量在逐年增长，但产业规模依旧偏小，增速较慢，导致创新主体规模小，对创新资源的聚集效应不足。因此，应进一步加强对高新技术产业发展的保障和扶持。具体如下：

第一，实施税收优惠政策。地方各级政府和有关部门要加强合作，落实各项税收优惠政策，支持技术创新，并不断完善和出台法律法规来促进和规范珠海的高新技术产业的健康发展，优化高新技术产业发展的政策保障，为民营中小企业开展科技创新活动铺平道路。

第二，发挥政府采购对民营企业开展技术创新的激励作用。应加大对珠海自主创新产品政府采购的支持力度，引导和鼓励政府部门单位购买创新产品，为高新技术产业的发展提供空间。

第三，实施知识产权战略。应支持企业大力申请自主发明专利，努力创造知名品牌。建立健全知识产权制度，全面实施知识产权的公平与收益分配政策。提高企业知识产权保护意识，加强对无形资产的管理，完善对专利发明人的激励策略。引导大中型企业拥有核心技术专利，并将其作为盈利的基础，同时鼓励申请专利的企业之间与大学或研究机构展开合作。

四、建立有效开放创新平台，充分利用互动社群创新能力

有效的开放式创新平台可以整合产业链，增强产业链上、中、下游企业之间的合作创新。同时，开放式创新平台可以整合公众的创造力，包括大学、科研机构和社区个人的创新能力，形成创新知识，指导企业的创新活动。

开放式创新平台作用主要有：集成创新平台形成创新网络；吸收各种资源和要素的创新，整合资源，得到优化的创新资源和要素；开放创新成果转化平台将开放创新知识聚合，从而形成有效开放创新成果，并最终形成产业化的产品（如图10-4）。

珠海市民营企业的规模存在差异，企业希望与用户进行交互作用或希望吸收公众的创新能力，但部分企业资金雄厚、规模大，还有部分企业的资金和客户规模小。对于前者，因其规模及需求，可以构建自有开放创新平台，而后者则需要为其构建第三方开放创新平台，其中第三方包括政府和中介机构。在社群经济的背景下，政府要大力促成自有开放创新平台的建设和第三方开放创新平台的建设，加强企业与企业、企业与用户之间的联系，充分利用互动社群创新能力，提升区域的创新能力。

参考文献

[1] 陈云，谭淳方，俞立. 科技型中小企业技术创新能力评价指标体系研究. 科技进步与对策，2012（29）.

[2] 傅利平，王中亚. 基于模糊层次分析法的企业技术创新能力评价. 科技管理研究，2010（30）.

[3] 王杏芬. R&D、技术创新与区域创新能力评估体系. 科研管理，2010（31）.

[4] 崔总合，杨梅. 企业技术创新能力评价指标体系构建研究. 科技进步与对策，2012（29）.

[5] 任远，吕永波，刘建生，等. 企业技术创新能力区域评价与分布特征研究. 中国科技论坛，2013（5）.

[6] 徐立平，姜向荣，尹翔. 企业创新能力评价指标体系研究. 科研管理，2015（36）.

[7] 李玥，张雨婷，郭航，等. 知识整合视角下企业技术创新能力评价. 科技进步与对策，2017（34）.

[8] 尹文清，唐晓刚. 民营科技型企业创新驱动再发展问题研究——以双丰电子公司科技创新转型实践为例. 东岳论丛，2014（35）.

[9] 熊鸿儒. 中国创新体系的开放进程与转型挑战. 学习与探索, 2017 (1).

[10] 董洁林, 李晶. 企业技术创新模式的形成及演化——基于华为、思科和朗讯模式的跨案例研究. 科学学与科学技术管理, 2013 (34).

[11] 郭兴华, 李正风. 从开放式创新看科技中介机构角色演变及政策选择. 科学管理研究, 2014 (32).

[12] 简兆权, 陈键宏, 余芳. 公共科技创新平台发展问题与对策研究——以佛山为例. 科技管理研究, 2011 (31).

[13] 胡一波. 科技创新平台体系建设与成果转化机制研究. 科学管理研究, 2015 (33).

[14] 邬备民, 李政. 产业技术创新战略联盟运行机制及策略研究. 中国高校科技与产业化, 2010 (7).

[15] 王丹, 鲁刚. 多元化企业科技创新人才培养与激励机制探析. 中国人力资源开发, 2015 (22).

[16] 蒋殿春, 黄锦涛. 风险投资对企业创新效率影响机制研究, 中国高校社会科学, 2015 (6).

[17] 倪自银. 开放式创新: 政府推进企业技术创新能力提升的着力点, 中国高校科技, 2014 (9).

[18] 金韶, 倪宁. "社群经济"的传播特征和商业模式. 现代传播, 2016 (38).

[19] 李勇. 社群和社群经济. 浙江社会科学, 2016 (2).

第十一章　珠海市民营企业社会履责研究

改革开放40年来，民营经济创造的GDP占比从改革开放初期的1%迅速发展为2015年的50%以上。截至2016年，广东省民营经济产值占GDP比重高达53.6%，民营企业对GDP的贡献率为55.5%左右。

民营企业极富市场活力与竞争力，在创造巨大经济财富的同时，其社会责任履行情况随之也成为备受社会公众瞩目的焦点。我国对民营企业社会责任的具体要求仍未有明确的条文规定，但不少民营企业已主动而自愿地履行社会责任。它们不仅关心企业自身的升级与发展，更为经济的发展与进步、法律的健全与完善、社会的和谐与团结、国家的安定与富强做出了应有的贡献。

众多研究发现，企业社会责任的履行情况受到诸多因素影响，如政治、经济和文化等。企业社会责任在不同的国家和地区的发展水平和表现形式上具有巨大的差异。行业特征和企业规模对社会责任的履行情况影响十分显著。不同规模的企业在社会责任履行情况行为上存在差异，一般企业的规模越大，企业的社会责任水平就越高。本章基于理论研究相关成果，开展研究设计，针对珠海市民营企业社会责任开展问卷调查，以期反映当前珠海市民营企业社会责任建设的实际情况，为珠海市政府部门加强引导提供政策建议和决策参考。

第一节　调查基本情况

一、基本情况

由于我国没有统一的企业社会责任国家标准及评价体系，本章借鉴《ISO26000社会责任指南》以及《GRI可持续发展报告指南》等标准体系，结合广东省工商业联合会公布的《2017年度广东民营企业社会责任调研表》，确定民营企业社会责任绩效指标体系。调查对象主要为珠海市的私营企业、非公有制有限责任公司和股份有限公司。本次调研共采集问卷样本55份，其中有效样本51份。除了调研数据，本章还引用珠海市科技和工业信息化局（简称"科工信局"）、统计局、工商局、红十字会和慈善总会等有关部门公开发布的数据，以及主流媒体公开的信息和数据。

从行业分布来看，制造业企业占样本的50%，其他行业有批发和零售业、信息传输、软件和信息技术服务业、交通运输、仓储和邮政业等。

从成立的年限看，5~10年的企业占38.46%，10~20年的企业占42.31%，成立20年以上的企业占3.85%。

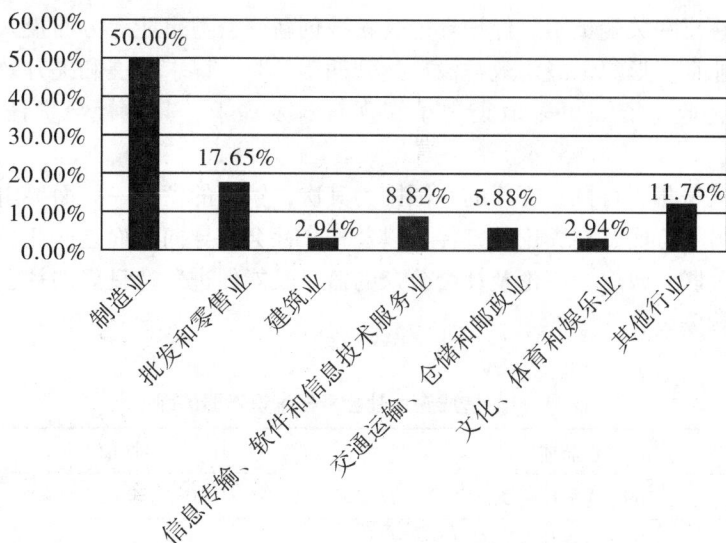

图 11 - 1　调研企业行业分布

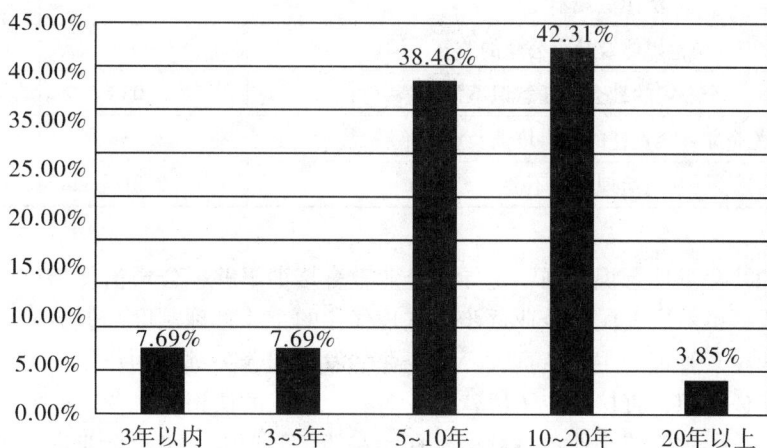

图 11 - 2　调研企业成立年限

二、影响民营企业社会履责的因素

在问卷中，采用五段态度测量的方式对影响企业社会履责的因素做了调查，包括造成企业责任意识薄弱的原因，以及法律法规、市场竞争、社会监督、利润、道德伦理对企业履责的影响力。

首先从总体上观察造成企业社会履责意识薄弱的因素，如表 11 - 1 所示。

从调查结果可看出，企业管理者认为市场竞争压力太大、企业经营状况不佳是造成企业未能履行社会责任的主要原因，这反映出经济效益对企业履行社会责任有着直接的影响，甚至说是决定因素。经济效益好的时候，企业不仅能在纳税和就业方面做出较为突出的贡献，也更愿意在关爱员工、保护环境、科技创新、公益事业等方面投入更多的人力和财力，树立企业良好形象；经济效益没有达到期望值时，谋求发展和提升效益成为企业最主要的目标，企业将资源更多地集中于实现自身发展上，其他社会责任的履行则相对滞后。

而社会缺乏争相履行社会责任的氛围则为其次，氛围的营造一方面要由有影响力的企业做出榜样，另一方面要靠舆论的宣传，以及整个社会的导向，而这些往往跟法律法规的完善有很大的关联，政府、舆论及社会公众的监督又能促进营造良好的社会履责氛围，这三个因素息息相关。

表11-1　造成企业社会责任意识薄弱的因素

描述	均值	标准差
市场竞争压力太大	3.42	1.18
企业经营状况不佳	3.32	1.17
社会缺乏争相履行社会责任氛围	3.26	0.89
法律法规不完善	3.13	1.23
政府、舆论媒体及社会公众的监督不够	3.1	1.04
企业家的社会责任意识不强	3.03	1.17
有关企业社会责任的教育培训及宣传不够	3.03	0.87
公司治理结构不健全	2.81	0.95

企业家的社会责任意识不强，是导致企业教育培训不够、公司治理结构不健全的重要原因。现阶段，虽然广大民营企业逐步引进现代化的企业管理制度，但企业创始者多数仍然是民营企业经营管理的主要负责人，对企业的发展起着关键性的作用。可以说，民营企业家的社会责任意识，直接决定了民营企业对社会责任的认识：民营企业家的社会责任感和经营理念，是促进民营企业投身社会责任实践的主要动因；民营企业家对企业社会责任的重视，是企业社会责任管理工作规范化的关键因素。

（一）法律法规的强制力

我们从四方面调研法律法规的强制力对企业履行社会责任的影响（如表11-2），结果显示，税法对企业的约束程度最高，劳动法、产品质量法、合同法次之。法律法规的强制力跟政府行政执法的强弱有关系。这反映了我国在执法过程中，对税法的执行和监控最到位。

表 11 - 2   法律法规的强制力对民营企业履行社会责任的影响

描述	均值	标准差
税法对企业的约束程度	4.63	0.56
劳动法对企业的约束程度	4.42	0.85
产品质量法对企业的约束程度	4.35	0.75
合同法对企业的约束程度	4.32	0.83

（二）市场竞争的压力

从市场竞争的压力方面看（如表 11 - 3），排在前两位的分别是政府社会责任意识的提高、环保意识的提高，这是我国社会主义市场经济的典型表现，看不见的手依然是企业发展的主导，而近些年政府大力推行环保工作，把环保意识也植入了企业的观念中；接着是采购商社会责任的提高、竞争对手社会责任意识的提高对企业履责的压力，这些都是跟企业的直接利益息息相关的因素。而员工和消费者对企业履行社会责任的压力排在最后，侧面反映了员工和消费者在经济活动中的弱势地位，他们需要其他力量的介入才能得到保护。

表 11 - 3   市场竞争的压力对民营企业履行社会责任的影响

描述	均值	标准差
政府社会责任意识的提高对本企业的压力	3.90	0.83
环保意识的提高对本企业的压力	3.77	1.14
采购商社会责任意识的提高对本企业的压力	3.35	0.95
竞争对手社会责任意识的提高对本企业的压力	3.23	1.20
员工社会责任意识的提高对本企业的压力	3.23	1.12
消费者消费意识的提高对本企业的压力	3.06	0.96

（三）企业社会的监督力

从调查结果看，政府的行政监督对企业履责的约束力最大，其次是媒体的舆论影响，而员工的舆论情况则排在第三位。这与每个监督主体的影响力有关系。民间组织对企业的监督影响力最弱，说明珠海市民间组织在监督企业履责方面还有很大的作为空间（如表 11 - 4）。

表 11 - 4   企业社会的监督力对民营企业履行社会责任的影响

描述	均值	标准差
政府对本企业社会责任行为的监督情况	3.68	1.08
媒体对本企业社会责任行为的舆论情况	3.35	1.23
员工对本企业社会责任行为的舆论情况	3.23	1.09
民间组织对本企业社会责任行为的监督情况	2.94	1.09

（四）利润的吸引力

从表11-5可以看出，最能吸引企业履行社会责任的是企业的利润及与利润的相关方面，例如企业长远发展、社会效益、企业竞争力等方面。相对而言，提升消费者的认知度及获得政府、社区和金融机构等的支持则吸引力不足。

表11-5　利润的吸引力对民营企业履行社会责任的影响

描述	均值	标准差
企业利润对企业社会责任行为的吸引程度	3.77	0.99
企业长远发展对企业社会责任行为的吸引程度	3.68	0.79
社会效益对企业社会责任行为的吸引程度	3.61	0.80
企业竞争力对企业社会责任行为的吸引程度	3.58	0.92
企业社会责任能提升消费者对企业产品和品牌的认知度	3.45	0.96
企业社会责任能获得政府、社区和金融机构等的支持	3.32	1.28

（五）道德伦理的自觉力

从道德伦理的角度来讲，企业认为对员工安全生产、签订公平的劳动合同、妇女儿童权益应予以较多关注，而民营企业家和决策者道德水平的提升情况对企业履责的影响小。这说明企业自身并未认识到管理者对企业社会责任履行情况的重要影响，而更多地认为做好对员工和特殊群体的权益保护就是履责（如表11-6）。

表11-6　道德伦理的自觉力对民营企业履行社会责任的影响

描述	均值	标准差
企业对员工安全生产的关注程度	4.33	0.76
企业对签订公平的劳动合同的关注程度	4.23	0.90
企业对妇女儿童权益的关注程度	4.07	0.91
企业对员工合理的工作时间和加班时间的关注程度	4.00	1.02
企业对员工自身利益的关注程度	3.97	0.96
民营企业家和决策者道德水平的提升情况	3.97	0.82

第二节　珠海市民营企业利益相关者责任履行情况

一、经济责任——数量、规模和实力持续增长，支撑经济促发展

民营经济作为国民经济的重要组成部分，是推动经济社会稳步、持续和健康发展的重要力量。近几年来，经济下行压力持续加大，中国企业仍面临提质增效、转型升级的严峻考验，在国家、广东省和珠海市一系列政策措施的作用下，全市经济体出现积极变化，活力动力得到增强。不少民营企业通过自我重新定位，寻求突破，实现增长，为全市经济的稳步增长提供了支撑。

受惠于当前港珠澳大桥建设、国家"一带一路"倡议、横琴新区纳入国家自由贸易区范围等重要发展机遇，珠海市率先推行商事登记改革等便利措施，使得民营资本创业与投资的积极性进一步提升，每千人商事主体数量稳居全国前列，民营企业成为珠海市企业数量增长的主力军。截至 2016 年底，珠海市民营经济数量规模继续扩大，工商登记注册的私营企业达到 67 181 户，同比增长 14.8%，个体工商户达到 14.4 万户，同比增长 43.5%。① 珠海市民营经济增加值 776.72 亿元，占全市 GDP 的 34.9%，民营经济固定资产投资额为 638.8 亿元，占全市固定资产投资额的 32.7%；民营企业拥有国家级和省级工程中心、企业技术中心 132 家，占全市比重的 92.9%；省级民营企业创新产业化示范基地 14 家，市级民营企业创新产业化示范基地 79 家；民营高新技术企业 303 家，占全市比重的 76.3%；民营科技企业 115 家，上市民营企业 27 家，占全市比重的 81.8%。②

通过本次调研了解到，珠海迈科智能科技股份有限公司、珠海汉胜科技股份有限公司研发投入占公司营业额的比重超过 3%，分别拥有专利 176 个、44 个；珠海市豪迈实业有限公司研发投入占公司营业额的比重超过 7%，近两年公司开始关注专利申请，从无到现在拥有 9 个专利。一些传统制造公司也纷纷增加研发投入，增强创新意识，从零投入到占营业额 3% 以上的公司比比皆是。

二、客户责任——坚持诚信经营，创造客户价值

维护消费者权益、满足消费者需求是企业履行社会责任的重要内容。为消费者提供优质产品和服务，是民营企业实现可持续发展的根基。2014 年最新实施的《中华人民共和国消费者权益保护法》，明确提出要"完善消费者权利、强化经营者义务、加重经营者责任、加强国家保护"。在各项政策的推动下，作为创新创业主力的民营企业继续秉承诚实守信的经营理念，在注重培育企业信誉的同时，不断规范管理，加大技术创新力度，优化

---

① 参见珠海市科技和工业信息化局 2011—2015 年《珠海市民营经济发展情况汇报》、2011—2016 年《珠海统计年鉴》、《珠海特区报》。

② 参见 2016 年《珠海统计年鉴》。

产品品质，升级用户体验，持续改善售后服务，提升市场占有率，满足多样化消费需求。

（一）注重企业信誉，诚实守信经营

随着市场经济的规范发展和法律法规的不断完善，越来越多的民营企业开始注重商务诚信建设，"以诚待人、以信取人"已成为多数民营企业的共识。

在诚信建设方面，超过50%的调研企业获得诚信企业称号，并参与企业信用评价和专项活动，在建立诚信奖惩机制方面，有31.03%的企业建立了相关制度，有待加强（如图11−3）。

在产品营销方面，96.67%的企业能够提供完整、真实、准确的产品基本信息，75.86%的企业无夸大、虚假、误导性宣传，反映出企业在生产方面已经做到全方位的诚信融入。但在宣传方面，由于市场竞争激烈、管理链条拉长、追求高收益等原因，体现出的诚信百分比指数有所降低。

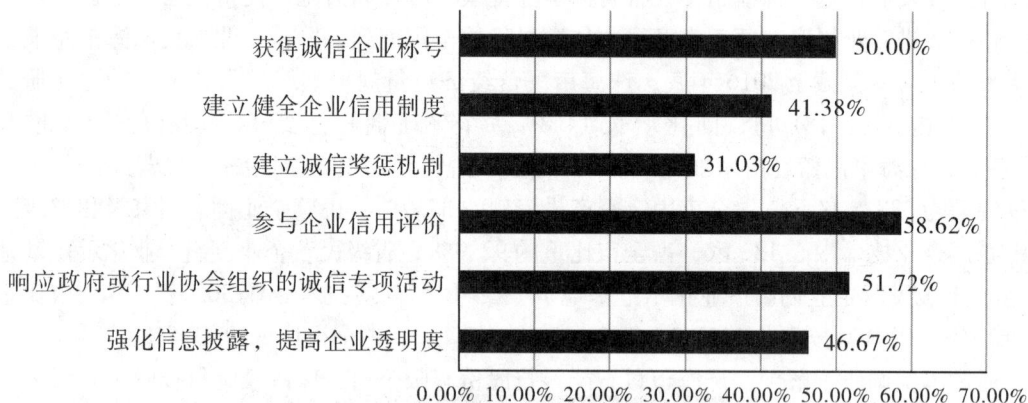

图 11−3　民营企业诚信建设情况

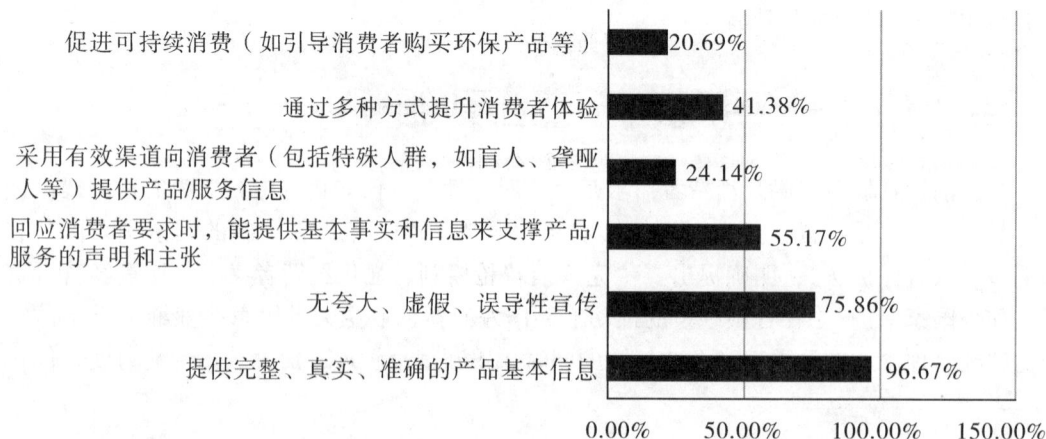

图 11−4　民营企业产品营销情况

（二）强化质量管理，重视品质提升

1. 产品质量管控规范

产品和服务质量是企业的生命。坚持"以质取胜、质量强企"是提升企业核心竞争力、取得长足发展的前提。随着民营企业经济实力和社会责任意识的不断增强，企业质量管理逐步科学化、规范化。企业开始引入质量管理体系，并注重产品设计、研制、生产、检验、包装、销售等过程的质量管理，一些企业还积极开展标准化建设工作，统一监管产品生产流通的各个环节，全方位确保产品质量。

本次调研结果显示，在所有接受调研的民营企业中，已经通过 ISO9000 质量管理体系认证的民营企业占 75.86%，说明多数民营企业较为注重产品质量，并创造了科学的管理理念和先进的管理方法。

调研进一步发现，企业质量管理体系认证情况与企业成立年限（或者行业所属）相关度较高。在本次调研的企业中，成立五年以上的企业基本上 100% 通过了 ISO9000 质量管理体系认证。

2. 品质提升加码

在企业质量管控的基础上，越来越多的民营企业依靠技术进步，改善技术装备水平，加强技术创新，加大研发投入力度，推行科学管理方法等有效措施不断巩固、完善和提高产品质量水平。在实验室、技术中心创建方面，所调研的民营企业有一半以上建立了各类技术中心，包括省级、市级及其他各类技术中心，在研发上精益求精，确保企业为顾客提供更好的产品（如图 11 - 5）。

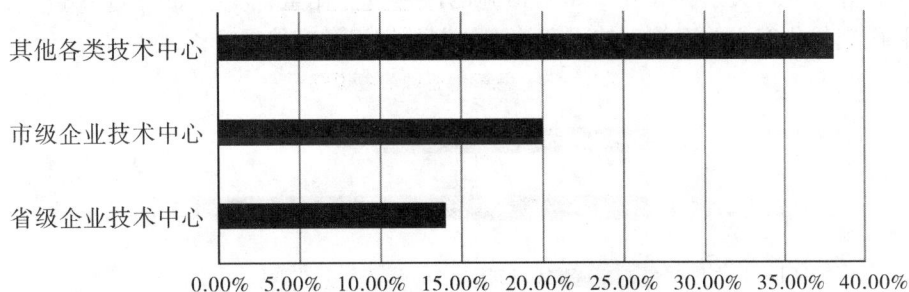

图 11 - 5　民营企业技术中心建设情况

标准是行业的法典，民营企业参与各级标准制订、修订工作，是争夺行业话语权、扩大市场影响力、提升品牌价值的重要途径，是抢占行业制高点的关键。本次调研结果显示，民营企业参与各类标准制定的比例在 30% 左右（如图 11 - 6）。数据显示，营业额较高、在行业内有一定影响力的企业参与标准制定的比例较高，而小型企业囿于自身发展状况等，在这方面参与度不强。

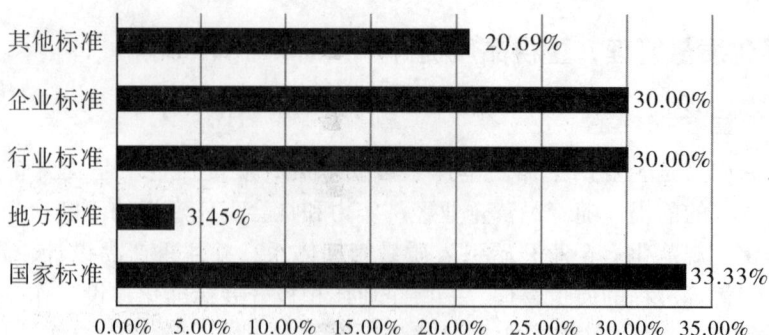

图 11 - 6　民营企业参与标准制订情况

（三）重视服务质量，升级消费体验

众多民营企业开始树立以消费者为中心的价值理念，将"客户满意"作为服务建设的出发点，将服务质量作为除产品质量外的另一核心竞争力。从建立专门的客户关系管理组织机构、为客户建立档案，到开展消费者满意度调查以及完善各种售后保障措施等，民营企业力求全方位、一体化保障消费者服务质量，围绕提升消费者满意度和忠诚度、掌握市场话语权等做了许多工作。

本次调研结果显示，在完善售后服务方面，企业普遍"建立全面的售后服务制度"，占比达到 66.67%，一半以上的企业设立专门的产品售后服务部门。此外部分企业还通过缺陷产品召回制度等让顾客满意的方式来提升消费者满意度如图（11 - 7）。客户关系维护方面，建立客户档案并保密、完善沟通机制、构建投诉响应和处理机制的民营企业在 70%以上，选择导入客户关系管理（CRM）措施的民营企业比重较小（如图 11 - 8），说明民营企业利用现代化客户关系管理技术和管理体制的意识还有待提升。

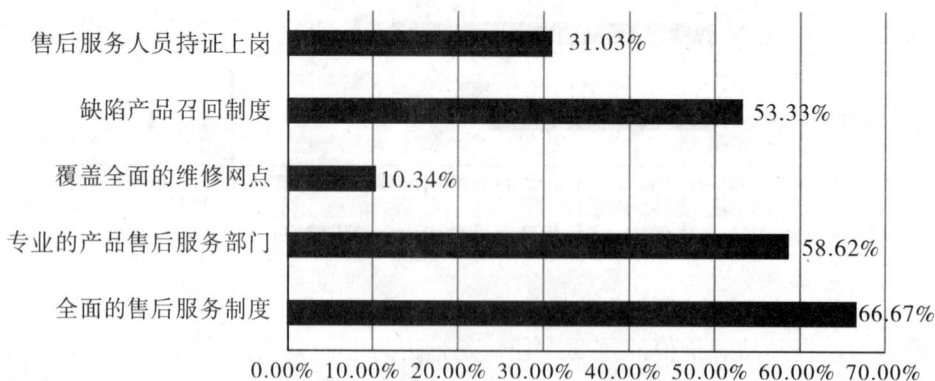

图 11 - 7　民营企业采取的售后保障措施

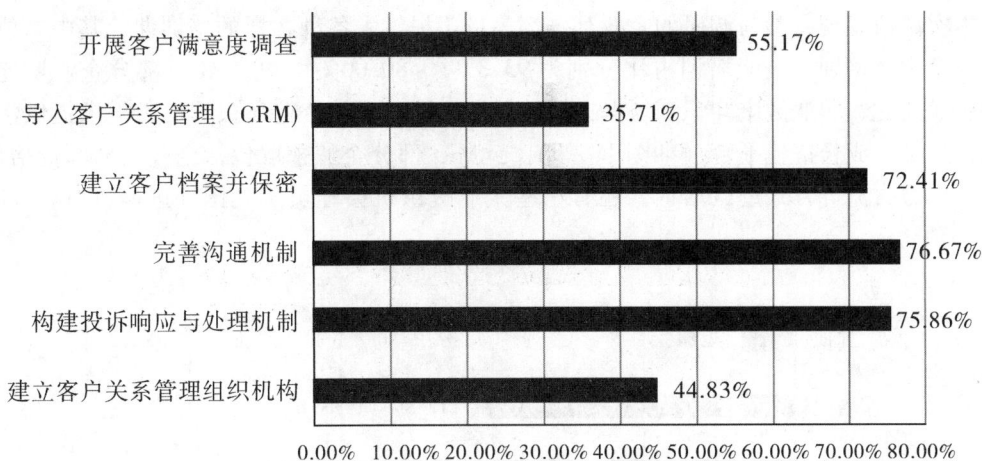

图 11-8　民营企业实施的客户关系维护措施

三、员工责任——关爱员工发展，构建和谐劳动关系

（一）依法尽责，重视维护员工权益

1. 规范劳动关系，保障员工法律权益

签订劳动合同是实现劳资关系制度化、法制化的重要措施。随着《劳动法》的贯彻实施和公民法律意识的不断增强，企业普遍通过与劳动者签订劳动合同来确立、优化劳资关系。《2016年度人力资源和社会保障事业发展统计公报》显示，2016年全国企业职工劳动合同签订率已经达到90%以上。

本次调研的民营企业，基本都达到了100%的签约率。企业为员工缴纳社保，在保障员工切身利益的同时，也有助于降低企业的经营风险，90%以上的企业缴纳社保率达到100%，其余的10%缴纳社保的比例也都在80%以上。

2. 构建安全体系，保障员工健康与安全

保障员工健康安全是企业生产运营必须守住的底线，也是关系社会稳定的民生问题。随着社会对健康与安全问题重视程度的不断加深，民营企业也开始构筑规范、完善的健康安全体系，并积极参与健康安全认证。

本次调研发现，民营企业通过OHSAS18000职业健康安全管理体系的平均认证率为21.43%。其中建筑业、高新企业认证通过率较高，而商贸服务业认证通过率相对较低，这与普遍认知的职业风险系数挂钩。

3. 提供职业培训，促进员工成长

人力资源是企业发展的核心动力，是提升企业竞争力的有力武器。因此企业应该重视人才的引进和培养，积极号召和支持员工参与职业培训，提升员工素养和技能，增强员工的积极性和创造性，为企业持续健康发展奠定基础。

本次调研发现，参与调研的企业基本都为员工提供了各种各样的培训课，其中岗位培训、安全生产培训、技能培训占比分别为93.33%、80.00%、79.31%；部分企业还比较重视企业文化、职业健康知识和环保方面的培训；同时一些企业还根据员工需求提供学历培训，为员工成长搭建平台（如图11-9）。此外，部分企业采取包括企业内部师资培训、企业间学习交流等方式进行培训，还有一些企业提供机会让员工到国外进修（如图11-9）。

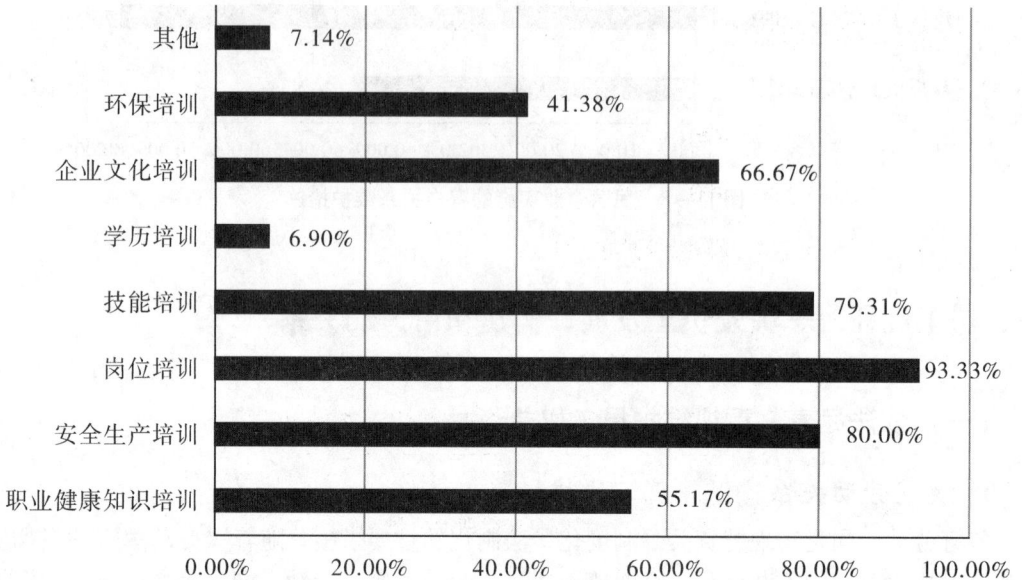

图 11-9   民营企业的培训内容

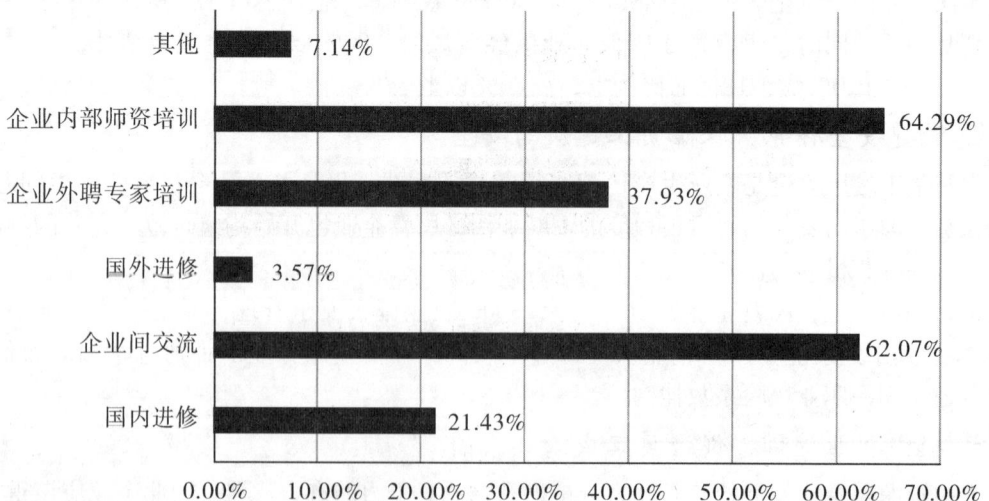

图 11-10   民营企业采用的培训方式

（二）人文关爱，提升员工幸福指数

1. 激励方式多样化

科学合理的激励机制不仅可以制造公平的竞争氛围，还可以有效激发员工的工作热情，提升工作效率，为企业创造更大的价值。当前，民营企业多采用包括年薪制、加薪、经营者持股、激励基金等方式激励员工，其中通过加薪对员工进行奖励的企业比例最高，占调研企业的90%（如图11-11），是企业激励员工最普遍和最直接的方式。企业在员工学习与发展方面采取的措施，最多的为轮岗、交流、外派制度（如图11-12）。

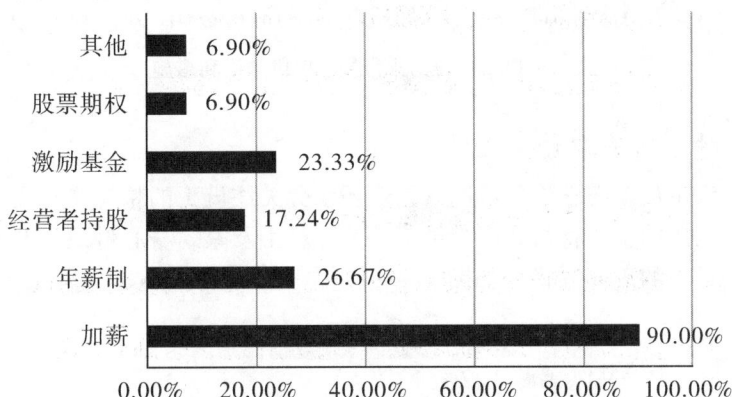

图 11-11 民营企业采取的薪酬激励方式

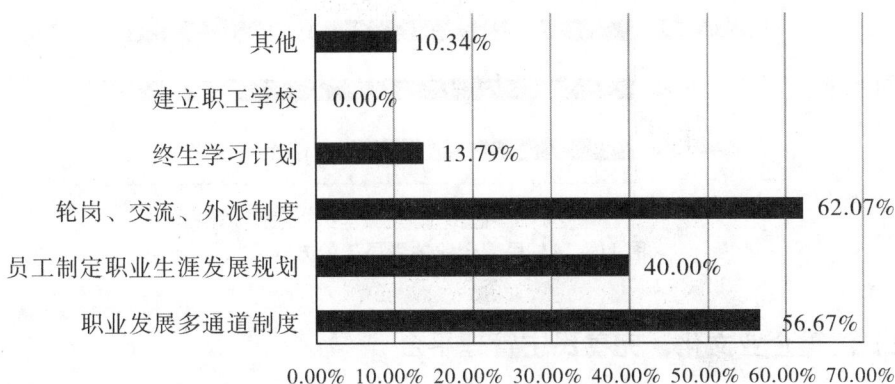

图 11-12 民营企业在员工学习与发展方面采取的措施

2. 福利保障措施多元化

多数民营企业在为员工缴纳五险一金的同时，还提供多种人性化福利。本次调研发现，为员工提供宿舍、餐厅、节日福利的在75%以上，部分民营企业还为员工提供交通补贴，发放降温费、取暖费等各种季节福利（如图11-13），多方位增强员工幸福感。

图 11-13 的柱状图：

- 其他 3.45%
- 补充保险 31.03%
- 文化、体育设施 37.93%
- 节日福利 76.67%
- 降温费、取暖费 48.28%
- 餐厅 75.86%
- 集体旅游 53.33%
- 交通补贴 44.83%
- 宿舍 76.67%
- 企业年金 36.67%

（横轴：0.00% 10.00% 20.00% 30.00% 40.00% 50.00% 60.00% 70.00% 80.00% 90.00%）

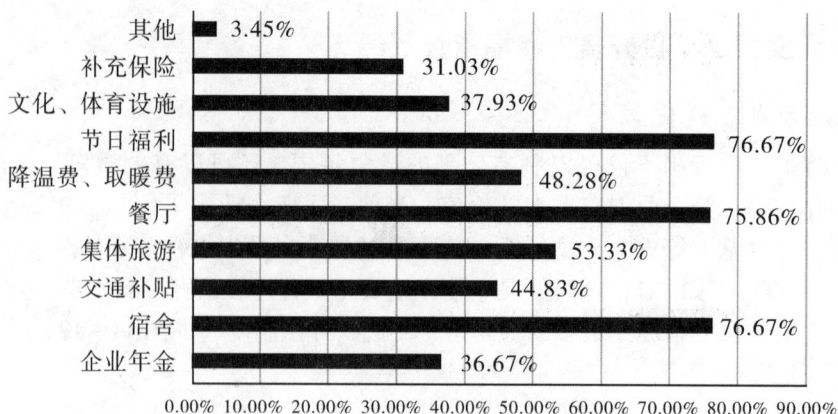

图 11 – 13　民营企业为员工提供的福利措施

3. 采取多种方式关爱员工生活

除了物质上满足员工需求，多数民营企业还十分关注员工的精神文化需求。本次调研结果显示，超过六成的企业将帮扶困难员工、关注员工及家属身心健康、开展员工文化娱乐活动作为关心员工的重要方式（如图 11 – 14）。

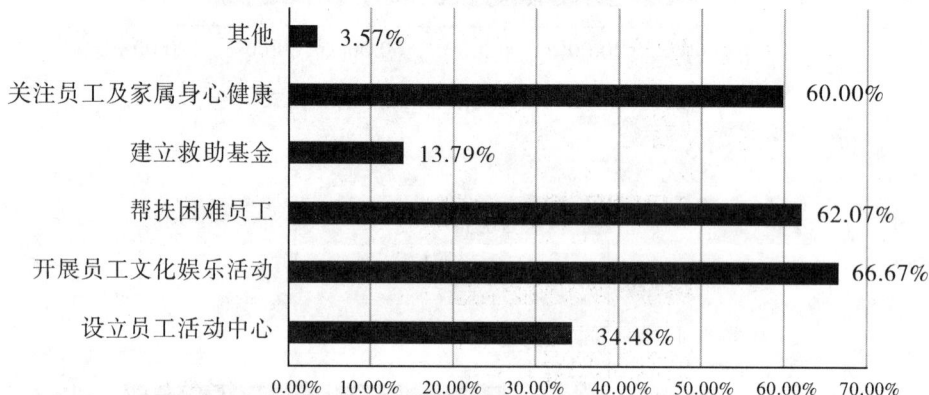

图 11-14 的柱状图：

- 其他 3.57%
- 关注员工及家属身心健康 60.00%
- 建立救助基金 13.79%
- 帮扶困难员工 62.07%
- 开展员工文化娱乐活动 66.67%
- 设立员工活动中心 34.48%

（横轴：0.00% 10.00% 20.00% 30.00% 40.00% 50.00% 60.00% 70.00%）

图 11 – 14　民营企业关爱员工的方式

（三）注重企业文化，完善民主管理平台

本次调研结果显示，工会是多数民营企业设立的民主化管理机构（如图 11 –15），面对面沟通仍然是民主化沟通最主要的渠道（如图 11 –16）。

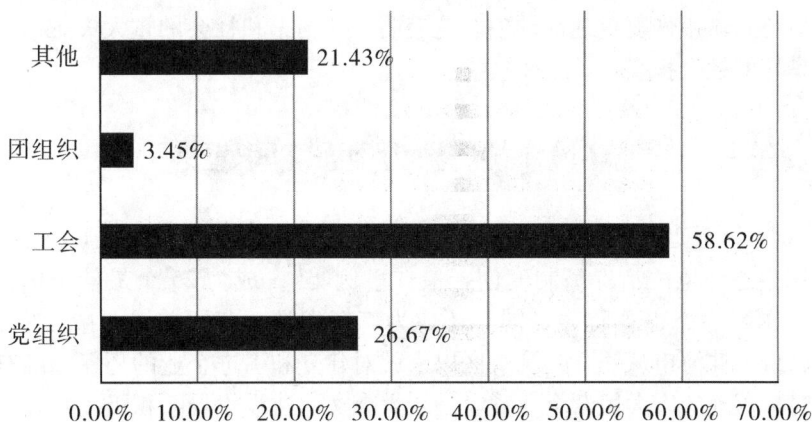

图 11 - 15　民营企业民主化管理组织

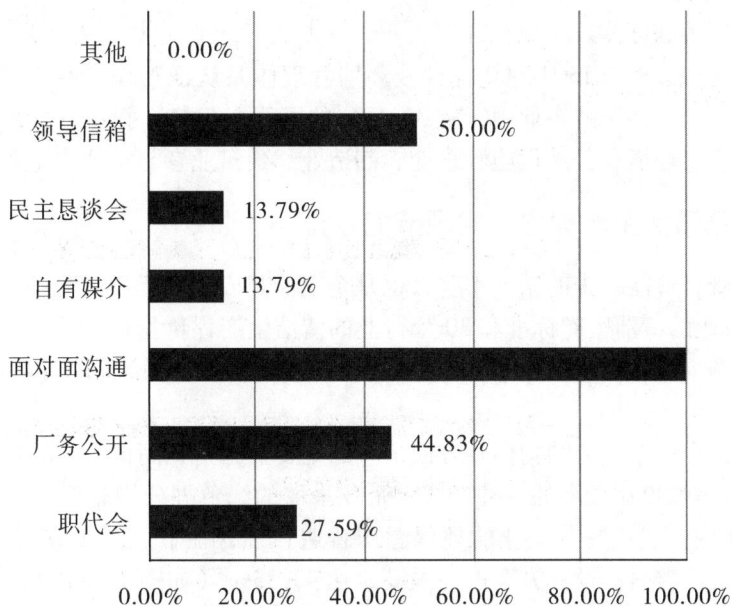

图 11 - 16　民营企业民主化沟通渠道

第三节　珠海市民营企业公众责任履行情况

一、众志成城，共同抗击"天鸽"

2017 年"天鸽"台风突袭，造成了珠海市的重大损失。根据各慈善机构的反馈，民营企业积极响应，采取积极行动，组织生产自救，并开展捐款和捐物等社会公益活动，积极发动员工参与到城市恢复重建活动中。这表明，在国家和社会的重大灾难前，珠海市民营企业具有良好的社会担当。

二、环保责任——重视环境保护，致力生态文明建设

珠海从2014年至2016年，宜居程度均排名全国第一；2015年，珠海生态文明建设事例荣获"全国生态环境法治保障制度创新最佳事例奖"，成为25个最佳事例之一。2016年正式获得"国家生态市"称号，同年还成为广东省唯一获评首届"中国生态文明奖"先进集体的城市。珠海市从建立经济特区以来就对建立和引进企业的环保标准有很高的要求，与此同时，落地的广大民营企业紧紧围绕生态文明建设大局，积极投身环保事业，自觉实行清洁生产，致力发展循环经济，主动参与国土绿化，持续推动着人与自然的和谐发展进程。

（一）构建完善制度体系，规范环保进程

为进一步完善制度体系，规范环保进程，一些民营企业成立了专职环保部门。此外，部分民营企业还积极参与ISO14000等权威环境管理体系认证工作，不断完善自身环境管理体系。在参与此项调研的企业中，有32.14%的民营企业参与了ISO14000认证工作。从行业性质上来说，环境和公共设施管理业、制造业、建筑业参与认证的企业较多。

（二）贯彻清洁生产理念，实现节能减排

清洁生产既是节能减排的系统工程，也是企业控制成本、降低风险的手段。目前我国已制定56个行业的清洁生产标准和30个行业的清洁生产评价指标体系。发展循环经济是加快转变经济发展方式，建设资源节约型、环境友好型社会，实现可持续发展的必然选择。

调研显示，企业在产业结构调整方面采取的主要措施是提高现有产品环保性能（如图11－17），这也是性价比最高的一种方式；企业采取的绿色办公措施覆盖方方面面（如图11－18），这也说明现代民营企业的环保意识普遍较强；在节能减排方面，采用易回收、易拆解、易降解的材料和设计方案占比最高，达43.33%（如图11－19），超过95%的企业至少有一项举措。

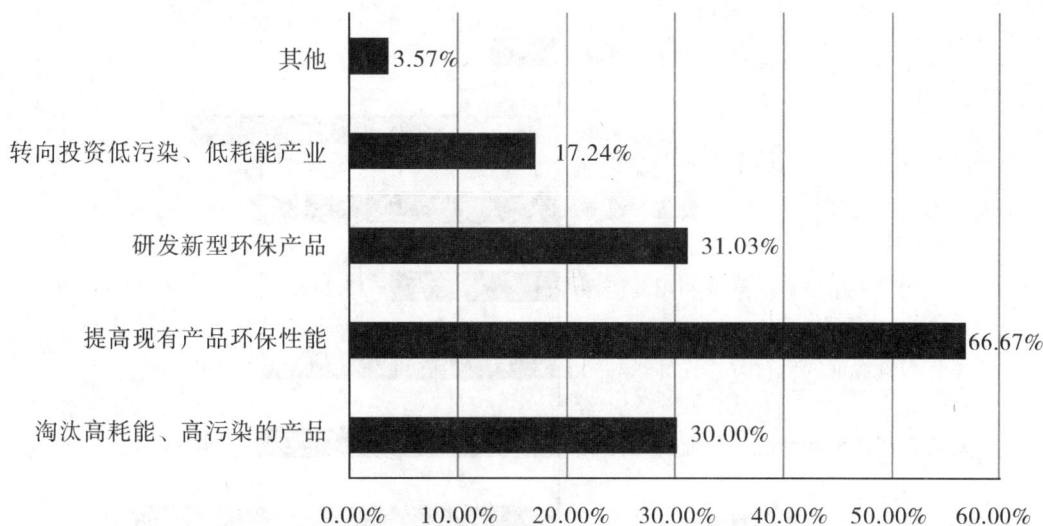

图 11-17　民营企业产业结构调整方面采取的措施

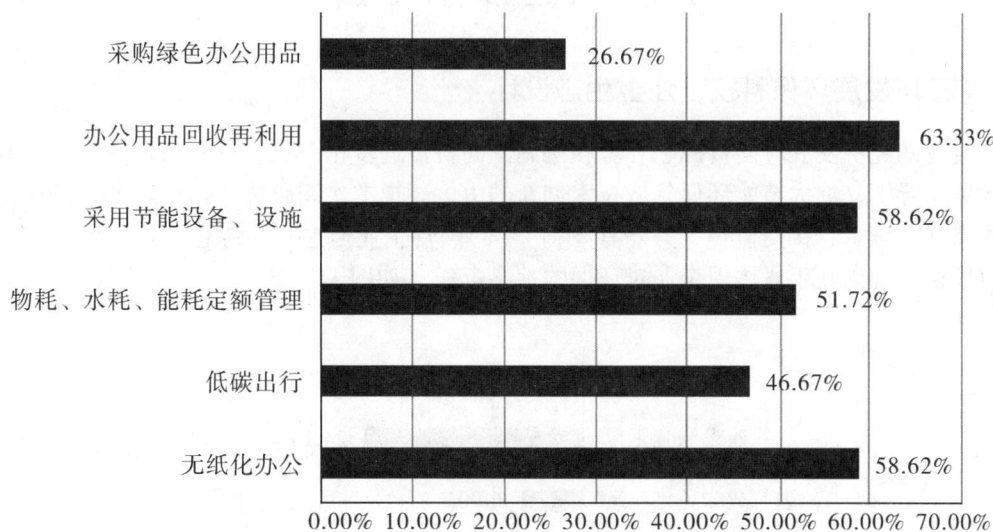

图 11-18　民营企业采取的绿色办公措施

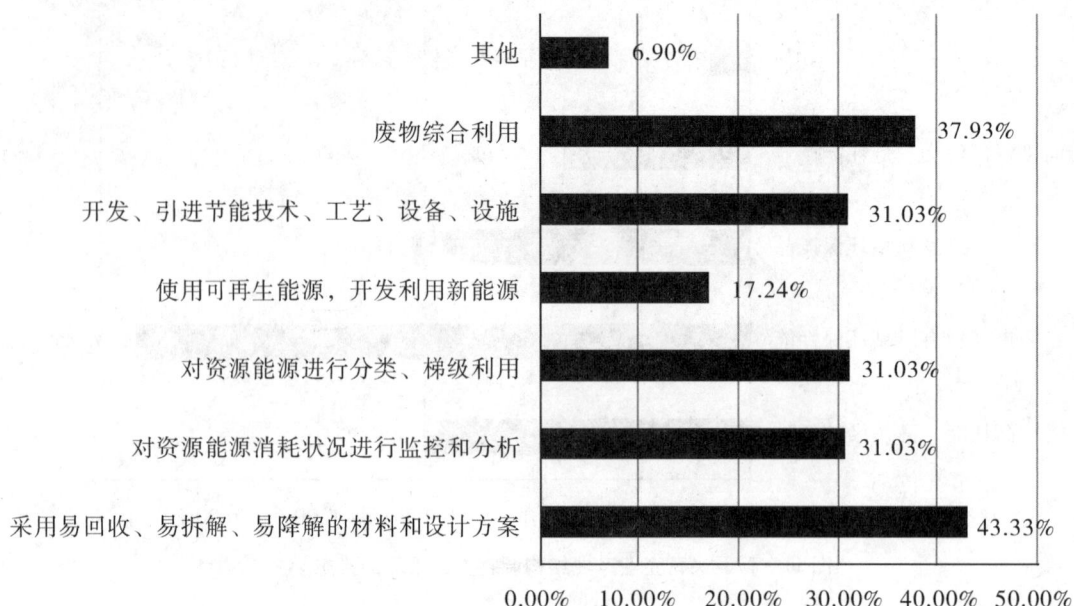

图 11 - 19　民营企业采取的节能减排措施

（三）发展环保科技，注重生态设计

企业的经济发展应同资源、环境相协调，同科技进步相一致。珠海市民营企业在政府的政策引导下，加大节能环保领域技术创新的力度。据本次调研统计，接近50%的企业主动披露环保信息、接受监督，另外有24.14%的民营企业通过建设绿色工厂、建立健全产品创新机制等创新手段体现企业对环保的社会责任（如图 11 - 20）。

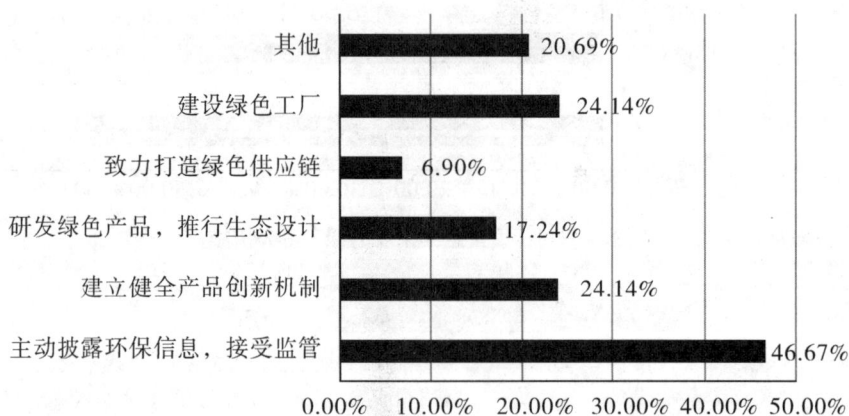

图 11 - 20　民营企业绿色产品创新行动

三、法律责任——增强法制观念，营造公平有序的市场环境

公平、有序的竞争环境是企业实现优胜劣汰与健康发展的基础。营造公平的竞争环境，需要企业加强自身诚信建设。诚信建设是企业的立业之本、发展之基，更是规范市场经济体制的重要举措。2014年以来，民营企业紧跟政策形式和国家信用体系建设步伐，积极倡导"诚信经营、公平竞争"，严守诚信。此外，民营企业还进一步在企业文化中加强反腐倡廉、知识产权保护等的宣传，在维护市场秩序的同时，也为企业健康成长营造了可持续发展的环境。

（一）合作共赢，法制先行

民营企业在日益激烈的竞争环境中，逐渐意识到塑造公平环境对于企业发展的重要意义。而随着知识在竞争中地位的提高，知识产权的保护也成为很多企业维权意识的重要体现。调研数据显示，企业或在文化建设，或在制度建设，或在内部架构建设方面都体现出了很强的法治思维（如图11-21），这种全面覆盖的效果，与政府政策推行覆盖面广有着密不可分的关系。随着全球一体化的深化，珠海市企业已经成为全球工厂的一部分，在知识产权保护方面除了建立保护机制，超过50%的企业还建立了预警机制（如图11-22），而这些企业多数是轻资产、重知识的科技企业。

近年来，我国大力惩治腐败，民营企业也积极响应号召，增强内部管理，78.57%的企业会对发现的问题进行责任追究，也积极开展反腐倡廉的相关教育和培训（如图11-23），进行预警。

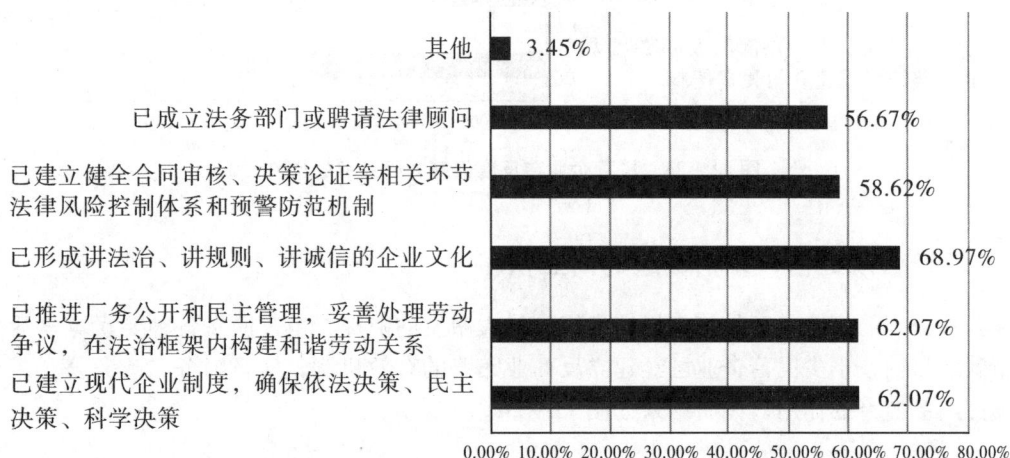

图11-21　民营企业采用的法治思维和法治方式

其他　6.90%

建立知识产权保护的激励机制　24.14%

建立知识产权保护制度　41.38%

通过培训、讲座等提升员工知识产权保护意识　58.62%

建立预警机制，在发现自身可能存在侵犯知识产权
行为时及时纠正　55.17%

0.00% 10.00% 20.00% 30.00% 40.00% 50.00% 60.00% 70.00% 80.00%

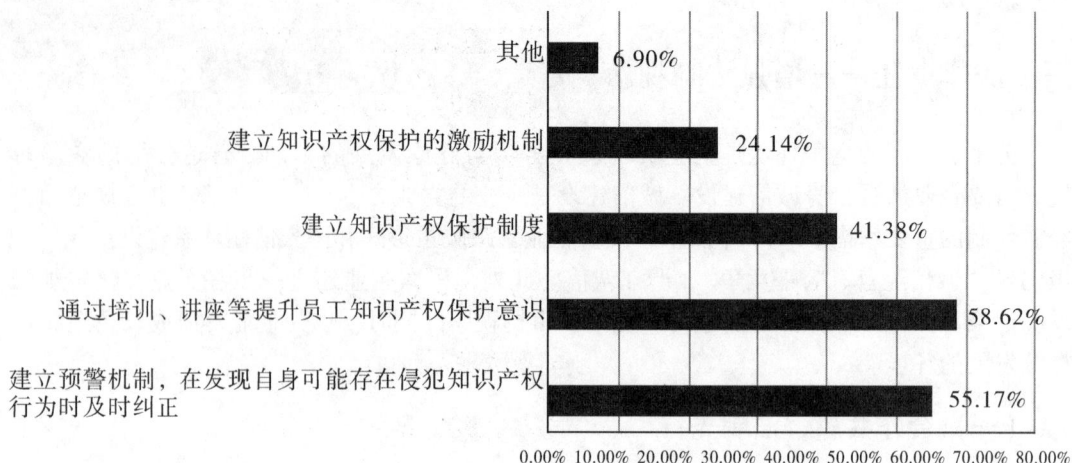

图11－22　民营企业尊重和保护知识产权方面采取的措施

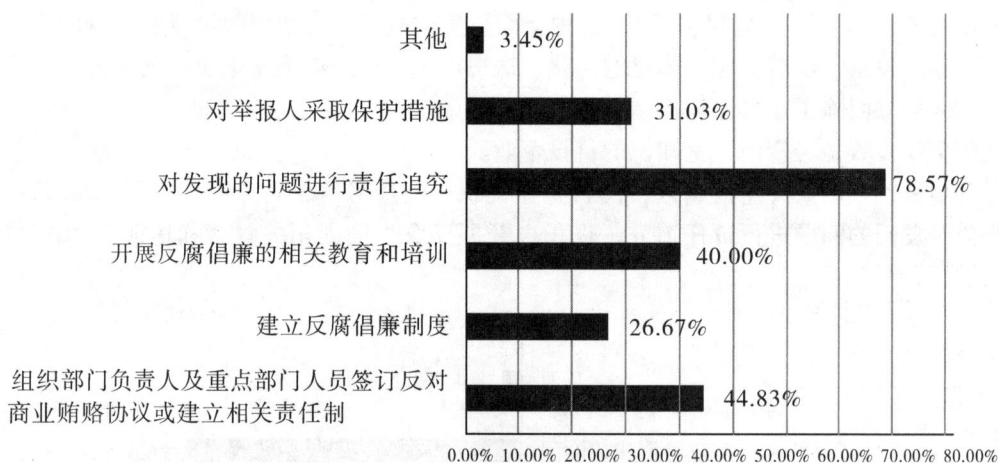

其他　3.45%

对举报人采取保护措施　31.03%

对发现的问题进行责任追究　78.57%

开展反腐倡廉的相关教育和培训　40.00%

建立反腐倡廉制度　26.67%

组织部门负责人及重点部门人员签订反对
商业贿赂协议或建立相关责任制　44.83%

0.00% 10.00% 20.00% 30.00% 40.00% 50.00% 60.00% 70.00% 80.00%

图11－23　民营企业在反腐倡廉方面采取的措施

（二）合规经营，维护健康的商业秩序

公平公正的商业秩序是使市场活力得到最大激发的前提，也是激发各种要素竞争活力的基础。目前，不少民营企业已经建立反商业贿赂的有效机制，实行财务、政务公开，充分发挥内部监督的作用，调研结果如图11－24。

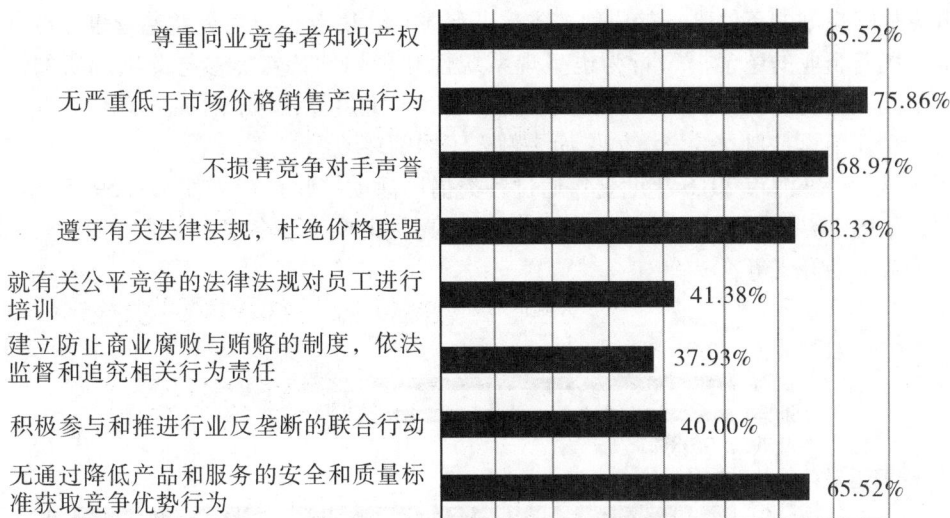

图 11 - 24　民营企业在公平竞争中采取的措施

四、慈善责任——积极参与公益慈善，促进社会和谐发展

民政部、全国工商联于 2014 年初联合印发了《关于鼓励支持民营企业积极投身公益慈善事业的意见》，引导、鼓励广大民营企业通过参与公益慈善事业积极履行社会责任，在解决社会问题、缩小收入差距、促进社会公平和谐方面做出新贡献。国务院于同年印发了《关于促进慈善事业健康发展的指导意见》，首次从国家层面对慈善事业进行了纲领性指导和明确规范，"倡导各类企业将慈善精神融入企业文化建设，把参与慈善作为履行社会责任的重要方面，通过捐赠、支持志愿服务、设立基金会等方式，在广泛的领域为社会做出贡献"。

（一）以义为先，积极投身公益慈善事业

据中国慈善联合会发布的《2016 年度中国慈善捐助报告》，2016 年，我国境内接受国内外社会捐款捐物总额共计 1 346 亿元，较 2015 年增加 10.7%。企业捐赠约占捐赠总量的七成，而民营企业仍然是捐赠主体。

珠海市 2016 年 11 月、12 月共接收各类企业基金会捐款 1 020.25 万元，其中：仕高玛慈善基金 210 万元；名仕高球会慈善公益基金 49.48 万元（未计仕高玛慈善基金捐赠 20 万元）；共青团青少年发展救助慈善基金 52.36 万元（未计醋纤慈善基金捐赠 1 万元）；报业公益慈善基金 36.03 万元；醋纤慈善公益基金 30.14 万元；金种子社会服务慈善基金 30 万元；前山妇儿公益发展基金 28.45 万元等。

（二）多元化捐赠，满足社会差异化需求

当前，我国慈善事业发展日趋规范，社会各界参与公益事业热情高涨，企业将慈善事

业上升为战略规划的条件已日趋成熟。本次调研发现，民营企业对公益慈善事业的认识逐渐加深，民营企业的慈善捐赠行为也呈现系统性和计划性特点。参与此项调研的民营企业，捐赠涉及扶贫、救灾、教育、公共设施、助残、卫生等领域，体现了现代企业捐赠的多元化，企业不再是孤立的经济体，而是融入了周围环境。

调研显示，珠海市2016年度全年通过各类捐助活动接收捐赠善款328.59万元，各类明细项目如图11-25所示，一般性募捐占比最高，主要用于各类社会福利中心的建设、改造，公益活动开支等。

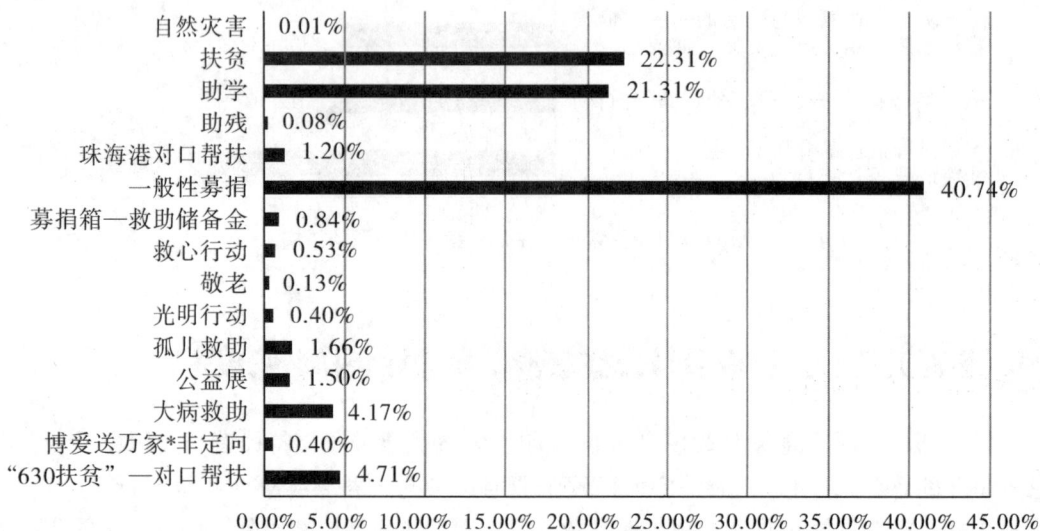

图11-25　2016年度珠海市捐赠类别占比

（三）民营企业基金会逐渐发展

企业基金会是非公募基金的一种，是企业慈善从随机性的扶贫济困走向规范化、专业化公益运作的标志。作为当前企业履行公益责任的高效化、专业化机构，基金会的意义在于为企业打造公益慈善的专业化平台，有利于企业整合公益资源、增强第三方话语权，并全方位提升企业的知名度和美誉度，增强企业软实力。

此次调研的结果显示，经济效益较好的公司大多数成立了企业基金会，成为其履行社会责任的重要途径，而经济规模较小的企业管理相对松散，未设立专门的基金会。

五、社区责任——提高责任管理水平，与社会环境协同发展

企业社会关系是指企业与所在地政府、社区组织以及全体居民之间的睦邻关系，它既是企业存在的根基，也是企业发展的社会根基。

（一）社会责任报告发布

企业社会责任信息披露是企业遵循利益相关共同体的规范、期望与契约的表现，也是

企业与利益相关方进行交流与沟通、提高企业形象和声誉的重要途径。通过第三方提供的社会责任相关数据和网络查询，课题组发现，多数小型民营企业并未发布社会责任报告，上市企业（包括国有企业和民营企业等）未形成定期公开发布社会责任报告的制度，除格力、华发和远光等企业长期坚持发布年度社会责任报告外，其他企业少有发布。在上市公司中，大都大力提倡企业发展要科技、环保，自身培育和引进的企业多为高技术企业，企业发展形态较好，上市率高，社会责任观念也较强，这是社会责任的一个重要体现。

（二）融入社区与城市，助力协同发展

企业的利润与发展依赖于社区的支持和理解，因此应通过适当的方式把利润中的一部分回馈给所在的社区，运用自己拥有的资金、人力、产品或服务为社区提供帮助。企业积极主动地参与社区建设活动，利用自身的产品优势和技术优势扶持社区文化教育事业和社会公益事业，吸收社区的人员就业，扶贫济困，帮助失学儿童，关注社会弱势群体，热心公益事业，为社区人民创造良好的生活环境等，这既是企业对社区的回报，也是企业对社区应尽的责任。

本次调研结果显示，积极发展壮大，带动就业、安置特殊人群就业是民营企业参与社区建设最直接的方式。除此之外，改善社区环境、支援社区基础设施建设也被越来越多的民营企业认可（如图 11 - 26），这些企业正积极融入社区与城市。

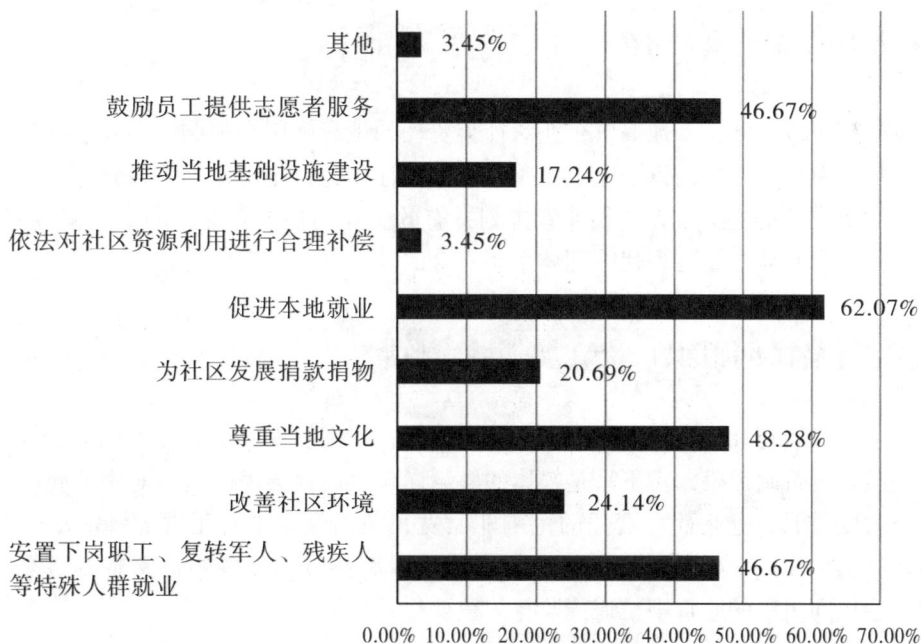

图 11 - 26　企业参与社区建设的方式

第四节　珠海市民营企业社会履责尚需改善之处

在经济全球化的推动下，企业与个体、社区、环境、社会的联系越来越紧密。经济越发展，社会责任渗透得越快，是不可逆转的潮流。作为一种可持续发展的战略行为，系统践行企业社会责任，不仅是企业存在于社会的理由，更是企业赢得竞争优势的关键。

企业社会责任的落实最终还是需要依靠企业，企业只有将社会责任理念和要求融入日常的管理和运营，才能真正实现全面履行社会责任。从以上的调研问卷和企业走访的数据可以看到，珠海市作为经济特区，处于改革开放的前沿，经济发展态势好，政府管理理念相对先进，参与经济的个体对责任的理解更前沿，但珠海市民营企业作为一个整体，在履行社会责任方面还是存在一些问题，应积极改进。

一、加强对社会责任的理解，改变社会责任认知

一些中小型企业发展艰难，资金短缺，经济能力不足，根本无暇顾及社会公共事业。而民营企业家认为，企业只要创造经济利润，能够依法纳税，就算尽到了社会责任，只要参与公共服务、投身社会公益就可以了。

二、改变社会责任措施方法，提高责任管理水平

从调研中可以看到，多数民营企业对社会责任的理解停留在捐赠、捐款、环保、救灾等行为，形式单一。一些民营企业未将履行社会责任作为企业工作的一部分分配给相应部门负责，缺乏专业的社会履责计划或者规划；有的企业则根据企业家的个人偏好来履责，理念不成熟，没有建立起与现代管理体系相融合的社会责任管理体系。

三、避免社会民间组织缺位，加强履责监督

在影响企业履行社会责任的影响因素的调研中，我们发现对企业履行社会责任影响力最大的是政府的行政手段，接下来是媒体的舆论影响，而社会民间组织对企业履行社会责任的监督力则最弱。企业社会责任的范围非常宽，包括企业进行正常经济活动的方方面面，很多社会责任的履行无法靠法律等行政手段强制执行，更多的是要靠道德伦理的约束，而社会民间组织的监督则是道德监督的重要途径。

四、改变两极分化趋势，强化履责表现

相对于大型民营企业、高科技型企业和上市企业，部分民营小企业在履行社会责任的各个方面表现相对较弱，呈现两极分化的现象。两极分化的趋势不利于珠海市打造企业履

责强市，也影响创建全国文明强市。加强中小型企业履责有利于改变两极分化的趋势，强化企业社会履责表现。

第五节　推动民营企业社会责任建设的对策和建议

企业对政府服务民营企业工作的评价如图 11－27，显示企业对政府搭建经贸交流平台方面有比较高的期待，而解决融资难题则希望能够继续加码。

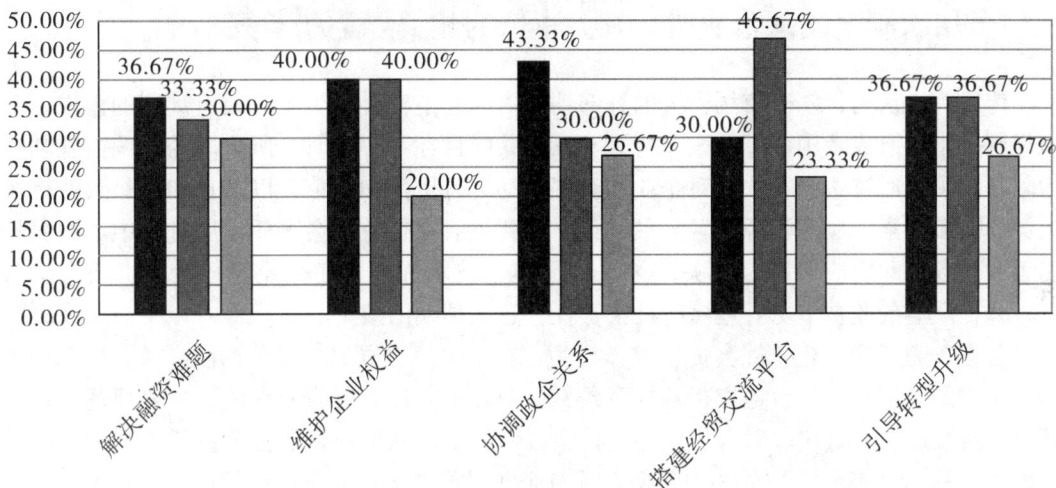

图 11－27　民营企业对政府服务民营企业工作的总体评价

政府作为社会的管理者，应该成为企业履行社会责任的监督者和规范者。目前有些企业社会责任缺失，有企业自身的原因，也有政府的原因。为推动民营企业更好地履责，政府应该从以下几方面做好工作。

一、为民营企业履行社会责任创造良好的外部环境

（一）开展主题教育讲座、活动，深化民营企业对社会责任的认识

通过教育活动可以进一步加强民营企业经营者的社会责任意识。过去，不管是政府还是企业，都把经济效益和税收作为评价企业的第一标准，也是在这一观念的引导下，出现了环境污染、食品安全等社会责任缺失的现象。因此，要改善政府管理理念，改变民营企业发展理念，树立正确的社会责任观。

政府可以定期主导开展诚信教育、文化建设教育、环保教育、科技进步主题方面的讲座和活动，引导民营企业代表人士带头学习、带头实践，发掘一批在履行社会责任各个层面信念坚定的骨干，影响、带动广大民营经济人士参与到活动中来，使他们能够深入认识社会责任，并逐步将承担社会责任提升到企业发展的战略高度。

（二）构建责任履责服务多样化平台，做好舆论引导

应完善社会管理职能，创建多样化的社会履责服务平台，做好舆论引导。政府要厘清自身与企业的关系以及各自的管理职能，积极创新，构建多样化的履责平台，例如慈善捐款平台，企业与供应商、合作者、消费者等利益相关者的交流平台等，跟进服务，推动企业做好相应的社会责任。同时还要发挥先进案例的带头作用，主动发现履责优秀的典型，定期开展表彰活动，做好后续持续的舆论宣传。

二、多层次制定民营企业履行社会责任的相关规定和条例

传统理论认为，基于市场失灵的外部性和内部性使社会产生了对政府规制的需求。政府规制是指政府或者国家，在企业行为与社会共同目标不一致时，所采取的纠偏措施和行为限制。国家通过法律、法规对企业的经济活动进行干预和约束，以防止和排除致使市场失灵的诸多因素，实现资源配置的最优化。因此政府在企业社会责任发展进程中承担着规制者的角色。政府应该制定相关政策法规，建立技术标准，使企业履行社会责任有法可依，并在政府的监督下更好地履行社会责任，达到预期的效果。

首先，为了规范企业社会责任主体行为，在国家《公司法》《劳动法》《企业法》等相关法律的基础上，出台地方行政规章条例，明确企业社会行为的地位，主要规范企业对环境、对社区、对法律、对合作伙伴的社会责任；其次从加强企业社会责任内部监督的角度出发，补充《工会法》的相关条例，规范企业对员工的社会责任；最后从加强企业外部社会责任监督的角度出发，每年定期总结消费者和企业纠纷案例，完善《消费者权益保护法》的相关补充规定，消除因为经济发展过快而产生的权责不清晰的灰色地带，赋予消费者依法抵制企业不负责任行为、监督企业社会责任管理活动的地位。

通过制定补充条例的方式，大大地提高地方政府对企业失责行为的响应速度，形成小而敏捷的政策制定执行闭环效应，在全国范围内争创先进。

三、建立衡量民营企业社会责任履行效果的评价体系

把创造经济利润的多少作为评价企业好坏的标准存在很多弊端，既不利于我国民营企业在国际市场上竞争，也不利于民营企业的长远发展。因此，作为企业社会责任的制定者，政府应该全面衡量，建立符合我国国情的民营企业社会责任履行效果的评价体系，并配备相应的评估机构，对我国民营企业社会责任的履行行为进行评估。

针对目前的情况，一级指标应包括对经济、法律、员工、环境、客户、供应商、慈善、社区等方面的评价体系（如图11-28）。通过设立二级指标，每年抽样在全市分层调研各企业社会责任的履行状况，对个案进行分析，对于不同经济体量的公司，设定不同的评价标准，将结果进行汇编公布，使企业明确在社会履责过程中的位置和前进的方向。

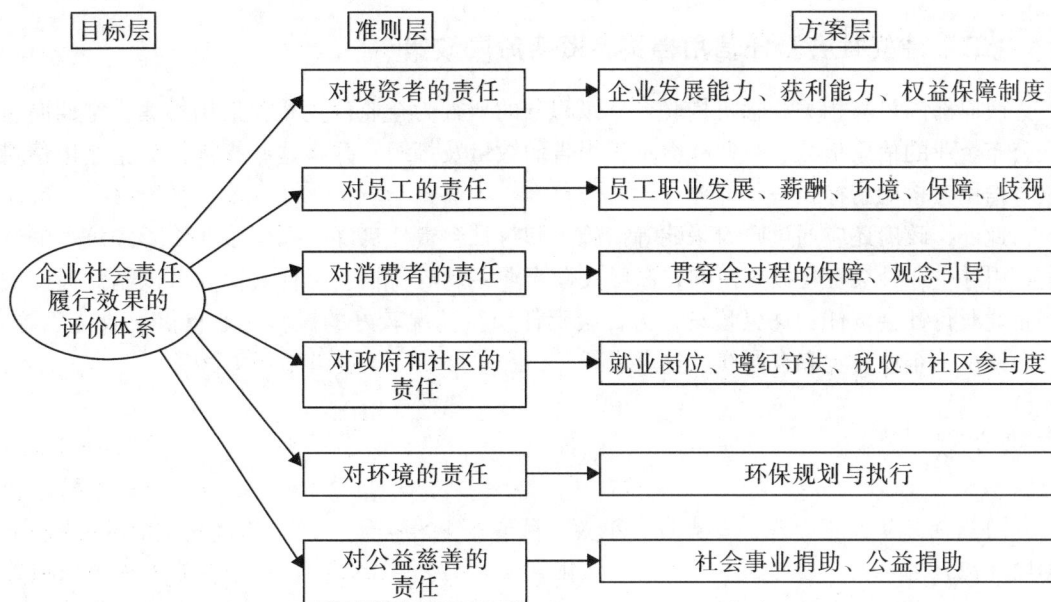

图 11-28　民营企业社会责任履行效果的评价体系

四、推进政策法规执行与监督

政府作为推进者，应运用自身行政资源，开展宣传、教育、倡导及责任研究等工作，注重培养社会责任的理念、意识，提高企业社会责任水平；制定出台企业社会责任的相关法律政策后，应有效运用行政手段、审计和认证等方式对企业履行社会责任情况进行监管。我国处于社会主义市场经济发展初级阶段，一家企业如果社会责任缺失的成本远低于其效益，该企业就很难自觉地履行社会责任，整个社会就会出现"劣币驱除良币"的现象。因此，必须加大对企业损害社会利益行为的监督和惩罚力度。

（一）建立联动监管，形成闭环管理

首先，以现有的《公司法》《劳动法》《环境保护法》等相关法律条例为准，对违反条例规定的、在日常经营中存在不良行为、逃避基本的法律责任甚至造成恶劣影响的企业，相关行政执法部门要依法进行处罚，加大企业违法的惩罚力度；其次，对于制定的补充条例，能够贯彻执行的要加大宣传力度，营造氛围，对于违反的企业，要形成更加严格的监控。

除了政府部门，相关的社会民间组织也能成为监督企业履责的重要主体，例如工商联合会、企业家协会、行业会、消费者协会等，要充分利用社会民间组织的号召力和执行力，针对小企业社会责任意识薄弱的情况，加强组织管理。对于违反规定的企业，可以建立跟踪机制，对于进步较大的企业，可以形成报告供其他企业学习。

（二）建立社会责任信用档案，落实激励政策

政府部门可与相关金融机构联合，以积分的形式为企业建立相关信用档案，定期向公众公布企业的信用指数、企业社会责任报告的数量及等级，并将这些指标作为企业申请贷款等信用考核的指标之一。

此外，政府还应通过政府采购等措施对履行社会责任良好的民营企业给予经济上的奖励，引导企业社会责任投资流向，激励民营企业主动履行社会责任。比如可以制订促使民营企业履行社会责任的优惠政策，为社会责任履行情况较好的民营企业提供税收优惠等，从而使民营企业自觉和自愿履行社会责任。

参考文献

［1］胡建军，王建琼，董大勇．小微型民营企业社会责任践行模式研究．企业经济，2012（12）．

［2］陈旭东，余逊达．民营企业社会责任意识的现状与评价．浙江大学学报，2007（2）．

［3］赵辉，李文川．中国民营企业社会责任的层次性研究．经济纵横，2007（5）．

［4］李增福，汤旭东，连玉君．我国民营企业社会责任背离之谜．管理世界，2016（9）．

［5］谢梦婵，陈玉祥．非"竞争中立"环境下中国企业社会责任比较研究．对外经贸，2017（3）．

第十二章　珠海市民营企业品牌发展研究

第一节　引　言

随着民营经济在珠海市经济结构中的地位的提高，珠海民营企业品牌发展已刻不容缓，加强对珠海民营企业品牌发展的关注十分必要。

一、品牌发展是珠海民营企业做大做强的重要保障

尽管珠海市民营企业以中小企业居多，但实际上，大企业都是由小企业发展而来的。小企业能够抓住机遇，充分利用企业内外资源，正确使用品牌策略，适时地挖掘品牌，就可能发展为大企业。而发展品牌就是这样一个不断提高不断成长的过程。事实证明，在发展初期，就制定了长期的品牌战略目标，有品牌意识和长远品牌经营理念的企业，会有更大、更快的成长机会。例如，20 世纪 50 年代索尼（SONY）只是一家生产电子晶体管的小企业，但盛田昭夫认为："我们应该有自己的品牌！"于是 SONY 应运而生。从命名开始，SONY 便有了世界眼光，即使在最困难的时候，也坚持正确的品牌运作方式，不断创新，为品牌注入全新的内涵和活力，一改世人心目中日本货低档、质次的印象，最终创建了一个国际品牌。

未来企业的竞争实际上是品牌的战争，商界与投资者将认清品牌才是公司最珍贵的资产，因为品牌是公司的一种远景，它关系公司如何发展、强化、防卫与管理生意业务。拥有市场比拥有工厂重要多了，拥有市场的唯一途径是拥有具市场优势的品牌。对于珠海众多民营中小企业来说，这无疑是个良好的启示，品牌发展已不容忽视。

二、民营企业品牌是珠海市区域经济竞争力的重要体现

在品牌竞争力时代，品牌对一个地区来讲不仅具有深刻的象征意义，更是地区竞争力的源泉。21 世纪，地区间的竞争是以经济实力为基础的经济竞争力的较量，一个地区经济要发达，企业必然要兴旺，而企业兴旺的基础是品牌的强大。全球著名的管理大师德鲁克曾经说过："21 世纪的组织只有依靠品牌竞争了，因为除此之外他们一无所有。"

民营经济作为最具活力的经济形态，在一定程度上反映一个地区的经济发展程度和水平，体现一个地区的竞争力和投资吸引力。民营资本一定会选择最适合自己发展的地方"生根发芽"，所以，当一个地区成功的民营企业品牌越多、影响越大，则从侧面反映该区域的经济竞争力越强，反之亦然。美国竞争力之所以强大，主要表现为它拥有世界 500 强

中绝大多数企业品牌（非垄断获得），且其国民收入中很大一部分都来自由这些品牌所创造的价值。可见，珠海民营企业品牌发展程度直接体现为珠海市区域经济竞争力及发展潜力。

三、民营企业品牌发展是珠海市经济可持续发展的重要动力

根据《2016年珠海市国民经济和社会发展统计公报》（珠海市统计局2017年发布），2016年珠海市GDP 2 226.37亿元，同比增长8.5%。其中，民营经济增加值776.72亿元，增长12.3%，占GDP的34.9%。从固定投资来看，2016年珠海全年完成固定资产投资1 389.75亿元，比上年增长6.5%。其中，其中民营经济投资638.80亿元，增长32.7%。由此可见，无论是民营经济占珠海GDP的比重，还是民营经济的投资增长速度，都显示出民营经济已成为珠海市经济发展的重要引擎。然而，从规模以上工业企业实现利润及其增长速度来看，全市规模以上民营企业实现利润总额79.27亿元，同比增长43.1%。说明规模以上珠海民营企业尽管增长速度很快，但在利润创造方面体量仍然较小，具有很大的发展空间。只有发展民营企业的品牌方可进一步提升珠海民营经济发展速度，增加盈利能力。可以预见，在推动珠海市未来经济可持续发展以及增加财政收入方面，民营企业将扮演越来越重要的角色。然而，目前珠海品牌战略上却存在着各种各样的问题，其现状堪忧。因此，珠海市民营企业只有促使品牌发展才能为珠海经济提供可持续发展的动力。

四、民营企业品牌发展是粤港澳大湾区确立竞争优势的必要手段

在生产力低下时，企业的生产经历了从无品牌到有品牌的过程，市场属于卖方市场，企业的主要矛盾就是生产能力和生产速度的问题，只要生产出来，销路是不犯愁的。随着生产力的发展，市场已完全改变，从20世纪90年代开始，我国买方市场基本形成，同类同质产品多如牛毛，企业要想生存，唯有创造好的品牌，取信于民。特别是经济发展水平全国领先的粤港澳大湾区，靠原有三来一补、制造加工的经济发展模式难以为继，只有不断发展民营企业品牌，才能使粤港澳大湾区在世界分工体系中占据有利位置。另外，良好的民营企业品牌有助于吸引人才、激励士气、增加销售、强化融资的能力，成为粤港澳大湾区确立竞争优势的必要手段。

在以上认识的基础上，对珠海众多民营企业进行了实地调查。通过资料的整理及分析，将对以下三个问题进行研究：①珠海市民营企业品牌发展的成功做法；②珠海市民营企业品牌发展面临的问题与挑战；③珠海市民营企业品牌发展的建议及对策。本章将不仅有助于珠海民营企业在微观层面发展自身品牌，也有助于政府从宏观层面促进本市民营企业的品牌发展。

第二节　珠海市民营企业品牌发展的成功做法

通过多年的发展，珠海市民营企业数量和规模都在持续增长。近年来，随着横琴自贸

区的建设和珠海市高新科技园区的发展，有活力的中小创新企业开始大量涌现，珠海的各类民营企业成为推动珠海经济发展的重要力量。以下将通过实地调查的民营企业品牌发展案例及成功做法予以总结，以供借鉴。

一、鼎泰芯源：技术创新，打造国际一流晶体材料供应商品牌

地处珠海市高新区大洲科技园的珠海鼎泰芯源晶体有限公司是一家生产磷化铟（InP）芯片晶体原材料的高科技民营企业。目前是国内晶体材料的进口替代品牌。其产品主要应用于大数据传送、光通信、军工、无人驾驶、遥感等方面。该企业的品牌发展目标是到2025年，跻身国际领先晶体材料公司阵营，成为国际一流晶体材料供应商品牌。

鼎泰芯源在打造国际一流晶体材料供应商品牌的过程中有如下成功做法值得其他高新技术企业借鉴：

（一）强化核心团队，提供组织保障

任何一个一流的品牌都离不开一流团队的推动，鼎泰芯源也不例外。为了确保该品牌能成为国外晶体材料品牌的替代者，扭转我国在晶体材料长期依靠国外的尴尬局面，并最终创建自己的品牌，鼎泰芯源自创业之初就立足于全球来组织一支具有专业素质高、互补性强的优秀团队。

该企业的团队成员均为各方面的专家。其首席科学家专注 InP 衬底近 30 年，掌握 2 英寸 ~6 英寸 InP 成熟产品生产工艺，曾获国家科技进步二等奖等多个国家级奖项。首席运营官曾任珠海佳能工厂中方第一负责人逾 20 年，创造生产价值 8 亿 ~13 亿美元/年，曾任华为南方工厂光器件部部长，在企业运营方面具有极丰富的经验。市场总监具有超过 10 年化合物半导体衬底销售经验，累计销售 InP 衬底超 25 万片，掌握成熟客户资源和市场渠道。鼎泰芯源优秀的核心团队为打造国际一流晶体材料供应商品牌提供组织上的保障。

（二）加大技术投入，建立竞争壁垒

《"十三五"国家战略性新兴产业发展规划》中，"做强信息技术核心产业"章节写道："提升……光通信器件、专用电子材料供给保障能力。"2016 年初，中兴通讯受美国商务部制裁的事件进一步凸显出核心光芯片、材料及器件模块在光通信产业链中的重要意义。培育出具有高端核心芯片/器件、材料自主知识产权的上游厂商，对我国整个通信产业的可持续发展具有重要战略意义。而我国尚无成熟的国产 InP 衬底供应商，急需补齐该产业链的短板。

鼎泰芯源当前大部分核心员工都是技术人员，技术投入占比较大。公司自主研发 InP 单晶全过程生产技术（从单质材料—多晶—单晶—切磨抛加工—衬底成品）、独立研发单晶生长炉以及业内领先的温度梯度及压力场控制技术。公司已拥有专利 31 项，且数量连年快速递增。研究成果获国家科技进步二等奖。由于技术门槛高，其品牌发展拥有了竞争上的"护城河"。

（三）抢占市场先机，把握市场机遇

当前 InP 晶圆市场需求将迎来爆发式增长。首先，"宽带中国"战略和加快建设网络强国战略的相继提出，带来了市场需求的高速增长。未来几年随着云计算、物联网等新型应用，市场需求将进一步引爆。其次，随着 5G 毫米波通信和车载毫米波雷达市场的崛起，市场需求量将成为新的产业发展级。2015 年，InP 晶圆市场约 15 亿元人民币。据权威市场调研机构预计，未来五年 InP 晶圆的年均增速都将保持在 40% 以上。

良好的外部环境是品牌发展的重要机遇，鼎泰芯源对此非常重视。因为只有在快速发展的过程中提前做好准备，才能迅速扩大市场占有率。为此，鼎泰芯源一方面积极拓展客户资源，例如分别与中国科学院、深圳华为、青岛海信等国内重要客户建立合作伙伴关系，抢占品牌发展高地，与许多重要客户都签订了小规模的订单。另一方面积极拓展产能。当前五年总投资 2 亿元，分三期建设。2017—2021 年可实现总营收 5.5 亿元以上，总净利润 1.75 亿元以上。

（四）联合知名品牌，提高业界影响

任何一家公司若想获得业界的认可，都需要一个逐步被熟悉和信任度的过程。鼎泰芯源科技发展有限公司作为一家初创公司也不例外。它除了用自己高性价比的产品来"征服"客户外，在发展自我品牌时，还充分利用品牌联合的手段来提高自己在业界的地位。主要表现在以下几个方面：第一，聘请两位中国工程院院士担任公司顾问。两位中国工程院院士在该研究领域享有盛誉，他们的加盟无疑为企业品牌提供背书，也从另外一个层面证明该公司技术的竞争力。第二，通过和产业巨头建立合作伙伴关系来打造自身品牌。该行业推广受品牌品质印象影响大，客户更换意愿低，品牌黏性大。在营销层面看，公司一直关注合作伙伴的层次，中科院下各研究所、华为、海信等品牌能成为公司的合作伙伴进一步证明公司的实力。"品牌联合"是公司发展自我品牌的一种重要策略之一。

（五）争取政府支持，助力品牌发展

良好的营商环境是企业品牌发展的一个重要保障。鼎泰芯源选址于珠海高新区，为其品牌发展提供良好的外部环境。

首先，珠海高新区办事效率高，服务好，承诺能落到实处。和内地的许多地方相比较，公司获得的服务更好，避免了因效率低、承诺难以兑现等问题妨碍公司品牌的发展机会。公司从成立到选址、建厂房到产成品生产一共不到半年，这在其他地方是难以想象的。其次，是提供资金上的大力支持。品牌的发展离不开资金的支持，作为国家重点发展的项目，更容易获得政府资源的支持，包括税收政策、贷款政策等。珠海市提供的创业资金资助以及一定数额的低息配套债权资金，为公司后续发展提供强有力的支持。

二、魅族：优化用户体验，成就一线品牌

魅族科技有限公司，成立于 2003 年，是一家国内外知名的智能手机厂商，总部位于

珠海市，创始人是黄章。魅族在 2003 年创立之初致力于开发优质的 MP3 产品，以性价比来获取小部分消费者的喜爱，直到后来 music card、mini‑player 的推出并一举击败了当时国内外所有的 MP3 成为销售冠军。2006 年退出 MP3 行业，转向互联网智能手机的研发。经过 3 年的研发，魅族手机 M8 正式在全国发售，几乎每家魅族专卖店的门口，都有人早早排起了购机的长队。截至 2009 年 4 月，M8 已经站稳了国产智能手机的领先地位，奠定了魅族在中国电容式触摸屏手机的先驱地位。

近年来，国产手机以高质量低价格的战略手段吸引了消费者的眼光，手机行业竞争也越来越激烈。魅族作为国产智能手机的先驱者自然不甘落后，一直以时尚、潮流、独到为设计理念的魅族手机在 2015 年 1 月 28 日推出了售价 699 元的 5 寸屏魅蓝智能手机。这对于年轻人和喜欢玩机的消费者具有很大吸引力，跟魅族一直以来年轻化的品牌定位一致。举行新品发布会当天，除了推出魅蓝手机外，更重要的是正式推出魅族智能生态圈，将"Connect to Meizu"的理念展示出来，宣布与海尔、阿里云等多方合作，打造魅族智能生态圈。

作为手机厂家，魅族的手机会是智能家居生态圈的第一个入口，也是把所有家居设备串联起来的关键，但要打造一个体验最好的生态圈，还需要通过一个统一标准和其他厂家连接起来，才能达成最优质的体验。魅族在整个生态圈中扮演的角色只是促进者和建设者，少不了数据挖掘领域最好的阿里云，家电以及智能家居领域最好的海尔，以及其他厂家的接入，共同打造一个标准化平台。魅族将与阿里巴巴、海尔共同建立这一标准化平台，首先做出优质的用户体验，然后策略性地开放平台，以吸引更多厂商加入。

硬件方面，魅族手机一直追求高质量技术，为消费者提供更好的智能手机体验。2016 年底魅族公司与高通签订了 3G/4G 全球专利许可协议，进而让魅族手机搭载高速处理器成为可能。2017 年 8 月 23 日，魅族在北京演艺中心举行了魅蓝 Note 6 新品发布会。该款手机配备 1 200 万 +500 万的后置双摄摄像头，搭载高通骁龙 625 处理器，售价 1 099 元起，于当年 9 月 1 日在魅族商场、京东商城发售。

魅族打造成功品牌的做法包括以下方面：

（一）合理的品牌符号设计为品牌发展提供基础

首先是魅族品牌名称的确定。"魅族"顾名思义，有魅力的一族。"魅族"的"魅"可以理解为"外貌讨人喜欢的鬼"，而"族"则可以作为"群体"理解，树立了一个具有独特个性却又讨人喜欢的品牌形象。一个好的品牌名称本身就是一句最简短、最直接的广告语，能够快速而有效地表达品牌的核心理念和关键联想。它能激发消费者对品牌的一种感知联想，一提到该品牌名称继而联想到该品牌所代表的产品或服务的质量。

其次是品牌标志的设计。2015 年 9 月 23 日，魅族正式发布了全新 Logo。据悉，此次魅族 Logo 由魅族和知名设计团队 MetaDesign 合作，"Uplifing"的感念展现在新品形象系统的各个方面——从标志到气球图标、再到颜色和图片风格，甚至是字体的选择。在新 Logo 的设计过程中，魅族首席执行官（CEO）黄章称，魅族 Logo 要如明镜一般平静稳定，可以代表那种实在的追逐心中梦想的感觉。新版 Logo 的主要色调为白色和蓝色，使人联想到纯真、希望、智慧、活力。新版 Logo 希望是一个有温度的设计，所以它变得更加圆润，统一了字体的间距，视觉上看上去更加均衡，也更加稳重。新版 Logo 并不是一个非常博眼球的设计，而是一个平衡的设计，一个更加内敛、成熟的设计。它所有的美酝酿在细节中，这正如魅族的所有产品一样，细节见美。

（二）清晰的品牌定位提高目标消费者的高度认同

魅族手机一开始就明确了自己的目标消费人群是 16～35 岁的年轻人群，所以他们致力于开发年轻人群更加青睐的手机功能，例如拍照、音乐、游戏功能，而在外观上则推崇简约素雅的时尚款式，符合当代年轻人审美的追求。除此之外，在广告的宣传上，通常以俊男靓女为主，风格青春轻快，音乐动听，能一下子吸引住年轻人群的目光。由此可见，魅族手机品牌保持了与目标消费者个性的相关性，所以才能在手机市场中迅速占据一席之地。

（三）多渠道品牌传播建立品牌联想

首先，魅族通过体验店来进行品牌传播。魅族目前在全国有 2 000 家以上的实体体验店，消费者可以在实体店中直观地感受魅族手机的品质，消费者通过看、听、用、参与的手段进行响应，调动消费者的感官、情感、情绪等感性因素以及智力、思考等理性因素，来增加消费者对品牌的感性认识，提升对品牌的信任。在魅族体验店内，除魅族各种手机配件出售，购机顾客可以在这里享受热情的一站式购买体验服务。如为顾客提供剪卡、贴膜等，这里不仅是魅族手机的售后服务场所，更是魅族粉丝们交流的场所。魅族也不定期的为粉丝举行各种活动，给大家介绍魅族产品的使用和魅族文化。

其次，充分利用品牌社群进行品牌传播。魅族是手机行业里最早做论坛的，公司的创始人黄章就是管理员之一，所以公司最高层和用户之间得以通过论坛直接交流，通过互动更好地了解到"煤油"（魅族的粉丝）的真实需求，并努力达到用户的需求。魅族在自己的官网上建立了产品社区，消费者经过注册就可以登陆，和其他的魅族拥有者在线交流，互相探讨产品的应用问题。参与这样的论坛交流，积极活跃的消费者能得到特别的"礼物"——魅币，而魅币的多少就可以用来决定消费者参与的级别，如果能够成为 VIP 会员，他们就会得到参加特别环节的机会。设立这样的环节能够有效提高消费者的参与度，让消费者可以接触到更多信息，使这些信息就在这些活动中潜移默化地传播出去。消费者就相当于一个媒介，这样的口耳相传，有利于消费者对产品信息的理解和品牌的认识，这时候传播的效果随着人群的数量和讨论的激烈程度不断递增，传播效果远胜于广告，而且投资的成本也要远小于广告的投入。除此以外，网上的这种论坛传播推广还有一个好处就是很好地控制了信息传播过程中出现的噪音，甚至一些负面的信息，在减少广告营销支出的同时可以更好地树立积极的品牌形象。

再次，善用产品发布会来宣传品牌。2014 年，魅族 6 个月内共举行 4 场发布会，分别宣传 MX4、Flyme powered by Yun OS、MX4 Pro、魅蓝 note 这四件产品，每场发布会都有娱乐圈嘉宾驻唱，观众到场人数均在 1 500 左右，且每场发布会当天均获得微博热搜榜第一，引起的热烈讨论随着人群的数量和讨论的激烈程度不断递增，更加深化了在年轻消费者心目中"年轻、进取、追求完美、有梦想""青年良品"的形象。

（四）恰当品牌延伸和与多品牌管理，增加多品牌协同

魅族从 MP3 转战智能手机市场的发展历程，正是基于企业正确预测了消费者不断改变的需求，从而做出的重大战略转变。魅族发展了魅蓝、Note、Pro 等系列子品牌，填充了消费者的选择空白区。同时从成立魅蓝到成立魅族、魅蓝和 Flyme 三大事业部，魅族专注超高性价比的中端产品，魅蓝是定价千元机市场的青年良品，Flyme 追求互联网公司的特性，关注操作系统体验和商业化业务的高端市场。魅族的合理品牌组合和品牌结构等级让魅族的高端手机强调品质和设计抓利润，低端手机强调性价比和互联网模式冲销量。

魅族不但在手机行业发力，还加大了智能家居（物联网）方面的布局。早在 2014 年，魅族智能家居负责人、深圳分公司总经理邱俊涛曾对外透露了魅族布局的智能硬件生态圈的野心，主要的领域就是智能家居，研发包括智能家居在内的 IOT 互联网硬件和新的技术，产品包括有 LifeKit 开放智能硬件平台，共建 "Connect to Meizu" 智能生态圈等。

（五）通过品牌国际化提升品牌价值

魅族进军海外，在印度、俄罗斯、南非、法国、意大利、乌克兰、以色列、捷克、斯洛伐克、马来西亚等多个国家开展销售活动，其品牌国际化有效提升品牌形象以及产品竞争力，实现产品输出转向品牌输出的战略。在 2013 年的巴塞罗那世界移动通信大会期间，魅族已经与以色列相关经销商签订合约，正式将魅族 MX2 推向以色列市场。同时，魅族方面亦发布新固件，增加对以色列官方语言希伯来语的支持。在俄罗斯市场方面，从 M9 时代，魅族就已经开始在俄罗斯探索市场，MX2 通过俄罗斯运营商 Megafon 全线开售，并在发售前两周销量全面上升，市场反应非常热烈。据了解，魅族在俄罗斯方面的合作伙伴，更是投入 500 万 ~ 600 万卢布的广告费，主要投放在地铁、户外广告牌及互联网。2013 年 12 月，魅族已顺利攻下俄罗斯、以色列和乌克兰等海外市场。2014 年伊始，魅族进军法国，开拓欧洲市场。同年，魅族科技与戴尔签署合作备忘录，双方将建立长期战略合作伙伴关系，致力于加速魅族移动互联网基础建设，同时协助魅族搭建内部私有云。这一举动，也体现了戴尔对中国高端手机制造业的支持。之后，魅族科技与南非 Canonical 公司正式于魅族总部签署了战略合作协议。双方确定共同建设 Ubuntu 智能手机生态系统，并促进魅族 Flyme 服务在海外市场拓展。2015 年魅族在印度新德里举行品牌发布会，发布印度版 MX5 手机，借再次发布 MX5 之势宣布全面进军印度市场。

2013—2015 年这一系列的海外市场拓展极大提高了品牌规模和知名度，以新市场的开拓向中国市场传达出企业迅猛发展的良好信号，并通过高销量证明了产品品质受到多层次人群的信任和喜爱。

三、再生时代：整合品牌传播方式，打造耗材媒体品牌

珠海再生时代文化传播有限公司成立于 2006 年，是一家集展览会、产业峰会、杂志出版、行业调研、网络媒体为一体的综合性媒体公司。公司立足珠海，为全球打印耗材行业提供专业的资讯。公司从 2007 年以来，每年举办中国（珠海）国际打印耗材展览会

Remax World Expo，打造了"世界耗材之都——珠海"的城市名片。

公司分为管理、文传、捷创、置业四个子公司，分别负责营销推广、刊物出版、展会主办、打印耗材交易中心四个方向的业务。目前刊物出版和展会主办两项业务发展较为成熟，旗下杂志《再生时代》（有汉、英、西、俄四种语言版本）和《3D 打印世界》的发行和阅读量均达到了业界第一。每年于中国珠海、埃及开罗和墨西哥坎昆主办国际打印耗材展览会，是业界最权威的耗材展会主办商。

集团为拓张业务计划建造的新办公地点——再生时代大厦，坐落在珠海沿河南路南侧、南屏科技工业园生活配套区内，总建筑面积约为 5.7 万平方米，预计将于 2018 年建成。大厦建成后，将在此设立中国（珠海）国际办公设备打印耗材交易中心。该交易中心主要是珠海耗材展的延伸，在每年举办国际打印耗材展览会的基础上，再增加 365 天的产品展示，为打印耗材企业打造世界最大的线上线下交易展示平台。

（一）建设中英官网，塑造国际化耗材媒体品牌形象

据观察，国内许多企业没有意识到官网对于品牌建设的重要性，因而大多数官网设计简单，功能不全，难以体现公司特色，甚至久不更新，完全无法体现公司的最新动态。

再生时代旗下的官网建设得十分精美，作为一家跨国企业，网页设置了中、英、西三种语言版本。页面按业务分类清晰：公司最新动态、行业新闻、展会信息、杂志、社交媒体账号、联系方式，使浏览者能够迅速获取自己想要的信息。此外，页面设计非常有企业独特的风格，简洁利落的页面和大气沉稳的色调充满科技感，符合企业科技领先的理念和定位。

（二）利用媒体产品，提高品牌影响力

当前再生时代主要经营两本杂志：《再生时代》月刊和《3D 打印世界》月刊。《再生时代》月刊是一本"来源于行业，服务于行业"的杂志。自 2007 年 2 月出版以来，一直专注于为亚太华语地区的打印耗材企业提供全面、及时的行业新闻以及深入权威的分析报道。杂志内容覆盖了世界各地打印耗材行业的生产、销售、消费、市场、技术发展等方面的动态信息，是打印耗材行业覆盖面最广的电子刊物。

《3D 打印世界》杂志定位于全球 3D 打印行业，旨在联合全球行业权威的力量，整合资源和意见，推动全球 3D 打印产业健康有序持久地发展。《3D 打印世界》杂志是中国 3D 打印行业第一本月刊。

两本月刊的发行在业内覆盖面极广，知名度很高，为再生时代集团品牌的建设做出了极大的贡献。

（三）开创独家 Intouch 新闻频道，加强品牌信息传递

再生时代创建了 Inouch 新闻栏目，由董事 David Gibbons 每周播报打印耗材行业最新讯息，在官网、优酷和 Youtube 上均有开设独家频道，同步更新。企业高层代表公司形象，进行行业新闻的播报，有利于企业和雇主品牌的建立。从 2011 年到现在，再生时代一直坚持不间断地更新视频。经营自频道是个常见的推广方式，但以固定的频率保持更

新，形成气候是不容易的。目前，频道已经上传了 511 条视频，这是业内人士了解再生时代最主要的线上媒体渠道。

（四）运营社交媒体帐号，增进品牌—客户关系

再生时代有微博、微信、优酷等国内媒体帐号，也有 Instagram、Facebook、Linkedin 等海外主流社交帐号。

微博：于 2017 年 7 月开通，开通时间较晚，但定期发送展会信息，进行活动宣传，如果长期用心经营应该能吸引更多粉丝。

微信公众号：于 2017 年 9 月 25 日开通，从推送内容来看主要是为了宣传 10 月 11—14 日的国际打印耗材峰会暨展览会。

Instagram：主要发布一些公司团建、日常工作的照片，向关注者展现一些工作氛围、企业文化方面的内容，风格较为轻松。

在这个网络时代，社交媒体帐号的运营使信息的传播极度高效而低成本。通过在社交媒体帐号上发布企业最新动态，使更多的人有机会认识再生时代这家企业，也能在线购买展览会门票、在线预约业务等。

时代在变化，企业进行品牌管理的方式也必须与时俱进。尤其是作为一家文化传播公司，如果不能掌握当下信息传播的关键，是无法在行业生存下去的。再生时代采取了正确的战略——线上媒体和传统媒体互为辅助，这使宣传和推广切实有效，取得了很好的收益和成效。

四、汤臣倍健：创新渠道管理模式，成就保健品品牌标杆

汤臣倍健创立于 1995 年 10 月，2002 年系统地将膳食营养补充剂引入中国非直销领域，并迅速成长为中国膳食营养补充剂领导品牌和标杆企业，也是中国保健行业第一家 AAA 信用等级企业。2010 年 8 月，国际篮球巨星姚明签约成为汤臣倍健的形象代言人，同年 12 月 15 日，汤臣倍健（股票代码：300146）在深圳交易所创业板挂牌上市。今天的汤臣倍健建立了全面、科学的膳食营养补充体系，包括蛋白质、维生素、矿物质、天然动植物提取物及其他功能性营养补充食品；在中国已有超过 30 000 个销售终端和 500 家营养中心分布在各大中城市，成为中国膳食营养补充剂领导品牌。

（一）利用医药渠道塑造专业化品牌形象

汤臣倍健创立之时，正是中国市场关于直销是否合法的讨论热火朝天之时。作为一个后进者，汤臣倍健要想立住脚跟，必须另辟蹊径。当时保健品的形象跌至谷底，消费者对于保健品并不信任，再走传统的直销渠道，几乎没有出路。因此，汤臣倍健的董事长梁允升转而将目标放在了传统的医药渠道，希望借助药店，帮助汤臣倍健形成专业、安全、信得过的品牌形象。另一个选择非直销渠道的原因是有点迫不得已，"安利多年来成功的直销经验使其不会轻易进入药店等渠道，这就给汤臣倍健留下了市场空间"，梁允升如此阐释他的另一个初衷。的确，相对于直销的低成本与灵活，传统的零售方式确实成本高，

"但从两个渠道的发展趋势来看，传统零售渠道的发展增速要远高于直销渠道"，而且传统渠道购买更符合消费者的购买习惯。

（二）建立专业的营养师团队，提升客户的品牌黏性

目前汤臣倍健的专业营养师超过 50 人，已经是行业内人数较多的。但是，为了进一步加强营养师力量，汤臣倍健仍然不断地从医院和专业院校招收专业人才。这种专业的指导裨益颇多，既帮助经销商克服了拓展市场的难题，又教育了消费者，培养了市场。正是通过这种增值服务，汤臣倍健撬动了各地的药店市场，与经销商确立了良好的合作关系。

（三）注重渠道终端，加强"终端拦截"

销售如何达成最后的成交，是困扰很多企业的重要难关。终端销售人员的态度和素质起着至关重要的作用，汤臣倍健通过"专柜＋营养顾问"的模式，成功赢得了终端市场。作为中国非直销领域的第一保健品牌，汤臣倍健从 2002 年至今，一直坚持"专柜＋营养顾问"的营销方式，并取得了成功。所谓营养顾问，就是在汤臣倍健的销售网点，派驻专门的营养顾问，对产品进行介绍和展示。通过对营养知识的宣传，获得消费者的认可。

然而，随着越来越多的品牌意识到营养顾问模式的有效性，跟风者比比皆是。汤臣倍健遭遇的终端拦截越来越多。一招鲜的深耕渠道已经不足以支撑整个品牌发展，转型迫在眉睫。而 NBTY、GNC 等具有国际背景并且模式相近的外资巨头看好并进入中国市场，又给汤臣倍健的发展带来巨大挑战。汤臣倍健急需扭转这种认识，快速获得市场的知名度。

（四）借用名人效应，提升品牌知名度

汤臣倍健选择了"体育营销＋名人效应"之路。作为膳食补充剂，汤臣倍健产品有助于增加使用者的体力和免疫力，与运动员是天然的搭档。作为对手的安利，多年来就一直坚持体育营销，和众多体育明星达成了良好合作。因此，汤臣倍健的第一步，也是牵手体育明星。2006 年，汤臣倍健与体操明星刘璇成功牵手，当刘璇捧着汤臣倍健的蛋白质粉，介绍汤臣倍健时，全国人民都记住了这个有些陌生的品牌。

尝到了甜头的汤臣倍健在 2010 年再接再厉，牵手中国最著名的篮球明星姚明，这次牵手成为汤臣倍健树立品牌形象的关键一笔。当印有姚式微笑的产品出现在终端市场时，汤臣倍健无疑获得了极大程度的品牌背书，拥有了最大的关注度和忠诚度。姚明健康的形象和巨大的号召力，让汤臣倍健一夜成名。

（五）利用事件营销，传递品牌价值

汤臣倍健在利用名人效应的同时，也充分认识到事件营销的价值。2011 年，号称中国版"全球最好的工作"——汤臣倍健"全球营养体验之旅"20 万月薪环游全球活动同样引发了全民热情。由于食品安全问题引发了消费者对于各种产品的不信任，汤臣倍健希望通过消费者真实的体验之旅，把汤臣倍健"取自全球"的高品质理念传达给消费者。

第三节　珠海市民营企业品牌发展面临的问题与挑战

通过前期的调查我们发现，由于行业、成长阶段与规模的不同，珠海市不同的民营企业在发展自身品牌过程中都有自身的成功经验。而这些经验对于珠海市其他各类企业的品牌发展均有较好的借鉴作用。尽管各品牌成功的做法差异很大，但面临的品牌发展问题及挑战却有诸多相似之处，以下将珠海市民营企业品牌发展存在的主要问题予以梳理。通过调查发现，珠海市民营企业品牌发展中面临如下主要问题。

一、品牌发展的产业营商环境有待进一步优化

一个企业是否能长期在一个地方发展，根本在于是否有良好的营商环境。这些营商环境包括政府政策、服务效率、税收、土地优惠、法律环境等。然而决定一个企业竞争优势的则是其产业营商环境。因为，当今的竞争并不完全表现为企业间的竞争，而是表现为一条价值链与另一条价值链的竞争。

通过调查发现，珠海的民营企业规模通常较小，往往只做行业价值链的某个或几个特定的环节。当行业价值链的其他上下游企业都不在珠海时，空间的距离加大了其运营成本。实际上，我们在这次访谈中也发现了这个问题，珠海市民营企业分布在各种行业，每个企业相互独立性强，其合作伙伴和上下游企业大都在其他城市和地区（珠海的耗材品牌尽管有一定集群效应，但随着该产业发展放缓，影响力也不断减小），这样的产业环境显然不利于其品牌的长远发展。

二、市场环境的剧烈变化使民营企业发展自身品牌的难度增大

首先是行业竞争加剧，潜在竞争对手威胁大。例如，珠海一微半导体科技有限公司主要从事运动机器人芯片的设计和制造。这一领域是人工智能领域的细分市场，百度、谷歌等行业巨头并不十分重视。然而，这种高科技行业有"赢者通吃"的特征，此类企业在自身品牌发展过程中随时存在巨大的竞争威胁。又如，餐厅桌面新媒体 OneDesk——珠海一桌科技有限公司在品牌发展过程中利用大数据云计算技术，搭乘"共享移动电源"的时代便车，形成具有一定竞争优势的商业模式。然而这种商业模式并非无法模仿。该系统最核心的技术是媒体后台系统的开发，据说一个技术开发团队最多 8 个月就可以开发出来。可见，市场留给该企业品牌迅速发展的时间窗口并不是很长。

其次是媒体的分散，使民营企业在自我品牌发展中需要不断增加市场投入。随着智能手机的不断发展和 Android 系统的普及，诺基亚已经没落，摩托罗拉前途渺茫，索尼走不出困境等，从这些手机巨头的种种问题可以看出，要想在激烈的竞争之中活下来，除了有过硬的产品，还必须有强大的营销策略。魅族手机可以说是国产手机之中的佼佼者，不管是产品的性能、质量，还是手机的外观设计，都遥遥领先于其他国产手机厂商，但知名度不高，因为魅族的营销策略太低调和简单，从来不进行大幅量的广告宣传。现在魅族唯一

的宣传策略就是魅族官方论坛，虽然说论坛营销为魅族积累了不少的忠实客户，但这毕竟只占了消费市场非常小的一部分，市场占有率非常低。产品的知名度不高，许多消费者都不认识魅族手机这个品牌，错过了很多本来属于魅族的机会与市场。可见在媒体分散的今天，想通过一种媒体吃遍天下的时代已经成为历史。品牌发展的成本越来越高。

三、品牌营销意识薄弱，缺乏前瞻性的品牌战略规划

根据对珠海民营企业品牌发展的调查，我们发现许多珠海民营企业品牌营销意识不强，少有企业具有明确的品牌战略规划。

当前珠海民营企业以中小企业居多，其中大多数认为当务之急是解决生存问题，根本没有耐心来做品牌，甚至回避品牌问题，品牌营销意识薄弱。在被问及其未来的品牌发展计划时，常常表述得不够清晰。实际上，这里有一个很大的误区，认为做品牌是大企业的专利，其实不然。现实中小企业大品牌的案例比比皆是。

可能品牌营销意识薄弱，导致很多民营企业缺乏品牌战略规划，或者战略规划缺乏前瞻性。例如，OneDesk 将自己定位为"城市核心商圈的新媒体品牌"，但其媒体到底能多大程度抓住目标消费者的注意力却缺乏说服力。因为广告主不仅关心媒体曝光时间及目标消费者特征。更关心在这些时间里能多大程度地引起消费者的注意。所以在品牌规划设计时不能只考虑该媒体品牌与其他媒体的差异，更应该从消费者角度进行品牌识别设计，明确地告诉消费者桌面媒体到底能为其带来什么，从而让桌面媒体吸引消费者眼球，为广告主真正地创造价值。

四、品牌战略的实施缺乏系统性

品牌战略的实施是一个系统工程。品牌发展需要各种品牌营销措施的协同作用。只强调其中哪一方面都难以成功。

有些企业强调技术开发，对如何进行品牌推广缺乏相应的措施。例如，我们访谈的鼎泰芯源和一微半导体科技有限公司在技术开发方面都是行业中的翘楚，然而缺乏强有力的品牌营销策略来提升其在各自行业中的品牌影响力，在客户拓展和品牌宣传等方面力度非常有限，从而极大限制其品牌发展。例如，一微半导体科技有限公司目前的市场推广依靠主动接触客户、人脉介绍、熟人口碑等方式，与旧产品对比竞争需要非常明显的对比优势才能抢占客户，同时，互联网平台推广并未开始实施。

而另外一些民营企业在品牌宣传上做得还不错，但背后的品牌价值创造方面却不尽如人意。例如，魅族手机在利用营销推广上相对不错，但在技术、硬件制造方面仍难以掌握核心技术，智能系统难与国际品牌匹敌。例如，虽然魅族手机有着出色的 UI 设计和过硬的工业设计，但是魅族的 UI 设计是基于安卓系统上的第二次开发，所以每次魅族系统的更新都必须等待安卓系统的更新，然后再进行第二次开发，由于二次开发会花费很多时间，造成了魅族系统更新过于缓慢。在硬件方面魅族的研发能力不足，自己几乎没有硬件的研发专利，很多关键的核心部件都是通过国外购买（比如 CPU 是购买三星的，屏幕用

的是夏普的），由于无法快速提供顶级配置的硬件，容易造成新手机一推出配置就落后的状况，难以跟上市场需求，也就无法及时推出主流的新产品。此外，魅族要想在中国市场上有所作为，还需要在终端品质、应用丰富等用户体验方面多下功夫，形成长久的竞争力，具备"软硬兼施＋服务"的综合能力。再如，我们所调查的 OneDesk，其品牌推广方面非常出色，但如何增强消费者在其新媒体上停留的时间，为广告用户提供真正的广告价值仍然有待进一步提升。

五、难以吸引和留住品牌发展人才

我们通过与多家民营企业的接触发现，难以找到合适的人才极大地制约珠海市民营企业品牌发展。例如在对鼎泰芯源的访谈中了解到，该公司需要的专业人才中，珠海相关从业人员少，并且人才引进难度大。总经理对此深有感触。他说，珠海的房价对人才引进带来很大阻碍。如果是从北京来珠海的人才，将北京房产卖掉来珠海固然没问题，但相比北京，珠海的城市吸引力仍然有限。而其他二线城市的人才来珠海，却难以"安居乐业"。又如，魅族公司总部身处珠海，而珠海从来就不是这个产业的中心城市，不利于吸纳人才以及与业界的交流。公司技术团队中顶尖的精英人才较少，加上资金实力相对薄弱，具有竞争力的核心技术也相对较少。

不仅如此，珠海民营企业品牌发展过程中经常面临人才流失的威胁。其中存在的问题是：核心员工跳槽、自立门户，甚至有些民营企业将公司总部搬到其他城市和地区等。

六、资金难以满足中小民营企业品牌的高速发展

目前，贷款难是国内中小企业面临的主要难题。由于珠海民营企业以中小企业为主，所以企业资金问题也是制约其品牌发展的重要方面。尽管珠海市很多高科技企业或具有良好商业模式的商业企业除了能得到政府部门的资金支持，也能获得一定的社会股权融资。但是相比于民营企业的高速发展，这些资金仍然不是很宽裕。这里存在三个问题：第一，政府资金的直接支持有一定的门槛。尽管小部分企业能享受到创业基金和优惠贷款的政策，但更多的民营企业达不到政府直接支持的要求。第二，由于大部分民营企业规模小，为了节约成本，很多业务都是"外包"的。常常因在硬件上达不到要求而失去了申报各级政府基金项目的资格。例如，在对一微半导体科技有限公司的访问中了解到，作为一家高科技公司，参与许多人工智能、机器人相关的技术研发工作，但该公司多次因申报条件中硬件设施达不到申报要求，而失去获取政府资金支持的机会。第三，在股权融资方面。尽管有些有潜力的项目容易受到风险投资的青睐，但这种融资以股权置换为代价，导致股权分散。这对于高速发展的民营企业品牌而言十分不利，所以股权融资也是有限的。例如，魅族因不肯接受外来的投资，给品牌发展带来严重的影响。

七、品牌发展资源缺乏可持续性

民营企业品牌的发展壮大，离不开源源不断的资源投入，包括人、财、物、信息等。

在访谈中，我们发现，很多民营企业之所以会选择落户珠海，其主要原因是创业者自身长期在珠海的学习、工作经历，还有家庭的原因等。其次是珠海市高效的创业服务以及相关政策的支持。可见，当前许多珠海民营品牌的发展主要依赖于本地资源的投入。

然而，这些本地资源的投入难以成为珠海民营企业品牌发展的持续动力。因为如果当一个城市缺乏吸引企业可持续发展的资源时，期待该城市民营企业品牌的发展壮大是不可能的。例如，很多处于成长期的企业就抱怨缺乏专业人才的支持，缺乏行业相关信息等。所以，当创业的政策红利消耗殆尽时，许多民营企业要么就难以继续发展，要么可能会将企业搬到其他地方去。所以，在促进珠海市民营企业品牌可持续发展过程中有必要研究如何持续地吸引和获取珠海以外的资源来发展珠海的民营企业品牌问题。

八、缺乏有效的多品牌管理能力

尽管珠海大部分民营企业规模仍然较小，很少涉及多个品牌的管理。而涉及多品牌管理的企业在多品牌发展中没能体现出各种产品品牌的协同。例如，魅族的高、中、低端品牌分别为 PRO 系列、MX 系列、魅蓝系列。魅蓝作为魅族的低端产品，魅族称之为"青年良品"，但没有严格区分 MX 和 PRO 两个系列。此外，消费者也很少有人能够清楚地找出魅蓝系列各产品的品质差别，仅在直观上了解魅蓝 Note 比魅蓝尺寸大、无论魅蓝还是Note 直系的后代产品肯定比前代配置高，除此之外说不出什么其他创新点。而 MX 系列更无创新亮点。三段式的设计更多地让人联想到当时的红米，MX 接连两代的外观设计无法使消费者感到满意。PRO 系列仓促推出，PRO5 的发布表示魅族正式进军高端，但由于之前 MX4 和 MX4 Pro 的关系，很多人以为 PRO5 是 MX5 的增强版或者替代品，严重影响了销量。魅族从 MX 系列延伸出了 PRO 系列与魅蓝系列，魅族也由"小而美"转变到了"多而亏"。可见其多品牌管理能力的缺乏。

第四节　珠海市民营企业品牌发展的建议及对策

根据前文对于珠海市民营企业品牌发展的问题分析，我们分别从政府和企业两个视角提出相关建议和对策。

一、政府视角的建议及对策

（一）结合珠海市产业比较优势，建立珠海民营企业品牌集群发展定位

任何一个产业及产业内品牌的发展都需要可持续的生产要素和良好的产业环境。为了解决珠海市民营企业品牌发展可持续资源投入和产业环境优化的问题，有必要结合珠海市产业发展比较优势，建立珠海民营企业品牌集群发展定位。所谓珠海民营企业品牌集群发展定位，通俗地讲，是指通过规划设计，在投资者、创业者和社会公众等心中确立一种形象，即珠海市在特定产业民营品牌发展中是珠三角、全国甚至全球做得最好的。珠海民营

企业品牌集群发展定位的原因如下：

（1）可利用市场的力量，解决珠海特定行业民营品牌发展资源的可持续投入问题。珠海市同时支持所有产业的民营企业品牌发展是不现实的。珠海地处珠三角，周围有广州、深圳和香港等国际性大都市。在发展自身民营品牌时，珠海一定要有自身的定位（如同演员都知道世界目前最好的"舞台"在好莱坞，金融业目前最好的"舞台"在华尔街）。珠海民营企业品牌集群发展定位有助于建立产业特色，增强珠海市在某些特定产业的比较优势，从而在资源争夺战中获得一席之地。让特定行业的投资者、创业者、产业人才开始越来越关注珠海，从而源源不断地将特定行业最优秀的人财物、信息都汇聚到珠海。

（2）可撬动相关的社会资源，提升政府资源的投入效率。政府资源是有限的，如何最大化发挥政府资源效益十分重要。当前不少民营企业在自己的品牌发展过程中均获得了政府资源的支持。虽然有很多高新技术产业，但并非珠海的优势产业，政府资源投入分散，没有重点。其实，政府资源的投入目的并非只是帮助一个企业在一定阶段的成长，而应该是通过投入来撬动某类社会资源，用市场的力量引导民间相关资源的集聚。只有当珠海有明确的民营企业品牌集群发展定位，政府资源的投入才有方向保障，才能真正发挥政府资源的杠杆作用。因为这样能使特定行业的投资者、创业者、专业人才认识到，在这个（这些）行业中，相比于广州和深圳，珠海更有比较优势，是其事业的归属地。当然，珠海民营企业品牌集群发展定位还需要有另外的课题去研究。

（3）可优化优势行业的产业营商环境，让优势产业的品牌民营企业扎根于珠海，服务于珠海。政府促进民营品牌发展的目的除为了其发展本身外，更重要的是如何通过发展民营企业品牌来服务于珠海本地经济。营商环境除了税收优惠、政府效率、政府支持、政策等因素外，更重要的是直接影响其核心竞争力的产业环境。因为外在的环境容易被模仿，而良好的产业环境却是其他城市和地区难以复制的。只有当珠海有明确的民营企业品牌集群发展定位，才有可能不断优化相关产业的产业环境，从而让来珠海投资、创业的企业品牌真正扎根于珠海。

（二）进一步优化与完善珠海市民营企业的营商环境

尽管从调查中了解到，相比于其他城市和地区，珠海营商环境整体不错，在政府服务与效率、法治环境等方面表现非常不错。从促进民营品牌可持续发展的角度看仍有几点可以继续予以完善。

（1）根据珠海民营企业品牌集群发展定位，进一步优化重点产业的产业营商环境。珠海市在重点产业民营企业品牌发展过程中，应更注意产业链各类品牌的整体发展和平衡，而不是单个企业的品牌发展问题。例如，如果珠海重点发展旅游休闲和文创产业，那么应对这些产业整体在产业政策、资金等方面给予特别支持。尽可能发挥珠海市的"长处"，加大在这些产业整条价值链的产业环境与其他地区产业环境的差距，形成比较优势，促使该产业的各种资源（包括人、财、物、信息等）向珠海汇集。而对于某些高科技产业，如果与广州和深圳相比较没有优势，就不应该将过多的财政资源投入到个别企业中。总之，政府在优化重点产业的产业营商环境时不应该关注某个企业或某个点，而应该将整个产业作为一个系统工程来经营。

（2）建立专业机构加强企业培训，指导企业品牌的业务发展。在这次调查中发现，当前珠海民营企业的很多核心团队，在人员构成和知识背景上还有很多不能满足自身品牌发展的需要。另外，明显感到很多企业家缺乏相应的理论指导，需要借助外部专家的力量来帮助其发展。因此，在这方面政府可以做以下工作：第一，利用政府力量定期为珠海民营企业的骨干提供培训学习的机会，让他们有机会从繁忙的日常工作中不断审视自己，改变品牌发展观念，提升品牌发展能力。第二，聘请一批专业人士作为珠海民营企业品牌发展的顾问，为指定企业常年提供顾问与咨询服务。帮助企业成长。第三，就企业具体的问题，进一步加强珠海市民营企业品牌发展的专题研究，为珠海市政府和珠海民营企业提供有用的研究成果。

（3）强化人才引进工程，营造宜业宜居的良好环境。珠海良好的生态、气候、位置与人文环境在人才引进方面有其优势，但与广州、深圳等城市相比较，又有规模小、信息、交通相对闭塞等弱势。与周围区域房价相比，房价高企也为珠海吸引和留住人才提出挑战。所以，珠海应以民营企业品牌集群发展定位为基础，强化人才引进工程。尽管目前也有相应的人才引进工程，但方向并不明确。珠海在强化人才引进工程时应以珠海民营企业品牌集群定位为依据，其目的是构建与广州、深圳等城市具有差异化的产业生态。否则，如果人才引进工程的相关政策直接和周边大城市竞争，不仅代价大、效果也很差。就算能引进，也未必能真正留住人才长期为珠海服务。人才引进的关键是营造宜业、宜居的良好环境。

（4）建立奖励制度，鼓励民企品牌发展。建议政府成立专项资金，对在境内外证券交易所上市、企业产品被评为中国名牌产品、企业注册商标被评为中国驰名商标的，政府均给予一定数额的奖励。同时对企业开创科技创新、争创知名品牌、进行标准认证的，分别给予不同的奖励。积极引导珠海市民营企业的品牌发展。另外，在政府资源的支持方面，民营企业享受和国有企业同等待遇。

（5）促进产学研合作、建立共享的创新平台。促进产学研合作也是珠海市政府正在推动且需继续加强的一项工作。珠海市民营企业的品牌发展需要源源不断的人才。包括成千上万的创业者和就业者。这项工作同样应以珠海民营企业品牌集群定位为基础。第一，以现有高校资源为基础，支持发展珠海重点产业相关的专业与学科，让这些重点支持专业的学生毕业后能留在珠海创业或工作。如果珠海相关产业没有比较优势，凭单个企业想留住一些高层次的毕业生实际上是很难的。第二，鼓励珠海优势产业民营企业和珠海市内各高校合作办学，培养人才。第三，建立若干共享的技术创新平台，鼓励珠海优势产业民营企业和当地高校共享资源、合作研发，促进研究成果的产业化。

二、企业视角的建议及对策

（一）加强校企联合，拓宽发展资源

珠海是一个拥有较多高校的城市，特别是中山大学、暨南大学两所高校的珠海校区和本部在招生、培养质量、科学研究等方面的要求是完全一致的。珠海市民营企业应主动和这些高校的相关专业联系，因为在人才培养与招聘、管理咨询、科研合作、设备、场地共享等方面都有很大的合作空间。

例如，在访问珠海一微半导体有限公司时，我们就建议其注意加强与高校的合作与联系。该公司主要从事运动机器人芯片设计和制造，一直希望通过芯片在各领域的应用发展一微品牌，提高一微品牌在业界的影响力，并抢占市场先机。但苦于缺乏足够的人才和资金，严重地限制其品牌发展。然而一微公司"舍近求远"苦苦向珠海以外的地方寻找人才，自己"单枪匹马"申请政府研究资金，却不知道近在咫尺的暨南大学珠海校区就有师生专门从事机器人研究，并屡次在全国获奖，也不知道每次申请资金无功而返的原因——缺乏良好的合作团队以及必要的试验场地和设施，这些也可以在附近高校找到。

可见，珠海民营企业在品牌快速发展过程中，加强校企合作是解决人才和资金不足的一种切实可行的策略。首先，应积极和周边高校保持联系，了解其发展，寻找合作机会。其次，要建立良好的合作机制，充分调动合作双方的积极性，共赢发展。

（二）注重企业文化，融入品牌建设

珠海市民营企业在发展中有时会为了利益而忽略了企业文化建设，认为文化建设是大企业才会做的。其实不然，企业文化建设能将企业的价值通过教育的方式观灌输给每位员工，员工们经过培训后将企业的价值观通过表现等其他方式传输出来，使消费者从中了解创业者的价值观和经营理念。例如，格力在建设企业文化工作时从高层往基层培训的效果非常明显。珠海民营企业同样可以借鉴。首先领导要从自身做起，用自己的行动为员工带来好的表率，从而提升企业文化和企业代表的好形象。其次是将企业文化放到企业战略中，而不单是把它作为一个单纯的外在表现，应把企业文化自身的力量放入到更广大的市场中。通过企业文化的建设，将品牌核心价值与企业文化相结合，展现品牌独特的个性，与顾客产生共鸣，强化顾客—品牌关系。

（三）创新渠道模式，借力品牌发展

珠海民营企业在品牌发展过程中，渠道的建设十分关键。它直接决定着企业能否将产品和服务在特定的时间和特定的地点传递给消费者或顾客。没有渠道建设的配合，品牌发展难以为继。我们访问的大多数成长型中小民营企业都面临相同的问题。

实际上，合适的渠道模式能很好地利用外部资源来发展自身品牌。例如，一微半导体有限公司一直依靠自身的力量来开发各种以"运动机器人芯片"为基础的各种周边产品，同时提供相应的售前、售中和售后服务，很显然，这种渠道模式消耗公司很多的人力与财力。后来通过提供一个开放式平台，引入服务商来提供相应的服务从一定程度上在确保服务质量的同时缓解了公司的资源压力。但该公司在利用外部资源来发展自身品牌过程中仍趋保守。例如，可以和有一定实力的中间商一起成立合资公司，以技术与品牌入股，来开发新产品、开拓新市场等等。这一方面，珠海一桌科技有限公司做得较好。该公司通过渠道模式的创新，"节省"了大量的品牌发展资源。除了一线城市重要商圈是自营外，积极通过控股、参股、独家代理等方式，借力中间商的资源来发展自身品牌。当然，在借力的过程中，如何管理控制也是需要注意的问题。

（四）优化股权结构、完善公司治理

企业要吸引和留住人才，除了"宏观"的环境外，企业有良好的"微观"环境同样十分重要。通过对珠海民营企业的考察，发现很多企业开始重视通过股权激励来吸引和留住人才，以促进品牌发展。这种做法有两个明显的好处：第一，将重要的员工变成事业的合伙人，能极大地吸引和留住核心人才。因为如果没有股权激励，员工的角色是"打工仔"，而恰当的股权激励可以帮助员工将"打工仔"的角色转变为"老板＋打工仔"的角色，从"为别人打工"转变为"为自己打工"。第二，为品牌发展提供制度上的保障。在没有股权激励的情境下，员工追求任期利益的最大化和老板追求长远利益的最大化之间有着不可调和的矛盾。恰当的股权激励，让核心员工持股是完善民营企业公司治理的一项十分重要的任务。然而，在具体操作上经常处于两难：一方面创业者担心股权过度分散，损害其利益；另一方面又担心股权激励不够，对核心人才没有足够的吸引力。另外股权结构、激励方式、股权流转等具体的问题都没有得到很好解决。珠海民营企业如果自身能力不足，可以借鉴专家的力量，帮助其优化股权结构、完善公司治理机制。

（五）关注各类媒体，实施整合传播

现如今网络营销机制早已成熟，各类新型媒体不断涌现，也正因如此，突出品牌信息极其困难，想要取得更好的推广效果，除了资本推动，利用各种传播渠道以及形式创新也必不可少。例如，魅族一方面通过继续举行原有的粉丝活动进行"固粉"，另一方面也应拓宽吸引新粉丝的途径。如可以采取生产订制手机、冠名赞助明星或知名运动队伍的方式，着力在消费者中建立品牌知名度。魅族在品牌建设方面一直缺乏自己的声音，应有效利用线上渠道，通过搜索引擎、社交媒体、网站广告等多媒介全面开展推广；同时，线下应围绕各城体验店，在临近商圈、居民区等人流密集区域开展商业推广活动，增加线下渠道的灵活度与曝光度。同时，对于高端和低端的子产品线应做到更彻底的划分，避免魅蓝子品牌低价亲民的定位冲击 PRO 子品牌高端、富有设计感的品牌形象。只有做到全方位的品牌推广建设，才能夯实品牌资产，增强消费者信心。

（六）构建竞争壁垒，注意品牌保护

企业的品牌发展通常需要倾注大量心血。如何保护品牌资产是一个十分重要的问题，但对不少珠海市民营企业而言，它又是一个较受忽视的问题。首先应正确认识其品牌资产的来源。每一个民营企业品牌发展都有其核心的竞争要素来确保其品牌发展。例如，鼎泰芯源在技术和生产工艺上具有其他企业不具备的优势，甚至有些重要设备都是自己研制开发的。所以，该公司为了防止技术泄露，在人员安排上，每位员工只让其接触技术环节中的一个点，从而预防因人员离开而造成技术资料流失的状况。珠海一微半导体有限公司最核心的品牌资产来源同样是技术专利和高效的研发团队，它为了保护品牌资产，甚至有专门的人员来从事知识产权的保护与管理工作。

当然，被动的实施品牌资产的保护固然有效。如何主动的通过客户价值的创造来构建竞争壁垒更加重要。因为品牌资产的基础是品牌对客户的价值承诺。珠海民营企业有必要

建立一种意识。即"持续地为客户创建价值，履行品牌承诺，是对品牌资产最好的保护"例如，珠海一桌科技有限公司其技术、商业模式很容易被复制，所以，尽管该公司依靠前两者取得迅速发展，但并非其竞争优势的来源。该公司若要巩固和发展自己的品牌资产应该从两个方面努力：一是在快速拓展渠道的同时，应巩固和维系好与代理商和商圈餐饮店的关系，这种客户资源是该公司品牌发展的重要"防火墙"；二是切实提升新媒体对消费者注意力的吸引，确保该媒体为广告客户提供真正的价值。

参考文献

［1］段洪波，韩晓杰，王晓英．品牌延伸存在问题的分析及对策．企业经济，2009（9）．

［2］段晓婧，王才路．品牌决策与推广．天津：天津科学技术出版社，2010.

［3］洪文生．产业集群区域品牌建设构想——以"安溪铁观音"为例．华东经济管理，2005（9）．

［4］胡大立，谌飞龙，吴群．企业品牌与区域品牌的互动．经济管理，2006（5）．

［5］雷亮．地方政府行为影响区域品牌发展的实证研究．兰州大学学报（社会科学版），2015（1）．

［6］陆娟．现代企业品牌发展战略．南京：南京大学出版社，2002.

［7］孙丽辉，毕楠，李阳，等．国外区域品牌化理论研究进展探析．外国经济与管理，2009（2）．

［8］孙丽辉．区域品牌形成中的地方政府作用研究——基于温州鞋业集群品牌的个案分析．当代经济研究，2009（1）．

［9］田敏，李纯青，萧庆龙．企业社会责任行为对消费者品牌评价的影响．南开管理评论，2014（6）．

［10］王启万，朱虹，王兴元．品牌生态系统框架下集群品牌驱动机制研究．经济与管理研究，2015（1）．

［11］熊爱华．区域品牌与产业集群互动关系中的磁场效应分析．管理世界，2008（8）．

［12］赵卫宏，周南，朱海庆．基于资源与制度视角的区域品牌化驱动机理与策略研究．宏观经济研究，2015（2）．

［13］庄德林，伍翠园，王春燕．区域品牌化模型和绩效评估研究进展与展望．外国经济与管理，2014（9）．

第十三章 珠海市民营企业"互联网+"战略研究

在产业结构转型和经济转轨的大背景下，竞争环境日趋严峻，民营企业转型升级已经成为企业成长壮大的必然选择。为推进珠海市民营经济的健康发展，促进民营企业的不断壮大，增强珠海民营企业的核心竞争力，本章对珠海市民营企业的"互联网+"战略进行研究，阐述珠海民营企业实施"互联网+"战略的现状，总结可行的实施路径，并从政府推动和企业发展两个方面提出对策建议，以期为珠海民营企业实施"互联网+"战略提供借鉴和参考。

第一节 珠海市民营企业实施"互联网+"战略现状

一、珠海市民营企业的发展概况

改革开放以来，民营经济发展迅猛，已经成为经济发展过程中不可或缺的重要部分，在优化区域经济结构、推动企业创新、培育企业家成长方面发挥出重要作用。作为经济特区，珠海在民营经济发展方面取得了非常耀眼的成就，积累了很多经验和做法，民营企业成为珠海发展得以保持活力和保障社会就业的核心力量。随着改革的进一步深化，强调以实体经济为导向，注重提升民营经济的发展能力，实现创新发展、开放发展和绿色发展，推动民营经济发展成为珠海打通创新渠道的重要力量和经济发展的关键部分。

宏观环境下，供给侧结构性改革、"一带一路""大众创业、万众创新"等一系列政策红利的不断释放，为民营经济发展持续注入动力，同时经济发展新常态下的产业变革和企业竞争给民营经济发展带来艰巨的挑战。珠海在过去30年中积累了坚实的经济基础和空间及拥有资源、环境等方面的发展优势，现有的港珠澳大桥建设、横琴自贸片区建设、珠三角国家自主创新示范区等一系列发展机遇，为珠海民营经济发展开拓出了广阔空间。因此，加快民营经济发展，将民营做优做强做大，是珠海推进供给侧结构性改革、增强经济发展内生动力、促进经济持续健康发展的必然要求，有利于珠海夯实经济基础，推动珠海加快培育新的经济结构，强化新的发展动力，塑造发展新优势，引领经济迈上新台阶。

珠海市政府于2016年8月出台《关于加快民营经济发展的若干措施》，在支持民营企业创新发展、扶持民营企业做大做强、完善民营经济发展环境、加大公共服务力度和政策落地与评估五大领域提出28条措施，政策新颖，要求加大力度，落到实处，主要解决经济发展的短板问题，推动民营经济实现优质高效发展。当前，珠海民营经济正处在关键的发展点，要提升民营经济的发展能力，需要采取有力措施促进企业发展转型，优化营商环境，集聚发展要素，维持和扩大企业自身竞争优势，支持民营企业发展壮大，做强创优，提升经济总量、质量效益和竞争力。

在以魅族、丽珠为代表的一批优秀企业的带动下，珠海民营经济已经成为区域发展的宝贵资源和独特优势。展望未来的创新崛起，珠海更加需要发挥民营企业的创新主力作用，以实体经济为导向，把民营经济工作摆在关键位置，支持民营企业创新开放发展，加快落实培育骨干企业梯队、营造优良发展环境等工作。目前，珠海民营企业集聚了全市76％的高新技术企业、80％的上市公司、90％的工程（技术）中心，在创新方面已有较好的基础。但与创新驱动的高层次要求相比，珠海民营企业也面临总量偏小、创新主体数量偏少、龙头企业不多、特色产业集聚难以充分实现、配套效应不强、产业结构需要优化、营销环境不够优化、营商成本有所升高等问题，在培育壮大创新型经济的主体作用上需要进一步提升。不可否认的是，众多传统民营企业随着主营业务增速放缓，在资源成本、人工成本和环境成本方面逐渐失去优势，企业竞争力下降，转型升级成了新常态下持续发展的必然要求。

二、珠海市实施"互联网＋"战略的环境分析

（一）实施"互联网＋"战略的宏观环境

近年来，互联网以摧枯拉朽之势对整个经济带来了强烈的冲击，对生产资料、生产关系和生产模式都产生了颠覆性的创新，移动支付、人工智能、移动互联网、云计算、大数据方面都在不断取得突破，对传统企业带来巨大的冲击和发展机遇。在民营企业发展乏力的情况下，与互联网的融合是实现企业转型升级的主要途径之一。

一些传统产业和行业正在被互联网所颠覆和重构，企业通过互联网实现跨界融合发展正在成为主流现象。互联网改变企业的生产运营方式，使其能够以更快的速度和更灵活的方式满足消费者的多样化需求，这将成为传统企业转型升级的重要途径，有利于我国传统企业实现弯道超车，缩小与欧美发达国家的差距。

民营企业要想通过与互联网融合来实现转型升级，首先要认识和了解互联网。在互联网时代，最核心的行为就是把所有的东西都联结在一起，即万物互联。企业的边界将越来越模糊，以前处于企业外部的利益相关者将被接入到庞大的互联网生态体系中。互联网时代下传统企业转型升级的本质就是将传统企业的利益相关者纳入互联网之中，推动互联网、大数据、人工智能和实体经济深度融合，以客户为中心，在大数据分析的基础上，与供应商和竞争对手合作共同为消费者提供个性化的产品或服务，从原来的控制采购、生产、产品、渠道、市场，转变为控制消费者。

李克强总理在2015年的《政府工作报告》中提出"互联网＋"的概念，并要求制定"互联网＋"行动计划，让互联网成为中国社会创新发展主力及经济发展重要引擎，标志着互联网的深度应用正式写入国家战略发展计划。"互联网＋"是充分发挥互联网在生产要素配置中的优化和集成作用，将互联网的创新成果深度融合于经济社会各领域之中，提高实体经济的创新力和生产力，形成更广泛的以互联网为基础设施和实现工具的经济发展新形态。腾讯董事会主席马化腾认为："互联网＋"是以互联网平台为基础，利用信息通

信技术与各行业的跨界融合,推动产业转型升级,并不断创造出新产品、新业务与新模式,构建连接一切的新生态。阿里研究院、李彦宏、雷军也都有自己的观点,尽管措辞不同,但他们共同指出了互联网不仅仅是一个工具,更是构成经济生态的重要生产要素,是整个经济生态中不可分割的一部分。

十八届五中全会指出:要拓展网络经济空间,实施"互联网+"行动计划,发展互联网技术和应用,发展分享经济,促进互联网和经济社会融合发展。推进产业组织、商业模式、供应链、物流链创新,支持基于互联网的各类创新,"互联网+"的概念被提到了一个前所未有的高度。"互联网+"强调的是互联网与各传统产业进行跨界深度融合,是我国工业和信息化深度融合的成果与标志,也是进一步促进信息消费的重要抓手,为民营企业充分利用市场、整合资源、实现转型升级和提高自主创新能力提供了重大机遇。

十九大报告高度认可了过去五年中以"互联网+"为代表的新兴经济模式,并且提出推动互联网、大数据、人工智能和实体经济深度融合,在中高端消费、创新引领、绿色低碳、共享经济、现代供应链、人力资本服务等领域培育新增长点、形成新动能。事实上,近年来互联网产业不仅成为改造中国经济传统产业的主导力量,也成为新增高端就业岗位的主要来源。中国已经成为全球互联网产业发展和商业模式创新的领头羊之一,预计未来五年数字经济将成为中国经济实现"弯道超车"的重要砝码。

面对"互联网+"大趋势,国内各省市地区都在积极响应国家政策,利用互联网,结合自身的产业结构和资源优势,倒逼企业进行转型升级。上海市宝山区以"大数据、云计算、平台经济、移动互联网"为突破口,加快发展软件信息服务业、机器人、移动互联网等新兴产业,打造由博济·智汇园、上海移动商务产业园、复旦软件园高新技术产业基地、上海宝山科技园和海宝示范园"五朵金花"共同组成的上海宝山移动互联网产业基地,实现错位发展、优势互补;建成上海大宗商品信息中心、上海钢铁交易中心等一系列具有市场资源综合配置功能的平台经济项目;集聚上海科技网络通信有限公司、上海云世纪互联网络有限公司、上海兆民云计算科技有限公司等一批云计算优秀企业。同时,大场科技园被评为国家文化产业示范基地,顾村工业园区被上海市经济和信息化委员会批准为上海市首家机器人产业园。经过多年来的建设与发展,宝山区探索形成了推进创新转型的整体态势,包括支撑宝山区转型发展重大载体的滨江地区、吴淞工业区、南大地区、大型居住社区、老镇旧区五大地区,有的地区已经上升为国家发展战略范畴,有些地区则被纳入上海本地战略中,成为上海经济发展的主干。

在利用互联网进行转型升级方面,一些民营企业通过产业链、价值链、创新链、服务链、资金链的改造与重构,在很短的时间内创造出骄人的业绩。很多民营企业积极触互联网,运用电子商务开拓自身业务范围,实现产业多元化发展,通过资源共享,实现信息流、物流和资金流的有效整合,并不断形成新的互联网商业生态。各地的民营企业勇于探索,积极找寻可实践的互联网转型路径。但总体上来看,大部分民营企业还处于摸索阶段,整体水平还不够高,试错的成本也比较高,面临着不少困难和问题。民营企业要积极适应新常态,坚定"互联网+"思维,拓展企业发展新领域,寻求企业发展新路径。

(二)珠海市民营企业"互联网+"战略的实施环境

一直以来,民营经济是珠海市经济发展的活力源头和潜力所在,珠海市政府始终着力推动民营经济发展壮大，坚持问题导向和目标导向，找准珠海市民营经济发展的问题和短板，对标深圳等周边先进城市，把加快发展民营经济与实施创新驱动发展核心战略相结合，大力培育民营高新技术企业。珠海市政府积极出台相应措施切实为民营企业排忧解难，着力解决民营企业融资难、融资贵等问题；加强供给侧结构性改革，努力降低企业运营成本；进一步优化政务服务，加快公共服务平台建设，加大人才培养和引进力度，抓好政策落地与评估，推动珠海市民营经济蓬勃发展；不断加大宣传力度，加强政策解读，努力营造民营经济发展的良好环境。

珠海市政府高度重视"互联网+"工作，把握好互联网与各领域融合发展的难得机遇、广阔前景和无限潜力，努力推动珠海市"互联网+"发展走在全省前列。结合珠海实际情况，大力推进商业模式创新，全力推动珠海市民营经济"互联网+"发展，加快智慧城市和大数据中心建设，推动珠海市"互联网+"发展取得实实在在的成效，优化制度环境，放宽政策、鼓励创新，加强监管、防范风险，推动"互联网+"实现更好发展。根据2015年底公布的《珠海市"互联网+"行动计划（征求意见稿）》，珠海将以智能制造为中心，以创业创新为动力，以新业态、新模式为抓手，充分发挥区位优势和比较优势，着眼于创新驱动、转型升级和提质增效，加强体制机制创新，激发互联网"大众创业、万众创新"活力，推进互联网、大数据在经济社会各领域的广泛应用，提升经济发展质量和社会治理水平，加快建设"互联网+"示范城市。

党的十八大以来，珠海围绕深化行政体制改革、加快转变政府职能开展了大量工作，行政审批、商事制度等重点领域和关键环节改革取得了明显成效，政务服务水平持续提升，实现"一门受理、一网办理、并联审批、限时办结、全程通办"，提高工作效率，极大地激发了市场活力和社会创造力。珠海市政府切实强化"互联网+"思维推动政务服务创新，以改革纵深推进倒逼问题的根本解决，利用云计算、大数据等信息技术，建立互联互通、高效运转的政务服务平台，为企业和群众提供一站式、全天候、零距离的网上政务服务。

在推动互联网与制造业融合方面，珠海将重点开展工业互联网融合创新试点、建设智慧产业园区、构建协同制造体系、推动生产制造智能化、促进工业企业管理智能化、推动互联网工业设计发展。其中，以智能家居、应急救援、3D打印等产业为切入点，珠海将积极创建"互联网+"制造创新中心、试验验证中心，争取纳入国家智能制造工程和高端装备创新工程。同时构建大数据与智能制造、工业互联网、车联网等融合创新体系。

为加快互联网与工业控制自动化系统深度融合，珠海将支持企业创新工业生产制造模式，实施"机器换人"。鼓励整机企业与东信和平、全志科技、魅族科技等企业合作，开发智能穿戴设备、互联网电视、智能手机、3D打印等智能终端产品。

除产品研发、生产制造环节外，工业企业的管理模式也将走向智能化，探索从制造向"制造+服务"的混合型企业转变。重点在智能家居、电子信息、石油化工等行业开展基于工业大数据的新一代商业智能应用试点，挖掘利用产品、运营和价值链等大数据，实现精准决策、管理与服务。

在商贸流通方面，珠海将优先发展跨境电子商务、农村电子商务和农产品溯源，加快互联网与现代物流的融合，培育互联网商贸服务新模式。

到 2017 年，珠海市互联网"大众创业、万众创新"活力进一步增强，经济社会各领域互联网应用逐步普及，电子商务、云计算、物联网、大数据等新业态快速发展，把珠海发展成为广东省互联网经济发展的重要基地。

三、珠海市民营企业"互联网＋"战略实施现状

在互联网时代下，一些传统企业已经意识到向"互联网＋"转型升级的必要性。本章以问卷方式开展了一个小范围的调查。在本次调查中，根据互联网转型程度将企业划分为三种类型——传统企业、信息化企业和互联网化企业。传统企业是指专注于自己本行业的生产制造或服务，使用了一些信息系统软件，但是基本没有建立内部局域网和外部互联网，或者是说没有接触互联网和大数据的企业；信息化企业是指导入了一系列的信息化工具，建立了内外网，但是暂时还不能为客户提供个性化服务的企业；互联网化企业则是指不仅建立了内外网联通，还能基于客户导向为客户实现定制化服务的企业。

从所调查的企业发展情况来看，九成以上企业都了解过互联网和"互联网＋"的概念，绝大多数企业都认为互联网对企业有一定的发展作用，是当前企业发展的必备因素。在所调查的企业中，60% 企业的企业认为自己处于信息化企业阶段，传统企业和互联网企业大约各占 20%。从企业现有的网络建设情况来看，大多数的企业都已经建立了外网网站和内部管理局域网，约半数企业已经建立了完备的内外网互联并且进行了应用。企业网络建设情况和企业互联网转型阶段之间存在一定的差距，互联网基础设施的建设要比企业内部的管理转型建设超前得多。

珠海民营企业对实施"互联网＋"战略具有迫切需求，并积极进行尝试，涌现出诸多可借鉴的发展实践。

嗒嗒巴士是国内主流互联网定制巴士平台，业务覆盖包括北京、上海、广州、深圳在内的 30 多个城市，拥有近 1 000 家合作车企、3 500 多条定制线路和近 450 万用户。2016 年嗒嗒巴士正式进军新能源领域，目标是成为国内最大的新能源巴士运营平台。珠海银隆则是一家有着集锂电池、电动汽车动力总成、整车制造、智能电网储能系统的研发、生产、销售能力等新能源产业于一体的大型现代化高新技术企业，是中国新能源品牌的优秀典范。并提供了零元购车、十年质保与十年租赁等多种形式的方案支持，让公交企业实现绿色可持续发展，真正让公共交通市场化。通过市场验证，银隆的创新商业模式已经得到了用户的普遍认可，商业模式也备受关注。2017 年 1 月 18 日，嗒嗒巴士与珠海银隆签署战略合作协议。双方在新能源巴士领域实现深度合作、优势互补，拟共同打造面向公交、客运行业的新型生态圈。同时，嗒嗒巴士将与珠海银隆全面拓展品牌联合、车辆定制、营销推广等多种形式的合作，成为战略合作伙伴，实现强强携手，共创双赢的目标。根据所签署的战略合作协议，珠海银隆将根据嗒嗒巴士的用车需求，定制一批新能源车辆；嗒嗒巴士则为定制的新能源巴士提供平台支持，最大化地提高车辆使用率，打造新能源巴士创新运营模式。

作为国内首家在新三板挂牌的 3D 打印企业，先临三维的 3D 扫描技术对零件扫描精度达到工业数控机床可识别的级别，对于工业生产具有重要意义。同时，初步形成 3D 打

印生态圈的先临三维在综合实力、科研水平、技术种类、服务保障能力等多方面均处于行业领先水平。3D打印通过介入数据、材料、设备、服务等环节，能与众多行业形成互动。先临三维3D打印服务中心，重点在于推动珠海制造产业的转型升级。目前珠海家电、航空航天、游艇等产业已形成一定规模和特色，都是3D打印技术可以实现深入应用的目标产业集群。珠海先临三维将重点放在家电及航空航天两大本地支柱产业，寻求与珠海格力等企业进行合作，通过3D打印促进家电产品升级改造，提升珠海智造的水平。未来先临三维将在保税区建设成为集3D扫描、3D打印装备、3D打印制造服务、3D数据内容、3D创客培训、互联网云平台于一体的3D打印技术生态系统。

丽珠集团健康元实施"互联网+"战略，将新兴互联网营销与传统产业相结合模式，依托互联网，特别是移动互联网，传统产业可以提高销售转化率，增加客户及消费者粘性，往大健康方向发展，更多地面向C端客户。

四、珠海市民营企业实施"互联网+"战略中的问题

（一）政府推进力度需要进一步加强

在国家政策和相关措施的带动下，政府部门对于"互联网+"的实用价值和实践意义有较好的认识，但是缺少运用"互联网+"转型解决企业发展困境的思维。在所出台的解决民营企业发展困境、推进民营企业发展的举措中，大多数措施都与"互联网+"转型无关，依然是从传统经济发展的思维来发展民营经济。企业"互联网+"转型不仅是技术转型，也是政策转型、人才转型和服务转型，才能最终实现互联网与企业的相互融合。

在所调查的企业中，正在进行"互联网+"转型的企业占37%，深入探寻没有进行"互联网+"转型的企业，只有少数企业还没有认识到"互联网+"的重要性；更多企业想实现"互联网+"转型，但或者受企业规模、转型成本和技术人才限制，对"互联网+"转型心存疑虑，或者不知道如何具体推进，希望得到发展指导。例如其中的一些企业对"互联网+"转型具有非常迫切的需求，自己也在积极探索开展电子商务业务，会主动地采用百度推广等互联网手段来拓展客户和拓宽销售渠道，但是始终缺乏更加具体的发展指导，一直依靠自身的观察和摸索，暂时停留在"+互联网"层面。在帮助企业"互联网+"转型层面上，政府的扶植措施存在不足。

"互联网+"在珠海的政务服务中得到了很好的应用，但是在珠海民营企业发展方面还是停留在"+互联网"层面。多数民营企业的互联网转型模式还只是电子商务，无法实现"互联网+"下对企业生产、经营、管理模式的转型。互联网仅仅是作为一种技术工具，还未能成为企业发展的主体。《珠海市"互联网+"行动计划（2015—2020）》为珠海市的工业商贸服务企业提供了发展依据，但是相关法律法规还不够健全。多数民营企业规模小，结构偏，无法直接从该计划中获益，需要更具体和全面的发展指导和政策措施来推进自身的"互联网+"转型建设。

（二）民营企业领导层互联网意识淡薄

随着互联网对于社会结构的渗透逐步深入，整个经济发展模式都发生了深刻变化。借

助"互联网＋"创新，可以增强企业竞争能力，培育新动力和新的增长点，占据有利的竞争优势。但是一些民营企业领导者未能及时更新跟进新兴的管理技术和管理理念，固守原有的企业经营模式，故步自封；特别是一些具有家族企业特征的民营企业，依然采用过去适用的经营方式，领导层的认识局限使得企业互联网转型举步维艰。由于对互联网认识不足，不能开阔思路，对互联网认识流于表面，仅仅将其作为一种营销手段和技术工具，没有充分意识到互联网的巨大价值，不能充分利用互联网技术来改进企业的生产经营活动，结果要么拒绝转型，要么转型不成功。

在对部分珠海民营企业进行走访调研的过程中，我们发现一家生产经营已十余年的企业，为大量下游客户提供定制的原材料，其中不乏明星客户。该企业现有的内部生产管理网络应用非常健全，但是在对外发展上，依然习惯于使用原有的销售渠道开展活动。尽管企业领导者已经认识到互联网转型是必然，但也只是将其理解为开展一些电子商务业务，对于互联网转型的认识比较浅显，缺乏转型动力。

民营企业领导层对于互联网认识的局限性很大程度上限制了民营企业的发展，所以要从根本上解决这些问题，企业领导者应该从思想上着手，更加全面、系统性地了解互联网，构建新常态下的互联网思维，着手制定科学有效的长期发展战略规划。

（三）传统经营模式改造升级难度大

大多数民营企业都已经意识到了"互联网＋"带来的市场机遇和激烈竞争，但是，传统经营模式转型升级并非易事，要改变原有的商业模式却不知该如何下手。企业"互联网＋"转型的一个重要特征就是跨界融合，"互联网＋"转型是对企业经营能力的提升和对外在资源和环境的全面整合。根据国家发改委《关于2014年国民经济和社会发展计划执行情况与2015年国民经济和社会发展计划草案的报告》："互联网＋"代表一种新的经济形态，即充分发挥互联网在生产要素配置中的优化和集成作用，将互联网的创新成果深度融合于经济社会各领域之中，提升实体经济的创新力和生产力，形成更广泛的以互联网为基础设施的经济发展新形态。"互联网＋"行动计划将重点促进以云计算、物联网、大数据为代表的新一代信息技术与现代制造业、生产性服务业等的融合创新，发展壮大新兴业态，打造新的产业增长点，为"大众创业、万众创新"提供环境，为产业智能化提供支撑，增强新的经济发展动力，促进国民经济提质增效升级。

不同行业的"互联网＋"转型需要不同形式的创新和协同发展。目前大致的转型升级路径是按照产业链进行倒逼升级，从第三产业向第二产业和第一产业延伸。对企业经营模式的"互联网＋"转型多数从营销环节开始，集中在促销和广告，以更多地接触顾客。之后扩展到渠道的互联网化，注重线上渠道的销售和线上线下的融合。再进一步改进就是对产品和服务的"互联网＋"转型，这个环节需要融合多个相关行业的资源要素，经常会出现新模式和新形态。深入转型就是整个经济的网络化和数字化趋势，建立完整的互联网生态体系。在实地企业调研中，经营模式改造升级难度是影响企业进行"互联网＋"转型的最为关键的因素。转型环节上多数企业目前都仅仅停留在前面两个阶段，对应的"互联网＋"转型管理机制还处于完善阶段。后面阶段的转型难度相对较高，需要更加深入探索。

（四）企业缺乏互联网专业人才和互联网转型的技术支撑

在"互联网＋"战略实施进程中，民营企业受到自身能力限制，尽管主观上有积极的转型愿望，也尝试进行相应的创新变革探索，但是因为自身不具备转型条件和转型能力，不得不放弃转型，继续遵循以往的经营模式，民营企业的"互联网＋"转型也因缺乏相应的专业人才和技术能力而成为发展瓶颈。专业人才和科学技术是生产力的重要载体，也是企业健康发展的首要生产要素。目前大多数民营企业缺乏高素质的互联网专业人才，相应的技术支撑匮乏，无法充分利用互联网资源，难以构建相应的互联网平台，进而影响企业"互联网＋"转型升级。

（五）企业转型升级融资困难

资金始终是制约企业发展的关键因素。与国有企业相比，民营企业的规模小、实力弱、信用度不高、融资渠道窄、企业融资相对困难、资金不足是企业"互联网＋"转型的主要障碍。在自身经营发展中，民营企业资金积累不足，流动性不够良好，资金收益缓慢。当企业面临"互联网＋"转型升级时，可能会犹豫不决，也就无法及时实施相关的转型措施。

五、企业"互联网＋"战略实施中的企业员工问题

随着创新驱动发展战略的不断推进深化，互联网与传统产业加速融合，促进新产业和新业态的快速成长。通过"互联网＋"转型，推动生产管理和营销变革，促进管理模式和管理思维的改变升级，重塑产业链和价值链。战略转型，人才为本，要实现创新驱动，关键问题是提升企业员工的数量和质量，实现人才结构优化。"互联网＋"转型需要相应的人力资源管理转型，要求民营企业管理者深刻认识到"互联网＋"转型对企业员工管理所带来的影响。

（一）对企业外部劳动力市场的影响

通过互联网推动企业转型升级，会对企业外部的劳动力市场产生影响。"互联网＋"转型以创新方式创造新兴就业机会，转变就业结构，也带来了多元化的就业方式，对人才的知识素质提出更多要求。一方面，"互联网＋"转型需要改造提升产业的传统动能，通过创新驱动增强核心竞争力，在这个过程中一般都会出现因资本和技术替代劳动而改变原有业务流程，从而降低部分企业的就业吸纳能力，出现就业减少的情况。另一方面，"互联网＋"转型会推动新兴产业的增长，主导产业发生更替，并形成和做大新兴产业集群，带动新的工作岗位出现，对于劳动力市场提出新技能和新知识的要求，原有劳动力需要接受培训和再教育，才能适应产业发展的需要。转型背景下出现的跨行业人才需求和新兴就业方式的人才分流加大了企业在人才获取和保留上的难度，人才争夺更加激烈。

（二）对企业内部员工的影响

"互联网＋"转型对企业内部员工也带来了影响。随着新生代员工逐步成为员工队伍

的助力，对于人力资源管理活动也需要相应的改变。在传统环境下，人力资源管理活动围绕企业业务流程展开，从上而下地推动员工岗位、绩效薪酬、开发培训等管理工作。但是在"互联网＋"转型背景下，企业的内部管理结构逐渐向去中心化和扁平化转变，人力资源管理活动向员工需求倾斜，将员工目标和企业目标实现有效结合，激励员工积极主动地投身于企业经营和发展。同时，"互联网＋"转型对员工知识结构提出更高的要求，在原有较为单一的知识技能结构基础上，员工还要提升在互联网思维方面的能力，以适应"互联网＋"带来的管理模式和市场变化的需求。

"互联网＋"转型进程对产业升级和员工知识结构的要求，使得新老员工交替成为企业员工管理中的关键环节。在"互联网＋"转型背景下，产业转型升级需要打造新的经济增长点，原有老员工在同一个行业里长期工作，难免在战略思维和管理视角方面形成定式，存在一定的思维局限，导致对转型战略认识不足，欠缺转型动力，错失转型机遇。在全球化和数字化的转型大潮下，老员工的核心素质和专业技能已经无法满足企业转型发展的需要，表现出看不见、转不动、够不着的三大不足限。新员工则可以从客观的局外人视角对企业转型进行审视和规划，具备相应的知识技能和转型经验，成为推动企业"互联网＋"转型的主力。因此，"互联网＋"转型背景下企业的新老员工交替是大势所趋，但是这种交替应该是新旧融合和保证文化传承，而不是简单地去旧迎新。因此企业既要提升老员工的价值，规避局限，也要彰显新员工的能力和优势。

但是，在员工交替过程中存在诸多问题，主要表现在员工供需、知识结构和企业文化三个方面。首先，企业的"互联网＋"转型调整中可能会刻意迁就新员工的利益和发展，使得老员工利益受损，被动适应下直接导致新老员工观念和行为方式的冲突，出现员工流失的现象，旧骨干无力保留；在人才招聘过程中，在企业形象、招聘渠道、薪酬福利等方面对新员工吸引力不足，难以获得所需新兴人才，新员工后继乏力，出现人才供需缺口。其次，在"互联网＋"转型中需要企业中高层管理人员和相关职能部门员工具有相应的"互联网＋"转型技能和经验，而现有大多数企业员工都不充分具备这些专业能力，现有存量人才的知识结构存在短板，出现员工知识能力断档现象。最后，"互联网＋"转型可能会割裂企业文化传承。企业"互联网＋"转型战略未能充分传达给员工，在新老交替中缺乏一致的变革愿景，组织的过往优势、优秀文化和价值观被忽视甚至丢失，新老员工对未来发展方向存在不同意见，企业认同感下降，无法统一整合资源。企业内部新老员工之间的工作方式和理念差异等引发的文化冲突和融合都对企业文化建设提出更高的要求。

第二节　珠海市民营企业实施"互联网＋"战略转型路径

一、企业"互联网＋"战略转型升级的理论基础

企业"互联网＋"转型问题是企业在互联网时代下所面临的新兴转型问题。目前专门以"互联网＋"转型作为直接研究对象的研究较少，而对于企业转型这个传统问题的研究较多。国内外对于企业转型问题的研究，主要围绕转型模式和转型路径展开。

　　Bibeault（1982）将转型重点分为五种转型模式：管理过程、经济商业循环、竞争环境、产品突破性发展、政府政策。Merry 和 Levy（1986）认为企业转型需要解决组织的核心流程、精神、意识、创新能力和进化等方面的问题。Blumenthal 和 Haspeslagh（1994）对转型的理解则更注重与一般企业变革行动的区别，认为并非所有能够提升绩效的过程都可以称为转型。Prahalad（1994，1999）通过对大量企业转型实践归纳出企业实现成功转型的五大路径：一是新思想、新观念驱动下的企业战略和管理过程的革新；二是对企业整个组织进行转型，最高管理者必须全面改变整个企业组织的价值观，规划新的企业愿景并在组织内部传播和分享；三是深入变革，触动企业深层次的内容；四是构建和培育新的能力结构、业务结构和竞争战略，五是构建新的管理系统和运营系统。Humphrey 和 Schmitz（2000）基于价值链视角提出了企业转型升级分为工艺流程、产品、功能和跨产业等四种转型升级模式。李烨（2004）对 20 世纪 80 年代之后西方主流的转型模式进行了总结，认为可分为四类：重组式转型、再造模式转型、革新式转型、再生式转型；并从转型动因、变革性质、转型目标、学者代表和典型企业五个维度研究，提出了企业转型路径的变化趋势，即转型内容多样化（包含业务流程、业务内容、组织结构等）、追求长期目标而非短期绩效、转型难度和复杂度增加、危机驱动下的被动转型变为战略导向下的主动转型。

　　在中国本土的管理实践下，国内不少学者以某类特定行业，如加工贸易、代工等企业为研究对象对企业转型路径问题进行了理论应用、技术（模式）应用、主要影响因素和发展趋势研究。毛蕴诗等（2012）提出企业（家）可基于自身资源与能力和环境变化采取相应的升级路径，在整合微笑曲线和对偶微笑曲线的基础上，构建企业升级路径的选择模型。赵宏（2012）认为制造业主要通过供应链变革、组织变革、生产管理模式变革完成从生产型向服务型的转型路径。杜靖（2013）将传统企业创新转型划分为三个方向和五条路径。即整体上包括企业发展战略（从传统产业进入到新兴产业）、企业经营（从旧的商业模式创新转型为新的商业模式）、企业生产（从低端价值链移动到高端价值链）三个转型方向；以及从市场培育、中介服务、政府培育、市场和政府共同培育作用、商业模式变革五个方面提出具体的企业创新转型路径。其中商业模式变革包括顾客价值创新、价值链创新、价值网创新。徐明华和李红伟（2010）研究浙江民营企业转型升级路径：开发生产高附加值的新产品，通过产业创新实现升级；完善价值链，融入供应链，通过产业组织创新实现升级；通过管理创新实现升级；改善营销模式，建设企业品牌，通过市场创新实现升级；实施"走出去"战略，通过贸易创新实现升级。张亮（2013）从企业成长理论分析入手，在总结浙江民营企业的多种转型升级路径的基础上，列举相关的成功企业案例，提出对策建议。单东（2014）分析了浙江民营企业转型升级的三条途径：企业重组、优化公司治理结构、优化内部管理体制。

　　在民营企业实施"互联网＋"转型方面，邹小玉（2017）、吉峰等（2016）分析了企业转型升级的能力要素和影响因素，牙伟（2016）、刘丛珊（2016）、牟青平（2016）、傅祝屏等（2016）、李景海等（2016）探索了企业的互联网转型路径，并进行了相应的实证分析（张树俊，2016）。由于转型过程的不确定性因素较多，在此方面还需要更为深入的研究。

二、珠海市民营企业实施"互联网 +"战略转型路径

基于理论基础和珠海民营企业调查分析，结合"互联网 +"转型的特点和深度访谈结果，珠海民营企业的"互联网 +"转型就是以互联网思维为基础，以互联网技术为实现手段，通过供应链的转型、组织结构优化、产品及服务升级这三条路径，实现"互联网 +"战略转型。

在珠海民营企业实施"互联网 +"战略时，打造以消费者需求为导向的反向供应链，提供客户定制化服务，实现从消费者开始的倒逼升级，直至供应商；企业在不同产业链环节可以进行纵向整合和扩张，分别向供应商、分销商等环节的转移；企业还可以进行营销渠道的转型，着力于营销渠道的扁平化、新兴营销渠道的延伸如 B2C、O2O 等。企业经营活动的转变需要组织结构的管理优化提供保障，重构企业业务流程；产品和服务是企业面向消费者的外在表现形式，根据用户需求不断进行调整，以提供更好的产品和更完善的服务，才能保持企业的竞争优势。

珠海民营企业在"互联网 +"战略转型中有很好的表现。珠海天威集团在激烈的竞争环境下，重点整合优化供应链，实现供应链的转型升级，并积极参与到 TFC 全球供应链竞争之中，不断提升自身竞争能力。珠海丽珠医药集团启动的生物制药战略转型中，将大数据应用于智能医药，帮助企业进行"互联网 +"转型。珠海中星微电子在数字多媒体芯片研发中，结合人工智能识别，提升产品性能，进军网络安防市场，不断拓展自己的客户领域。珠海一桌科技有限公司从原本的餐饮信息服务产品转型为新媒体广告投放服务，打造与顾客距离最近、有效投放时间最长的广告媒体（场景对比电梯广告传媒、理发店、共享单车等），投放和更换成本更低；后期利用数据支撑、红外识别等，针对特定人群实现精准投放，能够帮助大众品牌将广告投放到核心商圈，从传统的被动接受型媒体向主动交互型媒体转变。珠海日新化妆品原本直接为下游美容院和整形医院提供美容产品，现在开始设立相应的电子商务部门，打造电商团队，设立专门的线上品牌直接接触消费者，拓展企业营销渠道。珠海融惠科技综合利用互联网技术、产品平台技术、云计算与大数据打造出覆盖企业战略、绩效、员工、薪酬多层、闭环、一体化在线管理平台，实现绩效管理与 IT 系统一体化，为企业管理转型提供整合解决方案。这些表现只是珠海民营企业互联网转型的一个缩影，更多的民营企业正在自己的行业范围内不断努力尝试。

我们对企业实施"互联网 +"战略的具体表现进行了调查。根据数据分析结果，在互联网转型过程中，三条转型路径相互影响，相互结合，共同发挥作用。在产品服务升级方面，能够根据客户要求改变服务流程，尽量实现根据客户反馈修改产品服务内容。在组织结构方面，组织柔性、流程可更改性、专门化程度、集权和分权程度、管理跨度都有显著作用。在供应链转型方面，企业能够与供应商实现协同发展，与竞争者之间也存在较好的协同性。

第三节 珠海市民营企业实施"互联网+"战略的政府建议

"互联网+"是互联网时代下的必然趋势,也是民营经济发展的现实需求。"互联网+"本质上是一种全新的经济模式,珠海市政府应高度认识"互联网+"对于珠海民营企业发展的重要意义,认真推进执行"互联网+"行动计划,解决民营经济发展中的问题,引导民营企业掌握"互联网+"的内涵,推进民营经济进行经营管理的全方位转型。通过"互联网+"实现民营企业转型升级,改善民营企业的营商环境,推动民营企业自主创新,加快互联网、云计算、大数据、物联网等新兴信息技术与传统产业的融合,大力发展新兴产业,推动民营企业健康快速发展。

一、推动民营企业实施"互联网+"战略的重点问题

根据《珠海市"互联网+"行动计划(2015—2020)》,在推动民营企业发展发展方面,政府需要重点关注以下问题:

①利用"互联网+",推动生产制造、营销、管理智能化,减少产品服务市场流通环节,缩短社会价值的转化流程,降低运营成本,提高企业效益。

②发挥"互联网+"的创新驱动作用,重点打造支撑传统行业及中小微企业转型升级的公共云平台,从生产要素驱动转向创新驱动,通过用户创新、开放创新、大众创新、协同创新,引领民营企业创新驱动发展。

③以"互联网+"引导企业在工业设计、工业仿真等方面应用云计算技术,以提高研发设计效率,降低研发设计成本。

④引导管理软件企业向云服务平台运营商转型,支持云计算服务商构建面向中小制造业企业的云服务平台,为其提供 CAD、ERP 等管理软件的在线服务。

⑤加大对互联网企业及"两化"融合企业的信贷支持。引导金融机构加大互联网企业、"两化"融合企业自主创新、技术改造的信贷支持。

二、推动民营企业实施"互联网+"战略的建议

(一)设立专职部门,加强组织领导

推进企业"互联网+"转型是一个长期过程,需要逐步的建设、推广和渗透。在政府部门层面,应成立一个专门机构,以推进以"互联网+"促进企业转型升级,对珠海市的"互联网+"行动进行宏观整体设计和组织实施。珠海市可以设立跨部门的企业转型发展领导小组和办公室,对各方资源进行统筹,建立协同工作机制,加强对民营企业"互联网+"转型升级的指导和扶持。"互联网+"转型办公室可以设在珠海市下属,负责具体"互联网+"工作的组织和推进,建立跨行业、跨领域的专家咨询委员会,为政府出台相关决策提供支持。

（二）注重宣传引导，强化示范引领

加强应用互联网思维推动民营企业转型的宣传力度，重视"互联网＋"的理论宣传和政策解读，在大众媒体上强化"互联网＋"的舆情引导，鼓励民营企业"互联网＋"转型的试点示范，树立"互联网＋"转型试点企业，不断总结提炼转型经验，为更多的民营企业"互联网＋"转型提供示范。

（三）加大政策引导，完善制度保障

在充分利用国家和广东省各项扶持政策的基础上，根据民营企业发展需要，出台珠海市助推民营企业"互联网＋"转型的相关实施意见，在投融资、人力资源、财政税收、土地使用等方面给予政策倾斜，推动民营企业积极运用互联网思维整合产业链，鼓励民营经济在研发、生产、销售及服务等方面做出创新，结合企业自身发展的实际情况，充分利用好互联网资源，改变固有的传统思维方式与经营模式，实现自主创新。

（四）政府搭建网络平台，助推民营企业转型升级

在转型背景下，政府掌握大量资源，如经济政策、市场信息、资源要素等，在投融资服务、人才使用、产业发展等方面也具有重要的影响力，可以通过珠海市政府建立网络平台，为民营企业转型提供所需的资源要素或搭建媒介，降低企业的获取成本，实现成功转型。

政府可以建立互联网服务平台，及时为民营企业提供政策法规、电子政务、市场信息、技术应用、电子商务、人力资源等多方面的信息服务。在平台中引入培训机构和职业院校，对有需要的民营企业进行多形式、多层次的技能培训，针对企业紧缺人才还可以实现定向培养或人才资源共享，提升企业员工的专业技能。通过信息平台建立企业的横向同业合作，共享生产设施，降低生产成本。培育平台型企业，鼓励企业以开放平台的方式实现行业外的纵向合作，整合同一产业链的上下游企业，推动产业制造链、流通链和服务链的无缝衔接，降低费用，减少产业链环节，打造"平台＋内容＋终端＋应用"的产业生态圈和集聚圈。产业集群内的民营企业之间可以进行技术合作，合力进行技术研发，实现整体技术创新。处于技术瓶颈的企业也可以与平台内部企业进行技术共享，实现双赢发展。

除此之外，政府可以建立服务全市的大数据平台，推动大数据与民营经济的融合，通过大数据建设对生产经营数据进行分析，为企业改进产品设计和开展精准营销提供支持。同时，政府大力发展物联网，进一步完善物流配送、电子支付、信用服务、人才培训等电子商务支撑体系，对企业能耗、环境保护、污染物排放情况进行实时监测，培育发展云工程与服务企业，促进企业购买云服务。鼓励企业进行移动商业模式创新，打造包括设备制造、网络运营、软件和信息服务的移动互联网产业链。

（五）注重资金引导，拓宽融资渠道

珠海市政府可以将"互联网＋"行动纳入科技创新领域，作为珠海市实施创新驱动发展战略的重要组成部分，以互联网经济为主业的民营企业可以认证为创新型企业，设立

"互联网+"科技专项资金，支持民营企业的"互联网+"项目建设。不断拓宽融资渠道，创新融资方式，考虑建立企业融资需求数据库，加大银企对接力度，缓解民营企业融资难问题，鼓励开发性金融机构为民营企业互联网重点项目建设提供有效融资支持，积极发展知识产权质押融资、信用保险单融资增信等服务。在普惠金融背景下，充分发挥互联网金融的激活作用，采用P2P网贷、众筹融资、第三方支付、数字货币、大数据金融以及其他网络金融服务平台将让金融服务变得更有效率，借助互联网金融的低门槛和便捷性促进资金的激活和快速流动，通过大数据简化企业征信流程。

（六）引进和培育互联网人才，夯实人才基础

随着电子商务、移动互联、大数据、智能机器人等新技术的大规模应用，企业对优秀人才的需求加大，人才竞争也会更加激烈，要引导企业通过更优的环境吸引和保留优秀人才。依据"互联网+"民营经济的人才需求，建立多层次多类型的"互联网+"转型人才体系，重视高端人才的引进，强化高端人才在社会资源方面的政策支持，并制定相应的个人所得税减免政策。通过多种方式培育互联网人才，积极组织开发培训课程、企业交流会或购买在线课程，对企业员工的再教育培训支出可以考虑纳入优惠范畴，鼓励企业在职员工通过在线教育进行能力提升。重点培养兼具互联网思维和实体企业管理的复合型人才，政府要积极促进互联网与实体经济的融合，鼓励珠海市高校建立交叉学科和应用技术研究机构和专业实验室，设立产学研用结合的实训基地，鼓励校企联合培养复合型人才，鼓励高校学生进入"互联网+"传统产业企业进行培训、实习和就业。在创业空间和孵化器方面提供政策和服务支持，为拥有互联网技术和创意的人才提供创业咨询和投资服务，鼓励以研发成果专利和创新型商业模式等无形资产入股创业。整合社会培训资源，打造政府主导、商会组织支撑、企业参与的培训体系，开展多种形式的互联网知识教育、专业讲座和技能普及活动。

（七）协助互联网服务提供商，针对企业特定需求提供服务和解决方案

民营企业"互联网+"转型需要互联网基础设施建设和相关服务支持的助力。互联网服务提供商，即中国电信、中国联通和中国移动珠海分公司等，应围绕国家"互联网+"创新驱动战略和光网战略，加快光纤网络和无线网络等高速宽带基础设施建设，提升网速，改进网络服务，针对民营企业需求提供服务，实现与企业的战略合作，推动珠海企业的互联网转型。互联网服务提供商在传统业务固话、光纤和移动之外，还可以在互联网服务方面与企业创新合作微商平台、支付金融、新媒体推广等相关领域。互联网服务提供商提供技术团队进行基础平台开发，同时其庞大的产品和客户资源也可以为企业提供帮助。如在广州电信与广州力果的互联网服务合作中，广州电信的儿童定位手机服务与力果童装有高度类似的客户群，因此在力果网络商城上线的订货会上，两者产品相结合进行捆绑销售，取得了大量订单。在客户资源上，双方可以深入合作。如广州电信的一家客户拥有全国范围内的长途客运资源，广州电信方面居中牵线，实现多方合作。广州电信为长途客运车提供免费车载WiFi，乘客乘坐时可以通过WiFi网络登录力果的移动客户端App，从而进行品牌宣传和销售。

第四节　珠海市民营企业实施"互联网＋"战略的企业发展对策

随着互联网对社会经济的逐步渗透和结合，对于企业发展的影响和变革程度不断加大，互联网将是企业日常经营管理活动中不可或缺的重要组成这一问题。在这样的背景下，民营企业需要认真思考和对待如何借助互联网完成自身的转型升级。在民营企业"互联网＋"转型过程中，企业在加强IT软硬件基础设施的建设和投入之外，还需要提升自身实力，以应对"互联网＋"转型需求。

民营企业要充分认识互联网的经济主导作用，提高企业内部的互联网意识，以互联网思维来引领企业发展。领导层要探索企业与互联网的融合模式，利用互联网所带来的发展机遇，发挥自身优势；管理层要不断更新管理理念，建立互联网的全局思维和发展战略，借鉴相对较为成熟的管理模式，结合企业发展情况，采取因地制宜的转型措施。在企业的"互联网＋"转型过程中，从战略、管理模式、员工三个方面提供发展对策。

一、企业战略对策

（一）建立互联网思维

互联网时代下的企业转型，首先要实现管理思维的转型和重构。民营企业要实现成功转型，需要转变思维，从发展角度正确认识互联网，而不是仅仅将其视为一种技术工具。所谓互联网思维，就是在（移动）互联网、大数据、人工智能、云计算等互联网技术不断发展的背景下，对市场、用户、产品、企业产业链乃至商业生态体系进行重新审视的思考方式。互联网思维是对管理理念的重新定义，从以企业为中心向以顾客为中心进行转变，以顾客需要为发展导向。建立互联网思维不仅需要企业领导层的认知，也需要企业中层管理人员和基层员工的全面认识，在企业内部形成开放、包容、协作的企业文化氛围。

（二）明确"互联网＋"转型战略

企业的"互联网＋"转型升级首先要转变企业战略。民营企业应根据自身情况特点考虑转型需求，明确战略定位，理智评估互联网所发挥的作用和自身企业的适用性，清晰定位并制定符合企业发展的转型战略。"互联网＋"转型会带来相应的管理风险和财务风险，管理层应对"互联网＋"转型有明确的目标和理解，分析自身财务能力、企业内部对"互联网＋"转型的接受程度以及技术实现情况，提供资金投入、技术投入和发展方案的具体支持。企业或者自建互联网平台，或者借助外部互联网平台实现转型。但是无论采用怎样的转型战略，企业都需要利用互联网、大数据、人工智能等将企业的产品和服务与顾客、供应商、政府等利益相关者联系起来，形成有效的商业生态体系。

二、企业管理模式对策

为成功实现企业"互联网＋"转型升级，民营企业首先应在企业内部各管理层级建立互联网思维，然后明确战略目标，并根据战略目标调整组织结构、营销渠道和产品体系。

（一）调整组织结构

"互联网＋"转型背景下，企业转型战略的实施需要企业相应的调整组织结构。传统企业组织结构多使用科层制的金字塔形结构，命令由上至下按照等级链层次进行传递，管理幅度窄，这样的组织形态往往会增加沟通成本，也难以适应互联网时代对客户需求快速响应的要求。在"互联网＋"转型中，互联网提供一种新的联结方式，将领导者、各个部门、团队和员工有效组织联结起来，充分发挥各个点的自我管理能力。因此，企业的组织结构转型需要通过互联网、大数据、移动互联网等，将事业部、职能部门、团队和员工联结起来，建立以团队和事业部为主的网状扁平式组织结构，实现组织权力的适当分权和员工授权，拓宽管理幅度，以满足企业"互联网＋"转型的需要。

在对企业组织结构的调整中，可以采取分步走的战略，从企业生产经营活动入手，逐步实现从以管理为主向以经营为主的转变。首先，借鉴其他企业的成功经验，改造传统工作流程，融入互联网技术重构企业流程；然后根据企业的经营情况，对流程进行优化；在一段时间的试运营后，根据效果反馈对流程进行微调，打造适合企业自身的互联网管理流程。

（二）构建互联网营销渠道体系

企业"互联网＋"转型要建立以顾客为核心导向的全渠道营销体系，合理平衡线上和线下的营销渠道之间的冲突和协作，建立集定制、仓储、配送、体验和服务于一体的营销渠道。拓展线上营销渠道，逐步实现线上销售定制、线下配送供货。根据企业自身特点和发展要求，在具备技术、资金和人才情况下，可以自建互联网平台，实现采购、生产、销售和售后服务的一体化运营。如果暂时不具备相关条件，可以寻求第三方互联网平台企业进行合作。

在企业营销中，要主动参与顾客的在线交流，打造网络社区，通过数据库营销、搜索引擎、社群营销、微博微信营销等多种方式创立企业的品牌和口碑，以影响用户的购买意向和购买决策。民营企业要充分利用电商平台、搜索引擎、门户网站和垂直网站等各类平台网站传播企业信息，展示企业产品和服务，精准定位顾客群体，有效引流整合小微订单和碎片订单，发展潜在客户。

（三）强化产品和服务体系

在企业的"互联网＋"转型中，要将互联网技术应用于企业的产品设计、生产与销售环节，强化产品和服务体系。民营企业要根据市场趋势的变化，及时掌控顾客需求，通过大数据挖掘顾客需求，描绘顾客画像，分析顾客社群的属性，为顾客提供定制化的产品和服务。民营企业的"互联网＋"转型中需要考虑线上和线下产品的区别，明确不同类型顾客的需求，针对特定顾客社群采取不同的产品和服务模式，并采用不同品牌和类型的产品服务满足顾客需求，实现差异化发展，强化自身的竞争优势。

（四）开展多渠道融资

民营企业进行"互联网＋"转型，资金是关键问题。民营企业本身在融资方面存在短板，更加要通过多种渠道融资引资，正确评估资金风险，解决资金问题。银行作为企业融资的主要来源，考虑到民营企业自筹资本和集聚资本的能力有限，银行可以适当降低对民营企业融资的要求，结合企业以往信用状况和产业特点，考虑企业长远发展，给予特定的资金支持。政府也可以提供相应的"互联网＋"转型专项资金，通过多方面渠道全力推广。

三、企业员工管理对策

民营企业的"互联网＋"转型需要具有经营管理能力和熟悉互联网运营的综合性人才，培育互联网人才是企业转型的重要需求。民营企业"互联网＋"转型需要加强对高层管理人才、中层业务人才和经营人才的引进和培养，强化企业人才优势。在企业完成战略和管理模式变革之后，需要从员工管理方面进行相应的转型，增强员工的使命感和对企业的归属感。

（一）人才获取和保留

在员工供需问题上需要做到的是对人才的获取和保留。薪酬福利、发展机会、工作环境和企业声望形象等都是企业吸引外部人才的主要因素及重要组成部分，针对所需的目标人才需求制定人才招聘策略，强调自身优势。企业还可以通过宣传行业领袖人物的光环效应和社会认同感，来吸引后续人才的加入。如小米在创业期邀请具有多年丰富工作经验的著名天线专家周光平为联合创始人，利用其在专业领域里的强大影响力，在短期内就招聘到十几名资深工程师，迅速组建起硬件团队。

对于现有员工，除了通过常规的绩效薪酬制定人才保留计划，还可以通过组织变革和创新为员工提供更好的工作条件和更大的发展空间，降低员工的流失率。腾讯通过企业业务结构调整进行员工授权，满足骨干员工的多样化发展要求，有效保留人才。

（二）员工的人力资源开发

对于员工知识结构的断档问题则需要通过人力资源开发来解决。"互联网＋"转型对企业员工提出更高的专业技能提升要求，需要实现知识技能的更新换代。利用现有人力资源，开发培训技术人才，实现自我转型。员工要具备自我学习、持续提升的意识，不断提高自我监督和自我管理的能力。

（三）企业文化建设

"互联网＋"转型增加了人才的跨界流动，带来企业新老员工的文化冲突和融合。基于企业长期愿景和转型战略定义企业文化的核心元素，融合员工需求，确定价值主张，并在企业业务流程、激励机制中得以体现。在持续文化传承的情况下，促进新老员工的交流互动，加速文化融合。

（四）对新生代员工的吸引力

新生代员工是企业转型发展的主力军，习惯通过互联网和开放式体系来进行信息沟通和传播，以自我为中心，追求个人发展目标和价值体现，弱化权威和权力约束，在工作中更为灵活变通。因此，企业要提供相对独立和宽松的工作环境，运用多元化的招聘渠道，倡导创新和激情的组织文化，使用社会化媒体、事件招聘、公益竞赛等方式增加互动，体现出具有吸引力的企业形象和价值主张，以吸纳新生代人才。

参考文献

［1］Adams, J. D. *Transforming Work*. Alexandrix：Miles Review Press，1984.

［2］Levy, A., Merry, U. *Organizational Transformation*. New York：Praeger，1986.

［3］Shaheen, G. T. Approach to Transformation. *Chief Executive*，1994（3）.

［4］Bibeault, Donald B. *How Managers Turn Losers into Winners*. New York：McGraw Hill，1982.

［5］Blumenthal, B., Haspeslage, P. Toward a Definition of Corporate Transformation. *Sloan Management Review*，1994（3）.

［6］Prahalad, C. K., Hamel, G. Strategy as a Field of Study：Why Search for a New Paradigm. *Strategy Management Journal*，1994（15）.

［7］Prahalad, C. K., Osterveld, Jan P. Transforming Internal Governance：The Challenge for Multinationals. *Slogan Management Review*，1999（3）.

［8］Humphrey, J., Schmitz, H. *Governance and Upgrading Linking Industrial Cluster and Global Value Chain Research*. Institute of Development Studies，2000.

［9］毛蕴诗，郑奇志．基于微笑曲线的企业升级路径选择模型——理论框架的构建与案例研究．中山大学学报（社会科学版），2012，52（3）.

［10］杜靖．基于动力机制视角的传统企业创新转型路径选择．企业经济，2013（6）.

［11］李兆磊．传统型制造企业向服务型制造企业转型路径分析．知识经济，2010（7）.

［12］赵宏．我国制造业从生产型向服务型制造转型路径研．柳州：广西工学院，2012.

［13］单东．浙江中小民营企业转型升级问题研究．经济社会体制比较，2014（2）.

［14］徐明华，李红伟．浙江民营企业转型升级的路径选择——基于企业成长理论的分析．浙江树人大学学报（人文社会科学版），2010（2）.

［15］郭毅夫．企业商业模式转型模型构建．中国流通经济，2012（8）.

［16］贾杭胜．民营中小企业创新发展机制研究．合肥：合肥工业大学，2016.

［17］吴滨．传统企业互联网化转型的管理研究．黑龙江科技信息，2015（27）.

［18］赵翔翔．企业互联网转型思想的反思．经营管理者，2015（36）.

［19］阳小燕．成都市民营企业转型升级研究．成都：四川省社会科学院，2015.

［20］张亮．我国民营企业转型升级面临的主要问题与对策建议．现代产业经济，

2013（11）．

[21] 邹小玉．互联网＋背景下民营企业转型升级能力要素构成研究．物流工程与管理，2017，39（2）．

[22] 吉峰，牟宇鹏．基于扎根理论的传统企业互联网化转型影响因素研究．湖南社会科学，2016（6）．

[23] 牟青平．"互联网＋"助推民营经济发展路径探析．北华大学学报（社会科学版），2016，17（3）．

[24] 牙伟．企业互联网化转型路径研究——以徐工集团两化融合管理体系应用为．武汉：中国地质大学，2016.

[25] 刘丛珊．基于互联网视角的传统企业转型路径研究．天津：天津商业大学，2016.

[26] 傅祝屏，朱彩娣．基于互联网＋的杭州民营外贸企业转型升级的探索——以杭州超义实业有限公司为例．农村经济与科技，2016（8）．

[27] 李景海，林仲豪．"互联网＋"、创新驱动发展与广东民营经济转型升级路径研究．江淮论坛，2016（2）．

[28] 张树俊．依托"互联网＋"走出发展困境——基于江苏省泰州市"互联网＋"应用的实证分析．柳州职业技术学院学报，2016，16（1）．

[29] 童露．论互联网时代下传统企业的转型升级．中国集体经济，2016（3）．

[30] 中国电信广东公司．"互联网＋"助传统产业转型升级．中国电信业，2015（12）．

[31] 叶雷．互联网转型、互联网化与"互联网＋"——读《互联网思维2.0：传统企业互联网转型》．现代国企研究，2015（9）．

[32] 赖毅．互联网时代民营企业转型策略．中外玩具制造，2015（1）．

[33] 郝代丽，孙德峰．互联网经济是中国经济发展新常态的新引擎．辽宁经济管理干部学院．辽宁经济职业技术学院学报，2015（4）．

[34] 好中求快 珠海再造民营经济新动力．中国高新技术产业导报，http：//paper. chinahightech. com/html/2016－08/08/content_20473. htm，2016－08－08.

[35] 珠海市委书记：推动民营经济不断发展壮大．新浪网，http：//gd. sina. com. cn/zh/news/2016－07－03/city－zh－ifxtsatn7994679. shtml？ from＝wap，2016－07－03.

[36] 珠海：民营企业成吸纳劳动力就业主力军．网易，http：//news. 163. com/17/0217/22/CDGRETEH00014AEE. html，2017－02－17.

[37] "互联网＋"，珠海怎么加？．中国智能制造网，http：//www. gkzhan. com/news/detail/64604. html，2015－12－11.

第十四章　珠海市民营科技企业融资风险研究

科技和金融是推动经济发展的两大重要引擎，科技创新和金融创新相结合，有力地推动了现代经济的发展。党的十七届五中全会首次指出要"促进科技和金融结合"。随后，党的十八大提出了实施创新驱动发展战略，强调创新驱动是国家命运所系，是世界大势所趋，也是发展形势所迫。为充分发挥非公有制经济促进科技创新的重要作用，党的十八届三中全会通过的《中共中央关于全面深化改革若干重大问题的决定》明确要求支持非公有制经济健康发展，在完善发展政策、扩大发展空间、转变发展方式等方面，提出了一系列新的任务和举措。党的十九大则进一步强调，在全面建成小康社会决胜阶段、中国特色社会主义进入新时代的关键时期要毫不动摇地鼓励、支持、引导非公有制经济发展，支持民营企业发展，加强对中小企业创新的支持，促进科技成果转化。其中，报告明确提出了"加快建设实体经济、科技创新、现代金融、人力资源协同发展的产业体系"的发展要求。"科技创新"和"现代金融"的融合发展，无疑是现在以及未来推动我国经济发展和社会进步的重要力量。

"科技金融"这一概念在实践中运用广泛，但理论界对其并没有明确统一的定义，认可度较高的是前四川大学副校长赵昌文教授在其著作《科技金融》一书中的表述："科技金融是促进科技开发、成果转化和高新技术产业发展的一系列金融工具、金融制度、金融政策与金融服务的系统性、创新性安排，是由向科学与技术创新活动提供金融资源的政府、企业、市场、社会中介机构等各种主体及其在科技创新融资过程中的行为活动共同组成的一个体系，是国家科技创新体系和金融体系的重要组成部分。"由此可见，科技金融是由多方主体共同参与的系统性金融创新活动，目的是解决科技型企业的融资需求、推动科技创新要素市场化、促进科技开发、成果转化和高新技术产业发展。

我国科技金融萌芽于二十世纪七八十年代，此后经历了从以政府拨款为主，到以科技信贷为主，再到以科技资本为主的探索阶段。2006 年发布的《国家中长期科学和技术发展规划纲要（2006—2020 年）》首次提出创建完善的科技金融体系后，我国科技金融进入了快速发展阶段。以此为契机，中央及地方各级政府通过建立科技与金融结合协调机制、培育和发展创业投资、引导商业银行加大对科技型企业的信贷支持、发展多层次资本市场支持科技型企业等多种措施进一步完善了科技金融体系。近年来，我国金融市场快速发展，多层次资本市场逐步建立，科技金融体系全面完善，越来越多的科技型企业通过金融创新政策、金融创新产品获得融资支持，科技金融对我国科技创新、经济增长的推动作用日益显著。

在此背景下，为鼓励和引导金融资源支持民营科技型中小企业发展，落实创新驱动发展战略，2014 年 7 月，珠海市金融工作局根据《广东省人民政府办公厅关于促进科技和金融结合的实施意见》《中共珠海市委关于全面深化改革的实施意见》等文件，结合珠海实际，拟定并经市政府同意印发了《珠海市人民政府关于促进科技金融发展的实施意见》（以下简称《实施意见》）。《实施意见》从意义、目标和原则等八个方面指导全市积极促进科技和金融的融合发展，并要求成立市科技金融发展领导小组，在市金融工作局设立办公室，负责日常联络协调工作，统筹相关部门资源，协调落实科技金融政策和相关重大事项。2014年10月，珠海市人民政府办公室印发了《关于深化金融改革创新的实施意见》，进一步强调要大力发展科技金融，建立科技金融深度融合的政策体系，出台促进科技金融发展的实施意见及配套办法，创新财政资金投入机制，综合运用引导基金、专项补贴、风险补偿、贷款贴息等方式，激励和引导金融机构开展科技金融业务。2016年9月，《珠海市金融改革发展"十三五"规划》明确提出，新时期全市要继续发展科技金融，支持建立科技金融服务机构，拓宽科技创新企业的融资渠道，积极开展众创金融。2016年10月，珠海市人民政府印发了《珠海市创新重点领域投融资机制鼓励社会投资实施方案》，再次强调要鼓励社会资本参与推动设立服务科技企业的金融服务机构，支持和引导企业拓宽融资渠道、创新融资方式。

2014年以来，珠海市各区、各单位积极落实上述文件精神，在完善科技金融组织体系、培育创业（风险）投资、推进科技金融产品创新、构建多层次资本市场、营造良好科技企业融资氛围等方面，进行了积极的探索，并取得了一定成效。

第一节　珠海市科技金融服务工作开展情况

一、制定和出台科技金融政策

近三年来，珠海市各相关部门、各区陆续制定和出台了一系列促进金融支持科技创新的政策：

（1）市金融工作局拟定并经市政府同意印发了《关于鼓励天使投资、创业投资发展的资金扶持办法》，通过对投资珠海市科技型企业的创业（天使）投资给予购（租）房补贴、投资风险补贴等措施，鼓励和引导投资机构加大对珠海市初创期、创业期科技型企业的投资力度。

（2）市科工信局联合相关单位制定了《珠海市中小微企业"四位一体"融资平台工作方案》及四个配套的管理办法，通过担保、支小贷、转贷引导、助保贷等方式对中小微企业的融资给予风险准备金担保、贷款贴息、风险补偿等支持，增加中小微企业信用，提高贷款额度，降低贷款成本，并对科技型中小微企业给予倾斜。

（3）中国人民银行珠海市中心支行、市科工信局、市金融工作局联合拟定并经市政府同意印发了《珠海市知识产权质押融资风险补偿基金组建方案》《珠海市知识产权质押融资风险补偿基金管理办法（试行）》等政策文件，对全市知识产权质押融资风险补偿基金的规模、架构、扶持方向、运作方式、项目管理以及监督管理等进行了明确规范。

（4）各区政府及相关部门结合实际情况出台了更为具体、细化的科技金融政策。例如，高新区印发了《珠海高新区天使投资扶持办法》《珠海高新区天使投资资金管理办法》以及《珠海高新区科技保险费补贴实施办法（试行）》；金湾区出台了《金湾区创业投资引导基金管理暂行办法》；香洲区印发了《香洲区创新发展若干措施》《珠海市香洲区科技型中小企业贷款费用补助办法》；横琴新区出台了《横琴新区创新型企业（机构）办公场地优惠暂行办法》等。

二、推动设立科技金融机构

（一）大力引进股权（创业）投资企业

珠海市全面推动国有金融控股企业设立创业（风险）投资基金，截至 2016 年 12 月末，全市共设立 4 只财政性引导基金，总规模 22.43 亿元。在全市的大力推进下，市一级科技金融平台企业珠海科技创业投资有限公司于 2016 年 1 月底开业；珠海金控高新创业投资有限公司与北大方正、清华大学、香洲区人民政府合作设立了总规模超过 20 亿元的新兴技术、新兴产业基金；横琴新区金融投资集团有限公司设立了首期规模为 5 000 万元的天使投资基金；高新区也设立了区属天使投资资金和创业投资引导基金，还与广东省融资再担保有限公司签订了共同投资 1.1 亿元成立政策性国有融资担保公司的合作协议，为科技企业融资提供担保；广东粤财投资控股有限公司在横琴设立了总规模为 500 亿元的珠江西岸先进装备制造业发展基金。此外，横琴新区还出台了鼓励股权（创业）投资企业落户发展的政策措施，大量投资机构集聚横琴。截至 2017 年 3 月末，全市共有股权（创业）投资企业 2 803 家，与上一年度同期相比增长 75.3%，其中在基金业协会备案的私募投资企业有 598 家，其他各类新兴金融机构 1 563 家。

（二）推动设立科技支行

为鼓励金融资源涌向高新产业，2015 年，珠海市推动设立了广东省内第二家金融租赁公司——横琴华通金融租赁有限公司，配合上级部门批准了 6 家中资银行支行升格分行及新设 2 家中资银行分行、1 家外资银行异地支行；2016 年，又先后引进广州农商银行、顺德农商银行、东莞农商银行、浙商银行、渤海银行来珠海开设分行。截至 2016 年年底，全市已设立 6 家科技型支行。2017 年 11 月，中国农业银行珠海金鼎支行"小微企业金融服务科技支行"挂牌成立。中国农业银行珠海金鼎支行自成立以来，立足高新区，以科技金融为重要着力点，目前已累计为科技企业发放贷款 12 亿元。

（三）推动设立科技小贷公司和融资担保公司

广东省粤科金融集团有限公司与珠海金控高新创业投资有限公司、珠海铧创投资管理有限公司、大百汇实业集团有限公司共同发起设立的珠海市粤科金控小额贷款股份有限公司于 2014 年 10 月核准成立，注册资本为人民币 1 亿元，主要为珠海市的科技型小微企业发展提供小额信贷业务。2016 年 11 月，高新区与广东省融资再担保有限公司等单位共同发起设立的粤财普惠金融（珠海）融资担保股份有限公司在珠海高新区大洲科技园科技金融广场挂牌成立，正式运营以来累计担保发生额超过 4.4 亿元人民币。

三、大力推动科技金融产品创新

（一）大力发展创业（风险）投资

截至 2016 年 12 月末，珠海创业投资引导基金出资设立了金控通用产业基金、富海铧创 TMT 基金等 4 只基金，共设立子基金 15 只，实际到位资金 33.11 亿元，引导基金出资 4.95 亿元，资金放大倍数为 5.69 倍。引导基金及其子基金实际投资珠海恺瑞生物科技有限公司、珠海纳睿达科技有限公司等 138 个项目，投资总规模达 16.09 亿元。另外，高新区天使投资资金每年安排不低于 3 000 万元专门投资初创期科技企业，先后与珠海博雅科技有限公司、珠海纳金科技有限公司等 18 家初创期企业签订了投资协议，投资总额 1.7 亿元，其中珠海博雅科技有限公司、珠海创飞芯科技有限公司、珠海云洲智能科技有限公司等超过三分之二的项目带动了社会资金的投入。高新区创业投资引导基金通过与红杉资本、招商局资本等 4 家创投机构合作，设立了珠海市领先互联高新技术产业投资中心、珠海金控高新产业投资中心等 5 只总规模为 8.11 亿元的股权投资基金。珠海市通过"园区＋金融服务＋产业链孵化"模式，孵化、培育高新技术企业，截至 2017 年 6 月，孵化器内企业累计获得风投超过 8.9 亿元，其中珠海欧比特宇航科技股份有限公司等 5 家企业已成长为上市公司。

（二）推动银行开拓科技贷款

中国银行珠海分行、中国建设银行珠海分行等银行机构推出"中银科技通宝""科技助保贷""科技信用贷"等多项科技金融创新产品，通过实施单独的客户准入、单独的审批流程、单独的贷款规模、单独的优惠利率和单独的不良贷款容忍度拓展科技贷款规模。此外，为鼓励银行发放科技贷款，2017 年 5 月，横琴金融投资集团有限公司联合区财政局、区商务局、横琴发展有限责任公司、区内银行设立了横琴新区创新型中小企业信贷风险补偿专项资金，对银行为向符合条件的中小企业发放贷款所产生的损失进行有限补偿，目前区内银行上报项目金额超过 2 700 万元。

（三）积极发展知识产权质押融资

横琴国际知识产权交易中心与华夏银行合作开发了"知识产权质押融资平台金融＋供应链金融"产品。2017 年 6 月，全国首个金融创新知识产权运营交易国家平台——国家知识产权运营公共服务平台金融创新（横琴）试点平台（七弦琴国家平台）正式上线，提供以知识产权金融创新、知识产权跨境交易为特色的全方位、一站式、高品质的知识产权资产交易和服务交易的服务。截至 2017 年 7 月，珠海全市在国家知识产权局备案的专利质押融资金额达到 9 209 万元，7 家科技型小微企业获得知识产权质押融资，知识产权金融创新工作取得阶段性、突破性的进展。

（四）依托融资租赁公司开展科技融资租赁

截至 2017 年 6 月末，全市融资租赁类企业达 187 家。其中，横琴金投国际融资租赁有限公司、华通金融租赁有限公司、国际融资租赁有限公司等龙头企业累计投放资金近170亿元，重点支持珠海市高端制造业、智慧城市产业等科技型企业的发展。2017年6月，横琴金投国际融资租赁有限公司在深圳证券交易所成功公开发行了国内少有的出表型融资租赁资产证券化产品（ABS）——"横琴金投租赁一期资产支持专项计划"，发行额度为13亿元人民币，是广东省内第一个首次发行ABS就超过10亿元的租赁公司，本次专项计划产品共有18个融资租赁项目资产入池，其中高端制造业、新能源行业约占整体资产规模一半以上。

（五）推动科技小贷业务

珠海市金融工作局大力扶持科技小贷公司开展科技小贷业务，鼓励其积极开发科技小贷产品。自2014年12月开业以来，珠海市粤科金控小额贷款股份有限公司累计为科技型小微企业发放11 548万元贷款。截至2017年6月末，通过担保、支小贷等方式专项用于支持发放科技型企业技术改造贷款的"四位一体"融资平台，已累计向中小微企业发放贷款1 900笔，合计金额127.06亿元。

（六）推动科技保险业务试点

2016年4月，市金融工作局、高新区和相关保险机构积极合作，制定了《珠海高新区科技保险费补贴实施办法（试行）》，高新区财政安排科技保险费补贴专项资金，用于科技型企业购买保险公司相关保险产品的保险费补贴。同时，高新区向市政府呈报了支持科技保险的实施方案，方案将积极推动开展科技保险业务试点和"国家专利保险试点"。2017年8月，《珠海市深入推进创新驱动发展，打造粤港澳大湾区创新高地实施方案》明确部署，未来五年，珠海将协调保险机构，推动科技保险业务试点在高新区落地实施并推广到全市。

四、积极推动科技型企业有效利用多层次资本市场

（一）积极推动珠海市科技型中小企业上市挂牌

近年来，珠海市出台了上市专项扶持、上市奖励等多项政策支持科技型中小企业上市挂牌，鼓励、推动更多企业利用资本市场实现跨越发展。截至2017年9月，珠海市境内外上市公司增至37家，其中28家在境内上市，9家在境外上市。经初步统计，目前珠海28家A股上市公司中，已有珠海赛隆药业股份有限公司、珠海英搏尔电气股份有限公司等22家企业被认定为高新技术企业。此外，珠海还有4家企业正处于IPO审核中，这些企业也均为创新能力强、研发实力雄厚的高新技术企业，高新技术企业成为珠海"上市军团"的主力军。截至2017年5月底，全市已有新三板挂牌公司85家，其中迈科智能、国佳新材、派诺科技、雷特科技、伊斯佳、网博科技等16家企业入选2017年新三板创新层。截至2017年6月底，全市企业通过股权再融资、公司债券直接融资金额共计46亿元。其中，2017年3月，珠海光库科技股份有限公司在A股市场公开发行新股2 200万

股，募集资金净额 2.2 亿元解决了资金需求，而融资成本几乎为零。以光库科技为代表的珠海市科技创新企业正充分利用资本市场的直接融资功能。

（二）推进建设新三板华南服务基地，为中小企业特别是民营科技型中小企业在新三板挂牌提供便利

为帮助中小企业转型升级，不断发展壮大，珠海市不仅出台了相关资金扶持政策，给予新三板挂牌企业最高 240 万元的奖励，同时还在全市范围内筛选企业进入上市后备企业资源库，保证企业享受到上市"绿色通道"、贷款优先等服务。2014 年 11 月，珠海市人民政府与全国中小企业股份转让系统有限责任公司签订战略合作协议，合作建设新三板华南服务基地。在市金融工作局的推动下，新三板华南服务平台落户横琴，已于 2016 年 6 月正式投入运作，并针对科技型企业等高端产业企业开展了新三板挂牌宣介培训。

（三）推进建设产权交易中心

珠海市产权交易中心立足横琴新区，充分利用国家赋予横琴金融创新先行先试政策、粤港澳合作的区位优势和雄厚的股东背景优势，全面服务粤港澳，面向境内外提供金融资产交易和跨境金融服务，致力于打造成为功能完善、业务创新、风险可控、运作规范高效，具有较强影响力和辐射力的专业化交易平台。近年来，为进一步推动金融创新改革，市金融工作局大力推动产权交易中心创新运作模式，积极将其打造成为重点为民营科技型中小企业提供股权登记、托管、挂牌、融资的综合服务平台。截至 2016 年 4 月末，该综合服务中心已挂牌企业 226 家，其中科技型企业 46 家。

五、着力打造金融与科技企业对接服务平台

一直以来，珠海市金融工作局积极搭建企业与金融机构的沟通对接桥梁，促进投融资双方的信息交流和业务对接，营造良好的金融服务科技企业的氛围。

（一）建设和运营好金融与科技对接服务集聚平台

高新区科技金融广场 2014 年 9 月开始运营，截至 2017 年 6 月末，进驻金融机构和中介服务机构已达 64 家，初步形成了集中、完整的科技金融服务链，共举办各类科技与金融对接及交流活动 41 场次，现场对接企业 1 300 家次。香洲金融街于 2015 年 1 月建成，截至 2017 年 6 月末，金融机构从业人员近 187 人，总资产 3.9 亿元，实现营业收入 2 100 千万元，完成银承贴现 24.8 亿元，为 1 117 家企业提供金融信息、金融中介、评估、咨询、律师等服务。横琴澳门青年创业谷于 2015 年 6 月开始运营，截至 2017 年 6 月末，引进青年创业企业 7 批，共 142 家，注册资本超过 4 亿元，设立了 1 000 万元创业谷天使投资基金，向 2 家创业企业投资，累计 16 家企业获得各种融资超过 1 亿元。创业谷为创业创新企业提供了全链条融资服务，形成了良好的发展态势，截至目前共举办了公益培训、项目路演、专题论坛、公开课等创新创业活动近百场。

（二）建设知识产权运营服务平台

横琴国际知识产权交易中心自 2015 年 6 月开业以来，积极开展企业产权和股权交易、科技成果和知识产权转让业务，积极推动知识产权质押融资业务，已储备 10 余个高新技术项目，并为广东飞企互联科技股份有限公司提供了 500 万元知识产权质押贷款。2016 年 3 月，横琴国际知识产权交易中心和拱北海关、珠海横琴新区管委会三方联合开展"知识产权易保护"合作，合作项目主要包括建立知识产权保护便捷担保机制、推动知识产权联合（快速）维权援助机制建设、推动知识产权交易平台与中拉电子商务平台对接、提供自贸片区企业知识产权专业化服务、打造企业知识产权大数据信用体系等八个方面。

（三）举办融资对接活动，加大融资对接服务力度

珠海市各区、各部门一直致力于搭建融资对接沟通渠道，以推动更多企业实现融资创业。珠海市就业创业服务中心创办"聚交网"，截至目前，以"聚交网"为平台，珠海市相关部门与企业联合举办了 13 期融资对接沙龙，通过线上线下的方式，为创新创业项目提供路演机会和传播渠道，推动项目与资本的有效对接，珠海史小坑文化传播有限公司等企业通过平台成功获得投资。2017 年以来，市金融工作局联合人民银行举办中银科创企业投贷联动对接会、招商银行企业对接会、建设银行企业对接会等多场融资对接活动，组织 100 余家次企业、300 余人次参加，为众多科技型小微企业提供了融资对接的平台和机会。

第二节　当前存在的主要问题

珠海市科技金融服务工作起步相对较晚，珠海市政府三年多来逐步全面推开各项举措，出台了一系列促进金融支持科技型企业发展的政策措施。目前，珠海市已经基本形成了包括创业投资、天使投资、科技支行、融资租赁、科技小贷、科技担保等在内的科技金融服务体系，在一定程度上帮助了科技型中小企业在初创期的发展。但仍然存在以下几个方面的问题：

一、政府资金对珠海市科技型企业扶持力度不大

科技金融需要政府积极的引导与支持，政府和企业对科技研究和开发的资金投入情况对该地区企业的科技实力和核心竞争力有重要影响。

表 14－1　2014—2016 年珠海市科技企业研究和开发支出资金情况

年份	科技企业研究和开发支出（万元）					政府投资占比
	总支出	政府投入	企业投入	境外资金	其他	
2014	213 542	5 123	208 419	0	0	2.40%
2015	264 213	7 112	257 000	0	101	2.69%
2016	310 245	8 451	301 000	342	452	2.72%

表 14－2　2016 年上海、深圳、珠海全社会研发（R&D）经费支出情况

省/市	总支出额（亿元）	投入强度（R&D/GDP）
上海	1 030	3.80%
深圳	800	4.10%
珠海	55	2.48%

从表 14－1 可以看出，从 2014 年至 2016 年，虽然珠海市政府财政投入科技企业研究和开发的费用总额逐年增加，但政府投资占比增加幅度不大，企业投入占比高达 95% 以上。依据国家统计局公布的数据，企业是研发的主力军，在全国总研发经费支出中占比达 77.5%。珠海科技企业自身研发投入远重于全国平均水平，这在一定程度上限制了企业自身的发展，珠海市政府对科技企业的财政投入仍有较大的空间。另外，由表 14－2 可以看出，珠海 R&D 的投入强度也与创新能力高的上海、深圳有较大的差距。

此外，2013 年珠海市科工信局、财政局联合制定的《珠海市企业研究开发费补助资金管理暂行办法》中明确提出，政府主要扶持对象为"税务部门核定的企业上年度研发费用税前加计扣除额超过 30 万元"且研发内容属于《国家重点支持的高新技术领域》和《当前优先发展的高技术产业化重点领域指南》的企业，而小微型科技企业的 R&D 投入基本无法获得政府支持。

综上，规模以上科技企业得到的政府扶持资金是非常有限的，而中小型科技企业获得的政府扶持资金更是微乎其微，这对整体的高新技术产业发展极为不利。珠海市政府对科技型企业的资金投入仍有很大的空间。

二、政府科技专项资金管理水平有待提高

珠海市政府为扶持科技企业的发展安排了不少专项资金，这在一定程度上对科技企业的发展起到了良好的扶持作用。但是，由于科技专项资金管理机构设置和运作模式仍处于摸索时期且工作人员不足，因此相关政府部门对专项资金的管理和监督存在诸多问题：①资金运用情况未及时公开。对于资金的来源、支出、余额等情况未通过有效途径进行公开，社会公众无法对资金的使用进行有效监督。②资金申领审核程序不严，存在申领条件不符但仍获资金资助、提供虚假证明材料骗取资金的情况。③资金绩效不高。重申请审

核，轻过程监督，缺少对资金投入后是否取得真正成果的实质性审核，导致一些项目的验收和鉴定流于形式，达不到预期效果，资助企业出现停业、项目延期、中止等情况。④资金使用效益考核机制未有效建立。科技项目具有专业性强的特点，建立统一的考核办法难度较高，而缺乏科学合理的评价体系，相关部门便无法对财政资金的使用情况做出客观评价。⑤市、区两级专项基金信息未能有效互通，对项目的重复审核、审核时间长等问题的存在大大降低了资金的使用效率。

三、多层次科技金融服务体系尚待完善

（一）科技金融体系不完善

珠海市目前初步建立了由财政、银行、资本市场、风险资本等构成的多层次科技金融服务体系，一定程度上满足了民营科技型中小企业对金融服务的需求，由于珠海市科技金融服务起步比较晚，在技术环境、管理体制、法律制度等方面仍然存在一些问题，制约了科技金融的发展，具体表现为：

（1）珠海市民营科技型中小企业未能充分利用资本市场融资。截至 2017 年 9 月，珠海市境内上市公司 28 家，新三板挂牌公司 85 家，但上市公司的数量远远少于东莞和佛山等省内地级市，和珠海市的经济地位并不匹配，很多民营科技型中小企业无法通过资本市场筹集发展资金。

（2）科技信贷企业数量不足，信贷情况不佳。珠海市科技支行数量较少，而各大银行支行商业科技信贷情况不容乐观，科技金融产品创新力不足，品种有限，缺乏前瞻性和整体规划性，无法满足各阶段科技企业的融资需要。另外，银行和政府、创业风险机构、担保公司的融合深度还有待加强。

（3）境外资金利用较少。截至 2016 年年底，珠海市全年新设外商投资企业 803 家，比上年增加 23.4%，合同外资金额 90.51 亿美元，但实际吸收外资金额仅 22.95 亿美元，其中科学研究、技术服务和地质勘查业仅占 9.5%。

（二）科技金融服务体系未全面建立

科技金融服务体系要维持其高效稳定的功能，除了金融机构、政府部门大力参与，还需要信息披露、信用建设、资产评估、科技保险、会计师事务所、律师事务所等服务机构的多方参与。就珠海市目前科技金融服务体系的构建而言，主要涉及担保、知识产权评估和交易等方面，信息披露、信用建设、科技保险、融资对接等服务机构的建设仍然处于初步发展阶段，不能为科技型中小企业的金融需要提供完善的服务。其具体表现为：

（1）信用评价体系未有效建立。珠海市民营科技型中小企业和机构的规模通常比较小、无形资产所占比例高、可用于抵押的实物资产较少、经营时间较短、业绩不够稳定，导致其在银行资信评级中等级偏低，难以满足银行的信贷标准，严重影响其从银行获得融资。目前，珠海市信用体系基本依赖于人民银行征信系统，除了相对完善的银行间接融资和对外担保记录外，系统数据只包括不完善的企业概况和财务数据。珠海市商业银行等金

融机构以及政府相关部门未能有效建立科技型中小企业的信用评价标准，难以满足科技型中小企业和机构提出的金融服务需求。在信用信息系统的建设方面，上海市早在2014年便规划建设科技型中小企业的信用数据库，并完成了科技型中小企业的信用评级试点工作。

（2）科技保险试点成效不佳。科技创新的风险较大，科技保费标准难以确定，保险公司多不愿意经营科技保险。目前珠海市科技保险业务险种不够齐全，保险产品内容不够丰富，未能满足珠海市高新产业企业的全方位需求，参保的科技企业数量少。在此方面，深圳市已经建立了较为完善的科技保险体系，开发了知识产权保险、首台（套）产品保险、产品研发责任险、关键研发设备险、成果转化险等科技保险产品，还支持保险机构与银行、小贷公司等合作开发新险种，并且完善了科技保险风险分担机制，珠海市可充分学习和借鉴。

（3）金融评估机构、知识产权交易市场等中介服务机构的水平有待提高。目前珠海市知识产权担保机构类型单一、管理松散，各区未建立统一的知识产权评估和质押的标准及规则，知识产权登记信息服务平台功能有待完善，知识产权质押登记程序繁杂、效率不高，这些问题都极大限制了知识产权担保制度对科技型企业发展的促进作用。

（4）对接融资专业中介机构缺乏。珠海市科技金融对接融资的活动主要由市金融工作局等政府部门组织和推动，缺乏促进科技与金融融合的专业化中介机构的参与，缺少市场化的运作方式，不能有效全面掌握和反映科技金融投融资双方的真实需求，对接融资效果还有待进一步提高。

（5）政府政策性担保中介机构运营效果不佳。因政府出台的激励和考核机制不够完善，政府政策性担保中介机构及人员开拓担保业务的积极性普遍不高。另外，机构的担保资金来源不足，难以发挥集聚效应，无法有效发挥担保机制的作用和价值。

四、民营科技型中小企业融资面临较大的法律风险

珠海市民营科技型中小企业普遍规模较小、企业治理不完善，所以他们面临着较大的融资法律风险，具体表现为：

（一）民间借贷融资的法律风险

民营科技型中小企业普遍存在着较大的资金缺口，在难以获得政府投资引导基金和金融机构资金支持的情况下，许多企业会通过民间借贷的方式来获取资金，其中包含着诸多法律风险。比如：企业间以对赌协议等形式互相借贷；企业以借贷名义向职工非法集资；企业以借贷名义非法向社会筹资等。这些行为违反了我国法律、行政法规的相关规定，相关企业及其负责人会因此承担相应的民事责任（返还借贷款）和刑事责任（非法集资罪）。

（二）贷款融资的法律风险

由于大多数民营科技型中小企业可供抵押的有形资产少，所以部分企业会通过其他有

实力的企业进行担保而获得金融机构的贷款。此种情形下，提供担保的科技型中小企业需额外承担被担保企业的经营和信用风险。此外，有些民营科技型中小企业为了获得贷款，有虚报固定资产、虚编财务报表等行为，或者在获得贷款后用于转贷以获取更多资金，以上这些行为都有引发合同诈骗罪、骗取贷款、金融票证罪、高利转贷罪等刑事法律的风险。

（三）股权融资的法律风险

珠海市风险投资、私募股权等新兴资本的兴起，给珠海市民营科技型中小企业带来投融资机遇的同时，也由于投融资市场中存在的信息不对称，许多企业不了解私募资本市场的运作，而被不法分子骗取钱财或花费大量接触成本。还有企业可能因未科学有效设置股权结构，引发股权变动风险，从而丧失对企业的控制权等。

（四）知识产权质押融资的法律风险

由于知识产权在权利存续期间的不稳定性，科技型中小企业通过知识产权质押融资获得贷款并不容易，操作不慎还可能产生相应的法律风险。比如，未经知识产权共同权利人同意质押，无法获得贷款或被共同权利人起诉侵权；利用虚假知识产权获得融资，触犯行政法律甚至刑法；因无力偿还贷款，而丧失知识产权，失去核心竞争力，甚而被金融机构起诉等。以上法律风险的存在极大影响了珠海市民营科技型中小企业的健康发展，阻碍了珠海市科技的创新和经济的增长。

第三节 进一步提升科技金融服务水平的政策建议

为促进珠海市民营科技型中小企业的跨越发展，根据目前珠海市科技金融发展情况和科技型中小企业的实际需求，提出进一步提升科技金融服务水平的建议。

一、充分利用粤港澳大湾区发展战略，引入境外科技金融资源

粤港澳大湾区建设目前已上升到国家层面的重要发展战略。党的十九大报告进一步提出要"以粤港澳大湾区建设、粤港澳合作、泛珠三角区域合作等为重点，全面推进内地同香港、澳门互利合作"的发展要求。近年来，珠海城市内外交通网络建设发展迅猛，港珠澳大桥即将全线通车，广佛江珠轻轨和深中通道等重要交通建设在加速推进，珠海市将成为粤港澳大湾区城市群中的重要交通枢纽，承担着重要的桥头堡角色。因此，珠海市应当把握住历史性发展契机，充分利用其独特的区位优势，发挥横琴自贸区、保税区、高新区、经济特区的政策优势，充分引入境外科技金融资源，大力推动区内科技创新和金融创新，推动科技型中小企业的跨越发展。

（一）全面落实《珠海市深入推进创新驱动发展，打造粤港澳大湾区创新高地实施方案》，着力打造"六个高地"

一是通过推动高新技术企业树标提质、推动创新型产业集群发展等，打造高端产业聚集高地；二是通过推动大中型企业研发机构全覆盖、推动新型研发机构量质双提升等，打造产业技术孵化高地；三是通过实施更加开放的创新人才引进政策等，打造创新人才高地；四是通过推动科技金融产品和服务创新、强化资本市场对技术创新的支持等，打造创业投资高地；五是通过构建知识产权大保护机制、实施知识产权灭零计划，打造知识产权服务高地；六是通过推进质量强市建设、加强质量及标准化工作、实施品牌发展战略，打造质量标准高地。"六个高地"的建议将进一步优化珠海市的创新创业环境，吸引境外资金和人才的流入，从而更好地服务于民营科技型中小企业的创新发展。

（二）深入推进珠港澳创新合作，打造国际科技合作交流平台，引入境外科技金融资源

一是加快推动粤澳合作中医药科技产业园、横琴澳门青年创业谷等项目建设，积极承接和孵化港澳科技项目，通过珠港澳创新合作形成湾区经济新的增长点；二是设立"双自联动"试点园区，通过自创区和自贸区优势互补，开展联合招商和创新型企业培育，探索粤港澳创新要素流通新模式；三是大力推动以色列海外创新中心建设，加强与"创业大国"以色列的科技合作，打造中以科技创新投资大会品牌项目，实现科创经贸合作双赢；四是通过举办中拉（拉美）博览会，建设横琴中拉经贸合作园，推动中拉发展战略对接，同时将珠海和横琴自贸片区更深层次地推入拉美地区公众视野；五是引入国际型科技交流会议、展会，同时发挥横琴自贸区的平台优势，与葡语系、西语系国家开展多领域的创新合作交流。珠海与香港、澳门、以色列、拉美等国家和地区的创新合作，将极大引入境外科技金融资源，为民营科技型中小企业的创新发展带来资金和人才的储备。

二、完善和落实相关政策，加大科技金融服务的扶持力度

（一）加强政策的宣传和落实

调研发现，有相当一部分民营科技型中小企业对国家及珠海市政府的各种扶持政策了解和认识不足。对此，珠海市各区、各部门应对已出台的针对民营科技型中小企业的贷款贴息、科技保险保费补贴、创业（天使）投资购（租）房补贴、创业（天使）投资风险补偿等政策措施加强宣传，一方面充分调动金融企业支持科技企业的积极性，撬动金融资本更多投向民营科技型中小企业；另一方面鼓励更多民营科技型中小企业积极寻求政府支持，拓宽融资渠道，推动自身创新发展。

此外，各区、各部门还应注意加强对政策实施效果的评估，并根据情况适时对相关政策进行完善和优化，以充分发挥政策的引导、推动作用。同时，各区、各相关部门应对其所出台的促进科技金融发展的规范性文件进行科学性、系统性的梳理，以加强各政策及相关规范性文件间的协调、承接，使各执行机构能够合理分工、融洽配合、无缝衔接，全

面维护金融机构、科技企业的合法权益。

（二）建立和完善政府采购扶持机制

珠海市可进一步完善政府采购机制，以畅通的市场路径作为保障，通过采用首购、订购、首台（套）重大技术装备试验和示范项目、推广应用等方式支持企业技术创新，具体建议有：

（1）可以根据科技型企业的企业规模、所属行业等不同的标准和特点，制定有针对性的政府采购制度，明确规定政府采购比例，如针对新能源、人工智能等关键性的高新技术领域或者该领域中的民营科技型中小企业，制定与其需要相适应的采购制度。

（2）可在政府采购制度中规定部分国有企业、事业单位必须分包重点高新产业的民营科技型中小企业的一部产品和零部件，引导国企、事业单位与民营科技型中小企业进行贸易，帮助民营科技型中小企业建立商业信用。采购产品领域不仅包括市政建设、工程养护、环保节能、交通医疗以及政府行政类办公等方面，也可向国防等领域适当扩展，发挥政府采购在促进民营科技型中小企业技术创新、增强企业市场竞争力、提升企业融资能力方面的政策保障作用。

（三）推动国有背景的科技金融平台的发展

珠海市现已建成珠海金控、珠海科创投、横琴金投、产权交易中心、知识产权交易中心、新三板华南服务基地，以及创业投资基金、天使基金、科技支行、科技小贷公司、小额再贷款公司等科技金融平台和机构。各区、各部门要督促和支持这些国有背景的科技金融企业，鼓励其积极开展科技金融创新业务，提升科技金融的服务能力和影响力，做大科技金融规模，引导、带动社会资本加大对珠海市科技型企业的金融支持力度。比如，在这些国有金融企业的发展初期，适度突出其政策性金融属性，降低营利性等市场化要求，在资金投入、人才引进、激励考核机制、业务创新方面给予企业更大的自由度和宽容度，支持企业重点在人才培养、能力提升、市场培育、业务覆盖面等方面进行探索和建设，使国有金融企业成为珠海市科技金融主力军和关键力量。

（四）做好金融与科技融合对接服务

珠海市应以高新区科技金融广场、香洲金融街、横琴澳门青年创业谷为基地，争取省、市两级的政策和资金支持，推动建设珠海市众创金融街，进一步推动金融与科技创新、"双创"相互衔接、相互促进。各区、各部门应继续开展和鼓励各企业、机构联合开展多种形式的、常态化的融资对接活动，通过举办现场融资对接会，通过融资增信平台、企业融资对接服务微信群等网络渠道，特别是要通过"双自联动"将横琴的金融资源与全市科技创新资源进行有效对接，为科技型企业搭建便利的融资对接渠道，不断改善民营科技型中小微企业的融资环境。比如，各区、各部门可以设立或引进促进科技与金融融合的专业化的中介公司，用市场化的方式为科技型中小微企业提供对接天使（风险）投资、对接债务融资，通过企业财务模拟等方式提高其融资能力、融资竞争力和上市能力等金融中介服务。

（五）加强科技金融人才的培养与引进

科技金融行业发展的关键是科技金融人才。由于科技金融行业的特殊性，需要一大批能力与素质突出的人才投身其中。为加强珠海市科技金融人才的培养和引进，可采取如下措施：

（1）充分利用珠海市高校优质的教学资源，积极配合市场的需要，在研究生阶段设立以科技金融为研究方向的硕士和博士培养基地，培养一批既掌握专业知识又具备创新能力的高素质人才。有条件的高校还可与国外具有培养科技金融人才经验的高校合作办学。

（2）鼓励、支持、推动科技型企业、金融机构、有关政府部门等定期开办科技金融培训班或研讨会，共同提高珠海市科技金融从业者的知识面和业务水平，激发创新意识。

（3）政府部门、高校、企业等机构共同通过有吸引力的政策来吸引海内外高层次的科技金融人才，比如出台发放科研启动资金、提供住房补贴等各种激励措施。

（4）通过各种方式的舆论宣传和形式多样的活动不断增强珠海市民的创新意识和创新能力，营造浓厚的科技创新氛围。

三、进一步完善多层次科技金融服务体系建设

（一）鼓励商业银行创新，促进科技支行发展

商业银行是金融市场中的关键机构，充分发挥商业银行的功能和作用对科技金融的发展具有重要意义。近年来，珠海市商业银行科技金融业务的开展以及科技支行的设立在一定程度上拓宽了科技企业的融资渠道，为了能够让这些金融机构更好地服务于珠海市民营科技型中小企业的发展，以下几个方面还需继续努力：

（1）继续推动全市商业银行、地方性股份制银行的发展，鼓励其加大对民营科技型中小企业的融资支持，以政府之力促成银行与民营科技型中小企业共同发展；不断加强现有政策性银行服务民营科技型中小企业的职能，加快开发、推广与民营科技型中小企业融资特点相适应的金融产品，以进一步发挥政策性银行的引导、示范作用。

（2）各区根据珠海市科技产业发展的具体情况，明确具体投资的科技产业，引导集中投资，鼓励金融机构集中扶持相关产业的研发，以充分激发该产业的中小企业进行科技创新，比如有坚实发展基础和前景的电子信息产业、机器人智能产业、生物技术和新医药产业等。

（3）引导和支持银行引进和培养科技金融专业人才，注重培养具备金融产品创新开发、信贷风险识别管理、产品精算定价、财会、法律、投资风险管理、互联网技术等知识的复合型、专家型人才，提高珠海市科技金融从业人员的整体素质，进而提高全市科技金融服务的专业化水平。

（4）鼓励银行在现有的常规金融产品的基础上，开发新的信贷业务、金融产品和衍生工具，借鉴国外以及北京中关村、上海、深圳等国内金融服务和产品创新的先进经验，加快创新无形资产担保、抵押方式，探索应收账款抵押的操作方法，将营业收入、商标权纳

入质押范畴。

（5）鼓励银行细分科技企业的种子期、初创期、成长期，依据不同阶段科技企业的不同资金需求，提供不同的资金支持，进而实现差异化利率，提供有针对性的产品。

（6）鼓励银行加强与政府、创业机构、科技创新平台、担保机构等的合作，逐步建立多方共担风险机制，与担保机构、风投机构合作开发含有期权收益的产品，以降低信贷风险。

（7）充分利用珠海市拥有国家高新技术产业开发区（高新区）和自由贸易试验区的优势，向国家争取更多政策支持，特别是银行经营体制改革上的政策支持。

（二）推动科技型中小企业利用资本市场加快发展

科技创新可以引发资本市场对于新技术、新产品的热情和兴趣，资本市场的投入可以进一步促进科技创新。资本市场是科技金融中的关键环节，可以为科技型中小企业提供持续的资金支持。因此，珠海市应进一步出台相关政策，使资本市场对民营科技型中小企业发展的推动作用发挥得更加充分，具体建议：

（1）推动珠海产权交易中心以股权融资为切入点创新业务模式，为民营科技型中小企业提供便捷、有效的股权登记、托管、挂牌、融资服务。

（2）进一步加强与全国中小企业股份转让系统有限责任公司的合作，抓紧落实双方签订的共同《战略合作备忘录》，运作好新三板华南服务基地，为珠海市科技型企业在新三板挂牌提供更便利的服务。

（3）继续推动科技型中小企业挂牌、上市。完善建立科技型中小企业上市后备资源库，推动符合条件的民营科技型中小企业在主板、中小板、创业板及新三板上市、挂牌，支持和帮助已经成功上市的民营科技型中小企业通过再融资、兼并重组做大做强。

（三）大力推动科技金融产品和服务创新

除商业银行、资本市场外，保险机构、科技小贷企业等各类金融企业也是科技金融服务体系中的重要组成部分。针对珠海市科技金融产品和服务创新不足的情况，我们提出以下建议：

（1）有关部门应协调保险机构，给予人才和资金的全面支持，促进科技保险产品的研发工作，为民营科技型中小企业提供内容丰富、保费合理的财产保险、产品责任保险、出口信用保险等新险种以及专业而丰富多样的保险服务。另外，要尽快推动科技保险业务试点在高新区落地实施，进而将其成功经验和模式推广至全市。

（2）尽快出台鼓励知识产权质押融资的系列政策，形成发展知识产权质押融资的良好金融环境，以横琴国际知识产权交易中心为主平台，大力推动、扩大全市尤其是高新区的知识产权质押贷款业务。

（3）支持和推动各类金融企业开展"投保贷"联动等金融产品和服务创新，多方共同分担科技金融的风险，为民营科技型中小企业提供多元融资服务。

（4）完善政府增信机制。政府应尽快出台有关政策，加快建设科技企业信用信息体系，以实现各部门间企业信用信息的互联互通，改善投融资双方的信息不对称，降低金融交易成本，促进科技金融的创新发展。

（四）完善科技金融中介机构建设

科技金融中介机构是科技金融服务体系的有机组成部分。政府应制定统一的监管法律来规范信用评级机构的行为，促使中介机构坚持"公正、公开、公平"原则，做出独立的判断，保证信用评级报告的质量；监督中介机构在有效整合企业相关信息并在尽职调查的基础上，对中小企业出具信用报告，推进中小企业信用制度建设；充分依托珠海市科技金融创新的专项基金，加强对政策性担保机构和民间担保机构的联合，从而达到壮大中介服务机构实力的目的。

（五）建立和完善知识产权评估和抵押制度

知识产权评估和抵押制度的建立和完善对珠海市民营科技型中小企业的发展具有重要意义。对此，具体建议如下：

（1）珠海市相关部门应出台专门的规范性文件，统一、明确全市知识产权质押的标准及规则，尽快建立和完善统一的知识产权登记信息服务平台，简化质押登记程序，提高质押登记效率。

（2）建立知识产权抵押的风险补偿机制，鼓励担保公司为科技型中小企业专利权质押融资提供担保，给予企业相应的担保费奖励，并对担保公司所承担的风险提供一定的风险补偿。

（3）为促进知识产权担保行业健康发展，引进国内外先进管理经验，加强对担保行业的管理和监督，并定期对行业发展情况进行评估，依据评估后的结果，进一步调整和落实相关政策。

（六）建立促进民营科技型中小企业发展的服务机构

民营科技型中小企业的发展需要政府有关职能部门的扶持和协调。对此，珠海市政府应建立相应的促进民营科技型中小企业发展的服务机构，在对民营科技型中小企业进行管理的同时，为民营科技型中小企业发展提供技术支持、信息支持，协调融资借贷双方的关系，为民营科技型中小企业融资提供更多渠道。此外，有关部门应出台相关政策，鼓励民间资本投入设立促进民营科技型中小企业发展的服务机构，使服务机构的运营更具市场化、专业化，能依据市场的需求变化，为民营科技型中小企业量身制定切合的发展措施和融资方案。民营化服务机构应成为促进民营科技型中小企业发展的中坚力量。为鼓励民间资本的投入，特别是在民营服务机构成立初期，政府应对民营服务机构给予场地租赁优惠、税收优惠、资金补助以及互联网技术指导、经营数据信息交流等方面的政策支持。

四、引导民营科技型中小企业全面加强融资法律风险管理

民营科技型中小企业融资的高风险主要是由三个方面的原因造成的：一是民营科技型中小企业通常规模较小，在公司治理中对法律风险认识不足；二是民营科技型中小企业经

营具有高风险、无形资产高于实物资产等特点带来了较多的商业风险；三是由于民营科技型中小企业公司治理体系不健全导致其在向银行等金融机构融资时大多无法或未能有效提供企业实际发展状况的真实、可靠的数据，从而难以成功获得融资。基于此，珠海市有关部门应引导全市民营科技型中小企业充分认识自身融资的法律风险，并通过自身的风险防范措施提升融资能力，拓宽融资渠道，从而实现自身的良好发展，具体建议如下：

（一）改善科技型中小企业融资法律风险管理工作

珠海市政府可通过购买服务方式鼓励律师事务所、会计师事务所向全市科技型中小企业提供公益性或微利性的融资法律咨询、融资风险规避、融资方案规划等相关服务，以加强科技型中小企业的融资法律风险管理，如：

（1）促进科技型中小企业充分了解珠海市融资促进方面的政策法规，在此基础上依据自身企业的发展情况，制定好科学、全面的融资方案，从而能够从多渠道获取融资资金或者提高单次融资金额。

（2）促使科技型中小企业充分认识到融资过程中可能发生的法律风险，增强他们在融资活动中的风险防范意识，从而制定更为完善的风险防控方案。

（3）引导科技型中小企业自觉遵守法律，在法律的调整和监督下，依照法定且正当的程序进行融资，并在融资后依法合理、有计划地使用资金。

（4）提高科技型中小企业的维权意识，能够积极运用诉讼、仲裁等法律手段维护自己的合法权益。

（二）引导科技型中小企业建立现代企业管理制度防范融资法律风险

规范的企业治理结构是企业良好运营和发展的关键基础。珠海市有关部门应当引导科技型中小企业根据自身独特的发展特点，建立现代企业管理制度：

（1）鼓励逐步建立科学、清晰的股本结构。科学、清晰的开放式股本结构，有利于企业上市、挂牌后多元化产权结构的形成，有利于避免股权被稀释从而把握企业的控制权，有利于促进产权流动化发展，激发企业创新活力。

（2）引导建立一个以规范的董事会为核心的企业治理架构。有关政府部门应当积极引导科技型中小企业通过现代化内部管理培训和从外引进优秀人才的"内外兼修"的方式降低董事会在战略决策上的随意性和盲目性，进而规避企业在经营决策制定上的主观性风险。

（3）扶助建立相对完善的企业管理制度。珠海市有关部门应当投入专门资金和人才，扶助科技型中小企业在学习国内外先进经验的基础上建立起科学、合理的采购、生产、财务、人力资源等方面的管理制度，提升企业的管理水平，防范市场风险。比如，鼓励科技型中小企业通过提高财务透明度、加强财务管理的稳定性与规范性等方式，降低企业的财务风险；鼓励企业引进专业科技金融人才，加强与融资机构的交流，提升自身融资水平。

（三）帮助科技型中小企业提升知识产权管理能力

科技型中小企业的竞争核心是技术，而衡量科技创新能力的重要标准是企业拥有的知识产权的数量和质量。珠海市有关部门应当鼓励科技型中小企业通过不断消化、吸收、引进技术，加强自身产品的原始创新和集成创新水准，增加企业以专利为代表的知识产权数量和质量，并在此基础之上，投入资金和人才建立企业的知识产权管理制度，保护自身知识产权不被侵犯，并充分利用知识产权担保制度获取更多资金，以进一步投入到新技术的研究和开发，同时加强对知识产权在利用、许可、担保过程可能产生的法律风险的防范，增加企业知识产权的经济价值。

（四）引导科技型中小企业拓宽合法正规多样化的融资渠道

珠海市科技金融服务体系已初步建立，有关部门应引导科技型中小企业充分利用良好的科技金融环境，拓宽融资渠道，如：

（1）根据企业发展的不同时期，有针对性地提供相适应的融资方式和产品。如，企业发展前期，丰富出资形式，形成发起人筹资、技术人员提供技术、员工入股、天使投资、境内外资金等多元化的股权形式，丰富资金来源；企业发展中期，通过发展前景良好的科技创新项目吸引风险投资机构及个人的投资资金，以扶持项目的研究开发，促进企业的可持续发展；企业发展稳定期，完善企业财会、信息披露等制度，使企业具备上市、挂牌条件，向资本市场公开融资，为企业短期内筹集大量资金，促进企业新一轮的发展壮大和科技创新。

（2）引导科技型中小企业灵活运用政府相关政策，通过知识产权担保融资、专项资金补贴、税费减免、贷款奖励等合法正规的资金获取渠道，完善企业的资金链条，保证企业资金来源多样化、稳定化。

（五）进一步完善科技型中小企业融资法律制度建设

引导民营科技型中小企业用好目前已经颁布实施的《珠海市民营及中小微企业发展专项资金管理暂行办法》《珠海市中小微企业"四位一体"担保融资平台资金管理办法》《珠海市中小微企业"四位一体"支小贷融资平台资金管理办法》等一系列促进中小微企业融资的地方性法规。珠海市有关政府部门应积极落实法定职责，加强部门间的协调、合作和信息交流，并对于执行的效果及执行中发现的问题及时反馈并调整，以使之更贴合实际，真正发挥出促进中小微企业融资的积极作用。

后　记

改革开放四十年来，我国民营经济发展经历了从小到大、由弱变强的"凤凰涅槃"历程，民营企业发展的政策体系不断完善。当前，我国民营企业用近 40% 的资源，缴纳了 50% 以上的税收，创造了 60% 以上的 GDP，贡献了 70% 以上的技术创新和新产品开发，提供了 80% 以上的就业岗位，是我国经济社会发展的重要基础。

2018 年是全面贯彻落实党的十九大精神的开局之年。面对十九大提出的新使命、新任务，站在粤港澳大湾区中心连接点的珠海应该如何通过政府引导、制度创新、政策扶持，做大做强支柱产业和鼓励民营企业跨越发展，是珠海市民营经济发展研究院（简称"珠海民营院"）进行系列课题研究的主线和核心。《珠海市产业经济和民营企业发展蓝皮书2018》的出版正是以此为研究主题的系列报告。

本书的编写得到了珠海市科技和工业信息化局与暨南大学的大力支持。本书各章的编写依托暨南大学丰富的人才智囊资源和学术研究背景，根据不同课题内容，珠海民营院在省内各高校中寻找最合适的跨学科、跨专业、有经验的研究团队来承担课题任务。2017 年8 月，珠海民营院与承担课题研究的各位老师签订项目合同。3 个月后，各课题组提交了初稿，珠海民营院在 11 月中旬和 12 月底分别举行了课题研究成果中期评估和结项验收。随后又根据评审专家意见和出版要求，对内容进行了调整和增删。最终形成的书稿共三篇十四章，约 63.7 万字。

本书得以出版，是百余位研究者共同努力的成果。在即将出版之际，我们衷心感谢各课题承担者的精心研究，感谢珠海市科技和工业信息化局的大力支持，感谢参与评审的各位专家提出的宝贵意见，还要感谢暨南大学出版社编辑在成书过程及推广发行上的辛苦付出。由于各课题研究主题、资料获取范围、写作风格不同，各章所选数据资料时点存在部分不一致的情况，同时也可能存在其他疏漏、矛盾或错误，恳请读者和业内朋友不吝赐教。

最后，希望本书的出版能够成为系统性研究珠海市民营经济的一个良好开端，助力珠海民营院成长为服务珠海市民营经济发展的重要智囊。

珠海市民营经济发展研究院

2018 年 3 月于暨南大学珠海校区